Die Europäisierung der Investitionskontrolle

Europäische Hochschulschriften Recht

European University Studies in Law

Publications Universitaires Européennes de Droit

Band/Volume **6782**

Maximilian Schipke

Die Europäisierung der Investitionskontrolle

PETER LANG

Berlin - Bruxelles - Chennai - Lausanne - New York- Oxford

Bibliografische Information der Deutschen Nationalbibliothek
Die Deutsche Nationalbibliothek verzeichnet diese Publikation in der Deutschen Nationalbibliografie; detaillierte bibliografische Daten sind im Internet über http://dnb.d-nb.de abrufbar.

Zugl.: Mannheim, Univ., Diss., 2023

D 180
ISSN 0531-7312
ISBN 978-3-631-91735-0
EBOOK 978-3-631-91737-4
E-PUB 978-3-631-91738-1
DOI 10.3726/b21730

Verlegt durch: Peter Lang GmbH, Berlin, Deutschland

info@peterlang.com http://www.peterlang.com

Diese Publikation wurde begutachtet.

Meinen Großeltern Annemarie und Roland Weißenfels

Vorwort

Die Arbeit wurde im Herbst-/Wintersemester 2023/2024 von der Abteilung Rechtswissenschaft der Universität Mannheim als Dissertation angenommen. Rechtsprechung und Literatur sind auf dem Stand von Dezember 2022.

Mein herzlicher Dank gilt zuallererst meinem Betreuer und ehemaligen Lehrstuhl-Chef, Herrn Prof. Dr. Franck, LL.M. (Yale). Die Arbeit an seinem Lehrstuhl war eine sehr lehrreiche und schöne Zeit. Ebenfalls danken möchte ich Herrn Prof. Dr. Kainer für die Übernahme des Zweitgutachtens und seine hilfreichen Anmerkungen, sowie bei Herrn Prof. Dr. Müller-Terpitz für die Übernahme des Vorsitzes der mündlichen Prüfung.

Ein besonderer Dank gilt meinen ehemaligen Mitdoktoranden Nils Stock, Dr. Fabian Uebele, Dr. Simon Wizemann sowie allen Kollegen und Kolleginnen am Lehrstuhl, insbesondere Kerstin Hoffmann.

Außerdem danke ich Maren Besser, Ailar Buick, Alexander Kamberov, Nima Nomovi, Benedikt Sichla und Caroline Walka für hilfreiche Anmerkungen und Diskussionen.

Mein Dank gilt auch meiner Freundin Dr. Franziska Weiß, die mir eine große Stütze war und mir immer zur Seite stand.

Nicht zuletzt möchte ich mich bei meinen Eltern bedanken, die mich auf meinem Weg jederzeit begleiten und immer ein offenes Ohr für mich haben.

Widmen möchte ich diese Arbeit meinen Großeltern, die stets hinter mir stehen und mich bis zum Ende der Arbeit unterstützt haben.

Heidelberg, 2023

Inhalt

Abkürzungsverzeichnis

a. A.	andere Ansicht
ABl.	Amtsblatt der Europäischen Union
Abs.	Absatz
AEUV	Vertrag über die Arbeitsweise der Europäischen Union
AöR	Archiv des öffentlichen Rechts
Art.	Artikel
Aufl.	Auflage
AVR	Archiv des Völkerrechts
AWG	Außenwirtschaftsgesetz
AWV	Außenwirtschaftsverordnung
Banz AT	Amtlicher Teil des Bundesanzeigers
BB	Betriebs-Berater
Bd.	Band
BGBl.	Bundesgesetzblatt
BGH	Bundesgerichtshof
BIT	Bilateral Investment Treaty
BMWK	Bundesministerium für Wirtschaft und Klimaschutz
BSI-KritisV	Verordnung zur Bestimmung Kritischer Infrastrukturen nach dem BSI-Gesetz (BSI-Kritisverordnung – BSI-KritisV) BGBl. I 2016, S. 958 ff. vom 22.04.2016.
BT-Drs.	Bundestagsdrucksache
BullBReg	Bulletin des Presse- und Informationsamtes der Bundesregierung
BVerfG	Bundesverfassungsgericht
BVerfGE	Bundesverfassungsgerichtsentscheidung
CB	Compliance-Berater
CETA	Comprehensive Economic and Trade Agreement, Umfassendes Wirtschafts- und Handelsabkommen EU-Kanada
CIFUS	Committee on Foreign Investment in the United States
CMLRev	Common Market Law Review
ders./dies.	derselbe/dieselbe
DÖV	Die öffentliche Verwaltung (Zeitschrift)

Dual-Use-VO	Verordnung (EG) Nr. 428/2009 des Rates vom 5. Mai 2009 über eine Gemeinschaftsregelung für die Kontrolle der Ausfuhr, der Verbringung, der Vermittlung und der Durchfuhr von Gütern mit doppeltem Verwendungszweck, ABl. L 134 vom 29.05.2009, S. 1.
Dual-Use-VO (2021)	Verordnung (EU) 2021/821 des Europäischen Parlaments und des Rates vom 20. Mai 2021 über eine Unionsregelung für die Kontrolle der Ausfuhr, der Vermittlung, der technischen Unterstützung der Durchfuhr und der Verbringung betreffend Güter mit doppeltem Verwendungszweck, ABl. L 206 vom 11.06.2021, S. 1.
EGV	Vertrag über die Europäische Gemeinschaft
EnSiG	Energiesicherungsgesetz
EMRK	Europäische Menschenrechtskonvention
EU	Europäische Union
EuG	Gericht der Europäischen Union
EuGH	Europäischer Gerichtshof
EuR	Europarecht (Zeitschrift)
EUV	Vertrag über die Europäische Union
EuZW	Europäische Zeitschrift für Wirtschaftsrecht
EWG	Europäische Wirtschaftsgemeinschaft
EWS	Europäisches Wirtschafts- und Steuerrecht (Zeitschrift)
f.	folgende
FDI	Foreign Direct Investment (Ausländische Direktinvestition)
FDI-RahmenVO	Verordnung (EU) 2019/452 vom 19. März 2019 zur Schaffung eines Rahmens für die Überprüfung der ausländischen Direktinvestitionen in der Union („Foreign Direct Investment-Rahmen-Verordnung")
FKVO	Verordnung (EG) Nr. 139/2004 des Rates vom 20. Januar 2004 über die Kontrolle von Unternehmenszusammenschlüssen („Fusionskontrollverordnung")
Fn	Fußnote
FS	Festschrift
GA	Generalanwalt/Generalanwältin
GATS	General Agreement on Trade in Services
GG	Grundgesetz
GWB	Gesetz gegen Wettbewerbsbeschränkungen

GWR	Gesellschafts- und Wirtschaftsrecht (Zeitschrift)
GRC	Charta der Grundrechte der Europäischen Union
HdB.	Handbuch
Hrsg.	Herausgeber
Hs.	Halbsatz
IMF	International Monetary Fund (Deutsch: Internationaler Währungsfonds)
i. V. m.	in Verbindung mit
JuS	Juristische Schulung
JZ	Juristenzeitung
m.w.N.	mit weiteren Nachweisen
NJW	Neue Juristische Wochenschrift
NVwZ	Neue Zeitschrift für Verwaltungsrecht
NZG	Neue Zeitschrift für Gesellschaftsrecht
NZKart	Neue Zeitschrift für Kartellrecht
OECD	Organisation für wirtschaftliche Zusammenarbeit und Entwicklung
RIW	Recht der Internationalen Wirtschaft (Zeitschrift)
RL	Richtlinie
Rn.	Randnummer
Sec.	Section
Slg.	Sammlung der Rechtsprechung des EuGH
TRIMS	Übereinkommen über handelsbezogene Investitionsmaßnahmen
UNCTAD	United Nations Conference on Trade and Development
UN	Vereinte Nationen
U. PA. Asian L. Rev.	University of Pennsylvania Asian Law Review
VO	Verordnung
VwGO	Verwaltungsgerichtsordnung
VwVfG	Verwaltungsverfahrensgesetz des Bundes
WiVerw	Wirtschaft und Verwaltung, Beilage zur Zeitschrift Gewerbearchiv
WpÜG	Wertpapiererwerbs- und Übernahmegesetz
WTO	World Trade Organization
ZEuP	Zeitschrift für Europäisches Privatrecht
ZEuS	Zeitschrift für Europarechtliche Studien

ZIP	Zeitschrift für Wirtschaftsrecht
ZG	Zeitschrift für Gesetzgebung
1. ZP	1. Zusatzprotokoll zur Europäischen Menschenrechtskonvention
ZRP	Zeitschrift für Rechtspolitik

A. Einleitung

Bereits im Jahr 2010 – ein Jahr nach dem Inkrafttreten des Vertrags von Lissabon mitsamt seinen Änderungen hinsichtlich der gemeinsamen Handelspolitik – bezeichnete die Europäische Kommission die Handelspolitik als Kernbestandteil der EU-Strategie „Europa 2020".[1] Die Bedeutung einer offenen Volkswirtschaft für Wirtschaftswachstum wurde besonders hervorgehoben. Bereits zu diesem Zeitpunkt wies die Kommission darauf hin, dass das Ziel offener Volkswirtschaften nicht mit Naivität verfolgt werden dürfe.[2] „Wir sind keine naiven Freihändler."[3] Dieser häufig symbolisch zitierte Ausspruch Jean-Claude Junckers anlässlich des Verordnungsvorschlags[4] zur Verordnung (EU) 2019/452[5] (FDI-RahmenVO) stellt somit weder einen politischen noch rechtlichen Wendepunkt in der Sichtweise auf einen offenen Freihandel dar, sondern vielmehr eine konsequente Weiterverfolgung der Ziele unter angemessener Berücksichtigung aktueller handelspolitischer Herausforderungen. Weiterhin bleibt die EU rechtlich dem offenen Handel nicht nur innerhalb des Binnenmarkts verpflichtet, sondern auch in Drittstaatssachverhalten. So gilt die Kapitalverkehrsfreiheit gem. Art. 63 I AEUV grundsätzlich auch gegenüber Drittstaaten. Die Kommission hatte in der Vergangenheit zahlreiche Vertragsverletzungsverfahren gegen sog. Golden-Shares (Sonderaktien) angestrengt.[6] Bei diesen

1 *Kommission* Mitteilung, Handel, Wachstum und Weltgeschehen – Handelspolitik als Kernbestandteil der EU-Strategie Europa 2020, COM(2010) 612 final, vom 09.11.2010, S. 1 f.

2 *Kommission* Mitteilung, Handel, Wachstum und Weltgeschehen – Handelspolitik als Kernbestandteil der EU-Strategie Europa 2020 COM(2010) 612 final, vom 09.11.2010, S. 3.

3 Rede zur Lage der Union 2017, IP/17/3183, https://ec.europa.eu/commission/presscorner/detail/de/IP_17_3183 (Alle in der Arbeit zitierten Internetadressen sind letztmals am 15.11.2022 auf Aktualität überprüft worden).

4 *Kommission* Vorschlag für eine Verordnung des Europäischen Parlaments und des Rates zur Schaffung eines Rahmens für die Überprüfung ausländischer Direktinvestitionen in der Europäischen Union COM(2017) 487 final, vom 13.09.2017.

5 Verordnung (EU) 2019/452 des Europäischen Parlaments und des Rates vom 19. März 2019 zur Schaffung eines Rahmens für die Überprüfung ausländischer Direktinvestitionen in der Union, ABl. L 79 I vom 21.03.2019, S. 1 ff.

6 EuGH, Urteil vom 08.11.2012, C-244/11 – Kommission/Griechenland, ECLI:EU:C:2012:694; EuGH, Urteil vom 10.11.2011, C-212/09 – Kommission/Portugal, ECLI:EU:C:2011:717; EuGH, Urteil vom 11.11.2010, C-543/08 – Kommission/Portugal, ECLI:EU:C:2010:669; EuGH, Urteil vom 08.07.2010, C-171/08 – Kommission/

sicherten sich Staaten besondere Entscheidungs- oder Vetorechte an privatisierten Unternehmen durch Sonderaktien zu, mit denen unter anderem aus Gründen der öffentlichen Ordnung oder Sicherheit ungewünschte Investitionen verhindert werden können.[7] Eine konkretere Definition ist nicht möglich, da die nationalen Regelungssysteme auf verschiedene Weise ausgestaltet sind.[8] In Deutschland verstießen in diesem Zusammenhang beispielsweise Regelungen des VW-Gesetzes gegen die Kapitalverkehrsfreiheit.[9]

Ergänzt oder ersetzt wurden „goldene Aktien" durch allgemeine Investitionskontrollen. Der zunehmende Fokus auf Investitionskontrollen zum Schutz der nationalen Sicherheit bzw. öffentlichen Ordnung ist keine rein europäische Entwicklung, sondern ist vielmehr unter dem Begriff der „national security reviews" im Wirtschaftsverkehr global festzustellen.[10] Eine Diskrepanz ergibt sich in der Entwicklung jedoch zwischen Industrie- und Entwicklungsstaaten; nur erstere verschärfen mehrheitlich die Regulierung von Direktinvestitionen.[11] Daneben beschleunigte die COVID-19-Pandemie die Entwicklung von Investitionsregimen in vielen Staaten[12] und führte dazu, dass die Europäische Kommission ihren Ton im Hinblick auf die Notwendigkeit von Investitionskontrollen verschärfte.[13] Besonders Mitgliedstaaten

---

Portugal, ECLI:EU:C:2010:412; EuGH, Urteil vom 26.03.2009, C-326/07 – Kommission/Italien, ECLI:EU:C:2009:193; EuGH, Urteil vom 28.09.2006, C-282/04 u. 283/04 – Kommission/Niederlande, ECLI:EU:C:2006:608; EuGH, Urteil vom 02.06.2005, C-174/04 – Kommission/Italien, ECLI:EU:C:2005:350; EuGH, Urteil vom 13.05.2003, C-98/01 – Kommission/Vereinigtes Königreich, ECLI:EU:C:2003:273; EuGH, Urteil vom 13.05.2003, C-463/00 – Kommission/Spanien, ECLI:EU:C:2003:272; EuGH, Urteil vom 04.06.2002, C-503/99 – Kommission/Belgien, ECLI:EU:C:2002:328; EuGH, Urteil vom 04.06.2002, C-483/99 – Kommission/Frankreich, ECLI:EU:C:2002:327; EuGH, Urteil vom 04.06.2002, C-367/98 – Kommission/Portugal, ECLI:EU:C:2002:326.

7 Vgl. Definition der *OECD* Corporate Governance – A Policy Maker's Guide to Privatisation, Chap. 5, "Golden Shares".

8 *Ruge* EuZW 2002, 421 (421).

9 EuGH, Urteil vom 23.10.2007, C-112/05 – Kommission/Deutschland, ECLI:EU:C:2007:623, Rn. 81.

10 Vgl. *Heath* The Yale Law Journal 2020, 1020 (1022).

11 Vgl. *UNCTAD* World Investment Report 2021, S. 110 f.

12 Vgl. *UNCTAD* World Investment Report 2021, S. 111.

13 Vgl. *Kommission* Mitteilung, Leitlinien für die Mitgliedstaaten betreffend ausländische Direktinvestitionen, freien Kapitalverkehr aus Drittländern und Schutz der strategischen Vermögenswerte Europas im Vorfeld der Anwendung der Verordnung (EU) 2019/452 über die Überprüfung ausländischer Direktinvestitionen, (2020/C 99 I/01), S. 1; *Kommission* Mitteilung, Die koordinierte wirtschaftliche Reaktion auf die COVID-19-Pandemie, COM(2020) 112 final, vom 13.03.2020, S. 2.

mit einem großen Technologiesektor unterstützten einen EU-weiten Kooperationsmechanismus.[14] Deutschland hatte bereits vor dem Kommissionsvorschlag bzw. der endgültigen FDI-RahmenVO sowie vor dem Inkrafttreten des Vertrags von Lissabon 2009 eine Investitionsprüfung in Form einer sektorübergreifenden Prüfung von Unternehmenserwerben im AWV eingeführt.[15] Auch elf weitere Mitgliedstaaten führten zum Zeitpunkt des Kommissionsvorschlags bereits Investitionskontrollen durch.[16]

In diesem Zusammenhang wurden insbesondere chinesische Übernahmen von zumeist mittelständischen deutschen Technologie-Unternehmen in der öffentlichen Debatte im Hinblick auf die Industriestrategie „Made in China 2025“[17] breit diskutiert.[18] Auch wenn vor allem chinesische Übernahmen in den Fokus von Medien gelangt sind, so wurden auch Übernahmen aus anderen Ländern häufiger einer Prüfung unterzogen.[19] Zuletzt betraf dies die Anwendung der Investitionskontrolle auf Russland und Belarus.[20] Insgesamt haben sich die jährlichen Fallzahlen seit 2017

---

14 *Chan/Meunier* The Review of International Organizations 2021, Chap. 6.

15 Dreizehntes Gesetz zur Änderung des Außenwirtschaftsgesetzes, BGBl. I 2009, S. 770 ff. vom 23.04.2009.

16 *Kommission* Commission Staff Working Document, SWD(2017) 297 final, vom 13.09.2017, S. 7. Namentlich waren dies Österreich, Dänemark, Finnland, Frankreich, Lettland, Litauen, Italien, Polen, Spanien und das Vereinigte Königreich.

17 Vgl. die Homepage des Staatsrats der Volksrepublik China zu „Made in China 2025“, http://english.www.gov.cn/2016special/madeinchina2025/.

18 Exemplarisch hierzu sind die angedrohte Untersagung der Übernahme der Leifeld Metal Spinning GmbH sowie die Untersagungen der Übernahme der IMST GmbH und der Heyer Medical AG. Siehe hierzu Kapitel F. I. 3. a) bb) (3) (bb).

19 *BMWK* Investitionsprüfungen in Deutschland: Zahlen und Fakten, Stand: 24.03.2022, S. 5, https://www.bmwk.de/Redaktion/DE/Publikationen/Aussenwirtschaft/investitionsprufung-in-deutschland-zahlen-und-fakten.pdf?__blob=publicationFile&v=10.

20 *Kommission* Mitteilung, Leitlinien für die Mitgliedstaaten betreffend ausländische Direktinvestitionen aus Russland und Belarus angesichts der militärischen Aggression gegen die Ukraine und der in den jüngsten Verordnungen des Rates über Sanktionen festgelegten restriktiven Maßnahmen (Verordnung (EU) Nr. 833/2014 des Rates über restriktive Maßnahmen angesichts der Handlungen Russlands, die die Lage in der Ukraine destabilisieren (ABl. L 229 vom 31.07.2014, S. 1) und ihre Änderungen sowie Verordnung (EG) Nr. 765/2006 des Rates vom 18. Mai 2006 über restriktive Maßnahmen angesichts der Lage in Belarus (ABl. L 134 vom 20.05.2006, S. 1 und ihre Änderungen), ABl. C 151 I vom 06.04.2022, S. 1 ff.

verfünffacht.[21] Der Trend ist weiter steigend.

Der europäische Gesetzgeber erließ 2019 eine Verordnung zur Regelung der nationalen Investitionskontrollen. Die *Verordnung (EU) 2019/452 vom 19. März 2019 zur Schaffung eines Rahmens für die Überprüfung der ausländischen Direktinvestitionen in der Union*[22] (im Folgenden: FDI-RahmenVO[23]) soll Vorgaben hinsichtlich der Ausgestaltung mitgliedstaatlicher Investitionskontrollen machen. Daneben wird gem. Art. 6 und Art. 7 FDI-RahmenVO ein Kooperationsmechanismus zwischen den Mitgliedstaaten und der Kommission errichtet. Mittlerweile haben 18 Mitgliedstaaten einen Investitionskontrollmechanismus bei der Kommission entsprechend der Verpflichtung aus Art. 3 VII FDI-RahmenVO notifiziert.[24] Zuletzt befanden sich Belgien, Irland und Zypern in Gesetzgebungsverfahren zur Einführung eines Investitionskontrollregimes.[25] Gänzlich ohne Intention einen Investitionskontrollmechanismus einzuführen, verbleiben damit nur noch Bulgarien und Kroatien.[26] Die FDI-RahmenVO habe somit „ein regelrechtes Investitionskontrollfieber ausgelöst".[27] Mit der *Fünfzehnten Verordnung zur Änderung der Außenwirtschaftsverordnung* (AWV)[28] und der *Sechzehnten Verordnung zur Änderung der Außenwirtschaftsverordnung*

21 *BMWK* Investitionsprüfungen in Deutschland: Zahlen und Fakten, Stand: 24.03.2022, S. 9, https://www.bmwk.de/Redaktion/DE/Publikationen/Aussenwirtschaft/investitionsprufung-in-deutschland-zahlen-und-fakten.pdf?__blob=publicationFile&v=10.

22 Verordnung (EU) 2019/452 des Europäischen Parlaments und des Rates vom 19. März 2019 zur Schaffung eines Rahmens für die Überprüfung ausländischer Direktinvestitionen in der Union, ABl. L 79 I vom 21.03.2019, S. 1 ff.

23 Eine einheitliche Abkürzung hat sich bisher nicht durchgesetzt. Weitere genutzte Abkürzungen in der Literatur lauten u. a.: ADI-Verordnung; InvÜbVO; Screening-VO).

24 *Kommission* Liste der notifizierten mitgliedstaatlichen Überprüfungsmechanismen gem. Art. 3 VIII FDI-RahmenVO https://trade.ec.europa.eu/doclib/docs/2019/june/tradoc_157946.pdf (Stand: 10.05.2022).

25 Vgl. in Irland: *Screening of Third Country Transaction Bill 2022,* Bill Nr. 77 of 2022; in Belgien: *Draft Federal FDI Screening Act* vom 23.02.2021; in Zypern: *The Establishment of a Framework for the Screening (Control) of Foreign Direct Investments in the Republic of Cyprus Law of 2022* vom 22.09.2022.

26 Vgl. *Kommission* Bericht, Erster Jahresbericht über die Überprüfung ausländischer Direktinvestitionen in der Union, COM(2021) 714 final, vom 23.11.2021.

27 *Hindelang* EuZW 2021, 321 (322).

28 Fünfzehnte Verordnung zur Änderung der Außenwirtschaftsverordnung, BAnz AT 02.06.2020 V1.

wurde die deutsche Investitionsprüfung an Regelungen der FDI-RahmenVO „angepasst".[29]

Daneben ist mit dem Verordnungsvorschlag COM(2021) 223 final die Einführung eines weiteren Kontrollmechanismus auf Unionsebene für diejenigen Investitionen, die durch den Binnenmarkt verzerrende drittstaatliche Subventionen ermöglicht wurden, geplant.[30] Dieser wird die Investitionskontrolle der FDI-RahmenVO um eine Investitionskontrolle bezüglich wettbewerbsverfälschender Direktinvestitionen[31] ergänzen.[32] Nur am Rande soll diese jüngst als Verordnungsvorschlag eingebrachte Kontrolle behandelt werden, denn der Regelungszweck des Verordnungsvorschlags, nämlich die Verhinderung drittstaatsfinanzierter Übernahmen von europäischen Unternehmen, war zuvor bereits im Gesetzgebungsverfahren der FDI-RahmenVO diskutiert worden und ist bei der Auslegung der Faktoren des Art. 4 II FDI-RahmenVO zu berücksichtigen.[33]

Die vorliegende Arbeit wird das primäre und sekundäre Unionsrecht im Bereich von Direktinvestitionen untersuchen. Hierzu wird in Kapitel B. zunächst der Begriff der „ausländischen Direktinvestition" bestimmt werden, welcher auf verschiedenen rechtlichen Ebenen vorausgesetzt wird. Die Legaldefinition in Art. 2 Nr. 1 FDI-RahmenVO schafft eine aktuelle Definitionsquelle des Direktinvestitionsbegriffs im Sekundärrecht und ergänzt diesen mit der Definition des ausländischen Investors in Art. 2 Nr. 2 FDI-RahmenVO.

Die Unionskonformität nationaler Investitionskontrollen ist im Schrifttum bisher ungeklärt; unterschiedliche Kompetenznormen werden als einschlägig betrachtet; diese sind verbunden mit unterschiedlichen Zuständigkeitsverteilungen.[34] Die FDI-RahmenVO hat hierzu neuen Diskussionsstoff geliefert und die bisherige Rechtslage verändert.[35] Kapitel C. untersucht den Einklang der

---

29 Sechzehnte Verordnung zur Änderung der Außenwirtschaftsverordnung, BAnz AT 28.10.2020 V1.

30 *Kommission* Vorschlag für eine Verordnung des Europäischen Parlaments und des Rates über den Binnenmarkt verzerrende drittstaatliche Subventionen, COM(2021) 223 final, vom 05.05.2021, Art. 17 ff. Siehe zum Verhältnis, Kapitel F. I. 3. b) bb) (3).

31 Der Verordnungsvorschlag COM(2021) 223 final verwendet den Begriff Direktinvestition nicht, sondern orientiert sich am Begriff „Kontrolle", wie ihn auch die FKVO nutzt.

32 Vgl. *Kommission* COM(2021) 223 final, vom 05.05.2021, Begründung zum Vorschlag, S. 6.

33 Siehe Kapitel F. I. 3. B) bb) (3).

34 Siehe Kapitel C. III.

35 Siehe Kapitel D. IV.

Verordnung mit dem primärrechtlichen Kompetenzgefüge und deren Einfluss wiederum auf die kompetenziellen Grenzen für Mitgliedstaaten und Union.

Anschließend wird die Wechselwirkung zwischen FDI-RahmenVO und materiell-rechtlichen Grenzen durch Grundfreiheiten und EU-Grundrechte in Kapitel D. untersucht. Die Verordnung wird durch diese begrenzt, gleichsam konkretisiert bzw. ersetzt deren Maßstab gegenüber den Mitgliedstaaten. Dies wirkt sich auf den zukünftigen nationalen Prüfungsmaßstab von Investitionskontrollen aus.

Abschließend werden die materiellen Vorgaben an die mitgliedstaatlichen Investitionskontrollmechanismen in Kapitel F. thematisiert. Da die Verordnung keine eigene Kontrolle vorsieht, bleibt die finale Überprüfung im Machtbereich der Mitgliedstaaten. Deutschland hat dabei mittlerweile einige Vorgaben im Außenwirtschaftsgesetz (AWG) und in der Außenwirtschaftsverordnung (AWV) umgesetzt.[36] Mit einer Liste von inzwischen 27 Regelbeispielen in § 55a II AWV würde die Befassung mit den konkreten Faktoren in der deutschen „sektorübergreifenden" Investitionskontrolle den Rahmen dieser Arbeit überschreiten. Auf die deutsche Investitionskontrolle wird deshalb nur insoweit eingegangen, wie dies für eine exemplarische Untersuchung der europäischen Umsetzungspflichten zweckmäßig erscheint. Nicht thematisiert werden soll das nationale Investitionskontrollrecht, sofern es nicht spezifisch auf europäischen Vorgaben oder Vorschlägen beruht.

36 Grundlegend zuletzt: Erstes Gesetz zur Änderung des Außenwirtschaftsgesetzes und anderer Gesetze, BGBl. I 2020, S. 1637 ff. vom 10.07.2020; Siebzehnte Änderung der Außenwirtschaftsverordnung vom 27.04.2021, BAnz AT 30.04.2021 V1.

B. Ausländische Direktinvestition

Den grundlegenden Begriff der Investitionskontrollen stellt die „Ausländische Direktinvestition" dar. Diese Begrifflichkeit verwendet neben der FDI-RahmenVO auch das EU-Primärrecht in den Kompetenznormen Art. 207 I AEUV und Art. 64 AEUV.[37] Die Definitionen der FDI-RahmenVO und des Primärrechts müssen sich nicht decken, solange der Sekundärrechtsakt dadurch nicht über den Umfang seiner Ermächtigungsgrundlage hinausgeht. Neben der Bedeutung für die Kompetenzen im Primärrecht und die Reichweite der Verordnung, kann die Begrifflichkeit auch bei der Abgrenzung von Niederlassungs- und Kapitalverkehrsfreiheit eine Rolle spielen.[38] Spätestens seit der Herabsetzung der Prüfschwelle auf den Erwerb von 10 Prozent der Stimmrechte in § 56 I Nr. 1 AWV,[39] ist der Direktinvestitionsbegriff und die hieran anknüpfende Anwendung der Grundfreiheiten auch für die deutsche Investitionskontrolle von Bedeutung.

I. Allgemeine Einführung

Nach dem Großen Wirtschaftslexikon von Vahlens ist eine ausländische Direktinvestition „eine internationale Kapitalbewegung, die mit der Absicht vorgenommen wird, einen unmittelbaren, dauerhaften Einfluss auf die Geschäftstätigkeit des kapitalnehmenden Unternehmens zu erhalten bzw. einem Unternehmen, an dem der Investor maßgeblich beteiligt ist, neue Mittel zuzuführen."[40] Das außenwirtschaftsrechtliche Handeln der Staaten und der EU findet im Spannungsfeld zahlreicher völkerrechtlicher Verpflichtungen statt; hierzu ist ein möglichst globales, mindestens aber unionales Verständnis des Direktinvestitionsbegriffs notwendig. Eine rechtsvergleichende und politisch sensible Auslegung ist notwendig, weil eine isolierte Auslegung des Begriffes zu ungewollten Gegenmaßnahmen oder ebenfalls extensiver Auslegung führen kann, welche die Begriffs- und Prüfungserweiterung im Wechselspiel verschärft.[41] Da Staaten

---

37 Siehe Kapitel C. II.

38 Siehe Kapitel E. II. 2.

39 Diese gilt für Unternehmen, die unter die Regelbeispiel gem. § 55a I Nr. 1–7 AWV fallen.

40 *Vahlens* Großes Wirtschaftslexikon 1987 Bd. 1, S. 139.

41 Siehe Kapitel F. I. b) bb).

ihre Wirtschaftspolitik auch im Hinblick auf die Maßnahmen anderer Staaten abstimmen, können und sollten (mögliche) Maßnahmen der Gegenseite bei der Auslegung im Blick behalten werden. Ein extensives Verständnis von ausländischen Direktinvestitionen und deren Kontrolle kann Anlass zu ähnlicher Auslegung bei Handelspartnern führen. Reziprozität ist dabei nicht nur ein Prinzip, sondern auch Auslegungshilfe im Bereich des Völkerrechts.[42] Dies darf sich nicht nur auf völkerrechtliche Dokumente/Rechtsakte beschränken, sondern muss auch für nationale Regelungen gelten, die einer auf Aktion und Reaktion basierenden internationalen Entwicklung entstammen. Das Begriffsverständnis kann im internationalen Kontext nur als Auslegungshinweis dienen. Staaten können mittels extensiver Auslegung des Direktinvestitionsbegriffs Investitionen stark oder mittels einer engen Begriffsauslegung weniger stark beschränken als ihre Handelspartner. Allein der Prüfungsgegenstand der Investitionsregime innerhalb der EU unterscheidet sich teilweise deutlich.[43] Ein allgemeines Beispiel für einen Reziprozitätsverzicht stellt die Kapitalverkehrsfreiheit gem. Art. 63 I AEUV dar.[44] Der Kapitalverkehr zwischen Mitgliedstaaten und Drittstaaten ist nach Unionsrecht grundsätzlich frei; unabhängig davon, ob diese ihren Markt auch für die EU-Mitgliedstaaten geöffnet haben.[45] Nur unter den Voraussetzungen des Art. 64 III AEUV sind Rückschritte der Liberalisierung des Kapitalverkehrs möglich.

Die EU-Vertragsparteien entschieden sich, den europäischen Binnenmarkt für Kapital aus Drittstaaten grundsätzlich einseitig zu öffnen. Dieser Grundgedanke muss von den Mitgliedstaaten und dem Unionsgesetzgeber entsprechend berücksichtigt werden.

Da es an einer Legaldefinition der „ausländischen Direktinvestition" im europäischen Primärrecht fehlt, bedarf es einer Auswertung anderer Rechtsquellen, um den Begriff auszulegen. Eine Abgrenzung von anderen Klassifikationen zur

---

42 *Reinhardt* Die Auslegung der völkerrechtlichen Verträge der Europäischen Union, S. 12 – dieser bezeichnet Reziprozität als „Meta-Prinzip". Zur Durchführung von Investitionskontrollen um Reziprozität durchzusetzen, siehe Kapitel F. I. 3. b) bb) (2).

43 So wird in Deutschland der Erwerb oder die Beteiligung an einem „inländischen Unternehmen" gem. § 55 AWV im Rahmen der Investitionskontrolle geprüft. In anderen Ländern wie Frankreich, Spanien oder Italien können auch der Erwerb einzelner Vermögensgegenstände eine Investitionskontrolle auslösen.

44 *Lecheler/Germelmann* Zugangsbeschränkungen für Investitionen aus Drittstaaten im deutschen und europäischen Energierecht, S. 114.

45 *Ress/Krusow* in: Grabitz/Hilf/Nettesheim (Hrsg.), Das Recht der Europäischen Union, Art. 63 AEUV, Rn. 228.

Begriffsdefinition kann dabei entweder dadurch geschehen, dass alles andere eine „Nicht-Direktinvestition" darstellt oder dass nach einem Gegensatzbegriff gesucht wird. Einen solchen Gegensatzbegriff gibt es für die Direktinvestition in der Wirtschaftswissenschaft: die Portfolioinvestition. Die Unterscheidung von ausländischer Direktinvestition und Portfolioinvestition macht nicht nur bei der wirtschaftswissenschaftlichen Betrachtung Halt, sondern tritt spiegelbildlich auch auf rechtlicher Seite auf.

Die Unterscheidung zwischen beiden Investitionsformen spielt bei den Kompetenznormen Art. 207 AEUV und Art. 64 AEUV sowie den Grundfreiheiten der Niederlassungs- und Kapitalverkehrsfreiheit eine wichtige Rolle; jedoch nennt das Primärrecht den Begriff der Portfolioinvestition an keiner Stelle. Hier zeigt sich die Verknüpfung der wirtschaftswissenschaftlichen mit der juristischen Begriffsfindung. Das Unionsrecht grenzt die Direktinvestition von einer Begrifflichkeit ab, die in der geschriebenen Rechtsordnung nicht existiert. Die FDI-RahmenVO erwähnt hingegen in Erwägungsgrund Nr. 9 die Portfolioinvestition und grenzt diese ausdrücklich aus dem Anwendungsbereich aus. Auch völkerrechtliche Verträge kennen Unterscheidungen zwischen den beiden Investitionsformen.[46]

Definitionen externer aber international anerkannter Rechtsquellen sowie Definitionen des europäischen Sekundärrechts können zur Begriffsbestimmung dienen. Beiden Definitionsquellen wohnen jedoch Nachteile inne: Erstere entstammen nicht dem europäischen Regelungssystem, letztere sind dem Primärrecht und dessen Definitionsverständnis nachrangig. Das Begriffsverständnis, das der FDI-RahmenVO zugrunde liegt, wird durch die Legaldefinition der ausländischen Direktinvestition in Art. 2 Nr. 1 FDI-RahmenVO bestimmt. Die folgende Analyse bestehender Definitionsquellen soll helfen, den Direktinvestitionsbegriff im internationalen Kontext darzustellen. Als Regelungsmaterie der gemeinsamen Handelspolitik kommt er in diesem zur Anwendung. Das juristische Begriffsverständnis auf EU- und Mitgliedstaatsebene[47] wird im

---

46 *Sornarajah* The International Law on Foreign Investment, S. 196 f. Vgl. ASEAN-India Investment Agreement Art. 4, dieses erlaubt Ausnahmen bezüglich des Schutzes von Portfolioinvestitionen; vgl. Indian Model BIT Art. 1.4 I, https://investmentpolicyhub.unctad.org/Download/TreatyFile/3560.

47 *Kommission* Commission Staff Working Document, SWD(2017) 297 final, vom 13.09.2017; Zwölfte Verordnung zur Änderung der Außenwirtschaftsverordnung vom 18.01.2019, BT-Drs. 19/7139, S. 62, 68; *Deutsche Bundesbank* Methodological notes on foreign direct investment https://www.bundesbank.de/resource/blob/798350/272c026ee4986284fc8e72e8b224befd/mL/methodische-erlaeuterungen-direktinvestitionen-data.pdf.

Wesentlichen von den Definitionen des IMF und der OECD bestimmt.[48] Daneben sollte der Direktinvestitionsbegriff der WTO nicht vernachlässigt werden, weil sich Investitionskontrollen auch am Maßstab internationaler Handelsverpflichtungen messen lassen müssen.[49]

II. Internationale Währungsfonds (IMF)

Der Internationale Währungsfonds (IMF) definiert in seinem Glossar und dem *Balance of Payments and International Investment Position Manual* die ausländische Direktinvestition als eine Investition, die ein (Direkt-)Investor in einer anderen Volkswirtschaft als der eigenen tätigt, die geprägt ist von einer länger bestehenden Beziehung zwischen Investor und Zielunternehmen und die sich auch durch einen bestimmten Grad an Einfluss auf die Unternehmensführung des erworbenen Unternehmens auszeichnet:[50]

> *Direct investment is a category of cross-border investment associated with a resident in one economy having control or a significant degree of influence on the management of an enterprise that is resident in another economy.*[51]

Dabei geht der Internationale Währungsfonds bei einem Anteil von mindestens 10 Prozent der Stimmrechte von einer ausreichenden Direktinvestitionsbeziehung zwischen Investor und Zielunternehmen aus.[52] Diese Schwelle darf jedoch nicht als formale Grenze verstanden werden – entscheidend ist die Kontrolle über die Unternehmensführung des Zielunternehmens.[53] Diese stellt das maßgebliche Kriterium zur Unterscheidung der Direktinvestition von der

---

48 Vgl. ausdrücklich *GA Sharpston* Schlussantrag vom 21.12.2016, Gutachten 2/15, ECLI:EU:C:2016:992, Rn. 320; *GA Jässkinen* Schlussantrag vom 24.10.2013, C-80/12 – Felixstowe Dock and Railway Company, Rn. 23.

49 Vgl. ausführlich zu den völkerrechtlichen Regeln zu Direktinvestitionskontrollen, *Kretzschmar* Die Überprüfung drittstaatlicher Unternehmensakquisitionen zum Schutz der öffentlichen Ordnung und Sicherheit in der Europäischen Union, S. 587 ff.

50 *IMF* Glossary of Foreign Direct Investment, S. 3, „Direct Investment", https://www.imf.org/external/np/sta/di/glossary.pdf; IMF Balance of Payments and International Investment Position Manual, S. 100, Rn. 6.8 ff.

51 *IMF* Balance of Payments and International Investment Position Manual, S. 100, Rn. 6.8.

52 *IMF* Glossary of Foreign Direct Investment, S. 3, „Direct Investment Enterprise", https://www.imf.org/external/np/sta/di/glossary.pdf.

53 Vgl. *IMF* Balance of Payments Manual and International Investment Position Manual, S. 85, Rn. 363.

Portfolioinvestition dar. Eine Beziehung ohne oder mit nur geringem Einfluss ist folglich nur eine Portfolioinvestition.

III. Welthandelsorganisation (WTO)

Im GATT-Abkommen (General Agreement on Tariffs and Trade) finden sich weder Definitionen noch andere Hinweise zu den ausländischen Direktinvestitionen. Auch unmittelbar investitionsbezogene Regelungen sind hierin nicht enthalten.[54] Ein Investitionsabkommen besteht nur hinsichtlich Warenhandelsinvestitionen.[55] Das Fehlen eines umfassenden Investitionsabkommens im Wirkungsbereich der Welthandelsorganisation (WTO) lässt sich vor allem auf die widerlaufenden Interessen von Entwicklungsländern und Industriestaaten zurückführen.[56]

Die WTO hat jedoch eine Definition der ausländischen Direktinvestition in einem ihrer Jahresberichte vorgenommen. In ihrem 1. Jahresbericht von 1996 wird der Kontrollcharakter von Direktinvestitionen hervorgehoben:

> *Foreign direct investment (FDI) occurs when an investor based in one country (the home country) acquires an asset in another country (the host country) with the intent to manage that asset.*[57]

Eine Direktinvestition ist demnach eine Investition, bei welcher der Investor Einfluss auf das Zielunternehmen gewinnen und ausüben will.[58] Eine pauschale Grenze, ab welchem Stimmrechtsanteil von einer solchen Kontrolle gesprochen werden kann, wird nicht genannt. Ausländische Direktinvestitionen unterscheiden sich damit von Portfolioinvestitionen durch die Einflussnahme auf das Zielunternehmen und die nicht nur auf Rendite gerichtete Zielsetzung.

---

54 *Wolf* in: Tietje/Kraft/Sethe (Hrsg.), Beiträge zum Transnationalen Wirtschaftsrecht, 2006 (61), S. 15 f.

55 Art. 1 Übereinkommen über handelsbezogene Investitionsmaßnahmen (TRIMS), ABl. L 336 vom 23.12.1994, S. 100 ff., „Dieses Übereinkommen gilt nur für handelsbezogene Investitionsmaßnahmen (in diesem Übereinkommen ‚TRIMs' genannt)".

56 *Croom* Reshaping the World Trading System, S. 138 f.

57 *WTO* Annual Report 1996 (1), S. 46 Box IV.1.

58 *WTO* Press/57 vom 09.10.1996, „Trade and foreign direct investment"; WTO, Annual Report 1996 (1), S. 46.

IV. Organisation für wirtschaftliche Zusammenarbeit und Entwicklung (OECD)

Auch die Organisation für wirtschaftliche Zusammenarbeit und Entwicklung (OECD) hat die ausländische Direktinvestition definiert. In der *Benchmark Definition of Foreign Direct Investment* heißt es:

> *Foreign direct investment reflects the objective of establishing a lasting interest by a resident enterprise in one economy (direct investor) in an enterprise (direct investment enterprise) that is resident in an economy other than that of the direct investor. The lasting interest implies the existence of a long-term relationship between the direct investor and the direct investment enterprise and a significant degree of influence on the management of the enterprise.*[59]

Dieser Definition zufolge stellt eine ausländische Direktinvestition eine Investition in die Wirtschaft eines fremden Landes dar, die dem Investor einen gewissen Grad an Einflussnahme beim Zielunternehmen verschafft. Die Investition soll nicht auf kurzfristige Rendite abzielen, sondern eine langfristige Beziehung zwischen Investor und Zielgesellschaft erschaffen. Auch die OECD sieht die Schwelle des Einfluss für eine Direktinvestition in der Regel bei 10 Prozent der Stimmrechtsanteile erreicht.[60] Gleichzeitig würdigt diese Definition das Merkmal der Einflussnahme primär; d. h. auch Stimmrechtsanteile von unter 10 Prozent können theoretisch schon zu ausreichendem Mitspracherecht über das Zielunternehmen verhelfen sowie Stimmrechtsanteile von über 10 Prozent noch keine ausreichende Einflussnahme ermöglichen.[61] Da die OECD-Guidelines jedoch brauchbare Daten zu ausländischen Direktinvestitionen liefern sollen und dies nur durch vergleichbare Kriterien geschehen kann, geht die Statistik trotzdem vereinfachend von einer 10 Prozent-Schwelle aus.[62] Auf diese 10 Prozent-Schwelle der OECD bezog sich auch die *Zwölfte Verordnung zur Änderung der Außenwirtschaftsverordnung*, mit dem eine Absenkung der Kontrollschwelle auf nun 10 Prozent in der AWV einherging.[63] Daneben werden außerdem Reinvestitionen und Darlehen als Instrumente einer Direktinvestition benannt.[64] Auch die Bundesregierung bezieht sich auf die Definition der OECD.[65] Auch

59 *OECD* Benchmark Definition of Foreign Direct Investment 2008, Rn. 117.
60 *OECD* Benchmark Definition of Foreign Direct Investment 2008, Rn. 117.
61 *OECD* Benchmark Definition of Foreign Direct Investment 2008, Rn. 117 f.
62 *OECD* Benchmark Definition of Foreign Direct Investment 2008, Rn. 126.
63 BT-Drs. 19/7139 vom 18.01.2019, Begründung, S. 62.
64 *OECD* Benchmark Definition of Foreign Direct Investment 2008, Rn. 118.
65 Vgl. BT-Drs. 19/9484 vom 16.04.2019, Antwort zu Fragen 2 und 4.

die Auffassung, dass bereits bei unter 10 Prozent Stimmrechtserwerb ein Kontrollerwerb vorliegen kann, hat sich im AWV durch den Tatbestand des „atypischen Kontrollerwerbs“ in § 56 III AWV manifestiert.[66] Die OECD-Definition ist damit für den deutschen Gesetzgeber die maßgebliche Quelle für den Begriff der ausländischen Direktinvestition.

V. Definition in der Literatur

In der juristischen Literatur wird vor allem auf die bereits genannten Quellen zurückgegriffen.[67] Dabei kommt der Abgrenzung der Gegenbegriffe Portfolioinvestition und Direktinvestition eine wichtige Bedeutung zu: Häufig ist in Investitionsschutzverträgen nur die Rede von „Investitionen“, weshalb geklärt werden muss, ob damit beide Formen des Investments gemeint sind.[68] Portfolioinvestitionen sollen lediglich der Kapitalanlage und damit der verbundenen Gewinnerzielung dienen, während bei einer Direktinvestition die unternehmerische Gestaltungsmacht über das Zielunternehmen angestrebt wird.[69] Das Zielunternehmen muss unter die Kontrolle oder zumindest unter eine Teilkontrolle des Investors gelangen.[70] Die *Encyclopedia of Public International Law* definiert die ausländische Investition nur als Transfer von Gütern im Gegenzug für eine direkte oder indirekte Beteiligung an den Gewinnen des Zielunternehmens.[71] Anschließend wird die Auslandsinvestition in Portfolioinvestitionen und Direktinvestitionen unterteilt – Abgrenzungsmerkmal stellt die betriebliche Kontrolle dar, insbesondere in Form von Stimmmacht im Unternehmen. Hierzu seien laut der Enzyklopädie in der Regel 25 Prozent Stimmanteil notwendig.

---

66 Zu diesem Tatbestand ausführlich *Bürger/Uzuncakmak* NZKart 2022, 63 ff.

67 Vgl. *Herrmann* EuZW 2010, 207 (208 f.); *Cottier/Trinberg* in: Von der Groeben/Schwarze/Hatje (Hrsg.), Europäisches Unionsrecht, Art. 207 AEUV, Rn. 56.

68 Vgl. *Sornarajah* ICSID Review 2009, 516 (517 f.); *Salacuse* Harvard International Law Journal 2017 (58), 127 (134).

69 *Weiß* in: Grabitz/Hilf/Nettesheim (Hrsg.), Das Recht der Europäischen Union, Art. 207 AEUV, Rn. 45; *Baumgartner* Treaty Shopping in International Investment Law, S. 141, Portfolioinvestitionen sind „non-controlling minority share-holdings“.

70 *Sornarajah* The International Law on Foreign Investment, S. 8; *Tietje* in: Tietje/Gerhard Kraft (Hrsg.), Beiträge zum Transnationalen Wirtschaftsrecht 2009 (83), S. 15.

71 Vgl. *Riesenfeld* in: Bernhardt (Hrsg.), Encyclopedia of Public International Law Bd. 8, S. 246, „a transfer of funds or materials from one country (called capital-exporting country) to another country (called host country) in return for a direct or indirect participation in the earnings of that enterprise“.

Besonderer Begriffsbestandteil der „Ausländischen Direktinvestition" im unionsrechtlichen Kontext ist, dass der Begriff nicht das gesamte Ausland aus Sicht des Mitgliedstaats, in welchem die Investition getätigt werden soll, umfasst, sondern das Unionsausland, also nur sog. „Drittstaaten".[72] Dies ist ein wesentlicher Unterschied zur Begrifflichkeit in anderen Kontexten.

Im Weiteren soll auf eine umfangreiche Darstellung von Definitionen in der Literatur verzichtet werden, da die unterschiedlichen Grenzsetzungen von Stimmrechtsanteilen zahlreich sind, jedoch keinen Mehrwert liefern. Sie beziehen sich auf die bereits dargestellten Rechtsquellen[73]. Sofern unverbindliche Mindeststimmrechtsschwellen genannt werden, liegen diese in einem Bereich zwischen mindestens 10 Prozent und 30 Prozent der Stimmrechtsanteile.[74]

VI. Definition im Unionsrecht

Zwar setzt das Primärrecht die Begrifflichkeit „Direktinvestition" in den Art. 64, 206, 207 AEUV voraus, die Begrifflichkeit wird jedoch an keiner Stelle des Primärrechts definiert. Das Statistische Amt der Europäischen Union (Eurostat) geht in seinem Glossar von einer ausländischen Direktinvestition aus, wenn der Investor mindestens 10 Prozent der Stammaktien oder Stimmrechte erwirbt.[75] Eine klare Begrenzung der Stimmrechtsanteile ist der Vereinfachung der statistischen Erhebung geschuldet; ein von Gerichten und Behörden angewandtes Gesetz kann jedoch unklarer und dadurch im Einzelfall gerechter sein als eine statistische Definition, sodass sich aus der klaren Aussage Eurostats keine verbindlichen Rückschlüsse (zumindest aber Tendenzen) für die tatsächliche Auslegung des rechtlichen Begriffes ableiten lassen.

---

72 *Ceyssens* Legal Issues of Economic Integration 2005, 259 (274), für den die Binnenmarktregelungen, wie z.B. die Grundfreiheiten, leges specialis zu den Regelungen mit Drittstaatsinvestitionen darstellen; *Herrmann* EuZW 2010, 207 (208); *Mayr* EuR 2015, 575 (590). Dieser Begriffsbegrenzung ist auch der Gesetzgeber in der Legaldefinition des Art. 2 II FDI-RahmenVO gefolgt.

73 Siehe Kapitel B. II, III, IV.

74 Für mindestens 10 Prozent: *Jones/Wren* Foreign Direct Investment and the Regional Economy, S. 25.

75 Eurostat Statistics Explained, Glossar, Ausländische Direktinvestition (ADI), https://ec.europa.eu/eurostat/statistics-explained/index.php?title=Glossary:Foreign_direct_investment_(FDI)/de.

1. Richtlinie 88/361 EWG (Kapitalverkehrsrichtlinie)

Die „ausländische Direktinvestition“ wurde im Sekundärrecht in Anlehnung an die OEDC-Definition beschrieben. In RL 88/361 EWG[76] findet sich am Schluss eine Nomenklatur, die wichtige Begriffe, die in den Bereich der Kapitalverkehrsfreiheit fallen, definiert:

> *Investments of all kinds by natural persons or commercial, industrial or financial undertakings, and which serve to establish or to maintain lasting and direct links between the person providing the capital and the entrepreneur to whom or the undertaking to which the capital is made available in order to carry on an economic activity. This concept must therefore be understood in its widest sense.*

Nach dieser Bestimmung muss bei einer Direktinvestition eine dauerhafte und direkte Wirtschaftsbeziehung zwischen Kapitalgeber und Zielunternehmen bestehen. Es muss sich nicht um eine vollständige Übernahme, sondern es kann sich auch nur um eine Beteiligung handeln. Ein konkreter Schwellenwert wird in der Richtlinie nicht genannt. Auch kommt nicht zum Ausdruck, wie stark die Beziehung zwischen Investor und Zielunternehmen sein muss. In diesem Zusammenhang spricht die Richtlinie auch von „Direktinvestitionen im weitesten Sinne“. Dabei werden unter I 3 der Nomenklatur auch „langfristige Darlehen“ unter den Begriff der „ausländischen Direktinvestition“ gefasst: Sie müssen mindestens eine Laufzeit von fünf Jahren aufweisen, um „Beteiligungscharakter“ zu erlangen. Bei Aktienunternehmen muss aber „nach den nationalen Vorschriften für Aktiengesellschaften oder aus anderen Gründen die tatsächliche Möglichkeit bestehen, sich an der Verwaltung der Gesellschaft oder an dessen Kontrolle zu beteiligen.“

Zwar kann das Sekundärrecht aufgrund der Normenhierarchie keine Begrifflichkeiten des Primärrechts verbindlich definieren, ihr soll jedoch nach Rechtsprechung des EuGH zumindest „Hinweischarakter“ zukommen.[77] Formal-rechtlich ist dies fraglich, da die Richtlinie zwar formell nicht aufgehoben wurde, aber ihre Rechtsgrundlage in Art. 67 EWG durch den Vertrag von Amsterdam verworfen wurde, sodass auch die Richtlinie ihre Wirkung verlor.[78]

---

76 RL 88/361/EWG des Rates vom 24. Juni 1988 zur Durchführung von Art. 67 des Vertrages, ABl. L 178 vom 08.07.1988, S. 5 ff.

77 EuGH, Urteil vom 04.06.2002, C-367/98 – Kommission/Portugal, ECLI:EU:C:2002:326, Rn. 38; EuGH, Urteil vom 16.03.1999, C-222/97 – Trummer und Mayer, ECLI:EU:C:1999:143, Rn. 20 f.

78 *Honrath* Umfang und Grenzen der Freiheit des Kapitalverkehrs, S. 24.

Da Art. 56 EGV jedoch den Inhalt des Art. 1 der Richtlinie im Wesentlichen übernahm, soll ihm weiterhin Richtschnurcharakter zukommen.[79] Da er der veralteten Richtlinie keine formale Bindungswirkung zuspricht, bestehen hiergegen keine rechtlichen Bedenken.[80] Die Richtlinie wurde nicht mit Verweis auf eine geänderte Direktinvestitionsdefinition aufgehoben. Wenn sich das Begriffsverständnis des EuGH seitdem nicht änderte, bleibt es zweckmäßig sich auf ehemals kodifizierte Definitionen zu beziehen.

2. Verordnung (EU) 2019/452 (FDI-RahmenVO)

Mit der FDI-RahmenVO soll im Rahmen des eingeführten europäischen Kooperationsmechanismus auch eine Definition der „ausländischen Direktinvestition" bereitgestellt werden. Mit der Definition soll laut Erwägungsgrund Nr. 9 FDI-RahmenVO eine große Bandbreite von Investitionen abgedeckt werden. Damit soll sichergestellt werden, dass keine Anwendungsbegrenzung der Investitionskontrollmechanismen durch ein zu enges Begriffsverständnis bewirkt wird.

Nach Art. 2 FDI-RahmenVO ist auf die dauerhafte und direkte Beziehung abzustellen, nicht auf die konkrete Form der Kapitalbeteiligung. Nur abstrakt wird eine Beziehung zwischen Investor und Zielunternehmen vorausgesetzt. Eine konkret bezifferte Stimmrechtsschwelle oder die Intensität der Kontrollgewalt wird nicht genannt:

> *'foreign direct investment' means investments of any kind by a foreign investor aiming to establish or to maintain lasting and direct links between the foreign investor and the entrepreneur to whom or the undertaking to which the capital is made available in order to carry on an economic activity in a Member State, including investments which enable effective participation in the management or control of a company carrying out an economic activity.*

Die Definition entspricht damit in weiten Teilen derjenigen in der Kapitalverkehrsrichtlinie. Teilweise wird jedoch von der Definition der Kapitalverkehrsrichtlinie eine geringe Abweichung erkannt. Während es in der Richtlinie

---

79 EuGH, Urteil vom 12.12.2006, C-446/04 – Test Claimants in the FII Group Litigation, ECLI:EU:C:2006:774, Rn. 179.

80 *Ukrow/Ress* in: Grabitz/Hilf/Nettesheim (Hrsg.), Das Recht der Europäischen Union, Art. 63 AEUV, Rn. 45 f., halten die Rechtsgrundlage der Art. 67 ff. EWG und die sekundärrechtliche Definition für „acquis communitaire" und verweisen auf die Kontinuität gem. Art. 13 I EUV. Art. 63 AEUV beinhalte als Verschlechterungsverbot keinen Rückschritt hinter der bisherigen Definition. Kritisch mit Verweis auf die Normhierarchie hingegen, *Kainer* Unternehmensübernahmen im Binnenmarktrecht, S. 63.

Voraussetzung sei, bei Aktienunternehmen die Möglichkeit zu haben, sich an der Kontrolle oder Verwaltung zu beteiligen, sei dies im Verordnungsentwurf lediglich ein Regelbeispiel und aufgrund des Einschubs des Wortes „einschließlich" erkennbar.[81] Hieraus könne abgeleitet werden, Portfolioinvestitionen im Sinne des Primärrechts seien vom Direktinvestitionsbegriff der FDI-RahmenVO umfasst.[82] Falls eine solche Lesart stimmig wäre, wäre diese aber im Wege primärrechtskonformer Auslegung zu beseitigen. Zu weit gehen würde es, eine Interpretation zu favorisieren, die gegen die Kompetenzordnung verstößt, wenn eine rechtskonforme Auslegung möglich erscheint. Letztlich spricht jedoch bereits Erwägungsgrund Nr. 9 dagegen, dass Portfolioinvestitionen jeglicher Art unter den Begriff fallen können.[83] Die ausdrückliche Ausnahme von Portfolioinvestitionen sah der Gesetzestext des Verordnungsvorschlags noch nicht vor, sodass eine andere Lesart durch weitere Klarstellung verhindert werden sollte.[84]

Mit der Formulierung „einschließlich" sollten laut *Günther* nur Missverständnisse verhindert werden, die dazu führen würden, Greenfield Investments[85] aus dem Anwendungsbereich auszunehmen.[86] Greenfield Investments werden den Direktinvestitionen grundsätzlich zugerechnet.[87] Diese Sichtweise entspricht auch dem Arbeitspapier zum Gesetzgebungsverfahren des Verordnungsentwurfs, das die grundsätzlich positiven Entwicklungen von ausländischen Direktinvestitionen hervorheben soll und dabei sowohl M&A-Deals als auch Greenfield Investments untersucht.[88] Von einer Abkehr der klassischen Unterscheidung von Portfolioinvestitionen und Direktinvestitionen ist demnach nicht auszugehen.

---

81 Vgl. *Brauneck* EuZW 2018, 188 (192).

82 *Brauneck* EuZW 2018, 188 (192), aber noch zum Verordnungsvorschlag.

83 Vgl. *Neergaard* in: Bourgeois (Hrsg.), EU Framework for Foreign Direct Investment Control, § 11.02 [A], S. 153.

84 Eine solche Klarstellung existierte aber bereits in der Begründung zum Verordnungsvorschlag, vgl. *Kommission* COM(2017) 487 final, vom 13.09.2017, S. 13.

85 Zur Definition und wirtschaftlichen Bedeutung in der EU, vgl. *Canton/Solera* European Economy Discussion Paper 2016 (33), S. 3 ff.

86 Vgl. *Günther* in: Tietje/Kraft/Kumpan (Hrsg.), Beiträge zum Transnationalen Wirtschaftsrecht, 2018 (157), S. 33.

87 Vgl. *Unsöld* Greenfield Investments vs. Crossborder M&A, S. 23.

88 *Kommission* Commission Staff Working Document, SWD(2017) 297 final, vom 13.09.2017.

Dem Ergebnis, dass Greenfield Investments von der Definition umfasst sind, ist vorbehaltlos zuzustimmen.[89] Jedoch ist dies nicht der eigentliche Zweck des Einschubs des Wortes „einschließlich". Es spricht mehr dafür, dass mit der Formulierung klargestellt werden soll, dass die FDI-RahmenVO sowohl Direktinvestitionen, die in den sachlichen Schutzbereich der Niederlassungsfreiheit fallen, als auch Direktinvestitionen, die in den Schutzbereich der Kapitalverkehrsfreiheit fallen, umfasst.[90] Grund dafür ist, dass einige Urteile des EuGH zur Abgrenzung von Kapitalverkehrs- und Niederlassungsfreiheit deutlich machen, dass die abstrakten Begrifflichkeiten Direktinvestition und Portfolioinvestition keinen Aufschluss darüber geben, welche der beiden Grundfreiheiten anwendbar ist.[91] Die Begrifflichkeit, sich „effektiv" an der Verwaltung oder Kontrolle zu beteiligen, wird dabei in einigen Urteilen als ein Merkmal der vom Kapitalverkehr geschützten Direktinvestition zur Unterscheidung von Direktinvestitionen, die einen noch höheren sog. „sicheren" Einfluss ermöglichen, angeführt.[92] Nur letztere liegen (auch) im sachlichen Anwendungsbereich der Niederlassungsfreiheit.[93] Dass die FDI-RahmenVO sich dieser in einigen Urteilen zentralen Unterscheidungsbegrifflichkeit bedient, kann nicht zufällig sein. Sie will daher zwar keine Zwischenkategorie „erschaffen",[94] sie orientiert sich aber an den bereits

---

89 A. A. *Brüggemann* DB 2019, 1131 (1133), einschränkend auf „besondere Fälle" im Hinblick auf den Wortlaut des Erwägungsgrunds Nr. 9 FDI-RahmenVO, nach dem die Investition in ein bestehendes Unternehmen erfolgen müsse.

90 Siehe vertieft zur Abgrenzung der Grundfreiheiten Kapitel E. II. c).

91 *Grundmann* Europäisches Gesellschaftsrecht, S. 96, spricht insoweit von einer mittlerweile gefestigten Rechtsprechung; in diesem Sinne auch *Haferkamp* Kapitalverkehrsfreiheit, S. 171 f.; a. A. *Wolff* Ausländische Staatsfonds, S. 156 f., nach der jede Direktinvestition in Abgrenzung zur Portfolioinvestition ein Niederlassungsvorgang ist.

92 EuGH, Urteil vom 10.11.2011, C-212/09 – Kommission/Portugal, ECLI:EU:C:2011:717, Rn. 42 f.; EuGH, Urteil vom 11.11.2010, C-543/08 – Kommission/Portugal, ECLI:EU:C:2010:669, Rn. 41; EuGH, Urteil vom 26.03.2009, C-326/07 – Kommission/Italien, ECLI:EU:C:2009:193, Rn. 38 f.; EuGH, Urteil vom 06.12.2007, C-463/04 – Federconsumatori, ECLI:EU:C:2007:752, Rn. 20; EuGH, Urteil vom 23.10.2007, C-112/05 – Kommission/Deutschland, ECLI:EU:C:2007:623, Rn. 13, 18. Im Vergleich mit EuGH, Urteil vom 16.09.2020, C-339/19 – SC Romergo und Aris Capital, ECLI:EU:C:2020:709, Rn. 32 f., zeigt sich, dass für den EuGH „effektive" und „tatsächliche" Beteiligung identisch sind.

93 Vgl. EuGH, Urteil vom 21.12.2016, C-201/15 – AEGT Iraklis, ECLI:EU:C:2016:972, Rn. 58 f.

94 *Günther* in: Tietje/Kraft/Kumpan (Hrsg.), Beiträge zum Transnationalen Wirtschaftsrecht, 2018 (157), S. 33.

existierenden Unterschieden in der EuGH-Rechtsprechung zwischen verschiedenen Direktinvestitionen. Es existiert somit durchaus eine weitere Kategorie an Direktinvestitionen.[95] Durch den Einschub ist klargestellt, dass auch die niedrigschwelligen Direktinvestitionen (im sachlichen Anwendungsbereich der Kapitalverkehrsfreiheit) umfasst sind und nicht nur die von der Niederlassungsfreiheit geschützten Direktinvestitionen, die sicheren Einfluss vermitteln. Erwägungsgrund Nr. 10 FDI-RahmenVO nennt auch beide Grundfreiheiten, was diese Sichtweise stützt. Die Vorgaben der FDI-RahmenVO gelten danach unabhängig vom Anwendungsbereich der beiden Grundfreiheiten für die Mitgliedstaaten.

Der Kompetenzkonflikt[96] zwischen Art. 64 und Art. 207 AEUV wird unabhängig von der Auffassung über den Direktinvestitionsbegriff der FDI-RahmenVO hingegen nicht „virulent"[97] und geht ohnehin nicht über den Begriff der Direktinvestition in Art. 207 AEUV[98] hinaus. Für die Kompetenz des Art. 207 AEUV würde dies jedoch keine Rolle spielen,[99] da Art. 207 AEUV nicht zwischen, durch Kapitalverkehrsfreiheit und Niederlassungsfreiheit geschützten Direktinvestitionen differenziert. Ebenso gilt Art. 64 AEUV für alle Direktinvestitionen, unabhängig von der Abgrenzung zur Niederlassungsfreiheit. Abwegig ist es hingegen, Portfolioinvestitionen trotz der klaren Abgrenzung in der Definition zu erkennen.

Günther wäre insoweit Recht zu geben, dass u. a. Greenfield Investments als von der Niederlassungsfreiheit geschützte Direktinvestitionen unter die Definition der FDI-RahmenVO fallen; Niederlassungsdirektinvestitionen gehen jedoch darüber hinaus und können auch Unternehmenserwerbe mit einem erhöhten Erwerb von Stimmrechtsanteilen darstellen. Insgesamt ist jedenfalls klar oder zumindest nach primärrechtskonformer Auslegung geboten, dass die Verordnung nicht kompetenzwidrig Portfolioinvestitionen regelt.

Keine Kongruenz besteht hingegen mit dem Kontrollbegriff der VO (EG) Nr. 139/2004 („Fusionskontrollverordnung", FKVO).[100] Die kohärente

---

95 A. A. *Günther* in: Tietje/Kraft/Kumpan (Hrsg.), Beiträge zum Transnationalen Wirtschaftsrecht, 2018 (157), S. 32.

96 Siehe Kapitel C. III.

97 So aber *Günther* in: Tietje/Kraft/Kumpan (Hrsg.), Beiträge zum Transnationalen Wirtschaftsrecht, 2018 (157), S. 33. Siehe hierzu Kapitel C. II. c).

98 A. A. *Brauneck* EuZW 2018, 188 (192), mit Bezug auf ein Urteil, in dem der Begriff „tatsächlich" verwendet wird. Die für Direktinvestitionen notwendige Mindestkontrolle werde durch den „einschließlich"-Einschub unterschritten. Unbeantwortet bleibt aber, warum die Oberkategorie niedrigere Kontrollerwerbe umfassen soll.

99 A. A. *Brauneck* EuZW 2018, 188 (192).

100 A. A. *Jacobs* International Journal of Legal Information 2019, 105 (116).

Auslegung, die gemäß Erwägungsgrund Nr. 36 FDI-RahmenVO zwischen den beiden Rechtsregimen anzuwenden ist, bezieht sich nicht auf den Investitions- bzw. Zusammenschlussbegriff, sondern ausweislich des Wortlauts nur auf die Auslegung des Art. 21 IV FKVO. Hätte der Unionsgesetzgeber ein kongruentes Begriffsverständnis vorausgesetzt, hätte er dies im Erwägungsgrund nicht auf Art. 21 FKVO beschränkt und wohl, wie in anderen Sekundärrechtsakten auch, ausdrücklich festgestellt.[101] Es bedarf keines „bestimmenden Einflusses" für eine Direktinvestition, wie ihn Art. 3 II FKVO vorsieht. Auch in dieser Hinsicht ist der „einschließlich"-Einschub aufschlussreich. Es besteht somit weder ein einheitlicher Anwendungsbereich mit der FKVO noch mit dem bisher geplanten Zusammenschlussbegriff des Art. 18 COM(2021) 223 final.[102] Die geplante Verordnung setzt ebenfalls einen „bestimmenden Einfluss" in Art. 20 I COM(2021) 223 final voraus. Investitionskontrollen bezüglich Drittstaatssubventionen finden erst ab höheren Kontrollerwerbsvorgängen als bei Kontrollen im Sinne der FDI-RahmenVO statt.

Daneben wird in Art. 2 Nr. 2 FDI-RahmenVO der ausländische Investor als „eine natürliche Person aus einem Drittstaat oder ein Unternehmen aus einem Drittstaat, die bzw. das eine ausländische Direktinvestition plant oder getätigt hat". Das „Unternehmen aus einem Drittstaat" wird wiederum in Art. 2 Nr. 7 FDI-RahmenVO definiert. Die Definition ist weniger klar, als sie zunächst scheint. Hieran schließen sich jedoch Unklarheiten bezüglich des personalen Anwendungsbereichs an.[103] Klar ist aber, dass ausgehende inländische Investitionen vom „ausländischen" Direktinvestitionsbegriff nicht umfasst sind. Kontrollen europäischer bzw. deutscher Investitionen ins Ausland durch sog. „Outbound Investitionskontrollen" sind von der FDI-RahmenVO nicht umfasst. Konkrete Pläne für eine solche wurden mehrmals erfolglos in den USA

---

101 Vgl. beispielsweise Erwägungsgrund Nr. 6 der RL (EU) 2016/2370 des Europäischen Parlaments und des Rates vom 14. Dezember 2016 zur Änderung der RL 2012/34/EU bezüglich der Öffnung des Marktes für inländische Schienenpersonenverkehrsdienste und der Verwaltung der Eisenbahninfrastruktur; vgl. Erwägungsgrund Nr. 10 der RL 2009/73/EG des Europäischen Parlaments und des Rates vom 13. Juli 2009 über gemeinsame Vorschriften für den Erdgasbinnenmarkt und zur Aufhebung der RL 2003/55/EG.

102 *Kommission* Vorschlag für eine Verordnung des Europäischen Parlaments und des Rates über den Binnenmarkt verzerrenden drittstaatlichen Subventionen, COM(2021) 223 final, vom 05.05.2021, 2021/0114 (COD).

103 Siehe hierzu Kapitel E. III. 2. a) aa) (1).

eingebracht.[104] Erstmals im *Arbeitsprogramm der Kommission für 2023* wurde eine Outbound-Investitionskontrolle in der EU zum Thema gemacht.[105] Diese spielt für die FDI-RahmenVO zurzeit keine Rolle, könnten aber in einer Überarbeitung bzw. Reform Eingang finden.

3. Rechtsprechung des EuGH

Der EuGH bezog in mehreren Entscheidungen zum Begriff der ausländischen Direktinvestition Stellung und bezeichnet seine Definition auch als „ständige Rechtsprechung".[106] Er definiert Direktinvestitionen im Grundsatz als:

> *direct investment consists in investments of any kind made by natural or legal persons which serve to establish or maintain lasting and direct links between the persons providing the capital and the undertakings to which that capital is made available in order to carry out an economic activity.*[107]

Anhand der Formulierung lässt sich erkennen, dass der EuGH sich stark an der Definition, die auch in der Kapitalverkehrsrichtlinie niedergeschrieben war, orientiert. Er lässt allerdings auch daraus fließende Dividendenzahlungen unter den Begriff der Direktinvestition fallen, sodass er den Begriff nicht identisch mit der Kapitalverkehrsrichtlinie auslegt.[108] Er grenzt die Begrifflichkeit „Direktinvestition" ebenfalls von der Portfolioinvestition ab;[109] Kompetenzen für Direktinvestitionen erlauben demnach keine Rechtsakte bezüglich Portfolioinvestitionen.[110] Der EuGH legt dabei aber keine starre Prozentgrenze zur Abgrenzung von der Portfolioinvestition fest, sondern stellt auf die tatsächliche Einflussnahme des

104 Zuletzt erfolglos durch den Vorschlag zum America COMPETES Act 2022 vom 04.02.2022, H.R. 4521 – 117th Congress, Title X, Sec. 1001 ff.

105 *Kommission* Mitteilung, Arbeitsprogramm der Kommission für 2023, COM(2022) 548 final, vom 18.10.2022, 3.3.

106 EuGH, Gutachten 2/15 vom 16.05.2017, ECLI:EU:C:2017:376, Rn. 80; EuGH, Urteil vom 24.11.2016, C-464/14 – SECIL, ECLI:EU:C:2016:896, Rn. 75; EuGH, Urteil vom 26.03.2009, C-326/07 – Kommission/Italien, ECLI:EU:C:2009:193, Rn. 35; EuGH, Urteil vom 12.12.2006, C-446/04 – Test Claimants in the FII Group Litigation, ECLI:EU:C:2006:774, Rn. 181 f.

107 EuGH, Gutachten 2/15 vom 16.05.2017, ECLI:EU:C:2017:376, Rn. 80.

108 EuGH, Urteil vom 12.12.2006, C-446/04 – Test Claimants in the FII Group Litigation, ECLI:EU:C:2006:774, Rn. 183; EuGH, Urteil vom 24.11.2016, C-464/14 – SECIL, ECLI:EU:C:2016:896, Rn. 77.

109 EuGH, Gutachten 2/15 vom 16.05.2017, ECLI:EU:C:2017:376, Rn. 83.

110 Siehe Kapitel C. II. und IV.

Zielunternehmens ab. Nichtsdestotrotz hat sich der EuGH gelegentlich, teils direkt, teils indirekt, auch zu bestimmten Prozentgrenzen geäußert:[111] Eine Beteiligung an einem Unternehmen, die es nicht ermöglicht, sich tatsächlich an der Verwaltung des Zielunternehmens oder dessen Kontrolle zu beteiligen, sei keine Direktinvestition im Sinne des AEUV. Portfolioinvestitionen dienen der Geldanlage.[112] Die undurchsichtige Abgrenzung zwischen Kapitalverkehrsfreiheit und Niederlassungsfreiheit[113] im Bereich von Direktinvestitionen scheint zu Unsicherheiten hinsichtlich der Begrifflichkeit der Direktinvestition geführt zu haben.[114] Der Begriff der Direktinvestition geht weiter als eine für die Niederlassungsfreiheit notwendige Investition. Dies ist aber nur für die Anwendbarkeit und Abgrenzung der Grundfreiheiten von Bedeutung, nicht für die Definition der Direktinvestition. Bei der Grundnorm der Kapitalverkehrsfreiheit, Art. 63 AEUV, wird beispielsweise unbestimmt von Kapitalverkehr gesprochen, sodass an dieser Stelle keine Unterscheidung zwischen Portfolio- und Direktinvestition gemacht werden soll.[115]

---

111 Exemplarisch: EuGH, Urteil vom 13.11.2019, C-641/17 – College Pension Plan of British Columbia/Finanzamt München, ECLI:EU:C:2019:960, Rn. 102, unter 1 Prozent Stimmrechtsanteil ist nicht ausreichend für die Annahme einer Direktinvestition. Nach EuGH, Urteil vom 10.05.2007, C-492/04 – Lasertec, ECLI:EU:C:2007:273, Rn. 21 f. sei bei einer deutschen Regelung aber 25 Prozent eine von der Niederlassungsfreiheit geschützte Direktinvestition anzunehmen. In anderer Entscheidung war eine 50 Prozent-Kontrolle Niederlassungsfreiheit geschützte Direktinvestition, vgl. EuGH, Urteil vom 12.09.2006, C-196/04 – Cadbury Schweppes, ECLI:EU:C:2006:544, Rn. 31. EuGH, Urteil vom 26.03.2009, C-326/07 – Kommission/Italien, ECLI:EU:C:2009:193, Rn. 38, hält bei 5 Prozent – Stimmrechtsanteilen bei weiter Streuung sogar eine Niederlassungsfreiheit geschützte Direktinvestition für möglich.

112 EuGH, Urteil vom 21.12.2016, C-201/15 – AGET Iraklis, ECLI:EU:C:2016:972, Rn. 58; EuGH, Urteil vom 22.10.2013, C-105/12 bis C-107/12 – Essent u. a., ECLI:EU:C:2013:677, Rn. 40.

113 Siehe Kapitel E. II. 2.

114 Vgl. *Weiß* in: Grabitz/Hilf/Nettesheim (Hrsg.), EUV/AEUV, Art. 207 AEUV, Rn. 46 f., spricht von „Restunsicherheit".

115 EuGH, Urteil vom 21.12.2016, C-201/15 – AGET Iraklis, ECLI:EU:C:2016:972, Rn. 58; EuGH, Urteil vom 08.07.2010, C-171/08 – Kommission/Portugal, ECLI:EU:C:2010:412, Rn. 50; EuGH, Urteil vom 28.09.2006, C-282/04 u. 283/04 – Kommission/Niederlande, ECLI:EU:C:2006:608, Rn. 19. In der Literatur statt vieler *Bings* Neuordnung der Außenhandelskompetenzen der Europäischen Union durch den Reformvertrag von Lissabon, S. 40.

Portfolioinvestitionen und Direktinvestitionen sind definitionsgemäß voneinander abzugrenzen. Unklarheiten entspringen der Grundfreiheitsdebatte daher, weil das Begriffspaar nicht für diesen Rechtsbereich entwickelt wurde. Weder die Rechtsprechung zur Fusionskontrolle noch die Auslegung des Begriffs „Kontrolle" in Art. 3 FKVO können zur Begriffsfindung des primärrechtlichen Direktinvestitionsbegriffs herangezogen werden. Es spricht einiges dafür, den „Kontrolle"-Begriff für jeden Rechtsbereich autonom auszulegen,[116] da dieser im Hinblick auf den Regelungszweck bestimmt werden sollte.

VII. Deutsche Auffassung

In seinem Lissabon-Urteil geht das BVerfG auf die Kompetenz für ausländische Direktinvestitionen ein. So soll der Begriff nur Investitionen, die zu Kontrollerwerb führen, umfassen.[117] Auch das BVerfG grenzt diese damit von Portfolioinvestitionen ab, die nur der Gewinnerzielung ohne direkten Einfluss auf das Unternehmen dienen.[118] Sie sind auch nach Ansicht des BVerfG nicht von der Kompetenz des Art. 207 AEUV erfasst.[119] Im Lissabon-Urteil stellt das BVerfG auch Sachbereiche fest, die für die demokratische Selbstgestaltungsfähigkeit besonders sensibel sind und deshalb in ihrer Übertragbarkeit an die EU begrenzt sind.[120] Zu diesen Bereichen zählt das BVerfG jedoch keine Bereiche des Außenwirtschaftsrechts, sodass die Abgrenzung zwischen Portfolio- und Direktinvestition zwar wichtig für die Einhaltung der begrenzten Einzelermächtigung werden kann, jedoch nicht gegen eine absolute Grenze verstoßen könnte.

Auch die Bundesbank, deren statistische Erhebungen maßgeblich für die Bundesregierung sind, kennt und definiert den Begriff der Direktinvestition in ihrem Glossar zu Fachbegriffen. Hierbei wird keine konkrete Stimmanteilsschwelle

---

116 Vgl. *Kommission* Konsolidierte Mitteilung der Kommission zu Zuständigkeitsfragen gemäß der Verordnung (EG) Nr. 139/2004 des Rates über die Kontrolle von Unternehmenszusammenschlüssen, ABl. C 43 vom 21.02.2009, S. 10 ff., Rn. 23.

117 BVerfG, Urteil vom 30.06.2009 – 2 BvE 2/08, BVerfGE 123, 267 (421); dies führt laut BVerfG auch dazu, dass Investitionsschutzverträge, wenn sie sich nicht nur auf solche Direktinvestitionen beschränken, regelmäßig als gemischte Verträge erfolgen müssen; so auch der EuGH, Gutachten 2/15 vom 16.05.2017, ECLI:EU:C:2017:376, Rn. 227.

118 BVerfG, Urteil vom 13.10.2016 – 2 BvR 1368/16, BVerfGE 143, 65, Rn. 53; BVerfG, Urteil vom 30.06.2009 – 2 BvE 2/08, BVerfGE 123, 267 (421).

119 BVerfG, Urteil vom 13.10.2016 – 2 BvR 1368/16, BVerfGE 143, 65 (93).

120 BVerfG, Urteil vom 30.06.2009 – 2 BvE 2/08, BVerfGE 123, 267 (251 f.).

genannt, sondern die Möglichkeit Einfluss nehmen zu können.[121] Auf die Definition der Bundesbank wurde in den Gesetzgebungsverfahren zu Änderungen im AWG oder AWV soweit ersichtlich bisher keinen Bezug genommen. Die Meldepflicht über Vermögen eines Inländers im Ausland gem. § 64 AWV hat gegenüber der Bundesbank zu erfolgen, welche die Meldepflicht als Bestandserhebung von Direktinvestitionen betitelt[122].

VIII. Bedeutung der Definitionen für die Kompetenzziehung des Primärrechts

Die dargestellten Definitionen gleichen sich im Wesentlichen. Kleinere Unterschiede konnten jedoch insbesondere in den Sekundärrechtsdefinitionen festgestellt werden. Da eine Definition in den Verträgen selbst fehlt, stellt sich die Frage, inwieweit andere Rechtsquellen hierzu herangezogen werden dürfen. Zwar ist die Definition der FDI-RahmenVO in ihrem Anwendungsbereich maßgeblich, für die Vorfrage, ob überhaupt eine solche Verordnung europarechtskonform ist, bleibt jedoch die Definition des Primärrechts sowie dessen Auslegung durch den EuGH vorrangig.

1. „Sekundärrechtskonforme Auslegung" des Primärrechts

Mit der Kapitalverkehrsrichtlinie und der FDI-RahmenVO liegen nun gleich zwei unionsrechtliche sekundärrechtliche Quellen zur Definition der „ausländischen Direktinvestition" vor. Der Begriff ist für die Kompetenzreichweite des Art. 207 AEUV. Grundsätzlich gilt es hierbei, die Normenhierarchie zu beachten, d. h. Sekundärrecht muss primärrechtskonform ausgelegt werden.[123] Schwieriger gestaltet sich die Frage, ob ausnahmsweise auch Primärrecht durch Sekundärrecht bestimmt werden kann.[124]

---

121 *Bundesbank* Glossar, Direktinvestitionen https://www.bundesbank.de/de/startseite/glossar.

122 *Bundesbank* FAQ zur Bestandserhebung über Direktinvestitionen, September 2021, https://www.bundesbank.de/resource/blob/611826/c58072157bf0904f5847554c0449cede/mL/faq-zur-bestandserhebung-ueber-direktinvestitionen-data.pdf.

123 Vgl. *Gärditz* in: Regenling/Middeke/Gellermann (Hrsg.), Handbuch des Rechtsschutzes in der Europäischen Union, § 34 Rn. 59; *Pieper* in: Dauses/Ludwigs (Hrsg.), Handbuch des EU-Wirtschaftsrechts, B.I. Rechtquellen, Rn. 56.

124 Vgl. *Müller/Christensen* Juristische Methodik, Bd. 2, Europarecht, S. 141.

Streng der Normenhierarchie folgend, kann eine solche „sekundärrechtskonforme Auslegung des Vertragsrechts“[125] nicht existieren und ist formell-methodisch nicht haltbar.[126] Die Methodik wäre vergleichbar mit der gesetzeskonformen Auslegung von Verfassungsrecht, die ebenfalls nur schwer begründbar wäre.[127] Nichtsdestotrotz könnte man das Sekundärecht zumindest als Auslegungshilfe heranziehen, um dem real existierenden Regelungsgesamtsystem gerecht zu werden. In diesem Zusammenhang wird bei einer solchen Auslegung auch vorsichtiger und der tatsächlich nicht vorhandenen Auslegungsprärogative besser entsprechenden „sekundärrechtsrespektierender Auslegung“ gesprochen.[128] Die Prüfung der Rechtmäßigkeit von Sekundärrecht darf nicht durch eine sekundärrechtserhaltende Umdeutung des Primärrechts entwertet werden. Gleichwohl steht das Vertragsrecht nicht in einem „luftleeren Raum“[129] und sollte durchaus im Gesamtsystem gesehen werden, sodass Sekundärrecht zwar nicht verbindlich, aber durchaus als Auslegungshinweis verstanden werden kann.

Der EuGH betonte in diesem Zusammenhang auch den Hinweischarakter der Kapitalverkehrsrichtlinie zur Auslegung des Direktinvestitionsbegriffs. Diese Rolle könnte die FDI-RahmenVO mit einer aktuellen Definition (ausschließlich) hinsichtlich Direktinvestition übernommen haben. Der praktische Nutzen dieser Fragestellung ist mangels inhaltlicher Unterschiede der Definitionen jedoch gering; ebenso fehlt es der Definition der FDI-RahmenVO an einer mit der Definition der Kapitalverkehrsrichtlinie vergleichbaren Tiefe. Ginge man aber abweichend von messbaren Unterschieden aus, sollte die Definition der FDI-RahmenVO den Hinweischarakter der älteren Definition grundsätzlich formaljuristisch verdrängen. Fraglich wäre in einem solchen Fall dann, ob damit nur eine Änderung des Begriffs im Anwendungsbereich der Verordnung oder

---

125 *Leible/Domröse* in: Riesenhuber (Hrsg.), Europäische Methodenlehre, 1. Aufl., § 9 Rn. 66.

126 Vgl. *Gärditz* in: Regenling/Middeke/Gellermann (Hrsg.), Handbuch des Rechtsschutzes in der Europäischen Union, § 34 Rn. 60; *Nettesheim* EuR 2006, 737 (753).

127 Vgl. *Campiche* Die verfassungskonforme Auslegung, S. 13, nur das Prinzip der Einheit der Rechtsordnung spräche für eine solche Vornahme. *Hesse* Grundzüge des Verfassungsrechts der Bundesrepublik Deutschland, § 2 IV, Rn. 85, behauptet sogar, dass verfassungskonforme Auslegung im Umkehrschluss immer auch gesetzeskonforme Auslegung der Verfassung sei.

128 *Nettesheim* EuR 2006, 737 (753).

129 *Nettesheim* EuR 2006, 737 (754).

der Anschein einer Begriffsverständnisänderung des primärrechtlichen Begriffs bezweckt werden sollte.

2. Kritik am Begriff „ausländische Direktinvestition"

Es lässt sich feststellen, dass die Definitionsversuche es vermeiden, mit absoluten Stimmrechtsanteilen zu arbeiten. Zwar werden teilweise konkrete Stimmrechtsschwellen benannt, jedoch dann lediglich als Richtwert angeführt. Das Problem an dem abstrakten Kriterium der Möglichkeit der Einflussnahme ist, dass dieses von den gesellschaftsrechtlichen Vorschriften des Ziellandes abhängig ist.[130] Aus diesem Grund ist die Abgrenzung zwischen Direktinvestition und Portfolioinvestition nicht praktikabel für mehrebenige Kompetenznormen wie Art. 207 AEUV,[131] denn sie verhindert im Randbereich eine konkrete Definition durch den Unionsgesetzgeber. Dieser muss darauf achten, nicht den Kompetenzbereich der Mitgliedstaaten im Bereich der Portfolioinvestitionen zu verletzen. Teilweise wird die Differenzierung der Investitionstatbestände auch als überkommen kritisiert.[132] Auch die Kommission scheint ähnliche Gefahren bei größeren Portfolioinvestitionen für möglich zu halten.[133]

Eine umfassende Regelung mit festen Schwellenwerten durch den Unionsgesetzgeber würde in den Randbereichen (d. h. bei beispielsweise Vorschriften zu Erwerbsvorgängen von 5–15 Prozent der Stimmrechtsanteile) möglicherweise in manchen Mitgliedstaaten eine Portfolioinvestitionsgesetzgebung vornehmen, was ihm kompetenziell nicht erlaubt ist.[134] Um sich primärrechtsgemäß zu verhalten, muss sich der Unionsgesetzgeber abstrakter Formulierungen bedienen.

Anschaulich lassen sich die graduellen Möglichkeiten der Regelungsbestimmtheit bei der wesensverwandten deutschen und europäischen Fusionskontrolle feststellen. Die europäische Kontrolle definiert in Art. 3 I b) FKVO

130 Vgl. ausführlich die gesellschaftsrechtlichen Einwirkungsmöglichkeiten bei einer Beteiligung von 10 Prozent im deutschen Gesellschaftsrecht, *Dehne* Investitionskontrolle in Deutschland, S. 370 ff.

131 Vgl. Entschließung des Europäischen Parlaments vom 6. April 2011 zur künftigen Europäischen Investitionspolitik (2010/2203/INI), P7_TA(2011)0141, Rn. 12, bzgl. der Gefahr der Vermischung von ausschließlicher und geteilter Zuständigkeit.

132 Vgl. *Terhechte* EuR 2010, 517 (521).

133 *Kommission* Mitteilung, (2020/C 99 I/01), Leitlinien, S. 4. Dies scheint aber eher eine Frage der Grenzziehung zu sein als ein der Portfolioinvestition immanent innewohnendes Gefährdungspotenzial.

134 Zur Kompetenz der EU bezüglich Portfolioinvestitionen, siehe Kapitel C. IV.

den Zusammenschluss als die unmittelbare oder mittelbare Kontrolle über Teile eines oder mehrerer anderer Unternehmen. Nicht geklärt wird jedoch, ab welchem Stimmrechtsanteil eine Kontrolle vorliegt; auf eine „konkrete qualitative Beteiligungsschwelle" wird verzichtet.[135] Einen anderen Ansatz verfolgt hingegen die deutsche Fusionskontrolle, die bestimmte Stimmrechtsanteile in § 37 I Nr. 3 GWB vorgibt. Das klassische Spannungsverhältnis von Rechtsklarheit und Einzelfallgerechtigkeit führt zu diesen unterschiedlichen Regelungsformen.[136] Feste Schwellenwerte vermitteln Planbarkeit und Rechtssicherheit, können jedoch in Einzelfällen zu Problemen bei der Anwendbarkeit führen. Beispielhaft kann die fehlende Anwendbarkeit der Investitionskontrolle bei der geplanten Übernahme der *50Hertz Transmission GmbH* aufgrund nicht erreichter Schwellenwerte angeführt werden, obwohl die Bundesregierung dringenden Handlungsbedarf sah.[137]

Eine konkrete Beteiligungsschwelle wäre im Randbereich zur Portfolioinvestition impraktikabel, da die Begrifflichkeiten, soweit auf die tatsächliche Möglichkeit zur Einflussnahme abgestellt werden soll, in den einzelnen Mitgliedstaaten bei unterschiedlichen Stimmrechtsanteilen liegen.[138] Den Einfluss nationalen Gesellschaftsrechts auf die Abgrenzung erkennt auch die Direktinvestitionsdefinition der Kapitalverkehrsrichtlinie und erwähnt das nationalstaatliche Aktienrecht.[139] Bei einer Kompetenznorm nimmt dies jedoch die Flexibilität, eine Investitionskontrolle mit festen Werten festzulegen, da der Wert des Mitgliedstaats zugrunde gelegt werden müsste, bei dem die höchsten Stimmrechtsanteile für die Einordnung als Direktinvestition notwendig wären. Zwar hat der

135 *Körber* in: Immenga/Mestmäcker (Hrsg.), EU-Wettbewerbsrecht, Art. 3 FKVO, Rn. 27.

136 Vgl. für die konkreten Nomen *Körber* in: Immenga/Mestmäcker (Hrsg.), EU-Wettbewerbsrecht, Art. 3 FKVO, Rn. 27; für Art. 207 AEUV, vgl. *Meng* in: Meng/Ress/Stein (Hrsg.), Europäische Integration und Globalisierung, S. 345. Allgemein *Auer* Materialisierung, Flexibilisierung, Richterfreiheit, S. 46.

137 *Heide* Konstrukt mit Staatsbank KFW, Bundesregierung vereitelt Einstieg der Chinesen beim Netzbetreiber 50Hertz, Handelsblatt vom 27.07.2018, https://www.handelsblatt.com/unternehmen/energie/konstrukt-mit-staatsbank-kfw-bundesregierung-vereitelt-einstieg-der-chinesen-beim-netzbetreiber-50hertz/22853410.html?ticket=ST-16383907-cGJycEFle70fz7cwDqOk-ap2.

138 Vgl. den Wunsch einer Rechtsaktsänderung bei *Zwartkruis/De Jong* European Business Law Review 2020, 447 (470).

139 RL (EWG) 88/361, ABl. L 178 vom 08.07.1988, S. 5 ff., Nomenklatur Direktinvestition Abs. 3.

Unionsgesetzgeber bei der FKVO auch nicht mit festen Werten gearbeitet, er hätte dort jedoch zumindest keine kompetenzielle Schwierigkeit gehabt, dies zu tun, denn der Primärrechtsbegriff der Direktinvestition ist zwar unionsrechtlich zu verstehen und einer autonomen mitgliedstaatlichen Definitionskompetenz entzogen,[140] die tatsächlichen Gegebenheiten zur Einordnung nach unionsrechtlicher Definition werden jedoch weitestgehend durch die Mitgliedstaaten determiniert. Zurecht hat das Europäische Parlament bemängelt, dass das Begriffspaar „schwer auf die Investitionspraxis der realen Welt anzuwenden sein wird“[141]. Es wäre demnach wünschenswert, mindestens eine konkretere Definition der Direktinvestition direkt in das Primärrecht so zu implementieren, dass eine klare Abgrenzung zwischen ausschließlicher Zuständigkeit für Direktinvestitionen und implizit-geteilter Zuständigkeit für Portfolioinvestitionen ermöglicht wird. In Bezug auf die Regulierung von Direktinvestitionskontrollen aus Gründen der öffentlichen Ordnung oder Sicherheit ist der Begriff auch deshalb ungeeignet, weil er der Wirtschaftswissenschaft entspringt. Der Begriff suggeriert, dass die Investitionen gesellschaftsrechtlichen Einfluss vermitteln müssen. Im Sicherheitskontext muss sich der Einfluss jedoch nicht zwangsläufig in rechtlich fassbarer Kontrolle ausdrücken. Auch der Erwerb von Anteilen zur Intensivierung bzw. Zementierung von Geschäftsbeziehungen, die geopolitisch nutzbar gemacht werden können, sind in der Lage Einfluss zu vermitteln.

Ein weiterer Kritikpunkt ist, dass sich die Unterscheidung Portfolio-/Direktinvestition nicht stimmig in das System von Niederlassungs-/Kapitalverkehrsfreiheit bringen lässt, da die Abgrenzung unabhängig von den Schutzbereichen der Grundfreiheiten verläuft.[142] Damit ist die kompetenzielle Gestaltung nicht auf die materiell-rechtliche Gestaltung durch die Grundfreiheiten abgestimmt.[143] Hieraus kann sich beispielweise die Frage ergeben, ob eine denkbare Ausnahmemöglichkeit, wie Art. 65 AEUV, überhaupt auf Niederlassungsvorgänge von Drittstaatsunternehmen, die gleichzeitig Direktinvestitionen darstellen, anwendbar ist. Durch die Ausdehnung der Abgrenzungsschwierigkeit auf

140 *Ress/Ukrow* in: Grabitz/Hilf/Nettesheim (Hrsg.), Das Recht der Europäischen Union, Art. 64 AEUV, Rn. 10.

141 Entschließung des Europäischen Parlaments vom 6. April 2011 zur künftigen Europäischen Investitionspolitik, (2010/2203/INI), P7_TA(2011)0141, Erwägungsgrund Nr. D.

142 A. A. *Wolff* Ausländische Staatsfonds, S. 156 f.

143 Zu dieser Kritik *Herrmann* ZEuS 2019, 430 (436).

die kompetenzielle Ebene sollte zur Bestimmung einer ausschließlichen Zuständigkeit umso mehr auf „Genauigkeit und Trennschärfe“ geachtet werden.[144]

Im Weiteren wird zur Vereinfachung mit dem Begriffsverständnis der Kapitalverkehrsrichtlinie RL/88/361 (EWG) gearbeitet, da auch der EuGH diesem Verständnis folgt. Der Direktinvestitionsbegriff der FDI-RahmenVO ist in diesem Lichte auszulegen.

144 *Meng* in: Meng/Ress/Stein (Hrsg.), Europäische Integration und Globalisierung, S. 329.

C. Europäisches Außenwirtschaftsrecht zu ausländischen Direktinvestitionen

Grundsätzlich hat ein Mitgliedstaat das Recht, in seinen Staat eingehende Investitionen zu kontrollieren bzw. zu verbieten. Dies ergibt sich aus der Souveränität eines Staates.[145] Dieses Recht kann jedoch durch völkerrechtliche Verträge beschränkt werden. In Betracht kommen vor allem Investitionsschutzverträge mit Markzugangsklauseln. Daneben haben sich die EU-Mitgliedstaaten auch durch die EU-Verträge gem. Art. 207 AEUV i. V. m. Art. 3 I e) AEUV in ihrem handelspolitischen Wirken eingeschränkt.

I. Handlungsrahmen der Union

Bevor auf die in Betracht kommenden Kompetenznormen zur Regelung von Investitionskontrollen eingegangen wird, ist zunächst der Handlungsmaßstab im Kompetenzgefüge des europäischen Unionsrecht zu klären.

Die Zuständigkeitsverteilung zwischen EU und Mitgliedstaat wird durch die „europarechtliche Schrankentrias" des Art. 5 EUV festgelegt.[146] Die EU darf nur innerhalb ihrer durch die Verträge gesetzten Zuständigkeitsgrenzen tätig werden[147] und „kann" überhaupt nur dann handeln, wenn ihr gemäß dem Prinzip der begrenzten Einzelermächtigung aus Art. 5 II EUV eine Regelungszuständigkeit übertragen wurde. „Ob" sie jedoch in diesem Bereich handeln darf, ist an dem Subsidiaritätsprinzip gemäß Art. 5 III EUV zu messen. Beim „Wie" des Tätigwerdens muss die Union schließlich auch den Verhältnismäßigkeitsgrundsatz gem. Art. 5 IV EUV beachten.

Jede Rechtssetzungstätigkeit der EU ist folglich an den Schranken des Art. 5 EUV zu messen, somit auch die Bestimmung der Regelungskompetenz für Investitionskontrollen. Das Prinzip der begrenzten Einzelermächtigung und das Verhältnismäßigkeitsprinzip sind bei jeder Maßnahme einzuhalten. Das Subsidiaritätsprinzip hingegen ist nur bei einer geteilten Zuständigkeit der EU gem. Art. 5 III EUV zu beachten.[148] Bei der ausschließlichen Zuständigkeit

---

145 *Sornarajah* The International Law on Foreign Investment, S. 88.

146 *Calliess* in: Calliess/Ruffert (Hrsg.), EUV/AEUV, Art. 5 EUV, Rn. 5.

147 *Calliess* Die neue europäische Union nach dem Vertrag von Lissabon, S. 186.

148 *Bickenbach* EuR 2013, 523 (527); *De Burca/Craig* EU Law, S. 95.

haben die Vertragsparteien des Primärrechts eine Subsidiaritätserwägung bereits vorweggenommen.

Die EU hat im Sinne des Prinzips der begrenzten Einzelermächtigung nur dann eine Kompetenz, wenn diese ihr in den Verträgen verliehen wurde.[149] Nicht nur die abstrakte Möglichkeit des Handelns ist hieran zu messen, sondern auch die rechtsförmliche Gestaltungsmöglichkeit kann verbindlich festgelegt werden[150] – so ermöglicht Art. 207 II AEUV nur den Erlass von Verordnungen. Im Umkehrschluss gilt, dass Mitgliedstaaten ohne Kompetenzkonflikte Regelungen in denjenigen Rechtsbereichen erlassen können, für die keine Ermächtigung des Unionsgesetzgebers in Betracht kommt.[151]

In diesem Zusammenhang ergeben sich mehrere Möglichkeiten hinsichtlich der Kompetenzstruktur im Bereich ausländischer Direktinvestitionen: Die Kompetenz für Investitionskontrollen kann ausschließlich bei den Mitgliedstaaten bzw. ausschließlich bei der EU liegen. Fraglich ist zudem, ob die EU bei ausschließlicher Zuständigkeit die Kompetenz auch durch Sekundärakte an die Mitgliedstaaten unter bestimmten Voraussetzungen übertragen darf. Schließlich könnte sich auch eine geteilte Zuständigkeit ergeben, die nur bei Einhaltung des Subsidiaritätsprinzips zu einer Kompetenz der Union führen würde.

Die Ermittlung der Rechtsgrundlage entscheidet deshalb nicht nur über die Rechtmäßigkeit einer Unionsverordnung in diesem Regelungsbereich, sondern sie könnte gleichermaßen maßgeblich dafür sein, ob nationalstaatliche Regelungen zu Direktinvestitionen europarechtswidrig sind. Für eine allgemeine Investitionskontrolle kommen Kompetenznormen aus zwei verschiedenen Regelungsmaterien des Primärrechts in Betracht. Sowohl Art. 207 AEUV (Gemeinsame Handelspolitik) als auch Art. 64 ff. AEUV (Kapitalverkehrsfreiheit) ermöglichen Regelungen bezüglich ausländischer Direktinvestitionen, sodass zu untersuchen ist, in welchem Umfang die Normen eine Kompetenz für die EU enthalten und in welchem Verhältnis die Normen zueinanderstehen.[152] Eine weitere Möglichkeit besteht für rüstungsrelevante Investitionskontrollen durch die Ausnahmevorschrift des Art. 346 I AEUV. Diese wird im Folgenden

149 Vgl. EuGH, Urteil vom 05.12.2017, C-600/14 – Bundesrepublik/Rat, ECLI:EU:C:2017:935, Rn. 44; dieses Prinzip gilt sowohl für internes als auch völkerrechtliches Handeln, EuGH, Gutachten 2/94 vom 28.03.1996, ECLI:EU:C:1996:140, Rn. 24.

150 *Streinz* in: Streinz (Hrsg.), EUV/AEUV, Art. 5 EUV, Rn. 8.

151 Vgl. *Kadelbach* in: Von der Groeben/Schwarze/Hatje (Hrsg.), Europäisches Unionsrecht, Art. 5 EUV, Rn. 4.

152 Vgl. *Günther* in: Tietje/Kraft/Kumpan (Hrsg.), Beiträge zum Transnationalen Wirtschaftsrecht, 2018 (157), S. 19.

vernachlässigt, da sie zwar für die „sektorspezifische" Investitionskontrolle gemäß §§ 60 ff. AWV als Kompetenznorm dienen könnte, für eine allgemeine, „sektorübergreifende" Investitionskontrolle jedoch nicht in Betracht kommt.[153] Dabei entzieht eine außen- und sicherheitspolitische Zwecksetzung einer Maßnahme diese nicht generell dem Anwendungsbereich der gemeinsamen Handelspolitik; es handelt sich nicht um einen Kompetenzvorbehalt zugunsten der Mitgliedstaaten,[154] sondern nach Rechtsprechung des EuGH um eine „Derogationsbefugnis von sämtlichen Vorschriften der Verträge".[155] Ein allgemeiner, dem Vertrag immanenter Vorbehalt lässt sich nicht ableiten.[156] Als Ausnahmevorschrift ist Art. 346 AEUV eng auszulegen.[157]

Die Bestimmung des Verhältnisses der Kompetenznormen ist dabei von maßgeblicher Bedeutung. Denn ergibt sich die Kompetenz zur Überprüfung ausländischer Direktinvestitionen aus Art. 207 II AEUV, käme der EU grundsätzlich eine ausschließliche Zuständigkeit zu und die Mitgliedstaaten wären nur ausnahmsweise berechtigt, in dieser Regelungsmaterie legislativ tätig zu werden.[158] Eine ausschließliche Zuständigkeit schließt die mitgliedstaatliche Rechtssetzung auch dann aus, wenn die Union in diesem Bereich noch nicht tätig war.[159] Hierin könnte ein ehemals oder sogar momentan europarechtswidriger Zustand der AWV-Kontrolle gesehen werden.[160]

Eine weitere Konsequenz der ausschließlichen Zuständigkeit wäre, dass deutsches Recht, das vollumfänglich im Anwendungsbereich des Art. 207 AEUV läge,

153 Vgl. zu Art. 346 I AEUV in diesem Kontext, *Hindelang/Hagemeyer* EuZW 2017, 882 (887).

154 *Dittert* in: Von der Groeben/Schwarze/Hatje (Hrsg.), Europäisches Unionsrecht, Art. 346 AEUV, Rn. 2; *Kokott* in: Streinz (Hrsg.), EUV/AEUV, Art. 346 AEUV, Rn. 1; für umstritten hält dies aber *Wegener* in: Calliess/Ruffert (Hrsg.), EUV/AEUV, Art. 346 AEUV, Rn. 2.

155 EuGH, Urteil vom 04.09.2014, C-474/12 – Schiebel Aircraft, ECLI:EU:C:2014:2139, Rn. 12.

156 EuGH, Urteil vom 02.04.2020, C-715/17, C-718/17, C-719/17 – Kommission/Polen, ECLI:EU:C:2020:257, Rn. 143.

157 EuGH, Urteil vom 20.03.2018, C-187/16 – Kommission/Österreich, ECLI:EU:C:2018:194, Rn. 77; EuGH, Urteil vom 16.09.1999, C-414/97 – Kommission/Spanien, ECLI:EU:C:1999:417, Rn. 21.

158 Vgl. zu den Möglichkeiten, *Ohler* in: Eilmansberger/Griller/Obwexer (Hrsg.), Rechtsfragen der Implementierung des Vertrags von Lissabon, S. 436 f. Zu den verschiedenen Ausnahme-Möglichkeiten, siehe Kapitel D. III.

159 *Tietje* in: Tietje/Nowrot (Hrsg.), Internationales Wirtschaftsrecht, § 15 Rn. 8.

160 Vgl. *Herrmann* ZEuS 2019, 429 (437).

die EU-Grundrechte gem. Art. 51 EU-Grundrechtecharta beachten müsste.[161] Allerdings wäre umgekehrt bei einer Kompetenz aus Art. 64 AEUV eine geteilte Zuständigkeit anzunehmen, sodass die EU wiederum nur unter Beachtung des Subsidiaritätsprinzips handeln dürfte. Bei einer lediglich geteilten Zuständigkeit wäre eine Anwendbarkeit der EU-Grundrechte auch nicht zwangsläufig anzunehmen. In dem Fall käme es gem. Art. 51 GRC darauf an, ob nationale Maßnahmen der Durchführung von Unionsrecht dienen.[162]

Im Folgenden soll geklärt werden, welche Kompetenzgrundlage für Regelungen zur Investitionskontrolle durch die EU und die Mitgliedstaaten einschlägig ist. Mit der FDI-RahmenVO wurde ein Sekundärrechtsakt bezüglich Investitionskontrollen verabschiedet. Die Untersuchung beschränkt sich aber nicht ausschließlich auf die Kompetenzgrundlage für die FDI-RahmenVO, sondern untersucht die allgemeine Kompetenzlage für (Direkt-)Investitionskontrollen auf EU-Ebene. Dies ist wichtig, weil die FDI-RahmenVO als „erster Schritt" der EU auf dem Gebiet des Investitionskontrollrechts zu betrachten ist. Zu erwarten ist, dass hieran weitere Integrationsentwicklungen anknüpfen werden, sodass die Frage, ob die EU auch selbst eigenständige Investitionskontrollen vornehmen darf, voraussichtlich in naher Zukunft erneut wichtig wird. Dies zeigt sich nicht zuletzt am Verordnungsentwurf COM(2021) 223 final zur Prüfung von drittstaatlich subventionierten Kontrollerwerben,[163] bei dem die Prüfung gem. Art. 17 ff. durch die Kommission erfolgt und an Überlegungen zu Outbound-Investitionen.[164]

---

161 *Herrmann* ZEuS 2019, 430 (435).

162 Vgl. *Jarass* Charta der Grundrechte der EU, Art. 51 GRC, Rn. 19, dass die Union aufgrund einer Zuständigkeit handeln könnte, reicht hingegen nicht aus.

163 Vgl. *Kommission* COM(2021) 223 final, vom 05.05.2021, welcher neben Art. 114 AEUV auch auf Art. 207 II AEUV gestützt ist. Art. 207 AEUV kommt hierbei jedoch in zweierlei Hinsicht zur Anwendung – neben den ausländischen Direktinvestitionen ist auch die Fallgruppe der handelspolitischen Schutzmaßnahmen in Form von Subventionen einschlägig.

164 *Kommission* Mitteilung, Arbeitsprogramm der Kommission für 2023, COM(2022) 548 final, vom 18.10.2022, 3.3.

II. Auslegung von Art. 207 AEUV und Art. 64 AEUV

Im Folgenden werden die beiden Kompetenzkomplexe anhand der klassischen Auslegungsmethoden[165] getrennt untersucht, erst im Anschluss soll auf das Konkurrenzverhältnis der Normen eingegangen werden.[166]

1. Kompetenzgrundlage des Art. 207 AEUV

Durch den Vertrag von Lissabon wurden die „ausländische Direktinvestition" 2009 in die Handelskompetenz der EU in den Kanon des Art. 207 I AEUV eingefügt worden.[167] Unterschieden wird in der Handelspolitik zwischen der vertraglichen und der autonomen Handelspolitik. Während erstere sich auf den Abschluss völkerrechtlicher Verträge bezieht, gilt letztere für interne EU-Rechtsakte, die einseitig die Außenbeziehungen gestalten.[168] An diese Unterscheidung knüpfen verschiedene Ermächtigungsgrundlagen sowie Gesetzgebungsverfahren an.[169] Die gemeinsame Handelspolitik ist dabei durch eine hohe Dynamik und einen voranschreitenden Integrationsprozess in Richtung einer gemeinsamen Außenhandelspolitik der EU gekennzeichnet.[170] Die Mitgliedstaaten sind aufgrund der ausschließlichen Zuständigkeit von der Rechtssetzung im Außenwirtschaftsrecht nahezu ausgeschlossen.[171] Dies rechtfertigt die Annahme, dass das materielle deutsche Außenwirtschaftsrecht deshalb weitgehend leer laufe;[172] tatsächlich handeln die Mitgliedstaaten jedoch weiterhin auf dem Gebiet des Außenwirtschaftsrechts,[173] unter anderem durch die zu

165 Beispielhaft, EuGH, Urteil vom 06.10.1982, C-183/81 – CILFIT, ECLI:EU:C:1982:335, Rn. 19 f.

166 Siehe Kapitel C. III.

167 Vgl. zur historischen Entwicklung der gemeinsamen Handelspolitik zu ausländischen Direktinvestitionen, *Johannsen* in: Tietje/Kraft/Lehmann (Hrsg.), Beiträge zum Transnationalen Wirtschaftsrecht, S. 9 ff. Zu den Diskussionen bereits im Rahmen des Vertrags von Nizza, *Krenzler/Pitschas* EuR 2001, 442 (442 ff.).

168 *Weiß* in: Grabitz/Hilf/Nettesheim (Hrsg.), Das Recht der Europäischen Union, Art. 207 AEUV, Rn. 63 f.

169 Vgl. Art. 207 II AEUV für die autonome Handelspolitik sowie Art. 207 III, IV AEUV für die vertragliche Handelspolitik.

170 *Bungenberg* in: Pechstein/Nowak/Häde (Hrsg.), Frankfurter Kommentar EUV/GRC/AEUV, Art. 207 AEUV, Rn. 3; *Nettesheim* in: Streinz (Hrsg.), EUV/AEUV, Art. 207 AEUV, Rn. 1.

171 *Tietje* in: Tietje/Nowrot (Hrsg.), Internationales Wirtschaftsrecht, § 15 Rn. 8.

172 *Boysen* in: Von Arnauld (Hrsg,), Europäische Außenbeziehungen, § 9 Rn. 44.

173 *Nettesheim* in: Streinz (Hrsg.), EUV/AEUV, Art. 207 AEUV, Rn. 36.

untersuchenden Investitionskontrollen in §§ 55 ff. AWV, welche autonome Handelsmaßnahmen darstellen.

a) Grammatikalische Auslegung

Ausgangspunkt jeder Auslegung stellt die grammatikalische Methode dar,[174] nach der auf den allgemeinen Wortlaut der jeweiligen Norm abzustellen ist.[175] Die Bedeutung im allgemeinen Sprachgebrauch wird untersucht, um den Bedeutungsgehalt zu ermitteln.[176] Im Folgenden werden wichtige Begrifflichkeiten im Normtext des Art. 207 AEUV untersucht.

aa) Direktinvestition

Art. 207 AEUV umfasst neben vielen weiteren außenwirtschaftlichen Materien ausdrücklich Direktinvestitionen. Da in der Kompetenznorm des Art. 207 I AEUV von „Direkt"-Investitionen gesprochen wird, sind „Portfolioinvestitionen" bereits dem Wortlaut nach aus dem Kompetenzumfang ausgeschlossen.[177] Auch wenn womöglich ökonomische oder zwecklogische Gründe gegen eine Ausnahme von Portfolioinvestitionen sprechen, kann der eindeutige Wille der Primärvertragsparteien, andere Investitionen auszunehmen,[178] nicht ignoriert werden.[179] Art. 207 AEUV kann somit nur für eine „Direkt"-Investitionskontrolle als Kompetenzgrundlage dienen. Den Mitgliedstaaten verbleibt eine (geteilte) Kompetenz auf dem Feld der Portfolioinvestitionen.[180]

Nach der englischen Sprachfassung ist jedoch nicht eindeutig festzustellen, ob die Einschränkung „commercial aspects of" sich neben dem geistigen Eigentum auch auf Direktinvestitionen erstreckt.[181] Für das geistige Eigentum bedeutet dies, dass die Regelungsmaterie nur dann unter die gemeinsame Handelspolitik

---

174 *Pechstein/Drechsler* in: Riesenhuber (Hrsg.), Europäische Methodenlehre, § 7 Rn. 17.

175 *Zippelius* Juristische Methodenlehre, S. 43.

176 *Pechstein/Drechsler* in: Riesenhuber (Hrsg.), Europäische Methodenlehre, § 7 Rn. 17.

177 Vgl. *Terhechte* EuR 2010, 517 (521), zu den weiteren Sprachfassungen der Norm.

178 EuGH, Gutachten 2/15 vom 16.05.2017, ECLI:EU:C:2017:376, Rn. 83.

179 A. A. *Hoffmeister* AVR 2015, 35 (56), der mit einem „a maiore ad minus"-Argument Portfolioinvestitionen von der ausschließlichen Kompetenz umfasst sieht. Zum Widerspruch dieser Ansicht mit der historischen Entwicklung der europäischen Investitionsfreiheit, vgl. Kapitel E. II. 2. C) bb).

180 EuGH, Gutachten 2/15 vom 16.05.2017, ECLI:EU:C:2017:376, Rn. 238, bzgl. der vertraglichen Handelspolitik zu Portfolioinvestitionen. *Herrmann* EuZW 2017, 961 (962).

181 *Geiger* Beschränkungen von Direktinvestitionen aus Drittstaaten, S. 77.

fällt, wenn sie den internationalen Handelsverkehr im Wesentlichen fördert, erleichtert oder regeln soll und sich direkt und sofort auf ihn auswirkt.[182] Die deutsche sowie französische Fassung sind hingegen eindeutig im Wortlaut; sie beziehen sich sprachlich nur auf das geistige Eigentum. Alle Sprachfassungen sind gem. Art. 55 EUV gleichermaßen verbindlich. Ein „Mehrheitsprinzip" wird bei widersprechenden Sprachfassungen nicht angewendet.[183] In diesem Fall handelt es sich aber nicht um sich formal widersprechende Sprachfassungen, sondern darum, dass eine Sprachfassung aufgrund der grammatikalischen Regeln mehr Interpretationsspielraum als die anderen zulässt. In einem solchen Fall sollte die Unklarheit der englischen Fassung im Lichte der anderen Sprachfassungen verstanden werden.[184] Nur diese Auslegung entspricht allen Sprachfassungen. Aus dem Umkehrschluss kann sodann ein weiter Kompetenzumfang zu ausländischen Direktinvestitionen geschlossen werden. Die Einschränkung auf Handelsaspekte wurde nur für das geistige Eigentum vorgenommen; hierin ist der ausdrückliche gesetzliche Wille zu erkennen, eine solche Einschränkung für Direktinvestitionen nicht vorzunehmen.[185] Eine Gegenauffassung will aus der Begrifflichkeit „Handelspolitik" eine solche Einschränkung herstellen.[186] Ein solches Begriffsverständnis erinnert allerdings stark an die „handelsbezogene Investitionsmaßnahme" aus dem WTO-Recht[187]; es ist jedoch nicht ersichtlich, dass die Vertragsparteien sich an diesem orientierten.[188]

Weiterhin ignoriert ein solch enges Begriffsverständnis, dass die Aufzählung erst festlegt, was unter die Handelspolitik fällt. Die Aufzählung füllt den Begriff

---

182 Vgl. EuGH, Gutachten 2/15 vom 16.05.2017, ECLI:EU:C:2017:376, Rn. 112; EuGH, Urteil vom 25.10.2017, C-389/15 – Kommission/Rat, ECLI:EU:C:2017:798, Rn. 49.

183 *Pechstein/Drechsler* in: Riesenhuber (Hrsg.), Europäische Methodenlehre, § 7 Rn. 19.

184 Vgl. hierzu *Lenaerts/Gutierrez-Fons* Columbia Journal of European Law 2014, 3 (13 f.).

185 *Johannsen* in: Tietje/Kraft/Lehmann (Hrsg.), Beiträge zum Transnationalen Wirtschaftsrecht, 2009 (90), S. 16; *Terhechte* EuR 2010, 517 (521); *Weiß* in: Grabitz/Hilf/Nettesheim (Hrsg.), Das Recht der Europäischen Union, Art. 207 AEUV, Rn. 44; a. A. *Geiger* Beschränkungen von Direktinvestitionen aus Drittstaaten, S. 76.

186 *Geiger* Beschränkungen von Direktinvestitionen aus Drittstaaten, S. 76; *Krajewski* CMLRev 2005, 91 (114 f.).

187 Vgl. Agreement on Trade-related Investment Measures (TRIMS-Abkommen), von 1994, ABl. *L 336 vom 23.12.1994, S. 100 ff.*

188 Vgl. *Johannsen* in: Tietje/Kraft/Lehmann (Hrsg.), Beiträge zum Transnationalen Wirtschaftsrecht, 2009 (90), S. 16; *Schmitt* Die Kompetenzen der Europäischen Union für ausländische Investitionen in und aus Drittstaaten, S. 89; a. A. *Krajewski* CMLRev 2005, 91 (113 f.).

„Handelspolitik" aus. Direktinvestitionspolitik ist gerade Teil des Begriffs und muss nicht noch einmal durch den Begriff Handelspolitik rückbegrenzt werden. Sollten die Einzelbereiche der Handelspolitik wiederum durch den Obertitel „Handelspolitik" umgrenzt werden, wäre weiterhin nicht klar, wieso dies für das geistige Eigentum ausdrücklich festgehalten werden musste.

Ein weites normatives Begriffsverständnis ist Ausdruck der mittlerweile engen Verknüpfung von Investition und Handel im internationalen Wirtschaftsverkehr.[189] Die Erkenntnis, dass Finanzströme in Form von Direktinvestitionen heutzutage einen Großteil des Handels ausmachen und eine Ergänzung zum Güterverkehr darstellen, sollte bereits beim Verfassungsvertrag Eingang in dessen Wortlaut finden.[190] Klar handelsbezogene Investitionsmaßnahmen fielen ohnehin bereits durch die Vorschriften des freien Warenverkehrs in den Zuständigkeitsbereich der Union, sodass es einer Erweiterung in Art. 207 AEUV nicht bedurft hätte.[191] Insbesondere unter dem Aspekt der historischen Weiterentwicklung der gemeinsamen Handelspolitik sollte die Erweiterung auf Direktinvestitionen nicht durch eine allzu restriktive Auslegung der Handelspolitik negiert werden.[192]

Im Wesentlichen bestätigte der EuGH, dass dem Merkmal des Handelsbezugs für Direktinvestitionen selbst keine einschränkende Wirkung zukommt. In seinem Singapur-Gutachten hält der Gerichtshof zwar an der ständigen Rechtsprechung zur Begrifflichkeit des Handelsbezugs fest. Nach dieser ist ein Handelsbezug dann notwendig und gegeben, „wenn er speziell diesen Handelsverkehr betrifft, weil er ihn im Wesentlichen fördern, erleichtern oder regeln soll und sich direkt und sofort auf ihn auswirkt."[193] Er lässt jedoch Handlungen im Bereich der ausländischen Direktinvestition ausreichen, um den spezifischen Handelsbezug festzustellen.[194] Lediglich anderen Investitionen (hiermit

---

189 *Hofmann/Donath* in: Ehlers/Fehling/Pünder (Hrsg.), Besonderes Verwaltungsrecht, § 8 Rn. 24; *Krajewski* CMLRev 2005, 91 (112), weist hingegen auf die traditionelle Unterscheidung von völkerrechtlichen Handels- und Investitionsverträgen hin, jedoch sieht auch er eine Verbindung.

190 Vgl. Vermerk des Präsidiums des Konvents, Entwurf der Artikel des Verfassungsvertrags, die das außenpolitische Handeln betreffen vom 23.04.2003, CONV 685/03, Begründung zu Art. 24, S. 54.

191 *Weiß* in: Grabitz/Hilf/Nettesheim (Hrsg.), Das Recht der Europäischen Union, Art. 207 AEUV, Rn. 44.

192 Vgl. *Stoll/Holterhus/Gött* Investitionsschutz und Verfassung, S. 68.

193 Vgl. EuGH, Gutachten 2/15 vom 16.05.2017, ECLI:EU:C:2017:376, Rn. 36 f.

194 EuGH, Gutachten 2/15 vom 16.05.2017, ECLI:EU:C:2017:376, Rn. 87.

sind wohl v. a. Portfolioinvestitionen gemeint) spricht er grundsätzlich den Handelsbezug ab.[195] Darin ist eine Bestätigung dafür zu sehen, dass die Aufzählung der einzelnen Bereiche gerade erst den Begriff Handelspolitik ausfüllen und somit eine Rückbegrenzung der Begrifflichkeit auf seine eigene Definition nicht überzeugt. Eine Regelung mit Direktinvestitionsbezug hat demgemäß auch Handelsbezug.

bb) „Rahmen" für die Umsetzung

Eine Einschränkung der Regelungskompetenz könnte sich aber durch den Wortlaut des Art. 207 II AEUV geben. Bei ihr handelt es sich um die Kompetenzgrundlage für autonome Handelsmaßnahmen. Nach dieser Norm werden das Europäisches Parlament und der Europäische Rat nur zu Maßnahmen ermächtigt, „mit denen der Rahmen zur Umsetzung der gemeinsamen Handelspolitik bestimmt" wird. Wie ein solcher Rahmen aussieht, lässt die Norm offen. Nicht einhellig bewertet wird, ob es sich hierbei tatsächlich um eine ausdrückliche Einschränkung handelt.[196]

Art. 207 II AEUV kann möglicherweise so ausgelegt werden, dass der vertraglichen Handelspolitik eine vorrangige Bedeutung zukommt und lediglich Rahmenverordnungen zu völkerrechtlichen Investitionsschutzübereinkommen möglich seien. So wäre ableitbar, dass es sich nur bei der vertraglichen Handelspolitik um eine echte Kompetenz handeln könnte.[197] Danach käme der autonomen Handelspolitik in Art. 207 II AEUV eine Annexfunktion zu; sie wäre nur dazu nutzbar, den Rahmen für die Umsetzung von Investitionsschutzabkommen vorzugeben.[198] Eine solch' restriktive Sichtweise wird insbesondere mit der Einschränkung des Art. 207 VI AEUV begründet.

Nach Art. 207 VI AEUV sollen sich die übertragenen Zuständigkeiten des Art. 207 AEUV nicht auf die generelle Abgrenzung der Zuständigkeiten auswirken. Richtig ist, dass bei der autonomen Handelspolitik deutlich zu machen ist, dass aus der äußeren Zuständigkeit für völkerrechtliche Verträge keine innere Zuständigkeit ohne explizite Kompetenzzuweisung angenommen werden darf.[199] Zu weit geht es jedoch zu behaupten, es handle sich um keine „echte

---

195 EuGH, Gutachten 2/15 vom 16.05.2017, ECLI:EU:C:2017:376, Rn. 84, wörtlich spricht er von „Investitionen, die nicht zu einer solchen Beteiligung führen".

196 Vgl. hierzu *Preisser* Sovereign Wealth Funds, S. 330, der bezweifelt, dass der EuGH sich an eine solche Wortlautgrenze halten würde.

197 *Bings* Neuordnung der Außenhandelskompetenzen der Europäischen Union, S. 81.

198 *Bings* Neuordnung der Außenhandelskompetenzen der Europäischen Union, S. 81.

199 *Streinz* Europarecht, Rn. 1271.

materiellrechtliche Kompetenz".[200] Denn wenn auch Art. 207 VI AEUV verhindert, dass die EU gestützt auf Art. 207 II AEUV den Inhalt eines völkerrechtlichen Vertrags der EU ohne spezielle Kompetenz für die Vertragsmaterie selbst umsetzen kann, so erlaubt Art. 207 II AEUV doch auch Binnenmarktgesetze auf dem Gebiet des Direktinvestitionsrechts. Die Kompetenz folgt gerade nicht aus einer externen Kompetenz, sondern Art. 207 II AEUV stellt selbst eine eigene Kompetenznorm für binnenmarktbezogene Gesetze dar, soweit sie Bezug zu ausländischen Direktinvestitionen besitzen.

Eine weitere Deutungsmöglichkeit ist, dass nur noch abstrakt-generelle Sekundärrechtsakte unter die Kompetenznorm des Art. 207 II AEUV zu fassen sind, während konkrete situationsbedingte Einzelmaßnahmen von Art. 207 II AEUV ausgenommen sind.[201] Art. 207 II AEUV beschränkt den Unionsgesetzgeber auf den Erlass von Verordnungen, während die Vorgängernorm Art. 133 II EGV keine Beschränkung in der Handlungsform vorsah und auch konkrete Einzelfallmaßnahmen erlaubte.[202] In Art. 133 II EGV war noch die Kommission Hauptakteur; eine Einschränkung auf abstrakt-generelle Maßnahmen passt in institutioneller Hinsicht hingegen zu der in Art. 207 AEUV vorgesehenen Beteiligung des Europäischen Parlaments.[203] Das bedeutet für Einzelmaßnahmen, dass nur der Erlass einer Grundverordnung, aufgrund derer die Kommission (Einzel-)Maßnahmen ergreifen kann, bleibt.[204] Es soll weiterhin bei einer Zweiteilung von Grund-/Rahmenverordnungen und den daraus möglichen Tertiärrechtsakten bleiben.[205]

---

200 *Bings* Neuordnung der Außenhandelskompetenzen der Europäischen Union, S. 81.

201 *Bings* Neuordnung der Außenhandelskompetenzen der Europäischen Union, S. 284; *Müller-Ibold* in: Lenz/Borchardt (Hrsg.), EUV/AEUV, Art. 207 AEUV, Rn. 10; *Scharf* in: Tietje/Kraft/Lehmann (Hrsg.), Beiträge zum Transnationalen Wirtschaftsrecht, 2010 (101), S. 34; *Streinz* Europarecht, Rn. 1271; *Weiß* in: Grabitz/Hilf/Nettesheim (Hrsg.), Das Recht der Europäischen Union, Art. 207 AEUV, Rn. 112.

202 *Herrmann/Müller-Ibold* EuZW 2016, 646 (647 f.).

203 *Bings* Neuordnung der Außenhandelskompetenzen der Europäischen Union, S. 284.

204 *Koutrakos* in: Arnull/Chalmers (Hrsg.), The Oxford Handbook of European Union Law, S. 278; *Müller-Ibold* in: Bungenberg/Herrmann (Hrsg.), European Yearbook of International Economic Law Special Issue 2013, 145 (154). Offenlassend *Beuttenmüller* Ritsumeikan Law Review 2011 (28), 281 (286 u. Fn. 17).

205 *Bings* Neuordnung der Außenhandelskompetenzen der Europäischen Union, S. 285; zum Verfahren *Hahn* in: Calliess/Ruffert (Hrsg.), EUV/AEUV, Art. 207 AEUV, Rn. 88 ff.; *Müller-Ibold* in: Bungenberg/Herrmann (Hrsg.), European Yearbook of International Economic Law Special Issue 2013, 145 (154 f.).

Die VO (EU) Nr. 182/2011[206] integrierte die Politik der gemeinsamen Handelspolitik in das Komitologieverfahren.[207] Für Maßnahmen in der Handelspolitik ist zwischen Basisrechtsakt und Durchführungsrechtsakten zu unterscheiden.[208] Mit „Rahmen für die Umsetzung" soll auf die genannten Grundverordnungen bzw. Basisrechtsakte verwiesen werden.[209]

Die Beschränkung auf die Rahmengesetzgebung sollte aber nicht ausschließlich unter dem Gesichtspunkt eines geänderten Komitologieverfahrens betrachtet werden.[210] Die Beschränkung auf eine Rahmengesetzgebung kann daneben auch als eine Einschränkung gegenüber den Mitgliedstaaten und nicht nur des Europäischen Parlaments/Rats gegenüber der Kommission verstanden werden. Falls der Europäische Gesetzgeber ein Handelsgesetz verabschieden will, das sich direkt an die Mitgliedstaaten richtet, wie es bei einer Rückermächtigung gem. Art. 2 I AEUV wäre, darf auch in einem solchen Fall nur eine Rahmenvorgabe gegenüber den Mitgliedstaaten erlassen werden.

Die Begrifflichkeit „Rahmen" findet sich auch im Titel der FDI-RahmenVO – *Verordnung (EU) 2019/452 des Europäischen Parlaments und des Rates vom 19. März 2019 zur Schaffung eines Rahmens für die Überprüfung ausländischer Direktinvestitionen in der Union* wieder.[211] Das Verfahren wird in der FDI-RahmenVO in Erwägungsgrund Nr. 20 durch Art. 16 i. V. m. Art. 8 bei Projekten und Programmen mit Unionsinteressen angewendet. Art. 8 IV, 16 FDI-RahmenVO beziehen sich zwar auf die Delegierung von Rechtsakten nach Art. 290 AEUV, jedoch geht die FDI-RahmenVO darüber hinaus und gibt den Mitgliedstaaten ausdrücklich Rahmenvorgaben. Im Verordnungsvorschlag war hingegen noch kein Bezug auf das Komitologieverfahren; dennoch beschränkte

---

206 VO (EU) Nr. 182/2011 des Europäischen Parlaments und des Rates vom 16. Februar 2011 zur Festlegung der allgemeinen Regeln und Grundsätze, nach denen die Mitgliedstaaten die Wahrnehmung der Durchführungsbefugnisse durch die Kommission kontrollieren, ABl. L 55 vom 28.02.2011, S. 13 ff.

207 Vgl. Art. 2 II b iv) VO (EU) Nr. 182/2011.

208 Vgl. Art. 1 VO (EU) Nr. 182/2011.

209 *Tietje* in: Tietje (Hrsg.), Internationales Wirtschaftsrecht, § 15 Rn. 28.

210 So auch *Nettesheim* in: Streinz (Hrsg.), EUV/AEUV, Art. 207 AEUV Rn. 76; a. A. *Osteneck* in: Schwarze (Hrsg.), EU-Kommentar, Art. 207 AEUV, Rn. 28 ff.

211 Vgl. Titel und Art. 1 FDI-RahmenVO. Die Verordnung bezieht sich auch auf Art. 207 AEUV ohne jedoch ausdrücklich zu erklären sie sei hierdurch nur zu einer Rahmengesetzgebung ermächtigt.

sich bereits der Vorschlag darauf, Rahmengesetzgebung zu betreiben.[212] Daraus lässt sich schließen, dass der Unionsgesetzgeber der Begrifflichkeit „Rahmen“ auch eine Bedeutung gegenüber den Rechtsakten, die den Mitgliedstaaten Handlungsvorgaben machen, zumisst.

Weiteren Aufschluss über die materielle Bedeutung des Begriffs könnte auch ein Vergleich mit dem Wortgebrauch an anderen Stellen des AEUV bringen. Der Begriff „Rahmen“ wird im AEUV 98-mal benutzt. Die häufigste Verwendung des Wortes ist sinngemäß in der Konstellation „im Rahmen der Verträge“ und dient lediglich als Hinweis zur Einhaltung des Prinzips der begrenzen Einzelermächtigung und der Zuständigkeits- und Kompetenzverteilungen des Primärrechts.[213] Da in Art. 207 II AEUV jedoch nicht „im Rahmen“ gehandelt werden soll, sondern ein Rahmen vorgegeben wird, sind diese Fälle nicht aufschlussreich.

Art. 75 AEUV hingegen trägt dem Unionsgesetzgeber auf, einen Rahmen für Verwaltungsmaßnahmen bezüglich Kapitalbewegungen zur Terrorismusbekämpfung zu erlassen. Hier hat das Wort „Rahmen“ eine tatsächliche Beschränkung hinsichtlich des Regelungsumfangs zur Folge.[214] Ein zweistufiges Verfahren ist vorgesehen, im Rahmen dessen nach ordentlichem Gesetzgebungsverfahren nur eine Rahmenverordnung geschaffen werden darf.[215] Auf zweiter Stufe kann dann eine weitgehend beliebige verbindliche Handlungsform erlassen werden.[216] Auch eine untergeordnete Richtlinie kann der Verordnung folgen. In Art. 214 AEUV wird die Rahmengesetzgebung ebenfalls als Beschränkung auf eine Festlegung von Leitlinien und Zielen sowie das Errichten von Modalitäten und Verfahrensregeln der Durchführung aufgefasst.[217]

---

212 Die Befugnis zum Erlass delegierter Rechtsakte war im Verordnungsvorschlag noch nicht vorgesehen, vgl. *Kommission* COM(2017) 487 final, vom 05.05.2021, Erwägungsgrund Nr. 15.

213 Vgl. exemplarisch Art. 14; 19; 33; 41; 63; 94 AEUV.

214 *Ohler* in: Streinz (Hrsg.), EUV/AEUV, Art. 75 AEUV, Rn. 4.

215 *Korte* in: Calliess/Ruffert (Hrsg.), EUV/AEUV, Art. 75 AEUV, Rn. 7; *Müller-Graf* in: Pechstein/Nowak/Häde (Hrsg.), Frankfurter Kommentar EUV/GRC/AEUV, Art. 75 AEUV, Rn. 9.

216 Vgl. *Harings* in: Von der Groeben/Schwarze/Hatje (Hrsg.), Europäisches Unionsrecht, Art. 75 AEUV, Rn. 19.

217 Vgl. *Streinz/Kruis* in: Streinz (Hrsg.), EUV/AEUV, Art. 214 AEUV, Rn. 21 ff. und VO (EG) Nr. 1257/96; die Vergleichbarkeit mit der Regelung in Art. 214 AEUV ist jedoch beschränkt, da in diesem Bereich eine parallele Zuständigkeit nach Art. 4 IV AEUV gilt.

Weitere Stellen, an denen ein Rahmen geschaffen und nicht in einem Rahmen gehandelt werden soll, finden sich nicht. Eine ausdrückliche Rahmenschaffung ist im AEUV nur an den genannten drei Stellen – Art. 75; Art. 207 II und Art. 214 AEUV – vorgesehen. In den beiden anderen Fällen hat die Formulierung eine norminhaltsbegrenzende Wirkung. Daraus ist zu schließen, dass die Rahmengesetzgebungskompetenz eine gezielte Beschränkung im Regelungsumfang bewirken soll, die auch bei Art. 207 II AEUV einzuhalten ist.

Soll statt einer Rahmenvorgabe für die Kommission eine Rahmenvorgabe für die Mitgliedstaaten erfolgen, wie es die FDI-RahmenVO vorsieht, dann darf die Gesetzgebungsreichweite für das Europäische Parlament und den Rat nicht ausgedehnt werden, sondern die Rahmenbegrenzung gilt gegenüber den Mitgliedstaaten. Sichergestellt werden soll, dass der Rat und das Europäische Parlament nicht mit der Durchführung der Investitionskontrolle befasst werden dürfen.[218] Damit ist dem Begriff der „Rahmen"-Umsetzung genügt. Unter Rahmenvorgaben lediglich Grundsätze zu verstehen, wäre hingegen ein zu restriktives Begriffsverständnis;[219] ein solches ginge auch über die Rollenverteilung des Komitologieverfahrens hinaus.

Die Beschränkung auf die Rahmengesetzgebung hat demnach nur zum Ziel, das Europäische Parlament von Administrativ- und Einzelfallentscheidungen auszunehmen,[220] nicht jedoch den Kompetenzumfang in der autonomen Handelspolitik einzugrenzen.

Denkbar ist folglich eine Investitionskontrolle durch einen Rahmenakt von EP und Rat im Wege des ordentlichen Gesetzgebungsverfahrens, der dann entweder die Kommission oder die Mitgliedstaaten zu Durchführungsmaßnahmen ermächtigt. Im Ergebnis handelt es sich mit der Beschränkung auf Rahmengesetzgebung um einen Ausschluss von einzelfallbezogenen Maßnahmen. Eine Investitionskontrolle darf nicht durch Rat oder Parlament durchgeführt werden, sondern im Rechtsakt dürfen nur Kommission oder Mitgliedstaaten damit beauftragt werden. Zu weit geht es allerdings, aus dem „Rahmen"-Begriff eine materielle Vorgabe herzuleiten, nach der auf Art. 207 II AEUV

218 Vgl. *Krajewski* in: Bungenberg/Herrmann (Hrsg.), European Yearbook of International Economic Law Special Issue 2013, 67 (71); *Terhechte* in: Hofmann/Rowe/Türk (Hrsg.), Specialized Administrative Law of the European Union, S. 78.

219 So aber *Terhechte* in: Hofmann/Rowe/Türk (Hrsg.), Specialized Administrative Law of the European Union, S. 78.

220 Vgl. *Müller-Ibold* in: Bungenberg/Herrmann (Hrsg.), European Yearbook of International Economic Law Special Issue 2013, 145 (160 f.), der in Ausnahmefällen vor ausreichender Rahmenvorgaben auch noch Einzelmaßnahmen zulassen will.

basierende Vorschriften ein bestimmtes Maß an gemeinsamen Regelungen vorgeben müssen.[221] Dies gilt umso mehr, wenn man der FDI-RahmenVO einen rückermächtigenden Charakter im Sinne des Art. 2 I AEUV zuspricht.[222] Der Unionsgesetzgeber genießt Entscheidungsfreiheit, wie weit die Vorgaben des „Rahmen"-Akts gehen müssen; wichtig ist, dass formal Rahmengesetzgebung vorgenommen wird. Materielle Mindestvorgaben können aus der Begrifflichkeit indes nicht abgeleitet werden.[223] Hierzu finden sich keine normativen Anhaltspunkte und ein notwendiges Mindestmaß der Rahmenvorgaben müsste willkürlich festgelegt werden.[224] Insbesondere Art. 4 II EUV spricht für die Möglichkeit, dass der Unionsgesetzgeber eine individuelle mitgliedstaatliche Gestaltungsfreiheit öffentlicher Ordnung oder Sicherheit vorsehen kann. Daneben wird die ausschließliche Zuständigkeit für Rahmenvorgaben bei der FDI-RahmenVO durch die Grenzen des Art. 2 I 2. Hs. AEUV durchbrochen. Materielle Mindestgrenzen bestehen für die FDI-RahmenVO somit erst durch die Anforderungen an die Grenzen einer Rückermächtigung gem. Art. 2 I AEUV.[225]

Ziel der Beschränkung auf Rahmengesetzgebung ist die Beschränkung auf „echte" legislative Rechtsakte.[226] Eine Umgehung durch Erlass von Einzelmaßnahmen in Form von Verordnungen soll verhindert werden.[227] Der verwaltungsrechtliche Charakter autonomer handelspolitischer Maßnahmen soll durch eine Trennung von Rahmenvorgaben durch den Unionsgesetzgeber sichergestellt werden.[228] Kommission oder Mitgliedstaaten (bei einer Rückermächtigung) sollen nur in einem verwaltungsförmlichen Rahmen handeln können. Eine kompetenzielle Begrenzung innerhalb des Mehrebenensystems ist damit hingegen nicht verbunden.

---

221 So aber *Korte* WiVerw 2019, 79 (121).

222 Hiergegen aber bei der FDI-RahmenVO bereits *Korte* WiVerw 2019, 79 (121).

223 A. A. *Korte* WiVerw 2019, 79 (121).

224 Vgl. aber *Korte* WiVerw 2019, 79 (121), der diese im Vergleich mit anderen Rechtsakten bestimmt.

225 Siehe hierzu Kapitel D. IV. 2. b).

226 Vgl. hierzu die Ausführungen bei EuGH, Urteil vom 30.09.2003, C-76/01 P – Eurocoton u. a./Rat, ECLI:EU:C:2003:511, Rn. 68–73.

227 *Krajewski* in: Bungenberg/Herrmann (Hrsg.), European Yearbook of International Economic Law Special Issue 2013, 67 (70 f.).

228 Vgl. *Tietje* in: Tietje/Kraft (Hrsg.), Beiträge zum Transnationalen Wirtschaftsrecht, 2009 (83), S. 12.

b) Historische Auslegung

Der historischen Auslegung wird im Unionsrecht traditionell nur eine geringe Bedeutung zugesprochen.[229] Insbesondere der EuGH ignoriert Aussagen der Gesetzesmaterialien, die sich nicht im Vertragstext wiederfinden lassen. Die historische Auslegung hat eine hemmende Wirkung auf den Integrationsprozess des Unionsrechts.[230] Zahlreiche Entwicklungen des Integrationsprozesses waren nicht Ergebnis einer Vertragsänderung, sondern Ergebnis richterlicher Rechtsfortbildung des EuGH. Hinzu kommt insbesondere bei der Auslegung von Primärrecht die fehlende Verfügbarkeit von Quellen sowie die unterschiedlichen Beweggründe der Mitgliedstaaten für die Aushandlung der Normen.[231]

Über die Deutung der Reichweite und die Abgrenzung der Kompetenzen der gemeinsamen Handelspolitik bestand lange Uneinigkeit.[232] Der EuGH nahm jedoch eine ausschließliche Zuständigkeit auf dem Gebiet der gemeinsamen Handelspolitik an.[233] Der frühere Art. 133 EGV sah damit ausdrücklich Kompetenzen für die autonome Handelspolitik vor.[234]

Durch den Vertrag von Lissabon 2009 wurde die Kompetenz für ausländische Direktinvestitionen in die gemeinsame Handelspolitik eingefügt. Die Änderungen im Art. 207 AEUV bezüglich der ausländischen Direktinvestitionen waren deshalb teilweise so zu verstehen, dass nun eine ausschließliche Zuständigkeit auch für diese, unabhängig von autonomer oder vertraglicher Handelspolitik, festgestellt werden sollte.[235] Daneben wurde die Beteiligung des Europäischen Parlaments im Bereich der gemeinsamen Handelspolitik aufgewertet.[236] Diese

---

229 Vgl. *Pechstein/Drechsler* in: Riesenhuber (Hrsg.), Europäische Methodenlehre, § 7 Rn. 33.

230 *Pechstein/Drechsler* in: Riesenhuber (Hrsg.), Europäische Methodenlehre, § 7 Rn. 33.

231 Vgl. *Yarosheskiy* in: Calliess (Hrsg.), Berliner Online-Beiträge zum Europarecht, Nr. 59, S. 11.

232 Vgl. *Herrmann/Niestedt* in: Krenzler/Herrmann/Niestedt (Hrsg.), EU-Außenwirtschfts- und Zollrecht, Einleitung Rn. 10; vgl. ausführlich zur Geschichte *Johannsen* in: Tietje/Kraft/Lehmann (Hrsg.), Beiträge zum Transnationalen Wirtschaftsrecht, 2009 (90), S. 5 ff.

233 EuGH, Gutachten vom 11.11.1975, C-1/75 – Lokale Kosten, ECLI:EU:C:1975:145 S. 1363 ff., für „interne" wie „externe" Maßnahmen.

234 Vgl. *Scharf* in: Tietje/Kraft/Lehmann (Hrsg.), Beiträge zum Transnationalen Wirtschaftsrecht, 2010 (101), S. 34.

235 *Tietje* in: Tietje/Kraft/Lehmann (Hrsg.), Beiträge zum Transnationalen Wirtschaftsrecht, 2009 (83), S. 14; *Herrmann* EuZW 2010, 207 (209).

236 *Hahn* in: Meng/Ress/Stein (Hrsg.), Europäische Integration und Globalisierung, S. 217; *Leal-Arcas* EU Trade Law, S. 94.

Änderung hob die parlamentsfreie Sonderstellung der Außenwirtschaftspolitik auf.[237] Die Erweiterung auf ausländische Direktinvestitionen kann trotzdem als die „bedeutungsvollste" Änderung der gemeinsamen Handelspolitik bezeichnet werden.[238] Der normativen Erweiterung in Art. 207 AEUV muss deshalb auch Wirkung verschafft werden. Die Erweiterung auf Direktinvestitionen sollte nicht nur auf die vertragliche Handelspolitik beschränkt werden, auch wenn sie dort den bilateralen Investitionsverträgen der Mitgliedstaaten ebenfalls große Schwierigkeiten bereitete.[239]

Aus Sicht der Mitgliedstaaten ist hingegen fraglich, ob diese sich jeder Möglichkeit zur Regelung ausländischer Direktinvestitionen entledigen wollten, indem sie eine ausschließliche Zuständigkeit auch für das Innenrecht zu Direktinvestitionen übertrugen. Zumindest die Bundesregierung ging im Jahr 2008 noch nicht von einem vollständigen Kompetenzverlust aus.[240] Zu dieser Annahme gelangt sie jedoch nicht durch Auslegung des Art. 207 II AEUV, sondern vielmehr durch eine Bewertung des Konkurrenzverhältnisses zu den Art. 63 ff. AEUV.[241] Des Weiteren hatten die Mitgliedstaaten auch nicht im Sinn, die bereits bestehenden Investitionsverträge ohne jegliche Übergangsmöglichkeit in Frage zu stellen, obwohl dies die rechtstatsächliche Folge der ausschließlichen Zuständigkeit für Direktinvestitionen in Art. 207 AEUV war.[242] Das BVerfG ging in seinem Lissabon-Urteil bezüglich der bestehenden bilateralen Investitionsschutzverträge (BITs) lediglich von einem Genehmigungserfordernis der Mitgliedstaaten aus,[243] zu dem die Union aufgrund geteilter Zuständigkeit verpflichtet sei.[244] Zwar gibt es mit Art. 351 AEUV eine potenziell analog anwendbare Norm,[245] Rechtssicherheit für das weitere Bestehen bzw. die

---

237 *Hahn* in: Meng/Ress/Stein (Hrsg.), Europäische Integration und Globalisierung, S. 229, 232; *Krajewski* CMLRev 2005, 91 (94).

238 *Tietje* in: Tietje/Kraft/Lehmann (Hrsg.), Beiträge zum Transnationalen Wirtschaftsrecht, 2009 (83), S. 13.

239 *Herrmann* EuZW 2010, 207 (209); *Tietje* EuZW 2010, 647 (650).

240 Vgl. BT-Drs. 16/7668 vom 03.01.2008, Antwort auf Frage 9. Die Bundesregierung ging von einem Vorbehalt für die öffentliche Ordnung oder Sicherheit durch Art. 58 EGV aus.

241 Ausführlich zur Diskussion über jenen Vorbehalt, Kapitel D. III. Nr. 2.

242 Vgl. *Tietje* in: Tietje/Kraft/Lehmann (Hrsg.), Beiträge zum Transnationalen Wirtschaftsrecht, 2009 (83), S. 19, der eine Stillhalteverpflichtung für neue BITs nach dem Vertrag von Lissabon annimmt.

243 BVerfG, Urteil vom 30.06.2009 – 2 BvE 2/08, BVerfGE 123, 267 (421 f.).

244 Vgl. *Herrmann* EuZW 2010, 207 (211 f.).

245 *Tietje* EuZW 2010, 647 (650).

Anpassung der BITs bestand damit aber nicht. Vertragsänderungen wären wohl nur zur Beseitigung von Unvereinbarkeiten in den bereits geschlossenen Verträgen möglich gewesen.[246] Deshalb musste mit der VO (EU) 1219/2012[247] erst eine solche Übergangsmöglichkeit geschaffen werden.[248] Die rechtlichen Konsequenzen für die Investitionspolitik waren den Mitgliedstaaten nicht in Gänze ersichtlich. Der historisch-subjektiven Sicht der Mitgliedstaaten lag eine andere Vorstellung zugrunde als die Rechtslage, die sie tatsächlich herbeiführten. Mitgliedstaatliches Interesse kann nur begrenzt Berücksichtigung finden, um den Integrationsprozess nicht zu behindern.[249] Die offensichtlich objektiv-rechtliche Erweiterung der Kompetenzen auf dem Feld ausländischer Direktinvestitionen war wohl so nicht beabsichtigt worden. Dieses zu den nationalen Interessen der Mitgliedstaaten widersprüchliche Ergebnis soll auf dem mangelnden thematischen Fokus der Mitgliedstaaten beruhen.[250] Eine vergleichbare Diskussion zur Intention der Mitgliedstaaten bei der Änderung des Art. 207 AEUV lag dem EuGH auch zum Begriff der „Handelsaspekte des geistigen Eigentums" vor. Der EuGH entschied hierzu, dass der Hintergrund der Begrifflichkeit den Mitgliedstaaten nicht „verborgen geblieben sein" könne.[251] Vergleichbares sollte auch für die Erweiterung bezüglich der Direktinvestitionen gelten.

Die dynamische Entwicklung der Handelspolitik hat demnach weiter zugenommen und wird mit weiteren autonomen bzw. vertraglichen Maßnahmen zusätzlich an Kontur gewinnen.[252] Die historische Auslegung kann zur

---

246 Vgl. EuGH, Urteil vom 03.03.2009, C-205/06 – Kommission/Österreich, ECLI:EU:C:2009:118, Rn. 37, 41 f.

247 Art. 7 VO (EU) Nr. 1219/2012 des Europäischen Parlaments und des Rates vom 12. Dezember 2012 zur Einführung einer Übergangsregelung für bilaterale Investitionsschutzabkommen zwischen den Mitgliedstaaten und Drittländern, ABl. L 351 vom 20.12.2012, S. 40 ff.

248 *Keller/Schmidt* in: Krenzler/Herrmann (Hrsg.), EU-Außenwirtschafts- und Zollrecht, XII 120, Art. 7–11 VO (EU) 1219/2021, Rn. 2.

249 *Leisner* EuR 2007, 689 (705 f.), spricht hingegen von einer wichtigen Rolle, um Balance zwischen Kontinuität und Wandel zu halten.

250 Vgl. ausführlich zur Vertragsänderung bzgl. ausländischer Direktinvestitionen im Vertrag von Lissabon *Meunier* Journal of Common Market Studies 2017, 593 (603 f.).

251 EuGH, Urteil vom 18.07.2013, C-414/11 – Daiichi Sankyo und Sanofi-Aventis Deutschland, ECLI:EU:C:2013:520, Rn. 55, zur begrifflichen Übereinstimmung mit dem Wortlaut des TRIPS-Übereinkommen.

252 *Herrmann/Müller-Ibold* EuZW 2018, 749 (756 f.).

Ermittlung der Kompetenz für Direktinvestitionskontrollen keine ausreichende Hilfe leisten.

c) Systematische Auslegung

Im Folgenden soll die Kompetenz aus Art. 207 II AEUV im Hinblick auf ihre systematische Stellung untersucht werden. Auf das Konkurrenzverhältnis zur alternativ in Frage kommenden Kompetenznorm des Art. 64 AEUV wird erst nach umfassender Untersuchung der Art. 63 ff. AEUV an späterer Stelle des Kapitels vertieft eingegangen.[253]

aa) Auswärtiges Handeln

Art. 207 AEUV befindet sich im Fünften Teil des AEUV, der „das auswärtige Handeln der Union" regelt. Für Abkommen mit ausländischen Staaten ist Art. 207 I, III AEUV die richtige Kompetenzvorschrift. Art 207 III AEUV nennt das hierfür vorgesehene Verfahren des Art. 218 AEUV. Dies bedeutet, dass für die vertragliche Handelspolitik Art. 207 AEUV bereits nach dem Gesetzgebungsverfahren die richtige Kompetenzgrundlage darstellt. Weiteres völkervertragliches Handeln im Bereich der Direktinvestitionen kommt allenfalls über die in Art. 3 II AEUV kodifizierte[254] „implied-powers"-Doktrin i. V. m. Art. 64 AEUV in Betracht. Art. 64 AEUV selbst sieht jedenfalls kein völkervertragliches Handeln vor, zumindest nicht nach dem Gesetzgebungsverfahren.[255] Aufgrund der klaren Kompetenz in Art. 207 I, III AEUV für Direktinvestitionen bleibt für die implied-power-Doktrin bei Art. 64 AEUV kein Platz.[256] Schwieriger gestaltet sich die Bewertung der autonomen Handelspolitik. Diese ist nach Art. 207 II AEUV durch Verordnungen zu regeln. Daneben erlaubt Art. 64 AEUV „Maßnahmen", die formal auch zur Regulierung von Direktinvestitionen geeignet sind.

---

253 Siehe Kapitel C. III.

254 Vgl. *Hainbach* Legal Issues of Economic Integration 2018, 199 (204 f.).

255 *Clostermeyer* Staatliche Übernahmeabwehr und die Kapitalverkehrsfreiheit zu Drittstaaten, S. 91.

256 Vor dem Vertrag von Lissabon waren auf die Vorgängernorm des Art. 64 AEUV völkerrechtliche Abkommen mit Investitionsbezug gestützt worden, vgl. *Beuttenmüller* Ritsumeikan Law Review 2011 (28), 281 (284); vgl. *Klamert/Maydell* EuR 2008, 589 (600 f.).

bb) Kompetenzbeschränkung durch Art. 207 VI AEUV

Zu untersuchen ist, ob die Kompetenzschranke des Art. 207 VI AEUV eine Begrenzung der autonomen Handlungsmöglichkeiten bei Direktinvestitionen bewirkt. Danach darf die Ausübung der gemeinsamen Handelspolitik keine Auswirkung auf die Abgrenzung der Zuständigkeiten zwischen Union und Mitgliedstaaten haben. Die Union wäre von autonomer Handelspolitik im Bereich der Direktinvestitionen ausgeschlossen, wenn den Mitgliedstaaten eine Zuständigkeit durch andere Normen belassen würde. In Betracht kommen Art. 64 AEUV oder Art. 65 AEUV.[257] Auf diese soll unabhängig von Art. 207 VI AEUV noch an späterer Stelle eingegangen werden.[258]

Ausdrücklich ist eine Harmonisierung ausgeschlossen, soweit diese auch in den Verträgen ausgeschlossen ist. Dies scheint banal zu sein; durch Art. 207 VI AEUV selbst soll jedoch vor allem ausgeschlossen werden, dass von einer Außen- auf eine Innenkompetenz geschlussfolgert wird.[259] Verhindert werden soll eine umgekehrte Anwendung der AERT-Rechtsprechung bzw. der Art. 216 AEUV und Art. 3 II AEUV.[260] Laut dieser hat die Union eine ausschließliche Kompetenz für völkerrechtliche Verträge, wenn Außenverpflichtungen der Mitgliedstaaten „Gemeinschaftsrechtsnormen, die zur Verwirklichung der Vertragsziele ergangen sind, beeinträchtigen oder in ihrer Tragweite ändern können"[261] (sog. „implied powers"[262]).[263] Dies ergibt sich unter anderem aus dem Loyalitätsgebot gem. Art. 4 III 3 EUV.[264] Die interne Zuständigkeit der Union auf

---

257 Für Art. 207 VI AEUV i. V. m. Art. 65 AEUV, *Beuttenmüller* Ritsumeikan Law Review 2011 (28), 281 (289). Ein „Harmonisierungsverbot" i. S. d. Art. 207 VI AEUV, wie *Brauneck* EuZW 2018, 188 (192) behauptet, stellt Art. 65 AEUV jedenfalls nicht dar.

258 Siehe Kapitel C. II. 2. und Kapitel D. III. 2.

259 *Rusche/et al.* in: Grabitz/Hilf/Nettesheim (Hrsg.), Das Recht der Europäischen Union, Art. 90 AEUV, Rn. 320.

260 Vgl. *Brauneck* EuZW 2018, 188 (192); *Herrmann* EuZW 2010, 207 (209); hierzu ausführlich *Hindelang/Maydell* in: Bungenberg/Griebel/Hindelang (Hrsg.), European Yearbook of International Economic Law 2011, Special Issue, 1, (13 ff.).

261 EuGH, Urteil vom 31.03.1971, C-22/70 – AETR, ECLI:EU:C:1971:32, Rn. 20 ff.; nach EuGH, Urteil vom 05.11.2002, C-476/98 – Open-Skies, ECLI:EU:C:2002:631, Rn. 82 ff., gilt dies nicht nur, wenn von der Kompetenz nicht gebraucht wurde, sondern auch wenn interne Maßnahmen erst anlässlich der völkerrechtlichen Vereinbarungen erfolgen.

262 *Mögele* in: Streinz (Hrsg.), EUV/AEUV, Art. 3 AEUV, Rn. 16; *Herrmann* EuZW 2001, 269 (269 f.).

263 EuGH, Urteil vom 31.03.1971, C-22/70 – AETR, ECLI:EU:C:1971:32, Rn. 15 ff.

264 EuGH, Urteil vom 31.03.1971, C-22/70 – AETR, ECLI:EU:C:1971:32, Rn. 20 ff.

einem Gebiet berechtigt somit auch zum Abschluss völkerrechtlicher Verträge auf ebendem Gebiet. Es bedarf insoweit keiner ausdrücklichen Ermächtigung.[265] Als Staatenverbund ist die Umsetzung bei fehlender ausdrücklicher Kompetenzzuständigkeit der Union Aufgabe der Mitgliedstaaten.[266] Ein Vergleich kann hier zum deutschen Verfassungsrecht gezogen werden, bei dem die Bundesrepublik auch auf diversen Sachgebieten der Länder völkervertragliche Vereinbarungen treffen kann.[267] Aus den Verpflichtungen aus internationalen Handelsverträgen kann nicht geschlossen werden, dass die Union diese umsetzen darf bzw. muss. Die Parallelität von der Innen- zur Außenkompetenz soll nicht in umgekehrter Richtung wirken und eine Außenkompetenz zum Abschluss von Verträgen darf nicht zur Harmonisierung von Politikfeldern, die im Zuständigkeitsbereich der Mitgliedstaaten liegen, führen.[268] Das bedeutet, dass nicht ausdrücklich unter den Anwendungsbereich der gemeinsamen Handelspolitik fallende Bereiche nicht durch eine völkerrechtliche Vereinbarung zu einer Innenregelungsmaterie für die Union werden sollen.[269]

Damit hat Art. 207 VI AEUV für die Kompetenz aus Art. 207 II AEUV keine beschränkende Wirkung. Aus Art. 207 II AEUV darf nicht geschlossen werden, dass alle Bereiche, die Inhalte einer vertraglichen Handelspolitik waren, auch durch Verordnung umgesetzt werden dürfen. Für ausländische Direktinvestitionen, die gerade einen originären Bestandteil der Handelspolitik darstellen, hat die Union jedoch eine umfassende ausschließliche Kompetenz erhalten.

Ohne systematische Anhaltspunkte kann nicht auf eine kompetenzielle Differenzierung zwischen autonomer und vertraglicher Handelspolitik geschlossen werden.[270] Das noch zu untersuchende Konkurrenzverhältnis zu Art. 64 AEUV bzw. Art. 65 AEUV nimmt auf die generelle Zuständigkeitsverteilung keinen

265 EuGH, Urteil vom 31.03.1971, C-22/70 – AETR, ECLI:EU:C:1971:32, Ls. 1.

266 *Herrmann* EuZW 2010, 207 (210); weiterhin folgert er aus der Beschränkung auf Verordnungen, dass die Richtlinie ausgeschlossen wurde, weil sie ein „typisches Instrument der Binnenharmonisierung" darstellt.

267 *Krajewski* CMLRev 2005, 91 (117); vgl. in diesem Zusammenhang Art. 32 GG und das „Lindauer Abkommen" vom 14.11.1957, BullBReg 1957, S. 1955, BT-Drs. 7/5924 vom 09.12.1976, S. 236.

268 *Bungenberg* in: Pechstein/Nowak/Häde (Hrsg.), Frankfurter Kommentar EUV/GRC/AEUV, Art. 207 AEUV, Rn. 312.

269 *Hahn* in: Calliess/Ruffert (Hrsg.), EUV/AEUV, Art. 207 AEUV, Rn. 121.

270 A. A. *Clostermeyer* Staatliche Übernahmeabwehr und die Kapitalverkehrsfreiheit zu Drittstaaten, S. 116, mit Bezug auf das Konkurrenzverhältnis zu Art. 64 AEUV.

Einfluss.[271] Die einschlägigen Kompetenznormen in Art. 207 AEUV lassen dahingehend keine Unterscheidung erkennen. Art. 3 e) AEUV zählt die gemeinsame Handelspolitik zu den ausschließlichen Zuständigkeitsfeldern der Union, ohne zwischen autonomer und vertraglicher Handelspolitik zu differenzieren. Ob sich eine autonome Maßnahme auf Bereiche „hinter der Grenze" der Union auswirkt, spielt keine Rolle.[272] Wichtig ist nur der Handelsbezug, der, wie bereits erläutert[273], bei der Regulierung von Direktinvestitionen per definitionem immer besteht. Hieran ändert auch die tatsächliche Staatenpraxis, weiterhin nationales Direktinvestitionsrecht zu erlassen, nichts.[274] Diese kann mit einer Übergangskompetenz gerechtfertigt oder als eine „Untergrabung"[275] der Handelskompetenz der Union bewertet werden. An der grundsätzlich bestehenden ausschließlichen Zuständigkeit für autonome und vertragliche Handelspolitik ändert dies jedoch nichts. Etwaige sich ergebende Regelungsnotstände der Mitgliedstaaten bei der autonomen Handelspolitik können keine anderen Ergebnisse erzeugen; diese sind durch mögliche Übergangslösungen oder durch sekundärrechtliche Hilfe durch den Unionsgesetzgeber zu lindern.[276] Die Notwendigkeit einer „Abwägung"[277] der Interessenlagen von Mitgliedstaaten und Union bei Kompetenzfragen darf nicht überbewertet werden, wenn die Kompetenzerweiterung normativ ausdrücklich vorgesehen ist. Die Mitgliedstaaten als „Herren der Verträge" haben diese Kompetenzsituation letztlich geschaffen.

cc) Verhältnis zu Art. 21 IV FKVO

Aus der Beziehung von wettbewerbsrechtlicher Fusionskontrolle und außenwirtschaftlicher Investitionskontrolle ergeben sich keine kompetenziellen Anhaltspunkte.[278] Art. 21 IV FKVO sieht unter bestimmten

---

271 Ähnlich *Metzger* Staatliche Kontrollen ausländischer Direktinvestitionen in Deutschland, Frankreich, Großbritannien und den USA, S. 90 f. Zur Prüfung einer hieraus erwachsenden ungeschriebenen Übergangskompetenz. Siehe ausführlich Kapitel D. III. 1. u. 2.

272 So aber *Nettesheim* in: Streinz (Hrsg.), EUV/AEUV, Art. 207 AEUV, Rn. 37.

273 Siehe Kapitel C. II. 1. a) aa).

274 A. A. *Nettesheim* in: Streinz (Hrsg.), EUV/AEUV, Art. 207 AEUV, Rn. 37.

275 So bereits schon *Hailbronner/Bierwagen* NJW 1989, 1385 (1390).

276 Vgl. *Clostermeyer* Staatliche Übernahmeabwehr und die Kapitalverkehrsfreiheit zu Drittstaaten, S. 111 ff., der deshalb zu dem Schluss einer geteilten Zuständigkeit kommt.

277 *Clostermeyer* Staatliche Übernahmeabwehr und die Kapitalverkehrsfreiheit zu Drittstaaten, S. 112.

278 Zu den materiellen Grenzen durch die FKVO, siehe Kapitel F. I. 3. b) bb) (1) (aa).

Rechtfertigungsvoraussetzungen ausdrücklich die Möglichkeit von nationalen Investitionskontrollen im Anwendungsbereich der Fusionskontrolle vor.[279] Da jedoch bei Einführung der Kontrolle im Jahr 2004 noch keine ausschließliche Zuständigkeit für Direktinvestitionen bestand, stellte sich nicht die Frage, ob Mitgliedstaaten kompetenziell handeln durften. Aus der Frage, ob Art. 207 AEUV nun einer solchen Möglichkeit entgegensteht, ergibt sich des Weiteren auch kein größeres Problem für die Anwendbarkeit des Art. 21 IV FKVO, da nach diesem ohnehin die Überprüfung der Unionskonformität zu erfolgen hat.[280] Die nationale Gestaltungsmöglichkeit nach Art. 21 IV FKVO unterliegt dem Vorbehalt der primärrechtlichen Kompetenzordnung, sodass die Ermittlung der Kompetenznorm für Investitionskontrollen eine Vorfrage der Ausnahmemöglichkeiten nach Art. 21 IV FKVO darstellt. Art. 21 IV FKVO kommt dementsprechend keine kompetenzielle Wirkung zu. Die Regelung stellt aber materielle Grenzen für Kontrollen für Unternehmensübernahmen aus außerwettbewerblichen Gründen dar.[281]

d) *Teleologische Auslegung*

Die bedeutendste Auslegungsart ist die teleologische Auslegung, nach der auf den Regelungszweck einer Norm im Hinblick auf die Vertragsziele abgestellt wird.[282] Der EuGH zieht bei der Auslegung des Primärrechts stärker objektive Auslegungskriterien heran, als er dies beim Sekundärrecht tut.[283]

Insbesondere die Ziele der Errichtung eines gemeinsamen Marktes und die Beseitigung von Verfälschungen des Marktes spielen bei der Ermittlung des Zwecks eine wichtige Rolle.[284] Die Normen sollen dabei so ausgelegt werden, dass ihre „praktische Wirksamkeit“ bzw. ihr „effet utile“ unter Berücksichtigung des verfolgten Zwecks gewährleistet sind.[285] Insbesondere in einem politisch

---

279 Vgl. *Wolff* Ausländische Staatsfonds, S. 114. Hierzu sind erst acht Kommissionsentscheidungen gefallen, https://ec.europa.eu/competition/mergers/statistics.pdf.

280 *Körber* in: Immenga/Mestmäcker (Hrsg.), Europäisches Wettbewerbsrecht, Art. 21 FKVO, Rn. 37.

281 *Käseberg/Kuhn* AG 2007, 65 (74).

282 *Pechstein/Drechsler* in: Riesenhuber (Hrsg.), Europäische Methodenlehre, § 7 Rn. 27.

283 *Bleckmann* NJW 1982, 1177 (1178); *Pechstein/Drechsler* in: Riesenhuber (Hrsg.), Europäische Methodenlehre, § 7 Rn. 13.

284 *Pechstein/Drechsler* in: Riesenhuber (Hrsg.), Europäische Methodenlehre, § 7 Rn. 28.

285 Vgl. EuGH, Urteil vom 06.010.1981, C-246/80 – Broekmeulen/Huisarts Registratie Commissie, ECLI:EU:C:1981:218, Rn. 16; EuGH, Urteil vom 08.04.1976, C-48/

aufgeladenen Rechtsbereich wie der Außenpolitik wird der politische Streit um die Öffnung des europäischen Binnenmarkts gegenüber Drittstaaten und um das nationale Interesse an „national champions" auch auf dem Rücken des Primärrechts ausgetragen, sodass bereits die Ermittlung der objektiven Zielsetzung konfliktreich ist. Dabei kann ein Streitpunkt vor allem die integrationsfortschreitende Bedeutung einer Norm darstellen.[286]

Die gemeinsame Handelspolitik soll gem. Art. 206 AEUV zur Beseitigung von Beschränkungen im internationalen Handelsverkehr sowie bei den ausländischen Direktinvestitionen beitragen. Das Ziel der Liberalisierung des internationalen Handelsverkehrs ist damit ausdrücklich festgehaltenes Ziel der Handelspolitik. Dies bedeutet aber nicht, dass eine auf Art. 207 AEUV gestützte Maßnahme keine Regulierung des Marktes bewirken darf, die sich einschränkend auswirken kann bzw. soll.[287] Nicht jede Maßnahme, die sich auf Art. 207 AEUV stützt, muss eine Liberalisierung darstellen. Eine Direktinvestitionskontrolle widerspricht demnach nicht dem Zweck der gemeinsamen Handelspolitik.

In Betracht kommt eine Trennung zwischen der Regelungskompetenz bezüglich des Marktzugangs und der Behandlungsstandards im Markt. Dem Wortlaut des Art. 207 AEUV sind solche einschränkenden Vorschläge bei ausländischen Direktinvestitionen nicht zu entnehmen.[288] Ideen hierzu stehen deshalb häufig im Zusammenhang mit der Entwicklung einer Lösung des Verhältnisses zu Art. 64 AEUV.[289] Ob eine Konkurrenzverdrängung bei Direktinvestitionen hierzu

---

75 – Royer, ECLI:EU:C:1976:57, Rn. 69/73. Tiefergehend zu der Begrifflichkeit und ihren Hintergründen *Potacs* EuR 2009, 465 (467 f.).

286 Vgl. hierzu BVerfG, Urteil vom 12.10.1993 – 2 BvR 2134/92, 2 BvR 2159/92, BVerfGE, 89, 155 (210), das davon ausging, dass der Auslegungsgrundsatz des „effet utile" so zu verstehen sei, dass eine „größtmöglich Ausschöpfung der Gemeinschaftsbefugnisse" vorzunehmen sei. Zur Kritik an diesem Verständnis, *Wegener* in: Calliess/Ruffert (Hrsg.), EUV/AEUV, Art. 19 AEUV, Rn. 16.

287 EuGH, Gutachten vom 04.10.1979, 1/78 – Internationales Naturkautschuk-Übereinkommen, ECLI:EU:C:1979:224, Rn. 44, eine Beschränkung auf Liberalisierung würde die Handelspolitik „bedeutungslos" werden lassen. Vgl. *Cremona* in: Hahn/Van der Loo (Hrsg.), Law and Practice of the Common Commercial Policy, S. 48.

288 Vgl. *Reinisch* in: Bungenberg/Griebel/Hindelang (Hrsg.), European Yearbook of International Economic Law, Special Issue 43 (50 f.), zum Wortlaut bzgl. einer Begrenzung auf Marktzugang; a. A. *Johannsen* in: Tietje/Kraft/Lehmann (Hrsg.), Beiträge zum Transnationalen Wirtschaftsrecht, 2009 (90), S. 16.

289 Vgl. *Tietje* in: Tietje/Kraft/Lehmann (Hrsg.), Beiträge zum Transnationalen Wirtschaftsrecht, 2009 (83), S. 14.

führt, soll an späterer Stelle untersucht werden.[290] Zunächst gilt es festzustellen, ob eine solche Beschränkung generell bei Art. 207 II AEUV vorgesehen ist.

Gemäß Art. 206 AEUV soll die Beschränkung von Direktinvestitionen schrittweise beseitigt werden, zumindest im Bereich des Marktzugangs.[291] Der Fokus auf den Markzugang könnte dann auch gleichzeitig als Kriterium für den Handelsbezugs dienen.[292] Dies ist jedoch, nicht notwendig, denn der Begriff der Direktinvestition stellt einen umfassenden Teilbereich der Handelspolitik dar.

Auch über das Verhältnis zur vertraglichen Handelspolitik könnten Rückschlüsse auf die Regelungsmaterie der autonomen Handelspolitik gezogen werden. Da Art. 207 II AEUV in engem Verhältnis zu der vertraglichen Handelspolitik des Art. 207 I AEUV steht, könnte sie für die Post-Establishment-Phase die speziellere Norm sein,[293] denn die bisherigen Investitionsschutzverträge europäischer Staaten umfassen in der Regel nur Behandlungsstandards der Investitionen, jedoch keine Marktzugangsrechte.[294] Hauptbestandteile der vertraglichen Investitionspolitik sind Schutz vor Enteignungen, gerechte und billige Behandlung, Schirmklauseln, Recht zum Gewinntransfer und nicht-diskriminierende Behandlungen, also Post-Establishment-Schutz.[295] Beispielhaft sei hier der „Modell-Investitionsschutzvertrag mit Investor-Staats-Schiedsverfahren für Industriestaaten“ der Bundesrepublik genannt.[296] Bezüglich des Marktzugangs enthalten deutsche Investitionsverträge nur das Versprechen, Kapitalanlagen in Übereinstimmung mit den nationalen Rechtsvorschriften zuzulassen.[297] Es

290 Vgl. Kapitel C. III. 3. a).

291 Vgl. *GA Sharpston*, Schlussantrag vom 21.12.2016, Gutachten 2/15, ECLI:EU:C:2016:992, Rn. 323, „unstreitig, dass unter diese Politik der Marktzugang“ fällt.

292 Vgl. *Boysen* in: Von Arnauld (Hrsg.), Europäische Außenbeziehungen, § 9, Rn. 28; *Schmitt* Die Kompetenzen der EU für ausländische Direktinvestitionen, S. 86 f.

293 *Beutenmüller* Ritsumeikan Law Review 2011, 281 (289); *Tietje* in: Tietje/Kraft/Lehmann (Hrsg.), Beiträge zum Transnationalen Wirtschaftsrecht, 2009 (83), S. 14.

294 *Dolzer/Schreuer* Principles of International Investment Law, S. 89, 130; *Fischer* Vergabeverfahren im Investitionsschutzrecht, S. 94 f.; *Shan* in: Shan (Hrsg.), The Legal Protection of Foreign Investment, S. 27; *Tietje* in: Tietje/Kraft/Lehmann (Hrsg.), Beiträge zum Transnationalen Wirtschaftsrecht, 2009 (83), S. 14.

295 Vgl. *Basener* Investment Protection in the European Union, S. 72 ff.

296 *Krajewski* Modell-Investitionsschutzvertrag mit Investor-Staats-Schiedsverfahren für Industriestaaten, https://www.bmwk.de/Redaktion/DE/Downloads/M-O/modell-investitionsschutzvertrag-mit-investor-staat-schiedsverfahren-gutachten.pdf?__blob=publicationFile&v=1.

297 Vgl. allgemein Art. 2 Deutscher Muster-Investitionsschutzvertrag von 2008. Beispielhaft: Art. 2 des Abkommens zwischen Deutschland und Jordanien über die

handelt sich um sogenannte „admission clauses".[298] In diesen ist aber kein Recht auf Zugang vorgesehen.[299] Regeln zu Investitionskontrollen finden sich in der Regel nicht in den Verträgen.[300]

Würde sich nun die autonome Handelspolitik gem. Art. 207 II AEUV auf Marktzugangsregeln beschränken, wäre ein struktureller Unterschied zwischen dem Inhalt der vertraglich und der autonomen Handelspolitik herbeigeführt, der sich im Gesetzeswortlaut und der Gesetzessystematik nicht wiederfindet. In Fortführung dieser Kritik würde dann sogar mehr für den Fall sprechen, dass Behandlungsstandards von der Kompetenz des Art. 207 II AEUV umfasst sein sollen, wenn Art. 207 II AEUV vor allem der Durchsetzung von Investitionsschutzverträgen dienen soll. Deshalb wird hieraus die Konsequenz gezogen, dass Art. 207 II AEUV folglich genau diese Aspekte der Union übertragen will.[301] Dies setzt jedoch die Annahme voraus, dass autonome und vertragliche Handelspolitik nicht gleichberechtigt nebeneinanderstehen.[302] Vielmehr würde die autonome Handelspolitik der (zu diesem Zeitpunkt) bestehenden Investitionsvertragspraxis folgen. Es ist demzufolge unklar, auf welche der beiden Aspekte sich die Kompetenz der Handelspolitik beschränken sollte. Die Argumentation für die Beschränkung auf eine der beiden Regelungsinhalte scheint beliebig zu sein.

Die durch die Kompetenzverschiebung zunehmenden bilateralen Investitionsabkommen der EU kennen jedoch bereits auch Klauseln zum Marktzugang. So enthält schon das viel diskutierte „Umfassendes Wirtschafts- und

---

Förderung und den gegenseitigen Schutz von Kapitalanlagen, BGBl. II 2009, S. 469 ff. vom 25.05.2009; Art. 2 des Abkommens zwischen Deutschland und China über die Förderung und den gegenseitigen Schutz von Kapitalanlagen, BGBl. II 2005, S. 732 vom 03.08.2005.

298 *Basener* Investment Protection in the European Union, S. 92.

299 *Dolzer/Schreuer* Principles of International Investment Law, S. 89.

300 *Krajewski/Ceyssens* AVR 2007, 180 (202 f.).

301 Vgl. *Tietje* in: Tietje/Kraft/Lehmann (Hrsg.), Beiträge zum Transnationalen Wirtschaftsrecht, 2009 (83), S. 14, der den Marktzugang bereits vom vorherigen Art. 57 II EGV (jetzt: Art. 64 II, III AEUV) umfasst sah und der Änderung des Art. 207 AEUV vor allem eine unionsrechtliche Bedeutung für den Erlass von Behandlungsstandards beimisst. Die Regelungskompetenz für zugelassene Direktinvestitionen sei erst mit der Änderung des Art. 207 AEUV auf die Union übertragen. Dieser geht im Ergebnis aber nicht von einer solchen Trennung aus.

302 Vgl. hierzu kritisch *Johannsen* in: Tietje/Kraft/Lehmann (Hrsg.), Beiträge zum Transnationalen Wirtschaftsrecht, 2009 (90), S. 17.

Handelsabkommen zwischen Kanada einerseits und der Europäischen Union und ihren Mitgliedstaaten andererseits" (CETA) Regelungen zum Marktzugang für Investitionen.[303] Solche Klauseln sehen zwar bisher noch keine Durchsetzbarkeit durch Investor-Schiedsgerichte vor,[304] zeigen jedoch, dass die bisherige Gestaltung von Investitionsschutzverträgen nur wenig Aufschluss über die ihr zugrunde liegende Kompetenznorm geben kann. Laut der Europäischen Kommission ist es gerade Ziel der EU, die Lücke des Marktzugangs bei den bisherigen mitgliedstaatlichen BITs zu schließen.[305] Aus dem politischen Willen der Mitgliedstaaten keine Marktzugangsrechte zu vereinbaren, kann nicht zwangsläufig auf das rechtliche Können der EU geschlossen werden. Insbesondere ist es der EU überlassen, wie sie die neue Rolle als Vertragspartnerin der Investitionsschutzverträge ausübt.[306]

Deutlich erklärt der EuGH im Singapur-Gutachten 2/15, dass in Art. 207 I AEUV nicht zwischen Handlungen zur Zulassung und Handlungen zum Schutz der Investitionen unterschieden werde.[307] Die Sicht des EuGH zu dieser Diskussion erscheint damit klar. Der EuGH erklärte ebenfalls, dass auch Regelungen des Behandlungsstandards zur öffentlichen Sicherheit und Ordnung nicht automatisch aus der ausschließlichen Zuständigkeit der gemeinsamen Handelspolitik ausgenommen seien.[308] Insbesondere stelle eine solche Regelung keinen Kompetenzverstoß dar, wenn sie den Mitgliedstaaten gerade die Möglichkeit zur Ausnahme verschaffe.[309] Im Umkehrschluss gilt indessen nicht, dass der Unionsgesetzgeber nur Ausnahmen für die Mitgliedstaaten schaffen, aber nicht selbst Regeln aufstellen darf. Eine absolute Grenze stellt lediglich Art. 4 II EUV auf, der jedoch keine kompetenzielle Grenze darstellt, sondern nur die Ausübung der Zuständigkeit begrenzt.[310] Zwar rückt der EuGH nicht von seinem

---

303 Vgl. Abschnitt B Art. 8.4 Umfassendes Wirtschafts- und Handelsabkommen (CETA) zwischen Kanada einerseits und der Europäischen Union und ihren Mitgliedstaaten andererseits. ABl. L 11 vom 14.01.2017, S. 23 ff. Vgl. auch *Hoffman/Donath* in: Ehlers/Pünder/Fehling (Hrsg.), Besonderes Verwaltungsrecht, Bd. 1, Öffentliches Wirtschafsrecht, § 8 Rn. 27.

304 Vgl. das Gutachten von *Schill* zu CETA vom 22.09.2014, https://www.bmwk.de/Redaktion/DE/Downloads/C-D/ceta-gutachten-investitionsschutz.html.

305 *Kommission* Mitteilung, COM(2010)343 final, vom 07.07.2010, S. 5.

306 Vgl. *Reinisch* ICSID Review 2013 (28), 179 (187 f.).

307 EuGH, Gutachten 2/15 vom 16.05.2017, ECLI:EU:C:2017:376, Rn. 87.

308 EuGH, Gutachten 2/15 vom 16.05.2017, ECLI:EU:C:2017:376, Rn. 95, 97 ff.

309 EuGH, Gutachten 2/15 vom 16.05.2017, ECLI:EU:C:2017:376, Rn. 101.

310 Vgl. *Schill/Krenn* in: Grabitz/Hilf/Nettesheim (Hrsg.), Das Recht der Europäischen Union, Art. 4 EUV, Rn. 45.

Kriterium des Handelsbezugs ab,[311] jedoch führt auch dieses nicht zu einer Differenzierung zwischen pre- und post-establishment-Phase der ausländischen Direktinvestitionen.

Mit der ausschließlichen Zuständigkeit soll gem. Art. 207 I AEUV die Einheitlichkeit der gemeinsamen Handelspolitik sichergestellt werden; diese soll auch für ausländische Direktinvestitionen gewährleistet sein. Hierzu sollte die Union sowohl den Marktzugang als auch die Behandlungsstandards feststellen können.[312] Nur so kann eine effektive Ausübung der Kompetenz gesichert sein.[313]

e) Zwischenergebnis

Die Kompetenz des Art. 207 II AEUV kann ohne Berücksichtigung des Verhältnisses zu Art. 64 AEUV als umfassende Kompetenz für Regelungen des Marktzugangs und der Behandlungsstandards dienen. Die Norm erlaubt jedoch keine konkreten Einzelmaßnahmen durch den Gesetzgebungsakt von Rat und Europäischem Parlament, sondern nur Rahmen vorgebende Verordnungen. Eine konkrete Direktinvestition könnte durch eine Verordnung nach Art. 207 II AEUV nicht untersagt werden, da es sich letztendlich um eine legislative Einzelmaßnahme handeln würde.

2. Kompetenzgrundlage des Art. 64 AEUV

Neben Art. 207 AEUV, der als Kompetenzgrundlage für Direktinvestitionen dienen kann,[314] sieht auch Art. 64 AEUV Maßnahmen zu Direktinvestitionen vor. Im Folgenden wird zunächst der Anwendungsbereich des Art. 64 AEUV anhand der Auslegungsmethoden ermittelt werden. Das mögliche Konkurrenzverhältnis bei Direktinvestitionen zwischen Art. 207 AEUV und Art. 64 AEUV soll im Anschluss[315] an die Untersuchung des Art. 64 AEUV erfolgen; denn hieraus ergeben sich Einschränkungen der Anwendbarkeit bei Direktinvestitionen.[316]

---

311 Vgl. EuGH, Gutachten 2/15 vom 16.05.2017, ECLI:EU:C:2017:376, Rn. 35 f.

312 *Shan/Zheng* European Journal of International Law 2010 (21), 1049 (1062), mit Bezug auf EuGH, Gutachten 1/78 vom 04.10.1979 – Internationales Naturkautschuk-Übereinkommen, ECLI:EU:C:1979:224, Rn. 39 ff.

313 *Schmitt* Die Kompetenzen der EU für ausländische Direktinvestitionen, S. 90 f.

314 Siehe Kapitel C. II. 1.

315 Siehe Kapitel C. III.

316 *Johannsen* in: Tietje/Kraft/Lehmann (Hrsg.), Beiträge zum Transnationalen Wirtschaftsrecht, 2009 (90), S. 20.

a) Grammatikalische Auslegung

aa) Ausländische Direktinvestitionen

Auch Art. 64 AEUV spricht von „Direktinvestitionen“ und schließt damit Portfolioinvestitionen aus.[317] Hierzu können die Begründungen zur Untersuchung im Rahmen von Art. 207 AEUV übernommen werden.[318] Der Zusatz „ausländisch“ in Art. 207 AEUV wird in Art. 64 AEUV durch „dritte Länder“ ersetzt, ohne jedoch inhaltlich abzuweichen. Alle Investitionsformen umfasst hingegen Art. 63 AEUV, sodass auch Portfolioinvestitionen im Schutzbereich der Kapitalverkehrsfreiheit stehen.[319] Besonderheit der Kapitalverkehrsfreiheit ist, dass diese auf Drittstaatsangehörige anwendbar ist.[320] Hieraus ergibt sich die gemeinsame Schnittmenge mit der Handelspolitik. Die Kapitalverkehrsfreiheit geht demnach weiter als die Kompetenznorm des Art. 64 AEUV.

bb) „Maßnahmen“

Art. 64 II, III AEUV sieht den Beschluss von „Maßnahmen“ vor. Unter „Maßnahmen“ können alle Handlungsformen des Art. 288 AEUV fallen, sodass die Norm dem Wortlaut nach grundsätzlich alle denkbaren Rechtsaktformen ermöglicht.[321] Der offene Begriff „Maßnahmen“ deutet daraufhin, dass die Norm keine Spezifizierung auf bestimmte Handlungsformen vornimmt, sondern für alle denkbaren Regelungen bezüglich ausländischer Direktinvestitionen Anwendung finden kann. Der offene Wortlaut verleiht eine besondere Flexibilität hinsichtlich der möglichen Rechtsakte.[322] Ein Verweis auf das ordentliche bzw. besondere Gesetzgebungsverfahren in Art. 64 II, III AEUV bedeutet jedoch, dass völkerrechtliche Abkommen hierauf nicht gestützt werden können, da diese nach dem Verfahren des Art. 218 AEUV erlassen werden. Die Norm ist bereits dem Wortlaut nach auf den Erlass interner Rechtsakte beschränkt.[323] Unter den

---

317 *Korte* in: Calliess/Ruffert (Hrsg.), EUV/AEUV, Art. 64 AEUV, Rn. 14; *Ress/Ukrow* in: Grabitz/Hilf/Nettesheim (Hrsg.), Das Recht der Europäischen Union, Art. 64 AEUV, Rn. 14. A. A. *Brauneck* EuZW 2018, 188 (191 f.), dafür, dass die Begrifflichkeit noch Randbereiche der Portfolioinvestition beinhalten soll.

318 Siehe Kapitel C. II. 1. a) aa).

319 Vgl. EuGH, Urteil vom 28.09.2006, C-282/04 – Kommission/Niederlande, ECLI:EU:C:2006:608, Rn. 19, mit Hinweis auf die Kapitalverkehrsrichtlinie.

320 *Hindelang/Hagemeyer* EuZW 2017, 882 (885).

321 *Clostermeyer* Staatliche Übernahmeabwehr und die Kapitalverkehrsfreiheit, S. 90.

322 *Bröhmer* in: Calliess/Ruffert (Hrsg.), EUV/AEUV, 5. Aufl., Art. 64 AEUV, Rn. 8 f.

323 *Clostermeyer* Staatliche Übernahmeabwehr und die Kapitalverkehrsfreiheit, S. 90 f. Vgl. *Günther* in: Tietje/Kraft/Kumpan (Hrsg.), Beiträge zum Transnationalen

Begriff der Maßnahme würde demnach grundsätzlich auch eine Investitionskontrolle für Drittstaaten fallen.[324]

cc) „Im Zusammenhang"

Nicht nur die Kompetenz in Art. 207 II AEUV enthält eine nähere Beschreibung, sondern auch die Kompetenz in Art. 64 II AEUV. So dürfen Maßnahmen „im Zusammenhang mit Direktinvestitionen" erlassen werden, woraus ein weiter Anwendungsbereich abgeleitet werden könnte.[325] Jedoch werden auch Maßnahmen „im Zusammenhang mit der Niederlassungsfreiheit" ermöglicht. Dies lässt vermuten, dass auch Niederlassungsvorgänge umfasst sein sollen, soweit sie einen speziellen Bezug[326] zum Kapitalverkehr haben.[327] Die englische Sprachfassung ist mit „involving" noch klarer.[328] Der Wortlaut spricht dafür, dass Art. 64 II, III AEUV vollumfänglich für Direktinvestitionen im Anwendungsbereich der Grundfreiheiten gelten soll.

Da die Niederlassung selbst jedoch nach der Niederlassungsfreiheit zu behandeln ist,[329] wären bei einem parallelen Verständnis des Begriffs „im Zusammenhang" Direktinvestitionen nur insoweit umfasst, als sie Begleitumstände des Kapitalverkehrs darstellen. Dies kann jedoch nur als missglückte Formulierung bewertet werden. Eine enge Auslegung des „Zusammenhangs mit Direktinvestitionen" wäre zwar mit Verweis auf die ausschließliche Zuständigkeit

---

Wirtschaftsrecht, 2018 (157), S. 21. Vgl. *Beuttenmüller* Ritsumeikan Law Review 2011 (28), 281 (284 ff.), auch für implizite Außenkompetenzen aus Art. 64 AEUV bleibt neben Art. 207 AEUV kein Platz mehr.

324 *Herrmann* ZEuS 2019, 429 (461); *Wolff* Ausländische Staatsfonds, S. 124.

325 Vgl. bei *Kotthaus* Binnenmarktrecht und externe Kapitalverkehrsfreiheit, S. 180, die dem Wortlaut entnimmt, dass nicht nur die Beschränkungen von Direktinvestitionen, sondern auch indirekte Direktinvestitionsbeschränkungen umfasst sind.

326 Der EuGH spricht von einem hinreichend engen Zusammenhang bzw. Kausalzusammenhang bei Finanzdienstleistungen, EuGH, Urteil vom 13.11.2019, C-641/17 – College Pension Plan of British Columbia/Finanzamt München, ECLI:EU:C:2019:960, Rn. 104.

327 Vgl. *Bröhmer* in: Calliess/Ruffert (Hrsg.), EUV/AEUV, 5. Aufl., Art. 64 AEUV, Rn. 6; *Hindelang* WHI-Papier Art. 64 AEUV, Rn. 11, sieht hierin lediglich einen Auffangtatbestand, da Direktinvestitionen bereits vollumfänglich umfasst sind.

328 *Gramlich* in: Pechstein/Nowak/Häde (Hrsg.), Frankfurter Kommentar EUV/GRC/AEUV, Art. 64 AEUV, Rn. 4.

329 Vgl. *Gramlich* in: Pechstein/Nowak/Häde (Hrsg.), Frankfurter Kommentar EUV/GRC/AEUV, Art. 64 AEUV, Rn. 9, „beinhaltet nur Kapitalbewegungen, die nicht schon Teil der freien Niederlassung sind".

für Direktinvestitionen nach Art. 207 II AEUV möglich, überzeugt aufgrund der bereits vor dem Vertrag von Lissabon existierenden Formulierung des Art. 57 EGV jedoch nicht.

Im „Zusammenhang mit Direktinvestitionen" ist folglich weit und im „Zusammenhang mit der Niederlassungsfreiheit" hingegen eng auszulegen. Das ist zwar ein dem Wortlaut nach unbefriedigendes Ergebnis, jedoch zwingend notwendig. Eine enge Auslegung des „Zusammenhangs mit Direktinvestitionen" wäre mit Verweis auf die ausschließliche Zuständigkeit für Direktinvestitionen nach Art. 207 II AEUV wohl möglich, überzeugt aufgrund der bereits vor dem Vertrag von Lissabon existierenden Formulierung des Art. 57 EGV jedoch nicht.

Aus diesen Ausführungen ist zu schließen, dass dem offenen und teils inkonsistenten Wortlaut nur wenig Bedeutung zugesprochen werden kann und ihm ohne weitere Gründe keine weitergehende, fast uferlose Kompetenzreichweite beigemessen werden sollte. Grundsätzlich können aber Marktzugangsregeln bzw. Angleichungsvorgaben für die Mitgliedstaaten dem Wortlaut nach auch aus der Kompetenz des Art. 64 II, III AEUV hergeleitet werden.[330]

b) *Historische Auslegung*

Im Gegensatz zur Vorgängernorm des Art. 207 AEUV (Art. 133 EGV) beinhaltete die Vorgängernorm des Art. 64 AEUV (Art. 57 EGV) bereits den Begriff „Direktinvestition". Der Vertrag von Lissabon hat hierzu keine maßgebliche Veränderung hinsichtlich der Kompetenzreichweite gebracht; geändert wurden Beteiligungsrechte des Parlaments im Gesetzgebungsverfahren und eine Teilung des ehemaligen Art. 57 II EGV in zwei Absätze. Für einen Akt, der einen Rückschritt in der Liberalisierung bedeutet, ist Einstimmigkeit im Gesetzgebungsverfahren notwendig.[331]

Auffällig ist, dass die originäre Rechtsgrundlage der Kapitalverkehrsfreiheit, Art. 64 II, III AEUV, seit dem Vertrag von Lissabon praktisch keine Rolle mehr als Rechtsgrundlage spielte.[332] Kein Rechtsakt, der auf Art. 64 II AEUV gestützt wurde, hat es zur Verabschiedung geschafft.[333] Die Vorgängernorm

330 Vgl. zur alten Regelung *Von Wogau/Rapp-Jung* CMLRev 2008 (45), 47 (60 f.).

331 Vgl. *Bäumler* EuR 2016, 607 (610), die hier sogar den Vertrag CETA als „Maßnahme" i. S. d. Art. 64 III AEUV gelten lässt. Ebenso *Schiffbauer* EuZW 2016, 252 (255). Dies wäre, wie erläutert, jedoch nur durch eine „implizite Kompetenz" in Art. 64 AEUV möglich, für die kein Platz mehr besteht.

332 Vgl. *Bröhmer* in: Calliess/Ruffert (Hrsg.), EUV/AEUV, 5. Aufl., Art. 64 AEUV, Rn. 8.

333 Vgl. *Kommission* Vorschlag für eine Verordnung des Europäischen Parlaments und des Rates zur Anpassung von Rechtsakten, in denen auf das Regelungsverfahren mit

Art. 57 II EGV war hingegen Rechtsgrundlage verschiedener EU-Rechtsakte.[334] Diese Entwicklung lässt sich nicht mit der marginalen Vertragstextveränderung der Norm erklären.

Würde Art. 64 AEUV eine umfassende Kompetenz für ausländische Direktinvestitionen eröffnen, wäre die Vertragsveränderung in Art. 207 AEUV für die autonome Handelspolitik weitgehend bedeutungslos und würde sich auf das völkerrechtliche Handeln der EU beschränken.[335] Als geteilte Zuständigkeit[336] stand Art. 64 AEUV (ehemals Art. 57 EGV) für eine gemeinsame Investitionsgesetzgebung von Mitgliedstaaten und Union. Zweifelhaft ist indes, ob

---

Kontrolle Bezug genommen wird, an Art. 290 des Vertrags über die Arbeitsweise der Europäischen Union, COM (2013) 451 final, vom 27.06.2013; *Kommission* Vorschlag für einen Beschluss des Rates und der Kommission zur Festlegung des im Kooperationsrat EU-Tadschikistan zu vertretenden Standpunkts zu seiner Geschäftsordnung, COM(2010)412 final, vom 30.07.2010.

334 Beschluss des Rates und der Kommission vom 17. November 2009 über den Abschluss des Protokolls zum Abkommen über Partnerschaft und Zusammenarbeit zwischen den Europäischen Gemeinschaften und ihren Mitgliedstaaten einerseits und der Republik Tadschikistan andererseits anlässlich des Beitritts der Republik Bulgarien und Rumäniens zur Europäischen Union (2009/990/EG); hierzu auch: (2009/989/EG); Beschluss des Rates vom 5. Mai 2009 über die Unterzeichnung und vorläufige Anwendung des Interimsabkommens zum Wirtschaftspartnerschaftsabkommens zwischen der Europäischen Gemeinschaft und ihren Mitgliedstaaten einerseits und den SADC-WPA-Staaten andererseits (2009/850/EG); Beschluss des Rates vom 15. Juli 2008 über die Unterzeichnung und die vorläufige Anwendung des Wirtschaftspartnerschaftsabkommens zwischen den CARIFORUM-Staaten einerseits und der Europäischen Gemeinschaft und ihren Mitgliedstaaten andererseits (2008/805/EG); Beschluss des Rates vom 25. September 2008 über den Abschluss – im Namen der Europäischen Gemeinschaft – des Übereinkommens der Vereinten Nationen gegen Korruption (2008/801/EG); Beschluss des Rates und der Kommission vom 19. Oktober 2009 über den Abschluss des Protokolls zum Abkommen über Partnerschaft und Zusammenarbeit zwischen den Europäischen Gemeinschaften und ihren Mitgliedstaaten einerseits und der Republik Aserbaidschan andererseits anlässlich des Beitritts der Republik Bulgarien und Rumäniens zur Europäischen Union (2009/816/EG, Euratom); Beschluss des Rates vom 25. September 2008 über den Abschluss – im Namen der Europäischen Gemeinschaft – das Übereinkommen der Vereinten Nationen gegen Korruption (2008/801/EG).

335 Hierfür *Clostermeyer* Staatliche Übernahmeabwehr und die Kapitalverkehrsfreiheit, S. 91.

336 Ausführlich und m.w.N. *Clostermeyer* Staatliche Übernahmeabwehr und die Kapitalverkehrsfreiheit, S. 93 ff.

die Mitgliedstaaten in diesem Bereich jede Kompetenz an die Union abgeben wollten. Hierzu gilt jedoch das bereits im Zusammenhang mit Art. 207 AEUV Gesagte.[337]

c) *Systematische Auslegung*

Art. 64 AEUV ist eine Vorschrift der Grundfreiheit „Kapitalverkehrsfreiheit". Als Ausnahmevorschrift zum Liberalisierungsauftrag des Art. 63 AEUV ist sie aus systematischer Sicht eng auszulegen.[338] Sie gehört nicht zu den von Art. 3 AEUV genannten Zuständigkeiten und umfasst im Gegensatz zu Art. 207 AEUV keine ausschließliche Zuständigkeit.[339]

Art. 64 AEUV als Ausnahme vom Liberalisierungsauftrag des Art. 63 AEUV[340] muss sich in das System der Grundfreiheiten einbetten lassen. Die Kapitalverkehrsfreiheit besitzt umstrittene Grenzbereiche zur Niederlassungsfreiheit.[341] Diskutiert wird dabei die tatbestandliche Abgrenzung bzw. das Konkurrenzverhältnis der beiden Grundfreiheiten,[342] im Wesentlichen das Verhältnis von Art. 63 AEUV und Art. 49 AEUV. Teilweise wird diese Problematik auf die Ermittlung der richtigen Kompetenznorm für Investitionskontrollen übertragen.[343] Projiziert auf die kompetenzielle Ebene stellt sich die Frage, ob Art. 64 AEUV als Kompetenzgrundlage für Regelungen sämtlicher Direktinvestitionen dient oder ob Regelungen zu Direktinvestitionen, die durch eine verdrängende Niederlassungsfreiheit geschützt sind, nicht von diesem Artikel umfasst sind.

---

337 Siehe Kapitel C. II. b).

338 EuGH, Urteil vom 21.05.2015, C-560/13 – Wagner-Raith, ECLI:EU:C:2015:347, Rn. 21; EuGH, Urteil vom 17.10.2013, C-181/12 – Welte, ECLI:EU:C:2013:662, Rn. 29; EuGH, Urteil vom 11.09.2008, C-11/07 – Eckelkamp, ECLI:EU:C:2008:489, Rn. 57.

339 Vertiefende Diskussion bei *Clostermeyer* Staatliche Übernahmeabwehr und die Kapitalverkehrsfreiheit, S. 93 ff.; *Herrmann* ZEuS 2019 (3) 429 (437). A. A. *Kotthaus* Binnenmarktrecht und Kapitalverkehrsfreiheit, S. 192, bzgl. der Rückschritte gem. Art. 64 III AEUV.

340 *Wojcik* in: Von der Groeben/Schwarze/Hatje (Hrsg.), Europäisches Unionsrecht, Art. 64 AEUV, Rn. 1.

341 Hierzu vertiefend Kapitel E. II. 2.

342 *Kainer* in: Pechstein/Nowak/Häde (Hrsg.), Frankfurter Kommentar EUV/GRC/AEUV, Art. 49 AEUV, Rn. 150 f.

343 *Herrmann* ZEuS 2019, 429 (463); *Günter* in: Tietje/Kraft/Kumpan (Hrsg.), Beiträge zum Transnationalen Wirtschaftsrecht, 2018 (157), S. 32.

Der im Wortlaut des Art. 64 AEUV angelegte weite Direktinvestitionsbegriff lässt dies jedenfalls nicht vermuten. Damit ist jedoch nicht geklärt, ob die Abgrenzungsdiskussion zum Schutzbereich der beiden Grundfreiheiten auch auf die Kompetenzebene des Art. 64 II, III AEUV übertragen werden muss.[344]

Die Abgrenzung von Schutzbereichen der Grundfreiheiten erzielt eine andere Wirkung als die Abgrenzung von Kompetenznormen. Das Argument gegen eine weite Kapitalverkehrsfreiheit – unbeabsichtigter Liberalisierungszwang drittstaatlicher Niederlassungsvorgänge – fällt auf kompetenzieller Ebene weg.[345] Denn selbst dann, wenn der kapitalverkehrsrechtliche Direktinvestitionsbegriff im kompetenziellen Kontext umfassend zu verstehen ist, folgt hieraus kein Marktzugangsrecht der Drittstaatsunternehmen. Drittstaatsunternehmen können sich auf das subjektive Recht der Kapitalverkehrsfreiheit dann berufen, wenn deren Anwendbarkeit nicht durch die Niederlassungsfreiheit verdrängt wird. Aus einer weitgehenden Kompetenz erwachsen hingegen keine subjektiven Rechte der Drittstaatsinvestoren. Lediglich der Unionsgesetzgeber erhält eine Regelungskompetenz, die sich auch auf Niederlassungsvorgänge auswirken kann. Das bedeutet, eine weite Kompetenzreichweite des Art. 64 II, III AEUV würde nicht zu einem mitgliedstaatlichen Liberalisierungszwang bei Niederlassungsvorgängen aus Drittstaaten führen. Dem entspricht im Wesentlichen die unterschiedliche Zielsetzung von negativer Integration durch die Grundfreiheiten und positiver Integration durch Sekundärrechtssetzung.[346]

Ein weiter Anwendungsbereich des Art. 64 AEUV erlaubt jedoch eine Konstellation, in der sich ein Unionsrechtsakt, der auf Art. 64 AEUV gestützt wird, aufgrund der Verdrängungswirkung der Niederlassungsfreiheit nicht gleichzeitig im sachlichen Schutzbereich des Art. 63 AEUV steht.[347] Bei Rechtsakten basierend auf Art. 207 II AEUV würde sich eine solche systematische Inkonsistenz nicht aufdrängen. Aus welcher Systematik die Kompetenz für Direktinvestitionen entspringt, sollte jedoch nicht über die Reichweite des Direktinvestitionsbegriffs entscheiden. Der Anwendungsbereich des Art. 63 AEUV ist unabhängig von der Kompetenzreichweite des Art. 64 AEUV zu bestimmen. Die Kriterien zur Abgrenzung der Grundfreiheiten lassen sich nicht auf die Kompetenzebene übertragen.[348] Wenn die Niederlassungsfreiheit dem Schutz von

---

344 Ebenso *Korte* WiVerw 2019, 79 (103).

345 Vgl. hierzu ausführlich Kapitel E. II c).

346 *Hindelang/Moberg* CMLRev 2020, 1427 (1442).

347 Vgl. *Herrmann* ZEuS 2019, 429 (463).

348 A. A. *Günter* in: Tietje/Kraft/Kumpan (Hrsg.), Beiträge zum Transnationalen Wirtschaftsrecht, 2018 (157), S. 33. Siehe zu den Grundfreiheiten Kapitel E. II. 2.

Drittstaatsunternehmen durch die Kapitalverkehrsfreiheit entgegensteht, gilt dies für Rechtsakte, unabhängig der Kompetenzgrundlage. Dies gilt demnach auch für auf Art. 207 AEUV gestützte Rechtsakte.

Art. 64 II, III AEUV stellt die einschlägige Kompetenznorm zur Regelung von Direktinvestitionen im System der Grundfreiheiten dar. Dabei ist jedoch die Einschränkung „unbeschadet der anderen Kapitel der Verträge“ gem. Art. 64 II AEUV zu beachten, welche auch für Art. 64 III AEUV gilt. Das bedeutet, Maßnahmen müssen sich an den primärrechtlichen Vorgaben messen lassen;[349] dies können kompetenzrechtliche[350] oder materiell-rechtliche[351] Vorgaben sein. Eine wesentliche kompetenzrechtliche Einschränkung stellt das Verhältnis zu Art. 207 AEUV dar.[352]

d) *Teleologische Auslegung*

Die EU hat sich durch Art. 63 AEUV grundsätzlich dazu verpflichtet, auf Reziprozität zur einseitigen Liberalisierung des Kapitalverkehrs zu verzichten.[353] Dies ergibt sich durch die Erstreckung der Grundfreiheit auf Drittstaaten. Zwar kann in Einzelfällen eine strengere Behandlung des Drittstaatenkapitalverkehrs gegenüber Mitgliedstaatenkapitalverkehr aus sachlichen Gründen gerechtfertigt sein, der Grundsatz bleibt jedoch bestehen.[354] An der generellen Entscheidung eines nicht-protektionistischen Marktes ändert dies nichts.[355] Dies muss bei der Auslegung des Sinns und Zwecks des Art. 64 AEUV beachtet werden.[356]

Als Ausnahme von der Liberalisierung wird die Zulässigkeit von verschärften Maßnahmen gem. Art. 64 III AEUV teilweise lediglich für sachliche und

---

349 *Gramlich* in: Pechstein/Nowak/Häde (Hrsg.), Frankfurter Kommentar EUV/GRC/AEUV, Art. 64 AEUV, Rn. 18.

350 Vgl. *Benyon* Direct Investments, National Champions and EU Treaty Freedoms, S. 83; *Herrmann* ZEuS 2019, 429 (463).

351 *Gramlich* in: Pechstein/Nowak/Häde (Hrsg.), Frankfurter Kommentar EUV/GRC/AEUV, Art. 64 AEUV, Rn. 18, „wirtschaftliche Grundrechte“.

352 Siehe Kapitel C. III.

353 Vgl. EuGH, Urteil vom 18.12.2007, C-101/05 – Skatteverket, ECLI:EU:C:2007:804, Rn. 38.

354 Vgl. EuGH, Urteil vom 12.12.2006, C-446/04 – Test Claimants in the FII Group Litigation, ECLI:EU:C:2006:774, Rn. 171; EuGH, Urteil vom 18.12.2007, C-101/05 – Skatteverket, ECLI:EU:C:2007:804, Rn. 37.

355 Vgl. *Hindelang* JZ 2009 (17), 829 (831 f.), bezüglich der Diskussion zum einseitigen Liberalisierungsgrundsatz gegenüber Drittstaaten.

356 *Hindelang* JZ 2009 (17), 829 (830).

zeitliche Deliberalisierungsmaßnahmen angenommen.[357] Der Zweck des Art. 64 III AEUV sei, dass die Union auf protektionistische Maßnahmen von Drittstaaten reagieren kann.[358] Der Union soll mit dem klassischen Außenwirtschaftsinstrument der Reziprozität reagieren können.[359] Bisher ist aber kein Rechtsakt auf Art. 64 III AEUV gestützt worden.[360] Maßnahmen nach Art. 64 AEUV stellen erlaubte Ausnahmen[361] von der Kapitalverkehrsfreiheit des Art. 63 AEUV dar, welche auch die Unionsorgane verpflichtet.[362] Geht man aus von einer engen Grenze, insbesondere zeitlicher Art, stellt die Kompetenz aus Art. 64 II, III AEUV keine geeignete Rechtsgrundlage zur Regulierung von Investitionskontrollen dar. Da es aber an einem normativen Anhaltspunkt für eine solche Begrenzung fehlt, sollte nicht aus dem Liberalisierungsgrundsatz eine völlige Selbstbeschränkung gelesen werden. Zwar kann einseitigem Reziprozitätsverzicht pauschal keine Gefährdung der EU-Wirtschaftsentwicklung attestiert werden,[363] jedoch sollte aus dem normativ gewonnenen Grundsatz kein übergesetzliches Metaprinzip entwickelt werden. Demnach könnte grundsätzlich auch auf Art. 64 III AEUV eine dauerhafte Maßnahme gestützt werden.

Die Ausnahme nach Art. 64 III AEUV hat jedoch gegenüber weiteren Liberalisierungsmaßnahmen aus Art. 64 II AEUV erhöhte Anforderungen, da für dieses ein besonderes Gesetzgebungsverfahren durchzuführen ist. Grundsätzlich ist ein Liberalisierungsrückschritt anhand der unmittelbaren und mittelbaren, tatsächlichen oder potenziellen Wirkung für den bereits erreichten Grad der Liberalisierung festzustellen.[364] Abzustellen ist dabei auf den Vergleich der normativen

---

357 *Gramlich* in: Pechstein/Nowak/Häde (Hrsg.), Frankfurter Kommentar EUV/GRC/AEUV, Art. 64 AEUV, Rn. 22.

358 *Clostermeyer* Staatliche Übernahmeabwehr und die Kapitalverkehrsfreiheit, S. 253.

359 *Clostermeyer* Staatliche Übernahmeabwehr und die Kapitalverkehrsfreiheit, S. 253; *Hindelang* The Free Movement of Capital and Foreign Direct Investment, S. 176.

360 Für die Rechtsakte, die auf den früheren Art. 57 II EG gestützt wurden, siehe Fn. 343.

361 *Gramlich* in: Pechstein/Nowak/Häde (Hrsg.), Frankfurter Kommentar EUV/GRC/AEUV, Art. 63 AEUV, Rn. 13.

362 *Sedlaczek/Züger* in: Streinz (Hrsg.), EUV/AEUV, Art. 63 AEUV, Rn. 14, die aber dieser Verpflichtung nur wenig Bedeutung zumessen. *Ress/Ukrow* in: Grabitz/Hilf/Nettesheim (Hrsg.), Das Recht der Europäischen Union, Art. 63 AEUV, Rn. 140.

363 Vgl. *Hindelang* JZ 2009, 829 (834). Kritisch aber *Ukrow/Ress* Grabitz/Hilf/Nettesheim (Hrsg.), Das Recht der Europäischen Union, Art. 63 AEUV, Rn. 1 f.

364 *Ress/Ukrow* in: Grabitz/Hilf/Nettesheim (Hrsg.), Das Recht der Europäischen Union, Art. 64 AEUV, Rn. 34; *Wojcik* in: Von der Groeben/Schwarze/Hatje (Hrsg.), Europäisches Unionsrecht, Art. 64 AEUV, Rn. 18.

Lage vor und nach der Rechtsetzung.[365] Dies ist einfach zu beantworten, wenn bereits bestehendes Unionsrecht bezüglich Investitionen verschärft wird.[366] Das bedeutet, die Errichtung einer Investitionskontrolle auf europäischer Ebene könnte als verschärfende Maßnahme i. S. d. Art. 64 III AEUV betrachtet werden, soweit nicht davon ausgegangen wird, dass eine erstmalige Maßnahme zunächst nach Art. 64 II AEUV vorgenommen werden darf[367].

Art. 64 II, III AEUV als Kompetenzgrundlage für Investitionskontrollen heranzuziehen, wirft die Frage auf, welcher der beiden Absätze einschlägig ist. Bei der Errichtung einer eigenen Investitionskontrolle auf Unionsebene handelt es sich um einen Rückschritt in der Liberalisierung. Bei der Rechtsangleichung der nationalen Investitionskontrollen, wie es die FDI-RahmenVO vorsieht, wäre dies unklar. Insbesondere umstritten ist, ob die Modifizierung bzw. Harmonisierung des bisher geltenden nationalen Rechts einen Rückschritt i. S. d. Art. 64 III AEUV darstellt.[368] Dagegen eingewandt werden könnte der Wortlaut, der von Rückschritten „im Rahmen des Unionsrechts" spricht.[369] Der Wortlaut kann damit das gesamte Primär- und Sekundärrecht umfassen, konkret auch die Kapitalverkehrsfreiheit, oder nur das bereits erlassene Sekundärrecht.[370] Bei weitgehendem Verständnis könnte eine erstmalige Rechtsangleichungsmaßnahme bereits eine verschärfende Maßnahme darstellen, obwohl bisher kein entsprechendes Sekundärrecht bestand.[371]

Aufgrund der geteilten Zuständigkeit des Art. 64 II, III AEUV wäre es den Mitgliedstaaten erlaubt, Investitionskontrollen zu unterhalten. Eine Rahmenverordnung für Investitionskontrollen könnte in einem solchen Fall, eine

---

365 *Gramlich* in: Pechstein/Nowak/Häde (Hrsg.), Frankfurter Kommentar EUV/GRC/AEUV, Art. 64 AEUV, Rn. 21.

366 Vgl. *Gramlich* in: Pechstein/Nowak/Häde (Hrsg.), Frankfurter Kommentar EUV/GRC/AEUV, Art. 64 AEUV, Rn. 21.

367 Hierfür *Sedlaczek/Züger* in: Streinz (Hrsg.), EUV/AEUV, Art. 64 AEUV, Rn. 20.

368 Hierfür *Korte* WiVerw 2019, 79 (104); *Ress/Ukrow* in: Grabitz/Hilf/Nettesheim (Hrsg.), Das Recht der Europäischen Union, Art. 64 AEUV, Rn. 34. A. A. *Gramlich* in: Pechstein/Nowak/Häde (Hrsg.), Frankfurter Kommentar EUV/GRC/AEUV, Art. 64 AEUV, Rn. 21; *Sedlaczek/Züger* in: Streinz (Hrsg.), EUV/AEUV, Art. 64 AEUV, Rn. 20.

369 *Sedlaczek/Züger* in: Streinz (Hrsg.), EUV/AEUV, Art. 64 AEUV, Rn. 20.

370 *Korte* in: Hindelang/Moberg (Hrsg.), YSEC – Yearbook of Socio-Economic Constitutions, S. 447.

371 Hierfür *Ress/Ukrow* in: Grabitz/Hilf/Nettesheim (Hrsg.), Das Recht der Europäischen Union, Art. 64 AEUV, Rn. 34.

verschärfende Maßnahme i. S. d. Art. 64 III AEUV darstellen, da sie erstmalig Maßnahmen zur Einschränkung des Kapitalverkehrs in Form von Investitionskontrollen vorsieht. Der Sinn einer Rahmenregulierung der nationalen Investitionskontrollen ist jedoch paradox,[372] denn es handelt sich zwar formell um einen Rückschritt in der Liberalisierung, gleichzeitig verhindert sie, dass Mitgliedstaaten unilateral Protektionismus und nationale Industriepolitik durch ihre Investitionskontrollen betreiben.[373]

Unabhängig von den tatsächlichen Auswirkungen dient der Rechtsakt als Eingriffsermächtigung in die Kapitalverkehrsfreiheit, welche bis dahin nicht bestand, sodass es sich um einen Liberalisierungsrückschritt handeln würde.[374] Dies würde dazu führen, dass jedwede Neuvorschrift zunächst auf den Art. 64 III AEUV gestützt werden müsste. Regelfall soll aber das Gesetzgebungsverfahren nach Art. 64 II AEUV sein.[375] Lösbar wäre dieses Problem dadurch, dass die erstmalige Rahmengesetzgebung grundsätzlich als eine Maßnahme i. S. d. Art. 64 II AEUV angesehen wird.[376] Spätere Verschärfungen der Kontrollmöglichkeiten wären hingegen Maßnahmen i. S. d. Art. 64 III AEUV, die ein qualifiziertes Mehrheitserfordernis benötigen. Die Einführung einer eigenen Kontrolle mit Untersagungsmöglichkeiten auf EU-Ebene wäre, wenn man nicht das Recht einer erstmaligen Nutzung des Art. 64 II AEUV anerkennt, auf Art. 64 III AEUV zu stützen.

e) Zwischenergebnis

Art. 64 II, III AEUV ist grundsätzlich geeignet zur Regulierung von Direktinvestitionen. Als Ausnahme vom Liberalisierungsgrundsatz sieht die Norm ein besonderes Gesetzgebungsverfahren vor und unterscheidet sich vom Gesetzgebungsverfahren des Art. 207 II AEUV. Völkerrechtliche Verträge zu Direktinvestitionen können nicht (mehr) auf Art. 64 AEUV gestützt werden.

---

372 *Schill* Legal Issues of Economic Integration 2019, 105 (107).

373 *Schill* Legal Issues of Economic Integration 2019, 105 (108).

374 *Günther* in: Tietje/Kraft/Lehmann (Hrsg.), Beiträge zum Transnationalen Wirtschaftsrecht, 2018 (157), S. 20.

375 *Sedlaczek/Züger* in: Streinz (Hrsg.), EUV/AEUV, Art. 64 AEUV, Rn. 20.

376 A. A. *Günther* Tietje/Kraft/Lehmann (Hrsg.), Beiträge zum Transnationalen Wirtschaftsrecht, 2018 (157), S. 20, der bereits koordinierende Rahmen ausreichen lässt.

III. Verhältnis von Art. 207 und Art. 64 AEUV

Im Folgenden soll das Verhältnis der Normen Art. 207 und Art. 64 AEUV in Bezug auf Direktinvestitionskontrollen untersucht werden. Beide Normen können grundsätzlich für eine Investitionskontrolle in Betracht kommen. Die große Überschneidung der Normen wird vereinzelt als redaktionelles Versehen eingestuft.[377] Zur Abgrenzung kommt ein generelles Vorrangverhältnis in Betracht oder eine Abgrenzung nach thematischem Schwerpunkt.[378] Ein Vorrangverhältnis kann sich ausdrücklich aus dem Primärrecht oder aus den allgemeinen normativen Vorrangregeln ergeben.[379]

1. Parallele Anwendung

Eine parallele Anwendung der Normen für abstrakt-generelle Direktinvestitionsregeln erscheint nur schwer denkbar, da es sich bei Art. 207 II AEUV um eine ausschließliche und nach Art. 64 II, III AEUV um eine geteilte Zuständigkeit handelt.[380] Die Rechtsprechung des EuGH zur doppelten Rechtsgrundlage[381] kann in dem Zusammenhang zur Lösung nicht herangezogen werden,[382] weil diese zu Rechtsgrundlagen mit verschiedenen Regelungsgehalten erging. Werden von einem Rechtsakte mehrere Ziele, wie beispielsweise in der Rechtssache C-94/03[383] (Kommission/Rat) die gemeinsame Handelspolitik und der Schutz der Gesundheit und Umwelt, verfolgt, so ist der Rechtsakte auf beide Rechtsgrundlagen (Art. 207 AEUV und Art. 192 AEUV) zu stützen. Dies geht jedoch dann nicht, wenn „sich die für die beiden Rechtsgrundlagen jeweils vorgesehenen Verfahren

---

377 *Ohler* Eilmansberger/Griller/Obwexer (Hrsg.), Rechtsfragen der Implementierung des Vertrags von Lissabon, S. 435.

378 Vgl. *Hindelang* WHI-Paper 2/2014, Art. 64 AEUV, Rn. 23, für eine Abgrenzung „im Einzelfall nach objektiven, gerichtlich nachprüfbaren Umständen anhand des Schwerpunkts der Regelung". Gemeint ist damit wohl die Abgrenzung nach „Handelsbezug".

379 Vgl. *Clostermeyer* Staatliche Übernahmeabwehr und die Kapitalverkehrsfreiheit, S. 101.

380 Vgl. *Korte* WiVerw 2019, 79 (103).

381 EuGH, Urteil vom 10.01.2006, C-94/03 – Kommission/Rat, ECLI:EU:C:2006:2, Rn. 36; EuGH, Urteil vom 11.09.2003, C-211/01 – Kommission/Rat, ECLI:EU:C:2003:452, Rn. 40; EuGH, Urteil vom 12.12.2002, C-281/01 – Kommission/Rat, ECLI:EU:C:2002:761, Rn. 25; EuGH, Urteil vom 19.09.2002, C-336/00 – Huber, ECLI:EU:C:2002:509, Rn. 31; EuGH, Urteil vom 11.06.1991, C-300/89 – Titandioxid, ECLI:EU:C:1991:244, Rn. 17.

382 A. A. *Hindelang/Hagemeyer* CMLRev 2020, 1427 (1443 ff.).

383 EuGH, Urteil vom 10.01.2006, C-94/03 – Kommission/Rat, ECLI:EU:C:2006:2, Rn. 51.

nicht miteinander vereinbaren lassen."[384] Sofern Art. 64 III AEUV die einschlägige Kompetenzgrundlage wäre, wäre dies der Fall, da Art. 64 III AEUV ein besonderes Gesetzgebungsverfahren vorsieht, bei dem das Europäische Parlament nur angehört wird. Daneben haben aber Art. 64 AEUV und Art. 207 AEUV die Regelung von Direktinvestitionen zum Ziel, ohne dass verschiedene Anwendungs- oder Zielbereiche bei abstrakt-generellen Regeln erkennbar sind.[385] Der Kapitalverkehr ist immer betroffen, wenn es sich um eine Regelung zu Direktinvestitionen handelt; der Bezug allein kann nicht ausreichen, um von einem eigenen Regelungsziel auszugehen. Eine doppelte Anwendbarkeit der Normen ergibt keinen Sinn, wenn der Regelungsgehalt einer der Normen in der anderen aufgeht.[386] Zwar ließ der EuGH in einem Verfahren anklingen, dass eine doppelte Rechtsgrundlagenbasis auch bei Normen mit verschiedenen Zuständigkeiten möglich sein könnte,[387] dies würde in einem solchen Fall jedoch nur dazu führen, dass sich die geteilte Zuständigkeit von Art. 64 II AEUV durchsetzen würde, weil dieser immer bei Direktinvestitionen einschlägig wäre. Es gibt allerdings keine Anhaltspunkte dafür, dass Art. 207 II AEUV eine geteilte Zuständigkeit für autonome Handelspolitik bei Direktinvestitionen vorsieht. Bei Änderungen der Verordnung, die einen Rückschritt in der Liberalisierung bedeuten würden, wäre sodann auf einmal nur noch Art. 207 AEUV anwendbar, weil dieses gegenüber dem Verfahren des Art. 64 III AEUV das demokratischere Verfahren vorsieht. Der Wortlaut „Rahmen" verweist im Wesentlichen auf das Komitologieverfahren und nicht auf eine eingeschränkte Zuständigkeit. Ferner fehlen systematische Hinweise, die auf eine Sonderstellung des Art. 207 II AEUV hindeuten.[388] Art. 3 AEUV differenziert auch nicht bei der gemeinsamen Handelspolitik. Hauptargument für eine geteilte Zuständigkeit in der autonomen Handelspolitik bleibt nur die Notwendigkeit mitgliedstaatlicher Gestaltungsmöglichkeit bis zu einer ausführlichen Ausgestaltung durch die Union.[389] Dem

---

384 EuGH, Urteil vom 10.01.2006, C-94/03 – Kommission/Rat, Rn. 52; EuGH, Urteil vom 11.06.1991, C-300/89 – Titandioxid, Rn. 17 ff.

385 A. A. *Hindelang/Hagemeyer* CMLRev 2020, 1427 (1444 f.).

386 Vgl. EuGH, Urteil vom 27.09.1988, C-165/87 – Kommission/Rat, ECLI:EU:C:1988:458, Rn. 10.

387 Vgl. EuGH, Urteil vom 01.10.2009, C-370/07 – Kommission/Rat, ECLI:EU:C:2009:590, Rn. 49.

388 A. A. *Hindelang/Hagemeyer* CMLRev 2020, 1427 (1444 f.), im Hinblick auf Art. 207 VI AEUV.

389 Vgl. *Clostermeyer* Staatliche Übernahmeabwehr und die Kapitalverkehrsfreiheit, S. 114 f.

Recht der Mitgliedstaaten auf Wahrung ihrer öffentlichen Ordnung oder Sicherheit soll damit Rechnung getragen werden.[390] Jedenfalls ist es nicht notwendig entgegen dem Art. 3 AEUV, die autonome Handelspolitik spezifisch zu einer geteilten Zuständigkeit umzuformen. Die Anwendbarkeit von Art. 65 AEUV spielt eine zentrale Rolle für weitere Handlungsmöglichkeiten der Mitgliedstaaten, verhilft der Kompetenznorm des Art. 64 II, III AEUV aber nicht zwangsläufig zur Anwendung gegenüber Art. 207 II AEUV.

Eine parallele Anwendbarkeit der Kompetenzgrundlagen bei abstrakt-generellen Rechtsakten zu Direktinvestitionen ist somit abzulehnen.[391] Einer Koexistenz der Normen mit eigenen Anwendungsbereichen zur Regelungsmaterie der Direktinvestitionen ist damit aber noch nicht auszuschließen.[392]

2. „Lex posterior"

Möglich erscheint die Bestimmung des Verhältnisses zwischen Art. 207 II AEUV und Art. 64 II AEUV mittels des „lex posterior derogat legi priori"-Grundsatzes, welcher zwar nicht ausdrücklich im Unionsrecht normiert ist, aber beispielsweise in Art. 30 III WVK[393] anerkannt ist und das Verhältnis von Völkerverträgen bestimmen kann. Insbesondere für die autonome Vertragsänderung des Primärrechts gem. Art. 48 EUV kann dieser Grundsatz relevant werden.[394] Abgelehnt wurde der Grundsatz hingegen für das Verhältnis von nachträglichen nationalen Gesetzen und bestehendem widersprechendem Unionsrecht.[395] Betrachtet man das Verhältnis zwischen Art. 64 II, III AEUV und Art. 207 II AEUV hingegen, so ist festzustellen, dass es sich um zwei Normen handelt, die beide Teil des Primärrechts sind und durch den Vertrag von Lissabon gleichermaßen bestätigt wurden. Der Unterschied ist jedoch, dass der Bezug auf Direktinvestitionen in Art. 64 AEUV bereits vorher existierte und Art. 207 AEUV eine Erweiterung auf Direktinvestitionen erst durch den Vertrag von Lissabon erhielt. In dieser Hinsicht könnte Art. 64 II, III AEUV als „ältere Norm" bezeichnet werden.[396]

390 *Clostermeyer* Staatliche Übernahmeabwehr und die Kapitalverkehrsfreiheit, S. 115.

391 A. A. *Hindelang/Hagemeyer* CMLRev 2020, 1427 (1445).

392 Hierzu sogleich Kapitel C. III. 3 und 4.

393 Nicht eingegangen werden soll auf die Anwendbarkeit allgemeiner völkerrechtlicher Regelungen auf das Unionsrecht, vgl. vertiefend *Aust* EuR 2017, 106 (108).

394 *Nettesheim* EuR 2006, 737 (742).

395 Grundlegend, EuGH, Urteil vom 15.06.1964, C-6/64 – Costa/ENEL, ECLI:EU:C:1964:66, S. 1296 f.

396 Vgl. *Herrmann* ZEuS 2019 (3), 429 (463), für die Anwendung des „lex posterior"-Grundsatzes zwischen den beiden Normen.

Art. 57 II EGV ist allerdings nicht ohne Änderung in den Vertrag von Lissabon als Art. 64 II, III AEUV eingegangen. Neben der Trennung des Art. 57 EGV in zwei Absätze, ist auch ein Anhörungsrecht des Europäischen Parlaments eingeführt worden. Eine „vergessene" Norm kann somit in Art. 64 AEUV nicht gesehen werden. Dementsprechend kann eine Derogationswirkung allein aufgrund der weitergehenden Änderungen in Art. 207 AEUV nicht angenommen werden. Einer formal-juristischen Wirkung des „lex posterior"-Grundsatzes ist demnach eine Absage zu erteilen.[397]

Die Erwägungen können dennoch im Hinblick auf den Zweck der Vertragsänderung in Art. 207 AEUV einbezogen werden. Der Erstreckung der Handelspolitik auf ausländische Direktinvestitionen muss effektive Geltung verschafft werden. So kann die implizierte Veränderung für die Ermittlung eines Spezialitätsverhältnisses eine Rolle spielen bzw. der Erweiterung des Art. 207 AEUV eine immanente Inhaltsbegrenzung des Art. 64 AEUV im Rahmen einer veränderten Systematik entnommen werden.[398] Gleichzeitig kann in die andere Richtung das Beibehalten des Art. 64 II, III AEUV auch so gedeutet werden, dass die ausschließliche Zuständigkeit des Art. 207 II AEUV nicht derart gewichtig sein sollte, jede Möglichkeit der nationalen Direktinvestitionspolitik auszuschließen.[399] Die Gesetzesverfahrensänderung in Art. 64 AEUV deutet daraufhin, dass auch dieser Norm weiterhin Geltung verschafft werden sollte.

Im Ergebnis verbleibt dem „lex posterior"-Grundsatz nur diejenige Aussagekraft, dass zumindest die Erweiterung auf Direktinvestitionen in Art. 207 II AEUV eine rechtstatsächliche Wirkung haben muss und dass der Begriff der Direktinvestition in eine ausschließliche Zuständigkeitsnorm geführt wurde. Zutreffend ist, dass durch Erweiterung des Art. 207 AEUV eine neue systematische Ordnung zu den Direktinvestitionen geschaffen wurde.

3. „Lex specialis"

Sowohl Art. 64 II, III AEUV als auch Art. 207 II AEUV erlauben autonome Maßnahmen, sodass in diesem Bereich zwingend eine Abgrenzung gefunden

---

397 A. A. *Kretzschmar* Die Überprüfung drittstaatlicher Unternehmensakquisitionen zum Schutz der öffentlichen Ordnung und Sicherheit in der Europäischen Union, S. 374 f., der keine qualitative Änderung in Art. 64 III AEUV erkennt.

398 In diesem Sinn, wenn auch in direkter Anwendung des „lex-posterior"-Grundsatzes, *Herrmann* ZEuS 2019 (3), 429 (463), Art. 207 AEUV könne „inzidente Änderungen" bewirkt haben.

399 *Korte* WiVerw 2019, 79 (105).

werden muss. Damit sind zwei mögliche Lösungswege gangbar: Entweder verdrängt eine Norm im gemeinsamen Teilbereich der autonomen Handelspolitik zu Direktinvestitionen die andere vollständig[400] oder die Regelungsbereiche werden in inhaltlichen Grenzen der autonomen Handelspolitik getroffen, sodass diese weiterhin nebeneinander bestehen können.[401] In Betracht kommt hierzu ein Verhältnis „lex specialis derogat legi generali" zwischen Art. 64 II, III AEUV und Art. 207 AEUV. Diskutiert wird dieses Verhältnis in beide Richtungen.

a) *Art. 64 II, III AEUV als speziellere Norm*

Als Grundfreiheitsnorm und Binnenmarktregulierung könnte die Kompetenz des Art. 64 AEUV als speziellere Norm für den Binnenmarktzugang für Drittstaaten gelesen werden.[402] Eine Trennung der Kompetenznormen nach Marktzugangsregelung und Behandlungsstandards der zugelassenen Investitionen kommt in Betracht. Art. 207 AEUV erlaubt zwar generell Marktzugangsregeln[403], aber für autonome Regeln zu Direktinvestitionen könnte er durch Art. 64 AEUV verdrängt werden.

Einer solchen Unterscheidung innerhalb des Art. 207 AEUV hat der EuGH in seinem Singapur-Gutachten eine Absage hinsichtlich der vertraglichen Investitionskompetenz erteilt.[404] Der EuGH stellte in dem Zusammenhang auf den Wortlaut des Art. 207 AEUV ab und vermerkte, dass dieser eine Unterscheidung nicht vorsehe. Da es sich um vertragliche Handelspolitik handelte, wurde jedoch nicht über das Verhältnis von Art. 64 II, III AEUV und Art. 207 AEUV geurteilt.[405] Eine Übertragung der Erwägung des EuGH auf autonome Maßnahmen

---

400 So z.B. *Brauneck* EuZW 2018, 188 (192), für einen „lex specialis"-Vorrang des Art. 207 AEUV.

401 So z.B. *Tietje* in: Tietje/Kraft/Lehmann (Hrsg.), Beiträge zum Transnationalen Wirtschaftsrecht, 2009 (83), S. 14, der den Unterschied bei der Zulassung von Investitionskontrollen und der Regulierung der zugelassenen Investitionen sieht. Die gemeinsame Handelspolitik ermögliche nur Direktinvestitionspolitik im Bereich von gleichen „Behandlungsstandards". *Geiger* Beschränkungen von Direktinvestitionen aus Drittstaaten, S. 78, ermittelt eine Koexistenz der Normen durch die Hervorhebung des Begriffs der „Handelsbezogenheit".

402 Vgl. *Johannsen* in: Tietje/Kraft/Lehmann (Hrsg.), Beiträge zum Transnationalen Wirtschaftsrecht, 2009 (90), S. 20 f.

403 Siehe Kapitel C. II. 1. c).

404 EuGH, Gutachten 2/15 vom 16.05.2017, ECLI:EU:C:2017:376, Rn. 87.

405 So auch *Günther* in: Tietje/Kraft/Kumpan (Hrsg.), Beiträge zum Transnationalen Wirtschaftsrecht, 2018 (157), S. 28 f.

ist nicht zwingend, denn das systematische Argument einer Konkurrenznorm fehlte im völkerrechtlichen Kontext.

Weiterhin wird der Wortlaut „unbeschadet der anderen Kapitel dieses Vertrags“ herangezogen, um hieraus Erkenntnisse zum Verhältnis zu anderen Normen zu gewinnen.[406] Ein unmissverständliches Vorranggebot kann hierin jedoch nicht gesehen werden.[407] So wird teilweise gegenteilig aus der Formulierung geschlossen, dass diese zu einem Zurücktreten gegenüber anderen Normen führt.[408] Der Wortlaut geht letztlich nicht darüber hinaus, dass die Regelung den Vorgaben des übrigen Primärrechts genügen muss.[409] Der Zusatz spricht demnach weder für noch gegen einen Vorrang.

Ein pauschaler Verweis darauf, dass die gemeinsame Handelspolitik für vertragliche Handelspolitik und Art. 64 AEUV für den Binnenmarkt konzipiert sei, ist zur Abgrenzung nicht praktikabel.[410] Bereits geklärt wurde, dass dem Merkmal des „Handelsbezugs“ keine begrenzende Deutung des Direktinvestitionsbegriffs bei Art. 207 AEUV zukommt.[411] Unabhängig davon, ob es um Behandlungsstandards oder den Marktzugang für Direktinvestitionen geht, handelt es sich hierbei um handelsbezogene Maßnahmen.[412] Damit kann die autonome Handelspolitik nicht von der Binnenmarktpolitik bei Direktinvestitionsregeln abgegrenzt werden. Auch die Binnenmarktgesetzgebung kann Handelsbezüge

---

406 Vgl. *Johannsen* in: Tietje/Kraft/Lehmann (Hrsg.), Beiträge zum Transnationalen Wirtschaftsrecht, 2009 (90), S. 21.

407 Vgl. *Johannsen* in: Tietje/Kraft/Lehmann (Hrsg.), Beiträge zum Transnationalen Wirtschaftsrecht, 2009 (90), S. 21, „keine allgemeingültigen Rückschlüsse“; *Schmitt* Die Kompetenzen der Europäischen Union für ausländische Investitionen in und aus Drittstaaten, S. 279, Formulierung sage nichts über die Kompetenzverteilung aus. Wohl auch *Clostermeyer* Staatliche Übernahmeabwehr und die Kapitalverkehrsfreiheit, S. 101, der keine ausdrückliche Anordnung bei Art. 64 II, III AEUV erkennt.

408 *Benyon* Direct Investment, National Champions and EU Treaty Freedoms, S. 83; *Hindelang/Maydell* in: Bungenberg/Griebel/Hindelang (Hrsg.), Internationaler Investitionsschutz und Europarecht, S. 74.

409 Vgl. *Korte* WiVerw 2019, 79 (104), mit Bezug auf einen Wortlautvergleich mit Art. 114 AEUV.

410 Hierauf abstellend aber *Johannsen* in: Tietje/Kraft/Lehmann (Hrsg.), Beiträge zum Transnationalen Wirtschaftsrecht, 2009 (90), S. 21.

411 Vgl. zur Kritik an der Bestimmung des „Handelsbezug“-Merkmals des EuGH bei Direktinvestition, *Cremona* in: Bourgeois (Hrsg.), EU Framework for Foreign Direct Investment Control, § 2.03, S. 40, „favouring flexibility over predictability“, § 2.04 [C], S. 44 „broad view“.

412 EuGH, Gutachten 2/15 vom 16.05.2017, ECLI:EU:C:2017:376, Rn. 96.

aufweisen. Für die vertragliche Handelspolitik im Bereich Direktinvestitionen kann im Hinblick auf das einschlägige völkerrechtliche Gesetzgebungsverfahren des Art. 207 III i. V. m. Art. 218 AEUV ein ausdrücklicher Vorrang festgestellt und auf die Heranziehung einer impliziten Kompetenz aus Art. 64 AEUV verzichtet werden. Für interne Unionsrechtsakte ist diese Argumentation hingegen in keiner Richtung schlüssig.[413] Ohnehin wäre eine Investitionskontrolle als Marktzugangsregelung nicht nur eine Binnenmarktregulierung, sondern würde auch „Handelsbezug" aufweisen.[414] Denn der Begriff des Handelsbezugs deckt gerade die Regulierung von Direktinvestitionen ab und der Marktzugang nimmt in Investitionsverträgen weiter an Bedeutung zu.

Harmonisierenden Effekt hätten Rahmenvorgaben für die nationalen Investitionskontrollen. Die gemeinsame Handelspolitik ist zwar auf die Liberalisierung des internationalen Handels gerichtet und nicht auf die Harmonisierung,[415] bei einer ausschließlichen Zuständigkeit wären solche Regelungen jedoch keine Harmonisierung im engeren Sinne, da diese erst nationale Investitionskontrollen erlauben würden. Kritik in diese Richtung[416] ist also nur bei Annahme einer geteilten Zuständigkeit berechtigt, diese aber erst festzustellen wäre. Zu weit darf das Harmonisierungsverbot in Art. 207 VI AEUV jedoch ohnehin nicht verstanden werden. Die „Rahmen"-Gesetzgebung ist in Art. 207 II AEUV für Direktinvestitionen vorgesehen.

Nichtsdestotrotz wird die Kompetenz des Art. 64 III AEUV teilweise als „maßgeschneidert" für Investitionskontrollen bezeichnet.[417] Dessen differenzierteres System sehe mit Art. 64 II AEUV für liberalisierende Maßnahmen und dem besonderen Gesetzgebungsverfahren nach Art. 64 III EUV flexiblere Möglichkeiten für autonome Maßnahmen vor. Dabei wird teilweise in dem besonderen Gesetzgebungsverfahren das passendere System gesehen, da FDI-Screenings

---

413 Einschränkend zustimmend, *Günther* in: Tietje/Kraft/Kumpan (Hrsg.), Beiträge zum Transnationalen Wirtschaftsrecht, 2018 (157), S. 22, 27.

414 A. A. *Günther* in: Tietje/Kraft/Kumpan (Hrsg.), Beiträge zum Transnationalen Wirtschaftsrecht, 2018 (157), S. 29.

415 Vgl. EuGH, Urteil vom 18.07.2013, C-414/11 – Daiichi Sankyo und Sanofi-Aventis Deutschland, ECLI:EU:C:2013:520, Rn. 60.

416 Vgl. *Cremona* in: Garben/Govaere (Hrsg.), The Division of Competences between the European Union and its Member States, S. 141.

417 *Günther* in: Tietje/Kraft/Kumpan (Hrsg.), Beiträge zum Transnationalen Wirtschaftsrecht, 2018 (157), S. 27.

in einen sensiblen politischen Bereich der Mitgliedstaaten eingreifen, wofür ein Einstimmigkeitserfordernis besser geeignet sei.[418]

Diese Ansicht ignoriert aber, dass Art. 207 II AEUV mit seinem Komitologieverfahren auch eine durchdachte Kompetenz für Innenrecht darstellt. Wollte man Art. 207 II AEUV nicht zu einer reinen Umsetzungsnorm der völkerrechtlichen Abkommen degradieren, besteht neben Art. 64 II, III AEUV mit Art. 207 II AEUV eine weitere vollwertige Kompetenznorm für das Binnenmarktrecht. Von einer „Maßschneiderung"[419] kann somit nicht gesprochen werden; Art. 64 II, III AEUV lässt (bei strengerem Verfahren) völlige Rechtsformfreiheit zu. Eine völlig offene Rechtsmittelwahl spricht aber gerade nicht für eine speziellere Ausgestaltung der Norm.

Auch darf nicht aus der Konsequenz, dass bei einer ausschließlichen Zuständigkeit durch Art. 207 II AEUV kein mitgliedstaatliches Handeln erlaubt wäre, i. V. m. Art. 4 EUV gefolgert werden, dass es dann besser sei, eine geteilte Zuständigkeit durch Art. 64 AEUV anzunehmen.[420] Das mitgliedstaatliche Recht auf Schutz der öffentlichen Sicherheit und Ordnung gem. Art. 4 EUV kann auch auf andere Weise sichergestellt werden.[421] Bereits früh äußerte der EuGH, dass die Verfolgung außen- und sicherheitspolitischer Zwecke eine Maßnahme nicht automatisch aus dem Anwendungsbereich der gemeinsamen Handelspolitik entfallen lasse.[422] Bereits vor dem Vertrag von Lissabon betrieben die Mitgliedstaaten auf dem vermeintlich ausgeschlossenen Rechtsbereich der Handelspolitik weiterhin mit stillschweigender Billigung der Union (kompetenziell zweifelhaft abgesicherte) Außenwirtschaftspolitik.[423] Letztlich wurde auch für das mitgliedstaatliche Bedürfnis in der vertraglichen Handelspolitik mit der VO (EU) 2012/1219 eine Übergangslösung gefunden.[424]

Die Konsequenzen der in Betracht kommenden Rechtsgrundlagen dürfen nur am Rande in die Entscheidungsfindung miteinbezogen werden. Die

---

418 *Günther* in: Tietje/Kraft/Kumpan (Hrsg.), Beiträge zum Transnationalen Wirtschaftsrecht, 2018 (157), S. 28.

419 So *Günther* in: Tietje/Kraft/Kumpan (Hrsg.), Beiträge zum Transnationalen Wirtschaftsrecht, 2018 (157), S. 27.

420 In diesem Sinne aber *Korte* WiVerw 2019, 79 (104).

421 Hierzu vgl. Kapitel D. III. 2. u. 3.

422 EuGH, Urteil vom 17.10.1995, C-70/94 – Werner/Deutschland, ECLI:EU:C:1995:328, Rn. 10.

423 Vgl. *Clostermeyer* Staatliche Übernahmeabwehr und die Kapitalverkehrsfreiheit, S. 108, m.w.N.

424 Vgl. *Reinisch* in: Götting/et al. (Hrsg.), Internationales Wirtschaftsrecht, § 8 Rn. 16.

Konsequenzen – Einschränkung mitgliedstaatlichen Handelns durch ausschließliche Zuständigkeit – lassen keinen Rückschluss auf die richtige Ermächtigungsgrundlage zu. Der Wunsch der Vermeidung oder Herbeiführung dieser Konsequenz beruht im Wesentlichen auf den politischen Vorstellungen des Rechtsauslegers. Die Findung der einschlägigen Rechtsgrundlage und deren Reichweite scheint im Außenwirtschaftsbereich besonders stark durch die politische Sichtweise auf Freihandel beeinflusst zu sein. Eine ähnliche Dynamik zeigt sich auch in der Abgrenzung des personellen Schutzbereichs der Kapitalverkehrsfreiheit und der Niederlassungsfreiheit.[425]

b) Art. 207 II AEUV als speziellere Norm

Mithilfe des „lex posterior"-Grundsatzes kann geschlossen werden, dass Art. 207 AEUV grundsätzlich die zukünftige Kompetenzgrundlage für autonome Handelspolitik bei Direktinvestitionen werden sollte, sodass ihm zumindest ein „lex specialis"-Vorrang gegenüber Art. 64 AEUV zukommen sollte.[426] Da in Art. 207 II AEUV auch nicht zwischen verschiedenen Formen von Direktinvestitionspolitik unterschieden wird, bleibt auch kein Platz mehr für eine Differenzierung, wie sie ex.-Art. 56 II 1 und 2 EGV vorsahen. Vielmehr wäre jede autonome Handelspolitik auf Art. 207 II AEUV und das dort vorgesehene Gesetzgebungsverfahren zu fußen.[427] Dabei wäre die Rolle der Mitgliedstaaten auf die verwaltungsrechtliche Durchsetzung der Unionsvorschriften beschränkt.[428]

Anknüpfend an die Unterscheidung zwischen Marktzugang und Behandlungsstandards gibt es Stimmen, die gerade eine umgekehrte Abgrenzung vornehmen wollen. Art. 207 II AEUV sei nur für den Marktzugang gedacht.[429] Dies wird durch den Charakter der Norm als Ergänzung des Binnenmarkts nach außen begründet.[430] Für interne Binnenmarktregeln zu Direktinvestitionen, wie

425 Siehe Kapitel E. II. 2. a).

426 *Thörle* Der Konflikt zwischen Investitionsschutzabkommen und dem Recht der Europäischen Union, S. 92, „bewusste Erweiterung"; Beuttenmüller Ritsumeikan Law Review 2011 (28), 281 (286).

427 *Beuttenmüller* Ritsumeikan Law Review 2011 (28), 281 (286).

428 Vgl. *Terhechte* in: Hoffmann/Rowe/Türk (Hrsg.), Specialized Administrative Law of the European Union, S. 84 f.

429 *Weiß* in: Grabitz/Hilf/Nettesheim (Hrsg.), Das Recht der Europäischen Union, Art. 207 AEUV, Rn. 88.

430 *Weiß* in: Grabitz/Hilf/Nettesheim (Hrsg.), Das Recht der Europäischen Union, Art. 207 AEUV, Rn. 28.

Behandlungsstandards, wäre demnach Art. 64 II, III AEUV die richtige Kompetenznorm. Hierbei wird auf die systematische Verortung der beiden Normkomplexe abgestellt und nicht auf die inhaltliche Praxis von Investitionsverträgen. Eine ausländische Direktinvestition werde zu einer inländischen Investition, sobald sie nach Eintritt in den Markt in einem Unternehmen des Gastgeberstaats verkörpert wird.[431] Die Binnenmarktkompetenz des Art. 64 AEUV verzichte deshalb auf den Zusatz „ausländisch". Dagegen spricht aber, dass der Begriffsinhalt der ausländischen Direktinvestition im internationalen Kontext nicht anhand der Eintrittsphase differenziert.[432] Statt „ausländische" benutzt Art. 64 AEUV den Zusatz „aus Drittstaaten", der dieselbe Bedeutung hat. In internationalen Handelsverträgen wäre die Union stark eingeschränkt, wenn sie nur den Marktzugang regeln dürfte; für eine flexible Gestaltung der internationalen Investitionsverträge der Union ist damit eine Kompetenz für beide Phasen anzunehmen,[433] der Gestaltungsauftrag an die Union wäre ansonsten beeinträchtigt.[434] Diese Trennung wäre demnach nur bei autonomer Handelspolitik vorzunehmen. Eine unterschiedliche Reichweite ohne normativen Bezug anzunehmen, überzeugt jedoch nicht.[435] Eine Einheitlichkeit der Handelspolitik wäre im Bereich autonomer Handelspolitik auch nicht effektiv durchzusetzen, wenn die Mitgliedstaaten weiterhin eigene Direktinvestitionsregeln aufstellen könnten. Der Marktzugang ist wichtig, um einen unverfälschten Wettbewerb im Binnenmarkt zu erzielen, der sonst von unilateralem Protektionismus gestört werden würde.

Außerdem verbliebe Art. 64 II, III AEUV weiterhin ein Anwendungsbereich, wenn Art. 207 II AEUV gesamtheitlich die speziellere Norm für die Regelungen über Direktinvestitionen wäre, denn Einzelmaßnahmen erlaubt Art. 207 II AEUV nicht.[436] Damit wäre auch dem gesetzgeberischen Willen entsprochen, dass das Europäische Parlament auf die Verabschiedung von Rahmenverordnungen beschränkt sein soll. Über Art. 64 II, III AEUV wären folglich nur sachlich und zeitlich begrenzte Einzelmaßnahmen erlaubt, um diesem

---

431 *Ahner* Investor-Staat-Schiedsverfahren nach Europäischem Unionsrecht, S. 125.

432 *Ahner* Investor-Staat-Schiedsverfahren nach Europäischem Unionsrecht, S. 125 m.w.N.

433 Vgl. *Gao* Rechtsprobleme des Investitionsschutzes im deutsch-chinesischen Rechtsverkehr, S. 148 f.; *Frenz* EWS 2010, 454 (457); *Korte* WiVerw 2019, 79 (118).

434 Vgl. *Clostermeyer* Staatliche Übernahmeabwehr und die Kapitalverkehrsfreiheit, S. 102.

435 Siehe Kapitel C. II. 1. a) und Kapitel C. II. 1. d).

436 *Scharf* in: Tietje/Kraft/Lehmann (Hrsg.), Beiträge zum Transnationalen Wirtschaftsrecht, 2010 (101), S. 34.

System zu entsprechen.[437] Durch das besondere Gesetzgebungsverfahren des Art. 64 III AEUV wäre sichergestellt, dass das Europäische Parlament nur in besonderen Fällen konkrete Einzelmaßnahmen erlassen kann.

Eine umfängliche ausschließliche Zuständigkeit der Union für ausländische Direktinvestitionen beschränkt sich auf Gesetzesvorhaben, die speziell Drittstaatsdirektinvestitionen regeln. Sobald eine Regelung inländische, europäische und drittstaatliche Direktinvestitionen gleichermaßen betrifft, handelt es sich nicht mehr um eine Regelungsmaterie des Art. 207 II AEUV. Denn dann fehlt es tatsächlich am Handelsbezug, der nur bei spezifischer Regulierung von „ausländischen" Direktinvestitionen zwangsläufig vorliegt. Regelungen zu ausländischen Direktinvestitionen gehören zur gemeinsamen Handelspolitik.[438] Dies heißt jedoch nicht, dass jede Regelung, die auch ausländische Direktinvestitionen betrifft, einen Handelsbezug aufweist. Die Annahme, Art. 207 AEUV erlaube nur spezifische Regelungen des Marktzugangs von Drittstaatsdirektinvestitionen, unterliegt einem zu engen Begriffsverständnis des „Handelsbezugs".[439]

Die gemeinsame Handelspolitik soll nur das Komplement zur Binnenmarktregulierung darstellen,[440] diese aber nicht ersetzen. Den Mitgliedstaaten ist damit unbenommen, weiterhin Binnenmarktpolitik im Bereich von Kontrolle erlangenden Investitionen zu tätigen. Hierdurch ist auch dem Gebot des Art. 207 VI AEUV Genüge getan. Soweit es sich aber um den Zugang für ausländische Direktinvestitionen und Gleichbehandlungsgarantien handelt, tritt die Union an die Stelle der Mitgliedstaaten.

4. Ergebnis

Regelungen, die spezifisch Direktinvestitionen (keine Portfolioinvestitionen) aus Drittstaaten betreffen, weisen einen Handelsbezug im Sinne des Art. 207 AEUV

437 *Gramlich* in: Pechstein/Nowak/Häde (Hrsg.), Frankfurter Kommentar EUV/GRC/AEUV, Art. 64 AEUV, Rn. 22.

438 Siehe Kapitel C. II. 1. a) aa).

439 Vgl. *Geiger* Beschränkungen von Direktinvestitionen aus Drittstaaten, S. 83 f., der Investitionskontrollen nur eine mittelbare Wirkung auf Handelsvolumina zuspricht und deshalb den Handelsbezug verneint. Spätestens mit der Verschärfung der Investitionskontrollen in den letzten Jahren und den bevorstehenden Verschärfungen kann von einer mittelbaren Berührung der Handelsvolumina und Handelsströme keine Rede sein.

440 *Weiß* in: Grabitz/Hilf/Nettesheim (Hrsg.), Das Recht der Europäischen Union Art. 207 AEUV, Rn. 28.

auf. Solange dieser gegeben ist, handelt es sich um eine Regelungsmaterie der gemeinsamen Handelspolitik. Da Art. 207 II AEUV als „lex specialis" gegenüber Art. 64 II, III AEUV anzusehen ist, gehören Regulierungen von Direktinvestitionen aus Drittstaaten seit dem Vertrag von Lissabon zur ausschließlichen Zuständigkeit der EU. Art. 64 II, III AEUV verbleibt damit eine Auffangfunktion für kurzfristige Einzelmaßnahmen im Rahmen von Reziprozitätsverschiebungen. Die ursprünglich weitergehende Funktion des Art. 64 AEUV wurde gleichzeitig mit der Erweiterung der gemeinsamen Handelspolitik durch Verschiebung der Gesamtsystematik stark eingegrenzt. Art. 207 AEUV kann hierzu als die „neuere" Kompetenzzuweisung angesehen werden. Das Problem notwendiger Handlungsfähigkeit der Mitgliedstaaten (bis zu einer europäischen Regelung) kann nicht die richtige Zuständigkeitsnorm bestimmen.[441] Hier müssen gegebenenfalls Übergangslösungen oder generelle Rückermächtigungen gefunden werden. Eine solche wurde mit der FDI-RahmenVO, die sich auf Art. 207 AEUV stützt, auch gefunden. Eine mögliche Kompetenzgrundlage des Art. 64 AEUV wurde auch nicht im Gesetzgebungsverfahren thematisiert.

IV. Exkurs: Portfolioinvestitionen

Eine Investitionskontrolle muss sich nicht auf Direktinvestitionen beschränken, sondern kann auch Portfolioinvestitionen mit umfassen. Eine unionsweite Kontrolle oder Koordinierung von Portfolioinvestitionen ist bisher noch nicht vorgesehen. In ihren Leitlinien zur FDI-RahmenVO bezeichnete die Kommission Portfolioinvestitionen als weniger problematisch für die öffentliche Ordnung oder Sicherheit, stellte jedoch auch deren potenzielle Gefährdung fest.[442]

Portfolioinvestitionen gehören nicht zu den umfassenden Kompetenzbereichen von Art. 207 II AEUV und Art. 64 II, III AEUV.[443] Die deutliche Wortlautbeschränkung auf Direktinvestitionen in diesen Normen wird nur vereinzelt ignoriert.[444] Argumentiert werden kann hierbei nur mit dem Telos einer vollkommenen Handlungsfähigkeit der Union im internationalen Verkehr. Mithilfe eines „a maiore ad minus"-Arguments wird kritisiert, wieso die EU den „stärkeren" Investitionstatbestand regeln dürfen soll, aber nicht den „schwächeren".[445]

441 Siehe Kapite D. II. u. III.

442 *Kommission* Mitteilung, (2020/C 99 I/01), Leitlinien, S. 4.

443 Siehe Kapitel C. II. 1. a) aa) und Kapitel C. II. 2. a) aa).

444 Beispielhaft aber *Hoffmeister* AVR 2015, 35 (56).

445 *Hoffmeister* AVR 2015, 35 (56). Vgl. *Herrmann* EuZW 2010, 207 (209), der eine implizite ausschließliche Zuständigkeit aus der Kapitalverkehrsfreiheit herleiten will.

Auch die Kommission bestand in der Anfangszeit des Vertrags von Lissabon auf eine auch für Portfolioinvestitionen bestehende ausschließliche Vertragskompetenz.[446] Da diese jedoch aus einer impliziten Kompetenz der Art. 63 ff. AEUV gewonnen wurde, wäre hieraus keine Innenkompetenz für Portfolioinvestitionen aus Art. 207 II AEUV abzuleiten.[447]

Mittlerweile hat sich die Ansicht einer impliziten, aber geteilten Zuständigkeit für völkerrechtliche Verträge über Portfolioinvestitionen durchgesetzt.[448] Für eine umfassende Handlungsfähigkeit der Union wäre tatsächlich eine Kompetenzerstreckung auf Portfolioinvestitionen notwendig, da BITs zurzeit als gemischte Abkommen mit den Mitgliedstaaten oder zumindest mit deren Erlaubnis[449] erfolgen müssen, um alle Investitionsformen abzudecken.[450] Eine Überschreitung der Wortlautgrenzen von Art. 64 AEUV und Art. 207 AEUV führt zu verfassungsrechtlichen Problemen. Aus politischen Vorstellungen darf keine Erweiterung der Handlungskompetenzen der EU entgegen dem Prinzip der begrenzten Einzelermächtigung entwickelt werden.[451] Insbesondere die Verdrängung der Mitgliedstaaten durch die EU bei völkerrechtlichen Verträgen stellt eine intensive Erweiterung der Unionskompetenzen dar. Das BVerfG hat dem nun bestehenden Kooperationsmodus seine Zustimmung erteilt, jedoch gegen ein voranschreitendes „staatsanaloges" auswärtiges Auftreten der EU verfassungsrechtliche Bedenken geäußert.[452] Portfolioinvestitionen sieht das

---

Unklar bleibt in diesem Zusammenhang aber woher sich die Ausschließlichkeit der Zuständigkeit geben soll.

446 *Kommission* Mitteilung COM(2010)343 final, vom 07.07.2010, S. 9. Ausführlich zu dieser Herangehensweise *Thörle* Der Konflikt zwischen Investitionsschutzabkommen und dem Recht der Europäischen Union, S. 96 ff. Siehe auch *Keller/Schmidt* in: Krenzler/Herrmann/Niestedt (Hrsg.), EU-Außenwirtschafts- und Zollrecht, XII. Nr. 120 C II, Rn. 12.

447 *Herrmann* EuZW 2010, 207 (209).

448 EuGH, Gutachten 2/15 vom 16.05.2017, ECLI:EU:C:2017:376, Rn. 238, 243, 305, unter Heranziehung des Art. 216 AEUV.

449 *Cremona* European Constitutional Law Review 2018, 231 (251); *Reinisch* ICSID Review 2013 (28), 179 (181).

450 Vgl. *Johannsen* in: Tietje/Kraft/Lehmann (Hrsg.), Beiträge zum Transnationalen Wirtschaftsrecht, 2009 (90), S. 15, 31; *Mayr* EuR 2015, 575 (600); *Preisser* Sovereign Wealth Funds, S. 329. In diesem Sinne auch das BVerfG, Urteil vom 30.06.2009 – 2 BvE 2/08, Rn. 379.

451 Vgl. *Proelß* EuR 2020, Beiheft 2, 127 (131 f.), bzgl. einer Ultra-Vires-Kontrolle.

452 BVerfG, Urteil vom 30.06.2009 – 2 BvE 2/08, BVerfGE 123, 267 (376).

BVerfG nicht von einer ausschließlichen Zuständigkeit gedeckt.[453] Die fehlende Kompetenz für Portfolioinvestitionen sichert die Einbeziehung der Mitgliedstaaten bei umfangreichen Investitionsverträgen.

Die vertragliche Investitionspolitik der Union kann jedoch für die Bewertung der autonomen Kompetenznormen Art. 64 II, III AEUV und Art. 207 II AEUV aufgrund des Wortlauts und der fehlenden Möglichkeit einer impliziten Zuständigkeit nicht ohne Weiteres auf die autonome Investitionspolitik übertragen werden. Zwar stimmt es, dass die Kapitalverkehrsfreiheit gem. Art. 63 AEUV auch Portfolioinvestitionen schützt und diese folglich unter dem Schutz des Unionsrechts stehen.[454] Hieraus ergibt sich jedoch keine Innenkompetenz der Union. Bereits bei der Diskussion über eine implizite vertragliche Kompetenz für Portfolioinvestitionen wird angemerkt, dass die Union „kaum" Sekundärrechtsermächtigungen für diese erhalten hat.[455] Daneben kommen auch keine Normen der Niederlassungsfreiheit in Betracht, da diese sich nur auf einen Teil der Direktinvestitionen beziehen, in keinem Fall aber auf Portfolioinvestitionen.[456]

Einzig Art. 114 AEUV kommt als Kompetenz in Betracht.[457] Art. 114 AEUV ist nur einschlägig, sofern in den Verträgen nichts anderes bestimmt ist bzw. keine speziellere Ermächtigungsgrundlage vorhanden ist.[458] Im Bereich der

---

453 BVerfG, Urteil vom 30.06.2009 – 2 BvE 2/08, BVerfGE 123, 267 (379).

454 St. Rspr. EuGH, Urteil vom 26.02.2019, C-135/17 – X-GmbH/FA Stuttgart, ECLI:EU:C:2019:136, Rn. 26; EuGH, Gutachten 2/15 vom 16.05.2017, ECLI:EU:C:2017:376, Rn. 227 und die dort aufgeführte Rechtsprechung. Ebenso *Cottier/Trinberg* in: Von der Groeben/Hatje (Hrsg.), Europäisches Unionsrecht, Art. 207 AEUV, Rn. 59.

455 *Weiß* in: Grabitz/Hilf/Nettesheim (Hrsg.), Das Recht der Europäischen Union, Art. 207 AEUV, Rn. 46; diesem anschließend *Mayr* EuR 2015, 575 (593); *Mayer/Ermes* ZRP 2014, 237 (238). Unklar bleiben diese aber mit der Begrifflichkeit „kaum", weil diese suggeriert, dass es wohl Sekundärrechtsermächtigungen für Portfolioinvestitionen gäbe. In der Kapitalverkehrsfreiheit soll sich jedenfalls keine Ermächtigung befinden, vgl. *Grzeszick* Stellungnahme zur Beteiligung des Deutschen Bundestags an gemischten völkerrechtlichen Abkommen, Wortprotokoll Nr. 18/82, S. 64, https://www.bundestag.de/resource/blob/409794/4e7fb2623ffc719116fa94548a1bc67e/wortprotokoll-data.pdf.

456 *Thörle* Der Konflikt zwischen Investitionsschutzabkommen und dem Recht der Europäischen Union, S. 95.

457 Vgl. *Hindelang/Maydell* in: Bungenberg/Griebel/Hindelang (Hrsg.), International Investment Law and EU Law, 1, (77).

458 Vgl. EuGH, Urteil vom 29.04.2004, C-338/01 – Kommission/Rat, ECLI:EU:C:2004:253, Rn. 59 f.

Direktinvestitionen erfolgt die Verdrängung namentlich durch die spezielleren Art. 207 II AEUV und Art. 64 II, III AEUV.[459] Als Binnenmarktkompetenz wäre es denkbar, dass diese den Marktzugang und die Behandlungsstandards im Markt für Portfolioinvestitionen regelt.[460] Zwar kann Art. 114 AEUV keine eigenen Rechtstitel und somit keine europäische Investitionskontrolle schaffen, sie könnte aber Harmonisierungsvorschriften für die Portfolioinvestitionskontrollen der Mitgliedstaaten aufstellen.[461] Hierfür dürften Portfolioinvestitionsregeln durch den Unionsgesetzgeber aber nicht immanent durch Art. 207 II AEUV bzw. Art. 64 II, III AUV ausgeschlossen werden.[462]

Art. 207 II AEUV gibt der Union die ausschließliche Zuständigkeit für die Regelungen zu Markzugang und Behandlungsstandards von Direktinvestitionen. Aufgrund der begrifflichen Einschränkung soll die Union im Umkehrschluss jedenfalls keine ausschließliche Zuständigkeit für Portfolioinvestitionen erhalten. Denkbar wäre es, auch den völligen Ausschluss für Portfolioinvestitionen hieraus abzuleiten. Dies erscheint aber dem Wortlaut nach nicht geboten und ist im Hinblick auf weitere mögliche Kompetenzgrundlagen zu bestimmen.

Vor dem Vertrag von Lissabon bezog sich bereits Art. 57 II EGV nur auf Direktinvestitionen. Dieser stellte eine geteilte Zuständigkeit für die Union bei Direktinvestitionen fest. Aufgrund der ausdrücklichen Ausnahme von Portfolioinvestitionen ist jedoch zu schließen, dass die Union auch keine geteilte Zuständigkeit für Portfolioinvestitionen erhalten sollte. Eine Einbeziehung von Portfolioinvestitionen in die Kompetenznorm ist nur schwer begründbar. Insbesondere kann in keinem Fall eine Investitionskontrolle für Portfolioinvestitionen auf Art. 64 II, III AEUV gestützt werden.[463] Die Möglichkeit

459 Vgl. *Ahner* Investor-Staats-Schiedsverfahren nach Europäischem Unionsrecht, S. 185; a. A. *Korte* in: Calliess/Ruffert (Hrsg.), EUV/AEUV, Art. 114 AEUV, Rn. 146, hiernach würde aber für eine Harmonisierung der Investitionskontrollen der Mitgliedstaaten sogar Art. 114 AEUV als Kompetenzgrundlage in Betracht kommen. Eine eigene europäische Investitionskontrolle wäre hierüber trotzdem nicht möglich.

460 Vgl. *Ahner* Investor-Staats-Schiedsverfahren nach Europäischem Unionsrecht, S. 186.

461 *GA Sharpston* Schlussantrag vom 21.12.2016, Gutachten 2/15, ECLI:EU:C:2017:376, Rn. 368; *Schmitt* Die Kompetenzen der EU für ausländische Investitionen, S. 214.

462 Gegen eine abschließende Wirkung für Portfolioinvestitionen, aber ohne nähere Begründung, *Ahner* Investor-Staats-Schiedsverfahren nach Europäischem Unionsrecht, S. 186.

463 A. A. *Klamert/Buchert* EuZW 2021, 335 (Fn. 20), nach denen die FDI-RahmenVO zusätzlich auf Art. 64 II AEUV gestützt werden müsste, wenn sie sich auch auf Portfolioinvestitionen erstrecken würde. Diese ziehen als Beleg das Singapur-Gutachten des EuGH zum völkervertraglichen Handeln der EU heran. Der EuGH leitete jedoch

von Schutzmaßnahmen in Art. 66 AEUV wurde nicht auf Direktinvestitionen beschränkt und ist deshalb auf Portfolioinvestitionen anwendbar,[464] sodass die Differenzierung in Art. 64 AEUV eine ausdrückliche Beschränkung vorgenommen hat. Art. 114 AEUV würde dann als „Einfallstor für eine Kompetenzerweiterung der Union"[465] genutzt werden, was so nicht vorgesehen war.

Trotzdem ging *Generalanwältin Sharpston* in ihrem Schlussantrag im Gutachtenverfahren 2/15 (Singapur-Gutachten) ohne nähere Erläuterung davon aus, dass die Union Harmonisierungsmaßnahmen zu Portfolioinvestitionen gem. Art. 114 AEUV erlassen könne, soweit mit ihnen Rechtsvorschriften über die Errichtung und das Funktionieren des Binnenmarkts angeglichen werden.[466] Der EuGH geht von einer geteilten Zuständigkeit für Portfolioinvestitionen bei völkervertraglichem Handeln aus.[467] Dies entwickelt der EuGH durch die geteilte Zuständigkeit im Bereich des Binnenmarkts gem. Art. 4 II a) AEUV i. V. m. Art. 63 AEUV.[468] Genannt wird dabei die geteilte Zuständigkeit für den 4. Titel des AEUV.[469] Der EuGH hat folglich offengelassen, ob sich aus Art. 114 AEUV eine Harmonisierungsmöglichkeit für Portfolioinvestitionen ergibt. Mangels Sekundärermächtigungen in Art. 63 ff. AEUV ist aber wahrscheinlich, dass der Gerichtshof eine solche Möglichkeit anerkennt. In der Rechtssache C-600/14 (Deutschland/Rat) erklärte der EuGH, dass die Union keine Sekundärrechtssetzung im Bereich der Portfolioinvestitionen habe, ging aber scheinbar davon aus, dass die Union dies könne.[470] Aber auch hier ist eine solche Lesart nicht zwingend.

---

eine implizite Zuständigkeit für völkervertragliches Handeln aus Art. 63 AEUV und nicht aus Art. 64 AEUV ab. Art. 64 AEUV als Kompetenzgrundlage für Regelungen von Portfolioinvestitionen heranzuziehen, ignoriert den eindeutig einschränkenden Wortlaut.

464 Vgl. *Gramlich* in: Pechstein/Nowak/Häde (Hrsg.), Frankfurter Kommentar EUV/GRC/AEUV, Art. 66 AEUV, Rn. 2; *Sedlaczek/Züger* in: Streinz (Hrsg.), EUV/AEUV, Art. 66 AEUV, Rn. 3.

465 Vgl. *Schwarze* EuR 2003, 535 (543).

466 *GA Sharpston* Schlussantrag vom 21.12.2016, Gutachten 2/15, ECLI:EU:C:2016:992, Rn. 368.

467 EuGH, Gutachten 2/15 vom 16.05.2017, ECLI:EU:C:2017:376, Rn. 243.

468 EuGH, Gutachten 2/15 vom 16.05.2017, ECLI:EU:C:2017:376, Rn. 240 f.; vgl. *Griller* EuR 2020, Beiheft 2, 41 (52), auch nur auf Art. 63 AEUV eingehend.

469 EuGH, Gutachten 2/15 vom 16.05.2017, ECLI:EU:C:2017:376, Rn. 241.

470 EuGH, Urteil vom 05.12.2017, C-600/14 – Deutschland/Rat, ECLI:EU:C:2017:935, Rn. 67.

Dem Prinzip der begrenzten Einzelermächtigung ist jedenfalls mehr entsprochen, wenn die ausdrückliche Ausnahme von Portfolioinvestitionen in Art. 64 AEUV und Art. 207 AEUV beachtet wird. Letztendlich kann aber Art. 114 AEUV nicht Rechtsgrundlage für eine eigene europäische Investitionskontrolle sein, sondern nur harmonisierend auf Portfolioinvestitionskontrollen der Mitgliedstaaten einwirken. Daneben ist aber auch fraglich, ob der Marktzugang für Drittstaaten überhaupt noch Binnenmarktgesetzgebung ist.[471] Im Unterschied zur Regulierung des Marktzugangs zwischen den einzelnen Mitgliedstaaten, findet diese Regulierung nämlich nicht innerhalb des Marktes, sondern außerhalb statt. Dies wäre dann aber strukturell mit der Handelspolitik vergleichbar, bei der allerdings die Portfolioinvestitionen ausgenommen wurden. Die Möglichkeit über Art. 114 AEUV Harmonisierung von Portfolioinvestitionskontrollen vorzunehmen, ist demnach entweder generell oder zumindest bezüglich des Marktzugangs abzulehnen.

---

471 Auf die „post-establishment"-Phase beschränkend *Hindelang/Maydell* in: Bungenberg/Griebel/Hindelang (Hrsg.), International Investment Law and EU Law, 1, (77 f.). A. A. *Ahner* Investor-Staats-Schiedsverfahren nach Europäischem Unionsrecht, S. 186.

D. Kompetenzielle Rechtmäßigkeit der deutschen Investitionskontrolle

Geklärt wurde, dass eine ausschließliche Zuständigkeit der EU gem. Art. 207 AEUV im Bereich ausländischer Direktinvestitionen besteht. Hiermit ist noch keine Aussage über die kompetenzielle Rechtmäßigkeit einer nationalen Investitionskontrolle getroffen. Grundsätzlich sind die Mitgliedstaaten von jeglicher Rechtsetzung ausgeschlossen.[472] Von diesem Grundsatz sind jedoch Ausnahmen möglich, die im Folgenden untersucht werden.

Zur Bewertung der Zulässigkeit der deutschen Investitionskontrolle gem. §§ 55 ff. AWV muss zwischen verschiedenen Zeitabschnitten differenziert werden. Die Investitionskontrolle wurde am 18.04.2009 eingeführt,[473] also vor dem Zustandekommen des Vertrags von Lissabon. Es gibt demnach drei Phasen, die unterschiedlich bewertet werden können: die Investitionskontrolle vor dem Vertrag von Lissabon, die Investitionskontrolle nach dem Vertrag von Lissabon und die Rechtslage ab Inkrafttreten der FDI-RahmenVO. Die Änderungen des deutschen Außenwirtschaftsrechts selbst sind für die inhaltliche Rechtmäßigkeitsbewertung relevant, haben jedoch keine Bedeutung für die Zuständigkeitsverteilung und sollen in diesem Kapitel zunächst vernachlässigt werden.

Ausgeklammert werden soll zudem die Ausnahmemöglichkeit für Mitgliedstaaten nach Art. 346 AEUV. Diese erlaubt den Mitgliedstaaten, Maßnahmen zur Wahrung wesentlicher Sicherheitsinteressen zu ergreifen. Art. 346 AEUV erlaubt aber keine allgemeinen Direktinvestitionskontrollen.[474] Die Hürde ist dabei höher als beim Rechtfertigungsgrund „öffentliche Ordnung oder Sicherheit" der Grundfreiheiten.[475] Die sektorübergreifende Prüfung von Unternehmenserwerben gem. §§ 55 ff. AWV setzt an der niedrigeren Schwelle an, was sich auch in § 4 I Nr. 1, Nr. 4, Nr. 4a AWG zeigt. Die sektorspezifische Prüfung gem. §§ 60 ff. AWV knüpft hingegen an den Begriff der wesentlichen Sicherheitsinteressen an. Es handelt um eine im Zusammenhang mit Rüstungspolitik stehende Kontrolle. Hier

---

472 *Pelka* in: Schwarze (Hrsg.), EU-Kommentar, Art. 2 AEUV, Rn. 9.

473 Dreizehntes Gesetz zur Änderung des Außenwirtschaftsgesetzes und der Außenwirtschaftsordnung, BGBl. I 2009, S. 770 vom 18.04.2009.

474 *Clostermeyer* Staatliche Übernahmeabwehr und die Kapitalverkehrsfreiheit zu Drittstaaten, S. 352.

475 *Dittert* in: Von der Groeben/Schwarze/Hatje (Hrsg.), Europäisches Unionsrecht, Art. 346 AEUV, Rn. 5.

kann Art. 346 AEUV eine Rolle spielen,[476] jedoch nicht als Kompetenzausnahme fungieren. Die sektorspezifische Kontrolle steht im Anwendungsbereich der FDI-RahmenVO; mögliche Ausnahmen von den Regeln der FDI-RahmenVO sind jedoch bereits gem. Art. 1 II FDI-RahmenVO bestätigt.

Mit der Verabschiedung der FDI-RahmenVO ist die Debatte um die richtige Kompetenzgrundlage entschärft worden. Es wäre jedoch falsch, die Diskussion um die richtige Kompetenzverteilung gänzlich zu ignorieren und als rein „akademisch“ oder „theoretische“ Frage abzutun.[477] So knüpfen hieran auch praktische Themen, etwa wie verpflichtend die Vorgaben der Verordnung sind und inwieweit Handeln außerhalb der Verordnung in dieser Rechtsmaterie überhaupt möglich ist.

I. Rechtsfolge unionswidriger nationaler Gesetzgebung

Zunächst soll geklärt werden, welche Rechtsfolge ein gegen Unionsrecht verstoßendes Mitgliedstaatsgesetz auslöst. Das Grundgesetz hat für das Verhältnis von Landes- und Bundesgesetzen mit Art. 31 GG eine Kollisionsregelung aufgestellt; nach dieser hat das Bundesgesetz grundsätzlich Geltungsvorrang vor dem Landesrecht.[478] Eine ausdrückliche Kollisionsnorm fehlt aber im europäischen Primärrecht.[479]

Die Nationalstaaten behalten grundsätzlich ihre Souveränität im Staaten- und Verfassungsverbund der EU.[480] Der EuGH stellte in der Rechtssache C-6/64 (Costa/ENEL) jedoch fest, dass die Staaten ihre Souveränitätsrechte beschränkt haben und nationale Maßnahmen der Anwendbarkeit der Gemeinschaftsrechtsordnung daher nicht entgegenstehen.[481] Hieraus wurde das Gebot des (Anwendungs-)Vorrangs des EU-Rechts abgeleitet.[482] Dieser Anwendungsvorrang wurde vom EuGH sogar

476 *Hindelang/Hagemeyer* EuZW 2017, 882 (889).

477 So aber *Klamert/Bucher* EuZW 2021, 335 (337).

478 BVerfG, Urteil vom 30.06.2008 – 1 BvR 3262/07, 402, 906/08, BVerfGE 121, 317 (349); BVerfG, Beschluss vom 04.06.1969 – 2 BvR 173/66 u. a., BVerfGE 26, 116 (135); vgl. aber BVerfG, Beschluss vom 19.01.1974 – 2 BvN 1/69, BVerfGE 36, 342 (365 ff.), bzgl. der Ausnahme bei Landesverfassungsrecht.

479 *Stettner* in: Dauses/Ludwigs (Hrsg.), Handbuch des EU-Wirtschaftsrechts, A. IV., Rn. 28; *Terhechte* JuS 2008, 403 (403 f.).

480 *Obwexer* in: Von der Groeben/Schwarze/Hatje (Hrsg.), Europäisches Unionsrecht, Art. 2 AEUV, Rn. 17.

481 EuGH, Urteil vom 15.07.1964, C-6/64 – Costa/ENEL, ECLI:EU:C:1964:66, S. 1269 f.

482 Vgl. Erklärung Nr. 17 zur Schlussakte der Regierungskonferenz zum Vertrag von Lissabon sowie das hieran angefügte Gutachten des Juristischen Dienstes des Rates vom 22. Juni 2007 (11197/07 (JUR 260)), das jedoch unklar von „Vorrang“ spricht.

gegenüber dem nationalen Verfassungsrecht anerkannt.[483] Worauf dieser Anwendungsvorrang basiert, ist umstritten; er kann sich durch die Eigenständigkeit der EU im Völkerrecht und deren supranationalem Charakter ergeben[484] oder erst durch das mitgliedstaatliche Zustimmungsgesetz,[485] von welchem ein Rechtsanwendungsbefehl ausgeht.[486] Ein Geltungsvorrang, der zur Nichtigkeit des nationalen Rechts führen würde, wird mehrheitlich nicht angenommen.[487]

Das bedeutet, dass unionsrechtswidrig erlassenes Mitgliedstaatenrecht nicht unwirksam ist, sondern nur im Kollisionsbereich unanwendbar bleibt.[488] Hierfür spricht auch, dass es dem EuGH nicht möglich ist, einen gegen Unionsrecht verstoßenden Rechtsakt gem. Art. 263 f. AEUV zu beseitigen oder dessen Reichweite gem. Art. 267 AEUV unionskonform auszulegen.

Demnach wird mit Inkrafttreten von Gemeinschaftsrecht jede neu geschaffene oder bereits bestehende entgegenstehende mitgliedstaatliche Regelung, ohne dass es einer Beseitigung des mitgliedstaatlichen Gesetzes bedarf, unanwendbar.[489] Die Verwaltung ist damit verpflichtet, nationale Vorschriften, die gegen Unionsrecht

---

Kritisch hierzu bzgl. derselben Formulierung im Verfassungsvertrag, *Huber* EuR 2003, 574 (590).

483 EuGH, Urteil vom 17.12.1970, C-11/70 – Internationale Handelsgesellschaft, ECLI:EU:C:1970:114, Rn. 3.

484 *Streinz* Europarecht, Rn. 205 f.

485 BVerfG, Beschluss vom 22.10.1986 – 2 BvR 197/83, BVerfGE 73, 339 (374 f.), aus dem Rechtsanwendungsbefehl des Zustimmungsgesetzes ergibt sich der Anwendungsvorrang; vgl. aber BVerfG, Beschluss vom 09.06.1971 – 2 BvR 255/69, BVerfGE 31, 145 (173 f.), durch die Ratifizierung entstand eine eigenständige Rechtsordnung.

486 Umfassend zum Begriff der Supranationalität, vgl. *Barents* The Autonomy of Community Law, S. 25 ff.

487 Grundlegend für Geltungsvorrang, *Grabitz* Gemeinschaftsrecht bricht nationales Recht, S. 98 ff.; vgl. *Hwang* EuR 2016, 355 ff. m.w.N., die umfassend den nach ihrer Ansicht geringen Unterschied von Geltungs- und Anwendungsvorrang beschreibt; vgl. in diese Richtung auch, *Pechstein* Die Mitgliedstaaten als „Sachwalter des gemeinsamen Interesses", S. 42 f., der „praktisch keinen wesentlichen Unterschied" zwischen Anwendungs- und Geltungsvorrang erkennt.

488 *Pechstein* Die Mitgliedstaaten der EG als „Sachwalter des gemeinsamen Interesses", S. 30 f.

489 EuGH, Urteil vom 22.06.2010, C-188/10, 189/10 – Melki und Abdeli, ECLI:EU:C:2010:363, Rn. 43 ff.; EuGH, Urteil vom 09.03.1978, C-106/77 – Simmenthal II, ECLI:EU:C:1978:49, Rn. 17/18, 21/23, 24.

verstoßen, nicht anzuwenden.[490] Dies würde bedeuten, dass die deutsche Investitionskontrolle nicht anzuwenden wäre, wenn sie gegen die Kompetenzvorschiften des Primärrechts verstößt.[491]

II. Rechtslage vor dem Vertrag von Lissabon

Erst durch den Vertrag von Lissabon wurden Direktinvestitionen der gemeinsamen Handelspolitik zugeordnet. Zuvor bestanden nur an einigen wenigen Stellen geteilte Zuständigkeiten für Investitionspolitik.[492] Die gemeinsame Handelspolitik war zwar auch vor der Reform in der ausschließlichen Zuständigkeit der EU,[493] jedoch erstreckte sie sich zu diesem Zeitpunkt noch nicht (ausdrücklich) auf ausländische Direktinvestitionen.[494] Mit Art. 57 EGV bestand eine geteilte Zuständigkeit für Direktinvestitionen.[495] Bei einer geteilten/konkurrierenden Zuständigkeit ist es den Mitgliedstaaten solange gestattet, nationale Regelungen zu erlassen, wie die Union von ihrer Kompetenz noch keinen Gebrauch gemacht hat.[496]

Die erstmalige Einführung der Investitionskontrolle war folglich nicht durch die Zuständigkeit der EU gesperrt. Mangels eigenen Tätigwerdens seitens der EU stand auch die geteilte Zuständigkeit des Art. 57 EGV einer Europarechtskonformität nicht entgegen.[497]

490 EuGH, Urteil vom 22.06.1989, C-103/88 – Fratelli/Milano, ECLI:EU:C:1989:256, Rn. 31; allgemein für das Verwaltungsrecht, *Stelkens* in: Stelkens/Bonk/Sachs (Hrsg.), Verwaltungsverfahrensgesetz, Europäisches Verwaltungsrecht, Rn. 48.

491 *Herrmann* ZEuS 2019, 429 (435); *Brauneck* EuZW 2018, 188 (193); *Günther* in: Tietje/Kraft/Kumpan (Hrsg.), Beiträge zum Transnationalen Wirtschaftsrecht, 2018 (157), S. 19; *Beutenmüller* Ritsumeikan Law Review 2011 (28), 281 (284 f.).

492 *Herrmann* EuZW 2010, 207 (207).

493 Die gemeinsame Handelspolitik war der erste Kompetenzbereich den der EuGH als ausschließliche Zuständigkeit ausmachte. vgl. EuGH, Gutachten 1/75 vom 11.11.1975, ECLI:EU:C:1975:145, S. 1363 f.; „eine parallele Zuständigkeit der Mitgliedstaaten und der Gemeinschaft in diesem Bereich ausgeschlossen"; EuGH, Gutachten 1/94 vom 15.11.1994, ECLI:EU:C:1994:384, Rn. 22.

494 *Vedder/Lorenzmeier* in: Grabitz/Hilf (Hrsg.), Das Recht der Europäischen Union, 40. Aufl. 2009, Art. 133 EGV, Rn. 45; *Bollrath* Die Vertragsschlusskompetenz der Europäischen Gemeinschaft auf dem Gebiet der gemeinsamen Handelspolitik, S. 124, die Art. 57 II EGV für spezieller hielt.

495 *Samaan* Die neue Unionskompetenz für ausländische Direktinvestitionen, S. 71.

496 *Von Bogdandy/Bast* in: Grabitz/Hilf (Hrsg.), Das Recht der Europäischen Union, 40. Aufl. 2009, Art. 5 EGV, Rn. 33.

497 *Wolff* Ausländische Staatsfonds, S. 125; *Clostermeyer* Staatliche Übernahmeabwehr und die Kapitalverkehrsfreiheit zu Drittstaaten, S. 99.

III. Die Rechtslage ab dem Vertrag von Lissabon

Durch den Vertrag von Lissabon wurde die Politik bezüglich ausländischer Direktinvestitionen Teil der gemeinsamen Handelspolitik. Die autonome Handelspolitik liegt seitdem in der ausschließlichen Zuständigkeit der EU. In diesem Zusammenhang wurden nationale Investitionskontrollmaßnahmen sogar als „Auslaufmodell" bezeichnet.[498]

Eine Kompetenzverschiebung in einem Mehrebenensystem hat immer zwei Seiten: Auf der einen Seite steht die Ermächtigung des Kompetenzträgers und auf der anderen Seite die Verhinderung des Handelns der anderen Gesetzgebungsquelle.[499] Dies umfasst positive und negative Integration - positive Integration durch die Ermöglichung von Gesetzgebungsakten durch den europäischen Gesetzgeber und negative durch das Verhindern von unterschiedlicher einzelstaatlicher Gesetzgebung.

Bereits im Gesetzgebungsverfahren zur Einführung der „Sektorübergreifenden Prüfung von Unternehmenserwerben" wurden Bedenken hinsichtlich der drohenden Europarechtswidrigkeit der Investitionskontrolle mit Inkrafttreten des Vertrags von Lissabon geäußert.[500] Diese Bedenken verwarf die Bundesregierung seinerzeit in Berufung auf die weiter bestehenden Art. 63 ff. AEUV (ehemals: Art. 56 ff. EGV), insbesondere i. V. m. dem weiterhin geltenden Art. 65 AEUV.[501]

1. Anwendbarkeit bestehender Regelungen nach Zuständigkeitsverteilung

Die Investitionskontrolle wurde noch während der geteilten Zuständigkeit eingeführt[502] und befand sich erst mit Primärrechtänderung der gemeinsamen Handelspolitik in einem Bereich der ausschließlichen Zuständigkeit der EU. Bevor untersucht wird, ob es Ausnahmemöglichkeiten gibt, nach denen die Investitionskontrolle der AWV trotz ausschließlicher Zuständigkeit angewendet werden kann, ist zunächst zu klären, ob aus der Zuständigkeitsverschiebung zu einer

498 *Wolff* Ausländische Staatsfonds, S. 124.
499 *Schütze* Foreign Affairs and the EU Constitution, S. 270.
500 Vgl. Kleine Anfrage der Fraktion der FDP, BT-Drs. 16/7590 vom 16.12.2007 (Anfrage) und BT-Drs. 16/7668 vom 03.01.2008 (Antwort) - Frage 9, bzgl. der fehlenden Vereinbarkeit mit dem Vertrag von Lissabon.
501 Vgl. BT-Drs. 16/7668 vom 03.01.2008, Antwort auf Frage 9.
502 *Clostermeyer* Staatliche Übernahmeabwehr und die Kapitalverkehrsfreiheit zu Drittstaaten, S. 99.

ausschließlichen Kompetenz zwangsläufig eine Unanwendbarkeit der bestehenden Regelungen folgte. Die Frage der Wirkung einer Kompetenzerweiterung ist jedem nationalen als auch supranationalen Föderalismusprinzip immanent,[503] sodass zunächst geklärt werden muss, ob eine europäische Kompetenznorm allein ausreicht, um bereits bestehendes mitgliedstaatliches Recht unanwendbar werden zu lassen.

Eine Kompetenznorm stellt primär eine Ermächtigung dar, zukünftig Rechtsakte erlassen zu können; die ausschließliche Kompetenz (im Gegensatz zur geteilten Zuständigkeit) hat jedoch auch einen direkten Effekt auf den bisherigen Rechtsetzer und dessen Rechtsakte.[504] Der ausschließlichen Zuständigkeit kann deshalb ein „doppelter Gehalt" zugesprochen werden: Positiv gesehen erhält die EU die alleinige Kompetenz für ein bestimmtes Rechtsgebiet; gleichzeitig, negativ betrachtet, verbietet die Zuständigkeit damit den Mitgliedstaaten, auf diesem Gebiet tätig zu werden.[505] Dabei kommt es auch nicht darauf an, ob die EU Sekundärrecht in diesem Bereich erlässt – die Sperrwirkung tritt mit Existenz der Primärrechtsnorm, die eine ausschließliche Zuständigkeit bestimmt, ein.[506] Damit ist eindeutig, dass Mitgliedstaaten im Bereich der ausschließlichen Zuständigkeit keine Rechtsetzung vornehmen dürfen. Hiervon zu unterscheiden ist aber, ob eine bestehende Regelung eines Mitgliedstaats noch angewendet werden kann, bis die EU ihre hinzugewonnene Kompetenz wahrgenommen bzw. ausgefüllt hat.

a) Anwendbarkeit bis zu einer Unionsregelung

Eine Regelung, wie sie in Art. 125a III GG vorliegt, existiert im europäischen Primärrecht nicht. Nach diesem Artikel gilt das Landesrecht bei nachträglicher Ausweitung ausschließlicher Bundeszuständigkeit so lange fort, bis der Bund eigene Gesetze erlassen hat. Dies verhindert Regelungslücken, die durch die Kompetenzverschiebung entstehen würden. Modifizierende Ergänzungen können von den Ländern nicht mehr erlassen werden.[507] Teilweise wird Art. 125a GG Modellcharakter für die Bewältigung übergangsrechtlicher Folgen

---

503 *Bermann* Columbia Law Review 1994 (94), 331 (358).

504 *Schütze* CMLRev 2006 (43), 1023 (1023).

505 *Bauerschmidt* EuR 2014, 277 (283).

506 *Bauerschmidt* EuR 2014, 277 (283); *Häde* in: Pechstein/Nowak/Häde (Hrsg.), Frankfurter Kommentar EUV/GRC/AEUV, Art. 2 AEUV, Rn. 29.

507 *Broemel* in: Von Münch/Kunig (Hrsg.), Grundgesetz-Kommentar, Art. 125a GG, Rn. 14.

zugeschrieben und damit eine Vorbildwirkung für die Bewältigung kompetenzrechtlicher Verschiebungen im Mehrebenensystem.[508] Fraglich ist immer, ob die Kompetenznorm nur noch den Rechtsnormen Geltung bzw. Anwendung verschaffen will, die den bestimmten Kompetenzanforderungen genügen.[509] Bei der Verschärfung eines Gesetzgebungsverfahrens durch erhöhte Voraussetzungen wird nicht angenommen, dass nur solche Normen, die ebenso den verschärften Gesetzgebungsanforderungen entsprechen, weiterhin bestehen sollen.[510] Eine allgemein akzeptierte Regel bei Kompetenzverschiebungen lässt sich in der Rechtswissenschaft hingegen nicht feststellen.[511] Hilfreich sind für solche Fälle Übergangsbestimmungen, wie sie beispielsweise Art. 125a GG vorsieht.

Eine Regelung wie Art. 125a GG scheint allerdings im Verfassungsvergleich nicht zwingend.[512] Entsprechend ist es schwer vertretbar, von einer „verallgemeinerungsfähigen“ Lösung bei der Konzeption des Art. 125a GG auszugehen.[513] Trotzdem hält *Clostermeyer* ein anderes Ergebnis für „dogmatisch schwer begründbar“ und dem Telos der ausschließlichen Zuständigkeit zufolge auch nicht für erforderlich.[514] Hierbei wird vor allem auf drohende Rechtslücken abgestellt. Die Annahme einer sofortigen Unanwendbarkeit bedeute zudem einen größeren Einschnitt in die mitgliedstaatliche Souveränität.[515] Deshalb dürfe die bestehende nationale Norm erst mit Ausübung der Unionskompetenz unanwendbar werden. Als Beleg für eine solche Auffassung wird auch die Praxis der Mitgliedstaaten angeführt. Die sonst bisher existierenden Vertragsverletzungen im Bereich der gemeinsamen Handelspolitik haben nämlich nie zu einem Vertragsverletzungsverfahren geführt.[516]

---

508 *Uhle* in: Dürig/Herzog/Scholz (Hrsg.), Grundgesetz, Art. 125a GG, Rn. 53.

509 *Heckmann* Geltungskraft und Geltungsverlust von Rechtsnormen, S. 281.

510 *Heckmann* Geltungskraft und Geltungsverlust von Rechtsnormen, S. 281.

511 *Heckmann* Geltungskraft und Geltungsverlust von Rechtsnormen, S. 281.

512 *Wittreck* in: Dreier (Hrsg.), Grundgesetz-Kommentar, Art. 125a GG, Rn. 5.

513 So aber *Clostermeyer* Staatliche Übernahmeabwehr und die Kapitalverkehrsfreiheit zu Drittstaaten, S. 100 f.; ebenso *Bayer/Ohler* ZG 2008, 12 (26), dies seien „allgemeine Rechtsgrundsätze“.

514 *Clostermeyer* Staatliche Übernahmeabwehr und die Kapitalverkehrsfreiheit zu Drittstaaten, S. 100.

515 *Bermann* Columbia Law Review 1994 (94), 331 (358).

516 Vgl. anknüpfend an *Epping* Die Außenwirtschaftsfreiheit, S. 297, der hieraus jedoch einen Beleg für eine geteilte Zuständigkeit für Art. 133 EGV ableitet. Die Interpretation steht damit sinnbildlich für die Rechtsunsicherheit des nationalen Außenwirtschaftsrechts.

b) Sperrwirkung durch ausschließliche Zuständigkeit

Ganz herrschend wird eine „generelle Sperrwirkung“ durch die Ausschließlichkeit der Zuständigkeit angenommen.[517] Die Zuständigkeitszuordnung soll bereits aufgrund der reinen Existenz der Kompetenznorm mitgliedstaatliches Handeln ausschließen.[518] Dies soll auch dann gelten, wenn die EU noch keine Sekundärrechtsakte erlassen hat.[519] Insoweit wird teilweise von einer „Sperrwirkung ex-ante“[520] oder von einer „a priori exclusivity“ gesprochen.[521] Hierin wird der Unterschied zwischen geteilter und ausschließlicher Zuständigkeit gesehen.[522]

Rechtslücken sind keineswegs zwingend. Sieht der Unionsgesetzgeber, dass die Mitgliedstaaten übergangsweise noch Handlungsmöglichkeiten brauchen, kann die Union Genehmigungen vornehmen.[523] Des Weiteren kennt das Unionsrecht auch Übergangsfristen oder Bestandsschutzregeln, die bei der Änderung der gemeinsamen Handelspolitik gerade nicht eingefügt wurden.[524] Der EuGH lässt bei Untätigkeit der Union nur in engen Ausnahmefällen mitgliedstaatliches Handeln als „Sachwalter des gemeinsamen Interesses“ zu und nimmt damit Rechtslücken in Kauf, um die Einheitlichkeit des Unionsrechts nicht zu gefährden.[525]

---

517 Vgl. speziell zu Direktinvestitionen, *Tietje* in: Policy Papers on Transnational Economic Law, 2007 (26), S. 8; *Obwexer* in: Von der Groeben/Schwarze/Hatje (Hrsg.), Europäisches Unionsrecht Art. 2 AEUV, Rn. 16; *Streinz* EUV/AEUV Art. 2 AEUV, Rn. 5; *Weiler* The Yale Law Journal 1991 (100), 2403 (2416 f.).

518 *Bauerschmidt* EuR 2014, 277 (283); *Nettesheim* in: Von Bogdandy/Bast (Hrsg.), Europäisches Verfassungsrecht, S. 424.

519 EuGH, Urteil vom 05.05.1981, C-804/79 – Kommission/Vereinigtes Königreich, ECLI:EU:C:1981:93, Rn. 20; *Obwexer* in: Von der Groeben/Schwarze/Hatje (Hrsg.), Europäisches Unionsrecht Art. 2 AEUV, Rn. 16.

520 *Obwexer* in: Von der Groeben/Schwarze/Hatje (Hrsg.), Europäisches Unionsrecht Art. 2 AEUV, Rn. 16, ohne jedoch spezifisch auf bereits bestehende nationale Gesetze einzugehen.

521 *Dimopoulos* EU Foreign Investment Law, S. 71.

522 Vgl. *Weiler* The Yale Law Journal 1991 (100), 2403 (2416 f.).

523 Vgl. *Tietje* in: Tietje/Kraft (Hrsg.), Beiträge zum Transnationalen Wirtschaftsrecht, 2009 (83), S. 18, mit Bezug auf Entscheidung 2001/855/EG.

524 Vgl. *Korte* WiVerw 2019, 79 (96), mit Bezug auf Art. 351 AEUV.

525 EuGH, Urteil vom 05.05.1981, C-804/79 – Kommission/Vereinigtes Königreich, ECLI:EU:C:1981:93, Rn. 22 ff.

Vergleichbar ist das Problem des Umgangs mit bestehenden Investitionskontrollen mit einem weiteren Problem, das sich durch eine umfangreiche ausschließliche Zuständigkeit für die Handelspolitik ergab. Zu Beginn des Vertrags von Lissabon standen vor allem die bilateralen Investitionsabkommen im Vordergrund.[526] Bei diesen stellte sich die Frage, ob sie noch weiter unterhalten werden durften, da nun die Union für Direktinvestitionsabkommen zuständig ist. Hier sah der Unionsgesetzgeber die Notwendigkeit, eine europäische „Erlaubnis" auszusprechen und verabschiedete die VO (EU) 2012/1219.[527] Nach Art. 3 VO (EU) 2012/1219 dürfen die vor dem Vertrag von Lissabon geschlossenen Investitionsverträge weiter aufrechterhalten werden. Nach Art. 7 VO (EU) 2012/1219 werden die Mitgliedstaaten sogar ermächtigt, die bestehenden Verträge zu ändern bzw. neue Verträge zu schließen. Der Unionsgesetzgeber schloss also bereits einmal Rechtslücken, die aus der Erweiterung des Art. 207 AEUV auf Direktinvestitionen entstanden. Die Ausgangslage bezüglich der Investitionskontrollen ist hiermit vergleichbar.[528]

Ohnehin kann nur diskutiert werden, ob die Investitionskontrolle in der Fassung vom 18.04.2009 weiterhin anwendbar blieb, da eine weitere Rechtssetzung ausgeschlossen ist.[529] Hiermit ist sogleich auch die Schwäche einer ex-nunc-Wirkung aufgezeigt. Denn hierdurch können die angeführten Rechtslücken nicht wirksam geschlossen werden. Die Rechtslage darf von den Mitgliedstaaten nicht angepasst werden, Gesetzesänderungen sind ausgeschlossen.[530] Sicherlich wird in den meisten Fällen eine veraltete Gesetzeslage besser sein als gar keine Gesetzeslage. Sie mindert aber gleichzeitig den Druck auf den Unionsgesetzgeber, regelnd tätig zu werden oder zumindest eine Übergangserlaubnis mit Rahmenbedingungen zu erteilen. Denkbar wäre auch, eine Aktualisierungskompetenz der Mitgliedstaaten anzunehmen. Eine solche würde aber eine weitere

---

526 Vgl. *Tietje* in: Tietje/Kraft (Hrsg.), Beiträge zum Transnationalen Wirtschaftsrecht, 2009 (83), S. 17 ff.

527 Verordnung (EU) 2012/1219 des Europäischen Parlaments und des Rates vom 12. Dezember 2012 zur Einführung einer Übergangsregelung für bilaterale Investitionsschutzabkommen zwischen den Mitgliedstaaten und Drittländern, ABl. L 351 vom 20.12.2012, S. 40 ff.

528 Vgl. *Bertolini* in: Bu (Hrsg.), Chinesische Outbound-Investitionen in Deutschland, S. 43.

529 Vgl. aber a. A. *Clostermeyer* Staatliche Übernahmeabwehr und die Kapitalverkehrsfreiheit zu Drittstaaten, S. 108, nach dem die Mitgliedstaaten nach In-Kraft-Treten des Vertrags von Lissabon zwar nicht mehr berechtigt wären, die Änderungen bis zur Wahrnehmung der Kompetenz durch die Union aber anzuwenden wären.

530 Vgl. *Korte* WiVerw 2019, 79 (96).

Einschränkung des ausdrücklichen Kompetenzgefüges darstellen. Eine parallele Diskussion existiert bezüglich des bereits verglichenen Art. 125a III GG;[531] eine „Versteinerung" soll durch eine Aktualisierungskompetenz verhindert werden.[532] Der Unionsgesetzgeber wäre wiederum gedrängt, wenn er die Regulierung einer Materie gänzlich ablehnt, einen Rechtsakt zu schaffen, der den bis dahin bestehenden Rechtsakt der Mitgliedstaaten beendet.

c) *Zwischenergebnis*

Gewinnt die EU durch Vertragsänderung des Primärrechts eine neue ausschließliche Zuständigkeit hinzu, wird ab diesem Zeitpunkt kollidierendes Mitgliedstaatsrecht unanwendbar. Hierbei kommt es nicht darauf an, ob die Union bereits Sekundärrechtsakte in diesem Bereich erlassen hat. Soll dies erst nach einer gewissen Zeitspanne erfolgen, durch die der Union Zeit gegeben wird, Rechtsakte zu erlassen, muss hierzu eine Übergangsregelung in den Verträgen vorliegen. Solche Regelungen existieren im Primärrecht bereits in Kompetenzbereichen der ausschließlichen Zuständigkeit, wie beispielsweise in Art. 104 AEUV (ex-Art. 88 EWG).[533]

Würde man Gesetzesänderungen nach einer Kompetenzverschiebung hin zu einer ausschließlichen Zuständigkeit für zulässig halten, wie es *Clostermeyer* annimmt,[534] wären die Unterschiede zwischen ausschließlicher und geteilter Zuständigkeit zu gering. Der Unterschied wäre, dass die Mitgliedstaaten bei geteilter Zuständigkeit nach Tätigwerden der Union bei Rückzug des Unionsgesetzgebers wieder tätig werden dürften, was bei einer ausschließlichen Zuständigkeit verwehrt bliebe. Für diesen Rückzug bedarf es jedoch gem. Art. 2 EUV

---

531 Für eine (enge) Aktualisierungskompetenz, BeckOK GG/*Seiler* Art. 125a GG, Rn. 10; *Wolff* in: Von Mangoldt/Klein/Starck (Hrsg.), Grundgesetz, Art. 125a GG, Rn. 42; *Jarass* in: Jarass/Pieroth (Hrsg.), Grundgesetz, Art. 125a GG, Rn. 15. Gänzlich ablehnend, *Broemel* in: von Münch/Kunig (Hrsg.), Grundgesetz, Art. 125a GG, Rn. 14; *Degenhart* in: Sachs (Hrsg.), Grundgesetz, Art. 125a GG, Rn. 14.

532 *Wolff* in: Von Mangoldt/Klein/Starck (Hrsg.), Grundgesetz, Art. 125a GG, Rn. 42, „substanzielle Änderungen" sind davon aber nicht umfasst.

533 Nach Art. 88 EWG-Vertrag waren die Wettbewerbsregeln durch die nationalen verfahrensrechtlichen Regelungen durchsetzbar, vgl. *Jung* in: Calliess/Ruffert (Hrsg.), EUV/AEUV Art. 104 AEUV, Rn. 9 f.; *Ritter* in: Immenga/Mastmäcker (Hrsg.), EU-Wettbewerbsrecht Art. 104 AEUV, Rn. 1 ff.

534 *Clostermeyer* Staatliche Übernahmeabwehr und die Kapitalverkehrsfreiheit zu Drittstaaten, S. 108.

einer Entscheidung[535] der Union, was bisher praktisch nicht vorkam.[536] Die Kompetenzreichweite wäre somit nur wenig unterschiedlich. Einziger nennenswerter Unterschied bliebe, auf der Voraussetzungsseite, die Subsidiaritätskontrolle, die bei ausschließlicher Zuständigkeit wegfällt.[537] Die Annahme einer erst späteren Sperrwirkung würde nahezu zu einem Gleichlauf von geteilter und ausschließlicher Zuständigkeit auf Rechtsfolgenseite führen.

Indes kann eine gemeinsame Handelspolitik nur dann wirksam erreicht werden, wenn die Mitgliedstaaten völlig von der Rechtsetzung ausgeschlossen werden. Unhaltbare Rechtslücken sind deshalb nur unter den engen Voraussetzungen der Notfallermächtigung der „Sachwalterschaft des gemeinsamen Interesses" durch Mitgliedstaaten zu schließen. Demnach führt eine ausschließliche Zuständigkeit auch zur Unanwendbarkeit der mitgliedstaatlichen Normen in diesem Bereich.

2. Regelungsmöglichkeit durch Art. 65 AEUV

In Betracht kommt auch eine grundsätzlich ausschließliche Zuständigkeit durch Art. 207 II AEUV, die jedoch durch die Anwendung des Art. 65 AEUV durchbrochen wird. Art. 65 I b) AEUV erlaubt es den Mitgliedstaaten, „Maßnahmen zu ergreifen, die aus Gründen der öffentlichen Ordnung oder Sicherheit gerechtfertigt sind." Eine solche Normverknüpfung wird auch für die FDI-RahmenVO herangezogen,[538] bei der jedoch nicht eindeutig klar ist, in welcher Hinsicht eine Wechselwirkung angenommen wird.[539]

Art. 65 AEUV könnte damit auch kompetenziell wirken. Mitgliedstaaten könnten Maßnahmen zur öffentlichen Sicherheit oder Ordnung treffen, unabhängig

---

535 Erklärungen zur Schlussakte der Regierungskonferenz, die den am 13. Dezember 2007 unterzeichneten Vertrag von Lissabon angenommen hat, ABl. C 326 vom 26.10.2012, S. 337 ff., Erklärung Nr. 18 zur Abgrenzung der Zuständigkeiten, „wenn die zuständigen Organe der Union beschließen, einen Gesetzgebungsakt aufzuheben, insbesondere um die ständige Einhaltung der Grundsätze der Subsidiarität und der Verhältnismäßigkeit besser sicherzustellen".

536 Streit besteht inwieweit eine Entscheidung vorliegen muss oder ob die Aufhebung oder der Ablauf einer Frist ausreichend ist. Beispielhaft nennt *Obwexer* in: Von der Groeben/Schwarze/Hatje (Hrsg.), Europäisches Unionsrecht, Art. 2 AEUV, Rn. 26 Fn. 54, VO (EU) Nr. 1229/2001. Diese hebt aber lediglich veraltete Rechtsakte auf.

537 *Bickenbach* EuR 2013, 523 (527).

538 Vgl. Erwägungsgrund Nr. 4 FDI-RahmenVO.

539 Vgl. *Brauneck* EuZW 2018, 188 (193), der hieraus liest, dass die Union für sich selbst die Rechtfertigungsgründe des Art. 65 AEUV anwendet.

von einer sonstigen Kompetenzordnung der übergeordneten Materie. Dies folgt dem Grundsatz, der in Art. 4 II EUV der Union aufträgt, die öffentliche Ordnung und den Schutz der nationalen Sicherheit zu achten. Dieser Auffassung nach würde, unabhängig von geteilter oder ausschließlicher Zuständigkeit der EU, jeder Rechtsbereich unter den Vorbehalt der öffentlichen Ordnung oder Sicherheit der Grundfreiheiten-Normen (Art. 35, 45, 52, 65 AEUV) fallen. Art. 65 AEUV stellt jedoch systematisch eine Ausnahmevorschrift der Grundfreiheit Kapitalverkehrsfreiheit gem. Art. 63 ff. AEUV dar und Art. 207 AEUV sieht gerade eine solche Ausnahme nicht vor.[540] Art. 65 AEUV stellt damit nach der Systematik des Primärrechts keine Ausnahme des Art. 207 AEUV dar.[541] Dies könnte dafür sprechen, dass Art. 65 AEUV nur innerhalb des Binnenmarkts Regeln zulässt, jedoch für Regeln hinsichtlich des Marktzugangs in den Binnenmarkt durch die externe Zuständigkeit des Art. 207 II AEUV verdrängt wird.[542] Bei der Regulierung von Behandlungsstandards wäre ein solches Verhältnis dann jedoch noch zu klären.

Daneben kommt eine geteilte Zuständigkeit gem. Art. 65 AEUV in Betracht, wenn die Regelung die Mitgliedstaaten generell zum Schutz der öffentlichen Ordnung oder Sicherheit im Bereich des Kapitalverkehrs, zu dem gerade auch die Drittstaaten zählen, ermächtigen soll. Dies würde Art. 65 AEUV gleichzeitig zu einer Kompetenzvorschrift machen. Eine solche Wirkung könnte auch zeitlich beschränkt werden. Die materielle Gewährleistung von Ausnahmemöglichkeiten für die Mitgliedstaaten könnte für eine Übergangszeit die Kompetenzverteilung durchbrechen, bis die Union selbst Regeln zur Gewährleistung der mitgliedstaatlichen Schutzgüter erlässt.[543] Eine Übergangsfunktion der Rechtfertigungsgründe der Grundfreiheiten findet aber keinerlei Anhaltspunkte im Vertrag und müsste aus einer Zweckerwägung hergeleitet werden, die einen Ausgleich zwischen Kompetenzordnung und materiellem Recht der Mitgliedstaaten aus Art. 4 EUV und Art. 65 AEUV herstellt. Das Verhältnis von Art. 65 AEUV und Art. 207 AEUV bleibt unklar.[544] Die Bestimmung des Verhältnisses ist zur

---

540 Vgl. *Cremona* in: Bourgeois (Hrsg.), EU Framework for Foreign Direct Investment Control, § 2.02, S. 37; *Beuttenmüller* Ritsumeikan Law Review 281 (287).

541 *Cremona* in: Bourgeois (Hrsg.), EU Framework for Foreign Direct Investment, § 2.02, S. 37.

542 *Bungenberg/Blandfort* in: Hahn/Van der Loo (Hrsg.), Law and Practice of the Common Commercial Policy, S. 169 f.

543 Vgl. *Lecheler/Germelmann* Zugangsbeschränkungen für Investitionen aus Drittstaaten im deutschen und europäischen Energierecht, S. 149.

544 Vgl. *Schill* AöR 2010, 498 (520).

Ermittlung einer potenziellen Nichtigkeit der FDI-RahmenVO notwendig,[545] aber ebenso für die Bestimmung des Einflusses von Art. 65 AEUV auf die Auslegung der Verordnung. Auch die Abgrenzung von Niederlassungsfreiheit und Kapitalverkehrsfreiheit kann für die Kompetenzgrundlage entscheidend sein, da es sich bei Art. 65 AEUV um einen Rechtfertigungsgrund für Eingriffe in die Kapitalverkehrsfreiheit handelt.[546]

a) Geteilte Kompetenz bei Investitionskontrollen zum Schutz der öffentlichen Ordnung oder Sicherheit

Als mögliche Lösung wäre denkbar, dass eine ausschließliche Kompetenz der Union für ausländische Direktinvestitionen unabhängig von Marktzugang oder Behandlungsstandards gem. Art. 207 AEUV angenommen würde, von der jedoch eine Ausnahme im Bereich der öffentlichen Ordnung oder Sicherheit für nationale Investitionskontrollen zu machen wäre. Hiernach wären Investitionskontrollen, wie §§ 55 ff. AWV, solange sie nur für Fälle der öffentlichen Ordnung oder Sicherheit vorgesehen werden, nicht kraft primärrechtlicher Kompetenzordnung unanwendbar. Es bedürfte danach auch keiner Ausnahme nach der „Sachwalterschaft“ oder einer Rückermächtigung gem. Art. 2 I AEUV.

aa) Bedeutung im System der Grundfreiheiten

Art. 65 AEUV ist Teil der Grundfreiheit der Kapitalverkehrsfreiheit gem. Art. 63 ff. AEUV. Dieser schränkt das Liberalisierungsgebot des Art. 63 AEUV wieder ein.[547] Als Ausnahmevorschrift von der grundsätzlich gewährleisteten Kapitalverkehrsfreiheit sind ihre Rechtfertigungsgründe nach Rechtsprechung des EuGH eng auszulegen.[548] Die Investitionskontrolle ist eine solche Ausnahme von der Kapitalverkehrsfreiheit und muss Art. 65 I AEUV oder den ungeschriebenen Rechtfertigungsgründen der „zwingenden Gründe des Allgemeininteresses“ entsprechen.[549] Da auch die Union Adressat der Grundfreiheiten ist, muss

---

545 So jedoch *Klamert/Bucher* EuZW 2021, 335 (337).

546 Siehe Kapitel E. II. 2. c) gg).

547 Vgl. *Bröhmer* in: Calliess/Ruffert (Hrsg.), EUV/AEUV, 5. Aufl., Art. 65 AEUV, Rn. 1.

548 Vgl. EuGH, Urteil vom 18.06.2020, C-78/18 – Kommission/Ungarn, ECLI:EU:C:2020:476, Rn. 91; EuGH, Urteil vom 14.10.2004, C-36/02 – Omega, ECLI:EU:C:2004:614, Rn. 30; *Korte* in: Calliess/Ruffert (Hrsg.), EUV/AEUV, Art. 65 AEUV, Rn. 6; *Gramlich* in: Pechstein/Nowak/Häde (Hrsg.), Frankfurter Kommentar EUV/GRC/AEUV, Art. 65 AEUV, Rn. 11.

549 Vgl. *Bayer/Ohler* ZG 2008, 12 (23 f.); *Wolff* Ausländische Staatsfonds und staatliche Sonderrechte, S. 181.

der Unionsgesetzgeber gleichermaßen bei der Beschränkung der Kapitalverkehrsfreiheit die geschriebenen Gründe des Art. 65 AEUV beachten.

bb) Bedeutung in kompetenzieller Hinsicht

Neben der Schrankenfunktion für die Grundfreiheiten müsste Art. 65 I AEUV jedoch auch eine kompetenzielle Funktion zukommen. Art. 65 AEUV „erlaubt es den Mitgliedstaaten", bestimmte Maßnahmen zu erlassen. Gleichzeitig bezieht sich die Norm auf den Schutzgehalt des Art. 63 AEUV. Demnach sind zwei Auslegungen denkbar: Entweder Art. 65 AEUV erlaubt den Mitgliedstaaten, sobald der Schutzbereich der Kapitalverkehrsfreiheit einschlägig ist, eine Ausnahmemöglichkeit, was folglich eine kompetenzielle Bedeutung hätte. Oder die Norm erlaubt nur, wenn die Mitgliedstaaten kompetenziell handlungsbefugt sind, eine Ausnahmeregelung trotz Schutz durch die Kapitalverkehrsfreiheit. Dann hätte die Norm keine kompetenzielle Wirkung, sondern wäre eine Schranke, wie sie auch bei den Grundrechten existiert.

(a) Vergleich mit dem Grundgesetz

Einige der deutschen Grundrechte sind mit Schrankenvorbehalten versehen, die ausdrücklich Eingriffe unter bestimmten Voraussetzungen erlauben.[550] Vergleichbar mit Art. 65 AEUV, der Beschränkungen für die Kapitalverkehrsfreiheit regelt. Diese Schrankenvorbehalte sind jedoch anders als die Art. 72 ff. GG keine Kompetenznormen. Sie legen nicht fest, wer in das Grundrecht eingreifen darf. Dem materiellen Verfassungsrecht kommt insoweit „Kompetenzneutralität" zu.[551] Grundrechte haben eine begrenzende Wirkung auf die Ausnutzung einer Kompetenznorm.[552] Aus einem Grundrechtsvorbehalt leitet sich hingegen keine kompetenzielle Legitimation ab, den Eingriff vornehmen zu dürfen. Denn die Grundrechtsschranke enthält keine Aussagekraft über den richtigen Kompetenzträger (Land oder Bund).[553]

Es stellt sich die Frage, ob Art. 65 AEUV eine mit der Grundfreiheitsschranke vergleichbare Rolle einnimmt, also ob er lediglich Regeln für die Mitgliedstaaten

---

550 Statt vieler *Guckelberger* in: Stern/Sodan/Möstl (Hrsg.), Staatsrecht, Bd. 3, § 84, Rn. 12, 14.

551 Vgl. *Herbst* Gesetzgebungskompetenzen im Bundesstaat, S. 61.

552 Vgl. BVerfG, Urteil vom 20.07.1954 – 1 BvR 459/54 u. a., BVerfGE 4, 7, (15).

553 Vgl. *Herbst* Gesetzgebungskompetenzen im Bundesstaat, S. 63.

festlegt, wie sie handeln dürfen, falls ihnen eine Kompetenz zukommt.[554] Im Gegensatz zu den Grundrechtsschranken im Grundgesetz spricht Art. 65 AEUV selbst ausdrücklich von den handelnden Adressaten, den Mitgliedstaaten. Dies kann aber auch darauf zurückgeführt werden, dass die Grundfreiheiten allgemein die Mitgliedstaaten ansprechen. Da jedoch die Union trotzdem als Adressat der Grundfreiheiten gesehen wird,[555] ist dem Wortlautargument außerhalb des in Art. 4 EUV vorgesehenen Rahmens nur begrenzte Aussagekraft zuzusprechen. Es kommt maßgeblich darauf an, welche Zwecksetzung man Art. 65 I AEUV unterstellt.

(b) Domaine réservé

Ginge man davon aus, dass Art. 65 AEUV (und parallel den Odre-public-Vorbehalten der anderen Grundfreiheiten) eine kompetenzielle Bedeutung zukommt, würde den Mitgliedstaaten im Bereich der öffentlichen Ordnung oder Sicherheit eine „domaine réservé"[556] oder „Residualkompetenz"[557] zukommen. Die Mitgliedstaaten sollen im Bereich der gemeinsamen Handelspolitik jedoch grundsätzlich von der Rechtsetzung ausgeschlossen werden.[558] Art. 65 AEUV müsste als Ausnahme von diesem Grundsatz betrachtet werden und eine fortdauernde Zuständigkeit der Mitgliedstaaten[559] oder zumindest eine geteilte Zuständigkeit vorbehalten.[560] Zum Binnenmarkt stellte *Generalanwalt Fennelly* in seinem Schlussantrag zum Tabakwerbeverbot fest, dass die Zuständigkeit der Gemeinschaft für den Binnenmarkt, welche eine konkurrierende oder parallele

---

554 Vgl. beispielsweise *Herrmann* ZEuS 2019 (3), 429 (437), der von einer Kollision zwischen „Kompetenz" und „Rechtfertigungsmöglichkeit" spricht. Ein Ergebnis lässt er aber wegen der Rückermächtigung der FDI-RahmenVO offen.

555 Zur Kapitalverkehrsfreiheit: EuG, Urteil vom 23.05.2019, T-107/17 – Steinhoff/EZB, ECLI:EU:T:2019:353, Rn. 120. Zu anderen Grundfreiheiten: EuGH, Urteil vom 08.12.2020, C-620/18 – Ungarn/Parlament und Rat, ECLI:EU:C:2020:1001, Rn. 104 f.; EuGH, Urteil vom 26.10.2010, C-97/09 – Schmelz/Finanzamt Waldviertel, ECLI:EU:C:2010:632, Rn. 50; EuGH, Urteil vom 25.06.1997, C-114/96 – Kieffer und Thiel, ECLI:EU:C:1997:316, Rn. 27.

556 *Hindelang* WHI-Papier Art. 63 AEUV, Rn. 128; *Ress/Ukrow* in: Grabitz/Hilf/Nettesheim (Hrsg.), Das Recht der Europäischen Union, Art. 65 AEUV, Rn. 12.

557 Vgl. *Clostermeyer* Staatliche Übernahmeabwehr und die Kapitalverkehrsfreiheit, S. 108.

558 Vgl. *Tietje* in: Tietje (Hrsg.), Internationales Wirtschaftsrecht, § 15 Rn. 8.

559 Hierfür *Kotzur* in: Geiger/Khan/Kotzur (Hrsg.), EUV/AEUV, Art. 65 AEUV, Rn. 1.

560 Vgl. *Schaefer* EuR 2008, 721 (733).

Zuständigkeit darstellte,[561] nicht durch vorbehaltene Befugnisse der Mitgliedstaaten beschränkt wird.[562] Nach dem argumentum a fortiori kann sich für die ausschließliche Zuständigkeit der Union nichts anderes ergeben.

Der EuGH schloss bereits im Bereich der Warenverkehrsfreiheit aus, dass Art. 36 AEUV bestimmte Sachgebiete der ausschließlichen Zuständigkeit den Mitgliedstaaten vorbehalten bleiben.[563] Diese Rechtsprechung kann auf die Ausnahmemöglichkeiten der anderen Grundfreiheiten übertragen werden. Daneben hat der EuGH in seinem Singapur-Gutachten die Zuständigkeit der Mitgliedstaaten im Bereich der öffentlichen Ordnung, der öffentlichen Sicherheit und anderer öffentlicher Interessen bestätigt. Gleichzeitig aber betonte er, dass eine Regelung, die diesem Recht einen Rahmen vorgibt, ausdrücklich von der gemeinsamen Handelspolitik gedeckt sei und nicht in die Zuständigkeit der Mitgliedstaaten eingreife.[564] Eine Klausel im BIT zwischen Singapur und der EU sah für die Mitgliedstaaten die Möglichkeit vor, Ausnahmen aus Gründen der öffentlichen Ordnung oder Sicherheit vorzunehmen. Der EuGH hob hervor, dass die einschlägigen Regelungen den Mitgliedstaaten nur Ausnahmemöglichkeiten verschafften, nicht jedoch die Sicherstellung der öffentlichen Ordnung oder Sicherheit verhinderten.[565] Davon unbenommen ist es dem Unionsgesetzgeber überlassen, Regelungen zu erlassen, die sicherstellen, dass Ausnahmen nicht dazu führen, der Handelspolitik ihre praktische Wirksamkeit zu nehmen.[566] Danach führt Art. 65 AEUV nicht dazu, dass der Unionsgesetzgeber keine Vorgaben zur Anwendung der Rechtfertigungsausnahmen machen darf.[567] Hieraus ist wiederum abzuleiten, dass eine Regelung wie Art. 65 AEUV grundsätzlich keine kompetenzielle Wirkung entfaltet, sondern nur den Unionsgesetzgeber gem. Art. 4 EUV dazu zwingen könnte, eine Ausnahmemöglichkeit

---

561 Vgl. zur Diskussion, *Nettesheim* in: Von Bogdandy (Hrsg.), Europäisches Verfassungsrecht, 1. Aufl., S. 449 f.

562 Vgl. *GA Fennelly* Schlussantrag vom 15.06.2000, C-376/98 – Kommission/Deutschland, Rn. 4.

563 EuGH, Urteil vom 15.12.1976, C-35/76 – Simmenthal/Italienisches Finanzministerium, ECLI:EU:C:1976:180, Rn. 23/24; EuGH, Urteil vom 05.10.1977, C-5/77 – Tedeschi/Denkavit, ECLI:EU:C:1977:144, Rn. 33/35; EuGH, Urteil vom 12.07.1979, C-153/78 – Kommission/Deutschland, ECLI:EU:C:1979:194, Rn. 5.

564 EuGH, Gutachten 2/15 vom 16.05.2017, ECLI:EU:C:2017:376, Rn. 97 ff.

565 EuGH, Gutachten 2/15 vom 16.05.2017, ECLI:EU:C:2017:376, Rn. 101.

566 EuGH, Gutachten 2/15 vom 16.05.2017, ECLI:EU:C:2017:376, Rn. 103.

567 Vgl. *Cremona* in: Bourgeois (Hrsg.), EU Framework for Foreign Direct Investment Control, § 2.04 [C], S. 44.

für die Mitgliedstaaten in diesen Bereichen zu schaffen. Art. 65 AEUV gibt dem Unionsgesetzgeber folglich materielle Vorgaben, stellt allerdings keine kompetenziellen Grenzen auf. Ein Spezialitäts- oder Vorrangverhältnis besteht deshalb nicht.[568] Die Normen erfüllen unterschiedliche Zwecke. Die ausschließliche Zuständigkeitswirkung durch Art. 207 AEUV wird nicht durch ein Vorrangverhältnis begründet, sondern weil Art. 65 AEUV keine Kompetenzaussage trifft und deshalb mit Art. 207 AEUV nicht in Konflikt tritt.

Im Sinne der Singapur-Rechtsprechung wurde die FDI-RahmenVO auf Grundlage des Art. 207 AEUV erlassen, die inhaltlich eine Ausformung von Art. 65 AEUV und Art. 4 II EUV vornimmt. Weitere Beispiele für solche Ausnahmemöglichkeiten sind Art. 21 IV FKVO, Art. 24 II VO (EU) 2015/478[569] und Art. 10 VO (EU) 2015/479[570]. Diese erlauben Ausnahmen für die Mitgliedstaaten aus bestimmten Rechtfertigungsgründen in Bereichen der Zuständigkeit der Union. Art. 24 II a) VO (EU) 2015/478 wiederholt den Wortlaut der Ausnahme des Art. 36 AEUV. Wäre Art. 36 AEUV ohne Zuständigkeit der Mitgliedstaaten für diese ohne Weiteres anwendbar, hätte es eines Verweises nicht bedurft. Über eine reine Klarstellungsfunktion hinaus geht der Hinweis durch die Mitteilungspflicht nach Art. 24 II UAbs. 2 VO (EU) 2015/478. In dieser Hinsicht ist Art. 21 IV UAbs. 3 FKVO noch strenger; hier muss die Kommission die Interessen, die nicht in Art. 21 IV UAbs. 2 FKVO genannt werden, auch noch anerkennen. Die öffentliche Ordnung ist keine aufgezählte Fallgruppe und bedarf grundsätzlich[571] der Zustimmung.[572]

Damit ist nicht davon auszugehen, dass Art. 65 AEUV eine dauerhafte Kompetenznorm für die Mitgliedstaaten darstellt. Investitionskontrollen sind folglich nicht mehr im nationalen Alleingang über Art. 65 AEUV möglich.[573] Auch der

568 A. A. *Hollwitz* Ein wohlgeordnetes Agrarstrukturverbesserungsgesetz im föderalen Deutschland, S. 127 f.

569 Verordnung (EU) 2015/478 des Europäischen Parlaments und des Rates vom 11. März 2015 über eine gemeinsame Einfuhrregelung, ABl. L 83 vom 27.03.2015, S. 16 ff.

570 Verordnung (EU) 2015/479 des Europäischen Parlaments und des Rates vom 11. März 2015 über eine gemeinsame Ausfuhrregelung, ABl. L 83 vom 27.03.2015, S. 34 ff.

571 Eine Ausnahme hiervon besteht für Investitionskontrollen im Sinne der FDI-RahmenVO. Siehe Kapitel F. I. 3. b) bb) (1) (aa).

572 Mangels Aufzählung bedürfte eine Untersagung nach §§ 55 ff. AWV streng genommen ebenfalls einer solche Zustimmung vgl. *Schild* in: Münchener Kommentar zum Wettbewerbsrecht, Art. 21 FKVO, Rn. 74; a. A. *Westermann* in: Loewenheim/Meessen/Riesenkampff/Kersting/Meyer-Lindemann (Hrsg.), Kartellrecht, Art. 21 FKVO, Rn. 13, der die öffentliche Ordnung als Teil der öffentlichen Sicherheit betrachtet.

573 Zur Rückenmächtigung durch die FDI-RahmenVO, siehe Kapitel D. IV. 2.

Unionsgesetzgeber erkennt (wohl) keinen Souveränitätsvorbehalt an, denn die FDI-RahmenVO erkennt zwar das Recht der Mitgliedstaaten aus Art. 65 AEUV an, könnte aber, wenn von einem dauerhaften Souveränitätsvorbehalt ausgegangen würde, nicht in dieser Form erlassen worden sein. Leider gibt die FDI-RahmenVO aber keine konkreten Aufschlüsse, welcher Rechtsauffassung sie bezüglich des Verhältnisses von Art. 65 AEUV und Art. 207 AEUV unterstellt.[574]

(c) Normhierarchie

Von einigen Autoren wird die Rangordnung zwischen Primär- und Sekundärrecht herangezogen, um eine Anwendung des Art. 65 AEUV zu begründen.[575] Da Art. 65 AEUV ein Recht der Mitgliedstaaten, den Kapitalverkehr zu beschränken, vorsehe, gehe dieses Recht immer einer auf Art. 207 II AEUV gestützten sekundärrechtlichen Verordnung vor. Überzeugend ist dieses Argument jedoch nicht, denn das Verhältnis, das hierbei bestimmt wird, besteht zwischen zwei Primärrechtsnormen – nämlich Art. 65 AEUV und Art. 207 II AEUV. Die Verordnung ist lediglich das Ergebnis der gewählten Kompetenznorm. Zu klären ist aber gerade, welche Kompetenznorm einschlägig ist. Richtig ist lediglich, dass sich eine Verordnung nach Art. 207 II AEUV an der Kapitalverkehrsfreiheit messen lassen muss, da diese auch den Unionsgesetzgeber adressiert. Ableitbar wäre demnach nur, dass Art. 65 AEUV i. V. m. Art. 4 EUV als primärrechtlicher Maßstab eine materielle Vorgabe für das Sekundärrecht beinhaltet, eine Rechtfertigungsausnahme für die Mitgliedstaaten aus Gründen der öffentlichen Ordnung oder Sicherheit zu implementieren. Aus Kompetenzsicht ist hingegen keine Rangwirkung festzustellen, da zwei Primärrechtsnormen vorliegen.

b) Übergangswirkung

Denkbar bleibt noch, dass Art. 65 AEUV eine Übergangswirkung entfalten könnte.[576] Dies würde der Auffassung entsprechen, dass Art. 65 AEUV ohnehin nur solange anwendbar ist, bis eine unionsrechtliche Rechtslage bezüglich

---

574 Vgl. *Bian* National Security Review of Foreign Investment, 7.2.6.3; *Brauneck* EuZW 2018, 188 (193).

575 *Beuttenmüller* Ritsumeikan Law Review 2011 (28), 281 (288); zust. *Brauneck* EuZW 2018, 188 (193).

576 So *Lecheler/Germelmann* Zugangsbeschränkungen für Investitionen aus Drittstaaten im deutschen und europäischen Energierecht, S. 149.

der Ausnahmen geschaffen wird.[577] Sobald nämlich durch Harmonisierung eine erschöpfende Regelung gefunden wird, kann sich ein Mitgliedstaat laut EuGH nicht mehr auf die Rechtfertigungsnorm der Grundfreiheit selbst berufen, weil diese speziell sekundärrechtlich ausgeformt wurde.[578] Ab diesem Zeitpunkt ist der durch Harmonisierung gezogene Rahmen maßgeblich.[579] Nicht geklärt ist durch diese Urteile, ob die Aussage sich auf die materielle Rolle im Rahmen der Grundfreiheitendogmatik beschränkt oder ob diese auch auf Kompetenzebene zu übertragen ist. Denn Harmonisierung ist ein Instrument für die geteilte Zuständigkeit; ein Bereich, in dem die Mitgliedstaaten ohnehin nicht handeln dürfen, benötigt grundsätzlich auch keine Harmonisierung. Die Rechtsprechung des EuGH bezieht sich demnach auf geteilte Zuständigkeiten. Den Grundfreiheiten kommt grundsätzlich keine positive Integrationswirkung (durch Sekundärrechtssetzung) zu, sie stellen negative Integration durch Überprüfung mitgliedstaatlichen Rechts dar. Eine vorübergehende einschränkende negative Integrationswirkung der Rechtfertigungsklauseln ist nicht um eine einschränkende Wirkung der positiven Integration zu ergänzen; die Integrationsmechanismen sind zu trennen.[580]

Der Unionsgesetzgeber könnte der FDI-RahmenVO jedoch eine übergangsweise Wirkung mittels Art. 65 AEUV zugrunde gelegt haben, denn Erwägungsgrund Nr. 7 FDI-RahmenVO bestimmt unter anderem als Ziel die Herstellung von Rechtssicherheit. Wäre Art. 207 AEUV dauerhafte Kompetenzgrundlage für Investitionskontrollen in Mitgliedstaaten und Union, wäre die „Schaffung von Rechtssicherheit" nichts anderes als eine Legalisierung der gegen Art. 207 AEUV verstoßenden Investitionskontrollen. Sähe aber Art. 65 AEUV tatsächlich eine Übergangsmöglichkeit für die Mitgliedstaaten vor, die erst mit Schaffung eines

577 EuGH, Urteil vom 23.10.2007, C-112/05 – Kommission/Deutschland, ECLI:EU:C:2007:623, Rn. 72, zu Art. 58 EGV „soweit keine Harmonisierungsmaßnahme vorliegt, die bereits die zur Gewährleistung des Schutzes dieser Interessen erforderlichen Maßnahmen vorsieht.".

578 EuGH, Urteil vom 11.05.1999, C-350/97 – Monsees, ECLI:EU:C:1999:242, Rn. 24; EuGH, Urteil vom 23.05.1996, C-5/94 – Hedley Lomas, ECLI:EU:C:1996:205, Rn. 18; EuGH, Urteil vom 03.10.1985, C-28/84 – Kommission/Deutschland, ECLI:EU:C:1985:386, Rn. 25.

579 EuGH, Urteil vom 05.10.1977, C-5/77 – Tedeschi/Dankavit, ECLI:EU:C:1977:144, Rn. 33/35. Ausführliche Kasuistik und Systematisierung bei *Forsthoff/Eisendle* in: Grabitz/Hilf/Nettesheim (Hrsg.), Das Recht der Europäischen Union, Art. 45 AEUV, Rn. 351 ff., 358.

580 Vgl. *Korte* WiVerw 2019, 79 (98).

Unionsakts beendet wäre, würde die FDI-RahmenVO tatsächlich eine Form von Rechtsklarheit mit sich bringen, nämlich die Reichweite der Rechtfertigung von Eingriffen.[581] Die FDI-RahmenVO bleibt aber letztlich zu unklar, um herauszulesen, welche Sicht ihr auf die Zuständigkeitsverteilung zugrunde liegt.[582] Rechtsklarheit könnte sie auch dadurch bringen, dass sie Art. 65 AEUV überhaupt für anwendbar hält. Denn denkbar wäre, dass Investitionskontrollen, die sich nur auf die Kontrolle verschaffenden Investitionen beschränken, in den Anwendungsbereich der Niederlassungsfreiheit fallen und damit auch keine Ausnahme nach Art. 65 AEUV möglich ist.[583] Für diese würde die FDI-RahmenVO dann wiederum erst zur Anwendbarkeit von EU-Recht führen.[584]

Es fehlt demnach an Anhaltspunkten, die eine Übergangswirkung belegen können. Ein „allgemeiner Rechtsgedanke" lässt sich aus den Rechtfertigungsgründen der Grundfreiheiten (Art. 36, 45, 52, 65 AEUV) entgegen *Lecheler/Germelmann* nicht ohne besondere Begründung herleiten.[585] Eine solche Übergangswirkung steht nicht in den Verträgen und die Vorbehalte beziehen sich nicht auf die gemeinsame Handelspolitik gem. Art. 207 AEUV. Eine allgemeine Übergangswirkung ist abzulehnen,[586] sodass die Annahme einer durch diese Normen vermittelten Übergangswirkung besonders begründet werden muss. Geht man von dem Rechtsgedanken aus, dass die Mitgliedstaaten bei Untätigkeit der Union eine Handlungsmöglichkeit haben müssen, so ist dem zuzustimmen. Eine solche Ausnahmemöglichkeit wurde jedoch bereits vom EuGH entwickelt und ist unter dem Begriff des „Sachwalter des gemeinsamen Interesses" bekannt.[587] Damit existiert bereits ein Rechtsinstitut für Übergangsnotwendigkeiten. Die hierfür gesetzten Hürden dürfen jedoch nicht ohne Weiteres durch

---

581 A. A. *Brauneck* EuZW 2018, 188 (193), der auf den formal zutreffenden Einwand eingeht, dass eine Rechtslage nur rechtmäßig oder nicht rechtmäßig sein kann.

582 Vgl. aber *Korte* WiVerw 2019, 79 (97), nach dem der FDI-RahmenVO zu entnehmen sei, dass eine dauerhafte geteilte Zuständigkeit für Art. 65 AEUV vom Unionsgesetzgeber anerkannt wurde.

583 Vgl. *Snell* European Law Review 2019 (44), 137 (138). Zum Verhältnis der beiden Grundfreiheiten, siehe Kapitel E. II. 2. c) gg).

584 *Snell* European Law Review 2019 (44), 137 (138).

585 Vgl. *Lecheler/Germelmann* Zugangsbeschränkungen für Investitionen aus Drittstaaten im deutschen und europäischen Energierecht, S. 149.

586 Siehe Kapitel D. III. 1. a).

587 EuGH, Urteil vom 05.05.1981, C-804/79 – Kommission/Vereinigtes Königreich, ECLI:EU:C:1981:93, Rn. 30.

weitere „Rechtsgedanken“ untergraben werden, sofern diese nicht besonders begründet bzw. hergeleitet wurden.

Im Ergebnis ist damit nicht anzunehmen, dass den Ordre-public-Vorbehalten der Grundfreiheiten eine Übergangswirkung zukommt, die den Mitgliedstaaten Ausnahmen von der ausschließlichen Zuständigkeit der Union erlaubt. Selbst dann, wenn man eine solche Übergangswirkung annehmen würde, wäre diese Möglichkeit nach dem Erlass bzw. Inkrafttreten der FDI-RahmenVO nicht mehr anwendbar. Der Rechtfertigungsgrund der öffentlichen Ordnung oder Sicherheit in der FDI-RahmenVO wäre an diese Stelle getreten.

3. Sachwalterschaft des gemeinsamen Interesses

Im Bereich der ausschließlichen Zuständigkeit ist es den Mitgliedstaaten grundsätzlich untersagt, legislativ tätig zu werden. Wenn die Union jedoch ihre Kompetenz nicht wahrnimmt, dürfen die Mitgliedstaaten zur Vermeidung eines rechtlichen Vakuums ausnahmsweise als „Sachwalter gemeinsamen Interesses“ tätig werden.[588]

Dieses vom EuGH in der Rechtssache C-804/79 (Kommission/Vereinigtes Königreich) zur Fischereipolitik[589] entwickelte ungeschriebene Ermächtigungsinstrument hat es zwar, anders als die nun in Art. 2 I 2. Hs. AEUV kodifizierte

---

588 EuGH, Urteil vom 10.02.1982, C-21/81 - Bout, ECLI:EU:C:1982:47, Rn. 6; EuGH, Urteil vom 02.06.1981, C-124/80 - Van Dam, ECLI:EU:C:1981:125, Rn. 9 ff.; EuGH, Urteil vom 05.05.1981, C-804/79 - Kommission/Vereinigtes Königreich, ECLI:EU:C:1981:93, Rn. 30.

589 Der Schutz der Fischbestände und die Erhaltung der biologischen Schätze des Meeres lag seit dem 01.01.1979 in der ausschließlichen Zuständigkeit der Europäischen Gemeinschaft, sodass die Mitgliedstaaten auf diesem Gebiet nicht mehr tätig werden durften (vgl. EuGH, 6/76, Slg. 1976, S. 1279 ff. (1279, Leitsatz 2)). In Art. 102 der Beitrittsakte über die Beitrittsbedingungen und die Anpassungen der Verträge betreffend den Beitritt des Königreichs Dänemark, Irlands, des Königreichs Norwegen und des Vereinigten Königreichs und Nordirland zu den Europäischen Gemeinschaften (ABl. Nr. L 73 vom 27.03.1972, S. 3 ff.) war der Europäischen Gemeinschaft eine Frist von sechs Jahren zur Regelung der Voraussetzungen für die Ausübung des Fischfangs im Hinblick auf den Schutz der Fischbestände und die Erhaltung der biologischen Schätze des Meeres gegeben, die ohne den Erlass einer solchen Gemeinschaftsmaßnahme verstrich. Die Übergangsfrist sollte sicherstellen, dass für das durch den Beitritt der Küstenländer vergrößerte Seegebiet geeignete Gesetzesmaßnahmen erlassen werden konnten. Da diese jedoch nicht bis zum Erstarken der ausschließlichen Zuständigkeit vorlagen, wollte das Vereinigte Königreich eigene Verordnungen erlassen.

Rückermächtigung, nicht in den Vertragstext geschafft, gilt jedoch nach allgemeiner Ansicht auch nach dem Vertrag von Lissabon weiterhin.[590]

Diese ungeschriebene Quasi-Ermächtigung ist allerdings nur besonderen Notsituationen vorbehalten. Der Funktionsfähigkeit der EU kommt dabei eine besondere Bedeutung zu.[591] Die Voraussetzungen für ein Handeln der Mitgliedstaaten als Sachwalter liegen dabei allerdings nicht so hoch wie eine mögliche ungeschriebene Notstandskompetenz[592] der Kommission, da das Handeln der Mitgliedstaaten einen wesentlich geringeren Eingriff in die Kompetenzstruktur bedeutet.[593] Ein rechtliches Vakuum ist hierzu notwendig.[594] Nur ein reines Untätigbleiben der Union reicht für die Ermächtigung der Mitgliedstaaten nicht aus, da diese die Zuständigkeit mit einer ausschließlichen Zuständigkeit der Union vollständig und endgültig verloren haben.[595] Dies bedeutet, dass das Fehlen einer unionsrechtlichen Regelung aufgrund (Rats-)Untätigkeit bei Bestehen eines dringenden Regelungsbedarfs vorliegen muss.[596] Eine solche Situation kann die Mitgliedstaaten nicht nur dazu berechtigen, für die Union tätig zu werden, die Mitgliedstaaten können in einem solchen Fall sogar „verpflichtet" sein, „im Interesse der Gemeinschaft zu handeln".[597]

---

590 Vgl. *Obwexer* in: Von der Groeben/Schwarze/Hatje (Hrsg.), Europäisches Unionsrecht, Art. 2 AEUV, Rn. 20. Gelegentlich wird kritisiert, dass diese Rechtsprechung sich nicht im Vertragstext wiederfindet, die Konsequenz, dass die Vertragsparteien sich von dieser Rechtsprechung abwenden wollten, wird jedoch nicht gezogen, vgl. *Calliess* in: Calliess/Ruffert (Hrsg.), EUV/AEUV Art. 2 AEUV, Rn. 9.

591 *Härtel* Europäische Rechtsetzung, 3. Teil Rn. 46.

592 Vgl. *Bleckmann* Europarecht, S. 494, nach diesem hat der EuGH mit der „Sachwalterschaft im gemeinsamen Interesse" eine ungeschriebene Notstandsklausel entwickelt; *Pechstein* Die Mitgliedstaaten der EG als „Sachwalter des gemeinsamen Interesses", S. 18, bezeichnet die Sachwalterschaft als Rechtsfigur des Gesetzgebungsnotstands.

593 Vgl. *Härtel* Europäische Rechtsetzung, 3. Teil Rn. 47, die für ein Notstandskompetenz der Kommission „außergewöhnliche Gründe" verlangt, die auf dem Niveau von Kriegen, Naturkatastrophen oder technischen Katastrophen liegen soll. Als geringerer Eingriff in die Kompetenzstruktur sollen solche schwerwiegenden Gründe für die Sachwalterschaft der Mitgliedstaaten nicht von Nöten sein.

594 *Härtel* Europäische Rechtsetzung, 3. Teil Rn. 48.

595 EuGH, Urteil vom 05.05.1981, C-804/79 – Kommission/Vereinigtes Königreich, ECLI:EU:C:1981:93, Rn. 17 f.

596 *Pechstein* Die Mitgliedstaaten der EG als „Sachwalter des gemeinsamen Interesses", S. 18.

597 EuGH, Urteil vom 10.07.1980, C-32/79 – Kommission/Vereinigtes Königreich, ECLI:EU:C:1980:189, Rn. 25.

Insbesondere in „außenpolitisch bedingten Ausnahmefällen“ soll sich dieses Handeln als notwendig darstellen können.[598] Da es sich um eine Notfall-Gesetzgebung handelt,[599] ist eine nähere Bestimmung im Hinblick auf die Singularität der Situationen nicht möglich. Hierbei ging es in der Vergangenheit jedoch um die vertragliche Handelspolitik, bei der noch einige, insbesondere ältere, Völkerverträge keine internationalen Organisationen als Vertragspartner zuließen.[600]

Nicht mit dem „ultima-ratio-Charakter“ der Sachwalterschaft vereinbar wäre es, dieses auf jegliche potenzielle Regelungslücke des europäischen Gesetzgebers anzuwenden.[601] Der Auftrag des EU-Gesetzgebers, Regelungslücken zu schließen und den Prozess der europäischen Integration voranzutreiben, würde bei fehlender Dringlichkeit durch ein Einschreiten der Mitgliedstaaten gehemmt werden. Drohende Regelungslücken können auf Einigungsprozesse im Rat beschleunigend wirken. Auch wäre die Gefahr eines zu schnellen Einschreitens der Mitgliedstaaten und ein möglicher Übergebrauch zu befürchten.

Dabei müssen die Mitgliedstaaten ihr Handeln mit der Kommission abstimmen,[602] die Kommission bezüglich ihrer Vorhaben konsultieren und sich um deren Billigung bemühen.[603] Die Unterrichtung der Kommission hat im Voraus zu erfolgen.[604] Hierbei dürfen die Mitgliedstaaten keine nationalen Rechtsakte „entgegen der Einwände, Vorbehalte oder Bedingungen, die von der Kommission formuliert werden könnten“, erlassen.[605] Die Ermächtigung wäre auch nur vorübergehend und könnte jederzeit durch Tätigwerden des Unionsgesetzgebers beseitigt werden; die zeitlich begrenzte „Sachwalter-Ermächtigung“ ist

598 *Nettesheim* in: Grabitz/Hilf/Nettesheim (Hrsg.), Das Recht der Europäischen Union, Art. 2 AEUV, Rn. 18.

599 *Schütze* in: Antoniadis/Schütze/Spaventa (Hrsg.), The European Union and Global Emergencies, S. 65 f.

600 Vgl. EuGH, Urteil vom 01.10.2009, C-370/07 – Kommission/Rat, ECLI:EU:C:2009:590, Rn. 43; *Kaiser* Gemischte Abkommen im Lichte bundesstaatlicher Erfahrungen, S. 74.

601 *Pechstein* Die Mitgliedstaaten der EG als „Sachwalter des gemeinsamen Interesses“, S. 149 f.

602 EuGH, Urteil vom 05.05.1981, C-804/79 – Kommission/Vereinigtes Königreich, ECLI:EU:C:1981:93, Rn. 30.

603 EuGH, Urteil vom 05.05.1981, C-804/79 – Kommission/Vereinigtes Königreich, ECLI:EU:C:1981:93, Rn. 31.

604 EuGH, Urteil vom 10.02.1982, C-21/81 – Bout, ECLI:EU:C:1982:47, Rn. 12.

605 EuGH, Urteil vom 10.02.1982, C-21/81 – Bout, ECLI:EU:C:1982:47, Rn. 1.

demnach in Tragweite nicht mit der Rückermächtigung des Art. 2 I 2. Hs. AEUV zu vergleichen.[606]

Aus den ausgearbeiteten Aspekten ergeben sich je nach Grenzziehung der Sachwalterschaft somit folgende Voraussetzungen: Die Mitgliedstaaten müssen auf dem Gebiet einer ausschließlichen Zuständigkeit der Union tätig werden. Es muss eine Funktionsstörung der Union vorliegen, die in einer Gesetzeslücke fußt. Das Untätigbleiben der Union führt jedoch nicht automatisch zu einer Handlungsermächtigung der Mitgliedstaaten, vielmehr muss die Untätigkeit der Union vertragswidrig sein.[607] Eine vergleichbare Vertragsverletzung, wie beispielsweise das Verstreichen einer Frist, müsste entsprechend des Verstoßes bei Rechtssache C-804/79[608] (Kommission/Vereinigtes Königreich) vorliegen, aber auch die Herleitung einer materiellen Verpflichtung zur Ermöglichung des Schutzes der Güter in Art. 4 II EUV ist denkbar. Die Durchführung einer vorherigen Untätigkeitsklage kann nicht als notwendig erachtet werden; eine solche wurde auch vom EuGH nicht gefordert.[609] Die theoretische Begründetheit einer Untätigkeitsklage gem. Art. 256 AEUV kann jedoch als guter Maßstab dienen. Sollte eine solche vertragswidrige Untätigkeit gegeben sein, dürfen die Mitgliedstaaten in sehr engen Grenzen neue Politik betreiben. In Betracht kommen Maßnahmen, die bereits bestehende Vorschriften an aktuelle Gegebenheiten anpassen. Dabei muss der Charakter als „Notventil" bestehen bleiben.[610] Die Mitgliedstaaten haben in dem Zusammenhang Vorgaben und Grenzziehungen

---

606 Vgl. *Neubauer* Implizite Vertragsschlusszuständigkeiten der Europäischen Gemeinschaft und Subsidiaritätsprinzip, S. 100.

607 Vgl. *Pechstein* Die Mitgliedstaaten der EG als „Sachwalter des gemeinsamen Interesses", S. 152.

608 EuGH, Urteil vom 05.05.1981, C-804/79 – Kommission/Vereinigtes Königreich, ECLI:EU:C:1981:93, Rn. 19.

609 So aber *Pechstein* Die Mitgliedstaaten der EG als „Sachwalter des gemeinsamen Interesses", S. 155, der ein solches Erfordernis entgegen der Rechtsprechung des EuGH aus der Lehre der Funktionsstörung im Staatsrecht ableitet. Diese Voraussetzung vermittelnd bei weniger dringlichen Fällen zu fordern, erscheint zwar grundsätzlich interessengerecht, führt jedoch wiederum zu noch mehr Unklarheit bzgl. der Voraussetzungen mitgliedstaatlichen Handelns. Die enge Einbeziehung bzw. die Einschreitungsmöglichkeiten der Kommission sollten jedoch ausreichen, um ein eigenmächtiges Handeln der Mitgliedstaaten zu verhindern.

610 *Schaefer* EuR 2008, 721 (732).

der Kommission zu beachten, um zu verhindern, dass infolge der Rückverlagerung nicht gegen Gemeinschaftsinteresse gehandelt wird.[611]

Die Investitionskontrolle im AWG wurde vor der Kompetenzerlangung der Union erlassen, sodass nur die Erlaubnis zur Anpassung einer bestehenden Regelung notwendig ist. Der Notcharakter einer Gesetzeslücke kann jedoch nicht angenommen werden. So zeigt zum einen die frühe Praxis mit der Anwendung keine nennenswerten Übernahmeverbote und ein rein potenzieller Abschreckungseffekt auf Übernahmen kann nicht als derartige Notwendigkeit betrachtet werden. Nur knapp die Hälfte aller Mitgliedstaaten nutzte eine solche Kontrolle und Deutschland erließ diese auch nur kurz vor Kompetenzverlust, sodass die fehlende Existenz einer solchen Regelung, zumindest früher, nicht als staatsgefährdend eingeschätzt wurde.

Daneben sind auch gesellschaftsrechtliche Mittel oder fiskalisches Eingreifen möglich, um staatsgefährdende Übernahmen zu verhindern. Hingewiesen sei auf den Fall der geplanten Übernahme von *50Hertz Transmission GmbH* durch die *State Grid China Corporation*. Bei dieser war die damals noch notwendige Beteiligungsschwelle von 25 Prozent der Stimmrechtsanteile nicht überschritten. Deshalb bat die Bundesregierung den belgischen Mitgesellschafter, sein Vorkaufsrecht wahrzunehmen, verbunden mit dem Versprechen, die Anteile durch die staatseigene *Kreditanstalt für Wiederaufbau* abzukaufen.[612]

Daneben fehlt es an einer geschriebenen Handlungspflicht wie in der Rechtssache C-804/79 (Kommission/Vereinigtes Königreich); eine Übergangsfrist wurde in der gemeinsamen Handelspolitik nicht festgelegt. Mangels einer geschriebenen Handlungspflicht im Primär- und Sekundärrecht kommt nur eine ungeschriebene Pflicht in Betracht.[613] In begrenztem Umfang kann auch eine Zuständigkeit eine Handlungspflicht auslösen; diese muss Ermessenseinschränkungen für den Unionsgesetzgeber mit sich bringen.[614] Falls ein

611 *Pechstein* Die Mitgliedstaaten der EG als „Sachwalter des gemeinsamen Interesses“, S. 165.

612 *Heide* Konstrukt mit Staatsbank KFW, Bundesregierung vereitelt Einstieg der Chinesen beim Netzbetreiber 50Hertz, Handelsblatt vom 27.07.2018, https://www.handelsblatt.com/unternehmen/energie/konstrukt-mit-staatsbank-kfw-bundesregierung-vereitelt-einstieg-der-chinesen-beim-netzbetreiber-50hertz/22853410.html?ticket=ST-16383907-cGJycEFle70fz7cwDqOk-ap2.

613 Vgl. *Cremer* in: Calliess/Ruffert (Hrsg.), EUV/AEUV, Art. 265 AEUV, Rn. 15.

614 Vgl. EuGH, Urteil vom 22.05.1985, C-13/83 – Parlament/Rat, ECLI:EU:C:1985:220, Rn. 38 f., 49 f., 65 ff.

Entschließungsermessen vorliegt, müssten nur dessen Grenzen eingehalten werden,[615] d. h. es darf kein Ermessensmissbrauch und keine Ermessensreduzierung auf null vorliegen.[616] Das Ermessen kann jedoch ausnahmsweise bei null liegen, wenn die Handlungspflicht bei korrekter Anwendung der Unionsnorm zu einer gebundenen Entscheidung führen würde.[617] Fälle, in denen Ermessensreduzierungen anzunehmen sind, bleiben die Ausnahme. Nur eine evidente und gravierende Schutzlücke kann eine justiziable Rechtsetzungspflicht auslösen.[618] Eine vergleichbare Verpflichtungslage wie beim Fristablauf des Art. 102 der Beitrittsakte[619] fehlt. Der Unionsgesetzgeber hat immer wieder seine positive Sicht auf die Investitionsfreiheit betont[620] und auch die Vertragsparteien haben mit der Drittstaatswirkung der Kapitalverkehrsfreiheit dieses Dogma primärrechtlich verankert. Demnach liegt es grundsätzlich im Ermessen des Unionsgesetzgebers, Investitionskontrollen zu legitimieren bzw. zu regulieren. Wo jedoch ein Ermessen besteht, ist nur in äußerst engen Grenzen ein pflichtwidriges Unterlassen anzunehmen. Eine andere Auffassung könnte nur aus einer durch Art. 4 II EUV hergeleiteten Pflicht, den Mitgliedstaaten Ausnahmemöglichkeiten zu gewähren, entwickelt werden. Da jedoch bereits festgestellt wurde, dass das Fehlen einer Investitionskontrolle nicht zu einer bedeutenden Notlage führt, kann auch eine eventuelle Pflicht aus Art. 4 II EUV keine Sachwalterschaft begründen. Ein Indiz dafür, dass die Union immer noch nicht von der Notwendigkeit einer Investitionskontrolle ausging, ist die Wahlfreiheit bezüglich der Einführung, die den Mitgliedstaaten in der FDI-RahmenVO belassen wird.[621]

Es lässt sich demnach feststellen, dass das mitgliedstaatliche Handeln auch nicht auf das ultima-ratio-Prinzip der Sachwalterschaft des gemeinsamen Interesses zu stützen ist.[622] Es fehlt an einer qualifizierten Untätigkeit der Union, die ein Handeln der Mitgliedstaaten rechtfertigt. Ein politischer Wunsch nach einer Investitionskontrolle ist nicht ausreichend, um die Ausnahmemöglichkeit wegen

615 *Dörr* in: Grabitz/Hilf/Nettesheim (Hrsg.), Das Recht der Europäischen Union, Art. 265 AEUV, Rn. 40.

616 *Frenz* HdB. Europarecht, Bd. 5, Rn. 2999.

617 *Harratsch/Pechstein/Koenig* Europarecht, Rn. 566.

618 Vgl. *Arndt* Das Vorsorgeprinzip im EU-Recht, S. 164.

619 Akte über die Beitrittsbedingungen und die Anpassungen der Verträge, ABl. Nr. L 73 vom 27.03.1972, S. 3 ff.

620 *Kommission* COM(2017) 487 final, vom 13.09.2017, S. 2; *Kommission* Commission Staff Working Document, SWD(2017) 297 final, vom 13.09.2017, S. 2.

621 Vgl. die „Kann"-Formulierung in Art. 3 FDI-RahmenVO.

622 *Korte* WiVerw 2019, 79 (94 f.).

einer notstandsähnlichen Situation anzunehmen. Die Sachwalterschaft darf nur in engen Fällen zugelassen werden, um die Missbrauchsgefahr des faktischen Kompetenzdurchbruchs so gering wie möglich zu halten.

4. Zwischenergebnis

Nach dem Inkrafttreten des Vertrags von Lissabon und der Verschiebung der Kompetenz bezüglich ausländischer Direktinvestitionen zu einer ausschließlichen Zuständigkeit durften die Mitgliedstaaten in diesem Bereich nicht mehr tätig werden. Die Vorschriften wurden ex-nunc europarechtswidrig.[623] Im nationalen Außenwirtschaftsrecht dürfen keine Regelungen angewendet werden, die in die Zuständigkeit der Union fallen.[624] Mangels ausdrücklicher Ermächtigung oder ausnahmsweisen Ermächtigung als „Sachwalter des gemeinsamen Interesses" wurden die Vorschriften zur sektorübergreifenden Prüfung von Unternehmenswerben in der AWV[625] unanwendbar.

IV. Rechtslage ab Inkrafttreten der FDI-RahmenVO

Die FDI-RahmenVO brachte schließlich eine Verrechtlichung der nationalen Investitionskontrollen. Sie erlaubt den Mitgliedstaaten gem. Art. 3 I FDI-RahmenVO, Mechanismen zur Überprüfung ausländischer Direktinvestitionen in ihrem Hoheitsgebiet aufrechtzuerhalten, zu ändern oder einzurichten. Damit stellt sie eine Form der Legitimation für Investitionskontrollen der Mitgliedstaaten dar.

Die Verordnung hat das Ziel, „Rechtssicherheit" angesichts der alleinigen Zuständigkeit des Art. 207 i. V. m. Art. 3 I e) AEUV für ausländische Direktinvestitionen herzustellen.[626] Dabei soll eine EU-weite Koordinierung und Zusammenarbeit sichergestellt werden.[627] Die Herstellung von Rechtssicherheit ist ein erstrebenswertes Ziel, lässt jedoch eine rechtsförmliche Aussage vermissen – ein Rechtsakt ist entweder rechtmäßig oder er ist es nicht.[628] Begrifflich seltsam

---

623 *Bungenberg/Blandfort* in: Hahn/Van der Loo (Hrsg.), Law and Practice of the Common Commercial Policy, S. 170.

624 *Arnold/Klamert* in: Dauses (Hrsg.), Handbuch des EU-Wirtschaftsrechts, Außenhandelsrecht, Grundlagen, Rn. 12.

625 Aktuell befinden sich diese in §§ 55–59 AWV.

626 Vgl. Erwägungsgründe Nr. 6, 7 FDI-RahmenVO.

627 Erwägungsgrund Nr. 7 FDI-RahmenVO.

628 Vgl. *Brauneck* EuZW 2018, 188 (193).

mutet in diesem Zusammenhang auch die Annahme einer „Rechtssicherheitslücke“[629] bis zum Inkrafttreten der FDI-RahmenVO an. Die Annahme des Verordnungsgebers, eine ausschließliche Zuständigkeit zu besitzen, spricht für einen vom Unionsgesetzgeber bezweckten Erlaubnischarakter der FDI-RahmenVO.[630]

1. Wirkung ex-tunc

Der Unionsgesetzgeber kann die Mitgliedstaaten zwar in Grenzen mit einer Ermächtigung ausstatten, vergangene Rechtsakte mit ex-tunc-Wirkung legitimieren, kann er jedoch nicht. Der Einschätzung der Kommission oder seiner in der gemeinsamen Handelspolitik oftmals beobachtete Passivität[631] kommt keine rechtsgestaltende Wirkung zu. Die unionsrechtswidrige Norm wird nicht dadurch legitimiert, dass die zu einem Vertragsverletzungsverfahren bemächtigten Parteien keine Notwendigkeit zum Handeln sehen.[632]

Diskutabel erscheint allenfalls eine Ermächtigung durch Einzelfallentscheidungen der Kommission im Hinblick auf die Entscheidung des EuGH in der Rechtssache C-41/76[633] (Donckerwolcke).[634] Nationale handelspolitische Maßnahmen sind laut EuGH nur mit einer „besonderen Ermächtigung“ durch die Kommission zulässig. Unter der Voraussetzung einer „besonderen Ermächtigung“ kann jedoch keine stillschweigende Duldung erfasst werden,[635] da auch die Kommission an die Kompetenzregeln des Primärrechts gebunden ist. Ohnehin sollte die genannte Rechtsprechung oder zumindest deren Lesart auf den

629 *Herrmann* ZEuS 2019, 429 (437 f.).

630 *Cremona* in: Bourgeois (Hrsg.), EU Framework for Foreign Direct Investment Control, § 2.02, S. 35.

631 *Hailbronner/Bierwagen* NJW 1989, 1385 (1390), die alleinige Zuständigkeit wird von den Mitgliedstaaten „untergraben“; *Epping* Die Außenwirtschaftsfreiheit, S. 297.

632 Vgl. aber *Epping* Die Außenwirtschaftsfreiheit, S. 297, der aus der Untätigkeit der Gemeinschaft bei offensichtlichen Vertragsverletzungen die Akzeptanz einer „konkurrierenden Kompetenz“ ableitet; zust. *Nettesheim* in: Streinz (Hrsg.), EUV/AEUV, Art. 207 AEUV, Rn. 36 f.; *Clostermeyer* Staatliche Übernahmeabwehr und die Kapitalverkehrsfreiheit, S. 107 f., 115 f.

633 EuGH, Urteil vom 15.12.1976, C-41/76 – Donckerwolcke, ECLI:EU:C:1976:182, Rn. 31/37.

634 *Häde* in: Pechstein/Nowak/Häde (Hrsg.), Frankfurter Kommentar, EUV/GRC/AEUV, Art. 2 AEUV, Rn. 30.

635 Ob eine Einzelfallentscheidung der Kommission hierunterfällt ist diskutabel, spielt für die Bewertung der nationalen Investitionskontrollen jedoch keine Rolle, vgl. hierzu *Schaefer* EuR 2008, 721 (726).

Prüfstand gestellt werden, da sie der mittlerweile bestehenden Stärkung des Europäischen Parlaments nicht mehr entspricht. Die Kommission sollte daher nicht rechtswirksam eine vorläufige Zustimmung für kompetenzwidriges Handeln durch einfache Entscheidung erteilen können, sondern nur durch einen Sekundärrechtsakt.[636] Der Unionsgesetzgeber hat sich deshalb bezüglich der Konsequenz einer ausschließlichen Zuständigkeit in diesem Bereich auffallend zurückgehalten. Während er in der FDI-RahmenVO ausdrücklich von einer ausschließlichen Zuständigkeit ausgeht, enthält er sich gleichzeitig jeder Aussage zu den hieraus entstehenden Konsequenzen. Unklar bleibt, wie die Sicht der Verordnung auf das Verhältnis von Art. 65 AEUV und Art. 207 AEUV ist. Selbst dann, wenn die FDI-RahmenVO den unionswidrigen Zustand vor Verabschiedung anerkennt, hat die Kommission selbst nicht zwangsläufig pflichtwidrig ein Vertragsverletzungsverfahren nach Art. 258 AEUV unterlassen. Der EuGH spricht der Kommission insoweit ein Ermessen bezüglich der Verfahrenseinleitung zu,[637] das u. a. auch durch das Unionsinteresse im politischen Gesamtkontext bestimmt wird.[638] Grundsätzlich stellt die Missachtung der ausschließlichen Zuständigkeit der Union einen vorrangig zu verfolgenden Verstoß dar.[639] Die vielfach als rechtsunsicher[640] bezeichnete Rechtslage und das von Art. 4 II EUV ausdrücklich anerkannte Bedürfnis der Mitgliedstaaten dürften aber ausreichen, diesbezüglich keine Ermessensüberschreitung beim Untätigbleiben festzustellen. Nichtsdestotrotz ändert die FDI-RahmenVO und ein Ermessen beim Einschreiten nichts an der bis dahin bestandenen Unionswidrigkeit.

2. Rückermächtigung an die Mitgliedstaaten

Durch die Reform der gemeinsamen Handelspolitik wurde besonders im Bereich des Außenwirtschaftsrechts die Notwendigkeit des Gebrauchs von

636 So aber die Behauptung von *Ohler* in: Eilmansberger/Griller/Obwexer (Hrsg.), Rechtsfragen der Implementierung des Vertrags von Lissabon, S. 437, der dies wohl im Rahmen einer Sachwalterschaft ohne Weiteres für möglich hält.

637 EuGH, Urteil vom 02.04.2020, C-715/17, C-718/17, C-719/17 – Kommission/Polen, ECLI:EU:C:2020:257, Rn. 75; EuGH, Urteil vom 06.07.2000, C-236/99 – Kommission/Belgien, ECLI:EU:C:2000:374, Rn. 28; EuGH, Urteil vom 17.05.1990, C-87/98 – Sonito u. a./Kommission, ECLI:EU:C:1990:213, Rn. 6; EuGH, Urteil vom 14.02.1989, C-247/87 – Star Fruit Company/Kommission, ECLI:EU:C:1989:58, Rn. 11.

638 *Cremer* in: Calliess/Ruffert (Hrsg.), EUV/AEUV, Art. 258 AEUV, Rn. 42.

639 Vgl. Mitteilung der Kommission vom 19. Januar 2017, EU-Recht: Bessere Ergebnisse durch bessere Anwendung, ABl. C 18 vom 19.01.2017, S. 14.

640 Vgl. statt vieler *Preisser* Sovereign Wealth Funds, S. 333.

Rückdelegationen gesehen.[641] Insbesondere in der gemeinsamen vertraglichen Handelspolitik ergaben sich nach dem Reformvertrag einige Problemstellen, die faktisch nur durch eine Rückermächtigung[642] lösbar waren.[643] Ähnliches kann auch für die Investitionskontrolle angenommen werden.[644] Im Folgenden wird untersucht, ob durch Art. 3 FDI-RahmenVO eine Rückermächtigung an die Mitgliedstaaten erfolgte. Hierzu ist auch zu untersuchen, welche Anforderungen an eine solche Rückermächtigung zu stellen sind.

Die Möglichkeit der Rückermächtigung entwickelte der EuGH im Wege seiner richterlichen Rechtsfortbildung;[645] ein vertraglicher Anhaltspunkt für die Zulässigkeit einer Rückermächtigung bestand bis dahin nicht.[646] Seit dem Vertrag von Lissabon ist diese Rechtsprechung auch primärrechtlich kodifiziert worden. Gem. Art. 2 I 2. Hs. AEUV dürfen die Mitgliedstaaten im Bereich der ausschließlichen Zuständigkeit tätig werden, „wenn sie von der Union hierzu ermächtigt werden". Eine solche Rückermächtigung erfolgt in der Regel durch einen Sekundärrechtsakt.[647]

Zur Vergleichbarkeit sollen exemplarisch einige Rückermächtigungen an die Mitgliedstaaten genannt werden:

---

641 *Bungenberg* in: Bungenberg/Griebel/Hindelang (Hrsg.), Internationaler Investitionsschutz und Europarecht, S. 96; *Schaefer* EuR 2008, 721 (734).

642 Beispiele hierfür sind: VO (EU) Nr. 1219/2012 des Europäischen Parlaments und des Rates vom 12. Dezember 2012, ABl. L 351/40 vom 20.12.2012; Beschluss (EU) 2015/2355 des Rates vom 10. Dezember 2015, ABl. L 331/14 vom 17.12.2015.

643 *Hahn* in: Calliess/Ruffert (Hrsg.), EUV/AEUV, Art. 207 AEUV, Rn. 79 f.; *Herrmann* in: Hatje/Terhechte (Hrsg.), Grundgesetz und europäische Integration, EuR Beiheft 1/2010, S. 201; *Tietje* EuZW 2010, 647 ((651).

644 Vgl. *Bungenberg* in: Bungenberg/Griebel/Hindelang (Hrsg.), European Yearbook of International Economic Law, Special Issue, S. 39 f.; *Günther* in: Tietje/Kraft/Kumpan (Hrsg.), Beiträge zum Transnationalen Wirtschaftsrecht, 2018 (157), S. 34.

645 EuGH, Urteil vom 17.10.1995, C-70/94 – Werner/Deutschland, ECLI:EU:C:1995:328, Rn. 12; EuGH, Urteil vom 17.10.1995, C-83/94 – Leifer u. a. – Rn. 13; EuGH, Urteil vom 18.02.1986, C-174/84 – Bulk Oil, ECLI:EU:C:1986:60, Rn. 31; EuGH, Urteil vom 15.12.1976, C-41/76 – Donckerwolcke, ECLI:EU:C:1976:182, Rn. 31/37.

646 Die Rechtsfortbildung über den Primärnormtext hinaus, hat auch das BVerfG anerkannt, vgl. BVerfG, Beschluss vom 06.06.2010 – 2 BvR 2661/06, BVerfgE 126, 286 (305); BVerfG, Beschluss vom 08.04.1987 – 2 BvR 687/85, BVerfGE 75, 223 (242).

647 Vgl. *Lenski* in: Lenz/Borchardt (Hrsg.), EU-Verträge, Art. 2 AEUV, Rn. 6.

- VO (EU) 1219/2012 des Europäischen Parlaments und des Rates vom 12. Dezember 2012 zur Einführung einer Übergangsregelung für bilaterale Investitionsschutzabkommen zwischen den Mitgliedstaaten und Drittländern,
- VO (EU) 2015/478 des Europäischen Parlaments und des Rates vom 11. März 2015 über eine gemeinsame Einfuhrregelung[648],
- VO (EU) 2015/479 des Europäischen Parlaments und des Rates vom 11. März 2015 über eine gemeinsame Ausfuhrregelung[649],
- VO (EG) Nr. 847/2004 vom 29. April 2004 über die Aushandlung und Durchführung von Luftverkehrsabkommen zwischen den Mitgliedstaaten und Drittstaaten[650],
- Beschluss 2010/321 des Rates vom 7. Juni 2010 zur Ermächtigung der Mitgliedstaaten, das Übereinkommen über die Arbeit im Fischereisektor der Internationalen Arbeitsorganisation aus dem Jahr 2007 (Übereinkommen Nr. 188) im Interesse der Europäischen Union zu ratifizieren[651],
- Mitteilung der Kommission gemäß Art. 115 des EWG-Vertrags (86/C-312/07)[652],
- Mitteilung der Kommission gemäß Art. 115 des EWG-Vertrages (84/C-192/07)[653],
- Mitteilung der Kommission gemäß Art. 115 des EWG-Vertrags (90/C-65/08)[654].

648 Zu älterer Fassung, *GA Geelhoed*, Schlussantrag vom 17.01.2002, C-296/00 – Expo Casa Mata, ECLI:EU:C:2002:28, Rn. 29.

649 EuGH, Urteil vom 17.10.1995, C-70/94 – Werner/Deutschland, ECLI:EU:C:1995:328, Rn. 15 f., handelte von einer Vorgängerverordnung. Ebenso zu älterer Fassung, *GA Geelhoed*, Schlussantrag vom 17.01.2002, C-296/00 – Expo Casa Mata, ECLI:EU:C:2002:28, Rn. 29. Bzgl. der Vorgängerregelung *Lenski* in: Lenz/Borchardt (Hrsg.), EU-Verträge, Art. 2 AEUV, Rn. 6; *Vedder* in: Vedder/Heintschel von Heinegg (Hrsg.), Europäisches Unionsrecht, Art. 2 AEUV, Rn. 13.

650 Art. 4 der Verordnung nutzt ausdrücklich den Begriff der Ermächtigung. Gem. Erwägungsgrund Nr. 5 ist eine Durchbrechung der primärrechtlichen Zuständigkeitsverteilung nicht beabsichtigt.

651 Vgl. *Obwexer* in: Von der Groeben/Schwarze/Hatje (Hrsg.), Europäisches Unionsrecht, Art. 2 AEUV, Rn. 19 Fn. 42.

652 Auf spezielle handelspolitische Rückermächtigung des Art. 115 EWG (Später: Art. 134 EGV) gestützt.

653 Auf spezielle handelspolitische Rückermächtigung des Art. 115 EWG (Später: Art. 134 EGV) gestützt.

654 Auf spezielle handelspolitische Rückermächtigung des Art. 115 EWG (Später: Art. 134 EGV) gestützt.

Die genannten Rechtsakte gehören mehrheitlich zum Gebiet der gemeinsamen Handelspolitik. Dies entspricht auch der ursprünglichen Entwicklung der EuGH-Rechtsprechung zur Rückermächtigung. Erstmalig erläutert wurde diese Möglichkeit in der bereits angesprochenen Rechtssache C-41/76 (Donckerwolcke).[655] Zu erklären ist dies damit, dass sich mit der Feststellung einer ausschließlichen Zuständigkeit in der Handelspolitik Handlungsschwierigkeiten für die Mitgliedstaaten ergaben. Diese wurden durch die Rückermächtigung in den Vorgängerakten der heutigen Einfuhr- und Ausfuhrregelungen beseitigt. Erst durch den Vertrag von Lissabon und der Erweiterung auf Direktinvestitionen ergaben sich erneut Konflikte mit den Regelungsbedürfnissen der Mitgliedstaaten. Infolgedessen musste eine Rückermächtigung für die bilateralen Investitionsverträge erfolgen.

Die Möglichkeit der Rückermächtigung wurde demnach insbesondere für die ausschließliche Zuständigkeit der gemeinsamen Handelspolitik entwickelt. Welche Vorgaben eine rechtmäßige Rückermächtigung erfüllen muss, ist im Primärrecht nicht geregelt worden. Bereits im Verfassungskonvent wurde über eine genauere Beschreibung der Ermächtigung diskutiert, jedoch zugunsten des Spielraums bei Form und Inhalt für den Unionsgesetzgeber nicht umgesetzt.[656] Ein Spielraum für den Unionsgesetzgeber ist damit primärrechtlich angelegt und entsprechend zu würdigen. Das bedeutet auch, dass eine Rückermächtigung an die Mitgliedstaaten nichts Außergewöhnliches darstellt und deshalb keiner besonders hohen Begründungshürde bedarf.[657] Die Ermächtigung wird in der Regel in Form eines Sekundärrechtsakts erfolgen.[658] Eine individuelle Entscheidung der Kommission reicht angesichts der Stärkung des Europäischen Parlaments im Gesetzgebungsverfahren ab der Einheitlichen Europäischen Akte[659]

655 EuGH, Urteil vom 15.12.1976, C-41/76 – Donckerwolcke, ECLI:EU:C:1976:182, Rn. 31/37.

656 Vgl. CONV 724/1/03, Anmerkung zu Art. I-11 Abs. 1, S. 67.

657 A. A. *Bings* in: Huber (Hrsg.), The EU and National Constitutional Law, S. 52, die in der Rückermächtigung eine „ultima ratio" sieht, die nur bei u. a. Rechtsetzungskonflikten auf EU-Ebene eingesetzt werden soll. Eine solche Sichtweise verwischt jedoch den Unterschied zwischen Sachwalterschaft und echter Ermächtigung nach Art. 2 I AEUV.

658 *Calliess* in: Callies/Ruffert (Hrsg.), EUV/AEUV, Art. 2 AEUV, Rn. 10; *Obwexer* in: Von der Groeben/Schwarze/Hatje (Hrsg.), Europäisches Unionsrecht, Art. 2 AEUV, Rn. 19.

659 Einheitliche Europäische Akte, ABl. L 169 vom 29.06.1987, S. 6; vgl. zur Entwicklung des Europäischen Parlaments, *Bocklet* in: Patzelt/Sebaldt/Kranenpohl (Hrsg.), Res publica semper reformanda, S. 619 ff.

und der Stärkung im Rahmen der gemeinsamen Handelspolitik durch den Vertrag von Lissabon nicht als Ermächtigung aus.[660] Dass der EuGH ehemals andere Rechtsformen[661] als Ermächtigung ausreichen ließ, spielt insoweit keine Rolle mehr. Es kommt jedenfalls auf das vorgesehene Gesetzgebungsverfahren des delegierten Rechtsbereichs an, um die Regelungskompetenz des Europäischen Parlaments nicht zu beschneiden. Nicht nur eine Ermächtigung, sondern auch eine Pflicht zum Handeln kann in der Rückdelegation festgelegt werden.[662] Die Rückermächtigung darf nicht zu einer Aushöhlung der Unionskompetenz und dadurch zu einer versteckten Kompetenzverschiebung führen,[663] denn dies würde wiederum die Kompetenz des Unionsgesetzgebers überschreiten. Im Folgenden werden mögliche Ausgestaltungsvorgaben untersucht. Dabei wird auch auf die Praxis der bisherigen Ausgestaltungen von Rückermächtigungen eingegangen, um die unscharfen Vorgaben für Rückermächtigungen konkretisieren zu können.

a) Rechtsvergleich mit dem Grundgesetz

Um Vorgaben für einen Rückermächtigungsakt gem. Art. 2 I AEUV zu ermitteln, kann ein Vergleich mit dem Grundgesetz gezogen werden. Die deutsche Verfassung, mit ihrem föderalistischen System, kann zum Vergleich des Subsidiaritätsgedankens und anderer kompetenzieller Verschränkungen herangezogen werden.[664] Allgemeine verfassungsrechtliche Erwägungen lassen sich deshalb übertragen. Insbesondere die Struktur der Zuständigkeitsverteilung mit geteilter und ausschließlicher Zuständigkeit, ist den deutschen Kompetenznormen der

---

660 A. A. *Schaefer* EuR 2008, 721 (726); *Häde* in: Pechstein/Nowak/Häde (Hrsg.), Frankfurter Kommentar EUV/GRC/AEUV, Art. 2 AEUV, Rn. 30, beide anknüpfend an EuGH, Urteil vom 15.12.1976, C-41/76 – Donckerwolcke, ECLI:EU:C:1976:182, Rn. 31/37. *Schmitt* Die Kompetenzen der Europäischen Union für ausländische Investitionen in und aus Drittstaaten, S. 156, führt hierzu aus der Praxis die Mitteilung der Kommission 90/453 vom 12. März 1990 an, da diese jedoch auf der speziellen Möglichkeit des Art. 115 EWG beruht, kann diese für Art. 2 AEUV keinen Beleg aus der Rechtspraxis der Kommission darstellen.

661 A. A. *Schaefer* EuR 2008, 721 (726), der diesem Aspekt der Rechtsprechung in Donckerwolcke C-41/76 weiterhin Geltung zuspricht.

662 *Streinz* in: Streinz (Hrsg.), EUV/AEUV, Art. 2 AEUV, Rn. 7.

663 *Priebe* EuZW 2015, 697 (698). Ebenso *Bings* in: Huber (Hrsg.), The EU and National Constitutional Law, S. 52, die hierin einen Verstoß gegen Art. 48 EUV erkennt.

664 Vgl. *Marinac/Matijevic/Mladenovic* EU and Comparative Law Issues and Challenges Series 2019, 79 (93), die die EU als „emerging federation" bezeichnen.

Art. 72 f. GG ähnlich. Auch zur Rückermächtigungsnorm des Art. 2 I AEUV existiert mit Art. 71 GG eine vergleichbare Grundgesetznorm. Art. 71 GG lautet: „Im Bereiche der ausschließlichen Gesetzgebung des Bundes haben die Länder die Befugnis zur Gesetzgebung nur, wenn und soweit sie hierzu in einem Bundesgesetze ausdrücklich ermächtigt werden." Art. 71 GG wird teilweise „Vorbildfunktion"[665] und „Modellcharakter"[666] für das Europäische Primärrecht zugesprochen. Ein bedeutender Unterschied ist aber, dass Art. 2 I 2. Hs. AEUV an den „originären Verfassungsgeber" zurückverweist, was als weniger intensiver Eingriff in die Kompetenzordnung gewertet werden könnte. Im Lichte der besonderen Stellung der Integrationsentwicklung ist die Union allerdings verpflichtet, ihre Aufgaben wahrzunehmen und nicht leichtfertig zurückzugeben. Eine solche Pflicht kommt dem Bund gegenüber den Ländern hingegen nicht zu.

Aus dem Wort „ausdrücklich" in Art. 71 GG wird abgeleitet, dass eine stillschweigend erteilte Ermächtigung ausgeschlossen ist; die Rückermächtigung durch ein formelles Gesetz muss Delegetar, Inhalt und Ausmaß erkennen lassen.[667] Dies entspricht der Frage, ob für die Rückermächtigung gem. Art. 2 I 2. Hs. AEUV ein Sekundärrechtsakt notwendig ist oder auch eine Entscheidung ausreichend sein kann. Abgelehnt wird mehrheitlich die Möglichkeit, die Ermächtigung mit der Pflicht zum gesetzgeberischen Handeln zu versehen.[668] Eine solche Konfliktlage existiert bei FDI-RahmenVO nicht, da es den Mitgliedstaaten überlassen wird, ob sie eine Investitionskontrolle einführen. Ob eine solche Pflicht eingeführt werden kann, ist nicht ohne Weiteres zu beantworten. Sofern sich der Wortlaut aber an Art. 65 AEUV orientiert, scheint dies möglich.

Daneben wird eine Zweckmäßigkeitskontrolle bei Ermächtigungen nach Art. 71 GG diskutiert. Mehrheitlich wird angenommen, dass der Ermächtigung kein sachlicher Anlass zugrunde liegen muss und der Bund die Regelungsmaterie sogar aus „Bequemlichkeit" an die Länder delegieren dürfte.[669] Eine

---

665 *Schaefer* EuR 2008, 721 (731); *Uhle* in: Dürig/Herzog/Scholz (Hrsg) Grundgesetz, Art. 71 GG, Rn. 62.

666 *Uhle* in: Dürig/Herzog/Scholz (Hrsg), Grundgesetz, Art. 71 GG, Rn. 62.

667 *Degenhart* in: Sachs (Hrsg.), Grundgesetz, Art. 71 GG, Rn. 7/8; *Uhle* in: Dürig/Herzog/Scholz (Hrsg), Grundgesetz, Art. 71 GG, Rn. 46.

668 Vgl. die umfangreichen Nachweise bei *Grziwotz* AöR 1991, 588 (595, Fn. 58); *Heintzen* in: Von Mangoldt/Klein/Starck (Hrsg.), Grundgesetz, Art. 71 GG, Rn. 44; *Uhle* in: Dürig/Herzog/Scholz (Hrsg), Grundgesetz, Art. 71 GG, Rn. 51.

669 So bereits *Rudolf* AöR 1963, 159 (183); *Uhle* in: Dürig/Herzog/Scholz (Hrsg), Grundgesetz, Art. 71 GG, Rn. 48; *Kunig* in: Von Münch/Kunig (Hrsg.), Grundgesetz,

gänzlich unbeschränkte Freiheit ist mit Blick auf den Integrationsauftrag für den Unionsgesetzgeber nicht anzunehmen, darf aber auch mangels Vorgaben in Art. 2 AEUV nicht zu eng gesehen werden. Während das Grundgesetz nämlich aus der Kompetenzordnung keine bundeseinheitliche Regelung fordert,[670] kann eine solche Forderung dem Integrationsgedanken des Primärrechts entnommen werden. Dieser darf sich der Unionsgesetzgeber nicht entledigen und schützt ihn sogleich vor politischem Druck durch die Mitgliedstaaten.

Weiterhin soll der Kern der ausschließlichen Regelungsmaterien nicht an die Länder delegierbar sein; dies beinhaltet abstrakt bestimmte „ermächtigungsfeindliche Sachgebiete“[671] aber auch Teilbereiche prinzipiell delegierbarer Regelungsgebiete.[672] Auch wird sich hierbei gestritten, ob eine Rückermächtigung nur punktuelle bzw. ergänzende Einzelregelungen zum Inhalt hat oder auch die Kompetenz für eine gesamte Materie übertragen darf.[673] Einer Gesamtübertragung wird im Hinblick auf den verfassungsändernden Charakter mehrheitlich eine Absage erteilt.[674]

Eine Befristung der Ermächtigung wird als möglich erachtet, nicht jedoch als zwingend.[675] Jedenfalls ist klar, dass die Ermächtigung widerruflich sein muss,[676] da sie sonst einer dauerhaften Kompetenzverschiebung gleichkäme.

Der Vergleich mit Art. 71 GG zeigt parallele Diskussionen und Lösungen zu möglichen Vorgaben für Art. 2 I AEUV auf. Bei Rückermächtigungen ist demnach wichtig, in welchem Sachbereich diese stattfinden und welche Reichweite die Ermächtigung auf diesem Gebiet erreicht. Dazu kommt, dass die Rückermächtigung in zeitlicher Hinsicht widerruflich sein muss; ob eine noch strengere

---

Art. 71 GG, Rn. 11; a. A. *Degenhart* in: Sachs (Hrsg.), Grundgesetz, Art. 71 GG, Rn. 10/11 m.w.N.

670 Vgl. *Grziwotz* AöR 1991, 588 (598).

671 *Degenhart* in: Sachs (Hrsg.), Grundgesetz, Art. 71 GG, Rn. 10/11; *Heintzen* in: Von Mangoldt/Klein/Starck (Hrsg.), Grundgesetz, Art. 71 GG, Rn. 44.

672 *Uhle* in: Dürig/Herzog/Scholz (Hrsg.), Grundgesetz, Art. 71 GG, Rn. 49 f.; mit Hinweis auf BVerwG, Urteil vom 29.04.1993 – 7 A 3/92, NVwZ 1993, 891 (892), welches dies ausdrücklich offenließ.

673 *Heintzen* in: Von Mangoldt/Klein/Starck (Hrsg.), Grundgesetz, Art. 71 GG, Rn. 39.

674 *Heintzen* in: Von Mangoldt/Klein/Starck (Hrsg.), Grundgesetz, Art. 71 GG, Rn. 39; Kunig in: Von Münch/Kunig. (Hrsg.), Grundgesetz, Art. 71 GG, Rn. 10.

675 Vgl. *Uhle* in: Dürig/Herzog/Scholz (Hrsg.), Grundgesetz, Art. 71 GG, Rn. 56.

676 *Heintzen* in: Von Mangoldt/Klein/Starck (Hrsg.), Grundgesetz, Art. 71 GG, Rn. 45; *Kunig* Jura 1996, 254 (256); *ders.* In: Von Münch/Kunig (Hrsg.), Grundgesetz, Art. 71 GG, Rn. 14.

obligatorische Befristungspflicht notwendig ist, lässt sich nicht feststellen. Daneben wäre noch die Zulässigkeit einer normierten Handlungspflicht für Mitgliedstaaten fraglich. Da diese im Unionsrecht jedoch durch andere Instrumente als eine Rückermächtigung durchsetzbar ist, wird dieses Problem in der Regel nicht auftreten.[677] Zweckmäßigkeitserwägungen bezüglich der Rückermächtigung sind im EU-Recht stärker zu beachten als im Grundgesetz, da die Kompetenzverteilung gleichzeitig auch Integrationsauftrag ist.

b) Materielle Vorgaben an eine Rückermächtigung

Im Folgenden werden die einzelnen materiellen Vorgaben an eine Rückermächtigung gem. Art. 2 I 2. Hs. AEUV untersucht.

aa) Zeitliche Vorgabe

Aus dem Verbot einer Aushöhlung der Unionskompetenz kann eine zeitliche Beschränkung der Rückermächtigung hergeleitet werden. Eine Widerruflichkeit muss zu jeder Zeit möglich sein. Darüber hinaus ist die Befristung als Erfordernis weiter zu untersuchen. Eine fehlende zeitliche Begrenzung könnte als permanente Verschiebung der Kompetenzverteilung angesehen werden.[678] Wenn nur kleinere Teilaspekte eines Politikbereichs der ausschließlichen Zuständigkeit betroffen sind, kann selbst bei einer „dauerhaften Ermächtigung" nicht von einer dauerhaften Kompetenzverschiebung gesprochen werden. Nicht zu bestreiten ist, dass in einigen Fällen eine zeitliche Beschränkung zweckmäßig sein kann.[679] Streng genommen kann aber keine „dauerhafte" Ermächtigung angenommen werden, solange die Ermächtigung wieder vom Unionsgesetzgeber beseitigt werden kann. Eine echte dauerhafte Ermächtigung läge erst bei einer unabänderlichen Ermächtigung vor, die ausschließlich den Mitgliedstaaten

---

677 Anders als dem Primärrecht ist dem Grundgesetz eine „interföderale Verpflichtung" zur Rechtsetzung fremd, vgl. *Uhle* in: Dürig/Herzog/Scholz (Hrsg.), Grundgesetz, Art. 71 GG, Rn. 51.

678 So *Nettesheim* in: Grabitz/Hilf/Nettesheim. (Hrsg.), Das Recht der Europäischen Union, Art. 2 AEUV, 19; *Obwexer* in: Von der Groeben/Schwarze/Hatje (Hrsg.), Europäisches Unionsrecht, Art. 2 AEUV, Rn. 19; *Streinz* in: Streinz (Hrsg.), EUV/AEUV, Art. 2 AEUV, Rn. 7; ablehnend gegenüber einer zeitlichen Vorgabe, Eilmansberger/Jaeger in: Mayer/Stöger (Hrsg.), EUV/AEUV, Art. 2 AEUV, Rn. 23; *Häde* in: Pechstein/Nowak/Häde (Hrsg.), Frankfurter Kommentar EUV/GRC/AEUV, Art. 2 AEUV, Rn. 31.

679 Vgl. *Calliess* in: Calliess/Ruffert (Hrsg.), EUV/AEUV, Art. 2 AEUV, Rn. 10.

als Vertragsparteien des Primärrechts vorbehalten ist. Regeln zur dauerhaften Kompetenzänderung stellt die Vertragsänderungsnorm des Art. 48 EUV auf.

Eine zeitliche Begrenzung kannte beispielsweise die Rückermächtigung des Art. 8 VO (EWG) Nr. 2603/69[680] des Rates vom 20. Dezember 1969 zur Festlegung einer gemeinsamen Ausfuhrregelung. Nach Art. 8 IV VO (EWG) Nr. 2603/69 war die Ermächtigungsvorschrift nur bis zum 31.12.1972 anwendbar. Die Erlaubnis der Ausnahme für Ordnung und Sicherheit stand hingegen unter keiner zeitlichen Frist. In der Nachfolgeverordnung[681] enthielt Art. 9 VO (EG) Nr. 1061/2009 eine zeitliche Begrenzung bis zum Erlass geeigneter Maßnahmen durch den Rat. Diese Regelung ist in der aktuellen Fassung[682] als Art. 8 VO (EU) 2015/479 vergleichbar formuliert.

Formal unbegrenzt ist die VO (EU) Nr. 1219/2012 zur Übergangsregelung für bilaterale Investitionsschutzabkommen.[683] Lediglich der Name der Verordnung weist auf einen zeitlich beschränkten Charakter hin; außer einer Überprüfung im Jahr 2020 gem. Art. 15 VO (EU) Nr. 1219/2012 fehlt es jedoch an einem Anknüpfungspunkt für den Übergangscharakter. Mit Zunahme von EU-Völkerrechtsverträgen wird jedoch der Spielraum für mitgliedstaatliche Verträge mit der Zeit faktisch kleiner werden und womöglich nahezu verschwinden. Eine solche zeitliche Begrenzung, bei der die Ermächtigung wirken soll, bis die EU selbstständige Verträge ausgehandelt hat, findet sich auch in Erwägungsgrund Nr. 7 der VO (EG) Nr. 847/2004.[684] Die zeitliche Beschränkung dieser Verordnungen ergibt sich demnach aus der Natur der Sache.

Aus der Rechtspraxis des Unionsgesetzgebers wird erkennbar, dass eine generelle zeitlich-absolute Befristung nicht als zwingend erachtet wird.

---

680 Vgl. Verordnung (EWG) 2603/69 des Rates vom 20. Dezember 1969, ABl. L 324 vom 27.12.1969, S. 25 ff., insbesondere Erwägungsgrund Nr. 8 „… den Mitgliedstaaten die Möglichkeit zu eröffnen, unter gewissen Bedingungen vorläufige Schutzmaßnahmen zu ergreifen".

681 Verordnung (EG) Nr. 1061/2009 des Rates vom 19. Oktober 2009 zur Festlegung einer gemeinsamen Ausfuhrregelung, ABl. L 291 vom 07.11.2009, S. 1 ff.

682 Verordnung (EU) 2015/479 des Europäischen Parlaments und des Rates vom 11. März 2015 über eine gemeinsame Ausfuhrregelung, ABl. L 83 vom 27.03.2015, S. 34 ff.

683 VO (EU) 1219/2012 des Europäischen Parlaments und des Rates vom 12. Dezember 2012, ABl. L 351 vom 20.12.2012, S. 40 ff., in Erwägungsgrund Nr. 12 wird ausdrücklich von Ermächtigung gesprochen.

684 VO (EG) 847/2004 vom 29. April 2004 über die Aushandlung und Durchführung von Luftverkehrsabkommen zwischen den Mitgliedstaaten und Drittstaaten, ABl. L 157 vom 30.04.2004, S. 7 ff. Die Rückermächtigungsklausel ist Art. 1 der VO.

Beanstandungen durch den EuGH gab es hierzu bisher nicht. Vielfach reicht ein Verweis auf die Geltungsdauer bis zu einer ersetzenden Unionsrechtsdichte durch „geeignete Maßnahmen“ oder eigenständige Unionsvölkerrechtsverträge. Die Erlaubnis der Mitgliedstaaten, Ausnahmen für Ordnung oder Sicherheit vorzunehmen, unterliegt hingegen keinen besonderen Fristen. Dies ist auch damit zu erklären, dass es nach Art. 4 II EUV Pflicht des Unionsgesetzgebers ist, diese Bedürfnisse der Mitgliedstaaten zu achten. Letzteres gelingt dem Unionsgesetzgeber am effektivsten mit einer flexiblen Spielraumregelung für die Mitgliedstaaten, diese Rechtsgüter zu schützen und lediglich punktuell mit Rahmenvorgaben dem Unionsinteresse anzupassen. Da die genannten Interessen der Mitgliedstaaten auch primärrechtlich außerhalb ausschließlicher Zuständigkeiten anerkannt sind, bedürfen solche Ermächtigungen auch nicht zwingend strenger zeitlicher Begrenzungen. Partielle Handlungsermächtigungen sollten hierzu von Schutzklauseln unterschieden werden.[685] Für Letztere gibt es keinen sachlichen Grund zur Befristung. Folglich ist es kein Problem, dass der Rahmen, der durch die FDI-RahmenVO vorgegeben wird, ohne zeitliche Befristung erfolgte.

bb) Inhaltliche Begrenzung

In Betracht kommt eine thematische Begrenzung der Rückermächtigung, sodass einzelne Rechtsbereiche nicht delegierbar sind, sog. „ermächtigungsfeindliche Sachbereiche“. Konkret geht es um die fünf in Art. 3 AEUV genannten Regelungsmaterien. Eine besonders hohe Hürde zur Rückermächtigung kann beispielsweise für die Währungspolitik angenommen werden.[686] Für die gemeinsame Handelspolitik hingegen besteht keine generelle Beschränkung des Spielraums zur Rückermächtigung.[687] Das Bedürfnis zur Rückermächtigung wurde in diesem Rechtsbereich besonders hoch beurteilt. Insbesondere eine Rückermächtigung für Investitionsschutzverträge muss als hochgradig notwendig angesehen werden. Von der Annahme genereller Ausnahmebereiche ist zu unterscheiden, welchen Umfang solche Rückermächtigungen haben dürfen. Eine Rückermächtigung, mit der die Mitgliedstaaten für die gesamte gemeinsame Handelspolitik

---

685 Vgl. *Frenz* HdB. Europarecht Bd. 6, Rn. 2212.

686 Vgl. *Herrmann* EuZW 2010, 413 (417), gegen die Rückermächtigung aus jedenfalls Art. 2 AEUV zur Einführung einer nationalen Währung; dafür aber *Seidel* ZEI Working Paper B 01 2010, S. 26; *Meyer* Europäische Union und Währungsunion in der Dauerkrise, S. 345.

687 Vgl. die bereits genannte EuGH-Judikatur, u. a. EuGH, Urteil vom 15.12.1976, C-41/76 – Donckerwolcke, ECLI:EU:C:1976:182, Rn. 31/37.

ermächtigt werden, wäre beispielsweise nicht möglich. Ein generelles Rückermächtigungsverbot für Investitionskontrollen ist somit ebenfalls nicht anzunehmen. Diese sind nicht zwingend durch den Unionsgesetzgeber selbst zu regeln. Insbesondere dort, wo es sich um die Bewertung nationaler Sicherheitsbedürfnisse handelt, kann eine Rückermächtigung zur Selbstausgestaltung sinnvoll sein. Durch die Grundfreiheiten werden den Mitgliedstaaten ohnehin Grenzen hinsichtlich protektionistischer Investitionskontrollen gesetzt.[688]

Des Weiteren beschränkt sich die Rückermächtigung auf die Rechtfertigungsgründe des Art. 65 AEUV,[689] welche von der Union auch gem. Art. 4 II EUV zu beachten sind. Im Rückermächtigungsakt müssen Grenzen aufgezeigt sein, um die gemeinsame Handelspolitik nicht zu gefährden. Eine Ausnahmemöglichkeit für die öffentliche Ordnung oder Sicherheit im Rahmen der gemeinsamen Handelspolitik hielt der EuGH auch in seinem Singapur-Gutachten für kein Problem.[690] Ermächtigungen zur Einführung von Investitionskontrollen zum Schutz der öffentlichen Ordnung oder Sicherheit unterliegen keiner inhaltlichen Beschränkungen und stellen nur einen Teilbereich der hinzugewonnenen Kompetenz der Union in Art. 207 AEUV dar. Demzufolge besteht keine materielle Begrenzung für Rückermächtigungen zur Investitionskontrolle bei Gefahren für die öffentliche Ordnung oder Sicherheit. Die Regelungsmaterie der FDI-RahmenVO ist an die Mitgliedstaaten delegierbar.

cc) Formvorschriften

Schließlich ist noch an formale Vorgaben zur Ausgestaltung der Rückermächtigungen zu denken, insbesondere an die klare Kenntlichmachung als Rückermächtigung sowie eine Begründungspflicht. In Betracht kommt eine Begründungspflicht aus Art. 296 II AEUV. Diese gilt auch für Legislativakte, sie unterliegen jedoch geringeren Anforderungen als Einzelakte.[691] Bei „generellen Rechtsakten kann sich die Begründung darauf beschränken,

---

688 Vgl. Kapitel E. II. 4.

689 *Cremona* in: Bourgeois (Hrsg.), EU Framework for Foreign Direct Investment Control, § 2.05, S. 52.

690 EuGH, Gutachten 2/15 vom 16.05.2017, ECLI:EU:C:2017:376, Rn. 101. Dies im Zusammenhang mit der FDI-RahmenVO besprechend, *Cremona* in: Bourgeois (Hrsg.), EU Framework for Foreign Direct Investment Control, § 2.04 [C], S. 42 f.

691 EuGH, Urteil vom 09.09.2004, C-304/01 – Spanien/Kommission, ECLI:EU:C:2004:495, Rn. 51; EuGH, Urteil vom 09.09.2003, C-361/01 P – Kik/Ohim, ECLI:EU:C:2003:434, Rn. 102; EuGH, Urteil vom 07.11.2000, C-168/98 – Luxemburg/Parlament und Rat, ECLI:EU:C:2000:598, Rn. 62.

die Gesamtlage anzugeben, die zum Erlass der Maßnahme geführt hat, und die allgemeinen Ziele zu bezeichnen, die mit ihr erreicht werden sollen".[692] Dabei ist nicht nur der Wortlaut einzubeziehen, sondern auch der Kontext und die Vorschriften, die das Rechtsgebiet regeln.[693] Die Angabe der den Rechtsakt veranlassenden Situation und die Ziele sollen ausreichen.[694] Hieran anknüpfend folgt aus dem Grundsatz der Rechtssicherheit, dass von der Begründungspflicht auch die Nennung der Rechtsgrundlage umfasst werden muss.[695] Dies ist damit zu rechtfertigen, dass gemäß dem Prinzip der begrenzten Einzelermächtigung die Rechtsgrundlage unionsverfassungsrechtliche Bedeutung hat.[696] Die Angabe des Art. 207 AEUV scheint daher notweniger Bestandteil zu sein. Unklar hingegen ist, ob daneben auch auf Art. 2 AEUV verwiesen werden muss. Erforderlich kann die Benennung der Rückermächtigungsnorm (Art. 2 I AEUV) aber erst mit dem Vertrag von Lissabon geworden, da zuvor keine Kodifizierung dieser Möglichkeit existierte.

In der VO (EU) 1219/2012 wird die Rückermächtigung gem. Art. 2 AEUV ausdrücklich benannt. In Erwägungsgrund Nr. 3 und Art. 1 VO (EU) 1219/2012 wird festgehalten, dass die grundsätzliche Zuständigkeitsverteilung unberührt bleibt. Auch die VO (EU) 2015/479 nennt die ausdrückliche Ermächtigung in ihrem Art. 8 und bestätigt diese in Erwägungsgrund Nr. 9; anders wird bei dieser aber nicht auf Art. 2 I 2. Hs. AEUV eingegangen. In Art. 24 VO (EU) 2015/478 wird eine ausdrückliche Benennung der Rückermächtigung hingegen nicht vorgenommen; Art. 2 AEUV wird entsprechend auch nicht genannt.[697]

Unterschied zwischen den Ermächtigungsnormen ist, dass die Einfuhrverordnung lediglich eine Möglichkeit für die Mitgliedstaaten vorsieht,

---

692 EuGH, Urteil vom 09.09.2004, C-304/01 – Spanien/Kommission, ECLI:EU:C:2004:495, Rn. 51.

693 EuGH, Urteil vom 19.12.2013, C-63/12 – Kommission/Rat, ECLI:EU:C:2013:752, Rn. 98 f.; EuGH, Urteil vom 29.02.1996, C-56/93 – Belgien/Kommission, ECLI:EU:C:1996:64, Rn. 86.

694 *Pechstein* EU-/EG-Prozessrecht, Rn. 554.

695 EuGH, Urteil vom 16.06.1993, C-325/91 – Frankreich/Kommission, ECLI:EU:C:1993:245, Rn. 26; EuGH, Urteil vom 01.10.2009, C-370/07 – Kommission/Rat, ECLI:EU:C:2009:590, Rn. 44 f.

696 EuGH, Urteil vom 01.10.2009, C-370/07 – Kommission/Rat, ECLI:EU:C:2009:590, Rn. 46.

697 Vgl. *Herrmann* ZEuS 2019, 429 (437), der VO (EU) 1219/2012 im Gegensatz hierzu als „explizite Ermächtigung" bezeichnet.

Art. 36 AEUV anzuwenden. Eine „Ermöglichung“ ist vergleichbar mit der Regelungstechnik der FDI-RahmenVO, bei der zur Ausnahme im Sinne des Art. 65 AEUV ermächtigt wird.[698] Geht man davon aus, dass der Unionsgesetzgeber bisher den Spielraum zur Ausgestaltung von Rückermächtigungen gesetzeskonform genutzt hat, so ist VO (EU) 2015/478 als Maßstab für die Ausgestaltung der Direktinvestitionsverordnung heranzuziehen.

Hieraus ist zu schließen, dass eine Rückermächtigung dann, wenn sie lediglich der Achtung der Funktionen der Mitgliedstaaten gem. Art. 4 II EUV dient und deshalb den Mitgliedstaaten die Rechtfertigungsmöglichkeiten aus den Grundfreiheiten erlaubt, keine gesonderte Nennung des Art. 2 I 2. Hs. AEUV benötigt. Das Fehlen führt nicht zu einem Begründungsfehler im Rahmen des Art. 296 II AEUV. Freilich anders ist die Begründungspflicht bei einer Rückermächtigung dann zu bewerten, wenn sie außerhalb dieser grundlegenden Funktionen den Mitgliedstaaten Rechte gibt, die in die alleinige Zuständigkeit der Union fallen. Dann bedarf es mindestens einer Bezeichnung als Ermächtigung sowie der Klarstellung, dass keine Veränderung der Zuständigkeitserteilung beabsichtigt ist; besser wäre jedoch die konkrete Nennung des Art. 2 I AEUV.

Problematisch ist im Hinblick auf die Ermächtigung durch die FDI-RahmenVO, dass sie nicht nur den Begriff „Ermächtigung“ missen lässt, sondern stattdessen in Erwägungsgrund Nr. 7 FDI-RahmenVO missverständlich von „Rechtssicherheit“ spricht. Eine solche Kategorie existiert jedoch als eigene nicht.[699] Die Rückermächtigung der VO (EU) Nr. 1219/2012 zum Abschluss bilateraler Investitionsabkommen sah ebenfalls die Zielsetzung von Rechtssicherheit vor, obwohl in dieser die ausschließliche Zuständigkeit ausdrücklich bestätigt wurde.[700]

Aus der Formulierung ist demnach nicht ersichtlich, ob die FDI-RahmenVO eine Kompetenzverschiebung vornimmt oder eine bereits bestehende nur bestätigt bzw. ergänzt. In Art. 1 II FDI-RahmenVO wird das Recht der Mitgliedstaaten aus Art. 4 II EUV hervorgehoben, ein Kompetenzvorbehalt kann jedoch nicht aus ihm abgeleitet werden. Mangels

698 Vgl. Erwägungsgrund Nr. 4 FDI-RahmenVO.

699 Vgl. bereits oben *Brauneck* EuZW 2018, 188 (193).

700 *Kommission* Vorschlag für eine Verordnung des Europäischen Parlaments und des Rates zur Einführung einer Übergangsregelung für bilaterale Investitionsabkommen zwischen Mitgliedstaaten und Drittländern, COM(2010) 344 final, vom 07.07.2010, Begründung, S. 3.

kompetenzieller Übergangswirkung des Art. 65 AEUV beschränkt sich die Erlaubnis zur Investitionskontrolle in Art. 3 FDI-RahmenVO nicht auf eine deklaratorische Wirkung, sondern ermächtigt die Mitgliedstaaten im Sinne des Art. 2 I AEUV.[701] Passend hierzu erklärte der Verordnungsentwurf, dass eine Subsidiaritätsprüfung aufgrund der ausschließlichen Zuständigkeit gänzlich entfalle.[702] Erwägungsgrund Nr. 4 FDI-RahmenVO spricht nur vorsichtig von einem Recht „wie es in Art. 65 I b) AEUV vorgesehen ist". Folglich ist die FDI-RahmenVO zwar an einigen Stellen zu vorsichtig, unklar und fast widersprüchlich in der Formulierung,[703] erreicht aber kein Ausmaß, das zur Rechtswidrigkeit mangels Begründetheit führt. Die Einhaltung der Begründungspflicht bezüglich Kompetenz und Rückermächtigung wird in der Literatur aber zu wenig diskutiert.[704] Die Rechtsprechung ist jedoch nicht ausreichend klar, um hieraus einen greifbaren Maßstab zu entwickeln, der eine klare Einschätzung ermöglicht. Der Unionsgesetzgeber scheint selbst nicht vollends sicher zu sein, wie die schwierige Rechtslage und vermeintlich unionswidrige Praxis in den Mitgliedstaaten zu beurteilen ist. Sollte die Kommission planen ihre Prüfungskompetenzen bei Investitionskontrollen auszubauen, könnte der Kompetenzkonflikt erneut zu Diskussionen führen.

V. Ergebnis

Der unionswidrige Zustand der nationalen Investitionskontrollen wurde durch das Inkrafttreten der FDI-RahmenVO beseitigt. Diese delegiert in zulässiger Weise eine Teilmaterie der gemeinsamen Handelspolitik zurück an die Mitgliedstaaten. Dies geschieht zwar ohne zeitliche Befristung, ist aber bei Ausnahmeermächtigungen für die öffentliche Ordnung oder Sicherheit im Lichte des Art. 4 II EUV nicht rechtswidrig.[705] Der Begründungspflicht ist zwar entsprochen, eine eindeutigere Formulierung wäre allerdings wünschenswert gewesen. Sollte es in Zukunft zu einer Überarbeitung FDI-RahmenVO oder einer gänzlich neuen Verordnung kommen, sollte hierzu

---

701 A. A. *Hollwitz* Ein wohlgeordnetes Agrarstrukturverbesserungsgesetz im föderalen Deutschland, S. 129 f.

702 *Kommission* COM(2017) 487 final, vom 13.09.2017, S. 9.

703 Vgl. *Günther* in: Tietje/Kraft/Kumpan (Hrsg.), Beiträge zum Transnationalen Wirtschaftsrecht, 2018 (157), S. 13.

704 Vgl. *Klamert/Bucher* EuZW 2021, 335 (337), „die Wahrscheinlichkeit, dass die FDI-VO aus diesem Grund für nichtig erklärt werden würde, scheint jedoch sehr gering".

705 A. A. *Verellen* Legal Issues of Economic Integration 2021, 19 (24), "legally problematic".

Klarheit geschaffen werden. Der vermeintliche Grund für die Unklarheit, nämlich die Vermeidung einer allzu deutlichen Feststellung der bis dahin unionswidrigen Rechtslage, entfiele dann. Die FDI-RahmenVO kann demnach als Rückermächtigung i. S. d. Art. 2 I 2. Hs. AEUV eingeordnet werden.[706] Sie beseitigt die bis dahin europarechtswidrige Situation kompetenzwidriger nationaler Investitionskontrollen, indem sie diesen ex-nunc Rechtskonformität verleiht.

706 *Schill* in: Bourgeois (Hrsg.), EU Framework for Foreign Direct Investment Control, § 2.04, S. 74.

E. Die Rechtmäßigkeit der FDI-RahmenVO

Die FDI-RahmenVO ist nicht nur an den spezifischen Anforderungen des Art. 2 I 2. Hs. AEUV, sondern aufgrund der Normenhierarchie an allen formellen und materiellen primärrechtlichen Anforderungen an Rechtsakte der Union zu messen. Hierzu sind insbesondere die Grenzen der EU-Grundrechte und der Grundfreiheiten zu untersuchen.

I. Formelle Anforderungen an EU-Rechtsakte

Als formelle Anforderungen kommen allgemeine Verfahrensvoraussetzungen in Betracht. So ist beispielsweise das richtige Gesetzgebungsverfahren zu beachten. Da die FDI-RahmenVO auf die Rechtsgrundlage des Art. 207 II AEUV gestützt ist,[707] wurde diese im ordentlichen Gesetzgebungsverfahren erlassen. Fehler hierbei sind nicht ersichtlich. Würde man aber davon ausgehen, dass eine (weitere) richtige Rechtsgrundlage für eine solche Verordnung Art. 64 III AEUV wäre,[708] hätte die Verordnung im dort vorgesehenen besonderen Gesetzgebungsverfahren erlassen werden müssen. Es läge dann ein fehlerhaftes Verfahren vor. Bei Heranziehung des Art. 64 II AEUV[709] wäre diesbezüglich freilich kein Vorwurf zu machen. In diesem Fall wäre aber die falsche Kompetenzgrundlage gewählt worden und somit der bereits in anderem Zusammenhang[710] diskutierten Begründungspflicht des Art. 296 II AEUV nicht entsprochen. Eine fehlerhafte Begründungspflicht stellt die Verletzung einer wesentlichen Formvorschrift i. S. d. Art. 263 II AEUV dar.[711]

---

707 Vgl. Kapitel C. III. 4.

708 *Cremona* in: Bourgeois (Hrsg.), EU Framework for Foreign Direct Investment Control, § 203, S. 38.

709 *Bismuth* in: Bourgeois (Hrsg.), EU Framework for Foreign Direct Investment Control, § 7.03, S. 108.

710 Vgl. Kapitel D. IV. 2. b) cc).

711 Ausführlich *Calliess* in: Calliess/Ruffert (Hrsg.), EUV/AEUV, Art. 296 AEUV, Rn. 35 f.

II. Einklang mit den Grundfreiheiten

Die Grundfreiheiten sind zusammen mit den EU-Grundrechten die wichtigsten Individualrechte im Rang von Primärrecht. Die Grundfreiheiten und EU-Grundrechte begründen keine Kompetenzausnahme von der ausschließlichen Zuständigkeit für Mitgliedstaaten. Art. 65 AEUV ist für die Mitgliedstaaten Rechtfertigungsgrund zur Beschränkung der Kapitalverkehrsfreiheit. Ob die Mitgliedstaaten jedoch überhaupt handeln dürfen, entscheidet die Kompetenzordnung. Die Grundfreiheiten setzen inhaltliche Grenzen zur Ausgestaltung der kompetenziellen Wahrnehmung.[712]

1. Der Unionsgesetzgeber als Adressat der Grundfreiheiten

Die FDI-RahmenVO ist ein durch den Unionsgesetzgeber gesetztes Sekundärrecht. Nur wenn der Unionsgesetzgeber sich an den Grundfreiheiten messen lassen muss, muss auch die Verordnung dem Maßstab der Grundfreiheiten entsprechen. Dies bedarf besonderer Erläuterung, da die Grundfreiheiten sich in erster Linie an die Mitgliedstaaten richten.[713] Hieraus folgt jedoch nicht, dass der Unionsgesetzgeber selbst nicht die Grundfreiheiten beachten müsste.[714] Der EuGH hat im Bereich der Warenverkehrsfreiheit bereits in mehreren Urteilen festgestellt, dass die Grundfreiheiten auch den Sekundärrechtgesetzgeber in seinem Handeln beschränken können.[715] Der EuGH übertrug die Rechtsprechung bereits auf die Niederlassungsfreiheit.[716] Dieses Vorgehen wird weitgehend einhellig geteilt und ebenso bei den weiteren Grundfreiheiten angenommen.[717]

712 Vgl. Kapitel E. 4. b) bb) (3) und Kapitel E. 4. c) bb).

713 *Caspar* EuZW 2000, 237 (240).

714 Vgl. zuletzt EuGH, Urteil vom 08.12.2020, C-626/18 – Polen/Parlament und Rat, ECLI:EU:C:2020:1000, Rn. 87; EuGH, Urteil vom 26.10.2010, C-97/09 – Schmelz, ECLI:EU:C:2010:632, Rn. 50.

715 EuGH, Urteil vom 25.06.1997, C-114/96 – Kieffer und Thiel, ECLI:EU:C:1997:316, Rn. 27; EuGH, Urteil vom 17.05.1984, C-15/83 – Denkavit Nederland, ECLI:EU:C:1984:183, Rn. 15; EuGH, Urteil vom 09.08.1994, C-51/93 – Meyhui, ECLI:EU:C:1994:312, Rn. 11.

716 EuGH, Urteil vom 18.09.2003, C-168/01 – Bosal, ECLI:EU:C:2003:479, Rn. 26; EuGH, Urteil vom 07.11.2000, C-168/98 – Luxemburg/Parlament und Rat, ECLI:EU:C:2000:598, Rn. 23.

717 Vgl. *Forsthoff/Eisendle* in: Grabitz/Hilf/Nettesheim (Hrsg.), Das Recht der Europäischen Union, Art. 45 AEUV, Rn. 131; a. A. *Zazoff* Der Unionsgesetzgeber als Adressat der Grundfreiheiten, S. 192.

Zuletzt gewann die Thematik in Folge der Rechtssache C-620/18 (Ungarn/Parlament und Rat) besondere Aufmerksamkeit, in der der EuGH keinen Verstoß des Unionsgesetzgebers gegen die Dienstleistungsfreiheit feststellte, er aber die Bindung an die Grundfreiheiten bestätigte und eine ausführliche Prüfung des Unionsakts an Art. 56 AEUV vornahm.[718] Für die Bindung an die Kapitalverkehrsfreiheit spricht außerdem ein historisches Argument, denn die ausdrückliche Beschränkung auf die Mitgliedstaaten im Wortlaut des Art. 67 EWG wurde in den Nachfolgenormen entfernt.[719] Ein Verweis darauf, dass EU-Grundrechte für den Unionsgesetzgeber und die Grundfreiheiten als transnationale Integrationsnormen, die Mitgliedstaaten binden,[720] hat nicht zwangsläufig zur Folge, dass der Unionsgesetzgeber Diskriminierungen bzw. ungerechtfertigte Beschränkungen der Grundfreiheiten bzw. des Binnenmarkts vornehmen darf.[721] Dass der Unionsgesetzgeber in der Regel keine Zugangshindernisse zwischen den Märkten aufbauen wird, ist zwar grundsätzlich zutreffend; wenn er jedoch in einigen Fällen genau dies tut, muss er sein Handeln auch an den Grundfreiheiten messen lassen.[722] Der Unionsgesetzgeber hat nicht nur die Grundfreiheiten im Blick, sondern auch den Schutz anderer anerkannter Interessen.[723] Originärer Zweck einer Investitionskontrolle ist es gerade, den Marktzugang nach aufgestellten Kriterien zu beschränken und der öffentlichen Ordnung oder Sicherheit Geltung gegenüber den Grundfreiheiten zu verleihen. Der Unionsgesetzgeber bestreitet seine Verpflichtung gegenüber den Grundfreiheiten nicht und geht hierauf im Begründungsvorschlag zur FDI-RahmenVO näher ein.[724]

---

718 EuGH, Urteil vom 08.12.2020, C-620/18 – Ungarn/Parlament und Rat, ECLI:EU:C:2020:1001, Rn. 104 ff.

719 *Ress/Ukrow* in: Grabitz/Hilf/Nettesheim (Hrsg.), Das Recht der Europäischen Union, Art. 63 AEUV, Rn. 140. Vgl. daneben für ein systematisches Argument, *Wojcik* in: Von der Groeben/Schwarze/Hatje (Hrsg.), Europäisches Unionsrecht, Art. 63 AEUV, Rn. 12.

720 *Kingreen* in: Calliess/Ruffert (Hrsg.), EUV/AEUV, Art. 36 AEUV, Rn. 18.

721 *Kahl/Schwind* EuR 2014, 170 (171 f.).

722 Vgl. *Dietz/Streinz* EuR 2015, 50 (69), „Marktzugangskriterium" als Maßstab der Grundfreiheiten bei der Überprüfung von Sekundärrecht. *Rosenfeldt/Würdemann* EuR 2016, 453 (470).

723 EuGH, Urteil vom 08.12.2020, C-626/18 – Polen/Parlament und Rat, ECLI:EU:C:2020:1000, Rn. 88.

724 Vgl. *Kommission* COM(2017) 487 final, vom 13.09.2017, S. 5. Vgl. auch *Brauneck* EuZW 2018, 188 (193).

Der Unionsgesetzgeber ist an die Grundfreiheiten gebunden und Sekundärrecht darf nicht gegen Primärrecht verstoßen.[725] Dies gilt für Verordnungen und Richtlinien gleichermaßen; insbesondere für Richtlinien ist dies einleuchtend, da die Mitgliedstaaten gem. Art. 288 III AEUV Richtlinien umsetzen müssen und somit gezwungen wären, gegen Grundfreiheiten verstoßende Rechtsakte zu erlassen.[726] Der Kontrollmaßstab des harmonisierenden Sekundärrechts ersetzt den Maßstab zur Rechtfertigung eines Eingriffs in die Grundfreiheiten,[727] sodass es wichtig erscheint, dass der Rechtsakt grundsätzlich mit dem durch die Grundfreiheiten geschützten Binnenmarkt in Einklang steht. Der Gedanke ist auf Verordnungen, die „Umsetzungs"-Pflichten auferlegen, übertragbar. Dies bedeutet aber nicht, dass der Maßstab für Mitgliedstaaten und Unionsorgane derselbe ist,[728] was im weiteren Verlauf noch dargestellt wird.[729] Dem Unionsgesetzgeber ist es erlaubt, die Grundfreiheiten zu konkretisieren, was sich im Umkehrschluss auf den Prüfmaßstab auswirkt. Ein Konkretisierungsspielraum entbindet den Unionsgesetzgeber aber nicht von der Verpflichtung, sich selbst an diese zu halten.

2. Ermittlung der einschlägigen Grundfreiheit

Schwieriger als die Frage, ob sich die FDI-RahmenVO an den Grundfreiheiten messen lassen muss, ist im Kontext der (Drittstaats-)Investitionskontrollen die Frage zu beantworten, an welcher oder welchen konkreten Grundfreiheiten sie zu beurteilen ist. Die Investitionskontrollen betreffen zwei Grundfreiheiten: Kapitalverkehrsfreiheit und Niederlassungsfreiheit.[730]

---

725 Ein Verstoß wurde in EuGH, Urteil vom 20.04.1978, C-80/77 u. C-81/77 –Commissionnaires Réunis/Receveur des Douanes, ECLI:EU:C:1978:87, Rn. 35/36, 38 festgestellt. Siehe hierzu Kapitel E. II. 4. b) bb) (c).

726 *Kainer* Unternehmensübernahmen im Binnenmarktrecht, S. 170; *Ludwigs* in: Dauses/Ludwigs (Hrsg.), Handbuch des EU-Wirtschaftsrechts, Kapitel E. I. Rn. 31.

727 EuGH, Urteil vom 16.09.2020, C-339/19 – Romenergo und Aris Capital, ECLI:EU:C:2020:709, Rn. 37; EuGH, Urteil vom 14.03.2013, C-216/11 – Kommission/Frankreich, ECLI:EU:C:2013:162, Rn. 27.

728 *Caspar* EuZW 2000, 237 (240 f.).

729 Vgl. Kapitel E. II. 4. c).

730 Vgl. u. a. *Germelmann* EuZW 2008, 596 (596 ff.); *Hindelang/Hagemeyer* EuZW 2017, 882 (885 f.); *Weller* ZIP 2008, 857 (862); *Wolff* Ausländische Staatsfonds, S. 154 ff.

a) Problem des personellen Schutzbereichs

Der Ermittlung der einschlägigen Grundfreiheit kommt in der Regel aufgrund der Konvergenz der Dogmatik von Kapitalverkehrs- und Niederlassungsfreiheit keine wesentliche Bedeutung zu.[731] In diesem Fall ist die Abgrenzung klärungsbedürftig, weil der personelle Anwendungsbereich der Niederlassungsfreiheit, der nur Unionsgesellschaften umfasst, der sachlichen Einbeziehung der Kapitalverkehrsfreiheit entgegenstehen könnte.[732] Die Kapitalverkehrsfreiheit hingegen gilt auch für Kapital aus Drittstaaten.[733]

Aus der Definition der ausländischen Direktinvestition in Art. 2 Nr. 1 FDI-RahmenVO selbst ergibt sich nicht, dass es sich um Drittstaatsunternehmen handeln muss. Der ausländische Investor wird jedoch in Art. 2 Nr. 2 FDI-RahmenVO als eine natürliche Person oder ein Unternehmen aus einem Drittstaat definiert. Dies entspricht auch der Definition der ausländischen Direktinvestition, wie sie im Primärrecht angenommen wird. Da es sich bei den Investoren um Drittstaatsunternehmen handelt, kann nur die Kapitalverkehrsfreiheit diesen Unternehmen ein subjektives Recht geben.[734] Lediglich für Umgehungstatbestände im Sinne des Art. 3 VI FDI-RahmenVO kann die Niederlassungsfreiheit Anwendung auf Investoren finden, wenn die Umgehung nicht derart rechtsmissbräuchlich gestaltet wird, dass der Grundfreiheitsschutz gänzlich versagt bleibt.[735]

Das Verhältnis von Niederlassungs- und Kapitalverkehrsfreiheit ist deshalb zu ermitteln, weil die Drittstaaten umfassende Kapitalverkehrsfreiheit nicht den rein unionalen Anwendungsbereich der Niederlassungsfreiheit faktisch als Auffanggrundfreiheit ausdehnen soll.[736] Der personelle Anwendungsbereich darf

731 Vgl. *Ress/Ukrow* in: Grabitz/Hilf/Nettesheim (Hrsg.), Das Recht der Europäischen Union, Art. 63 AEUV, Rn. 303.

732 Vgl. *Forsthoff/Eisendle* in: Grabitz/Hilf/Nettesheim (Hrsg.), Das Recht der Europäischen Union, Art. 49 AEUV, Rn. 13.

733 Statt vieler *Hindelang* The Free Movement of Capital and Direct Investment, S. 74 ff.

734 Vgl. *Wolff* Ausländische Staatsfonds, S. 154, 158 f.

735 Vgl. zur missbräuchlichen Gestaltung EuGH, Urteil vom 12.09.2006, C-196/04 – Cadbury Schweppes, ECLI:EU:C:2006:544, Rn. 53 ff.; EuGH, Urteil vom 09.03.1999, C-212/97 – Centros, ECLI:EU:C:1999:126, Rn. 24 ff. Ganz allgemein zum Rechtsmissbrauch als Grundsatz bei den Grundfreiheiten, EuGH, Urteil vom 26.02.2019, C-116/16 und C-117/16 – T Danmark, ECLI:EU:C:2019:135, Rn. 74. Nach a. A. soll sich die missbräuchliche Umgehung ohnehin nur auf der Rechtfertigungsebene auswirken, *Hindelang/Hagemeyer* EuZW 2017, 882 (886).

736 Vgl. *Forsthoff/Eisendle* in: Grabitz/Hilf/Nettesheim (Hrsg.), Das Recht der Europäischen Union, Art. 49 AEUV, Rn. 128.

deshalb nicht allein für die Ermittlung der einschlägigen Grundfreiheit Ausschlag gebend sein. Die Abgrenzung im sachlichen Schutzbereich der beiden Grundfreiheiten könnte maßgeblich über die Anwendbarkeit im personellen Schutzbereich entscheiden, hielte man die personell unterschiedlichen Anwendungsbereiche für lösungsnotwendig.

Diskussionen zum Verhältnis der beiden Anwendungsbereiche verlässt regelmäßig die rein-juristische Ermittlung und ist Konfliktfeld der verschiedenen politischen Sichtweisen auf den Freihandel geworden.[737] So streiten Befürworter protektionistischer Politik für eine restriktive Interpretation der Kapitalverkehrsfreiheit, während Freihandelsvertreter für einen von der Niederlassungsfreiheit unabhängigen Anwendungsbereich der Kapitalverkehrsfreiheit eintreten. Ein weiter Anwendungsbereich der Kapitalverkehrsfreiheit geht mit einer verminderten Einschränkungsmöglichkeit gegen Drittunternehmen durch die Mitgliedstaaten und die Union einher.[738]

b) Ausgangspunkt: Direktinvestition

Zur Bestimmung der für Investitionskontrollen einschlägigen Grundfreiheit soll zunächst auf den Schlüsselbegriff jeder Investitionskontrolle zurückgegangen werden – die ausländische Direktinvestition. Ausländische Direktinvestitionen können in Form eines Erwerbs eines Unternehmens(-anteils) im Zielland oder durch eine Neugründung, ein sog. Greenfield Investment, auftreten.[739]

Der Verordnungsvorschlag schließt beide Formen der Direktinvestition in den Anwendungsbereich ein; dies ist aus der Formulierung der Legaldefinition der ausländischen Direktinvestition „jeglicher Art" in Art. 2 Nr. 1 FDI-RahmenVO zu schließen.[740] Portfolioinvestitionen können von den Mitgliedstaaten grundsätzlich auch kontrolliert werden, sie liegen dabei nicht im Anwendungsbereich der FDI-RahmenVO. Der Begriff der ausländischen Direktinvestition geht in der RL 88/361/EWG („Kapitalverkehrsrichtlinie") besonders weit; die Richtlinie umfasst nicht nur Neugründungen und vollständige oder teilweise Unternehmensübernahmen, sondern auch Kredite zur Aufrechterhaltung dauerhafter Beziehungen sowie Reinvestitionen von Erträgen zur Aufrechterhaltung

---

737 Vgl. die vor allem politische Bewertung eines umfänglich freien Kapitalverkehrs bei *Hindelang* JZ 2009, 829 (830).

738 Vgl. *Hindelang* JZ 2009, 829 (830).

739 *Shenkar/Luo* International Business, S. 303.

740 So auch *Günther* in: Tietje/Kraft/Kumpan (Hrsg.), Beiträge zum Transnationalen Wirtschaftsrecht 2018 (157), S. 32.

dauerhafter Wirtschaftsbeziehungen.[741] Die FDI-RahmenVO selbst hält sich hierzu zurück; Erwägungsgrund Nr. 9 FDI-RahmenVO stellt in diesem Sinn klar, dass der Begriff sich nicht auf Unternehmensübernahmen beschränken muss, sodass wohl auch Kreditvergaben, die Einfluss auf das Unternehmen ermöglichen, gemeint sein können, wie sie bei der Kapitalverkehrsrichtlinie genannt sind. Anders verhält sich dies bei der nationalen Investitionskontrolle der §§ 55 ff. AWV; sie beziehen sich nur auf Unternehmensübernahmen und somit nicht auf Greenfield Investments.[742] Die deutsche Regelung umfasst daher nicht alle Formen ausländischer Direktinvestitionen, weil der klassische Niederlassungsakt in Form einer Neugründung nicht einbezogen ist. Dies muss bei der Übertragung der Diskussion in der Literatur bezüglich der deutschen Regelung auf die FDI-RahmenVO zumindest zur Kenntnis genommen werden, denn ein weiterer Anwendungsbereich auf Investitionsarten wirkt sich sowohl auf die Abgrenzung von Kapitalbewegungen und Niederlassungen aus als auch auf die Grenzen verhältnismäßiger Eingriffe. Bei der Diskussion zur einschlägigen Grundfreiheit bei Direktinvestitionskontrollen ist das zugrundeliegende Begriffsverständnis zu berücksichtigen. Der Anwendungsbereich der „Direktinvestitions"-Kontrollen ist demnach mangels einheitlichen Begriffsverständnisses nicht in allen Regelungssystemen bedeutungsgleich. Im Folgenden wird der ausländische Direktinvestitionsbegriff so verstanden, wie er in der FDI-RahmenVO in Anlehnung an den Begriff in der Kapitalverkehrsrichtlinie gebraucht wird. Damit ist nicht zwangsläufig eine Einordnung für nationale Investitionskontrollen verbunden.

c) Sachlicher Schutzbereich

Der sachliche Schutzbereich beider Grundfreiheiten wird untersucht und mögliche Überschneidungen sichtbar gemacht. Auf die Thematik, ob die Grundfreiheiten lediglich Diskriminierungs- oder auch Beschränkungsverbote enthalten, soll im Hinblick auf die Konvergenz der Grundfreiheiten[743] und der weitgehend geklärten

---

741 Vgl. Annex I, Kapitel I Nr. 3 der RL 88/361/EWG.

742 Vgl. auch Frage 2 FAQ zu Investitionsprüfungen nach der Außenwirtschaftsverordnung (AWV) des Bundesministeriums für Wirtschaft und Energie vom 13.05.2019, https://www.bmwk.de/Redaktion/EN/Downloads/F/faq-zur-aussenwirtschaftsrechtlichen-investitionspruefung.pdf?__blob=publicationFile&v=2.

743 Vgl. noch zur Diskussion der Niederlassungsfreiheit als Beschränkungsverbot *Blumenwitz* NJW 1989, 621 (622 f.).

Diskussion[744] zugunsten letzterer Ansicht verzichtet werden.

aa) Grammatikalische Auslegung

Ausgangspunkt der Bestimmung der sachlichen Anwendungsbereiche von Niederlassungs- und Kapitalverkehrsfreiheit sind die Begrifflichkeiten „Niederlassung" und „Kapital".

(1) Niederlassung

Der Begriff der Niederlassung wird in den Verträgen nicht näher definiert; er kann durch Abgrenzung zu den anderen Grundfreiheiten gut umgrenzt werden. Aus Art. 49 II AEUV sind Anhaltspunkte hinsichtlich des Inhalts der Freiheit abzuleiten; danach muss eine selbstständige Erwerbstätigkeit[745] aufgenommen und ausgeübt werden bzw. eine Gründung oder Leitung eines Unternehmens vorliegen. Der Begriff der Niederlassung beinhaltet eine ernsthafte, hinreichend nachhaltige Investition im Zielstaat mit einer hohen Eingliederungsdichte[746] im Sinne wirtschaftlicher und sozialer Durchdringung[747] im Zielstaat.[748] Hierzu muss in stabiler kontinuierlicher Weise am Wirtschaftsleben eines anderen Mitgliedstaats teilgenommen werden.[749] Da die Niederlassungsfreiheit eine freie Standortwahl zum Ziel hat, muss, um in ihren Schutzbereich zu gelangen, im

---

744 St. Rspr. bzgl. Niederlassungsfreiheit: EuGH, Urteil vom 31.03.1993, C-19/92 – Kraus, ECLI:EU:C:1993:125, Rn. 32; EuGH, Urteil vom 30.11.1995, C-55/94 – Gebhard, ECLI:EU:C:1995:411, Rn. 37; EuGH, Urteil vom 10.03.2009, C-169/07 – Hartlauer, ECLI:EU:C:2009:141, Rn. 33; EuGH, Urteil vom 25.10.2017, C-106/16 – Polbud – Wykonawstwo, ECLI:EU:C:2017:804, Rn. 46. St. Rspr. bzgl. Kapitalverkehrsfreiheit: EuGH, Urteil vom 22.10.2013, C-105/12 bis C-107/12 – Essent u. a., ECLI:EU:C:2013:677, Rn. 39; EuGH, Urteil vom 28.09.2006, C-282/03 u. C-283/04 – Kommission/Niederlande, ECLI:EU:C:2006:608, Rn. 18.

745 Als Abgrenzung zur Arbeitnehmerfreizügigkeit, bei der in einem anderen Mitgliedstaat eine weisungsgebundene Erwerbstätigkeit aufgenommen werden soll, vgl. *Forsthoff/Eisendle* in: Grabitz/Hilf/Nettesheim (Hrsg.), Das Recht der Europäischen Union, Art. 45 AEUV, Rn. 69.

746 Als Abgrenzung zur Dienstleistungsfreiheit bei der die selbstständige Erwerbstätigkeit ohne Eingliederung in den Zielstaat erbracht wird, also von außen, vgl. *Forsthoff/Eisendle* in: Grabitz/Hilf/Nettesheim (Hrsg.), Das Recht der Europäischen Union, Art. 45 AEUV, Rn. 69.

747 EuGH, Urteil vom 21.06.1974, C-2/74 – Reyners/Belgien, ECLI:EU:C:1974:68, Rn. 21.

748 *Korte* in: Calliess/Ruffert (Hrsg.), EUV/AEUV Art. 49 AEUV, Rn. 2.

749 EuGH, Urteil vom 30.11.1995, C-55/94 – Gebhard, ECLI:EU:C:1995:411, Rn. 25.

Zielstaat tatsächlich in Produktionsfaktoren investiert werden.[750] Sprachlich steht es offen, ob dies durch Neugründung eines Unternehmens oder durch Übernahme eines bereits bestehenden Unternehmens geschehen muss,[751] vorausgesetzt, es wird von einem weiten Begriff[752] der Niederlassungsfreiheit ausgegangen. Dabei sind entsprechend Art. 49 I S. 2 AEUV sowohl die Hauptniederlassung als auch die Nebenniederlassung (auch primäre und sekundäre Niederlassung genannt) von der Niederlassungsfreiheit geschützt.[753] Folglich kann dem Wortlaut nach die Übernahme eines bereits bestehenden Unternehmens als Tochterunternehmen einem originären Gründungsakt gleichstehen.[754] Sowohl Unternehmensübernahmen als auch Unternehmensgründungen können von der Niederlassungsfreiheit gedeckt sein. Dies ist Ursprung des Abgrenzungsproblems zur Kapitalverkehrsfreiheit. Dieses Verständnis lässt sich beispielsweise an der RL 2004/25/EG[755] (Übernahmerichtlinie) festmachen. Sie definiert ein Übernahmeangebot gem. Art. 2 I RL 2004/25/EG als *„ein an die Inhaber der Wertpapiere einer Gesellschaft gerichtetes (und nicht von der Zielgesellschaft selbst abgegebenes) öffentliches Pflicht- oder freiwilliges Angebot zum Erwerb eines Teils oder aller dieser Wertpapiere, das sich an den Erwerb der Kontrolle der Zielgesellschaft im Sinne des einzelstaatlichen Rechts anschließt oder diesen Erwerb zum Ziel hat.“*

Ein solcher Erwerb stellt gleichzeitig definitionsgemäß eine Direktinvestition dar. Nichtsdestotrotz ist die Richtlinie auf die Kompetenznorm des Niederlassungsrechts (Art. 50 I AEUV; ex-Art. 44 I EGV) gestützt worden. Ab wann ein Kontrollvorgang vorliegt, kann darüber entscheiden, ob der Stimmrechtskauf an einem Unternehmen einen Niederlassungsvorgang darstellt. § 29 WpÜG, der die Kontrollbeteiligung für die Bundesrepublik Deutschland entsprechend Art. 5 III der RL 2004/25/EG bestimmt, geht beispielsweise ab einem Erwerb von 30 Prozent der Stimmrechtsanteile von einem Kontrollerwerb aus. Eine Verknüpfung

---

750 *Korte* in: Calliess/Ruffert (Hrsg.), EUV/AEUV Art. 49 AEUV, Rn. 25.

751 *Korte* in: Calliess/Ruffert (Hrsg.), EUV/AEUV Art. 49 AEUV, Rn. 29.

752 Vgl. EuGH, Urteil vom 30.11.1995, C-55/94 – Gebhard, ECLI:EU:C:1995:411, Rn. 25.

753 Vgl. *Forsthoff/Eisendle* in: Grabitz/Hilf/Nettesheim (Hrsg.), Das Recht der Europäischen Union, Art. 49 AEUV, Rn. 54.

754 EuGH, Urteil vom 21.12.2016, C-201/15 – AGET Iraklis, ECLI:EU:C:2016:972, Rn. 46; EuGH, Urteil vom 21.10.2010, C-81/09 – Idryma Typou, ECLI:EU:C:2010:622, Rn. 47; EuGH, Urteil vom 08.11.2012, C-244/11 – Kommission/Griechenland, ECLI:EU:C:2012:694, Rn. 21.

755 RL 2004/25/EG des Europäischen Parlaments und des Rates vom 21. April 2004 betreffend Übernahmeangebote, ABl. L 142 vom 30.04.2004, S. 12 ff.

der beiden Regelungssysteme von AWV und WpÜG wurde bereits bei Erlass der Investitionskontrolle diskutiert.[756] Dasselbe Verständnis des Niederlassungsbegriffs lässt sich auch auf internationaler Ebene feststellen. Beispielhaft für das Wirtschaftsvölkerrecht differenziert auch das GATS-Abkommen nicht zwischen Erwerb und Errichtung einer Unternehmensstelle. Die „kommerzielle Präsenz" in einem anderen Mitgliedstaat umfasst sowohl Errichtung als auch Erwerb oder Fortführung einer juristischen Person.[757] Nicht in den Schutzbereich der Niederlassungsfreiheit kommen sog. „asset stripping"-Unternehmenserwerbe, auch wenn diese die vollständige Übernahme zur Folge haben.[758] Darlehen, die auf die Schaffung und Aufrechterhaltung dauerhafter Wirtschaftsbeziehungen gerichtet sind, fallen unter den Direktinvestitionsbegriff[759], stellen jedoch keinen Niederlassungsvorgang dar und sind folglich nicht von der Niederlassungsfreiheit geschützt.[760] Hierzu soll noch einmal die Kritik am Begriff „ausländische Direktinvestition" bekräftigt werden, welcher im Bereich der Grundfreiheiten Schwierigkeiten mit sich bringt.[761]

(2) Kapitalverkehr

Der Begriff der Kapitalverkehrsfreiheit hat durch das Primärrecht weniger Konkretisierung erfahren als der Niederlassungsbegriff. Dies sollte der Entwicklung der Kapitalverkehrsfreiheit genug Flexibilität geben.[762] Art. 64 AEUV lassen sich jedoch bestimmte Formen entnehmen, die in den Anwendungsbereich der Kapitalverkehrsfreiheit fallen können – Direktinvestitionen einschließlich, Anlagen in Immobilien, Transaktionen im Zusammenhang mit der Niederlassung, der Erbringung von Finanzdienstleistungen oder der Zulassung von Wertpapieren zu den Kapitalmärkten.[763] Dies bedeutet, der Begriff der Direktinvestition wird im Zusammenhang mit der Kapitalverkehrsfreiheit genannt, nicht aber im Zusammenhang mit der Niederlassungsfreiheit.

---

756 Vgl. *Krolop* HFR 1/2008, Rn. 27 ff. Zur Abgrenzung zwischen Kapitalverkehrsfreiheit und Niederlassungsfreiheit mit Bezug auf die Schwelle im WpÜG, Rn. 40.

757 Vgl. Art. XXVIII GATS-Abkommen.

758 *Kainer* Unternehmensübernahmen im Binnenmarktrecht, S. 62, 65, diesen kann als Portfolioinvestitionen aber Schutz durch die Kapitalverkehrsfreiheit gewährt werden.

759 Vgl. Nomenklatur der RL 88/361/EWG.

760 *Tiedje* in: Von der Groeben/Schwarze/Hatje (Hrsg.), Europäisches Unionsrecht, Art. 49 AEUV, Rn. 36; a. A. *Hindelang* WHI-Paper, Art. 63 AEUV, Rn. 154.

761 Siehe Kapitel B. VIII. 2.

762 *Hindelang* The Free Movement of Capital and Foreign Direct Investment, S. 43 f.

763 *Bröhmer* in: Calliess/Ruffert (Hrsg.), EUV/AEUV Art. 63 AEUV, 5. Aufl., Rn. 12.

Daneben wird zur Bestimmung des Direktinvestitionsbegriffs vor allem auf das Sekundärrecht verwiesen. Das Sekundärrecht kann zwar keine verbindliche Auslegung des Primärrechts vornehmen, hat jedoch laut Aussage des EuGH Hinweischarakter.[764] In der Nomenklatur zur Kapitalverkehrsrichtlinie wird in dessen Art. I die Direktinvestition definiert. Laut dieser sind Beteiligungen sowie Übernahmen bestehender Unternehmen vom Begriff der Direktinvestition umfasst, aber auch die Gründung neuer Unternehmen im Zielstaat. Diese sog. Greenfield Investments stellen das Paradebeispiel eines Niederlassungsvorgangs dar, sind laut Definition der Richtlinie aber auch Direktinvestition und Kapitalverkehr i. S. d. Art. 63 AEUV. Dabei ist jedoch die Bestimmungsweite des Begriffs Kapitalverkehr in der Richtlinie nicht in seiner Gesamtheit dargestellt. Die Richtlinie selbst weist auf die nicht erschöpfende Aufzählung hin. Beispielhaft genannt sind die Portfolioinvestitionen, die in der Richtlinie nicht genannt werden, jedoch nach allgemeiner Auffassung Teil des Kapitalverkehrs sind.[765] Für die Entwicklung eines umfassenden Konzepts des Begriffs „Kapitalverkehr" ist die Richtlinie nicht geeignet. Mehr als einen Hinweischarakter kann die Richtlinie nicht liefern; unbestritten bleibt aber, dass der durch Unternehmensübernahmen stattfindende Kapitalfluss vom Anwendungsbereich der Kapitalverkehrsfreiheit umfasst ist.[766]

(3) Zwischenergebnis

Beide Grundfreiheiten umfassen dem Wortlaut nach den Erwerb von Unternehmensanteilen, die kontrollierenden Einfluss ermöglichen. Die Direktinvestition kann als Kapitalanlage gleichzeitig einen primären oder sekundären Niederlassungsakt darstellen.[767] Der Kauf an Unternehmensanteilen muss einen bestimmten Stimmrechtsanteil erreichen. Eine Direktinvestitionen liegt, je nach Definition, ab mindestens 10 Prozent Stimmrechtsanteilen vor.[768] Um als Niederlassungsvorgang betrachtet zu werden, muss ein Unternehmenserwerb wohl einen höheren Anteil als diese 10 Prozent zum Ziel haben. Hier kommt die

764 Vgl. EuGH, Urteil vom 27.01.2009, C-318/07 – Persche, ECLI:EU:C:2009:33, Rn. 24; EuGH, Urteil vom 21.05.2015, C-560/13 – Wagner-Raith, ECLI:EU:C:2015:347, Rn. 23 f.

765 Vgl. EuGH, Urteil vom 26.02.2019, C-135/17 – X-GmbH/FA Stuttgart, ECLI:EU:C:2019:136, Rn. 26.

766 *Kainer* Unternehmensübernahmen im Binnenmarktrecht, S. 63.

767 *Körber* Grundfreiheiten und Privatrecht, S. 353.

768 Siehe ausführlich Kapitel B.

Grenze von 30 Prozent aus dem WpÜG in Betracht oder zumindest 20 Prozent, wie sie gelegentlich vom EuGH im Hinblick auf den „sicheren Einfluss“[769] gefordert wurden.[770] Beide Grundfreiheiten umfassen außerdem Greenfield Investments, in Form einer Neu-Niederlassung. In keinem Fall kann aber ein Einfluss ermöglichendes Darlehen eine Niederlassung darstellen, sodass sich hier Unterschiede ergeben. Der Begriff „Niederlassung“ wäre nach ermitteltem Begriffsverständnis im Wesentlichen ein Teilbereich des Kapitalverkehrs. Dies könnte Anzeichen für ein Spezialitätsverhältnis sein, das der Grundfreiheitendogmatik eigentlich fremd ist.

bb) Historische Auslegung

Die Kapitalverkehrsfreiheit erlang erst später als die anderen Grundfreiheiten unmittelbare Anwendbarkeit[771] und erlangt hierdurch eine historische Besonderheit. Erst durch den Vertrag von Maastricht entwickelte sich die Kapitalverkehrsfreiheit zu einer echten Grundfreiheit; vorher hatte nur die Kapitalverkehrsrichtlinie tatsächliche Rechtswirkung in diesem Bereich.[772] Dies erklärt, warum der Kapitalverkehrsrichtlinie ein besonderer Maßstab hinsichtlich der Auslegung der Kapitalverkehrsfreiheit zukam, da sie lange Zeit die einzige rechtliche Auswirkung der Grundfreiheit darstellte. Mit der Änderung zu einer direkten Anwendung der Kapitalverkehrsfreiheit wurde gleichzeitig auch die territoriale Anwendbarkeit auf Drittstaatensachverhalte ausgeweitet. Die Kapitalverkehrsrichtlinie enthielt noch keine Drittstaatenwirkung, jedoch eine Bemühensklausel in Art. 7 RL 88/361/EWG. Die Erweiterung auf Drittsachverhalte soll vor allem durch Deutschland forciert worden sein, sodass sich die Änderungen in der Kapitalverkehrsfreiheit durch den Vertrag von Maastricht im Wesentlichen als Übernahme der deutschen wirtschaftspolitischen Positionen darstellen.[773] Die Erweiterungen im Rahmen der Kapitalverkehrsfreiheit gehen somit auf die Bemühungen vollständiger Liberalisierung des Kapitalverkehrs (auch mit Drittstaaten) zurück.

---

769 EuGH, Urteil vom 08.11.2011, C-244/11 – Kommission/Griechenland, ECLI:EU:C:2012:694, Rn. 29.

770 EuGH, Urteil vom 08.11.2011, C-244/11 – Kommission/Griechenland, ECLI:EU:C:2012:694, Rn. 23 ff.

771 *Scharf* in: Tietje/Kraft/Sethe (Hrsg.), Beiträge zum Transnationalen Wirtschaftsrecht, 2008 (76), S. 6.

772 *Bakker* The Liberalization of Capital Movements in Europe, S. 234; *Scharf* in: Tietje/Kraft/Sethe (Hrsg.), Beiträge zum Transnationalen Wirtschaftsrecht, 2008 (76), S. 6.

773 Ausführlich *Bakker* The Liberalization of capital movements in Europe, S. 262.

Die komplexe tatbestandliche Abgrenzung zur Niederlassungsfreiheit ist unter anderem auf diese historische Entwicklung zurückzuführen. Da bei der Niederlassungsfreiheit damals wie heute kein Drittstaatenschutz besteht, stellt sich die Frage, ob Drittstaatsinvestoren durch Art. 63 AEUV ein subjektives Recht verliehen werden sollte, auch wenn sie eine im sachlichen, aber nicht persönlichen Schutzbereich des Art. 49 AEUV liegende Niederlassung vornehmen. Die Liberalisierungsbestrebungen standen im Lichte eines wirtschaftlichen Ordoliberalismus und der möglichst optimalen Ressourcenallokation im Sinne der Theorie komparativer Kostenvorteile. Die Theorie komparativer Kostenvorteile liegt auch der Niederlassungsfreiheit zugrunde.[774] Wichtiger Unterschied ist, dass bei der Niederlassungsfreiheit diese Freiheit gegenseitig gewährt wird – bei der Kapitalverkehrsfreiheit ohne Berücksichtigung der Gegenseitigkeit. Diese bedingungslose Liberalisierung des Binnenmarktes gegenüber Drittstaaten bei gleichzeitigem Verzicht von Reziprozitätsanforderungen kann zwar unter industriepolitischen oder ökonomischen Gesichtspunkten kritisiert werden,[775] ist jedoch keineswegs zwingend und entsprach nicht der Sichtweise der Mitgliedstaaten bei Erweiterung der Kapitalverkehrsfreiheit.[776]

Die Kommission und Deutschland hatten sich in der ersten Liberalisierungswelle in den 1960er Jahren mit einem wirtschaftlichen Liberalismus und der Öffnung des Kapitalmarktes gegen die Befürchtungen von Frankreich und Italien durchsetzen können.[777] Weniger als die Erweiterung der Kapitalverkehrsfreiheit auf Drittstaaten wurden ein liberalisierter Zugang für „short term investments" bzw. Spekulationen befürchtet.[778] Die Liberalisierung von Direktinvestitionen hingegen stieß nur auf wenig Gegenwind.[779] In den Verhandlungen zum Vertrag von Maastricht wies Großbritannien noch auf den Konflikt zwischen der Niederlassungsfreiheit und einer liberalisierten Kapitalverkehrsfreiheit hin. Insgesamt setzte sich aber die deutsche Sicht eines offenen Kapitalmarktes gegenüber Drittstaaten durch.[780] Kritik hieran beschränkte sich vorwiegend

---

774 Vgl. *Korte* Standortfaktor Öffentliches Recht, S. 217; *Teichmann* Binnenmarktkonformes Gesellschaftsrecht, S. 168.

775 Vgl. besonders harsche Kritik bei *Ukrow/Ress* in: Grabitz/Hilf/Nettesheim (Hrsg.), Das Recht der Europäischen Union, Art. 63 AEUV, Rn. 1 ff.

776 Vgl. für die Gründe zur vorbehaltlosen Liberalisierung gegenüber Drittstaaten, *Hindelang* WHI-Paper, Art. 63 AEUV Rn. 25 ff.

777 *Bakker* The Liberalization of Capital Movements in Europe, S. 80 ff.

778 *Bakker* The Liberalization of Capital Movements in Europe, S. 83.

779 *Bakker* The Liberalization of Capital Movements in Europe, S. 85 ff.

780 *Bakker* The Liberalization of Capital Movements in Europe, S. 252 f., 262 f.

auf Portfolioinvestitionen. Dies könnte für ein weites Anwendungsverständnis der Kapitalverkehrsfreiheit sprechen, sodass Direktinvestitionen generell in den Anwendungsbereich der Kapitalverkehrsfreiheit fallen, um den hohen Grad an Liberalisierung nicht zu gefährden. Bei Drittstaatensachverhalten wäre damit die Kapitalverkehrsfreiheit einschlägig, unabhängig von der Beschränkung der Niederlassungsfreiheit auf Unionsangehörige. Eine sachliche Abgrenzung wäre dann nicht notwendig und das Ergebnis des personellen Anwendungsbereichs hinzunehmen.

cc) Teleologische Auslegung

Die Grundfreiheiten sollen ungerechtfertigte Beschränkungen des Binnenmarkts verhindern und so gem. Art. 26 AEUV einen „Raum ohne Binnengrenzen" schaffen. Mangels einer positiv-gestaltenden Wirkung wird die Rolle der Grundfreiheiten in diesem System auch als „negative Integration"[781] bezeichnet. Hieraus ergibt sich unter anderem, dass die Rechtfertigungsmöglichkeiten zur Beschränkung der Grundfreiheiten eng auszulegen sind.[782] Der Binnenmarkt soll nur in engen und begründeten Ausnahmefällen beschränkbar sein.

Der Kapitalverkehr geht hierüber hinaus und dehnt den Schutz auf Drittstaatsangehörige aus. Die Investition in einen Drittstaat kann nicht durch die Kapitalverkehrsfreiheit erzwungen werden; der Investor aus dem Drittstaat hingegen kann sich bei einer Investition, die in den Regelungsbereich der Kapitalverkehrsfreiheit fällt, auf diesen Schutz berufen. Diese einseitige Öffnung ohne Vorbehalt der Reziprozität ist Zweck der Kapitalverkehrsfreiheit.[783] Nur unter der strengen Vorschrift des Art. 64 III AEUV sollten Direktinvestitionen beschränkt werden können. Diese Intention könnte für ein grundsätzlich weites

---

781 Vgl. *Haratsch/Koenig/Pechstein*, Europarecht, Rn. 825.

782 Zur Dienstleistungsfreiheit EuGH, Urteil vom 14.10.2004, C-36/02 – Omega, ECLI:EU:C:2004:614, Rn. 30. Zur Arbeitnehmerfreizügigkeit EuGH, Urteil vom 04.12.1974, C-41/74 – Duyn/Home Office, ECLI:EU:C:1974:133, Rn. 18/19 und EuGH, Urteil vom 27.10.1977, C-30/77 – Regina/Bouchereau, ECLI:EU:C:1977:172, Rn. 33/35. Zur Niederlassungsfreiheit EuGH, Urteil vom 08.11.2012, C-244/11 – Kommission/Griechenland, ECLI:EU:C:2012:694, Rn. 33. Zur Kapitalverkehrsfreiheit EuGH, Urteil vom 21.05.2019, C-235/17 – Kommission/Ungarn, ECLI:EU:C:2019:432, Rn. 103, EuGH, Urteil vom 22.11.2018, C-575/17 – Sofina/Ministre de l'action, ECLI:EU:C:2018:943, Rn. 45, EuGH, Urteil vom 06.03.2018, C-52/16 u. C-113/16 – SEGRO u. Horvath, ECLI:EU:C:2018:157, Rn. 96.

783 *Germelmann* EuZW 2008, 596 (597).

Verständnis der Kapitalverkehrsfreiheit sprechen, wenn die kompetenzielle Einschränkung als Ausdruck eines hohen Schutzmaßes der Freiheit begriffen wird.

Die Niederlassungsfreiheit sieht jedoch keine Erstreckung auf Drittstaatssachverhalte vor. Ebenso wenig bedarf es zur Einschränkung dieser eines besonderen Gesetzgebungsverfahrens. Ausdrücklich sollen mitgliedstaatliche Niederlassungsvorgänge unter dem Schutz des Art. 49 AEUV stehen. Zentral für die teleologische Auslegung ist, ob die Niederlassungsfreiheit damit aber gleichzeitig den Schutz drittstaatlicher Niederlassungsvorgänge explizit verhindert.

Der Grundfreiheit würde dann in diesem Zusammenhang faktisch eine integrationsverhindernde Wirkung auf den Kapitalverkehr zukommen. Die Niederlassungsfreiheit hätte, positiv ausgedrückt, eine „souveränitätsschonende Wirkung“[784] auf die Gestaltungsfreiheit von Unions- und Mitgliedstaatsgesetzgeber, weil die Niederlassungsfreiheit verhindert, dass dem Gesetzgeber im Anwendungsbereich der Kapitalverkehrsfreiheit (bei gleichzeitiger Anwendbarkeit der Niederlassungsfreiheit) Grenzen gesetzt werden. Historisch betrachtet ist dieser Gedanke nicht zwingend. Ohne Untersuchung der systematischen Besonderheiten lässt sich ein solcher Zweck nicht feststellen.

dd) Systematische Auslegung

In Art. 49 II AEUV und Art. 65 II AEUV zeigt sich, dass die Vertragsparteien des Primärrechts bereits vorsahen, dass die Niederlassungsfreiheit und die Kapitalverkehrsfreiheit in bestimmten Bereichen Berührungspunkte haben. Ein eindeutig feststellbares Rangverhältnis kann den Normen jedoch nicht entnommen werden.[785] Der Niederlassungsakt ist ein weitgehend eingrenzbarer Vorgang, während der Kapitalverkehr ein besonders offenes Geschehen darstellt. Die Kapitalverkehrsfreiheit könnte dabei als Begleitschutz der Niederlassungsfreiheit gesehen werden. Investitionen, Finanzierungen und Transfers, die im „Zusammenhang“ (Formulierung des Art. 64 AEUV) stehen, könnten vom Schutzbereich der Kapitalverkehrsfreiheit umfasst sein; eine aktive Unternehmensbeteiligung und der Erwerb wären hingegen von der Niederlassungsfreiheit umfasst.[786] Damit wäre die Kapitalverkehrsfreiheit lediglich eine Begleitgrundfreiheit im Rahmen von Niederlassungsvorgängen. In der Kapitalverkehrsfreiheit

---

784 *Hindelang* JZ 2009, 829 (830).

785 *Herrmann* ZEuS 2019, 429 (441); wohl a. A. *Kotthaus* Binnenmarktrecht und externe Kapitalverkehrsfreiheit, S. 128, nach der Art. 65 II AEUV erst nach Klärung der Konkurrenzfrage einsetzt.

786 *Kainer* Unternehmensübernahmen im Binnenmarktrecht, S. 63 f.

eine „Hilfsgrundfreiheit“ zu erkennen, würde der dogmatischen Gleichrangigkeit der Grundfreiheiten jedoch widersprechen. Daneben gibt es aber auch keine regelungstechnischen Anzeichen, dass die Kapitalverkehrsfreiheit nachrangig zu behandeln wäre.

(1) Portfolio- und Direktinvestition

In Betracht kommt, die Unterscheidung von Portfolio- und Direktinvestition zur Auslegung der Niederlassungs- und Kapitalverkehrsfreiheit heranzuziehen. Denkbar wäre eine Parallelität zwischen der Abgrenzung der Investitionsarten und der Abgrenzung der Grundfreiheiten herzustellen. Dem EuGH folgend ist dieser Auffassung insoweit zuzustimmen, dass Portfolioinvestitionen niemals einen Niederlassungsvorgang darstellen können.[787] Es überzeugt nicht, dass Direktinvestitionen, in Form von Unternehmensübernahmen und Unternehmenskäufen, immer nur der Niederlassungsfreiheit zuzuordnen sind. Eine Kongruenz der beiden Begriffspaare (Direktinvestition-Portfolioinvestition und Niederlassung-Kapitalverkehr) existiert nicht.

Im Schlussantrag des *Generalanwalts Jääskinen* in der Rechtssache C-35/11 (Test Claimants in the FII Group Litigation) wird eine solche Kongruenz aber angenommen. Nach dessen Verständnis sei der Übergang der Kapitalverkehrsfreiheit und der Niederlassungsfreiheit bereits bei einer 10 Prozent-Stimmrechtsschwelle anzunehmen. Für Portfolioinvestitionen gelte damit die Kapitalverkehrsfreiheit und für Direktinvestitionen die Niederlassungsfreiheit.[788] Dieses Verhältnis nimmt der *Generalanwalt Jääskinen* jedoch nur für unionsinterne Sachverhalte an; für einen Drittstaatsbezug hingegen sei gänzlich die Kapitalverkehrsfreiheit ohne Rücksicht auf die personelle Schutzbereichsbeschränkung der Niederlassungsfreiheit anwendbar.[789] Eine Abgrenzung bei einer Stimmrechtsschwelle von bereits 10 Prozent und somit einer Abgrenzung zwischen Portfolio- und Direktinvestition widerspricht der bisherigen Definition in der Kapitalverkehrsrichtlinie.[790] Eine solche Lösung lässt sich nur dann

787 Vgl. EuGH, Urteil vom 12.12.2006, C-446/04 – Test Claimants in the FII Group Litigation, ECLI:EU:C:2006:774, Rn. 38, 65.

788 Vgl. *GA Jääskinen* Schlussantrag vom 19.07.2012, C-35/11 – Test Claimants in the FII Group Litigation, ECLI:EU:C:2012:483, Rn. 114 f.

789 Vgl. *GA Jääskinen* Schlussantrag vom 19.07.2012, C-35/11 – Test Claimants in the FII Group Litigation, ECLI:EU:C:2012:483, Rn. 115.

790 Vgl. *Freitag* EWS 1997, 186 (190), für eine Abgrenzung nach Direkt- und Portfolioinvestition bei gleichzeitig ablehnender Haltung gegenüber der niederrangigen sekundärrechtlichen Kapitalverkehrsrichtlinie.

heranziehen, wenn der Hinweischarakter gänzlich abgelehnt wird. Einer solchen Lösung schloss sich der EuGH deshalb auch nicht an.[791]

Folgt man dieser Abgrenzung und würde man diese (anders als im genannten Schlussantrag) auch auf Drittstaatssachverhalte anwenden, würde dies zu einem besseren Schutz von Portfolioinvestitionen aus Drittstaaten gegenüber Direktinvestitionen führen, was der historischen Entwicklung der Kapitalverkehrsfreiheit widerspräche. Von einem „argumentum ad absurdum" zu sprechen,[792] ginge jedoch zu weit. Es ist nicht unsinnig, Portfolioinvestitionen bzw. geringere Direktinvestitionen im Hinblick auf die Risiken, die durch den Einfluss durch Direktinvestition erwachsen, grundfreiheitlichen Schutz zu gewähren, der den Niederlassungs-Direktinvestitionen verwehrt wird.[793] Hier kann sich eine Blickwinkelverschiebung ergeben haben, die den Kontrollgefahren mehr Bedeutung zumisst als kurzfristigen Spekulationsgefahren. Dies liegt im Wesentlichen daran, dass dem politischen „Bedrohungspotenzial" durch Direktinvestitionen gegenüber dem volkswirtschaftlichen Bedrohungspotenzial durch Portfolioinvestitionen aufgrund geoökonomischer Veränderungen mehr Bedeutung zugesprochen wird. Zudem wird den wettbewerbsschädlichen Effekten von subventionierten Direktinvestitionen mehr Beachtung geschenkt.[794] Diese Sicht kann zwar eingenommen werden, widerspricht aber der bisherigen Rechtsauffassung und der Intention der Kapitalverkehrsliberalisierung. Auch bedeutet eine Erstreckung der Grundfreiheiten auf Drittstaatsinvestitionen nicht, dass keine Kontrolle stattfinden darf, sondern nur, dass diese rechtfertigungsbedürftig sein muss. Ignoriert wird auch, dass Art. 64 AEUV eine Kompetenz zur Regelung von Direktinvestitionen im Kapitalverkehrsrecht kennt. Eine Auffassung, bei der Direktinvestitionen, bis auf wenige Sonderformen, tatbestandlich der Niederlassungsfreiheit

---

791 EuGH, Urteil vom 13.11.2012, C-35/11 – Test Claimants in the FII Group Litigation, ECLI:EU:C:2012:707, Rn. 98. Der EuGH bestätigte zwar das entwickelte Konkurrenzverhältnis, jedoch ist entscheidendes Merkmal, ob die Investition „sicheren Einfluss" vermittelt und ob es sich um Direktinvestition und Portfolioinvestition handelt; a. A. wohl *Hindelang* WHI-Paper, Art. 63 AEUV, Rn. 169.

792 So aber *Clostermeyer* Staatliche Übernahmeabwehr und die Kapitalverkehrsfreiheit, S. 216.

793 Vgl. in diesem Sinn *Kainer* in: Pechstein/Nowak/Häde (Hrsg.), Frankfurter Kommentar EUV/GRC/AEUV, Art. 49 AEUV, Rn. 151, nach dem gerade „unternehmerische Kapitalbeteiligung" besonderer außenwirtschaftsrechtlicher Kontrolle unterliegen sollte.

794 Vgl. *Kommission* COM(2021) 223 final, vom 05.05.2021.

zugeordnet werden, schränkt die Kapitalverkehrsfreiheit entgegen normativen Anhaltspunkten zu weit ein.

(2) Abgrenzung nach reiner Stimmrechtshöhe

Da unstreitig ist, dass jedenfalls Portfolioinvestitionen niemals einen Niederlassungsvorgang darstellen, ist nur eine Abgrenzung innerhalb der Direktinvestitionskategorie denkbar. Eine solche Abgrenzung kann nach einer bestimmten Höhe erfolgen oder abstrakt nach dem Maß an Kontrolle, das durch die Investition erlangt wird. Die Grenzlinie zwischen der Anwendbarkeit der Niederlassungsfreiheit und der Kapitalverkehrsfreiheit soll zwischen einfacher Kapitalinvestition und kapitalgetragener Niederlassung differenzieren.[795] In diesem Zusammenhang wird von der Unterscheidung zwischen „Unternehmer-Gesellschafter“ und „Anleger-Gesellschafter“ gesprochen.[796] Wo eine feste Stimmrechtsgrenze liegen soll, ist jedoch schwer ermittelbar. Einzig denkbar sind Anknüpfungspunkte an gesellschaftsrechtliche Schwellen, weil diese die Kontrollmöglichkeiten einer Kapitalbeteiligung bestimmen. Denkbar wäre bei deutschen Sachverhalten, eine Grenze von Niederlassungsfreiheit und Kapitalverkehrsfreiheit entsprechend § 29 WpÜG bei 30 Prozent der Stimmrechte zu setzen. Sinn der Schwelle war, eine international übliche[797] und Planungssicherheit[798] verschaffende Kontrollbemessung zu finden. Der EuGH hat jedoch bereits bei geringerem Stimmrechtsanteil (25 Prozent) eine Anwendbarkeit der Niederlassungsfreiheit angenommen.[799] Die RL 2004/25/EG („Übernahmerichtlinie“) enthält keine Angabe zur Schwelle für die Erreichung einer Kontrolle i. S. d. Art. 2 I a) der RL. Sofern in der Zukunft eine solche Schwelle unionsrechtlich vorgegeben werden würde, wäre eine Orientierung hieran denkbar.

Für die Ermittlung der Grundfreiheit bei nationalen Rechtsakten kann eine feste Schwelle hilfreich sein, auf Unionsebene ist sie aber untauglich. Eine starre Grenze ist bereits für Direktinvestitionen generell nicht geeignet – die Grenzziehungen sind zu unterschiedlich.[800] Innerhalb der Direktinvestitionen noch

795 *Müller-Graff* in: Habersack/et al. (Hrsg.), FS für Peter Ulmer, S. 935.

796 *Schön* RabelZ 2000, 1 (11 f.).

797 *Wackerbarth* in: Münchener Kommentar zum AktG, § 29 WpÜG, Rn. 41.

798 Vgl. *Süßmann* in: Angerer/Geibel/Süßmann (Hrsg.), Kommentar zum WpÜG, § 29 Rn. 17.

799 EuGH, Urteil vom 10.05.2007, C-492/04 – Lasertec, ECLI:EU:C:2007:27, Rn. 21 f.

800 Vgl. etwa *Schmitt* Die Kompetenz der EU für ausländische Investitionen, S. 157, die selbst bei Beteiligungserwerb von 25 Prozent noch nicht ausschließlich Direktinvestitionen annimmt, sondern auch eine Einordnung als Portfolioinvestition noch für möglich hält.

einmal nach fester Höhe zwischen Stimmrechtsanteilen zu differenzieren, die einerseits zur Niederlassungsfreiheit und andererseits zur Kapitalverkehrsfreiheit gehören, kann nicht anders bewertet werden. Insbesondere findet sich in den Verträgen auch kein Hinweis darauf, eine solche Unterscheidung vorzunehmen und wirkt damit beliebig.

(3) Sicherer Einfluss vs. Möglichkeit der Kontrollbeteiligung

Der EuGH hat in einigen neueren Urteilen, Direktinvestitionen betreffend, danach differenziert, ob die Beteiligung einen „sicheren Einfluss" auf die Entscheidungen einer Gesellschaft ausübt.[801] An anderer Stelle hat er auch den Ausdruck des „bestimmenden Einflusses" benutzt, ohne von dieser Rechtsprechung abweichen zu wollen.[802] Im Gegensatz zu Niederlassungs-Direktinvestitionen verschaffen andere Direktinvestitionsbeteiligungen „nur" die Möglichkeit, sich tatsächlich an der Verwaltung dieser Gesellschaft und deren Kontrolle zu beteiligen.[803] Nach einer solchen Auffassung spielt das Begriffspaar Portfolio- und Direktinvestition nur eine untergeordnete Rolle. So sind sicheren Einfluss verschaffende Beteiligungen per definitionem auch Direktinvestitionen. Mit dieser Abgrenzung entwickelt der EuGH eine begriffliche Schwelle, ab der Direktinvestitionen (auch) in den Schutzbereich der Niederlassungsfreiheit gelangen.

Starre Stimmrechtsgrenzen sind hierbei nicht vorgesehen. Dennoch kann es hilfreich sein zu ermitteln, ab welchen Stimmrechtsanteilen von einem „sicheren Einfluss" ausgegangen wird oder welche anderen Anforderungen an die Begrifflichkeit zu stellen sind. Im Ergebnis kann sich zur Abgrenzung letztlich nur an gesellschaftsrechtlichen Bestimmungen orientiert werden. Eine 100 Prozent-Beteiligung an einer Gesellschaft hält der EuGH – wenig überraschend – für

801 EuGH, Urteil vom 24.11.2016, C-464/14 – SECIL, ECLI:EU:C:2016:896, Rn. 32; EuGH, Urteil vom 13.11.2012, C-35/11 – Test Claimants in the FII Group Litigation, ECLI:EU:C:2012:707, Rn. 91; EuGH, Urteil vom 21.10.2010, C-81/09 – Idryma Typou, ECLI:EU:C:2010:622, Rn. 47; EuGH, Urteil vom 12.09.2006, C-196/04 – Cadbury Schwepes, ECLI:EU:C:2006:544, Rn. 31.

802 EuGH, Urteil vom 21.12.2016, C-201/15 – AGET Iraklis, ECLI:EU:C:2016:972, Rn. 46, mit Verweis auf weitere Rechtsprechung, die die Bezeichnung „sicherer Einfluss" verwendet.

803 Vgl. EuGH, Urteil vom 21.12. 2016, C-201/15 – AGET Iraklis, ECLI:EU:C:2016:972, Rn. 58; EuGH, Urteil vom 21.10.2010, C-81/09 – Idryma Typou, ECLI:EU:C:2010:622, Rn. 48; EuGH, Urteil vom 17.09.2009, C-182/08 – Glaxo Wellcome, ECLI:EU:C:2009:559, Rn. 40; EuGH, Urteil vom 16.03.1999, C-222/97 – Trummer and May, ECLI:EU:C:1999:143, Rn. 21.

eine von der Niederlassungsfreiheit geschützte Kontrollbeteiligung.[804] Diese wird in jedem Fall einen „sicheren Einfluss" auf das Zielunternehmen ermöglichen. Umgekehrt wird eine einfache Direktinvestition, die bei einem Erwerb ab 10 Prozent-Stimmrechtsanteilen angenommen wird[805] und im Randbereich zur Portfolioinvestition liegt, noch keinen „sicheren Einfluss" vermitteln können, sondern nur die „Möglichkeit der Kontrollbeteiligung".[806] In der Rechtssache C-251/98 (Baars) erklärte der EuGH, nicht einmal 33 Prozent der Gesellschaftsanteile würden zwangsläufig zu einer Kontrolle über die Gesellschaft im Sinne des Niederlassungsrechts führen.[807] Bei 25 Prozent der Unternehmensanteile ging der EuGH in der Rechtssache C-492/04 (Lasertec)[808] bei einer deutschen Gesellschaft hingegen bereits von einem ausreichenden Einfluss aus.[809] Bei einer griechischen Investitionskontrolle hielt der EuGH bereits eine 20 Prozent der Stimmrechtsbeteiligung für ausschließlich „sichere" Einflussmöglichkeit vermittelnd.[810] In der Rechtssache C-6/16 (Equiom u. Enka) hielt er hingegen eine 20 Prozent Beteiligung nicht für zwangsläufig sicheren Einfluss vermittelnd.[811] In mehreren Entscheidungen hielt der EuGH eine Kapitalbeteiligung von 15 Prozent nicht ausreichend zur Ermöglichung von sicheren Einfluss.[812]

---

804 Vgl. EuGH, Urteil vom 13.04.2000, C-251/98 – Baars, ECLI:EU:C:2000:205, Rn. 21; EuGH, Urteil vom 12.12.2006, C-446/04 – Test Claimants in the FII Group Litigation, ECLI:EU:C:2006:774, Rn. 37.

805 *Weiß* in: Grabitz/Hilf/Nettesheim (Hrsg.), Das Recht der Europäischen Union, Art. 207 AEUV, Rn. 45, hält es für möglich, dass bei einem breiten Streubesitz der Anteile am Unternehmen auch Beteiligungen unter 10 Prozent als Direktinvestitionen einzuordnen sind.

806 Vgl. EuGH, Urteil vom 12.12.2006, C-446/04 – Test Claimants in the FII Group Litigation, ECLI:EU:C:2006:774, Rn. 58, 65.

807 Vgl. EuGH, Urteil vom 13.04.2000, C-251/98 – Baars, ECLI:EU:C:2000:205, Rn. 20.

808 EuGH, Urteil vom 10.05.2007, C-492/04 – Lasertec, ECLI:EU:C:2007:273, Rn. 21.

809 *Hindelang/Hagermeyer* EuZW 2017, 882 (885), wollen darin eine allgemein eine EuGH-Judikatur für deutsche Beteiligungsschwellen bei 25 Prozent ableiten; vgl. (886) sodann wieder einschränkend aber.

810 EuGH, Urteil vom 08.11.2012, C-244/11 – Kommission/Griechenland, ECLI:EU:C:2012:694, Rn. 23.

811 EuGH, Urteil vom 07.09.2017, C-6/16 – Equiom u. Enka, ECLI:EU:C:2017:641, Rn. 42.

812 EuGH, Urteil vom 20.09.2018, C-685/16 – EV/Finanzamt Lippstadt, ECLI:EU:C:2018:743, Rn. 40; EuGH, Urteil vom 20.12.2017, C-504/16 u. 613/16 – Deister Holding AG/Bundeszentralamt für Steuern, ECLI:EU:C:2017:1009, Rn. 80.

Grundsätzlich bezieht der EuGH auch individuelle Abweichungen bezüglich der Kontrolle der Gesellschaft bei der Bewertung mit ein, sodass gesellschaftsrechtliche Vorgaben möglicherweise nicht allein ausschlaggebend waren.[813] Es seien ebenso die „tatsächlichen Gegebenheiten des konkreten Falles zu berücksichtigen".[814] Die Auswertung der Judikatur zu Stimmrechtsschwellen bestätigt aber die Annahme, dass konkrete Schwellen nicht zur Differenzierung genutzt werden. Eine Schutzbereichsabgrenzung von Niederlassungs- und Kapitalverkehrsfreiheit würde dazu führen, dass die Kapitalverkehrsfreiheit regelmäßig nur Direktinvestitionen im Bereich von 10/15 Prozent-25/30 Prozent Kontrollerlangung umfasst.

Eine tatbestandliche Abgrenzung nach dem Ausmaß an Kontrolle, würde dem tradierten weiten Begriffsverständnis der Kapitalverkehrsrichtlinie widersprechen. Diese ist zwar nicht mehr in Kraft und nur Sekundärrecht, jedoch vom EuGH bereits gefestigt als Interpretationshilfe akzeptiert worden. Der EuGH will eine tatbestandliche Abgrenzung zwischen den Grundfreiheiten mit der vorgestellten Unterscheidung indes nicht vornehmen. Für ihn ist die Niederlassungsfreiheit nur bei Kontrollbeteiligungen, die einen „sicheren Einfluss" ermöglichen, überhaupt einschlägig. Die Kapitalverkehrsfreiheit umfasst jedoch solche Kapitalbewegungen ebenfalls. Wenig überzeugend und nur durch ein vermeintliches Exklusivitätsverhältnis aller Grundfreiheiten herleitbar ist, dass ab einer bestimmten Größe der Investition tatbestandlich keine Kapitalbewegung im Sinne des Art. 63 AEUV mehr vorliegen soll. Dafür spricht auch die Existenz von Art. 49 II AEUV und Art. 65 II AEUV, denn diese wären funktionslos, wenn sich die beiden Grundfreiheiten bereits im Anwendungsbereich voneinander abgrenzen ließen.[815] Eine Abgrenzung nach entwickeltem Verständnis kann deshalb erst auf Konkurrenzebene vorgenommen werden.

ee) Zwischenergebnis

Auf tatbestandlicher Ebene lässt sich keine feste Abgrenzung zwischen Niederlassungs- und Kapitalverkehrsfreiheit feststellen, da alle Direktinvestitionen von der Kapitalverkehrsfreiheit geschützt sind. Nur „sicheren Einfluss" vermittelnde Direktinvestitionen sind hingegen von der Niederlassungsfreiheit

---

813 EuGH, Urteil vom 10.05.2007, C-492/04 – Lasertec, ECLI:EU:C:2007:273, Rn. 22.

814 EuGH, Urteil vom 20.12.2017, C-504/16 u. 613/16 – Deister Holding AG/Bundeszentralamt für Steuern, ECLI:EU:C:2017:1009, Rn. 81.

815 Vgl. *Ego* in: Münchener Kommentar zum Aktiengesetz, Bd. 7, B. Rn. 697.

geschützt.[816] Eine tatbestandliche Abgrenzung bzw. Exklusivitätsverhältnis von Niederlassungsfreiheit und Kapitalverkehrsfreiheit macht mangels Trennschärfe der Begrifflichkeiten wenig Sinn.[817] Niederlassungs- und Kapitalverkehrsfreiheit können auf Investitionskontrollen sachlich anwendbar sein. Die FDI-RahmenVO definiert die „Direktinvestition“ in Art. 2 Nr. 1, als eine „dauerhafte und direkte Beziehung“ zwischen Investor und Zielunternehmen. Dies gilt nicht nur für eine „kapitalgetragene Niederlassung“. Mit einem „einschließlich“-Einschub werden daneben Investitionen genannt, die eine „effektive“ Beteiligung an der Kontrolle erlauben. Die Begrifflichkeit der „effektiven“ Beteiligung findet sich in der Definition des EuGH zur Kapitalverkehrsfreiheit teilweise wieder.[818] Niederlassungs-Direktinvestitionen sind dadurch aber nicht ausgeschlossen. Die FDI-RahmenVO umfasst vielmehr jede Direktinvestition – unabhängig davon, ob diese einen Niederlassungsvorgang darstellt oder nicht. Damit sind beide Grundfreiheiten in ihrem sachlichen Schutzbereich tangiert.

ff) Konkurrenzlösung bei Investitionskontrollen

Die FDI-RahmenVO lässt alle Direktinvestitionen ohne Unterscheidung nach Grundfreiheitsschutz in den Anwendungsbereich fallen, sodass sich die Frage stellt, ob die Niederlassungsfreiheit sperrende Wirkung für die Kapitalverkehrsfreiheit haben kann. Bei unionsinternen Investitionen macht das im Ergebnis keinen Unterschied, weil die Grenzen zulässiger Eingriffe in die beiden Grundfreiheiten vergleichbar sind. In den für die Abgrenzung von Niederlassungs- und Kapitalverkehrsfreiheit wichtigen Golden-Shares-Fällen ließ der EuGH eine einheitliche Linie nicht erkennen.[819] Golden-Shares können als

---

816 EuGH, Urteil vom 07.04.2022, C-342/20 – A SCPI/Veronsaajien oikeudenvalvontayksikkö, ECLI:EU:C:2022:276, Rn. 45; EuGH, Urteil vom 24.02.2022, C-257/20 – „Viva Telecom Bulgaria“, ECLI:EU:C:2022:125, Rn. 79; EuGH, Urteil vom 03.09.2020, C-719/18 – Vivendi SA, ECLI:EU:C:2020:627, Rn. 40.

817 *Scharf* in: Tietje/Kraft/Sethe (Hrsg.), Beiträge zum Transnationalen Wirtschaftsrecht, 2008 (76), S. 14.

818 Vgl. EuGH, Urteil vom 23.10.2007, C-112/05 – Kommission/Deutschland, ECLI:EU:C:2007:623, Rn. 18, 54 und die dort aufgeführte Rechtsprechung, „Bei Beteiligungen an neuen oder bereits bestehenden Unternehmen setzt das Ziel der Schaffung oder Aufrechterhaltung dauerhafter Wirtschaftsbeziehungen, wie auch aus diesen Begriffsbestimmungen hervorgeht, voraus, dass die Aktien ihrem Inhaber entweder nach den nationalen aktienrechtlichen Vorschriften oder aus anderen Gründen die Möglichkeit geben, sich effektiv an der Verwaltung dieser Gesellschaft oder anderen Kontrolle zu beteiligen“.

819 *Szabados* German Law Journal 2019, 1099 (1128).

Investitionskontrollen bei bestimmten Unternehmen (privatisierten ehemaligen Staatsunternehmen) dienen und sind mit den Investitionskontrollen im engeren Sinn teilweise vergleichbar.[820] Bisher kam es erst zur Prüfung einer Investitionskontrollregelung im engeren Sinne durch den EuGH.

(1) EuGH-Entscheidung: Église de Scientology (C-54/99)

Die Entscheidung des EuGH, die eine französische Investitionskontrolle zum Gegenstand hatte, war die Rechtssache C-54/99 (Église de Scientology) vom 14.03.2000.[821] In dieser ging es um die Vereinbarkeit einer französischen Investitionskontrolle mit der Kapitalverkehrsfreiheit. Die französische Regelung sah vor, dass ausländische Investitionen, die geeignet sind, die öffentliche Ordnung, Gesundheit oder Sicherheit zu gefährden, genehmigungspflichtig sind. Der EuGH legte in dieser Entscheidung grundlegende materielle Vorgaben für mitgliedstaatliche Investitionskontrollen fest: Eine enge Auslegung der öffentlichen Ordnung oder Sicherheit,[822] Rechtsschutzmöglichkeit[823] und Transparenz[824].[825]

Bezüglich der einschlägigen Grundfreiheit äußerte der EuGH sich deutlich: „Eine nationale Vorschrift, die eine ausländische Direktinvestition einer vorherigen Genehmigung unterwirft, stellt eine Beschränkung des Kapitalverkehrs im Sinne von Art. 73b Abs. 1 EG-Vertrag dar."[826] Der EuGH ging dabei jedoch nicht auf das Verhältnis zur Niederlassungsfreiheit ein. Zweifelhaft ist, dass der EuGH sich dabei mit dem Konkurrenzverhältnis auseinandersetzte und dieses zugunsten der Kapitalverkehrsfreiheit entschied. Dagegen könnte sprechen, dass das vorlegende Gericht nicht nach der Niederlassungsfreiheit gefragt hatte.[827] Diesem Einwand ist jedoch zu entgegnen, dass der EuGH sich zu dem Verhältnis auch dann hätte äußern müssen, wenn er in der Niederlassungsfreiheit eine vorrangige Regelung erblickt hätte. Da die Regelung aber auch

---

820 *Papadopoulos* International Trade and Regulation 2021 (21), 54 (59 ff.).

821 EuGH, Urteil vom 14.03.2000, C-54/99 – Église de Scientologie, ECLI:EU:C:2000:124.

822 EuGH, Urteil vom 14.03.2000, C-54/99 – Église de Scientologie, ECLI:EU:C:2000:124, Rn. 17, insbesondere dürfen keine „wirtschaftlichen Zwecke" geltend gemacht werden.

823 EuGH, Urteil vom 14.03.2000, C-54/99 – Église de Scientologie, ECLI:EU:C:2000:124, Rn. 17.

824 EuGH, Urteil vom 14.03.2000, C-54/99 – Église de Scientologie, ECLI:EU:C:2000:124, Rn. 21.

825 Siehe hierzu Kapitel F. I. 3. a) bb).

826 EuGH, Urteil vom 14.03.2000, C-54/99 – Église de Scientologie, ECLI:EU:C:2000:124, Rn. 14.

827 Darauf hinweisend *Herrmann* ZEuS 2019, 429 (441).

auf Unionsinvestitionen anwendbar war, war die Bestimmung des Verhältnisses nicht so wichtig wie im Rahmen von Drittstaatssachverhalten.

(2) EuGH-Entscheidung: Kommission/Griechenland (C-244/11)

In der Entscheidung zu einer griechischen Golden-Share-Regelung bestimmte der EuGH hingegen, dass sich diese allein an der Niederlassungsfreiheit messen lassen müsse, da sie nur Aktionäre betreffe, die einen bestimmenden Einfluss auf die Geschäftsführung und Kontrolle der Zielgesellschaft vermitteln (20 Prozent Stimmrechte).[828] Hieraus lässt sich ein „lex specialis"-Verhältnis zwischen der Niederlassungsfreiheit und der Kapitalverkehrsfreiheit herauslesen, sofern es sich bei der betreffenden Regelung nur um Investitionen, die sicheren Einfluss erlauben, handelt.[829] Die griechische Regelung war dem Wortlaut nach, wie in die französische Investitionskontrolle, auf Unionsinvestitionen anwendbar, wenn auch die griechische Regierung behauptete, diese nicht im Blick zu haben. Der EuGH stellte hierzu klar, dass die subjektive Zielsetzung der Norm, spekulative Übernahmen (durch Staatsfonds aus Drittstaaten) verhindern zu wollen, nicht ausreichend sei, wenn sich diese Zielsetzung nicht in der objektiven Reichweite der Regelung wiederfinde.[830]

(3) Konkurrenz trotz fehlender personeller Anwendbarkeit

Unklar ist, ob die sachliche Abgrenzung auch bei reinen Drittstaatskontrollen zu ermitteln ist. Hier kann die Reichweite der Kapitalverkehrsfreiheit anders zu beurteilen sein. Mangels personeller Anwendbarkeit der Niederlassungsfreiheit könnte die Kapitalverkehrsfreiheit immer vollumfänglich Anwendung finden. Konträr erscheint aber auch möglich, dass die Kapitalverkehrsfreiheit aufgrund des begrenzten personellen Anwendungsbereichs der Niederlassungsfreiheit einzuschränken ist. Der EuGH hatte bisher noch keine Gelegenheit zu einer Investitionskontrolle, die sich allein auf Drittstaaten bezieht, Stellung zu nehmen. Eine solche wäre beispielsweise die deutsche Regelung in § 55 ff. AWV oder das Regelungsregime in FDI-RahmenVO.

---

828 Vgl. EuGH, Urteil vom 08.11.2012, C-244/11 – Kommission/Griechenland, ECLI:EU:C:2012:694, Rn. 23 ff.

829 EuGH, Urteil vom 08.11.2012, C-244/11 – Kommission/Griechenland, ECLI:EU:C:2012:694, Rn. 30, jedoch wird die Anwendbarkeit der Kapitalverkehrsfreiheit sprachlich offengelassen.

830 EuGH, Urteil vom 08.11.2012, C-244/11 – Kommission/Griechenland, ECLI:EU:C:2012:694, Rn. 26 f.

Zur Klärung des Konkurrenzverhältnisses bei reinen Drittstaatssachverhalten stehen sich im Wesentlichen zwei Argumente gegenüber. Gegen eine Einbeziehung der Niederlassungsfreiheit spricht, dass eine bereits nicht personell anwendbare Vorschrift in der Regel keine konkurrenzrechtliche Verdrängungswirkung entfalten kann.[831] Dies wird von *Hindelang/Hagemeyer* als „Paradoxie" bezeichnet.[832] Die Niederlassungsfreiheit wurde jedoch bewusst nicht auf Drittstaatssachverhalte erstreckt. Mit einer weiten Anwendbarkeit der Kapitalverkehrsfreiheit wäre diese gesetzgeberische Entscheidung aber umgangen. Die Mitgliedstaaten und Unionsgesetzgeber sollen den Niederlassungsvorgang gegenüber Drittstaaten ohne grundfreiheitliche Einschränkung regeln bzw. beschränken dürfen. Dies bedeutet, dass der grundfreiheitliche Schutz mit einem höheren Grad der Beteiligung am Unternehmen verschwindet.[833] Dies bezeichnen *Hindelang/Hagemeyer* als „weitere Paradoxie":[834] Eine Regelung, die nur auf „sicheren Einfluss" vermittelnde Drittstaatsinvestitionen anwendbar wäre, bliebe nach dieser Konkurrenzlösung ohne Einschränkung durch Grundfreiheitsvorgaben möglich. Eine Regelung, die nur einfache Investitionen zum Gegenstand hat, müsste hingegen auf ihre Vereinbarkeit mit der Kapitalverkehrsfreiheit geprüft werden – ebenso wie Regelungen zu Portfolioinvestitionen. Historisch hatten die Mitgliedstaaten bei Erweiterung der Kapitalverkehrsfreiheit jedoch genau gegenüber jenen kurzfristigen Spekulationsinvestitionen Vorbehalte geäußert. Der grundfreiheitliche Schutz von Direktinvestitionen würde mit größeren Erwerbstatbeständen durch Verdrängung durch die Niederlassungsfreiheit verschwinden. Die Kompetenznorm des Art. 207 AEUV vermittelt hingegen ein einheitliches Regulierungsverständnis von Direktinvestitionen. Ebenso ist die Auslegung nicht von der subjektiven Vorstellung des Normerzeugers abhängig. Ein Sichtwechsel oder eine geopolitische Veränderung der Gefahren unternehmerischer Investitionen können dazu führen, dass diese weitergehender Beschränkung unterliegen sollen.[835]

Unabhängig von der politischen Frage ob, lang- oder kurzfristige Investitionen strenger reguliert werden sollten, hat der EuGH der personellen Beschränkung der Niederlassungsfreiheit auf Unionssachverhalte, Rechtswirkung auf alle

831 Vgl. *Hindelang/Hagemeyer* EuZW 2017, 882 (885); *Hindelang* IStR 2013, 77 (80).

832 *Hindelang/Hagemeyer* EuZW 2017, 882 (885).

833 Vgl. *Hindelang/Hagemeyer* EuZW 2017, 882 (885); *Hindelang* IStR 2010, 443 (445).

834 *Hindelang/Hagemeyer* EuZW 2017, 882 (885).

835 *Kainer* in: Pechstein/Nowak/Häde (Hrsg.), Frankfurter Kommentar EUV/GRC/AEUV, Art. 49 AEUV, Rn. 151.

sachlich anwendbaren Sachverhalte zugemessen. Dem personellen Anwendungsbereich sei Rechnung zu tragen und dürfe auch nicht durch die Kapitalverkehrsfreiheit aufgeweicht werden.[836] Dies stützt sich auf ein systematisches Argument. Die personelle Beschränkung stelle eine Absage an den Schutz von Drittstaatsunternehmen bei Niederlassungsvorgängen durch andere Grundfreiheiten dar. Die Kapitalverkehrsfreiheit dürfe nicht als „unechte Niederlassungsfreiheit" dienen.[837] Das bedeutet eine Regelung, die nur Niederlassungs-Direktinvestitionen zum Regelungsgegenstand hat, muss sich bei Drittstaatssachverhalten nicht an der Kapitalverkehrsfreiheit messen lassen. Gilt eine Regelung aber für alle Formen der Direktinvestition, braucht diese Verdrängungswirkung nicht beachtet werden. Auch bei Unionsinvestitionen wird dann die Kapitalverkehrsfreiheit angewendet.

gg) Zwischenergebnis

Für die FDI-RahmenVO, die dem Wortlaut nach ausdrücklich auch einfache Direktinvestitionen miteinbezieht,[838] bedarf es keiner finalen Klärung, ob die Niederlassungsfreiheit den sachlichen Anwendungsbereich der Kapitalverkehrsfreiheit bei Drittstaatssachverhalten einschränken haben kann.[839] Die FDI-RahmenVO umfasst nach der Definition ausdrücklich auch lediglich von der Kapitalverkehrsfreiheit geschützte Direktinvestitionen. Die FDI-RahmenVO muss sich deshalb insgesamt an der Kapitalverkehrsfreiheit messen lassen. Hierzu passt auch Erwägungsgrund Nr. 4 FDI-RahmenVO, der ausdrücklich das Recht zur Einschränkung des Kapitalverkehrs nach Art. 65 AEUV nennt. Geht man davon aus, dass die Niederlassungsfreiheit in diesem Fall verdrängende Wirkung hätte, wären kompetenzielle Diskussionen um Art. 65 AEUV obsolet. Ohnehin wäre Art. 65 AEUV als Ausnahme von der Kapitalverkehrsfreiheit auch nur auf Direktinvestitionen unterhalb des „sicheren" Einflusses denkbar, wenn die materiell-rechtliche und kompetenzielle Wirkung des Art. 65 AEUV nicht getrennt betrachtet werden würde. Der Direktinvestitionsschutz der Grundfreiheiten ist differenzierter als es Art. 207 AEUV auf kompetenzieller Ebene vorsieht.

---

836 EuGH, Urteil vom 13.11.2012, C-35/11 – Test Claimants in the FII Group Litigation, ECLI:EU:C:2012:707, Rn. 100.

837 *Unger* EuZW 2015, 61 (68), mit Bezug auf die o.g. Rechtsprechung.

838 Vgl. Kapitel B. VI. 2.

839 A. A. *Hindelang* EuZW 2017, 882 (885).

3. Eingriff

Untersagt sind nach Art. 63 AEUV „Beschränkungen" des Kapitalverkehrs, sofern sie nicht gerechtfertigt sind. Der Begriff der „Beschränkung" ist im Primärrecht nicht definiert.[840] Eine Beschränkung von Investitionen liegt laut EuGH dann vor, wenn sie geeignet ist, den Erwerb von Aktien der betroffenen Unternehmen zu verhindern oder zu beschränken oder aber Investoren aus anderen Mitgliedstaaten davon abzuhalten, in das Kapital dieser Unternehmen zu investieren.[841] Beschränkungen des Kapitalverkehrs sind geeignet, „Gebietsfremde von Investitionen in einem Mitgliedstaat oder die in diesem Mitgliedstaat Ansässigen von Investitionen in anderen Staaten abzuhalten."[842] Ebenso stellen Genehmigungserfordernisse Beschränkungen dar.[843] Im Lichte einer einheitlichen Grundfreiheitendogmatik wurde sich an der Dassonville-Formel der Warenverkehrsfreiheit orientiert.[844] Auch bei der Kapitalverkehrsfreiheit wird zwischen Beschränkungen und Diskriminierungen unterschieden.[845] Besonderheit der Kapitalverkehrsfreiheit ist, dass diese Beschränkungen zwischen den Mitgliedstaaten untereinander als auch Beschränkungen zwischen Mitgliedstaaten und Drittstaaten umfassen.[846] Einer Ungleichbehandlung bedarf es dem Wortlaut nach nicht; eine Beschränkung des Kapitalverkehrs ist ausreichend.[847]

840 Vgl. *Sanders* EuZW 2005, 106 (107).

841 EuGH, Urteil vom 22.10.2013, C-105/12 – Essent u. a., ECLI:EU:C:2013:677, Rn. 41; EuGH, Urteil vom 04.06.2002, C-367/98 – Kommission/Portugal, ECLI:EU:C:2002:326, Rn. 45 f.; EuGH, Urteil vom 13.05.2003, C-483/99 – Kommission/Frankreich, ECLI:EU:C:2002:327, Rn. 40.

842 EuGH, Urteil vom 09.09.2021, C-449/20 – Real Vida Seguros, ECLI:EU:C:2021:721, Rn. 15; EuGH, Urteil vom 29.04.2021, C-480/19 – Veronsaajien oikeudenvalvontayksikkö, ECLI:EU:C:2021:334, Rn. 26; EuGH, Urteil vom 30.04.2020, C-565/18 – Société Générale, EU:C:2020:318, Rn. 20.

843 EuGH, Urteil vom 08.11.2012, C-244/11 – Kommission/Griechenland, ECLI:EU:C:2012:694, Rn. 29.

844 Hierfür statt vieler *Korte* in: Calliess/Ruffert (Hrsg.), EUV/AEUV, Art. 63 AEUV, Rn. 47; kritisch *Sanders* EuZW 2008, 33 (33); *ders.* EuZW 2005, 106 (108).

845 *Korte* in: Calliess/Ruffert (Hrsg.), EUV/AEUV, Art. 63 AEUV, Rn. 48.

846 EuGH; Urteil vom 18.06.2020, C-78/18 – Kommission/Ungarn, ECLI:EU:C:2020:476, Rn. 52; EuGH, Urteil vom 22.10.2013, C-105/12 – Essent u. a., ECLI:EU:C:2013:677, Rn. 39.

847 EuGH, Urteil vom 16.09.2020, C-339/19 – Romenergo und Aris Capital, ECLI:EU:C:2020:709, Rn. 35; EuGH, Urteil vom 18.06.2020, C-78/18 – Kommission/Ungarn, ECLI:EU:C:2020:476, Rn. 52 f.; EuGH, Urteil vom 04.06.2002, C-367/98 – Kommission/Portugal, ECLI:EU:C:2002:326, Rn. 44 f.

Der EuGH hat Genehmigungserfordernisse für Direktinvestitionen – je nach Stimmrechtsanteilsschwelle der Kontrolle – als Eingriffe in die Kapital- und/oder Niederlassungsfreiheit eingestuft.[848] Die Entscheidungen können auf den zu untersuchenden Sachverhalt jedoch nicht unmittelbar übertragen werden. Die FDI-RahmenVO ist selbst keine Investitionskontrolle, sondern ermöglicht den Mitgliedstaaten nur, eine Kontrolle einzuführen und gibt diesen hierfür Regeln auf. Diese Funktionen sind im Folgenden auf ihre Beschränkungsqualität der Kapitalverkehrsfreiheit zu untersuchen.

a) Legalisierung und Rückermächtigung

Aufgrund der ausschließlichen Zuständigkeit durch Art. 207 II AEUV erlaubt bzw. legalisiert die FDI-RahmenVO als Rückermächtigung nationale Überprüfungsmechanismen.[849] Diese ist somit Ausgangspunkt nationaler unionskonformer Investitionskontrollen.

Es handelt sich um eine Ermächtigung zur Beeinträchtigung durch ein nationales Gesetz. Rückermächtigungen sind nicht allein durch die für die Mitgliedstaaten erwachsende Möglichkeit, einschränkende Maßnahmen vorzunehmen, als Beeinträchtigungen zu bewerten. Bei Rückermächtigungen handelt es sich um den Grundfreiheiten gegenüber neutrale (zeitlich begrenzte) Kompetenzverschiebungen. Wenn die Rückermächtigung jedoch spezifisch zu Marktzugangsbeschränkungen, wie Investitionskontrollen, ermächtigt, muss sich die grundfreiheitliche Bewertung auch an der vorgesehenen nationalen Umsetzung messen lassen. Auf die Entscheidungsfreiheit bezüglich der Einführung einer Investitionskontrolle kommt es nicht an. Andernfalls könnte durch eine nicht zwingende Formulierung die Anwendbarkeit der Grundfreiheiten auf den Unionsakt umgangen werden. In den Leitlinien zur Anwendung der FDI-RahmenVO ruft die Kommission zudem dazu auf, eine Investitionskontrolle in den Mitgliedstaaten einzurichten.[850]

Daneben ist auch ein Vergleich mit der nicht verbindlichen Empfehlung zu ziehen, denn diese stellt selbst auch keinen Eingriff im engeren Sinne dar, bezweckt aber einen. Empfehlungen können indirekt rechtliche Wirkung

848 Vgl. EuGH, Urteil vom 08.11.2012, C-244/11 – Kommission/Griechenland, ECLI:EU:C:2012:694, Rn. 25; EuGH, Urteil vom 14.03.2000, C-54/99 – Église de Scientology, ECLI:EU:C:2000:124, Rn. 14.

849 *Günter* in: Tietje/Kraft/Kumpan (Hrsg.), Beiträge zum Transnationalen Recht, 2018 (157), S. 34, „Wiederherstellung von Unionskonformität".

850 *Kommission* Mitteilung, (2020/C 99 I/01), Leitlinien, S. 2.

erzeugen.[851] Gerichte werden die Empfehlung des Unionsorgans bei Rechtsstreitigkeiten berücksichtigen.[852] Übertragen bedeutet dies, dass auch ohne Verbindlichkeit die nationalen Gerichte bei der Anwendung der nationalen Investitionskontrollen den Inhalt der Investitionsverordnung berücksichtigen werden, was sich wiederum auf die Verwirklichung der Grundfreiheiten auswirkt. Daneben kommt bereits die abschreckende Wirkung eines geplanten Kontrollsystems als Eingriff in Betracht.[853] Dies dürfte insbesondere für chinesische und russische Investoren gelten, die aktiv im Gesetzgebungsverfahren der FDI-RahmenVO thematisiert wurden[854] und gestärkt durch den EU-Akt womöglich nun mit intensiveren nationalen Investitionskontrollen rechnen können.

Da es den Mitgliedstaaten durch die FDI-RahmenVO kompetenziell erlaubt wird, explizit nationale Investitionskontrollen zu erlassen und die materielle Ausgestaltung geringerer Begründungsintensität bedarf, muss allein der Ermächtigung bereits Eingriffsqualität zugesprochen werden.

b) Harmonisierung und Konkretisierung

Nach Art. 3 FDI-RahmenVO können die Mitgliedstaaten Mechanismen zur Überprüfung von ausländischen Direktinvestitionen aufrechterhalten, ändern oder einrichten. Hierzu werden in Art. 4 FDI-RahmenVO Faktoren genannt, die berücksichtigt werden können sowie in Art. 3 FDI-RahmenVO Vorgaben für das Kontrollsystem gemacht. Da es sich in Art. 3 I und 4 FDI-RahmenVO um „kann"-Sätze handelt, schreibt die Verordnung den Mitgliedstaaten weder die Einrichtung eines Kontrollsystems vor, noch macht sie ihnen zwingende materielle Vorgaben. Ganz ohne Kontrollsystem wird die ausreichende Würdigung der Kommissionsstellungnahmen schwierig umsetzbar sein.[855] Harmonisierende bzw. konkretisierende Unionsakte können eine Beeinträchtigung der

---

851 *Nettesheim* in: Grabitz/Hilf/Nettesheim (Hrsg.), Das Recht der Europäischen Union, Art. 288 AEUV, Rn. 206.

852 *Nettesheim* in: Grabitz/Hilf/Nettesheim (Hrsg.), Das Recht der Europäischen Union, Art. 288 AEUV, Rn. 206.

853 EuGH, Urteil vom 28.09.2006, C-282/04 – Kommission/Niederlande, ECLI:EU:C:2006:608, Rn. 20.

854 Vgl. *Europäischer Wirtschafts- und Sozialausschuss* Stellungnahme, vom 25.07.2018, 2018/C-262/16, Bemerkungen 2.30 ff. *Bungenberg/Blandfort* in: Hahn/Van der Loo (Hrsg.), Law and Practise of the Common Commercial Policy, S. 181, sehen in dem Fokus auf chinesische Investoren eine Parallele zur amerikanischen CFIUS-Kontrolle.

855 Siehe Kapitel F. II. 2. a).

Grundfreiheiten darstellen, indem ein zulässiges Schutzniveau für die Einschränkung der Grundfreiheit aufgestellt wird.[856] Ob die FDI-RahmenVO eine klassische Harmonisierung vornimmt, wird an späterer Stelle untersucht.[857] Klar ist jedoch, dass sie die Anwendung der Grundfreiheiten konkretisierende Elemente aufweist. Der Unionsgesetzgeber kann seine eigenen Vorstellungen bezüglich der Ausgestaltung der Grundfreiheiten der bisherigen Rechtsprechung zu einem gewissen Grad entgegensetzen. Eine solche „legislative override“[858] wird dabei in der Regel einen Eingriff darstellen. Der EuGH hat in einem solchen Fall zu entscheiden, ob er den Sekundärrechtsakt akzeptiert und seine bisherige Rechtsprechung aufgibt oder seine Sichtweise als primärrechtlich geboten ansieht, sodass im Hinblick auf die Normhierarchie ein legislativer Verstoß festgestellt wird.[859] Die Grundfreiheitsanwendung kann durch Sekundärrecht ergänzt bzw. teilweise ersetzt werden; bei der Ausgestaltung ist der Unionsgesetzgeber aber selbst an die Grundfreiheit gebunden – die Erwägungen decken sich mit denen zur Adressierung der Grundfreiheiten. Diese Bindung kann so weit gehen, dass er die bisherige Rechtsprechung im Sekundärakt teilkodifizieren muss.[860]

Potenzielle Effekte der Regulierung auf die Grundfreiheiten können für die Bewertung einer Eingriffsqualität berücksichtigt werden, entscheidend bleibt aber die normative Ausgestaltung des Regelungswerks. Die FDI-RahmenVO kann zwar unzulässiger protektionistischer Politik der Mitgliedstaaten entgegenwirken, indem die zu berücksichtigenden Faktoren protektionistische Erwägungen verdrängen,[861] doch ist dies kein zwingender Effekt. In anderen Staaten kann die Rahmengesetzgebung auch zur Kontrollintensivierung führen.[862] Der für die Ermittlung einer Beeinträchtigung bewirkte Effekt darf nicht streng am Status Quo der Rechtslage der Mitgliedstaaten festgemacht werden, um eine Beeinträchtigung zu ermitteln. Vergleichbar mit der Ermittlung eines Rückschritts bei Art. 64 III AEUV muss auch eine Rechtsangleichungsmaßnahme der Union, die die Beschränkungsmöglichkeiten der Mitgliedstaaten

---

856 Vgl. EuGH, Urteil vom 08.12.2020, C-626/18 – Polen/Parlament und Rat, ECLI:EU:C:2020:1000, Rn. 89.

857 Siehe Kapitel F. I. 1.

858 *Klenk* Die Grenzen der Grundfreiheiten, S. 416.

859 *Klenk* Die Grenzen der Grundfreiheiten, S. 416 f.

860 *Klenk* Die Grenzen der Grundfreiheiten, S. 415 f.

861 Vgl. *Voland/Slobodenjuk* in: Krenzler/Herrmann/Niestedt (Hrsg.), EU-Außenwirtschafts- und Zollrecht, XII Nr. 122, Art. 3 FDI-RahmenVO, Rn. 1.

862 Vgl. *Schill* Legal Issues of Economic Integration 2019 (46), 105 (107 f.).

aufnimmt, als Beschränkung angesehen werden.[863] Gerade die FDI-RahmenVO illustriert, dass sich die Zielsetzungen von Verordnungen ändern können. Zu Beginn des Gesetzgebungsverfahrens wurde ausdrücklich die Offenheit für ausländische Investitionen hervorgeben,[864] sodass der Eindruck entstehen konnte, dass mitunter auch der Zweck die Zähmung der mitgliedstaatlichen Investitionskontrollen sei. Unter dem Eindruck von Versorgungsengpässen, durch die COVID-19-Pandemie bedingt, hat sich dies geändert. Aktiv wird nun in den Leitlinien aufgefordert, eine Kontrolle im Sinne der FDI-RahmenVO zu erlassen.[865] Die politische Verschiebung in diesem Fall illustriert, wieso die Eingriffsqualität nicht nach konkreten oder vermeintlichen Auswirkungen bewertet werden kann, sondern anhand der normativen Ausgestaltung beurteilt werden muss. Die Regulierung von Investitionskontrollen ist ein Eingriff, unabhängig davon, ob kontrollintensive Mitgliedstaaten damit „gezähmt" werden können.

c) Kooperationsmechanismus

Die FDI-RahmenVO hat daneben die Errichtung eines Kooperationsmechanismus zwischen den Mitgliedstaaten zum Ziel.[866] Der Informationsaustausch zwischen den Staaten gem. Art. 5 I, II FDI-RahmenVO beeinträchtigt die Grundfreiheiten nicht. Eine Beeinträchtigung stellt aber die Möglichkeit einer Stellungnahme der Kommission gem. Art. 6 III und Art. 7 II FDI-RahmenVO dar, welche nach Art. 6 IX, 7 VII FDI-RahmenVO angemessen berücksichtigt werden muss. Die Einflussnahme der Kommission wird in Art. 8 FDI-RahmenVO noch einmal intensiviert. Es handelt sich nicht um eine eigenständige Investitionskontrolle durch die Kommission, jedoch ermöglicht diese, dass die Kommission auf den Kapitalverkehr der Mitgliedstaaten einwirken und Mitgliedstaaten zur Untersagung bewegen kann.[867] Es stellt sich die Frage, ob Stellungnahmen im Sinne des Art. 288 IV AEUV eine Beeinträchtigung der Grundfreiheiten darstellen können. Im Hinblick auf ihre psychologisch-politische Wirkung[868] wird man eine solche annehmen können. Zwar sind sie an die Mitgliedstaaten adressiert,

---

863 Vgl. den Ansatz bei *Ress/Ukrow* in: Grabitz/Hilf/Nettesheim (Hrsg.), Das Recht der Europäischen Union, Art. 64 AEUV, Rn. 24.

864 *Kommission* COM(2017) 487 final, vom 13.09.2017, S. 2; *Kommission* Mitteilung, COM(2017) 492 final, vom 13.09.2017, S. 2 f.

865 *Kommission* Mitteilung, (2020/C 99 I/01), Leitlinien, S. 3.

866 Inhaltlich zum Kooperationsmechanismus, siehe Kapitel F. II.

867 Vgl. zur Einordnung Kapitel F. II. 2. a).

868 *Ruffert* in: Calliess/Ruffert (Hrsg.), EUV/AEUV, Art. 288 AEUV, Rn. 95.

diese sind jedoch im Rahmen der FDI-RahmenVO mit einer individuellen Einzelfallentscheidung gegenüber den Investoren vergleichbar.

d) Diskriminierung

Für einen Eingriff in die Grundfreiheiten muss keine Diskriminierung vorliegen, eine Beschränkung ist ausreichend. Das Vorliegen einer Diskriminierung entscheidet jedoch darüber, welche Anforderungen an die Rechtfertigung des Eingriffs zu stellen sind.[869] Bei der Diskriminierung handelt es sich um eine Ungleichbehandlung der grenzüberschreitenden Vorgänge.[870]

aa) Die Ungleichbehandlung

Vergleichsmaßstab bei einer Ungleichbehandlung ist die „Nationalität" des Kapitals[871] oder die Herkunft/das Ziel der Investition[872].[873] Zu unterscheiden ist hierbei zwischen direkter und indirekter Diskriminierung. Bei ersterer wird ausdrücklich auf das verbotene Merkmal abgestellt, bei letzterer werden andere Kriterien angewendet, die letztlich jedoch auf einer solchen (verbotenen) Unterscheidung beruhen.[874] Bei einer Diskriminierung bedarf es immer eines Vergleichsmaßstabs, da die diskriminierende Situation mit einer nichtdiskriminierenden Situation verglichen werden muss.[875] Bei der Prüfung der Vergleichbarkeit muss laut dem EuGH in steuerrechtlichen Urteilen zwischen

869 Siehe hierzu Kapitel E. II. 4. a).

870 Vgl. zur Wortbedeutung *Dammann* Diskriminierungen im Bereich der Grundfreiheiten und deren Rechtfertigung aus zwingenden Gründen des Allgemeininteresses, S. 26 ff.

871 *Gramlich* in: Pechstein/Nowak/Häde (Hrsg.), Frankfurter Kommentar EUV/GRC/AEUV, Art. 63 AEUV, Rn. 27.

872 *Hindelang* JZ 2009, 829 (34); *Hindelang* The Free Movement of Capital and Foreign Direct Investment, S. 139, der in der Differenzierung nach Nationalität eine indirekte Diskriminierung erkennt. Dieser Sichtweise entsprechend, EuGH, Urteil vom 18.06.2020, C-78/18 – Kommission/Ungarn, ECLI:EU:C:2020:476, Rn. 62, „mittelbare Diskriminierung aufgrund der Staatsangehörigkeit". A. A. *Frenz* HdB. Europarecht Bd. 1, Rn. 121, der beide Anknüpfungspunkte als direkte Diskriminierung ansieht.

873 Teilweise auch beide Anknüpfungspunkte, vgl. *Lenaerts/Van Nuffel* European Union Law, Rn. 9–101. *Frenz* HdB. Europarecht, Bd. 1, Rn. 492, sogar für die Herkunft des Anlegers mit unklarem Verweis auf die Rechtsprechung zu den Goldenen Aktien.

874 *Gramlich* in: Pechstein/Nowak/Häde (Hrsg.), Frankfurter Kommentar EUV/GRC/AEUV, Art. 63 AEUV, Rn. 27.

875 *Hindelang* The Free Movement of Capital and Foreign Direct Investment, S. 129.

mitgliedstaatsinternen und grenzüberschreitenden Situationen auch das verfolgte Ziel der Bestimmung miteinbezogen werden muss.[876] Ob die unterschiedliche Behandlung durch eine Regelung einem objektiven Unterschied der Situationen entspricht, sei nur anhand der aufgestellten maßgeblichen Unterscheidungskriterien der Regelung zu bestimmen.[877] Hierzu kann auch auf die subjektiven Ziele der Regelungen abgestellt werden, sofern diese erkennbar sind.[878] Im Ergebnis werden damit aber Rechtfertigungsgründe auf Tatbestandsseite herangezogen, sodass die Ungleichbehandlung nicht durch die Ziele der Ungleichbehandlung ermittelt werden sollten.[879]

In der ersten vom EuGH entschiedenen Rechtssache C-54/99 (Église de Scientology) zu Genehmigungserfordernissen bei Direktinvestitionen, urteilte der EuGH festgestellt, dass Genehmigungserfordernisse für ausländische Direktinvestitionen eine „Beschränkung" des Kapitalverkehrs darstellen.[880] Dogmatisch differenzierend zwischen Beschränkung und Diskriminierung äußerte der EuGH sich nicht, obwohl im Schlussantrag zu der Rechtssache auf die diskriminierende Wirkung hingewiesen und das Fehlen einer vergleichbaren Kontrolle für innerstaatliche Investitionen dieser Art kritisiert wurde.[881] Da als Rechtfertigungsgrund nur die öffentliche Ordnung oder Sicherheit in Betracht gezogen wurden, scheint der EuGH aber eine genauere Bezeichnung nicht für bedeutsam

---

876 EuGH, Urteil vom 22.09.2022, C-538/20 – W, ECLI:EU:C:2022:717, Rn. 19; EuGH, Urteil vom 14.05.2020, C-749/18 – B u. a., ECLI:EU:C:2020:370, Rn. 33; EuGH, Urteil vom 30.04.2020, C-565/18 – Société Général, ECLI:EU:C:2020:318, Rn. 26; EuGH, Urteil vom 13.11.2019, C-641/17 – College Pension Plan of British Columbia/ Finanzamt München, ECLI:EU:C:2019:960, Rn. 65; EuGH, Urteil vom 26.02.2019, C-135/17 – X-GmbH/FA Stuttgart, ECLI:EU:C:2019:136, Rn. 64; EuGH, Urteil vom 01.04.2014, C-80/12 – Felixstowe Dock/The Commissioners, ECLI:EU:C:2014:200, Rn. 25.

877 EuGH, Urteil vom 29.04.2021, C-480/19 – Veronsaajien oikeudenvalvontayksikkö, ECLI:EU:C:2021:334, Rn. 49; EuGH, Urteil vom 21.06.2018, C-480/16 – Fidelity Funds u. a., ECLI:EU:C:2018:480, Rn. 51.

878 Vgl. *GA Kokott* Schlussantrag vom 10.01.2019, C-607/17 – Skatteverket, ECLI:EU:C:2019:8, Rn. 40.

879 Vgl. die Kritik von *GA Kokott* Schlussantrag vom 13.06.2019, C-75/18 – Vodafone Magyarország, ECLI:EU:C:2019:492, Rn. 105.

880 EuGH, Urteil vom 14.03.2000, C-54/99 – Église de Scientology, ECLI:EU:C:2000:124, Rn. 14.

881 Vgl. *GA Saggio* Schlussantrag vom 21.10.1999, C-54/99 – Église de Scientology, ECLI:EU:C:2000:124, Rn. 22.

gehalten zu haben. Im Ergebnis handelte es sich bei der französischen Regelung aber um eine offene Diskriminierung.

In der Rechtssache C-339/19 (SC Romenergo u. Aris Capital) bezeichnete der EuGH gleichstufig die Unterscheidung zwischen Personen nach ihrer Staatsangehörigkeit, ihrem Wohnsitz oder nach Herkunft ihres Kapitals beiläufig als Diskriminierung oder formale Unterscheidung bezeichnet.[882] Ohne eine Unterscheidung zwischen direkter und indirekter Diskriminierung zu betonen, kann die Bezeichnung des EuGH als „formale Unterscheidung" so interpretiert werden, dass all diese Unterscheidungsmerkmale eine direkte Diskriminierung darstellen. Eine andere Interpretation bleibt dennoch möglich. Im konkreten Fall ging es um eine unabhängig von einer bestimmten Staatsangehörigkeit anwendbare Regelung, sodass der EuGH keine weiteren Ausführungen machte.

In der Rechtssache C-367/98 (Kommission/Portugal) hielt der EuGH eine Begrenzung der Stimmrechtserwerbe an portugiesische Unternehmen für ausländische Investoren, einschließlich mitgliedstaatlicher Unternehmen, für eine Ungleichbehandlung bezeichnet.[883] In der Entscheidung wurde problembezogen nur über die Ungleichbehandlung zwischen staatsangehörigen und mitgliedstaatlichen Anlegern geurteilt; es deutete sich jedoch an, dass die Ungleichbehandlung drittstaatlicher Unternehmen nicht als Problem angesehen wurde.[884]

bb) Ungleichbehandlung durch die FDI-RahmenVO

Art. 3 II FDI-RahmenVO verbietet ausdrücklich Diskriminierungen zwischen den verschiedenen Drittstaaten.[885] Nicht davon umfasst ist die Diskriminierung bzw. Ungleichbehandlung zwischen inländischen und ausländischen Investoren.

---

882 EuGH, Urteil vom 16.09.2020, C-339/19 – SC Romenergo u. Aris Capital, ECLI:EU:C:2020:709, Rn. 35.

883 EuGH, Urteil vom 04.06.2002, C-367/98 – Kommission/Portugal, ECLI:EU:C:2002:326, Rn. 40, bei dem das Genehmigungserfordernis bei Überschreitung der Höchstanteile auch für inländische Investoren vorgesehen war, sodass hierzu keine Ungleichbehandlung, sondern eine Beschränkung erkannt wurde. Der ausdrückliche Hinweis auf die gleichsame Anwendung auf inländische Investoren, kann im Umkehrschluss aber so gedeutet werden, dass es sich ansonsten um eine Ungleichbehandlung gehalten hätte.

884 EuGH, Urteil vom 04.06.2002, C-367/98 – Kommission/Portugal, ECLI:EU:C:2002:326, Rn. 40.

885 Vgl. *Günter* in: Tietje/Kraft/Kumpan (Hrsg.), Beiträge zum Transnationalen Wirtschaftsrecht, 2018 (157), S. 14, jedoch ohne Hinweis auf die Beschränkung des Diskriminierungsverbots auf den Vergleich zwischen Drittstaaten.

Eine Ungleichbehandlung zwischen EU-Investoren und Drittstaat-Investoren bleibt unkommentiert. Da die FDI-RahmenVO jedoch nur Investitionskontrollen für Drittstaaten reguliert, bleibt das Schweigen diesbezüglich mehrerlei Interpretationen zugänglich.[886]

Überprüft werden sollen „ausländische Direktinvestitionen"; Direktinvestitionen sind gem. Art. 2 Nr. 1 FDI-RahmenVO solche, die von einem ausländischen Investor getätigt werden. Der „ausländische Investor" ist nach Legaldefinition des Art. 2 Nr. 2 FDI-RahmenVO eine natürliche Person aus einem Drittstaat oder gem. Art. 2 Nr. 7 FDI-RahmenVO ein nach dem Recht eines Drittstaats gegründetes oder anderweitig errichtetes Unternehmen. Der „ausländische Investor" ist als Überbegriff zu verstehen, der das „Unternehmen aus einem Drittstaat" umfasst. Das bedeutet, dass es für das Unternehmen aus einem Drittstaat nicht auf die Staatsangehörigkeit des Gründers ankommt, sodass auch denkbar wäre, dass die Direktinvestition eines durch einen Deutschen in einem Drittstaat gegründeten Unternehmens einer Überprüfung in Deutschland unterzogen werden kann. Hinzu kommt nach Erwägungsgrund Nr. 10 FDI-RahmenVO, dass Unternehmen, die lediglich zur Umgehung der Überprüfung in einem Mitgliedstaat gegründet werden, in den Blick der Verordnung genommen werden sollen.[887] Adressiert werden „künstliche Vereinbarungen", die den Überprüfungsmechanismus umgehen sollen, indem sie den tatsächlich drittstaatlichen Investor nur mittelbar erkennen lassen.

Geht man davon aus, dass es sich um eine Diskriminierung aufgrund der Staatsangehörigkeit handelt,[888] ist nicht klar, ob es eine direkte oder indirekte Diskriminierung ist.[889] Dies kann, je nach Sichtweise der Reichweite ungeschriebener Rechtfertigungsgründe, wichtig werden. Geht man weiterhin davon aus, dass die Ungleichbehandlung allein nach Staatsangehörigkeit bei der objektbezogenen Kapitalverkehrsfreiheit nicht ausreichend für eine direkte Diskriminierung ist,[890] muss genau geklärt werden, an welchem Merkmal die Ungleichbehandlung in der FDI-RahmenVO ansetzt.

---

886 Siehe vertiefend, Kapitel F. I 3. a) bb) (2).

887 Dieses Problem war bereits vor der Verordnung vom deutschen Gesetzgeber gelöst worden, vgl. § 55 II AWV. Bereits die erste Fassung regelte den Umgehungstatbestand in § 53 AWV, vgl. Dreizehntes Gesetz zur Änderung des Außenwirtschaftsgesetzes und der Außenwirtschaftsverordnung, BGBl. I 2009, S. 770 ff. vom 18.04.2009.

888 *Zwartkruis/De Jong* European Business Law Review 2020, 447 (456).

889 *Zwartkruis/De Jong* European Business Law Review 2020, 447 (456), gehen wohl von einer direkten Diskriminierung aus.

890 *Kotthaus* Binnenmarktrecht und externe Kapitalverkehrsfreiheit, S. 77.

Nach der Definition des „ausländischen Investors“ in Art. 2 Nr. 2 1. Var. FDI-RahmenVO ist ein ausländischer Investor eine natürliche Person aus einem Drittstaat. Dem Wortlaut nach könnte die Definition so zu verstehen sein, dass der Investor aus einem Drittstaat rein formal nach dessen Staatsangehörigkeit zu ermitteln ist. Der Sinn der FDI-RahmenVO ist es jedoch nicht Ausländer, die vollständig in die deutsche Wirtschaft integriert sind, unter Prüfung zu stellen, sondern Investoren von „außen“, sodass das Wort „aus“ in dem Fall bedeutet, dass der Investor aus dem Ausland oder nur zur Umgehung der Kontrolle bereits im Inland agiert. Nach Art. 2 Nr. 2 2. Var. FDI-RahmenVO können Inländer auch dann unter die Regelung fallen, sofern sie Unternehmen in einem Drittstaat gründen, denn die Definition stellt nur auf die Staatsangehörigkeit des Unternehmens ab. Die überwiegende Anzahl der Übernahmen wird durch institutionelle Anleger durchgeführt, sodass die Akteure nahezu ausschließlich der Definition des Art. 2 Nr. 2 Var. 2 FDI-RahmenVO unterfallen. Ebenso aus Erwägungsgrund Nr. 10 FDI-RahmenVO wird deutlich, dass die Herkunft der Investition nicht rein formal zu ermitteln ist, sondern entscheidend ist, aus welchem Land die Investition und deren Entscheidungsträger tatsächlich kommen.

Bei den personenbezogenen Grundfreiheiten ist eine Differenzierung nach der Staatsangehörigkeit eine direkte Diskriminierung.[891] Bei der Kapitalverkehrsfreiheit handelt es sich aber um eine objektbezogene Grundfreiheit – Schutzobjekt ist das Kapital und nicht der Investor. Die Kapitalverkehrsfreiheit weist damit Gemeinsamkeiten mit der Warenverkehrsfreiheit auf.[892] Die Staatsangehörigkeit des Kapitals ist maßgeblich; welche aber wiederum nur durch die Ansässigkeit der Beteiligten ermittelt werden kann.[893] Die Freiheit soll verhindern, dass Gebietsfremde davon abgehalten werden Investitionen zu tätigen.[894] Eine Abgrenzung zwischen indirekter und direkter Diskriminierung ist bei

891 *Michl* in: Pechstein/Nowak/Häde (Hrsg.), Frankfurter Kommentar EUV/GRC/AEUV, Art. 18 AEUV, Rn. 80 m.w.N. aus der Rechtsprechung.

892 Vgl. ausführlich zur Übertragbarkeit *Ukrow/Ress* in: Grabitz/Hilf/Nettesheim (Hrsg.), Das Recht der Europäischen Union, Art. 63 AEUV, Rn. 195.

893 *Kretzschmar* Die Überprüfung drittstaatlicher Unternehmensakquisitionen zum Schutz der öffentlichen Ordnung und Sicherheit in der Europäischen Union, S. 501; *Clostermeyer* Staatliche Übernahmeabwehr und die Kapitalverkehrsfreiheit, S. 176 f., 221.

894 EuGH, Urteil vom 23.02.2006, C-513/03 – Van Hilten, ECLI:EU:C:2006:131, Rn. 44.

der Ermittlung über die Staatsangehörigkeit aber schwierig.[895] Unter Berücksichtigung der Umgehungsverhinderung des Erwägungsgrunds Nr. 10 FDI-RahmenVO geht es dem Unionsgesetzgeber offensichtlich um die Herkunft der Investition. Die Regelung der Verordnung stellt damit auf die Ansässigkeit des Investors ab. Es handelt sich um eine direkte Diskriminierung.[896]

e) Zwischenergebnis

Die FDI-RahmenVO greift in unterschiedlicher Weise in die Kapitalverkehrsfreiheit ein.[897] Sie schafft nicht nur Rechtssicherheit,[898] sondern hat zum Ziel, in die Kapitalverkehrsfreiheit einzugreifen, indem sie die Mitgliedstaaten und die Kommission bei der Ausgestaltung der Rechtfertigungsbegriffe anleitet.[899] Durch die Ungleichbehandlung mit Unionsinvestitionen stellt die FDI-RahmenVO eine Diskriminierung dar. Eine Ungleichbehandlung, auch durch Sekundärrecht, des grenzüberschreitenden Falls gegenüber Inlandssachverhalts ist im Kern binnenmarktwidrig und bedarf einer Rechtfertigung.[900] Im Falle der Kapitalverkehrsfreiheit gilt dies auch für den drittstaatsgrenzüberschreitenden Fall; für Eingriffe in diesen bestehen lediglich mehr sachliche Rechtfertigungsgründe.

4. Rechtfertigung

Eine staatliche Maßnahme, die den freien Kapitalverkehr beschränkt, ist nur dann zulässig, wenn sie erstens aus einem der in Art. 65 AEUV genannten Gründe oder aus einem zwingenden Grund des Allgemeininteresses gerechtfertigt und zweitens verhältnismäßig ist.[901] Das bedeutet, dass sie geeignet sein

---

895 *Clostermeyer* Staatliche Übernahmeabwehr und die Kapitalverkehrsfreiheit, S. 224. *Hindelang* JZ 2009, 829 (834), hält zumindest eine Unterscheidung in der Rechtsprechung des EuGH für „schwerlich feststellbar".

896 *Zwartkruis/De Jong* European Business Law Review 2020, 447 (456). Feststellend bzgl. der deutschen Regelung *Herrmann* ZEuS 2019, 429 (443), hinsichtlich der FDI-RahmenVO wird hingegen knapp dessen Einklang bestätigt. Wohl mit dem Hintergrund, dass sich kein anderes Ergebnis als bei der Untersuchung der dt. Regelung ergibt, vgl. S. 468. Auch bzgl. der dt. Regelung *Clostermeyer* Staatliche Übernahmeabwehr und die Kapitalverkehrsfreiheit, S. 342.

897 Vgl. *Brauneck* 2018, 188 (194).

898 Vgl. Erwägungsgrund Nr. 7 FDI-RahmenVO.

899 Vgl. Erwägungsgrund Nr. 12 FDI-RahmenVO.

900 *Schön* in: FS für Christine Windbichler zum 70. Geburtstag, S. 1039 (1058).

901 EuGH, Urteil vom 18.06.2020, C-78/18 – Kommission/Ungarn, ECLI:EU:C:2020:476, Rn. 76; EuGH, Urteil vom 21.05.2019, C-235/17 – Kommission/Ungarn,

muss, die Erreichung der verfolgten Zielsetzung in kohärenter und systematischer Weise zu gewährleisten und nicht über das hinausgehen darf, was hierzu erforderlich ist.[902] Der Verhältnismäßigkeitsgrundsatz gilt für Ungleichbehandlungen und Beschränkungen.[903] Ein engerer Maßstab wird mehrheitlich für Diskriminierungen angenommen.[904] Diese Einschränkung kann grundsätzlich bei allen Grundfreiheiten diskutiert werden. Die Kapitalverkehrsfreiheit unterscheidet in Art. 65 AEUV ausdrücklich zwischen Beschränkung und Diskriminierung. Allgemein gilt, dass vergleichbare Sachverhalte nicht ungleich und ungleiche Sachverhalte nicht gleich behandelt werden dürfen.[905] Anderenfalls bedürfen sie einer Rechtfertigung mittels geschriebener oder bei einer mittelbaren Ungleichbehandlung ungeschriebener Rechtfertigungsgründe.[906] Diskriminierungen sollen durch die Grundfreiheiten unterbunden werden, sie sind jedoch nicht zwangsläufig verboten – dies zeigt sich im Umkehrschluss am ausdrücklichen Verbot der „willkürlichen Diskriminierung" in Art. 65 III AEUV.

a) *Maßstab bei Diskriminierung*

Zur Rechtfertigung einer Ungleichbehandlung im Kapitalverkehr kommen die in Art. 65 AEUV genannten Rechtfertigungsgründe in Betracht. Daneben existieren in der Dogmatik der Grundfreiheiten noch die erstmals in der Rechtssache C-120/78 (Cassis de Dijon) entwickelten (ungeschriebenen) zwingenden Gründe des Allgemeininteresses.[907] Diese Rechtsprechung wurde anschließend auf alle Grundfreiheiten übertragen. Für den Rechtfertigungsmaßstab bei Diskriminierungen sind dabei drei Lösungsmöglichkeiten denkbar: Die

---

ECLI:EU:C:2019:432, Rn. 59; EuGH, Urteil vom 11.11.2010, C-543/08 – Kommission/Portugal, EU:C:2010:669, Rn. 83.

902 EuGH, Urteil vom 18.06.2020, C-78/18 – Kommission/Ungarn, ECLI:EU:C:2020:476, Rn. 76.

903 EuGH, Urteil vom 26.04.2012, C-578/10 – Van Putten, ECLI:EU:C:2012:246, Rn. 44.

904 Vgl. *Hindelang* The Free Movement of Capital and Foreign Direct Investment, S. 257 ff.; *Hindelang/Hagemeyer* EuZW 2017, 882 (887 f.); *Zwartkruis/De Jong* European Business Law Review 2020, 447 (456).

905 EuGH, Urteil vom 26.04.2012, C-578/10 – Van Putten, ECLI:EU:C:2012:246, Rn. 43; EuGH, Urteil vom 20.01.2011, C-155/09 – Kommission/Griechenland, ECLI:EU:C:2011:22, Rn. 68; EuGH, Urteil vom 05.06.2008, C-164/07.

906 EuGH, Urteil vom 12.12.2006, C-446/04 – Test Claimants in the FII Group Litigation, ECLI:EU:C:2006:774, Rn. 46.

907 EuGH, Urteil vom 20.02.1979, C-120/78 – Cassis de Dijon, ECLI:EU:C:1979:42, Rn. 8, „zwingende Erfordernisse".

ungeschriebenen Rechtfertigungsgründe sind entweder auch auf Diskriminierungen oder nur auf versteckte Diskriminierungen oder auf keine Diskriminierungen anwendbar.

Hintergrund dieser Begrenzung ist, dass die Grundfreiheiten ursprünglich als Diskriminierungsverbote konzipiert wurden und somit davon ausgegangen werden konnte, dass diese eine abschließende Regelung in den Verträgen erhielten.[908] Für die Ausweitung der Grundfreiheiten zu Beschränkungsverboten kann dies nicht angenommen werden, für indirekte Diskriminierungen kann es zumindest in Frage gestellt werden.[909] Dem Wortlaut nach geht der später hinzugetretene Art. 63 AEUV bereits von einem Beschränkungsverbot aus, sodass dieser Gedanke nicht vollends überzeugt; ein eigener Beschränkungsbegriff oder eine Abkehr von der Kongruenz der Grundfreiheiten sollte hieraus jedoch nicht entwickelt werden.[910] Diskriminierungen nach verbotenen Merkmalen bedürfen eines besonders starken Rechtfertigungsgrundes, den nur ausdrücklich festgelegte Gründe liefern können.[911] Anders ist dies für indirekte Diskriminierungen zu bewerten.[912] Aufgrund der Abgrenzungsschwierigkeit und vergleichbarer Interessenabwägung soll zwischen Beschränkung und indirekter Diskriminierung auf eine formale Unterscheidung verzichtet werden.[913] Insbesondere bei der Unklarheit des Anknüpfungsmerkmals bei der Kapitalverkehrsfreiheit ergibt dies Sinn.

In steuerrechtlichen Urteilen, in denen die Kapitalverkehrsfreiheit thematisiert war, äußerte der EuGH mehrmalig, dass auch die zwingenden Gründe des Allgemeininteresses zur Rechtfertigung von Diskriminierungen in Betracht kommen.[914] Diese Urteile bezogen sich aber immer auf die Ausnahmemöglichkeit

---

908 *Kotthaus* Binnenmarktrecht und Kapitalverkehrsfreiheit, S. 150. Vgl. auch *Classen* EuR 2004, 416 (432).

909 *Classen* EuR 2004, 416 (432).

910 *Ukrow/Ress* in: Grabitz/Hilf/Nettesheim (Hrsg.), Das Recht der Europäischen Union, Art. 63 AEUV, Rn. 195.

911 *Kotthaus* Binnenmarktrecht und Kapitalverkehrsfreiheit, S. 152.

912 Vgl. EuGH, Urteil vom 16.01.2003, C-388/01 – Kommission/Italien, ECLI:EU:C:2003:30, Rn. 21.

913 *Kotthaus* Binnenmarktrecht und Kapitalverkehrsfreiheit, S. 152.

914 St. Rspr., EuGH, Urteil vom 13.11.2019, C-641/17 – College Pension Plan of British Columbia/Finanzamt München, ECLI:EU:C:2019:960, Rn. 64; EuGH, Urteil vom 12.04.2018, C-110/17 – Kommission/Belgien, ECLI:EU:C:2018:250, Rn. 55; EuGH, Urteil vom 10.05.2012, C-338/11 bis C-347/11 – Santander Asset Management, ECLI:EU:C:2012:286, Rn. 45.

des Art. 65 I a) AEUV, welcher ausdrücklich Ungleichbehandlungen erlaubt, sodass sich die Rechtsprechung nicht ohne Weiteres übertragen lässt. Diese Urteile hatten dabei auch immer Unterscheidungen nach der Gebietsansässigkeit und nicht der Staatsangehörigkeit zum Gegenstand, sodass ihnen nicht entnehmbar ist, ob direkte Diskriminierungen durch ungeschriebene Gründe gerechtfertigt werden sollen. Die Urteile können aber auch so interpretiert werden, dass nur die Unterscheidung nach der Staatsangehörigkeit zu einer offenen Diskriminierung führt.[915]

Bei offenen Diskriminierungen kann eine solche Ausnahmemöglichkeit in der Rechtsprechung des EuGH bei der Kapitalverkehrsfreiheit nicht festgestellt werden.[916] Vereinzelt wird in der Literatur eine Erstreckung der ungeschriebenen Rechtfertigungsgründe auf direkte Diskriminierungen bei der Kapitalverkehrsfreiheit angenommen.[917] Als Argument wird hierfür das Erreichen vollständiger Konvergenz der Grundfreiheiten angeführt, das durch unterschiedliche verfasste Rechtfertigungsgründe verhindert wird.[918] Die Konvergenz der Grundfreiheiten ist jedoch kein das Primärrecht ignorierendes Metaprinzip, sondern soll bei der Auslegung zu einem kohärenten System beitragen. Als Beschränkung ist eine solche sinnvoll, weil sich die Grundfreiheitsnormen hierzu nicht ausreichend äußern. Ungeschriebene Rechtfertigungsgründe aber in jeder Hinsicht den geschriebenen Rechtfertigungsgründen gleichzustellen, missachtet die Autorität der Primärrecht-Vertragsparteien. Es soll deshalb davon ausgegangen werden, dass eine offene Diskriminierung nur durch die geschriebenen Gründe des Art. 65 AEUV gerechtfertigt werden kann.[919] Ein Großteil der Literatur differenziert nicht zwischen offener und versteckter Diskriminierung und lässt auch für letztere keine ungeschriebenen Rechtfertigungsgründe zu.[920] Sofern „modernste

---

915 *Dammann* Diskriminierungen im Bereich der Grundfreiheiten und deren Rechtfertigung aus zwingenden Gründen des Allgemeininteresses, S. 130, hebt die besondere Unklarheit in den Urteilen zum Steuerrecht zu der Differenzierung besonders hervor.

916 *Hindelang* WHI-Papier 2/2014, Kommentierung von Art. 65 AEUV, Rn. 37, m.w.N. für Ausnahmen des EuGH bei anderen Grundfreiheiten.

917 *Hindelang* WHI-Papier 2/2014, Kommentierung von Art. 65 AEUV, Rn. 36; *ders.* The Free Movement of Capital and Foreign Direct Investment, S. 257 ff.

918 *Hindelang* WHI-Papier 2/2014, Kommentierung von Art. 65 AEUV, Rn. 36.

919 *Frenz* HdB. Europarecht, Bd. 1, Rn. 2879. In Bezug auf die deutschen Investitionskontrollregeln, *Herrmann* ZEuS 2019, 429 (444).

920 *Glaesner* in: Schwarze/Becker/Hatje (Hrsg.), Art. 63 AEUV, Rn. 28 f.; *Lenaerts/Van Nuffel* European Union Law, 9–105.

und heute besonders wichtige Rechtfertigungsgründe“[921] Schutzgüter damit bei Diskriminierungen nicht berücksichtigt werden können, sollten diese aber bei dringender Schutzbedürftigkeit über eine Zeit gemäße Weiterentwicklung des Wortlauts der „öffentlichen Ordnung oder Sicherheit“ umfasst werden.[922] Darüber hinaus können sie jedoch keinen Rechtfertigungsgrund darstellen.

b) Rechtfertigungsgrund: Öffentliche Ordnung oder Sicherheit

Damit kann nur der Grund der „öffentlichen Ordnung oder Sicherheit“ zur Rechtfertigung einer Diskriminierung herangezogen werden.

aa) Allgemeine Definition

Der Rechtfertigungsgrund der öffentlichen Ordnung oder Sicherheit findet sich in allen Grundfreiheiten in verschiedenen Formulierungen – Art. 36, Art. 45 III, Art. 52 I und Art. 62 AEUV i. V. m. Art. 52 AEUV. Die Rechtsprechung des EuGH ist entsprechend umfangreich und Auslegungserkenntnisse können grundsätzlich auf alle Grundfreiheiten übertragen werden.[923] Als Ausnahmevorschrift vom Freiheitsprinzip sind die Begrifflichkeiten grundsätzlich eng auszulegen.[924] Der Rechtfertigungsgrund der öffentlichen Ordnung oder Sicherheit kann nach ständiger Rechtsprechung nur dann „geltend gemacht werden, wenn eine tatsächliche und hinreichend schwere Gefährdung vorliegt, die ein Grundinteresse der Gesellschaft berührt“.[925] Die Begrifflichkeiten werden zumeist zusammen geprüft, der EuGH hat aber auch teilweise eine Differenzierung zwischen den

---

921 *Wolff* Ausländische Staatsfonds, S. 182, die hierunter insbesondere den Umwelt- und Verbraucherschutz versteht.

922 *Wolff* Ausländische Staatsfonds, S. 182. Ausführlich zur Diskussion, *Dammann* Diskriminierungen im Bereich der Grundfreiheiten und deren Rechtfertigung aus zwingenden Gründen des Allgemeininteresses, S. 99 f.

923 *Craig/De Burca* EU Law, S. 725; Vgl. *Gramlich* in: Pechstein/Nowak/Häde (Hrsg.), Frankfurter Kommentar EUV/GRC/AEUV, Art. 65 AEUV, Rn. 11, „keine wesentlichen Unterschiede“ zwischen den einzelnen Grundfreiheiten.

924 EuGH, Urteil vom 27.11.1977, C-30/77 – Regina/Bouchereau, ECLI:EU:C:1977:172, Rn. 33/35.

925 EuGH, Urteil vom 16.09.2020, C-339/19 – SC Romenergo und Aris Capital, ECLI:EU:C:2020:709, Rn. 40; EuGH, Urteil vom 07.06.2012, C-39/11 – VBV – Vorsorgekasse, ECLI:EU:C:2012:327, Rn. 29; EuGH, Urteil vom 14.03.2000, C-54/99 – Église de Scientology, ECLI:EU:C:2000:124, Rn. 17; EuGH, Urteil vom 27.11.1977, C-30/77 – Regina/Bouchereau, ECLI:EU:C:1977:172, Rn. 33/35.

Begrifflichkeiten vorgenommen.[926] Die Maßnahmen dürfen nicht rein wirtschaftlichen Zwecken dienen.[927] Dies gilt ebenfalls für die zwingenden Gründe des Allgemeininteresses.[928] Akzeptiert sind wirtschaftliche Zielsetzungen nur dann, wenn diese bei schwerster wirtschaftlicher Krise zur Beseitigung ernsthafter Gefahren für die öffentliche Ordnung oder Sicherheit führen.[929] Ob in einem Zeitpunkt absoluter wirtschaftlicher Hilflosigkeit ein Staat den „Ausverkauf" der eigenen Industrie mit dieser Argumentation verhindern kann, erscheint in absoluten Ausnahmefällen möglich.[930] Vor einer solchen Gefahr warnte die Kommission beispielsweise im Rahmen der Covid-19-bedingten wirtschaftlichen Lage in ihren Leitlinien zur FDI-RahmenVO.[931]

bb) Legitimer Zweck der FDI-RahmenVO

Ein Eingriff in die Grundfreiheiten bedarf eines legitimen Zwecks. Einen solchen muss auch die FDI-RahmenVO verfolgen.

(1) „Sicherheit oder öffentliche Ordnung"

Art. 1 und Art. 3 FDI-RahmenVO sehen Investitionskontrollen aus Gründen der „Sicherheit oder öffentlicher Ordnung" vor; Begrifflichkeiten des Art. 65 AEUV werden damit umgedreht. Eine Legaldefinition der „öffentlichen Ordnung oder Sicherheit" wird in der FDI-RahmenVO nicht vorgenommen. Da nur der geschriebene Rechtfertigungsgrund des Art. 65 AEUV als Rechtfertigung der Diskriminierung in Betracht kommt, müssten die Begrifflichkeiten sich entsprechen. Für die deutsche Fassung drängt sich

---

926 Vgl. EuGH, Urteil vom 10.07.1984, C-72/83 – Campus Oil, ECLI:EU:C:1984:256, Rn. 33. *Wolff* Ausländische Staatsfonds, S. 187.

927 EuGH, Urteil vom 07.06.2012, C-39/11 – VBV – Vorsorgekasse, ECLI:EU:C:2012:327, Rn. 29.

928 EuGH, Urteil vom 16.09.2020, C-339/19 – SC Romenergo und Aris Capital, ECLI:EU:C:2020:709, Rn. 43; EuGH, Urteil vom 08.07.2010, C-171/08 – Kommission/Portugal, ECLI:EU:C:2010:412, Rn. 71.

929 *Dopsch/Wutscher* EuZW 2014, 729 (733 f.), am Beispiel der Wirtschaftskrise Zyperns. Für rein wirtschaftliche Zielsetzungen existieren mit Art. 66 AEUV und den Art. 143, 144 AEUV zudem spezielle Sondernormen. Vgl. auch *Craig/De Burca* EU Law, S. 725; *Sedlaczek/Züger* in: Streinz (Hrsg.), EUV/AEUV, Art. 65 AEUV, Rn. 31, wirtschaftliche Ziele beim Schutz des „gesamtwirtschaftlichen Gleichgewichts" denkbar.

930 Insbesondere im Hinblick auf Gefährdung der Souveränität durch die Übernahme der Industrie, vgl. *Wolff* Ausländische Staatsfonds, S. 194 f.

931 *Kommission* Mitteilung, (2020/C-99 I/01), Leitlinien, S. 3.

dies auf den ersten Blick auch auf. In der englischen Fassung ist bereits das Begriffspaar nicht deckungsgleich. Während Art. 65 AEUV das Begriffspaar „public policy or public security" nutzt, sprechen Art. 3 I, 4 FDI-RahmenVO von „security or public order". Die sprachliche Unterscheidung scheint damit beabsichtigt. So kann die willkürlich anmutende Drehung in der deutschen Fassung auch als ausdrückliche Absage an eine Kongruenz mit Art. 65 AEUV verstanden werden. Im Rahmen der Kapitalverkehrsfreiheit wäre eine Kongruenz aufgrund der Diskriminierung aber zwingend für die Rechtmäßigkeit. Soweit eine nationale Investitionskontrolle nur für Direktinvestitionen im (sachlichen) Anwendungsbereich der Niederlassungsfreiheit anwendbar wäre, könnte diese Abweichung dafürsprechen, dass für diesen Fall mangels Anwendbarkeit der Grundfreiheiten auch die FDI-RahmenVO keine Kongruenz mit dem Begriffsverständnis in Art. 65 bzw. 52 AEUV erzwingt. Eine Kongruenz der Begriffe ist damit nur dort beabsichtigt, wo sie rechtlich geboten ist.

(2) Maßstab bei Harmonisierung

Als unbestimmte Rechtsbegriffe kommen der normativen Ausgestaltung durch den Umsetzungsakt und der verwaltungsrechtlichen Ausgestaltung durch die Verwaltungspraxis besondere Bedeutung zu, denn diese können erheblichen Einfluss auf die Ausfüllung der Begriffe nehmen.[932] Sie stellen zwar unionsrechtliche Begriffe[933] dar, diese können aber „im Wesentlichen frei nach den Bedürfnissen der Mitgliedstaaten bestimmt werden".[934] Die Mitgliedstaaten verfügen somit bei der Anwendung der Ausnahmevorschrift über einen Beurteilungsspielraum.[935] Dieser verbleibt den Mitgliedstaaten, solange kein durch Sekundärrecht harmonisierender Rechtsakt besteht;[936] dies ist beispielsweise in den Kapitalverkehr einschränkenden

932 Die verwaltungsrechtliche Praxis hat aufgrund eines Rechtsschutzdefizits bei der Investitionskontrolle einen besonders großen Einfluss auf die Ausgestaltung des Begriffspaares; vgl. zum Rechtsschutz, Kapitel F. I. 3. bb) (3).

933 Diese sind demnach nicht zu verwechseln mit der „öffentlichen Sicherheit" des deutschen Polizeirechts, vgl. *Wolff* Ausländische Staatsfonds, S. 188.

934 Vgl. *Ress/Ukrow* in: Grabitz/Hilf/Nettesheim (Hrsg.), Das Recht der Europäischen Union, Art. 65 AEUV, Rn. 52.

935 *Gramlich* in: Pechstein/Nowak/Häde (Hrsg.), Frankfurter Kommentar EUV/GRC/AEUV, Art. 65 AEUV, Rn. 11.

936 EuGH, Urteil vom 16.09.2020, C-339/19 – SC Romenergo und Aris Capital, ECLI:EU:C:2020:709, Rn. 37 f.

Exportkontrollvorschriften der Fall.[937] Dies bedeutet aber nicht, dass die Mitgliedstaaten ohne gerichtliche Nachprüfung handeln dürfen.[938] Ein pauschaler Hinweis auf den Rechtfertigungsgrund der öffentlichen Ordnung oder Sicherheit ist nicht möglich, da für den Adressaten nicht klar ist, unter welchen Umständen sein Unternehmenskauf untersagt werden kann.[939] Einen solchen Versuch unternahm auch die deutsche Investitionskontrolle in ihrer Anfangsphase, die sich deshalb ebenjener Kritik ausgesetzt sah.[940] Selbige Anforderungen treffen grundsätzlich auch den Unionsgesetzgeber. Besonderheiten ergeben sich dann, wenn der Unionsgesetzgeber die Grundfreiheiten harmonisiert; diese Fragestellung ist durch die FDI-RahmenVO nun aufgetreten. Bevor auf den besonderen Prüfungsrahmen für Harmonisierungsmaßnahmen eingegangen wird, muss der Harmonisierungscharakter der Verordnung genauer untersucht werden.

(a) Dogmatische Einordnung der Kompetenzgrundlage

Denkbar ist aus der kompetenziellen Herkunft der Norm, Hinweise auf einen möglichen Harmonisierungscharakter zu finden. Als Kompetenzgrundlage der FDI-RahmenVO wurde Art. 207 II AEUV aus dem Bereich der gemeinsamen Handelspolitik gewählt. Erwägungsgrund Nr. 6 FDI-RahmenVO bestätigt die ausschließliche Zuständigkeit der Union in der (autonomen) gemeinsamen Handelspolitik. Eine Harmonisierung des Binnenmarkts durch die in der ausschließlichen Zuständigkeit der Union liegende Handelspolitik ist systemwidrig. Klassische Harmonisierungsnorm für den Binnenmarkt wäre Art. 114 AEUV.[941] Harmonisierungserwägungen sind auf

937 Vgl. *Ukrow/Ress* in: Grabitz/Hilf/Nettesheim (Hrsg.), Das Recht der Europäischen Union, Art. 63 AEUV, Rn. 194.

938 EuGH, Urteil vom 14.03.2000, C-54/99 – Église de Scientology, ECLI:EU:C:2000:124, Rn. 17.

939 Vgl. EuGH, Urteil vom 14.03.2000, C-54/99 – Église de Scientology, ECLI:EU:C:2000:124, Rn. 21.

940 Nach der Begründung zum Entwurf eines Dreizehnten Gesetzes zur Änderung des Außenwirtschaftsgesetzes und der Außenwirtschaftsverordnung, BT-Drs. 16/10730 vom 30.10.2008, S. 11, sollten die Begrifflichkeiten aus Art. 58 EGV in das deutsche AWV übernommen werden und somit durch die Judikatur des EuGH an Begriffsschärfe gewinnen. Zur Kritik: *Preisser* Sovereign Wealth Funds, S. 111; *Voland* EuZW 2010, 132 (136); *ders* EuZW 2009, 519 (523).

941 *Herrmann* ZEuS 2019, 429 (465) zieht deshalb den Maßstab heran, an dem sich der Unionsgesetzgeber bei Art. 114 AEUV messen lassen muss.
Vgl. *Klamert/Bucher* EuZW 2021, 335 (335).

„Rahmen"-Vorgaben der ausschließlichen Zuständigkeit grundsätzlich nicht übertragbar.[942] Regelungsmaterien, die in der ausschließlichen Zuständigkeit der Union liegen, bedürfen grundsätzlich keiner Harmonisierung. Denn harmonisiert werden können nur die Regeln der einzelnen Mitgliedstaaten; die Anwendung nationaler Normen wäre aber aufgrund der Kompetenzwidrigkeit bereits unionswidrig. Art. 207 II AEUV ist folglich keine Harmonisierungsnorm. Möglich werden kann eine solche Funktion aber bei einer Rückermächtigung an die Mitgliedstaaten.[943] Mit der Rückermächtigung an die Mitgliedstaaten, wird eine Harmonisierung denkbar, denn diese erlaubt den Mitgliedstaaten wieder, Regelungen zu erlassen. Wenn durch eine Rückermächtigung eine der geteilten Zuständigkeit vergleichbare Kompetenzverteilung geschaffen wird, kann und sollte eine Rückermächtigung Vorgaben bezüglich der Mindestvorgaben machen. Dies gebietet bereits Art. 2 I AEUV, der keine Blankettrückermächtigungen ohne gestalterische Vorgaben zulässt.[944] Der Unionsgesetzgeber unterliegt bei Rückermächtigungen einer Pflicht zur „Mindestharmonisierung". Der partielle Harmonisierungscharakter der FDI-RahmenVO lässt sich somit nicht aus der spezifischen Kompetenzgrundlage (Art. 207 II AEUV) ableiten, sondern aus dem Rückermächtigungscharakter Art. 2 I AEUV.

Der Diskussion um eine Harmonisierung steht indes nicht Art. 207 VI AEUV entgegen. Dieser schließt eine Harmonisierung nur dort aus, wo das Unionsrecht sie ausdrücklich ausschließt.[945] Ein solcher Ausschluss ist für Marktzugangsregeln für Direktinvestitionen nicht vorgesehen. Aus der Existenz des Art. 207 VI AEUV kann nicht auf eine Harmonisierungsfunktion des Art. 207 II AEUV geschlossen werden. Zwar deutet ein Harmonisierungsverbot in Art. 207 VI AEUV auf die grundsätzliche Möglichkeit einer Harmonisierung durch die gemeinsame Handelspolitik hin, gemeint ist hiermit jedoch eine Harmonisierung durch Umsetzung der völkervertraglichen Handelspolitik. Im Wesentlichen handelt es sich dabei um einen Ausschluss einer umgekehrten AETR-

942 Vgl. *Korte* WiVerw 2019, 79 (121).

943 Vgl. *Hindelang/Moberg* CMLRev 2020, 1427 (1446).

944 *Korte* WiVerw 2019, 79 (95), der die FDI-RahmenVO für eine solche hält und diese deshalb nicht den Anforderungen an eine Rückermächtigung gem. Art. 2 I AEUV entspräche.

945 Vgl. *Hahn* in: Calliess/Ruffert (Hrsg.), EUV/AEUV, Art. 207 AEUV, Rn. 122.

946 EuGH, Urteil vom 31.03.1971, C-22/70 – AETR, ECLI:EU:C:1971:32, Rn. 15–19, nach dem die Zuständigkeit zum Abschluss internationaler Abkommen durch die interne

Rechtsprechung[946].[947] Die Union darf danach nicht aus ihrer Außenkompetenz einen Innenkompetenz ableiten und den Inhalt eines völkerrechtlichen Vertrags in den Mitgliedstaaten umsetzen ohne dass sie in diesem Bereich eine explizite Ermächtigung hat.[948] Für die „Rahmen"-Gesetzgebung im Rahmen autonomer Handelspolitik spielt die Norm somit nur eine geringe Rolle.

Die FDI-RahmenVO sieht zur Rückermächtigung gleichzeitig bestimmte Grenzen vor, die im Rahmen des Art. 2 I AEUV geboten sind. Der gleichzeitige Charakter als Rückermächtigung erklärt, wieso in der Literatur tiefe Uneinigkeit besteht, ob es sich bei der FDI-RahmenVO um einen Harmonisierungsakt handelt. Nach dem bereits Erläuterten sollte die FDI-RahmenVO nicht als ein „typischer Rechtsangleichungsakt" eingeordnet werden.[949] Nur unter dem Gesichtspunkt der Rückermächtigung ist erklärbar, wieso die Verordnung harmonisierend wirken könnte und dabei gleichzeitig so wenige Verbindlichkeiten für die Mitgliedstaaten auferlegt.[950]

Eine Harmonisierung ist vor dem Hintergrund der kompetenziellen Grundlage nicht schlechterdings undenkbar. Eine „gemeinsame" Handelspolitik macht ein Minimum an verbindlichen gemeinsamen Regeln geradezu notwendig;[951] ansonsten wäre bereits keine „Rahmen"-Regelung getroffen worden, was zu einer fehlerhaften Kompetenzgrundlage führen könnte.[952]

(b) Harmonisierende Wirkung der FDI-RahmenVO

Die FDI-RahmenVO stellt als Verordnung kein klassisches Mittel zur Harmonisierung dar. Trotzdem wird der Harmonisierungscharakter der FDI-RahmenVO

Zuständigkeit ermittelt werden kann. Art. 216 AEUV beruht im Wesentlichen auf dieser Rechtsprechung; vgl. *Mögele* in: Streinz (Hrsg.), EUV/AEUV, Art. 216 AEUV, Rn. 38.

947 *Cremona* EUI Working Paper Law 2006/30, S. 32.

948 *Beuttenmüller* Ritsumeikan Law Review 2011 (28), 281 (288 f.); *Schmitt* Die Kompetenzen der Europäischen Union für ausländische Investitionen in und aus Drittstaaten, S. 96 f.

949 A. A. *Herrmann* ZEuS 2019, 429 (465); zurecht nennt *Snell* European Law Review 2019, 137 (138), die Verordnung einen „highly unusual approach".

950 Zur Verbindlichkeit, siehe Kapitel F. I. 3.

951 Vgl. *Hindelang/Moberg* CMLRev 2020, 1427 (1437).

952 So nämlich *Korte* WiVerw 2019, 79 (139 f.) im Hinblick auf seinem Erachten fehlende Rahmensetzung. Zum Begriff „Rahmen", siehe Kapitel C. II. 1. a) bb).

im Schrifttum ausführlich diskutiert.[953] Im Folgenden ist die harmonisierende Wirkung der FDI-RahmenVO zu untersuchen, denn dem Unionsgesetzgeber kommt bei der Harmonisierung unbestimmter Rechtsbegriffe ein weites Ermessen zu.[954]

Mit Harmonisierung wird die Rechtsangleichung nationaler Vorschriften bezeichnet.[955] Gleichbedeutend wird teilweise auch der Begriff der Koordinierung gewählt.[956] Die Einordnung der Begrifflichkeiten muss im Einzelfall erfolgen.[957] Harmonisierungen können in Form einer Vollharmonisierung oder einer Teilharmonisierung erfolgen.[958] Bei einer Vollharmonisierung bleibt den Mitgliedstaaten kein eigener Gesetzesgestaltungsspielraum.[959] Der Rechtsakt lässt damit keine eigenen Regelungen der Mitgliedstaaten im Anwendungsfeld zu.[960] Bei der Teilharmonisierung verbleibt den Mitgliedstaaten ein Spielraum für weitere Vorschriften; diese dürfen im Einklang mit den Vorgaben des Harmonisierungsakts davon abweichen. Dies kann durch eine Mindestharmonisierung geschehen, die den Mitgliedstaaten lediglich strengere Maßnahmen zum Schutz des Binnenmarkts erlaubt.[961]

Die Entscheidung, ein Investitionskontrollsystem einzurichten, ist den Mitgliedstaaten durch Erwägungsgrund Nr. 8 FDI-RahmenVO und der „Kann"-Formulierung in Art. 3 I FDI-RahmenVO freigestellt. Es verbleiben

---

953 *Kalben* ZHR 2022, 586 (598 f.); *Klamert/Bucher* EuZW 2021, 335 (337 f.); *Hindelang/Moberg* CMLRev 2020, 1427 (1446); *Herrmann* ZEuS 2019, 429 (464 ff.). Mehr Harmonisierung wünscht sich beispielsweise *Salaschek* BB 2022, 1609 (1609 f., 14).

954 Siehe Kapitel E. II. 4. b) bb) (2) (b).

955 Vgl. den Wortlaut der bedeutendsten Harmonisierungskompetenz – Art. 114 I AEUV.

956 *Brüggemeier* Harmonisierungsakte im europäischen Kapitalmarktrecht, S. 3, „Begriffe synonym verwendet". A. A. *Klamert/Bucher* EuZW 2021, 335 (335). Das Primärrecht hingegen verwendet Koordinierung in Art. 2 V AEUV als ausdrücklich andere Kategorie, die gerade keine Harmonisierung zulässt. In Art. 53 II AEUV hingegen als Synonym für Harmonisierung; vgl. *Frenz* Europarecht, Rn. 984.

957 *Forsthoff/Eisendle* in: Grabitz/Hilf/Nettesheim (Hrsg.), Das Recht der Europäischen Union, Art. 53 AEUV, Rn. 18, nähere Abgrenzungen „sind zum Scheitern verurteilt".

958 Vgl. für eine genauere Unterteilung *Barnard* The Substantive Law of the EU, S. 582 ff., die zwischen exhaustive, optional, minimum und reflexive Harmonisierung differenziert.

959 *Barnard* The Substantive Law of the EU, S. 582.

960 *Schröder* in: Streinz (Hrsg.), EUV/AEUV, Art. 114 AEUV, Rn. 46.

961 *Tietje* in: Grabitz/Hilf/Nettesheim (Hrsg.), Das Recht der Europäischen Union, Art. 114 AEUV, Rn. 41.

weiterhin Mitgliedstaaten, die keine Einrichtung eines Überprüfungsmechanismus planen.[962]

Sofern sich die Mitgliedstaaten dazu entscheiden, ein Kontrollsystem einzuführen, gibt Art. 3 II–VIII FDI-RahmenVO den Mitgliedstaaten verbindliche Vorgaben für ihre nationale Investitionskontrollen vor. Daneben stellen die Faktoren in Art. 4 FDI-RahmenVO Konkretisierungen der Begriffe „öffentliche Ordnung“ und „Sicherheit“ dar.[963] Die in Art. 4 FDI-RahmenVO genannten Faktoren sind hingegen nicht zwingend und können auch durch andere Faktoren in der nationalen Ausgestaltung ersetzt werden. Dies ist auch der Grund, warum die Einordnung als Harmonisierungsmaßnahme nicht einheitlich bewertet wird.[964] Das reicht von der Behauptung, dass die FDI-RahmenVO einen „typischen Rechtsangleichungsakt“[965] darstellt, bis zu der Einschätzung, dass diese „stricto sensu“ keine Harmonisierung vornimmt.[966] Die Kommission ging bei ihrem Verordnungsvorschlag von einem „minimum degree of harmonisation“ aus.[967] Ohne weiteres wird man jedenfalls einen harmonisierenden Effekt für die Vorgaben des Art. 3 II–VIII FDI-RahmenVO annehmen können.[968] Die Faktoren in Art. 4 I FDI-RahmenVO sind zumindest Konkretisierungen der „öffentlichen Ordnung oder Sicherheit“ im Sinne des Art. 65 AEUV und können entsprechend einer Harmonisierung behandelt werden.[969] Art. 4 FDI-RahmenVO konkretisiert nicht nur die einzelnen Faktoren, sondern bestimmt, wie konkret die Gefährdung der Faktoren durch die Investition sein muss, um eine Überprüfung zu rechtfertigen.[970] Maßgeblich wird sich die Einschätzung als Harmonisierung auch danach bestimmen lassen, welche Wirkung der Formulierung der

---

962 Verblieben sind allerdings nur noch Bulgarien und Kroatien.

963 Vgl. *Voland* in: Krenzler/Herrmann/Niestedt (Hrsg.), EU-Außenwirtschafts- und Zollrecht, XII Nr. 122, Art. 4 VO (EU) 2019/452, Rn. 3.

964 A. A. *Klamert/Bucher* 2021, 335 (337), „grundsätzlich besteht Einigkeit“.

965 *Herrmann* ZEuS 2019, 429 (465). Für eine Harmonisierung auch, *Annweiler* NZG 2019, 528 (532).

966 *Hagemeyer-Witzleb/Hindelang* Central European Journal of Comparative Law 2021, 39 (47); *Hindelang/Moberg* CMLRev 2020, 1427 (1448), “Article 4 does not harmonize”.

967 *Kommission* Commission Staff Working Document, SWD(2017) 297 final, vom 13.09.2017, S. 9.

968 *Klamert/Bucher* EuZW 2021, 335 (337); *Snell* European Law Review 2019, 137 (138), “partial harmonisation”.

969 *Voland/Slobodenjuk* in: Krenzler/Herrmann/Niestedt (Hrsg.), EU-Außenwirtschafts- und Zollrecht, XII Nr. 122, Art. 4 VO (EU) 2019/452, Rn. 3.

970 Siehe Kapitel E. II. 4. c) bb) (2).

„voraussichtlichen Beeinträchtigung“ zukommt. Der Unionsgesetzgeber hat bei nicht zwingenden Vorgaben einen mindestens vergleichbaren Spielraum wie bei zwingend harmonisierenden Maßnahmen. Offene Vorgaben erleichtern jedoch eine primärrechtskonforme Umsetzung, sodass ein partiell primärrechtswidriger Wortlaut des Sekundärrechts hierdurch beseitigt werden kann. Besonders für den Begriff der „voraussichtlichen Beeinträchtigung“, der von der bisherigen Rechtsprechung zur Rechtfertigung von Eingriffen in die Kapitalverkehrsfreiheit abweicht, hat der Umsetzungsspielraum primärrechtsschützende Bedeutung.[971]

(c) Maßstab

Dem Unionsgesetzgeber kommt bei der Ausgestaltung bzw. Harmonisierung der Grundfreiheiten ein weiter Gestaltungsspielraum zu.[972] Die sekundärrechtlichen Konkretisierungen bzw. Harmonisierungen sind primärrechtskonform auszulegen. Wenn ein Rechtsakt nicht mehr primärrechtskonformer Auslegung zugänglich ist, ist er rechtswidrig. Die Tragweite der „öffentlichen Ordnung oder Sicherheit“ wird nicht allein vom EuGH bestimmt, sondern erfolgt allgemein „durch die Unionsorgane“.[973] Die Maßstäbe, die der Unionsgesetzgeber aufstellt, müssen nicht mit den vom EuGH entwickelten Maßstäben identisch sein.[974] Dem Unionsgesetzgeber wird „ein weites Ermessen in Bereichen zugebilligt, in denen seine Tätigkeit sowohl politische als auch wirtschaftliche oder soziale Entscheidungen verlangt und in denen er komplexe Prüfungen und Beurteilungen vornehmen muss“.[975] Die Ausgestaltung hat jedoch maßgeblichen Einfluss auf die Anwendbarkeit der Grundfreiheiten auf mitgliedstaatliche Sachverhalte,[976]

---

971 Siehe Kapitel E. II. 4. c) bb) (2).

972 Vgl. *Voland* in: Krenzler/Herrmann/Niestedt (Hrsg.), EU-Außenwirtschafts- und Zollrecht, XII Nr. 122, Art. 4 VO (EU) 2019/452, Rn. 3; *Herrmann* ZEuS 2019, 429 (465).

973 EuGH, Urteil vom 18.06.2020, C-78/18 – Kommission/Ungarn, ECLI:EU:C:2020:476, Rn. 91; EuGH, Urteil vom 26.03.2009, C-326/07 – Kommission/Italien, ECLI:EU:C:2009:193, Rn. 70.

974 Vgl. *Herrmann* ZEuS 2019, 429 (465).

975 EuGH, Urteil vom 08.12.2020, C-620/18 – Ungarn/Parlament und Rat, ECLI:EU:C:2020:1001, Rn. 112; EuGH, Urteil vom 08.12.2020, C-626/18 – Polen/Parlament und Rat, ECLI:EU:C:2020:1000, Rn. 95.

976 Vgl. EuGH, Urteil vom 16.09.2020, C-339/19 – SC Romenergo und Aris Capital, ECLI:EU:C:2020:709, Rn. 37; EuGH, Urteil vom 23.10.2007, C-112/05 – Kommission/Deutschland, ECLI:EU:C:2007:623, Rn. 72, m.w.N. Zur Bedeutung der FDI-RahmenVO auf die Anwendbarkeit der Grundfreiheit auf die mitgliedstaatlichen Rechtsakte, siehe Kapitel F. I. 1.

sodass die Bestimmung durch den Unionsgesetzgeber nicht völlig frei sein kann.[977] Da diesem ein großer Beurteilungsspielraum zukommt,[978] stellt die Sekundärrechtsgesetzgebung im Regelfall aber keinen Verstoß gegen die Grundfreiheiten dar.[979] Harmonisierungen, die alle Mitgliedstaaten gleichsam treffen, haben wesentlich geringere Auswirkungen auf den Binnenmarkt als Beschränkungen einzelner Mitgliedstaaten.[980]

Die praktisch nicht existente Judikatur[981] zu Verstößen des Unionsgesetzgebers gegen die Grundfreiheiten darf gleichwohl nicht so interpretiert werden, dass der Unionsgesetzgeber praktisch nicht kontrolliert wird. Verstöße wurden auch deshalb nicht festgestellt, weil Diskriminierungen und Marktzugangshindernisse regelmäßig dem Anliegen des Unionsgesetzgebers widersprechen. Dieser wird in nur wenigen Fällen ein politisches Ziel mittels Errichtung von Marktzugangsbeschränkungen verfolgen.

So handelte jedoch der ersichtlich einzige Fall, in dem der EuGH einen Verstoß eines Sekundärrechtsaktes gegen die Grundfreiheiten feststellte,[982] von einer Verordnungsnorm, die die Mitgliedstaaten zur Markzugangsbeschränkung ermächtigte. Art. 31 II VO (EWG) Nr. 816/70[983] erlaubte bzw. ermächtigte die Mitgliedstaaten, (übergangsweise) Maßnahmen zur Begrenzung der Einfuhren für Wein zu erlassen. Hintergrund des Rechtsstreits war, dass Frankreich gestützt auf die Verordnungsnorm „Schutzmaßnahmen gegen die Einfuhren aus

---

977 Für eine strengere Kontrolle des Sekundäraktes, *Geiger* Beschränkungen von Direktinvestitionen, S. 189.

978 EuGH, Urteil vom 08.12.2020, C-626/18 – Polen/Parlament und Rat, ECLI:EU:C:2020:1000, Rn. 97, im Anschluss an, *GA Campos Sánchez-Bordona* Schlussantrag vom 28.05.2020, C-626/18 – Polen/Parlament und Rat, ECLI:EU:C:2020:394, Rn. 36.

979 So *Herrmann* ZEuS 2019, 429 (466).

980 *GA Campos Sánchez-Bordona* Schlussantrag vom 28.05.2020, C-626/18 – Polen/Parlament und Rat, ECLI:EU:C:2020:394, Rn. 34.

981 Siehe allein, EuGH, Urteil vom 20.04.1978, C-80/77 und 81/77 – Commissonaires Réunis/Receveur de Douanes, ECLI:EU:C:1978:87. Daneben erklärte der EuGH, Urteil vom 02.02.1988, C-61/86 – Vereinigtes Königreich/Kommission, ECLI:EU:C:1988:45, Rn. 16, eine Verordnung der Kommission für nichtig, die gegen die Ermächtigung einer Verordnung des Rates verstieß und indirekt auch gegen die Warenverkehrsfreiheit verstieß.

982 EuGH, Urteil vom 20.04.1978, C-80/77 und 81/77 – Commissionnaires Réunis/Receveur de Douanes, ECLI:EU:C:1978:87, Rn. 38.

983 Verordnung (EWG) Nr. 816/70 des Rates vom 28. April 1970 zur Festlegung ergänzender Vorschriften für die gemeinsame Marktorganisation für Wein, Nr. L 99 vom 05.05.1970, S. 1 ff.

Italien zu Billigstpreisen" ergreifen wollte.[984] Der EuGH stellte die Unvereinbarkeit mit der Warenverkehrsfreiheit sowie die Ungültigkeit der ermächtigenden Verordnungsnorm fest.

Ermächtigungen zu gezielten Marktzugangsbeschränkungen zwischen den Mitgliedstaaten werden vom Unionsgesetzgeber aufgrund des seitdem weit fortgeschrittenen Binnenmarktes kaum mehr vorkommen. Anders stellt sich jedoch die Beschränkung des Drittstaatszugangs dar; hier kann sich gegebenenfalls auch der Unionsgesetzgeber (politisch) motiviert fühlen, den Kapitalverkehr zu weit einzuschränken. Art. 3 FDI-RahmenVO ermächtigt die Mitgliedstaaten, durch Investitionskontrollen Marktzugangshindernisse zu schaffen. Die Ausgangslage mit dem bisher einzigen festgestellten Sekundärrechtsverstoß gegen das Primärrecht ist insoweit vergleichbar, sodass nicht zu eilig auf den Beurteilungsspielraum des Unionsgesetzgebers verwiesen werden darf.

Auch das Argument, dass eine EU-Regelung weniger intensiv sei als Maßnahmen einzelner Mitgliedstaaten, ist nur bedingt auf Drittstaatssachverhalte anzuwenden. Beschränkungen durch Harmonisierungsmaßnahmen führen im Binnenmarkt zu geringerer Zersplitterung, aber Marktzugangssperren zwischen den Mitgliedstaaten legt der Unionsgesetzgeber regelmäßig nicht fest.[985] Eine Marktzugangssperre durch den Unionsgesetzgeber stellt eine grundlegende Ausnahme vom grundsätzlich liberalisierten Kapitalverkehr gem. Art. 63 AEUV dar. Trotz Ermessens und begrenzter gerichtlicher Kontrolle[986] muss der Unionsgesetzgeber seine Ermessensausübung darlegen.[987] Offensichtlich ungeeignete Maßnahmen können nicht erlassen werden.[988] Daneben steht auch noch das Gebot einer primärrechtskonformen Auslegung zur Anwendung. Trotz des zweifelsohne großen Gestaltungsspielraums verbleibt damit eine gerichtliche Überprüfbarkeit. Eine Überprüfung hat auch deshalb zu erfolgen, weil der

---

984 EuGH, Urteil vom 20.04.1978, C-80/77 und 81/77 – Commissionnaires Réunis/Receveur de Douanes, ECLI:EU:C:1978:87, Rn. 10/11.

985 Siehe jedoch Kapitel E. II. 4. b) bb) (2) (c) bezüglich EuGH, Urteil vom 20.04.1978, C-80/77 und 81/77 –Commissionnaires Réunis/Receveur de Douanes, ECLI:EU:C:1978:87, Rn. 10/11.

986 EuGH, Urteil vom 08.12.2020, C-626/18 – Polen/Parlament und Rat, ECLI:EU:C:2020:1000, Rn. 97.

987 EuGH, Urteil vom 08.12.2020, C-626/18 – Polen/Parlament und Rat, ECLI:EU:C:2020:1000, Rn. 99; EuGH, Urteil vom 08.12.2020, C-620/18 – Ungarn/Parlament und Rat, ECLI:EU:C:2020:1001, Rn. 115 f.

988 EuGH, Urteil vom 03.12.2019, C-482/17 – Tschechische Republik/Parlament und Rat, ECLI:EU:C:2019:1035, Rn. 77.

Grundsatz der Grundfreiheitsverpflichtung des Unionsgesetzgebers sonst zu einer reinen Floskel verkommt. Spätestens seit der Annäherung von Grundfreiheiten und Grundrechten ist eine echte Überprüfung geboten.[989]

(3) Zulässige Ausgestaltung des Rechtfertigungsgrunds

Das Begriffsverständnis der „Sicherheit oder öffentlichen Ordnung" in der FDI-RahmenVO muss sich am Maßstab der Kapitalverkehrsfreiheit messen lassen. Die in der Verordnung genannten Faktoren dienen nicht als abstrakte Untersagungsgründe, sondern die Anwendung hat mangels Grundfreiheiten ausschließender Totalharmonisierung unionskonform, insbesondere grundfreiheitenkonform, zu erfolgen. Ein einschlägiger Faktor kann allein nicht zur Untersagung führen, sondern die Beeinträchtigung muss im konkreten Einzelfall auch eine Gefahr für die öffentliche Ordnung oder Sicherheit darstellen. Da die Aufzählung der Faktoren in Art. 4 FDI-RahmenVO nicht abschließend ist, können weitere von den Mitgliedstaaten zu bestimmende Gründe oder Wirtschaftsbereiche im Rahmen eines Überprüfungsmechanismus kontrolliert werden.[990] Ein Vorschlag, die genannten Faktoren verbindlich für die Mitgliedstaaten vorzugeben, konnte sich nicht durchsetzen.[991] Faktoren, die nicht in der FDI-RahmenVO stehen, sind deshalb auch nicht als nachrangig zu betrachten, obgleich für sie bei einer Untersagung gegebenenfalls mehr Begründungsaufwand hinsichtlich ihrer Unionskonformität zu leisten sein kann.

Zentrale Norm der Konkretisierung ist Art. 4 FDI-RahmenVO. Diese nennt in Art. 4 I FDI-RahmenVO Wirtschaftsbereiche, die besonders sensibel sind, sodass Beteiligungen an diesen regelmäßigen Bezug zur öffentlichen Ordnung oder Sicherheit haben. In Art. 4 II FDI-RahmenVO wird auf die Eigentümerstruktur der Investoren eingegangen; dieser Ansatz war beispielsweise in der deutschen Investitionskontrolle bis dahin nicht kodifiziert.[992] Die Eigentümerstruktur konnte im Rahmen des Beurteilungsspielraums aber auch vorher bereits einbezogen werden.

Es handelt sich um unbestimmte Rechtsbegriffe, die der Auslegung bedürfen.[993] Die Bestimmung der Begriffe unterliegt der Unionskonformität. Da

---

989 Siehe hierzu Kapitel E. III. c) aa) (3).

990 *Bertolini* in: Bu (Hrsg.), Chinesische Outbound-Investitionen in Deutschland, S. 45.

991 Vgl. *Ausschuss für Auswärtige Angelegenheiten* Stellungnahme, vom 04.06.2018, PE619.160v03-00, Änderungsantrag 24.

992 Vgl. *Bonhage* DB 2019, M4–M5. Vgl. nun aber § 55a III AWV.

993 *Lippert* BB 2019, 1538 (1540 f.).

Art. 4 FDI-RahmenVO eine nicht abschließende Aufzählung enthält, die Faktoren benennt, die berücksichtigt werden „können", würden die Faktoren in Art. 4 FDI-RahmenVO nur dann mit der Kapitalverkehrsfreiheit in Konflikt geraten, wenn sie offensichtlich keinerlei Bezug zur öffentlichen Ordnung oder Sicherheit aufweisen. Auch wenn die Liste weder abschließend noch zwingend ist, so stellt sie bei Umsetzung der Faktoren eine Legalisierung der genannten Faktoren dar. Unzulässig wäre insbesondere, wenn bestimmte Faktoren nur einer rein wirtschaftlichen Zielsetzung dienten,[994] deren Auslegung sich also niemals primärrechtskonform durchführen ließe. Ein solcher Faktor wäre beispielsweise, die allgemeinen negativen Auswirkungen auf einen heimischen Wirtschaftszweig einzubeziehen.[995] Unklar wäre dies hingegen dann, wenn es sich dabei um beabsichtigte Auswirkungen durch eine ausländische Industriepolitik handeln würde.[996] Eine Auslegung darüber hinaus ist nicht zweckmäßig, da das für die Investitionskontrollen maßgebliche Begriffsverständnis durch die Mitgliedstaaten bestimmt wird.

(a) Faktoren des Zielunternehmens gem. Art. 4 I FDI-RahmenVO

Die in Art. 4 I FDI-RahmenVO aufgeführte Liste enthält einige Bereiche, die bereits nach bisheriger EuGH-Rechtsprechung zur öffentlichen Ordnung oder Sicherheit zählen. Da die Liste nicht abschließend und die genannten Faktoren nicht zwingend übernommen werden müssen, ist zur Untersuchung der Primärrechtskonformität bereits eine generelle Bestätigung durch den EuGH ausreichend, um eine sichere Bestätigung der Primärrechtskonformität vornehmen zu können. Zugleich erfolgt eine materielle Konkretisierung der einzelnen Faktoren, die mangels verbindlicher Umsetzungspflicht jedoch nur begrenzt praktische Auswirkung hat.

(aa) Art. 4 I a) FDI-RahmenVO

Nach Art. 4 1 a) FDI-RahmenVO sind Direktinvestitionen in „kritische Infrastrukturen physischer oder virtueller Art" besonders empfindlich für die öffentliche Ordnung oder Sicherheit. Die Liste führt exemplarische Bereiche

---

994 A. A. *Poljanec/Jaksic* Central European Journal of Comparative Law 2020, 123 (130), die auch „economic security" im Anschluss an die strategic autonomy der Union umfassen wollen.

995 Vgl. EuGH, Urteil vom 21.12.2016, C-201/15 – AGET Iraklis, ECLI:EU:C:2016:972, Rn. 97.

996 *Herrmann* ZEuS 2019, 429 (448).

auf, in denen diese zu finden sind. Der Begriff der kritischen Infrastruktur ist bereits im Sekundärrecht in der RL 2008/114/EG[997] definiert worden. Gemäß Art. 2 a) RL 2008/114/EG ist eine „kritische Infrastruktur die in einem Mitgliedstaat gelegene Anlage, ein System oder ein Teil davon, die von wesentlicher Bedeutung für die Aufrechterhaltung wichtiger gesellschaftlicher Funktionen, der Gesundheit, der Sicherheit und des wirtschaftlichen oder sozialen Wohlergehens der Bevölkerung sind und deren Störung oder Zerstörung erhebliche Auswirkungen auf einen Mitgliedstaat hätte, da diese Funktionen nicht aufrechterhalten werden könnten."

Daneben definiert Art. 2 b) RL 2008/114/EG noch „europäische kritische Infrastruktur" als „eine in einem Mitgliedstaat gelegene kritische Infrastruktur, deren Störung oder Zerstörung erhebliche Auswirkungen in mindestens zwei Mitgliedstaaten hätte. Die Tragweite dieser Auswirkungen wird anhand sektorübergreifender Kriterien bewertet. Dies schließt die Auswirkungen sektorübergreifender Abhängigkeiten auf andere Arten von Infrastrukturen ein." Die Richtlinie sieht die Mitgliedstaaten in der Verantwortung für den Schutz europäischer und nationaler Kritischer Infrastrukturen.[998] Die Richtlinie selbst hat den Energie- und Verkehrssektor besonders im Fokus.[999] Deutschland hat seine Kritische Infrastruktur in der BSI-KritisV[1000] zusammengefasst. Die dort genannten Bereiche[1001] sind weitgehend identisch mit den genannten Bereichen der FDI-RahmenVO. Eine Erweiterung der BSI-Liste[1002] durch den Verweis in § 55a I Nr. 2 AWV zieht auch mittelbare Erweiterungen des Anwendungsbereichs

997 RL/2008/114/EG des Rates vom 8. Dezember 2008 über die Ermittlung und Ausweisung europäischer kritischer Infrastrukturen und die Bewertung der Notwendigkeit, ihren Schutz zu verbessern, ABl. L 345 vom 23.12.2008, S. 75 ff.

998 Vgl. Erwägungsgrund Nr. 6 RL/2008/144/EG. Für Europäische Kritische Infrastruktur stellt die Richtlinie aber noch einmal besondere Kooperationsverpflichtungen auf, die hier nicht weiter erläutert werden sollen, da diese auch nicht gesondert in Anhang zu Art. 8 III FDI-RahmenVO genannt werden.

999 Vgl. Art. 3 III RL/2008/144/EG sowie deren Teilsektoren in Anhang I: Strom, Öl, Gas, Straßenverkehr, Schienenverkehr, Luftverkehr, Binnenschifffahrt, Hochsee- und Küstenschifffahrt und Häfen.

1000 Verordnung zur Bestimmung Kritischer Infrastrukturen nach dem BSI-Gesetz (BSI-Kritisverordnung – BSI-KritisV) BGBl. I 2016, S. 958 ff. vom 22.04.2016.

1001 Vgl. §§ 2–8 BSI-KritisV: Energie, Wasser, Ernährung, Informationstechnik und Telekommunikation, Gesundheit, Finanz- und Versicherungswesen, Transport und Verkehr.

1002 Zuletzt erweitert durch die 2. BSI-KritisVÄndV, BGBl. I 2021, S. 4163 ff. vom 06.09.2021.

der Investitionskontrollprüfung nach sich.[1003] Die Auflistung in der BSI-KritisV hat demnach nicht zur Folge, dass es sich um einen besonders sensiblen Faktor im Sinne der FDI-RahmenVO handeln muss.

(aaa) Energieversorgung

Art. 4 I a) FDI-RahmenVO zählt die Energieversorgung als Teil der Kritischen Infrastruktur auf. Die Energie(-versorgung) erlangt eine besondere Stellung, da sie in Art. 4 I c) FDI-RahmenVO als kritische Ressource erneut hervorgehoben wird. Die FDI-RahmenVO trägt einen Teil zur Energiesolidarität zwischen den Mitgliedstaaten bei,[1004] indem die Versorgungssicherheit der Union durch Investitionskontrollen geschützt werden kann. Die Energieversorgung ist dabei nicht nur dadurch zu gewährleisten, dass Notfallsituationen gelöst werden können, sondern auch durch „Maßnahmen zur Vorbeugung von Krisensituationen"[1005]; eine solches Mittel ist sicherlich eine Kontrolle der Übernahmen von Energieunternehmen. Die Beschränkung der Kapitalverkehrsfreiheit zum Schutz der Energieversorgung war mehrmals Gegenstand von EuGH-Urteilen.[1006] Dem EuGH reicht jedoch nicht jede Investition in den Energiesektor aus. Hinzutreten muss eine „tatsächlich und hinreichend schwere Gefährdung"[1007].[1008] Der reine Erwerb eines Unternehmens der Branche ist demnach nicht abstrakt eine Gefährdung,

1003 *Rubner/Leuering* NJW-Spezial 2022, 79 (79).

1004 *GA Sanchez-Bordona* Schlussantrag vom 18.03.2021, C-848/19 P – Deutschland/Polen, ECLI:EU:C:2021:218, Rn. 84. Vgl. *GA Mengozzi* Schlussantrag vom 26.07.2017, C-226/16 – Eni SPA, ECLI:EU:C:2017:616, Rn. 33 f., der die Energiesolidarität als Verfassungsgrundsatz bezeichnet.

1005 EuGH, Urteil vom 15.07.2021, C-848/19 P – Deutschland/Polen, ECLI:EU:C:2021:598, Rn. 69.

1006 EuGH, Urteil vom 08.11.2012, C-244/11 – Kommission/Griechenland, ECLI:EU:C:2012:694, Rn. 65; EuGH, Urteil vom 11.11.2010, C-543/08 – Kommission/Portugal, ECLI:EU:C:2010:669, Rn. 84; EuGH, Urteil vom 26.03.2009, C-326/07 – Kommission/Italien, ECLI:EU:C:2009:193, Rn. 69; EuGH, Urteil vom 13.05.2003, C-463/00 – Kommission/Spanien, ECLI:EU:C:2003:272, Rn. 71; EuGH, Urteil vom 04.06.2002, C-483/99 – Kommission/Frankreich, ECLI:EU:C:2002:327, Rn. 47; EuGH, Urteil vom 04.06.2002, C-503/99 – Kommission/Belgien, ECLI:EU:C:2002:328, Rn. 46.

1007 EuGH, Urteil vom 08.11.2012, C-244/11 – Kommission/Griechenland, ECLI:EU:C:2012:694, Rn. 67; EuGH, Urteil vom 11.11.2010, C-543/08 – Kommission/Portugal, ECLI:EU:C:2010:669, Rn. 85.

1008 *Wolff* Ausländische Staatsfonds, S. 190, nennt dies das „Erfordernis einer qualifizierten Gefährdung".

sondern erst durch einen weiteren hinzutretenden Faktor.[1009] Traditionell standen immer Versorgungssicherheit und Versorgungsunabhängigkeit im Vordergrund.[1010] Mit der FDI-RahmenVO werden nun auch die technologischen Entwicklungen und Fortschritte sowie die Datensicherheit berücksichtigt.[1011] Im Konflikt mit Russland dürfte sich umfänglich bestätigt haben, welche sicherheitspolitische Rolle die Infrastruktur der Energieversorgung spielen kann. Eine besondere Rolle spielte in diesem Zusammenhang die deutsche Investitionskontrolle, denn *Germania Gazprom GmbH* wurde am 04.04.2022 durch Anordnung gem. § 6 I AWV unter Treuhandverwaltung gestellt, „um eine ordnungsgemäße Durchführung des Prüfverfahrens zu gewährleisten“ sowie zur „Abwendung der Gefahr für die öffentliche Ordnung oder Sicherheit“.[1012] Mittlerweile wurde eine spezielle energierechtliche Ermächtigungsgrundlage mit § 17 EnSiG[1013] („Treuhandverwaltung von Unternehmen der Kritischen Infrastruktur“) geschaffen, auf der die Treuhandverwaltungen von *Germania Gazprom GmbH*[1014] und *Rosneft Deutschland GmbH*[1015] nun gestützt werden.[1016]

(bbb) Verkehrssektor

Der Verkehrssektor hat in der Rechtsprechung des EuGH bisher keine besondere Rolle gespielt. In der Rechtssache C-244/11 (Kommission/Griechenland) zu einer griechischen Golden-Shares-Regelung hätte der EuGH die Möglichkeit gehabt hierauf näher einzugehen, denn Schutzzweck des griechischen Gesetzes war unter anderem, die Verwaltung der beiden größten Häfen des Landes

1009 EuGH, Urteil vom 08.11.2012, C-244/11 – Kommission/Griechenland, ECLI:EU:C:2012:694, Rn. 69; EuGH, Urteil vom 26.03.2009, C-326/07 – Kommission/Italien, ECLI:EU:C:2009:193, Rn. 48.

1010 *Rajavouori/Huhta* Energy Policy 2020, 111646, S. 4 f.

1011 *Rajavouori/Huhta* Energy Policy 2020, 111646, S. 7 ff.

1012 Anordnung gemäß § 6 des Außenwirtschaftsgesetzes bezüglich der Anteile an der Gazprom Germania GmbH, BAnz AT vom 04.04.2022, B13, S. 2.

1013 Art. 1 Gesetz zur Änderung des Energiesicherungsgesetzes 1975 und anderer energiewirtschaftlicher Vorschriften, BGBl. I 2022, S. 730 ff. vom 20.05.2022.

1014 Anordnung gemäß § 17 des Energiesicherungsgesetzes bezüglich der Anteile an der Gazprom Germania GmbH, BAnz AT 17.06.2022 B15.

1015 Anordnung gemäß § 17 des Energiesicherungsgesetzes bezüglich der Anteile an der Rosneft Deutschland GmbH und der RN Refining & Marketing GmbH, BAnz AT 16.09.2022 B1.

1016 Gem. Anordnung Nr. 6 BAnz AT 17.06.2022 B15, geht die Anordnung der Anordnung gemäß § 6 AWV (BAnz AT 04.04.2022 B13) vor.

sicherzustellen.[1017] Der EuGH beschränkte sich jedoch darauf festzustellen, dass „die Verfolgung allgemeiner Interessen in Bezug auf die öffentliche Ordnung, die öffentliche Sicherheit und die öffentliche Gesundheit unter Umständen bestimmte Beschränkungen der Ausübung der Grundfreiheiten rechtfertigen kann".[1018] Der Schutz des nationalen Hafenbetriebs scheint danach nicht ausgeschlossen zu sein, wenn auch der Bezug zur öffentlich Ordnung oder Sicherheit weniger deutlich hervorgehoben wird. In der Literatur wird daneben noch die Sicherstellung des Bahnbetriebs und der Handelsschifffahrt unter die öffentliche Ordnung oder Sicherheit gefasst.[1019]

In der Praxis erlangten insbesondere die Investitionen der chinesischen Reederei *China Ocean Shipping Company (COSCO)* in den griechischen Hafen Piräus, besondere mediale Aufmerksamkeit.[1020] In der deutschen Investitionsprüfung wurde 2022 über eine Untersagung einer 35 prozentigen Minderheitsbeteiligung der *Cosco Shipping Ports Limited (CSPL)*, Tochtergesellschaft der chinesischen Reederei *COSCO* an der Terminalbetreibergesellschaft *HHLA Container Terminal Tollerort GmbH* des *Hafenbetreibers Hamburger Hafen und Logistik AG (HHLA)* diskutiert.[1021] Das Besondere an diesem Fall war, dass der Hafen selbst nicht betroffen war, sondern nur Anteile an der Betreibergesellschaft des Terminals erworben werden sollten. Am Ende erlangte das Verfahren bundespolitische Aufmerksamkeit und man einigte sich schließlich auf eine Teiluntersagung, die nur eine Beteiligung von 24,9 Prozent der Stimmrechtsanteile zuließ.[1022]

1017 Vgl. EuGH, Urteil vom 08.11.2012, C-244/11 – Kommission/Griechenland, ECLI:EU:C:2012:694, Rn. 64.

1018 EuGH, Urteil vom 08.11.2012, C-244/11 – Kommission/Griechenland, ECLI:EU:C:2012:694, Rn. 66.

1019 *Seibt/Wollenschläger* ZIP 2009, 833 (839).

1020 *Varvitsioti* Piraeus port deal intensifies Greece's unease over China links, Financial Times vom 19.10.2021, https://www.ft.com/content/3e91c6d2-c3ff-496a-91e8-b9c81aed6eb8.

1021 Manager Magazin, Wirtschaftsministerium verschiebt Entscheidung zum Cosco-Einstieg, vom 13.09.2022 https://www.manager-magazin.de/unternehmen/industrie/hhla-terminal-robert-habeck-verschiebt-entscheidung-zum-cosco-einstieg-a-082a3401-73dd-4348-926a-b41f440f9084.

1022 *Schmidbauer* LTO, Kabinett findet Kompromiss zum Hamburger Hafen, vom 26.10.2022, https://www.lto.de/recht/kanzleien-unternehmen/k/hamburger-hafen-beteiligung-tollerort-terminal-cosco-china-teiluntersagung-genehmigungsfiktion/.

Als besonderer Teil der kritischen Infrastruktur können sich Beteiligungen an Hafenanlagen, ggf. auch an Hafenbetreibern, auf die öffentliche Ordnung oder Sicherheit auswirken. In vielen Fällen dürften aber mildere Mittel existieren als die vollständige Untersagung einer Investition.[1023]

(ccc) Weitere Faktoren

Neben der Energieversorgung und dem Verkehrssektor werden in Art. 4 I a) FDI-RahmenVO zahlreiche weitere Faktoren genannt. Die „Kommunikation" wird in der Rechtsprechung gleichberechtigt neben der Energie und dem Verkehr als Teil der öffentlichen Ordnung oder Sicherheit anerkannt.[1024]

Soweit die genannten Faktoren bisher als zwingende Gründe des Allgemeininteresses galten, kann der Unionsgesetzgeber diese im Rahmen seines politischen Ermessensspielraums und seiner eingeständigen Bedeutung bei der Kontrolle der Mitgliedstaaten bei Ausübung der Grundfreiheiten unter den Begriff der öffentlichen Ordnung oder Sicherheit einordnen.[1025] Dies galt beispielsweise bisher für die Gesundheit.[1026] Die Gesundheit ist ein geschriebener Rechtfertigungsgrund bei anderen Grundfreiheiten,[1027] sodass bei der Kapitalverkehrsfreiheit eine partielle Einbeziehung im Rahmen der öffentlichen Ordnung oder Sicherheit nicht streng ausgeschlossen sein dürfte. Daneben ist auch der Gesundheitsschutz in Art. 35 GRC als EU-Grundrecht anerkannt, was die Bedeutung des Ziels und die Rechtfertigungswirkung für die Einschränkbarkeit

---

1023 *Jessen* in: Moberg/Hindelang (Hrsg.), YSEC – Yearbook of Socio-Economic Constitutions, S. 284.

1024 EuGH, Urteil vom 26.03.2009, C-326/07 – Kommission/Italien, ECLI:EU:C:2009:193, Rn. 69; EuGH, Urteil vom 13.05.2003, C-463/00 – Kommission/Spanien, ECLI:EU:C:2003:272, Rn. 71. „Postalischen Universaldienst" bezeichnete der EuGH hingegen in EuGH, Urteil vom 28.09.2006, C-282/04 u. C-283/04 – Kommission/Niederlande, ECLI:EU:C:2006:608, Rn. 38, als zwingenden Grund des Allgemeininteresses. Auch Postdienstleistungen dürften jedoch unter den Begriff Kommunikation fallen; hierzu scheint ein Widerspruch in der Rechtsprechung zu existieren.

1025 Vgl. selbst EuGH, Urteil vom 04.06.2002, C-503/99 – Kommission/Belgien, ECLI:EU:C:2002:328, Rn. 46, nach der die Energieversorgung zur öffentlichen Sicherheit gehört; vgl. aber Rn. 27 in der die Energieversorgung wiederum als zwingenden Grund des Allgemeininteresses bezeichnet wird.

1026 EuGH, Urteil vom 19.05.2009, C-531/06 – Kommission/Italien, ECLI:EU:C:2009:315, Rn. 51.

1027 Art. 36 AEUV; Art. 45 AEUV; Art. 52 AEUV.

der Grundfreiheiten laut EuGH bestätigt.[1028] Dieser Gedanke kann auf weitere in der Liste des Art. 4 a) FDI-RahmenVO genannte Bereiche übertragen werden. Der EuGH hatte in seiner bisherigen Rechtsprechung zur Niederlassungs- und Kapitalverkehrsfreiheit weniger Probleme genereller Art mit den genannten Industriebereichen; die Mitgliedstaaten waren im Wesentlichen frei, nach ihren nationalen Bedürfnissen sicherheitssensible Industriebereiche zu schützen.[1029] Wichtig war dem EuGH, dass Art. 65 AEUV als Ausnahme eng auszulegen[1030] ist und deshalb eine tatsächliche und hinreichend schwere Gefährdung vorliegen muss.[1031] Die Faktoren in Art. 4 I a) FDI-RahmenVO sind als abstrakte Faktoren zu werten, zu denen konkrete Gefährdungsprognosen hinzukommen müssen, im Einklang mit dem Primärrecht. Insbesondere der Unionsgesetzgeber kann seine Vorstellungen zu sensiblen Bereichen neben die Vorstellungen des EuGH setzen.

(ddd) Zwischenergebnis

Die in Art. 4 I FDI-RahmenVO genannten Bereiche sehr allgemein gehalten.[1032] Kritisch wird teilweise die Vielzahl an genannten Industriebereichen gesehen.[1033] Da es sich aber letztlich um die Liste der Kritischen Infrastrukturen handelt, ist Kritik hieran nicht nachvollziehbar. Keinem Faktor fehlt es gänzlich am Bezug zur öffentlichen Ordnung oder Sicherheit. Eine genauere Bezeichnung der Felder ist aufgrund der Vielfalt an möglichen Einzelfallproblemen impraktikabel und wäre mangels abschließender Auflistung auch wirkungslos. Aufgrund des

---

1028 EuGH, Urteil vom 05.12.2013, C-159/12 bis C-161/12 – Venturini/ASL Varese, ECLI:EU:C:2013:791, Rn. 41; EuGH, Urteil vom 21.06.2012, C-84/11 – Susialo, ECLI:EU:C:2012:374, Rn. 37; EuGH, Urteil vom 01.06.2010, C-570/07 u. 571/07 – Blanco Pérez, ECLI:EU:C:2010:300, Rn. 65.

1029 EuGH, Urteil vom 19.05.2009, C-531/06 – Kommission/Italien, ECLI:EU:C:2009:315, Rn. 70; EuGH, Urteil vom 09.03.2000, C-355/98 – Kommission/Belgien, ECLI:EU:C:2000:113, Rn. 28.

1030 EuGH, Urteil vom 26.05.2016, C-244/15 – Kommission/Griechenland, ECLI:EU:C:2016:359, Rn. 34; EuGH, Urteil vom 25.10.2012, C-387/11 – Kommission/Belgien, ECLI:EU:C:2012:670, Rn. 43.

1031 Vgl. EuGH, Urteil vom 14.03.2000, C-54/99 – Église de Scientology, ECLI:EU:C:2000:124, Rn. 17.

1032 *Voland* in: Krenzler/Herrmann/Niestedt (Hrsg.), EU-Außenwirtschafts- und Zollrecht, XII Nr. 122, Art. 4, Rn. 8.

1033 *Slobodenjuk* BB 2020, 198 (199 f.).

Richtliniencharakters[1034] der Aufzählung ist eine allgemein gehaltene Liste auch sachgerechter, weil sie die Konkretisierung der einzelnen Bereiche den Mitgliedstaaten überlässt. Aufgrund des Transparenzgebots werden besonders sensible Teilbereiche von den Mitgliedstaaten besser noch einmal konkretisiert. Umso genauer ein Teilbereich von der nationalen Legislative als sensibel eingestuft wird, umso einfacher dürfte die Begründung für die Exekutive bei der Ergreifung von Maßnahmen im Sinne des Art. 2 Nr. 3 FDI-RahmenVO gelingen.

Die Ergänzung auf „Investitionen in Grundstücke und Immobilien, die für die Nutzung dieser Infrastrukturen von entscheidender Bedeutung sind", war bisher in der Rechtsprechung noch nicht behandelt worden. Die Einbeziehung von Grundstücken in der deutschen Investitionskontrolle war bisher ungeklärt,[1035] da der Eigentumserwerb nur eine mittelbare Gefährdung darstellen würde.[1036] Letztendlich spricht aber nichts dagegen, sogar eine Gefährdung durch angrenzende Grundstücke und ähnliche Fälle von der öffentlichen Ordnung oder Sicherheit umfasst zu sehen. Beispielhaft hierzu war die Berichterstattung um einen von der chinesischen Regierung finanzierten chinesischen Garten in Washington, D.C., welcher in der Nähe zum US-Kapitol angelegt werden sollte und sich wohl potenziell für Signalerfassungen eignete.[1037]

(bb) Art. 4 I b) FDI-RahmenVO

Auch die in Art. 4 I b) FDI-RahmenVO genannten Güter mit doppeltem Verwendungszweck der Dual-Use-VO von 2009[1038] sind im Hinblick auf die öffentliche Ordnung oder Sicherheit unproblematisch. Diese haben per definitionem militärische Bedeutung und können demnach ohne Weiteres, wenn sie nicht unter das Recht der Mitgliedstaaten nach Art. 346 AEUV fallen, auch eine

---

1034 Vgl. *Mausch-Liotta/Sattler* in: Hocke/Sachs/Pelz (Hrsg.), Außenwirtschaftsrecht, § 55 AWV, Rn. 15, die auch davon ausgehen, dass die Verordnung aufgrund der Beschränkung des Art. 207 AEUV gewählt wurde.

1035 Vgl. das Beispiel bei *Dammann de Chapto/Brüggemann* NZKart 2018, 412 (415).

1036 *Dammann de Chapto/Brüggemann* NZKart 2018, 412 (415).

1037 *Lillis* FBI investigation determined Chinese-made Huawei equipment could disrupt US nuclear arsenal communications, CNN online vom 25.07.2022, https://edition.cnn.com/2022/07/23/politics/fbi investigation-huawei-china-defense-department-communications-nuclear/index.html.

1038 Verordnung (EG) Nr. 428/2009 des Rates vom 5. Mai 2009 über eine Gemeinschaftsregelung für die Kontrolle der Ausfuhr, der Verbringung, der Vermittlung und der Durchfuhr von Gütern mit doppeltem Verwendungszweck, ABl. L 134 vom 29.05.2009, S. 1.

Gefährdung der öffentlichen Ordnung oder Sicherheit darstellen. Mit Inkrafttreten der Dual-Use-VO (2021)[1039] ist diese maßgeblich geworden. Zwar verweist die FDI-RahmenVO noch auf die alte Dual-Use-VO, die Vorgaben sind jedoch nicht zwingend und die Mitgliedstaaten würden den Regelungszweck verfehlen, würden sie sich an der alten Dual-Use-VO orientieren.[1040]

Der EuGH bestätigte die Beeinträchtigungsgefahr der öffentlichen Sicherheit durch die Einfuhr, Ausfuhr und die Durchfuhr von Waren, die zu strategischen Zwecken verwendet werden können, bereits früher.[1041] Folgerichtig sollte dies auch für den Kauf des Unternehmens dahinter gelten.

Daneben werden in Art. 4 I b) FDI-RahmenVO „Kritische Technologien" als Faktor anerkannt. Insbesondere Investitionen auf den Feldern künstliche Intelligenz, Robotik und Halbleiter, sog. „Zukunftstechnologien", dürfen jedoch nicht ohne Weiteres als Gefahr für die öffentliche Ordnung oder Sicherheit eingestuft werden.[1042] Ein Vergleich mit der US-amerikanischen Investitionskontrolle drängt sich auf; diese betrachtet Investitionen in kritische Technologien, die eine Beeinträchtigung für „leadership in areas related to national security" bedeuten, als einen Aspekt der nationalen Sicherheit.[1043] Die Formulierung lässt offen, welche Rolle wirtschaftlichen Erwägungen zukommt. Normativ entscheidend ist, wie eng die Einschränkung auf Bereiche der nationalen Sicherheit ausgelegt wird. Indes behauptet auch das *U.S. Department of the Treasury* in ihren FAQ zum Modernization Act of 2018 (FIRRMA), dass die Kontrolle nur die nationale Sicherheit im Blick habe und wirtschaftliche Sachverhalte nicht im Anwendungsbereich lägen.[1044] Geändert haben könnte sich dies durch Executive Order 14083 vom 15.09.2022 durch US-Präsident Biden, die die „technological leadership" noch stärker betont.[1045]

1039 Verordnung (EU) 2021/821 des Europäischen Parlaments und des Rates vom 20. Mai 2021 über eine Unionsregelung für die Kontrolle der Ausfuhr, der Vermittlung, der technischen Unterstützung der Durchfuhr und der Verbringung betreffend Güter mit doppeltem Verwendungszweck, ABl. L 206 vom 11.06.2021, S. 1 ff.

1040 Deutschland beispielsweise bezieht sich in § 55a I Nr. 18, 19 AWV auf die neue Dual-Use-VO.

1041 EuGH, Urteil vom 04.10.1991, C-367/89 – Richardt, ECLI:EU:C:1991:376, Rn. 22.

1042 Vgl. *Böni* EWS 2020, 82 (84).

1043 Foreign Investment Risk Review Modernization Act of 2018, HR 5515, 115th Congress, August 13, 2018, Sec. 1702 (c) (1).

1044 *U.S. Department of the Treasury* CFIUS FIRMMA FAQ, S. 1 Frage 3 https://home.treasury.gov/system/files/206/FIRRMA-FAQs.pdf.

1045 *US-Präsident Biden* Executive Order 14083 of September 15, 2022.

Eine versteckt protektionistische Maßnahme zum Schutz nationaler Champions wäre mit der Rechtsprechung des EuGH zur Kapitalverkehrsfreiheit unvereinbar. Der Verlust technologischer Wettbewerbsfähigkeit stellt isoliert betrachtet einen rein wirtschaftlichen Zweck dar. Eine Nennung dieser Bereiche ist im Hinblick auf die offene Formulierung und den Spielraum des Unionsgesetzgebers mit den Grundfreiheiten vereinbar. Der Begriff der „öffentlichen Ordnung oder Sicherheit" ist laut EuGH einem zeitlichen Wechsel unterworfen.[1046] Es liegt nahe, das Gefährdungspotenzial, das die voranschreitende Digitalisierung und Automatisierung mit sich bringt, bei der Auslegung anzuerkennen.

Die Mitgliedstaaten werden bei einer Umsetzung aber in besonderem Maße darauf zu achten haben, den Faktor nicht über die von der Kapitalverkehrsfreiheit gesetzte Grenze anzuwenden. Beim deutschen Gesetzgeber deutet sich an, dass er eine Abweichung vom bisherigen Maßstab annehmen will. Denn laut Begründung des Entwurfs eines *Ersten Gesetzes zur Änderung des Außenwirtschaftsgesetzes und anderer Gesetze* seien untersagungsrelevante Beeinträchtigungen der „kritischen Technologie" auch dann gegeben, wenn nicht zwingend ein ausgeprägter Bezug zu den Grundinteressen der Gemeinschaft[1047] vorliegt. Sofern die Auffassung nur eine graduelle Abweichung von der EuGH-Rechtsprechung annimmt,[1048] stellt die Verordnung damit eine zulässige Harmonisierung bzw. Konkretisierung dar. Das Sekundärrecht darf Bewertungsveränderungen vornehmen. Insbesondere dann, wenn sich im Wandel der Zeit, insbesondere durch Technologisierung und Digitalisierung, veränderte Risikoeinschätzungen für Technologien ergeben. Im Ergebnis handelt es sich auch nicht um einen Widerspruch zur EuGH-Rechtsprechung, denn der EuGH bestimmt die „öffentlichen Ordnung oder Sicherheit" in Art. 65 AEUV durch seine Definition und ihre Grenzen und nicht durch bereits festgestellte Fallgruppen.

Die Kommission hat die Grenzen des Art. 65 AEUV in den Leitlinien zur Verordnung betont.[1049] Diese Betonung der „Technologie von strategischer Bedeutung" oder der „Schlüsseltechnologien" darf nicht als Bekenntnis zu einer industriepolitischen Verlagerung der Investitionskontrolle verstanden

---

1046 EuGH, Urteil vom 04.12.1974, C-41/74 – Van Duyn/Home Office, ECLI:EU:C:1974:133, Rn. 18/19.

1047 BT-Drs. 19/18700 vom 21.04.2020, S. 18, diese Grundinteressen seien die „(Landes-)Sicherheit, öffentliche Versorgung und kritische Infrastrukturen".

1048 BT-Drs. 19/18700 vom 21.04.2020, S. 18, „ohne dass zwingend ein ausgeprägter Bezug zu den o.g. Grundinteressen der Gemeinschaft vorliegen muss.

1049 *Kommission* Mitteilung, (2020/C-99 I/01), Leitlinien, S. 4.

werden;[1050] denn die Kommission stellt im Einklang mit Erwägungsgrund Nr. 13 FDI-RahmenVO fest, dass diese Bereiche besonders sensibel sein können. Die Hervorhebung kleiner Start-ups[1051] spricht indes nicht für eine industriepolitische Verschiebung, sondern zeigt, ganz im Gegenteil, auf, dass die wirtschaftliche Bedeutung des Unternehmens neben der Sicherheitsrelevanz der Technologie nebensächlich ist. Aus der Umsatzschwelle kann, anders als bei wettbewerblichen Kontrollen, gerade kein besonders enger Zusammenhang mit dem Schutzzweck geschlossen werden. Ein gewisser Zusammenhang wird sich aber nicht abstreiten lassen.[1052] So hat beispielsweise die österreichische Investitionskontrolle in § 2 Investitionskontrollgesetz Kleinstunternehmen, einschließlich Start-up-Unternehmen, unter bestimmten Grenzwerten von einer Genehmigungspflicht befreit.[1053]

Begrenzt wird das Begriffsverständnis auch dadurch, dass die kritische Technologie zusammen mit den Dual-Use-Gütern in einen Absatz eingeordnet wird. Der Bezug zur Sicherheit wird damit durch die Systematik angedeutet, ohne ein allzu enges Verständnis ausdrücklich festzulegen. Es bleibt demnach bei einer primärrechtskonformen Auslegung und nicht einer vollständigen Ersetzung des bisherigen Maßstabs durch Sekundärrecht.

Ein von der Kommission anerkannter wirtschaftlicher Grund im Rahmen der öffentlichen Ordnung oder Sicherheit kann hingegen die Abwehr eines strategischen „aggressiven Kaufs“ der Technologieunternehmen in Krisenzeiten darstellen.[1054] Die Investitionskontrolle ist jedoch nicht das geeignete Instrument, um einen sog. krisenbedingten „Ausverkauf der Wirtschaft“ zu verhindern; denn ab welcher Investition nun von einem sicherheitsrelevanten Ausverkauf auszugehen ist, wird sich nur schwer ermitteln lassen. Für

---

1050 Vgl. hingegen *Mausch-Liotta/Sattler* in: Hocke/Sachs/Pelz (Hrsg.), Außenwirtschaftsrecht, § 55 AWV, Rn. 95, die ein „erstes leichtes Fragezeichen“ setzen möchten.

1051 *Kommission* Mitteilung, (2020/C-99 I/01), Leitlinien, S. 3.

1052 Vgl. *Bundesverband Deutsche Startups e.V.* Stellungnahme zum Entwurf einer 17. Verordnung zur Änderung der Außenwirtschaftsverordnung (17. AWV-Novelle), S. 4 f., die für eine de-minimis Regel eintreten.

1053 Nach § 2 II österreichisches Investitionskontrollgesetz sind Kleinstunternehmen und Start-Ups mit weniger als zehn Beschäftigten und einem Jahresumsatz oder Jahresbilanzsumme von unter zwei Millionen Euro von der Genehmigungspflicht befreit.

1054 *Kommission* Mitteilung, (2020/C 99 I/01), Leitlinien, S. 5.

krisengeprägte Störungen des Kapitalverkehrs besteht mit Art. 66 AEUV eine eigene Ermächtigungsgrundlage.[1055]

(cc) Art. 4 I c) FDI-RahmenVO

Die Bestimmung der kritischen Rohstoffe erfolgt durch regelmäßig aktualisierte Mitteilungen der Kommission; in dieser werden die besonders wichtigen Rohstoffe für den EU-Markt aktualisiert.[1056] Bei kritischen Rohstoffen handelt es sich demzufolge um die wirtschaftlich wichtigsten Rohstoffe mit hohem Versorgungsrisiko; diese sind von entscheidender Bedeutung für die Funktionsfähigkeit und Integrität zahlreicher industrieller Ökosysteme.[1057] Die Liste wurde für die deutsche Regelung im Bundesanzeiger noch einmal bekannt gegeben.[1058] Unter ihnen befinden sich seltene Erden, Titan und andere Schwermetalle. Weiterhin sind diverse Bereiche (Strom, Öl, Gas) auch nach der RL 2008/114/EG Teil der Kritischen Infrastruktur. In diesen Bereichen eine „Mindestversorgung“[1059] sicherzustellen, hat der EuGH für die Versorgung von Mineralöl und Elektrizität als Zielsetzung anerkannt.[1060] Doch auch bei Maßnahmen der Versorgungssicherheit mit Strom haben die Mitgliedstaaten den Verhältnismäßigkeitsgrundsatz einzuhalten,[1061] sodass auch Investitionen in Energieversorgungsunternehmen nicht ohne nähere Begründung untersagt werden können. Wie sicherheitsrelevant die Versorgung mit Rohstoffen sein kann, hat sich nicht zuletzt im Russland-Ukraine-Konflikt gezeigt; Rohstoffe werden in

---

1055 Aufgrund des engen Ausnahmecharakters ist die Norm bisher noch nicht genutzt worden, *Korte* in: Calliess/Ruffert (Hrsg.), EUV/AEUV, Art. 66 AEUV, Rn. 24.

1056 Vgl. *Kommission* Mitteilung, Widerstandsfähigkeit der EU bei kritischen Rohstoffen: Einen Pfad hin zu größerer Sicherheit und Nachhaltigkeit abstecken, COM(2020) 474 final vom 03.09.2020.

1057 *Kommission* COM(2020) 474 final, vom 03.09.2020, S. 1.

1058 Bekanntmachung der Liste der Rohstoffe nach § 55a Abs. 1 Nr. 25 der Außenwirtschaftsverordnung, BAnz AT 26.05.2021 B1.

1059 Vgl. EuGH, Urteil vom 04.06.2002, C-483/99 – Kommission/Frankreich, ECLI:EU:C:2002:327, Rn. 49.

1060 EuGH, Urteil vom 13.05.2003, C-463/00 – Kommission/Spanien, ECLI:EU:C:2003:272, Rn. 71; EuGH, Urteil vom 04.06.2002, C-503/99 – Kommission/Belgien, ECLI:EU:C:2002:328, Rn. 46, der jedoch gleichzeitig in Rn. 27 die Energieversorgung wiederum als zwingenden Grund des Allgemeininteresses bezeichnet.

1061 EuGH, Urteil vom 27.01.2022, C-179/20 – Fondul Proprietatea/Guvernul Romaniei, ECLI:EU:C:2022:58, Rn. 76 ff.

internationalen Konflikten (durch Sanktionen) als Druckmittel eingesetzt, um Verhaltensweisen anderer Staaten zu erzwingen.[1062]

Zuletzt genannt wird noch die Nahrungsmittelsicherheit (in der englischen Fassung: food security) in Art. 4 I c) FDI-RahmenVO. Dem Begriff der Nahrungsmittelsicherheit kann quantitative als auch qualitative Bedeutung zukommen.[1063] Qualitative Nahrungsmittelsicherheit umfasst die ausreichende Versorgung der Bevölkerung. Die systematische Stellung in Art. 4 I c) FDI-RahmenVO, welcher sich mit der Versorgungssicherheit befasst, lässt darauf schließen, dass die Verordnung die quantitative Nahrungsmittelsicherheit im Blick hat. Die qualitative Nahrungsmittelsicherheit, im deutschen zumeist Lebensmittelsicherheit (englisch: food safety) genannt, ist von der Verordnung nicht umfasst. Das schließt jedoch nicht aus, dass Aspekte der Nahrungsqualität bei einer nationalen Investitionskontrolle nicht einbezogen werden dürften. „Food security“ und „food safety“ können nicht völlig unabhängig voneinander erzielt werden, denn Maßnahmen können gegenseitigen Einfluss nehmen und die Versorgung sollte im Idealfall mit ernährungsphysiologisch qualitativ hochwertiger Nahrung erfolgen.[1064] Eine allgemeine ernährungspolitische Regulierung der Lebensmittelsicherheit wird im Regelfall jedoch das mildere und effektivere Mittel gegenüber Maßnahmen im Rahmen der Investitionskontrolle darstellen.

(dd) Art. 4 I d) FDI-RahmenVO

Nach Art. 1 d) FDI-RahmenVO kann auch der Faktor den Zugang zu sensiblen Informationen, einschließlich personenbezogener Daten, oder die Fähigkeit, solche Daten zu kontrollieren, berücksichtigt werden. Der Begriff der personenbezogenen Daten ist in Art. 4 Nr. 1 DSGVO legaldefiniert als „alle Informationen, die sich auf eine identifizierte oder identifizierbare natürliche Person (im Folgenden ‚betroffene Person‘) beziehen; als identifizierbar wird eine natürliche Person angesehen, die direkt oder indirekt, insbesondere mittels Zuordnung zu einer Kennung wie einem Namen, zu einer Kennnummer, zu Standortdaten, zu einer Online-Kennung oder zu einem oder mehreren besonderen Merkmalen, die Ausdruck der physischen, physiologischen, genetischen, psychischen,

---

1062 *Weiss/Bungenberg* in: Tietje/Nowrot (Hrsg.), Internationales Wirtschaftsrecht, § 7, Rn. 79.

1063 *Pettoello-Mantovani/Oliveri* Global Pediatrics 2022 (2), 100020, S. 2.

1064 *Fusco/Coluccia/De Leo* International Journal of Environmental Research and Public Health 2020 (17), 4311, S. 2; *King/et al.* Trends in Food Science & Technology 2017 (68), 160 (171).

wirtschaftlichen, kulturellen oder sozialen Identität dieser natürlichen Person sind, identifiziert werden kann."

Die identischen Begrifflichkeiten sind einheitlich zu verstehen.[1065] Das gilt jedoch nicht für den Begriff der „sensiblen Information" und die in der DSGVO definierten „sensiblen Daten",[1066] denn in Art. 4 I d) FDI-RahmenVO erweckt der „einschließlich"-Einschub den Eindruck, dass es sich um einen Unterbegriff der „sensiblen Informationen" handelt. In Erwägungsgrund Nr. 10 der DSGVO werden die „sensiblen Daten" hingegen als eine besondere Kategorie der personenbezogenen Daten bezeichnet. Ein Gleichklang der Begriffe ist auch deshalb nicht sinnvoll, weil die DSGVO gem. Art. 1 I DSGVO den Schutz personenbezogener Daten zum Ziel hat. Welche Daten hingegen sensibel sind, entscheidet sich nach dem sachlichen Regelungszweck des Rechtsakts, in dem der Begriff verwendet wird. Dem Begriff „sensible Informationen" kommt demnach keine feststehende Bedeutung im Unionsrecht zu.[1067] Eine zu tief gehende Beschäftigung mit dem Begriff in der Verordnung ist ohnehin nicht zweckmäßig, da es bei der Anwendung auf das Begriffsverständnis desjenigen Mitgliedstaats ankommt, der die Begriffe nutzt.

Der Datenschutz in Art. 4 I d) FDI-RahmenVO ist bisher nicht in der Rechtsprechung des EuGH im Zusammenhang mit der Rechtfertigung von Eingriffen in die Grundfreiheiten in Erscheinung getreten. Da es sich aber um ein sehr dynamisches und im Unionsrecht junges Rechtsgebiet handelt, erscheint es sinnvoll, teilweise den Datenschutz der Gesamtbevölkerung bei entsprechender Gefährdungslage als Teil der öffentlichen Ordnung oder Sicherheit anzusehen. Eine vergleichbare Erweiterung auf „sensitive personal data" hatte auch die US-amerikanische Investitionskontrolle durch den „Foreign Investment Risk Review Modernization Act 2018" erfahren.[1068] Beispielhaft sei daneben die Diskussionen um die verhinderten Übernahmen der Video-Plattform „TikTok"[1069]

1065 *Voland/Slobodenjuk* in: Krenzler/Herrmann/Niestedt (Hrsg.), EU-Außenwirtschafts- und Zollrecht, XII Nr. 122, Art. 4, Rn. 12.

1066 *Lippert* BB 2019, 1538 (1541); *Voland/Slobodenjuk* in: Krenzler/Herrmann/Niestedt (Hrsg.), EU-Außenwirtschafts- und Zollrecht, XII Nr. 122, Art. 4, Rn. 12.

1067 *Lippert* BB 2019, 1538 (1541).

1068 H. R. 5841 – 115th Congress (2017–2018), Sec. 201.

1069 Vgl. Überprüfung durch CFIUS in den USA, *Raab* MMR-Aktuell 2019, 422.435 und die Executive Order 13.942 durch den US-Präsidenten. In Indien wurde die App auf Grundlage des § 69a des Information Technology Act 2000 im Hinblick auf die öffentliche Ordnung verboten.

und der Dating-App „Grindr“[1070] erwähnt. Soweit auch der Datenschutz ein Fall der öffentlichen Ordnung oder Sicherheit sein kann, so ist in diesem Bereich im besonderen Maße eine Verhältnismäßigkeitsprüfung und die technische Möglichkeit milderer Mittel im Einzelfall - wie Auflagen oder öffentlich-rechtliche Verträge - zu beachten. In einer digitalisierten Wirtschaft wird der Zugang zu personenbezogenen Daten oder sensiblen Informationen bis auf wenige Industriebereiche nahezu immer vorliegen, sodass der Datenschutz als Faktor die Gefahr in sich trägt, als Auffangfaktor bei unliebsamen Investitionen zu dienen.

(ee) Art. 4 I e) FDI-RahmenVO

Nach Art. 4 I e) FDI-RahmenVO kann auch die Freiheit und Pluralität der Medien bei der Ermittlung einer voraussichtlichen Beeinträchtigung der öffentlichen Ordnung oder Sicherheit berücksichtigt werden. Diese Rechtsgüter sind vom EuGH bereits seit längerem anerkannt worden. Primärrechtlichen Schutz erfahren diese durch Art. 11 II GRC sowie Art. 10 EMRK i. V. m. Art. 6 II EUV. Allgemein anerkannt ist, dass EU-Grundrechte Beschränkungen der Grundfreiheiten rechtfertigen können.[1071] Diese können als Schranken und Schranken-Schranken gegenüber den Grundfreiheiten auftreten.[1072] In der Rechtssache C-260/89 (ERT), der die Medienfreiheit betraf, hielt der EuGH fest, dass die Beschränkung der Grundfreiheiten aus Gründen der öffentlichen Ordnung oder Sicherheit oder Gesundheit unter Beachtung des allgemeinen Grundsatzes der in Art. 10 EMRK verbürgten Meinungsfreiheit zu beurteilen sei;[1073] er behandelte die Medienfreiheit als Schranke-Schranke. Ebenso hielt der EuGH in mehreren Entscheidungen Beschränkungen zur Aufrechterhaltung des Medienfreiheit, insbesondere des pluralistischen Rundfunkwesens, für gerechtfertigt.[1074] Wie

---

1070 Vgl. *Danzman/Gertz* Why is the U.S. forcing a Chinese company to sell the gay dating app Grindr?, Washington Post vom 03.04.2019, https://www.washingtonpost.com/politics/2019/04/03/why-is-us-is-forcing-chinese-company-sell-gay-dating-app-grindr.

1071 *Frenz* NVwZ 2011, 961 (964).

1072 *Wollenschläger* EuZW 2014, 577 (579 f.); *Kingreen* in: Calliess/Ruffert (Hrsg.), EUV/AEUV, Art. 51 GRC, Rn. 19. Beispielhaft, EuGH, Urteil vom 21.05.2019, C-235/17 – Kommission/Ungarn, ECLI:EU:C:2019:432, Rn. 64.

1073 EuGH, Urteil vom 18.06.1991, C-260/89 – ERT, ECLI:EU:C:1991:254, Rn. 45.

1074 EuGH, Urteil vom 22.12.2008, C-336/07 – Kabel Deutschland, ECLI:EU:C:2008:765, Rn. 37; EuGH, Urteil vom 13.12.2007, C-250/06 – United Pan-Europe Communications, ECLI:EU:C:2007:783, Rn. 41 f.

auch bei Art. 11 II GRC,[1075] so ist auch der Medienbegriff der FDI-RahmenVO weit zu fassen.[1076] Art. 11 II GRC geht laut den Erläuterungen zur Charta auf die angesprochene Rechtssache C-288/89 (Collectieve Antennevoorziening Gouda) zurück. In dieser bezeichnete der EuGH die „Erhaltung eines pluralistischen Rundfunkwesen“ als zwingenden Grund des Allgemeininteresses.[1077] Der EuGH bezeichnete darin ein „pluralistisches und nichtkommerzielles Hörfunk- und Fernsehwesen“ als Kulturpolitik und zählte dies deshalb zu den zwingenden Gründen des Allgemeininteresses.[1078] Der Schutz der Medienpluralität kann durch den Unionsgesetzgeber grundsätzlich im Rahmen der Kapitalverkehrsfreiheit ausgestaltet werden. Aufgrund der veränderten Möglichkeiten und der Reichweite von Medien, können diese heute schnellere Entwicklungen durchmachen.[1079] Im Rahmen seines Spielraums kann der Unionsgesetzgeber einen Teilbereich der Medienfreiheit der öffentlichen Ordnung oder Sicherheit zuordnen. Insbesondere ist es ihm gestattet, Bereiche, die bisher nur unter die zwingenden Gründe des Allgemeininteresses fielen, auch durch eine sekundärrechtliche Ausgestaltung einen Teilbereich der öffentlichen Ordnung im Sinne des Sekundärakts einzuordnen. Die Übernahmen von Medienunternehmen, die der Verbreitung von „fake news“ oder der unzulässigen Einflussnahme auf das politische Klima durch „storytelling“ dient, soll durch die Investitionskontrolle verhindert werden. In der Regel werden dabei Auflagen aber das mildere Mittel darstellen. Ebenso dürften Verschärfungen der medienrechtlichen Regulierung gegenüber Drittstaaten sachgemäßer sein, sollte hier politischer Bedarf bestehen. Eine konkrete Gefahrenprognose wird in den meisten Fällen nur schwer zu begründen sein, wenn keine konkreten Gründe beim Erwerber durch vergangenes Verhalten vorliegen. Mögliche Einmischungen anderer Staaten in Wahlen und demokratische Prozesse wurde von EU-Seite deutlich kritisiert.[1080] Die Verordnung wird deshalb auch in der Entschließung des Europäischen Parlaments im Zusammenhang mit der Einflussnahme aus dem

---

1075 *Thiele* in: Pechstein/Nowak/Häde (Hrsg.), Frankfurter Kommentar EUV/GRC/AEUV, Art. 11 GRC, Rn. 3.

1076 *Voland/Slobodenjuk* in: Krenzler/Herrmann/Niestedt (Hrsg.), EU-Außenwirtschafts- und Zollrecht, XII Nr. 122, Art. 4 VO (EU) 2019/452, Rn. 13.

1077 EuGH, Urteil vom 25.07.1991, C-288/89 – Collectieve Antennevoorziening Gouda, ECLI:EU:C:1991:323, Rn. 23 f.

1078 EuGH, Urteil vom 03.02.1993, C-148/91 – Veronica, ECLI:EU:C:1993:45, Rn. 9 f.

1079 Vgl. *Herrmann* ZEuS 2019, 429 (446).

1080 *Vera Jourova* Europäische Kommission Rede vom 30.01.2020: Disinfo Horizon: Responding to Future Threats, SPEECH/20/160.

Ausland auf alle demokratischen Prozesse in der EU genannt.[1081] Auch in diesem Zusammenhang waren in der amerikanischen Kontrolle Bedenken gegen den Übernahmeversuch von TikTok diskutiert worden.[1082] Aus der deutschen Investitionskontrollpraxis sind noch keine Fälle hierzu bekannt geworden; zehn Prüfungen mit Medienbezug sind laut der Statistik des BMWK aber beispielsweise im Jahr 2021 durchgeführt worden.[1083]

(b) Faktoren des Investors gem. Art. 4 II FDI-RahmenVO

Neben den Faktoren aufseiten des Zielunternehmens der Investition können auch Faktoren aufseiten des Erwerbers bei der Beurteilung der Gefährdung der öffentlichen Ordnung oder Sicherheit berücksichtigt werden. Die Formulierung „insbesondere" lässt darauf schließen, dass die Struktur des Käufers eine größere Indizwirkung entfaltet als die isolierte Betrachtung der Branche des Zielunternehmens. Eine solche Betrachtungsweise steht nicht im Widerspruch mit der Erstreckung von Art. 63 AEUV auf Drittstaaten. Grundsätzlich soll es Drittstaatsunternehmen nicht versagt sein, in „sensiblere" Wirtschaftsbereiche zu investieren; erst durch Faktoren auf der Erwerberseite werden solche Investitionen in der Regel problematisch. Eine Gleichbehandlung mit Unionsunternehmen ist aus sachlichen Gründen nicht geboten. Deutlich wird dies durch das Diskriminierungsverbot des Art. 3 II FDI-RahmenVO, welches sich nur auf die Diskriminierung zwischen Drittstaaten beschränkt.[1084]

(aa) Faktoren des Art. 4 II a) FDI-RahmenVO

Besonders viele sicherheitssensible Fälle werden durch den Faktor des Art. 4 II a) FDI-RahmenVO abgedeckt: die direkte oder indirekte Kontrolle des Investors durch eine ausländische Regierung. Die Debatten um die Einführung allgemeiner Investitionskontrollen beherrschten zunächst Investitionen durch

---

1081 *Europäisches Parlament* Entschließung des Europäischen Parlaments vom 9. März 2022 zur Einflussnahme aus dem Ausland auf alle demokratischen Prozesse in der Europäischen Union, einschließlich Desinformation, 2022/C 347/07, P9_TA(2022)0064.

1082 Vgl. *Mehra* U.PA.Asian 2020, 8 (23).

1083 *BMWK* Investitionsprüfungen in Deutschland: Zahlen und Fakten, Stand: 24.03.2022, S. 6, https://www.bmwk.de/Redaktion/DE/Publikationen/Aussenwirtschaft/investitionsprufung-in-deutschland-zahlen-und-fakten.pdf?__blob=publicationFile&v=10.

1084 Siehe Kapitel F. 3. a) bb) (2).

Staatsfonds.[1085] Die Verfolgung politischer statt wettbewerblicher Ziele kann eine Gefahr darstellen; denkbar ist, dass durch die Unternehmen politischer Druck im Rahmen eines zwischenstaatlichen Konflikts ausgeübt werden kann. Wirkungsmächtige Unternehmen können zur innenpolitischen Einflussnahme instrumentalisiert werden. Drastischere Gefahren staatlich gelenkter Investoren können auch in Form von Spionage oder Sabotage auftreten.[1086] Bereits die militärische Stärkung anderer Staaten durch den Zugriff auf kritische Technologien kann als sicherheitsrelevanter Faktor berücksichtigt werden. Ebenso kann die Gefahr des Abflusses persönlicher Daten in den Machtbereich des Herkunftsstaats des Investors sich auf die öffentliche Ordnung oder Sicherheit auswirken; dafür reichen bereits besonders weitreichende Eingriffsbefugnisse der Sicherheitsbehörden des Heimatstaats, denen sich der Investor nicht widersetzen kann. Gleichzeitig muss sich die Staatskontrolle eines Unternehmens nicht in der Verfolgung politischer Ziele niederschlagen. So verfolgt der größte Staatsfonds der Welt, der staatliche Pensionsfonds Norwegens, bis auf wenige ethische Prinzipien rein ökonomische Ziele.[1087] Da aber die Gefahr politischer Zielverfolgung durch Direktinvestitionen möglich bleibt, ist die grundsätzliche Berücksichtigung der Investorenherkunft im Rahmen der öffentlichen Ordnung oder Sicherheit nicht zu kritisieren,[1088] sondern geradezu geboten.

Abgestellt wird unter anderem gem. Art. 4 II Nr. 1 FDI-RahmenVO auf die Eigentümerstruktur oder beträchtliche Finanzausstattung. Die Aufzählung bleibt aber nicht abschließend.[1089] Auch berücksichtigt werden kann der politische Druck, der auf dem Investor in seinem Heimatland lasten kann. Ein tiefverwurzelter staatlicher Einfluss auf die heimische Wirtschaft kann zu ähnlichen Abhängigkeiten führen. Beispielhaft sei hier das Konzept der „zivil-militärischen Fusion" der Volksrepublik China genannt, die das dazu führt, dass Zukunftstechnologien potenziell einem Dual-Use unterfallen.[1090] Eine Gefahr für die öffentliche Ordnung oder Sicherheit ist nicht die Eigentümerstruktur

1085 Vgl. *Preisser* Sovereign Wealth Funds, S. 84, zur Debatte um die Einführung der Sektorübergreifenden Kontrolle. *Wolff* Ausländische Staatsfonds, S. 145 ff.

1086 Vgl. *Bian* National Security Review of Foreign Investment, S. 23.

1087 Vgl. *Norges Bank Investment Management* Strategy Plan 2021–2022, https://www.nbim.no/contentassets/579978c29fba46839d505be5c5f19950/nbim-strategy-2021_2022_eng_web.pdf.

1088 Vgl. *Wolff* Ausländische Staatsfonds, S. 200.

1089 Vgl. Art. 4 II a) FDI-RahmenVO, „unter anderem".

1090 *Corff* Bundesakademie für Sicherheitspolitik, Arbeitspapier Nr. 17/2018, S. 3. Ausführlich *Bitzinger/Raska* SIRIUS 2022, 303 ff.

selbst, sondern die hieraus resultierende Kontrollmöglichkeit durch den Staatseigner. Wenn diese auch ohne Eigentumsrechte ausgeübt werden kann, ergibt sich eine nur unwesentlich geringere Gefahr für die öffentliche Ordnung oder Sicherheit. Gleichzeitig darf die Finanzausstattung oder die Eigentümerstruktur keinen Selbstzweck darstellen. Die Finanzausstattung als Verfälschung des Wettbewerbs hat die Art. 4 II FDI-RahmenVO nicht im Blick.[1091] Die Wettbewerbsverfälschung durch Drittstaatsunternehmen unter den Schutzbereich der öffentlichen Ordnung oder Sicherheit zu fassen, würde eine Verwischung der Grenzen zwischen Wettbewerbsrecht und Außenwirtschaftsrecht zur Folge haben; Befürworter einer solchen konnten sich jedoch im Gesetzgebungsverfahren nicht durchsetzen.[1092] Eine Wettbewerbsverzerrung kann nicht ohne Weiteres als Gefahr für die öffentliche Ordnung oder Sicherheit betrachtet werden. Als rein wirtschaftliche Zielsetzung hingegen ist sie nicht im Rahmen der öffentlichen Ordnung oder Sicherheit verfolgbar.[1093] Ein Änderungsvorschlag des *Ausschusses für Industrie, Forschung und Energie* sah die Klarstellung vor, dass die Finanzausstattung durch den Herkunftsstaat die staatliche Lenkung „untermauert";[1094] dies hätte das Regelungsziel des Art. 4 II FDI-RahmenVO noch deutlicher zum Ausdruck gebracht.

Auch nicht umfasst ist die isolierte Betrachtung des Kontexts oder der Umstände, wie es Erwägungsgrund Nr. 13 FDI-RahmenVO nahelegen könnte.[1095] Der Wortlaut der Erwägung hat es in dieser Form nicht in den Normtext des Art. 4 FDI-RahmenVO geschafft. Allein die Zuordnung zu einem industriepolitischen Projekt reicht nicht aus, um eine Beeinträchtigung der öffentlichen Ordnung oder Sicherheit annehmen zu können; Relevanz hat dies insbesondere für Pläne im Rahmen der „Made in China 2025"-Projekte.[1096]

1091 A. A. *Schuelken* EuR 2018, 577 (591).

1092 Zur Einbeziehung wettbewerblicher Erwägungen, siehe Kapitel F. I. 3. b) bb) (3).

1093 Vgl. *Günther* in: Tietje/Kraft/Kumpan (Hrsg.), Beiträge zum Transnationalen Recht, 2018 (157), S. 14 f.

1094 *Ausschusses für Industrie, Forschung und Energie* Stellungnahme vom 25.04.2018, PE615.451v02-00, Änderungsantrag Nr. 29.

1095 *Hagemeyer-Witzleb/Hindelang* Central European Journal of Comparative Law 2021, 39 (49).

1096 *Hagemeyer-Witzleb/Hindelang* Central European Journal of Comparative Law 2021, 39 (50).

Öffentliche EU-Unternehmen sind laut EuGH[1097] grundsätzlich Berechtigte der Grundfreiheiten.[1098] Eine Übertragung auf Drittstaatssachverhalte bei der Kapitalverkehrsfreiheit scheint hierzu sinnvoll, wenn diese nicht so weit in den Staat integriert sind, dass sie vollständig als Teil eines ausländischen Staatsapparats zu betrachten sind.[1099] Eine Untersagung, begründet allein auf die Staatskontrolle, wäre auch im Hinblick auf das Grundrecht der unternehmerischen Freiheit nicht zulässig.[1100] Eine Unterscheidung zwischen staatlichen und privaten Unternehmen in kritischen Bereichen kann sachlich geboten sein.[1101] Auch hier gilt für die nationalen Investitionskontrollen eine genaue Prüfung des Einzelfalls. Aus der Natur der Sache, nicht aber aus einem abstrakten Selbstzweck, ergibt sich, dass die Rechtfertigung von Beschränkungen staatlicher Unternehmen in der Regel einfacher möglich ist. Strukturelle Gründe in der Ordnung der Wirtschaft der Investorenländer können dazu führen, dass diese häufiger einer formellen Prüfung unterzogen werden müssen. Eine abstrakte Kategorisierung nach Verbündeten und Rivalen ist aufgrund des Diskriminierungsverbots gem. Art. 3 II FDI-RahmenVO ausgeschlossen. Eine solche Kategorisierung wird sich aber bei der sachlichen Gefährdungsbewertung staatlicher Investoren auswirken können, insbesondere, je näher ein militärischer Bezug vorliegt.

(bb) Faktoren des Art. 4 II b) c) FDI-RahmenVO

Die Faktoren des Art. 4 II b) und c) FDI-RahmenVO stellen ohne Weiteres zulässige Gründe zur Ermittlung einer Gefährdung der öffentlichen Ordnung oder Sicherheit dar. Bisherige Auswirkungen dürfen als Anhaltspunkt dienen. In praktischer Hinsicht wird eine einschlägige Vergangenheit einen der wichtigsten Anhaltspunkte bei der Gefahrenprognose darstellen. Während Investitionsbehörden häufig Schwierigkeiten haben, Risiken mit konkreten und nicht nur abstrakten Anhaltspunkten zu ermitteln, erreicht bereits festgestelltes sicherheitsschädigendes Verhalten der Vergangenheit eine höhere Begründungswirkung. Die Integrität des Investors stellt einen sachlichen Grund zur Annahme

---

1097 EuGH, Urteil vom 02.06.2005, C-174/04 – Kommission/Italien, ECLI:EU:C:2005:350, Rn. 32.

1098 Siehe ausführlich Kapitel E. III. 2. a) aa) (1).

1099 *Wolff* Ausländische Staatsfonds, S. 140 ff. Vgl. zur Diskussion *Vranes* ZÖR 2012, 639 (659).

1100 Vgl. Kapitel E. III. 2. a) aa) (1) (b).

1101 Vgl. *Schweitzer* in: Bernitz/Ringe (Hrsg.), Company Law and Economic Protectionism, S. 266, bzgl.des Energiesektors.

einer Beeinträchtigung der öffentlichen Ordnung oder Sicherheit dar. Allein allgemeine Erfahrungssätze, wonach der Erwerb von Unternehmen aus sensiblen Bereichen durch Erwerber eines spezifischen Hintergrunds eine Beeinträchtigung darstellt, sind hingegen nicht ausreichend.[1102] Da kriminelle Aktivitäten über die Gefährdungsschwelle für die öffentliche Ordnung oder Sicherheit weit hinausgehen, ergibt sich auch bei diesem Faktor keinerlei Schwierigkeit in Bezug auf die Kapitalverkehrsfreiheit.

(c) Zwischenergebnis

Die Faktoren in Art. 4 I, II FDI-RahmenVO sind grundsätzlich mit den Grundfreiheiten vereinbar. Sie stehen mit Art. 65 I b) AEUV in Einklang. Dabei entsprechen einige Begrifflichkeiten der bisherigen EuGH-Ausgestaltung der öffentlichen Ordnung oder Sicherheit, andere bringen vor allem „moderne" Konfliktfelder in den Fokus des Rechtfertigungsgrunds. Bei Technologiefeldern, die nicht besondere sicherheitspolitische Relevanz besitzen, bedürfen diese Begriffe einer primärrechtskonformen Auslegung und Anwendung, da keine industriepolitischen Maßnahmen aufgrund der öffentlichen Ordnung oder Sicherheit erlassen werden können. Unzulässige wirtschaftliche Gründe[1103] kann auch der Unionsgesetzgeber nicht über seinen Gestaltungsspielraum der öffentlichen Ordnung oder Sicherheit zuordnen. Die Investition in diese Bereiche ist nach EuGH-Rechtsprechung nicht allein ausreichend, um eine Gefahr für die öffentliche Ordnung oder Sicherheit anzunehmen.[1104] Auch wettbewerbsrechtliche Erwägungen sind nicht möglich.

Die allgemeine Listung von Faktoren, die die öffentliche Ordnung oder Sicherheit beeinträchtigen können, ist vom weiten Ermessensspielraum[1105] des Unionsgesetzgebers gedeckt, da keinem der Faktoren ein Bezug hierzu generell abgesprochen werden kann. Die Faktoren einer europäischen Rahmenverordnung bedürfen keiner vergleichbaren Klarheit wie solche einer echten Investitionskontrolle. Der Zweck ist es gerade, einen „Rahmen" zu schaffen. Im Übrigen sind die Faktoren aber eine nähere Konkretisierung des Rechtfertigungsgrundes des Art. 65 I b) AEUV.[1106] Aufgrund des Umsetzungsspielraums bleiben

---

1102 Vgl. *Jungkind/Bormann* NZG 2020, 619 (622), zur deutschen Regelung.

1103 Vgl. diese bei *Dopsch/Wutscher* EuZW 2014, 729 (732).

1104 Vgl. *Link/Becker* RIW 2019, 415 (416 f.), die Faktoren stünden im Gegensatz zum engen Begriffsverständnisses des EuGH.

1105 EuGH, Urteil vom 08.12.2020, C-620/18 – Ungarn/Parlament und Rat, ECLI:EU:C:2020:1001, Rn. 112.

1106 Vgl. *Herrmann* ZEuS 2019, 429 (465); *Brauneck* EuZW 2018, 188 (193).

die Mitgliedstaaten in Randbereichen in der Pflicht, sie unionskonform auszugestalten bzw. anzuwenden. Dies gilt insbesondere für den mitgliedstaatlichen Umgang mit „kritischen Technologien“ gem. Art. 4 I b) FDI-RahmenVO und dem „Datenschutz“ gem. Art. 4 I d) FDI-RahmenVO bei Investitionskontrollen. Diese Meinung scheint der deutsche Gesetzgeber zu teilen, da er die Technologiefaktoren in § 55a I Nr. 12–24, 26 AWV sehr konkret gefasst hat.

c) Verhältnismäßigkeit

Eine Beschränkung durch einen rechtfertigenden Grund muss in verhältnismäßiger Weise geschehen.[1107] Das Verhältnismäßigkeitsprinzip ist allgemeiner Rechtsgrundsatz im Rang von Primärrecht.[1108] Die Unionsorgane sind diesem gem. Art. 5 IV EUV verpflichtet. Der Maßstab sollte bei allen Grundfreiheiten einheitlich ausgelegt werden.[1109] Wechselwirkung besteht daneben auch zum Verhältnismäßigkeitsgrundsatz bei der Einschränkung der EU-Grundrechte[1110] – in diesem Fall zu den Grundrechten aus Art. 16, 17 GRC.[1111] Eine Beschränkung der Kapitalverkehrsfreiheit muss geeignet sein, die Erreichung der legitimerweise verfolgten Zielsetzung in kohärenter und systematischer Weise zu gewährleisten, und darf nicht über das hinausgehen, was hierzu erforderlich ist.[1112] Eine Maßnahme ist dann geeignet, „die Erreichung der angeführten Zielsetzung zu gewährleisten, wenn sie tatsächlich dem Anliegen gerecht wird, es in kohärenter und systematischer Weise zu erreichen.“[1113] Den Schwerpunkt der

---

1107 *Wolff* Ausländische Staatsfonds, S. 196.

1108 *Dammann* Diskriminierungen im Bereich der Grundfreiheiten und deren Rechtfertigung aus zwingenden Gründen des Allgemeininteresses, S. 229.

1109 Vgl. *Ress/Ukrow* in: Grabitz/Hilf/Nettesheim (Hrsg.), Das Recht der Europäischen Union, Art. 65 AEUV, Rn. 100.

1110 Vgl. EuGH, Urteil vom 18.06.2020, C-78/18 – Kommission/Ungarn, ECLI:EU:C:2020:476, Rn. 101; EuGH, Urteil vom 21.05.2019, C-235/17 – Kommission/Ungarn, ECLI:EU:C:2019:432, Rn. 63; EuGH, Urteil vom 21.12.2016, C-201/15 – AGET Iraklis, ECLI:EU:C:2016:972, Rn. 62.

1111 Vgl. Kapitel E. III.

1112 EuGH, Urteil vom 18.06.2020, C-78/18 – Kommission/Ungarn, ECLI:EU:C:2020:476, Rn. 76; EuGH, Urteil vom 21.05.2019, C-235/17 – Kommission/Ungarn, ECLI:EU:C:2019:432, Rn. 59.

1113 EuGH, Urteil vom 21.05.2019, C-235/17 – Kommission/Ungarn, ECLI:EU:C:2019:432, Rn. 61; EuGH, Urteil vom 06.03.2018, C-52/16 u. C-113/16 – SEGRO u. Horvath, ECLI:EU:C:2018:157, Rn. 78; EuGH, Urteil vom 26.05.2016, C-244/15 – Kommission/Griechenland, ECLI:EU:C:2016:359, Rn. 35.

Rechtmäßigkeitsprüfung legt der EuGH auf die Prüfung der Erforderlichkeit; von mehreren geeigneten Maßnahmen soll diejenige gewählt werden, die die Grundfreiheit am wenigsten beeinträchtigt.[1114] Die Rechtfertigung mitgliedstaatlicher Beschränkungen scheitert in der Regel an ihrer Erforderlichkeit.[1115] Derselbe Maßstab gilt jedoch nicht für den Unionsgesetzgeber.

aa) Konkreter Gestaltungsspielraum

Ein anderer Maßstab der Verhältnismäßigkeit als für die mitgliedstaatlichen Investitionskontrollen oder Golden-Shares-Regelungen kann für die Verordnung aus zweierlei Gründen gelten: dem generellen Gestaltungsspielraum des Unionsgesetzgebers und der Beschränkung der Verordnung auf Drittstaatssachverhalte.[1116]

(1) Gestaltungsspielraum

In Bereichen, „in denen seine Tätigkeit sowohl politische als auch wirtschaftliche oder soziale Entscheidungen verlangt und in denen er komplexe Prüfungen und Beurteilungen vornehmen muss", wird dem Unionsgesetzgeber ein weites Ermessen zugebilligt.[1117] Eine Maßnahme sei nur dann rechtswidrig, wenn sie „offensichtlich ungeeignet ist".[1118] Geprüft wird nicht, ob die Unionsmaßnahme die bestmögliche war.[1119] Das weite Ermessen führt zu einer begrenzten gerichtlichen Kontrolle.[1120] Mit dem Verweis auf den Spielraum des Unionsgesetzgebers

---

1114 Vgl. *Leible/Streinz* in: Grabitz/Hilf/Nettesheim (Hrsg.), Das Recht der Europäischen Union, Art. 34 AEUV, Rn. 125.

1115 Vgl. *Kainer* in: Pechstein/Häde/Nowak (Hrsg.), Frankfurter Kommentar EUV/GRC/AEUV, Art. 52 AEUV, Rn. 15.

1116 Vgl. *Klamert/Bucher* EuZW 2021, 335 (338).

1117 EuGH, Urteil vom 08.06.2010, C-58/08 – Vodafone u. a., ECLI:EU:C:2010:321, Rn. 52.

1118 EuGH, Urteil vom 08.06.2010, C-58/08 – Vodafone u. a., ECLI:EU:C:2010:321, Rn. 52.

1119 EuGH, Urteil vom 08.12.2020, C-626/18 – Polen/Parlament und Rat, ECLI:EU:C:2020:1000, Rn. 95; EuGH, Urteil vom 08.12.2020, C-620/18 – Ungarn/Parlament und Rat, ECLI:EU:C:2020:1001, Rn. 112; EuGH, Urteil vom 03.12.2019, C-482/17 – Tschechien/Parlament und Rat, ECLI:EU:C:2019:1035, Rn. 77.

1120 EuGH, Urteil vom 08.12.2020, C-626/18 – Polen/Parlament und Rat, ECLI:EU:C:2020:1000, Rn. 97; EuGH, Urteil vom 08.12.2020, C-620/18 – Ungarn/Parlament und Rat, ECLI:EU:C:2020:1001, Rn. 114; EuGH, Urteil vom 03.12.2019, C-482/17 – Tschechien/Parlament und Rat, ECLI:EU:C:2019:1035, Rn. 78.

wird die Untersuchung der Verhältnismäßigkeit der Verordnung in der bisherigen Literatur häufig knapp festgestellt.[1121]

Das Sekundärrecht in Form von Harmonisierung bzw. Konkretisierung schafft vor allem dadurch einen Mehrwert zur bestehenden Rechtslage, wenn es die EuGH-Rechtsprechung nicht identisch wiederholt. Die Untersuchung anhand der bisherigen EuGH-Rechtspraxis ist jedoch wichtig, um besonders weitgehende Abweichungen auszumachen. Der Unionsgesetzgeber ist nämlich trotz des weiten Ermessens verpflichtet zu untersuchen, „ob die mit der gewählten Maßnahme verfolgten Ziele nachteilige, oder gar erhebliche, wirtschaftliche Folgen für bestimmte Wirtschaftsteilnehmer rechtfertigen können".[1122] In einigen Urteilen betonte der EuGH dabei auch die Verpflichtung des Unionsgesetzgebers, „seine Entscheidung auf Kriterien zu stützen, die objektiv sind und in angemessenem Verhältnis zu dem mit der in Rede stehenden Regelung verfolgten Ziel stehen".[1123] Zumindest für die Ermittlung einer primärrechtskonformen Auslegung kann die Untersuchung anhand des Verhältnismäßigkeitsgrundsatzes lohnenswert sein. Die bisherige EuGH-Rechtsprechung zu dem Gegenstand des Sekundärrechtsakts kann hierzu den „Weg weisen".[1124]

(2) Weiterer Spielraum bei Drittstaaten

Die Kapitalverkehrsfreiheit gilt auch für Drittstaaten. Nicht zwangsläufig folgt daraus, dass derselbe Verhältnismäßigkeitsmaßstab für reine Drittstaatsinvestitionskontrollen angelegt werden muss.

bb) Bewertung

In Frage stehen insbesondere die Verhältnismäßigkeit der Ermöglichung von Genehmigungssystemen und die potenzielle Aufweichung der „voraussichtlichen Beeinträchtigung". Eine übereinstimmende Kodifizierung der EuGH-Rechtsprechung bedürfte ohnehin keines Verweises auf einen Gestaltungsspielraum.

1121 Vgl. *Herrmann* ZEuS 2019, 429 (466).

1122 EuGH, Urteil vom 08.12.2020, C-626/18 – Polen/Parlament und Rat, ECLI:EU:C:2020:1000, Rn. 98.

1123 EuGH, Urteil vom 06.06.2019, C-264/18 – P.M. u. a., ECLI:EU:C:2019:472, Rn. 27; EuGH, Urteil vom 16.12.2008, C-127/07 – Arcelor Atlantique et Lorrain u. a., ECLI:EU:C:2008:728, Rn. 58, vgl. insbesondere auch Rn. 59.

1124 Vgl. *Schwartz* ZEuP 1994, 559 (579); ebenso *Körber* Grundfreiheiten und Privatrecht, S. 89.

(1) Genehmigungssysteme

Die Verordnung erlaubt unterschiedlich ausgestaltete Investitionskontrollmodelle. Gem. Art. 2 Nr. 4 FDI-RahmenVO sind sowohl Untersagungs- als auch Genehmigungskontrollsysteme möglich. Systeme nachträglicher Anmeldungen wurden vom EuGH als mildere Eingriffe in die Kapitalverkehrsfreiheit angesehen.[1125] Der EuGH zeigte deshalb Zweifel an der Geeignetheit und Erforderlichkeit genereller Genehmigungssysteme.[1126] Diesen Einwand hatte die Kommission zuvor selbst aufgeworfen,[1127] sodass die Verordnung eine Trendwende im Umgang der Kommission mit Genehmigungssystemen für Investitionen bedeutete. Die Genehmigung selbst stellt keinen Eingriff in die Investitionsfreiheit dar, sondern das generelle Genehmigungserfordernis dahinter stellt die Beschränkung des Kapitalverkehrs dar.[1128]

Der EuGH lehnte in der Rechtssache C-54/99 (Église de Scientology) ein System der vorherigen Genehmigung von Direktinvestitionen nicht grundsätzlich ab. Kritisiert wurde, dass das fragliche System für jede Direktinvestition galt „die, geeignet ist, die öffentliche Ordnung oder Sicherheit zu gefährden."[1129] Es fehlte an Hinweisen, unter welchen Umständen eine solche Genehmigung notwendig war. Im Rückschluss kann daraus gezogen werden, dass ein Genehmigungssystem für jegliche ausländische Direktinvestition die rechtlichen Grenzen der Einschränkbarkeit der Kapitalverkehrsfreiheit verletzt, denn sonst hätte es der Angabe der Umstände nicht bedurft. Ein Genehmigungserfordernis für jegliche Investition ist auch nicht vom Unionsgesetzgeber verhältnismäßig umsetzbar. Durch Art. 3 II FDI-RahmenVO ist ein abstrakter Verweis auf die öffentliche Ordnung oder Sicherheit in mitgliedstaatlichen Investitionskontrollen ausgeschlossen; ein solcher existierte in der ersten Fassung der deutschen

---

1125 Vgl. EuGH, Urteil vom 04.06.2002, C-367/98 - Kommission/Portugal, ECLI:EU:C:2002:326, Rn. 50; EuGH, Urteil vom 04.06.2002, C-483/99 - Kommission/Frankreich, ECLI:EU:C:2002:327, Rn. 46.

1126 Vgl. EuGH, Urteil vom 08.11.2012, C-244/11 - Kommission/Griechenland, ECLI:EU:C:2012:694, Rn. 68; EuGH, Urteil vom 04.06.2002, C-367/98 - Kommission/Portugal, ECLI:EU:C:2002:326, Rn. 50.

1127 Vgl. EuGH, Urteil vom 14.12.1995, C-163/94, C-165/94 u. C-250/94 - Sanz de Lera, ECLI:EU:C:1995:451, Rn. 27.

1128 EuGH, Urteil vom 14.12.1995, C-163/94, C-165/94 u. 250/94 - Sanz de Lera, ECLI:EU:C:1995:451, Rn. 25.

1129 EuGH, Urteil vom 14.03.2000, C-54/99 – Église de Scientology, ECLI:EU:C:2000:124, Rn. 21.

Investitionskontrolle.[1130] In der Entscheidung C-244/11 hat der EuGH ein generelles Genehmigungserfordernis für den Erwerb von über 10 Prozent des Kapitals eines Unternehmens im Energiebereich sogar als bereits nicht geeignet für Erreichung des Schutzes der öffentlichen Ordnung oder Sicherheit bezeichnet.[1131] Abgestellt wurde aber auch darauf, dass zum Zeitpunkt der Genehmigung nicht alle Fälle tatsächlicher oder hinreichend schwerer Gefährdung berücksichtigt werden konnten.[1132] Ausdrücklich bezeichnete der EuGH eine ex-post-Regelung als weniger einschränkend als eine ex-ante Regelung.[1133] Die Verordnung stellt damit eine Abkehr von der bisherigen Rechtsprechungspraxis dar, indem sie das Genehmigungssystem gleichberechtigt zulässt.[1134]

Die Entscheidung des Unionsgesetzgebers, auch Genehmigungssysteme als geeignete und erforderliche Maßnahmen zur Sicherung der öffentlichen Ordnung oder Sicherheit zu akzeptieren, ist als politische Ermessensentscheidung vom erörterten Beurteilungsspielraum umfasst. Ein Genehmigungssystem ist nicht offensichtlich ungeeignet und die Erforderlichkeit ist an der konkreten Ausgestaltung zu messen. Der EuGH hat selbst festgestellt, dass ein System der vorherigen Anmeldung „unzureichend" sein kann.[1135] Ein Investitionskontrollsystem, das auf einem Genehmigungserfordernis beruht, kann deshalb grundsätzlich vom Unionsgesetzgeber im Rahmen seines besonderen Beurteilungsspielraums erlassen werden. Daneben lässt sich dies auch damit begründen, dass eine restriktive Anwendung der Grundfreiheiten auf den Unionsgesetzgeber auch deshalb geboten ist, weil eine legislative Veränderung der der EuGH-Rechtsprechung zugrunde liegenden Normen nur schwer möglich ist.[1136] Das Primärrecht ist dadurch weniger flexibel gegenüber grundsätzlichen rechtlichen

1130 Dreizehntes Gesetz zur Änderung des Außenwirtschaftsgesetzes und der Außenwirtschaftsordnung, BGBl. I 2009, S. 770 ff. vom 18.04.2009. § 7 AWV stellte allgemein auf die öffentliche Ordnung oder Sicherheit der Art. 46 und 58 EG ab.

1131 EuGH, Urteil vom 08.11.2012, C-244/11 – Kommission/Griechenland, ECLI:EU:C:2012:694, Rn. 69.

1132 EuGH, Urteil vom 08.11.2012, C-244/11 – Kommission/Griechenland, ECLI:EU:C:2012:694, Rn. 71.

1133 EuGH, Urteil vom 08.11.2012, C-244/11 – Kommission/Griechenland, ECLI:EU:C:2012:694, Rn. 82.

1134 Unklar aber bei *Schuelken* EuR 2018, 577 (589).

1135 EuGH, Urteil vom 14.03.2000, C-54/99 – Église de Scientology, ECLI:EU:C:2000:124, Rn. 20.

1136 Vgl. *Von Bogdandy* JZ 2001, 157 (166), mit Hinweis auf die fehlende Kompetenz-Kompetenz.

Veränderungen. Eine enge Bindung des Unionsgesetzgebers an die wirtschaftlichen Grundfreiheiten würde flexibles Handeln und die Anpassung an gesamtpolitische Veränderungen verhindern. Der EuGH ist deshalb angehalten, einen Ermessensspielraum politischer Entscheidungen der Unionsorgane zur Konkretisierung bestehender Primärrechtsbegriffe zu akzeptieren, solange sie nicht offensichtlich den Boden vertretbarer Primärrechtskonformität verlassen. Wie weit die Differenz der sekundärrechtlichen Konkretisierung und des bisherigen Verständnisses der Primärrechtsnorm akzeptiert werden darf, kann nur im Einzelfall entschieden werden, denn dies wird auch danach zu beurteilen sein, ob sich die Änderungen in ein größeres Gesamtsystem einfügen müssen oder nur einen isolierten Aspekt betreffen. Ebenfalls wird man dem Unionsgesetzgeber mehr Spielraum bei der Anpassung an reale als an politischen Sichtwechsel auf bestehende Probleme zusprechen.

(2) Voraussichtliche Beeinträchtigung

Besondere Beachtung im Hinblick auf eine Abkehr von der bisherigen Rechtsprechungsformel der „tatsächlich und hinreichend schweren Gefährdung“[1137] verdient die Formulierung der „voraussichtlichen Beeinträchtigung“. Die Formulierung wird in Art. 1 I FDI-RahmenVO genannt und im Rahmen der Liste der Prüffaktoren des Art. 4 FDI-RahmenVO wiederholt. Daneben findet sich die Formulierung in mehreren Erwägungsgründen.[1138] Es handelt sich demnach nicht um eine zufällig gewählte Abweichung von der bisher in der Rechtsprechung gewählten Formulierung. Die niederländische, die spanische und die italienische Fassung benutzten die (übersetzten) Formulierungen „Folgen haben kann“ bzw. „beeinträchtigen können“.[1139] Eine solche Übersetzung entspricht auch der meist gewählten Übersetzung von „likely to affect“, welches regelmäßig mit „geeignet zu beeinträchtigen“ im Deutschen übersetzt wird.[1140] Die Ermächtigung der Mitgliedstaaten, restriktive Maßnahmen allein aufgrund einer voraussichtlichen Beeinträchtigung zu ergreifen, würde einen intensiveren Eingriff

---

1137 EuGH, Urteil vom 08.11.2012, C-244/11 – Kommission/Griechenland, ECLI:EU:C:2012:694, Rn. 67.

1138 Vgl. Erwägungsgründe Nr. 7, 14, 19, 22, 29 FDI-RahmenVO.

1139 Vgl. die niederländische Fassung des Art. 4 FDI-RahmenVO: „gevolgen kann hebben“. Vgl. die spanische Fassung: „puede afectar“. Vgl. italienische Fassung: „possa incidere“.

1140 Vgl. die beiden Sprachfassungen im EuGH, Urteil vom 19.11.2020, C-454/19 – ZW/Staatsanwaltschaft Heilbronn, ECLI:EU:C:2020:947, Rn. 35; EuGH, Urteil vom 13.12.2007, C-465/05 – Kommission/Italien, ECLI:EU:C:2007:781, Rn. 102.

in die Kapitalverkehrsfreiheit bedeuten als es bisher entsprechend des engen Begriffsverständnisses des Art. 65 AEUV möglich war. Lediglich Art. 3 I FDI-RahmenVO spricht von Überprüfungen von Direktinvestitionen aus „Gründen der Sicherheit oder der öffentlichen Ordnung"; Art. 3 FDI-RahmenVO stellt jedoch nur die Legitimation zur Einführung einer Investitionskontrolle dar und ist deshalb allgemeiner gehalten als die anschließenden materiellen Vorgaben in Art. 4 FDI-RahmenVO. Die Schwelle zur Überprüfung selbst wird durch die Verordnung also von einer „tatsächlich und hinreichend schweren Gefährdung" hin zu einer „voraussichtlichen Beeinträchtigung" gesenkt.[1141] Eingriffsmöglichkeiten im Rahmen des Überprüfungsmechanismus sind nach Art. 2 Nr. 4 FDI-RahmenVO die Genehmigung, Knüpfung an Bedingungen, Untersagung oder Rückabwicklung. Auch Deutschland interpretierte dies so und passte die Formulierung in § 55 AWV und § 5 II AWG hieran an.[1142]

Konträr steht hierzu, dass der Verordnungsvorschlag die EuGH-Rechtsprechung zur „tatsächlichen und hinreichend schweren Gefährdung" ausdrücklich nannte.[1143] Laut Vorschlagsbegründung stimmte die Verordnung mit diesen Anforderungen überein.[1144] Auch sah sich der Unionsgesetzgeber an eine „enge Auslegung" gebunden.[1145] Für die richtige Auslegung sollte die Verordnung durch die Liste von Prüffaktoren in Art. 4 FDI-RahmenVO Klarheit verschaffen.[1146] Im Verordnungsvorschlag existierte die Formulierung der „voraussichtlichen Beeinträchtigung" wohl deshalb noch nicht. Besonders deutlich ist die Unterscheidung zwischen Vorschlag und finaler Fassung in der niederländischen Sprachfassung. Während erstere eine Überprüfung aus Gründen der Sicherheit oder öffentlichen Ordnung erlaubte, wurde in der finalen Fassung die Beurteilung, ob die Direktinvestition „Folgen haben kann" als Maßstab gewählt. Die finale Fassung, die im Trilog ausgearbeitet wurde, war dann ohne öffentliche Begründung für diese Veränderung versehen. Zur Diskussion steht, ob die Verordnung eine völlige Abkehr von der bisherigen Ausgestaltung bewirken und restriktive Maßnahmen allein aus einer „voraussichtlichen Beeinträchtigung" ermöglichen soll. Dies wäre als deutliche Abkehr von der bisherigen

1141 A. A. *Schuelken/Sichla* DÖV 2021, 961 (964).

1142 Vgl. Art. 1 I der sechzehnten Verordnung zur Änderung der Außenwirtschaftsordnung vom 26.10.2020, Banz AT 28.10.2020 V1.

1143 *Kommission* COM(2017) 487 final, vom 13.09.2017, S. 5.

1144 *Kommission* COM(2017) 487 final, vom 13.09.2017, S. 5.

1145 *Kommission* COM(2017) 487 final, vom 13.09.2017, S. 5.

1146 *Kommission* COM(2017) 487 final, vom 13.09.2017, S. 14.

Rechtsprechung des EuGH zur Einschränkbarkeit der Kapitalverkehrsfreiheit zu werten.[1147] Gelten würde dieses Begriffsverständnis formal zwar nur im Anwendungsbereich der Verordnung bzw. bei der Überprüfung von Direktinvestitionen, eine Absenkung hätte jedoch gleichzeitig Signalwirkung für die generelle Einschränkbarkeit der Kapitalverkehrsfreiheit bei Drittstaaten.

Die Formulierung der „voraussichtlichen Beeinträchtigung" scheint einen geringeren Gefährdungsgrad vorauszusetzen.[1148] Zwar wohnt auch einer (tatsächlichen) Gefährdung ein „prognostisches Element" inne, welches mit der Voraussicht aufgenommen wird,[1149] dieses wird jedoch zusätzlich abgesenkt, indem nur die Prognose bezüglich einer Beeinträchtigung angestellt werden muss. Hieraus wird geschlossen, dass den Mitgliedstaaten und der Kommission ein weiter Ermessensspielraum gegeben werden sollte.[1150] Ein solches Verständnis teilt auch der deutsche Gesetzgeber. Im Referentenentwurf zur Änderung der AWV, die die Formulierung in das deutsche Recht umsetzte, wird erläutert, dass der Begriff einen „geringeren Gefährdungsgrad" und eine „vorausschauende Betrachtungsweise" erlaube.[1151] Während der Unionsgesetzgeber bei der Erweiterung der Prüffaktoren auch dem vom EuGH selbst bestätigten „zeitlichen Wechsel"[1152] des „öffentlichen Ordnung oder Sicherheit"-Begriffs ausfüllt und einen besonderen Gestaltungsspielraum besitzt, stellt eine verminderte Prüfungsschwelle eine besonders intensive Abweichung von der bisherigen judikativen Ausfüllung des Rechtfertigungsgrunds dar und berührt damit die Grenze unionskonformen Handelns des Unionsgesetzgebers.[1153]

1147 Vgl. *Mausch-Liotta/Sattler* in: Hocke/Sachs/Pelz (Hrsg.), Außenwirtschaftsrecht, § 55 AWV, Rn. 22.

1148 *Bierwagen/Von Wistinghausen* BB 2020, 1986 (1989); *Herrmann* ZEuS 2019, 429 (468).

1149 A. A. *Schuelken/Sichla* DÖV 2021, 961 (963).

1150 *Voland/Slobodenjuk* in: Krenzler/Herrmann/Niestedt (Hrsg.), EU-Außenwirtschafts- und Zollrecht, XII Nr. 122, Art. 1 VO (EU) 2019/452, Rn. 1.

1151 *BMWK* Referentenentwurf, Erstes Gesetz zur Änderung des Außenwirtschaftsgesetzes, S. 13 https://www.bmwk.de/Redaktion/DE/Downloads/E/erstes-gesetz-zur-aenderung-des-aussenwirtschaftsgesetzes.pdf?__blob=publicationFile&v=6.

1152 EuGH, Urteil vom 02.06.2016, C-438/14 – Bogendorff von Wollersdorf/Karlsruhe, ECLI:EU:C:2016:401, Rn. 68; EuGH, Urteil vom 14.10.2004, C-36/02 – Omega, ECLI:EU:C:2004:614, Rn. 31; EuGH, Urteil vom 04.12.1974, C-41/74 – Van Duyn/Home Office, ECLI:EU:C:1974:133, Rn. 18 f.; EuGH, Urteil vom 27.10.1977, C-30/77 – Regina/Pierre Bouchereau, ECLI:EU:C:1977:172, Rn. 33 ff.

1153 *Schuelken/Sichla* DÖV 2021, 961 (963 f.), die deshalb die Begriffe ohne Unterscheidung einheitlich unionskonform auslegen.

Einer Klärung bedarf es, auf welche Kontrollmaßnahmen sich der potenziell geringere Gefährdungsgrad der Herabsetzung auf eine „voraussichtliche Beeinträchtigung" bezieht. In der Liste der Legaldefinitionen wird zwischen dem „Überprüfungsmechanismus" nach Art. 2 Nr. 4 FDI-RahmenVO und der „Überprüfungsentscheidung" nach Art. 2 Nr. 6 FDI-RahmenVO unterschieden. Die Prüfschwelle der „voraussichtlichen Beeinträchtigung" kann sich nur auf die Auslösung des Überprüfungsmechanismus beziehen oder auch auf die „Überprüfungsentscheidung" innerhalb des Überprüfungsmechanismus.[1154] Ersteres würde dazu führen, dass eine niedrigere Schwelle zur Auslösung des Kooperationsmechanismus eingeführt wird. Mehr Investitionen werden im Anwendungsbereich von Investitionskontrollen überprüft, ohne zwingend vermehrt Untersagungen zu bewirken. Letzteres Verständnis würde dazu führen, dass voraussichtlich beeinträchtigende Investitionen auch negativen Überprüfungsentscheidungen unterworfen werden können.

(a) Überprüfungsmechanismus

Ziel der Verordnung ist es, einen Rahmen und Kooperationsmechanismus für Überprüfungen einzuführen, sodass die Regelungen sich primär auf den gesamten Überprüfungsmechanismus beziehen und nicht nur auf die repressiven Möglichkeiten im Rahmen einer Prüfung. Allein die Existenz eines Überprüfungsmechanismus stellt einen Eingriff dar. Der EuGH stellte dies für Genehmigungserfordernisse bei verschiedenen Grundfreiheiten bereits fest.[1155] Diese stellen einen schärferen Eingriff als ein nachträgliches Widerspruchsrecht dar.[1156] Auch bei einem Anmeldesystem bedeutet bereits die Einräumung restriktiver Maßnahmen einen rechtfertigungsbedürftigen Eingriff.[1157] Für die Prüfsysteme ist nach der Verordnung nun eine „voraussichtliche Beeinträchtigung" ausreichend. Dies stellt eine Abkehr vom bisherigen Erfordernis der „tatsächlichen und hinreichenden Gefährdung" dar. Damit wäre aber keine Herabsetzung der Gefährdungsschwelle für Maßnahmen bewirkt, sondern lediglich ein

---

1154 In ähnliche Richtung *Hindelang/Moberg* CMLRev 2020, 1427 (1453).

1155 Grundlegend EuGH, Urteil vom 14.12.1995, C-163/94, C-165/94 u. C-250/94 – Sanz de Lera, ECLI:EU:C:1995:451, Rn. 25 zur Kapitalverkehrsfreiheit. EuGH, Urteil vom 10.03.2009, C-169/07 – Hartlauer, ECLI:EU:C:2009:141, Rn. 64, zur Niederlassungsfreiheit; EuGH, Urteil vom 20.02.2001, C-205/99 – Analir, ECLI:EU:C:2001:107, Rn. 22, zur Dienstleistungsfreiheit.

1156 EuGH, Urteil vom 14.12.1995, C-163/94, C-165/94 u. C-250/94 – Sanz de Lera, ECLI:EU:C:1995:451, Rn. 27 f.

1157 Vgl. *Preisser* Sovereign Wealth Funds, S. 107.

Überprüfungsmechanismus in Kraft gesetzt, der zu unionsweiter Abstimmung bei „voraussichtlichen Beeinträchtigungen" führt. Die Herabsetzung ist aber im Zusammenhang mit nun grundsätzlich erlaubten Genehmigungssystemen zu sehen. Investitionen, die eine „voraussichtliche Beeinträchtigung" darstellen, dürfen durch ein Investitionskontrollsystem unter Genehmigungsvorbehalt gestellt werden. Kritik am Genehmigungssystem in der Rechtssache C-244/11 (Kommission/Griechenland) war, dass der Erwerb von Gesellschaftsanteilen im Energiebereich allein nicht grundsätzlich als tatsächliche oder hinreichend schwerwiegende Bedrohung betrachtet werden konnte.[1158] Die allgemeine Genehmigungspflicht muss nicht demselben Gefährdungsgrad entsprechen wie die Genehmigungsverweigerung oder -untersagung. Diese stellen intensivere Eingriffe dar, für die nicht der gleiche Verhältnismäßigkeitsmaßstab gilt. Hier setzt die Verordnung ein. Verhindert werden soll die uferlose Genehmigungspflichtigkeit bei den in Art. 4 FDI-RahmenVO genannten Faktoren. Die „Prüfung" und „Untersuchung" im Sinne des Art. 2 Nr. 4 FDI-RahmenVO sind hiervon umfasst. Besitzt der Unionsgesetzgeber einen Spielraum bei der Ausgestaltung zulässiger Grundfreiheitseingriffe, welcher auch die Erlaubnis zu Genehmigungssystemen für Investitionen umfasst, so ist nur folgerichtig auch die funktionsnotwendige Herabsetzung des Maßstabs vom gesetzgeberischen Ermessen als erfasst zu betrachten. Eine Beschränkung der Genehmigungspflicht auf tatsächliche Gefährdungen würde dem Sinn eines solchen Systems widersprechen, da bei jeglichen Unternehmenserwerben zunächst eine konkrete Vorprüfung erfolgen müsste. Bei Untersagungsmodellen hingegen geht der konkreten Untersagung auch eine entsprechende konkrete Prüfung voraus.[1159] Die Herabsetzung der Schwelle für die Auslösung des Überprüfungsmechanismus ist demnach im Hinblick auf das Ermessen des Unionsgesetzgebers nicht zu beanstanden.

(b) Negative Überprüfungsentscheidung

Einen geringeren Gefährdungsmaßstab bei restriktiven Überprüfungsentscheidungen anzulegen, würde einen deutlich weitergehenden Eingriff in die

1158 EuGH, Urteil vom 08.11.2012, C-244/11 – Kommission/Griechenland, ECLI:EU:C:2012:694, Rn. 69.

1159 Vgl. *Herrmann* ZEuS 2019, 429 (450), der hierin den Unterschied zum Genehmigungssystem sieht.

Kapitalverkehrsfreiheit darstellen.[1160] Nach Art. 2 Nr. 4 FDI-RahmenVO fallen hierunter die Knüpfung an Bedingungen, Untersagung und die Rückabwicklung auf. Ferner beträfe dies auch die Genehmigungsverweigerung. Die Maßnahmen sind eingriffsintensiver und bedürfen deshalb einer besonders genauen Verhältnismäßigkeitsprüfung – so ist das vorgelagerte allgemeine Genehmigungserfordernis ein geringerer Eingriff als die konkrete Genehmigungsuntersagung.

Die Prüfung der Verhältnismäßigkeit fällt mit der allgemeinen Auslegung zusammen, wenn die Anwendbarkeit des geringeren Gefährdungsgrads auf die negativen Überprüfungsentscheidungen bereits aus primärrechtlichen Gründen – den Grundfreiheiten und EU-Grundrechte – nicht in Betracht kommt. Der Ermessensspielraum des Unionsgesetzgebers geht nicht über das höherrangige Primärrecht hinaus, sodass eine primärrechtskonforme Auslegung geboten ist. Notwendig für die Einschränkung der Kapitalverkehrsfreiheit ist der Rechtfertigungsgrund der „öffentlichen Ordnung oder Sicherheit". Art. 65 AEUV spricht insoweit von „aus Gründen der…". Ob dem Rechtfertigungsgrund bereits bei einer voraussichtlichen Beeinträchtigung entsprochen wird, darf bezweifelt werden. Zu erklären wäre dies nur mittels der Hervorhebung einer vorausschauenden Komponente.[1161]

Eine Differenzierung zwischen den ersten beiden Aufzählungspunkten Prüfung und Untersuchung sowie den restriktiveren Maßnahmen ist im Ansatz auch in Art. 2 Nr. 5 FDI-RahmenVO aufzufinden. Geht man davon aus, dass die Verordnung vorrangig festlegt, welche ausländischen Direktinvestitionen einer Überprüfung unterzogen werden, spricht dies bereits aus systematischen Auslegungsgründen dafür, dass die Verordnung nicht generell den Maßstab für Einschränkungen des Kapitalverkehrs außerhalb von der Überprüfungsmöglichkeit absenken wollte. Die Leitlinien der Kommission zur Auslegung der Verordnung scheinen eine konkretere Gefahr vorauszusetzen. Danach vermittle die Verordnung die Möglichkeit, Unternehmenserwerbe zu untersagen, wenn diese eine Bedrohung der Sicherheit der Mitgliedstaaten oder der öffentlichen Ordnung „zur Folge hätte".[1162] Eine Auslegung nach dem Willen des Gesetzgebers spielt

---

1160 Diese Differenzierung nehmen auch *Hindelang/Moberg* CMLRev 2020, 1427 (1453 f.) vor. Als „sonderbar" bezeichnen hingegen *Klamert/Buchert* EuZW 2021, 340 (338, Fn. 42) eine solche Differenzierung.

1161 *Herrmann* ZEuS 2019, 429 (468), „Schutzvorverlagerung".

1162 *Kommission* Mitteilung, (2020/C-99 I/01), Leitlinien, S. 3. An weiterer Stelle wird auch die EuGH-Rechtsprechung zur „tatsächlichen und hinreichenden Gefährdung" bestätigt, vgl. S. 4.

aber dann keine Rolle, wenn eine andere Auslegung ohnehin nicht mit dem Primärrecht vereinbar ist.

Dabei würde es sich im engeren Sinne auch nicht mehr um eine Ausfüllung des Begriffs der öffentlichen Ordnung oder Sicherheit und insbesondere nicht mehr um eine zulässige Konkretisierung handeln.[1163] Denn eine Gefahr für die öffentliche Ordnung oder Sicherheit müsste per definitionem nicht mehr bestehen. Andere Sprachfassungen verstärken diesen Eindruck noch. „Folgen haben kann“ oder „beeinträchtigen können“[1164] setzen keine Folge oder Beeinträchtigung, sondern nur das Potenzial einer Gefährdung voraus. Absolute Grenze bleibt der Wortlaut des Art. 65 AEUV, welcher jedoch nur eine Rechtfertigung „aus Gründen der öffentlichen Ordnung oder Sicherheit“ erlaubt. Dieser Wortlaut wird in der Legaldefinition des Überprüfungsmechanismus in Art. 2 Nr. 4 FDI-RahmenVO wiederholt. Auch dies spricht dafür, eine Differenzierung vorzunehmen. Die EuGH-Formel der „tatsächlichen und hinreichend schweren Gefährdung“[1165] ist demnach nicht eine durch das Ermessen des Unionsgesetzgebers ersetzbare Beliebigkeit, sondern stellt eine Grenze des Primärrechts dar. Der Gedanke lässt sich zwar auch auf den Eingriff durch ein generelles Prüfungssystem übertragen, hat dort aber aufgrund der milderen Eingriffsintensität weniger Brisanz. Denn solange die Genehmigung nur bei Gefährdung der öffentlichen Ordnung oder Sicherheit versagt werden kann, bleibt die konkrete Kontrolle primärrechtskonform.

Nach *Herrmann* lässt sich der EuGH-Rechtsprechung[1166] nicht entnehmen, dass „lediglich abstrakt drohende potenzielle Gefahren“ zur Untersagung nicht ausreichen.[1167] Dem kann jedoch zumindest hinsichtlich der angeführten Entscheidung nicht zugestimmt werden. So hob der EuGH in der Rechtssache C-180/96 Vereinigtes Königreich/Kommission) das „hohe Schutzniveau“ der Gesundheit als Teil der Umweltpolitik in Art. 130r II EGV (jetzt: Art. 191 AEUV)

1163 A. A. *Voland/Slobodenjuk* in: Krenzler/Herrmann/Niestedt (Hrsg.), EU-Außenwirtschafts- und Zollrecht, Art. 4 VO (EU) 2019/452, Rn. 2 f., mit Bezug auf den weiten Gestaltungsspielraum sei dies eine zulässige Konkretisierung; *Sattler/Engels* EuZW 2021, 485 (487), halten dies für eine zulässige „Emanzipation“.

1164 Siehe Kapitel E. II. 4. c) bb).

1165 EuGH, Urteil vom 14.03.2000, C-54/99 – Église de Scientology, ECLI:EU:C:2000:124, Rn. 17.

1166 Mit Bezug auf EuGH, Urteil vom 05.05.1998, C-180/96 – Vereinigtes Königreich/Kommission, ECLI:EU:C:1998:192, Rn. 98.

1167 *Herrmann* ZEuS 2019, 429 (450).

hervor.[1168] Dies steht jedoch im Gegensatz zum allgemeinen Verständnis des Rechtfertigungsgrunds bei den Grundfreiheiten. Hier ist eine enge Auslegung geboten. Auch der Begriff der „Sicherheit" in Art. 114 III AEUV entspricht nicht dem Sicherheitsbegriff des Art. 65 AEUV.[1169] Daneben wurde auf den Sondercharakter als „Dringlichkeitsmaßnahme" eingegangen.[1170] Bei der Einführung einer allgemeinen Untersagungsmöglichkeit aus voraussichtlicher Beeinträchtigung wäre dies aber keine dringliche Ausnahmemaßnahme, sondern würde zum Normalfall werden. Die Begründung des EuGH im angebrachten Fall spricht demnach dagegen, abstrakte Gefahren bei der öffentlichen Ordnung oder Sicherheit anzuerkennen. In der Rechtssache C-543/08 (Kommission/Portugal) argumentierte Portugal, dass eine „tatsächliche und hinreichende schwere Gefährdung" bei Gütern von entscheidender Bedeutung, wie der Energieversorgung beispielsweise, nicht als „konkrete Gefährdung" verstanden werde dürfe.[1171] Es dürfe keine unmittelbare Gefährdung notwendig sein, um rasch und effektiv auf plötzlich eintretende oder zumeist unvorhersehbare Gefährdungen handeln zu können. Der EuGH war dieser vorausschauenden Betrachtungsweise auf den Gefährdungsbegriff grundsätzlich nicht abgeneigt.[1172] Portugal beabsichtigte jedoch nicht, von der Definition abzuweichen, sondern diese weitergehend auszulegen. Zutreffend wurde darauf hingewiesen, dass diese Erwägungen dem Begriff der Gefährdung „per definitionem" innewohnen.[1173] Die angegriffene Regelung war eine Ausgestaltung von Golden-Shares, die wohl gegenüber einer Beschränkung des Erwerbs generell als milderes Mittel eine geringere Angemessenheitsschwelle hat, falls sie so ausgestaltet ist, dass derselbe Adressatenkreis betroffen ist.[1174]

1168 EuGH, Urteil vom 05.05.1998, C-180/96 – Vereinigtes Königreich/Kommission, ECLI:EU:C:1998:192, Rn. 100.

1169 Vgl. die englische Sprachfassung „safety". Vgl. *Pescatore* EuR 1986, 153 (160), gemeint sind technische Sicherheiten.

1170 EuGH, Urteil vom 05.05.1998, C-180/96 – Vereinigtes Königreich/Kommission, ECLI: EU:C:1998:192, Rn. 101.

1171 EuGH, Urteil vom 11.11.2010, C-543/08 – Kommission/Portugal, ECLI: EU:C:2010:669, Rn. 86.

1172 Vgl. EuGH, Urteil vom 11.11.2010, C-543/08 – Kommission/Portugal, ECLI:EU:C:2010:669, Rn. 87, Portugals Vorbringen sei „nicht ganz unbegründet".

1173 Vgl. EuGH, Urteil vom 11.11.2010, C-543/08 – Kommission/Portugal, ECLI:EU:C:2010:669, Rn. 86.

1174 *Geiger* Beschränkungen von Direktinvestitionen aus Drittstaaten, S. 246; *Clostermeyer* Staatliche Übernahmeabwehr und die Kapitalverkehrsfreiheit in Drittstaaten,

Des Weiteren stünde der vereinfachten Anforderung an die Kontrollbehörde auf der anderen Seite eine noch stärker eingeschränkte Rechtsschutzmöglichkeit der beteiligten Unternehmen entgegen. Der EuGH betonte die Rechtsschutzmöglichkeiten regelmäßig in seinen Urteilen.[1175] Die Herabsetzung einer Untersagungsschwelle auf Investitionen, die nur in der Lage sein könnten, Gefährdungen zu bewirken, kommt einer allgemeinen Untersagungsfähigkeit aller Investitionen in den genannten Bereichen nahe. Der effektive Rechtsschutz gegen Beschränkungen der Grundfreiheiten spricht demnach ebenfalls gegen eine solche Auslegungsmöglichkeit. Ein besonders weiter Ermessensspielraum wird den Mitgliedstaaten (teilweise) jedoch nur bei den „wesentlichen Sicherheitsinteressen" gemäß der Ausnahmevorschrift des Art. 346 AEUV zugesprochen.[1176]

cc) Ergebnis

Es spricht viel dafür, dass die Möglichkeit restriktiver Maßnahmen aufgrund voraussichtlicher Beeinträchtigung nicht mit dem Rechtfertigungsgrund des Art. 65 AEUV in Einklang steht.[1177] Hierbei reicht auch kein Verweis auf den Spielraum des Unionsgesetzgebers, weil es sich um eine Überschreitung des Primärrechts handelt. Der Unionsgesetzgeber muss nicht den Maßstab des EuGH identisch umsetzen, er kann allerdings nicht von dessen Rechtsprechung abweichen, soweit dieser Grenzen des Primärrechts definiert hat. Der Unionsgesetzgeber kann danach (begrenzt) eigene Vorstellungen von verhältnismäßigen mitgliedstaatlichen Eingriffen durch Sekundärrecht festlegen, soweit diese auf der Auslegung unbestimmter Begriffe des Primärrechts beruhen; er kann aber von diesen nicht abweichen. Im Übrigen besteht auch kein durchschlagendes praktisches Bedürfnis eine Absenkung zuzulassen, denn hätte sich die FDI-RahmenVO auf Direktinvestitionen, die im Anwendungsbereich der Niederlassungsfreiheit stehen, beschränkt, wären dem Unionsgesetzgeber keine Grenzen durch die Kapitalverkehrsfreiheit gesetzt worden. Ohne grundfreiheitliche

S. 370; diskutierend *Wolff* Ausländische Staatsfonds, S. 199, im Hinblick auf den dafür geringeren Adressatenkreis der Erwerbskontrolle.

1175 EuGH, Urteil vom 08.11.2012, C-244/11 – Kommission/Griechenland, Rn. 35, m.w.N. Siehe ausführlich zum Rechtsschutz, Kapitel F. I. 2. bb) (3) sowie Kapitel F. II. 4.

1176 EuG, Urteil vom 30.09.2003, T-26/01 – Fiocchi/Munizioni, ECLI:EU:T:2003:248, Rn. 58.

1177 Vgl. *Hindelang/Moberg* CMLRev 2020, 1427 (1454), in Bezug auf die Umsetzung des deutschen Gesetzgebers; *dies.* in: Moberg/Hindelang (Hrsg.), YSEC – Yearbook of Socio-Economic Constitutions, S. 844.

Grenze wäre für Direktinvestitionen ab etwa 30 Prozent Stimmrechtshöhe eine solche Absenkung möglich gewesen. Von einer Beteiligung an der Grenze zur Portfolioinvestition geht indes geringere Gefahr aus, die sich durch den Anwendungsbereich der Kapitalverkehrsfreiheit auch manifestiert.

Da neben der voraussichtlich primärrechtswidrigen Auslegung aber eine weitere Auslegungsmöglichkeit existiert, kommt dieser Vorrang zu. Auf der Umsetzungsseite der Mitgliedstaaten würde sich diese Frage auch für die Mitgliedstaaten stellen, wie nämlich der verbliebene Spielraum, der nicht erschöpfenden Liste von Faktoren, grundfreiheitskonform ausgestaltet werden kann.[1178] Die Mitgliedstaaten sind bei der Ausgestaltung an die Grundfreiheiten und an die EU-Grundrechte gebunden.[1179] Wenn sich der Unionsgesetzgeber von zentralen tradierten Grenzen ohne Weiteres „emanzipieren"[1180] können soll, stellt sich die Frage, welche effektive Prüfung noch verbleibt.

Ein Anmeldeerfordernis ist im Hinblick auf die Kapitalverkehrsfreiheit vom EuGH akzeptiert worden.[1181]. Hinzu kommt durch Art. 4 FDI-RahmenVO die Möglichkeit, Genehmigungserfordernisse für Direktinvestitionen einzuführen, die eine voraussichtliche Beeinträchtigung darstellen können.[1182] Das Genehmigungserfordernis ist im Hinblick auf die bisherige EuGH-Rechtsprechung als Abweichung zu sehen. Der EuGH hat sich einem solchen Genehmigungssystem nicht fundamental verschlossen. Der Verhältnismäßigkeitsmaßstab ist aber bisher enger als bei Anmeldeerfordernissen gefasst worden. Ein vorausschauendes Genehmigungserfordernis kann helfen, die relevanten Investitionen einer konkreten Untersuchung zuzuführen und stellt damit ein geeignetes Mittel dar. Unionskonform ermöglicht der Unionsgesetzgeber einen weiteren Gestaltungsspielraum für die Mitgliedstaaten als bisher. Eine Abweichung vom bisher vom EuGH akzeptierten Inhalt der öffentlichen Ordnung oder Sicherheit scheint im Hinblick auf die geopolitischen Entwicklungen vertretbar; dem Unionsgesetzgeber wird ein „weites Ermessen in Bereichen zugebilligt, in denen seine Tätigkeit sowohl politische als auch wirtschaftliche oder soziale Entscheidungen verlangt

---

1178 Vgl. *Hindelang/Moberg* in: Moberg/Hindelang (Hrsg.), YSEC – Yearbook of Socio-Economic Constitutions, S. 844.

1179 Siehe Kapitel F. I. 1. und 2.

1180 *Sattler/Engels* EuZW 2021, 485 (487).

1181 EuGH, Urteil vom 14.12.1995, C-163/94, C-165/94 u. C-250/94 – Sanz de Lera, ECLI:EU:C:1995:451, Rn. 27 f.

1182 A. A. wohl *Hindelang/Moberg* CMLRev 2020, 1427 (1454), die Art. 4 FDI-RahmenVO nur als Inspirationsquelle verstehen.

und in denen er komplexe Prüfungen und Beurteilungen vornehmen muss."[1183] Zu weit ginge es, dem Unionsgesetzgeber jegliche Änderung zu verbieten bzw. die intendierte Änderung durch unionskonforme Auslegung wieder zu beseitigen.[1184] Die Möglichkeit, jede Direktinvestition, die eine voraussichtliche Beeinträchtigung darstellt, zu verbieten oder mit anderen restriktiven Entscheidungsmaßnahmen zu beeinträchtigen, trifft hingegen mehrheitlich Investitionen, die keine tatsächliche Gefährdung darstellen. Es handelt sich indes auch nicht um eine „komplexe" Prüfung im Anwendungsbereich der Grundfreiheiten, für die der Unionsgesetzgeber eine Einschätzungsprärogative zukommt, sondern um eine Abweichung von der Grundfreiheit. Eine solche Maßnahme ist somit nicht erforderlich. Ebenso schränkt sie die Rechtsschutzmöglichkeiten zu weit ein und kann in Konflikt mit dem Wettbewerbsrecht treten.[1185]

III. Einklang mit den EU-Grundrechten

Die FDI-RahmenVO muss nicht nur mit den Grundfreiheiten in Einklang stehen, sondern auch mit den EU-Grundrechten. Die Schutzbereiche beider Rechtsinstitute sind dabei teilweise „deckungsgleich"[1186].[1187] Die EU-Grundrechtecharta verpflichtet gem. Art. 51 GRC primär Organe und Einrichtungen der Union; die Grundfreiheiten verpflichten hingegen primär die Mitgliedstaaten. Im Folgenden ist zu untersuchen, ob die FDI-RahmenVO eine Verletzung der EU-Grundrechte darstellen kann und zu einer primärrechtskonformen Auslegung führt.

Die Vorschlagsbegründung zur FDI-RahmenVO bleibt bezüglich der EU-Grundrechte denkbar knapp, indem sie lediglich feststellt, dass sie keine Auswirkung auf den Schutz der Grundrechte hat.[1188] Das bedeutet nicht, dass sie keinen Eingriff in EU-Grundrechte darstellt. Mit dem knappen Hinweis wird

---

1183 EuGH, Urteil vom 08.12.2020, C-620/18 – Ungarn/Parlament, ECLI:EU:C:2020:1001, Rn. 112.

1184 So aber *Schuelken/Sichla* DÖV 2021, 961 (964).

1185 Siehe Kapitel F. I. 3. b) bb) (1) (aa).

1186 *Herrmann* ZEuS 2019, 429 (435).

1187 In einigen Urteilen zu Eingriffen von Mitgliedstaaten hielt der EuGH nicht einmal eine inhaltlich getrennte Prüfung für notwendig, vgl. EuGH, Urteil vom 11.02.2021, C-407/19 u. 471/19 – Katoen Natie Bulk Terminals, ECLI:EU:C:2021:107, Rn. 56; EuGH, Urteil vom 20.12.2017, C-322/16 – Global Starnet Ltd, ECLI:EU:C:2017:985, Rn. 50; EuGH, Urteil vom 30.04.2014, C-390/12 – Robert Pfleger, ECLI:EU:C:2014:281, Rn. 60. Siehe ausführlich Kapitel E. III. 2. c) aa) (2) und (3).

1188 *Kommission* COM(2017) 487 final, vom 13.09.2017, S. 12.

die Kommission ihrem selbst formulierten Anspruch[1189] nach Begründung der Grundrechtsaspekte nicht gerecht. Der Kommission muss allerdings zugutegehalten werden, dass der intensivere Grundrechtseingriff durch die „voraussichtliche Beeinträchtigung" erst im Laufe des Gesetzgebungsverfahrens eingefügt wurde[1190] und die Kommission sich das methodische Vorgehen bei EU-Grundrechten nur für die Vorschlagsausarbeitung aufgetragen hat.[1191] Im verwandten Verordnungsvorschlag zu Binnenmarkt verzerrenden drittstaatlichen Subventionen fällt indes die Begründung zum Eingriff in die EU-Grundrechte ausführlicher aus.[1192] Die FDI-RahmenVO selbst nimmt auf die EU-Grundrechte, etwa durch einen Erwägungsgrund, indes keinen Bezug, sondern es scheint, dass die Verordnung sich aus Sicht des Unionsgesetzgebers vor allem an den Grundfreiheiten misst.

Als materielle Grundrechte kommen die Wirtschaftsgrundrechte der Grundrechtecharta in Betracht: die Berufsfreiheit gem. Art. 15 GRC, die unternehmerische Freiheit gem. Art. 16 GRC und das Eigentumsrecht gem. Art. 17 GRC.[1193] Dabei ist es im Hinblick auf den personellen Anwendungsbereich notwendig, nach den Grundrechtsadressaten zu differenzieren. Neben dem offensichtlichen Adressaten von Investitionskontrollen – dem Investor – sind auch das Zielunternehmen sowie die Inhaber des Zielunternehmens bzw. der Zielunternehmensanteile von einer Investitionskontrolle betroffen. Dies zeigt sich in der Verordnung auch an der Möglichkeit des Einspruchs gegen nationale Überprüfungsbeschlüsse. Nach Art. 3 V FDI-RahmenVO muss auch dem Zielunternehmen die Möglichkeit gegeben werden, Rechtsbehelf einzulegen. Die Anteilseigner des Unternehmens werden hingegen in Art. 3 V FDI-RahmenVO nicht ausdrücklich genannt, werden damit aber auch nicht von Rechtsbehelfen ausgeschlossen.

1189 *Kommission* Mitteilung, Strategie zur wirksamen Umsetzung der Charta der Grundrechte durch die Europäische Union, COM(2010) 573 final, vom 19.10.2010, S. 9.

1190 Die Änderung war Ergebnis des Trilogs, in vorherigen Änderungsvorschlagen kam diese Änderung nicht auf. Vgl. informatorischer Vermerk des Generalsekretariats des Rates vom 19. Februar 2019, 6222/19.

1191 *Kommission* COM(2010) 573 final, vom 19.10.2010, S. 9, 1.2.

1192 *Kommission* COM(2021) 223 final, vom 05.05.2021, Begründung zum Vorschlag, S. 13 sowie Erwägungsgrund Nr. 44.

1193 Vgl. *Korte* in: Hindelang/Moberg (Hrsg.), Yearbook of Socio-Economic Constitutions, S. 460, der aber nur Art. 15 und 16 GRC nennt. *Hindelang/Moberg* CMLRev 2020, 1427 (1454).

1. Berufsfreiheit gem. Art. 15 GRC

Der sachliche Anwendungsbereich der Berufsfreiheit gem. Art. 15 GRC ist bei Investitionskontrollen einschlägig, weil diese neben Arbeitnehmern auch Selbstständige schützt.[1194] Das Verhältnis zwischen Art. 15 und Art. 16 GRC ist hierbei nicht geklärt. Es kann sich bei Art. 16 GRC um eine lex specialis[1195] handeln, wenn nicht bereits die Schutzbereiche voneinander abgegrenzt werden.[1196] Der EuGH lässt hierzu keine eindeutige Rechtsprechungslinie erkennen;[1197] vor dem Inkrafttreten der Charta prüfte der EuGH beide Grundrechte zusammen.[1198] Die bisherige Rechtsprechung war geprägt von einem engen Zusammenhang der beiden Grundrechte; seit der Verbindlichkeit der Charta muss zwischen den Anwendungsbereichen der beiden EU-Grundrechte differenziert werden.[1199]

Nach der Stellungnahme des *Generalanwalts Bobek* in der Rechtssache C-134/15 (Lidl/Sachsen) soll die Berufsfreiheit „eher" auf natürliche Personen und Fragen des Zugangs zur Arbeit und der Berufswahl angewendet werden, während die unternehmerische Freiheit „eher" bei juristischen Personen und der Art und Weise, wie ein bestehendes Unternehmen oder ein bereits gewählter Beruf betrieben bzw. ausgeübt wird, zum Tragen kommt.[1200] Es wird keine strenge Trennung nach der Rechtspersönlichkeit des Grundfreiheitsberechtigten vorgenommen. Die Abgrenzung soll vielmehr durch die Verbindung einer persönlichkeitsentfaltenden Wirkung der Berufsfreiheit ermittelt werden, ohne dass die Rechtspersönlichkeit formal maßgeblich ist.[1201]

Der Verkauf eines Unternehmensanteils stellt einen Akt der unternehmerischen Freiheit dar. Insbesondere der Teilverkauf an einen strategischen Investor

---

1194 A. A. *Ruffert* in: Calliess/Ruffert (Hrsg.), EUV/AEUV, Art. 15 GRC, Rn. 4, seit Rechtsverbindlichkeit der GRC nur noch unselbstständige Tätigkeit.

1195 Vgl. *Jarass* EU-Grundrechte-Charta, Art. 16 GRC, Rn. 4a.

1196 Vgl. EuGH, Urteil vom 30.06.2016, C-134/15 – Lidl/Sachsen, ECLI:EU:C:2016:498, Rn. 26.

1197 Vertiefende Diskussion bei *Drechsler* Die Unionsgrundrechte unter dem Einfluss des Prozessrechts, S. 45 ff.

1198 EuGH, Urteil vom 30.06.2005, C-295/03 P – Alessandrini/Kommission, ECLI:EU:C:2005:413, Rn. 86; EuGH, Urteil vom 14.12.2004, C-210/03 – Swedish Match, ECLI:EU:C:2004:802, Rn. 72.

1199 Vgl. *GA Bobek* Schlussantrag vom 16.03.2016, C-134/15 – Lidl/Sachsen, ECLI:EU:C:2016:169, Rn. 20.

1200 *GA Bobek* Schlussantrag vom 16.03.2016, C-134/15 – Lidl/Sachsen, ECLI:EU:C:2016:169, Rn. 27.

1201 Kritisch *Drechsler* EuR 2016, 691 (696 f.).

ist geradezu charakteristisch für die weitere unternehmerische Entwicklung von Start-ups, aber auch der vollständige Verkauf ist Ausdruck der unternehmerischen Freiheit und nicht dessen Ende. Je nach Abgrenzungsmethode stellt damit Art. 16 GRC die speziellere Freiheit dar. Treffender ist es deshalb, die Verordnung am Maßstab der unternehmerischen Freiheit gem. Art. 16 GRC zu kontrollieren.

Wird davon ausgegangen, dass die beiden Grundrechte einen gemeinsamen Anwendungsbereich haben, kann die anschließende Diskussion bei Art. 16 GRC auf Art. 15 GRC übertragen werden, sofern der Schutz von Art. 16 GRC aufgrund des Wortlauts weitreichender Eingriffsmöglichkeiten nicht als niedriger angesehen wird. Im Hinblick auf die vom EuGH angewandte Parallelität mit den Grundfreiheiten[1202] erscheint ein geringerer Schutzumfang jedoch wenig überzeugend. Im Ergebnis bleibt Art. 52 GRC eine formelle Grenze für ein vermindertes Schutzniveau.[1203]

2. Unternehmerische Freiheit gem. Art. 16 GRC

Art. 16 GRC schützt die Freiheit, eine Wirtschafts- oder Geschäftstätigkeit auszuüben, die Vertragsfreiheit und den freien Wettbewerb.[1204] Die unternehmerische Freiheit ist ein echtes Grundrecht und kein unverbindliches Prinzip.[1205] Damit stellt sie eine Grenze für die Tätigkeit der Union im Rahmen der legislativen und exekutiven Funktionen dar.[1206] Dies hat der EuGH auch nach der Verbindlichkeitsgewinnung der Grundrechtecharta durch den Vertrag von Lissabon weiterhin bestätigt.[1207] Eine Abkehr von der bisherigen Rechtsprechung des EuGH war durch die Charta nicht beabsichtigt; neu war aber die klare Abgrenzung zwischen Berufsfreiheit und unternehmerischer Freiheit. Der Wortlaut

---

1202 Vgl. zur teilweise einheitlichen Verhältnismäßigkeitsprüfung, Kapitel E. III. 2. c).

1203 Vgl. *Cloppenburg* Erwerbsgrundrechte im Unionsrecht, S. 203 ff.

1204 EuGH, Urteil vom 12.07.2018, C-540/16 – Spika ECLI:EU:C:2018:565, Rn. 34; EuGH, Urteil vom 17.10.2013, C-101/12 – Schaible, ECLI:EU:C:2013:661, Rn. 25; EuGH, Urteil vom 22.01.2013, C-283/11 – Sky Österreich, ECLI:EU:C:2013:28, Rn. 42; EuG, Urteil vom 10.03.2020, T-251/18 – IFSUA/Rat, ECLI:EU:T:2020:89, Rn. 149.

1205 Vgl. die Diskussion bei *Szmigielski* in: Grzeszczak (Hrsg.), Economic Freedom and Market Regulation, S. 54; *Wiebe* Unternehmerfreiheit versus Verbraucherschutz?!, S. 123 f.

1206 Vgl. *GA Villalon* Schlussantrag vom 19.02.2013, C-426/11 – Alemo-Herren, ECLI:EU:C:2013:521, Rn. 50.

1207 Vgl. EuGH, Urteil vom 22.01.2013, C-283/11 – Sky Österreich, ECLI:EU:C:2013:28, Rn. 42; EuGH, Urteil vom 24.11.2011, C-70/10 – Scarlet Extend, ECLI:EU:C:2011:771, Rn. 53.

des Art. 16 GRC stellt eine objektivrechtliche Formulierung dar,[1208] denn die unternehmerische Freiheit wird „nach dem Unionsrecht und den einzelstaatlichen Rechtsvorschriften und Gepflogenheiten anerkannt". Dies bedeutet jedoch nicht, dass hieraus keine subjektiven Rechte erwachsen sollen. Die systematische Stellung spricht gegen die Einordnung als reines Staatsprinzip. Im Übrigen handelt es sich bei den Einschränkungsmöglichkeiten um eine Wiederholung des Art. 52 VI GRC, welche für alle Grundrechte gilt. Der EuGH entnimmt dem einschränkenden Wortlaut des Art. 16 GRC, dass die Eingriffsmöglichkeiten, die im allgemeinen Interesse liegen, umfangreich sind.[1209] So entsprechen die Einschränkungen denen des Art. 28 GRC, bei welchem auch von weiten Regelungsmöglichkeiten ausgegangen wird.[1210] Art. 16 GRC als reines Prinzip zu verstehen, hat der EuGH damit eine klare Absage erteilt.

a) Schutzbereich

Die Prüfung der Unionsgrundrechte erfolgt, wie auch bei den nationalen Grundrechten, nach der Unterscheidung zwischen Schutzbereich, Eingriff und Rechtfertigung des Eingriffs. Eine solche Systematik ergibt sich bereits aus dem Wortlaut des Art. 52 GRC. Im Folgenden wird der personelle Schutzbereich vertieft untersucht, da insbesondere Investitionen durch staatliche Investoren durch die Investitionskontrollen in den Blick genommen werden. In der europäischen Verordnung kommt dies normativ durch den investorenbezogenen Faktor in Art. 4 II a) FDI-RahmenVO zum Ausdruck. Beispielhaft für die deutsche Kontrollpraxis dürfte die Untersagung des Erwerbs der *IMST GmbH*, welche laut BMWK über besonderes Know-How in der Satelliten- und Radartechnik verfüge, durch die *EMST GmbH* sein. Die unmittelbare Erwerberin war eine Tochtergesellschaft der Addsino Co., Ltd., welche zum staatlichen Rüstungskonzern *China Airspace Science and Industry Corporation* gehörte.[1211]

1208 Vgl. *Schwarze* Europarecht, S. 434.

1209 EuGH, Urteil vom 16.07.2020, C-686/18 – Adusbef u. a., ECLI:EU:C:2020:567, Rn. 83; EuGH, Urteil vom 28.11.2013, C-348/12 P – Rat/Manufacturing Support & Procurement Kala Naft Co, ECLI:EU:C:2013:776, Rn. 123; Vgl. EuGH, Urteil vom 22.01.2013, C-283/11 – Sky Österreich, ECLI:EU:C:2013:28, Rn. 46, nach dem der Wortlaut eine Nähe zu den Bestimmungen des Titels IV nahelegt.

1210 *Jarass* EU-Grundrechte-Charta, Art. 28 GRC, Rn. 14 f.

1211 *Nienaber* Germany blocks Chinese takeover of satellite firm on security concerns: document, Reuters online vom 08.12.2020, https://www.reuters.com/article/germany-china-m-a-idINKBN28I283.

Eine Diskussion zur Unterscheidung zwischen staatlichen und privaten Wirtschaftsteilnehmern lebte auch in der deutschen Grundrechtsdiskussion durch die Entscheidung des BVerfG zur Entschädigung Vattenfalls beim Atomausstieg[1212] wieder auf.[1213] Ein Vergleich lohnt sich, da die Entscheidung auch auf die Bedeutung der EU-Grundrechte und Grundfreiheiten einging.

aa) Personeller Schutzbereich

Beim personellen Schutzbereich kommen mehrere Beteiligte der Transaktion in Betracht. Auf der Käuferseite kann der „ausländische Investor", legaldefiniert in Art. 2 Nr. 2 FDI-RahmenVO der Verordnung, als Grundrechtsberechtiger in Erwägung gezogen werden. Auf der Verkäuferseite kommt „das Unternehmen", das in Art. 2 Nr. 1 FDI-RahmenVO genannt wird und nach Art. 3 V FDI-RahmenVO klageberechtigt ist, in Betracht. Daneben sind auch die Anleger und Stimmrechteinhaber, die ihre Anteile verkaufen, mögliche Grundrechtsberechtigte.

(1) Ausländischer Investor gem. Art. 2 Nr. 2 FDI-RahmenVO

Der ausländische Investor wird in Art. 2 Nr. 2 FDI-RahmenVO definiert. Umfasst sind natürliche Personen sowie Unternehmen aus Drittstaaten. Das Unternehmen aus einem Drittstaat wird wiederum in Art. 2 Nr. 7 FDI-RahmenVO definiert als ein nach dem Recht eines Drittstaats gegründetes oder anderweitig errichtetes Unternehmen. Die Begründung der Grundrechtsfähigkeit privater Drittstaatsinvestoren ist von der Begründung der Grundrechtsfähigkeit staatlich kontrollierter Investoren im Sinne des Art. 4 II a) FDI-RahmenVO zu trennen.

(a) Private Drittstaatsinvestoren

Der personelle Schutzbereich von Art. 16 GRC erstreckt sich auch auf Drittstaatsangehörige. Hierzu zählen juristische Personen aus Drittstaaten, unabhängig von ihrer Rechtsform bzw. Rechtsfähigkeit.[1214] Drittstaatsunternehmen können folglich im personellen Schutzbereich der unternehmerischen Freiheit liegen. Damit kann dieses Grundrecht grundsätzlich in personeller Hinsicht bei der Verordnung zum Tragen kommen.

Zur Bestimmung der Tragweite der unternehmerischen Freiheit wird in Art. 16 GRC unter anderem auf das Unionsrecht verwiesen. Das Grundrecht

---

1212 BVerfG, Urteil vom 06.12.2016 – 1 BvR 2821/11, BVerfGE 143, 246 ff.

1213 Vgl. *Ludwigs/Friedmann* NVwZ 2018, 22 (22 ff.).

1214 *Sasse* EuR 2012, 628 (629, 635).

steht unter dem Vorbehalt des Unionsrechts.[1215] Zu diesem zählt das Primärrecht, einschließlich der Grundfreiheiten.[1216] Der personelle Anwendungsbereich der Dienstleistungs- und Niederlassungsfreiheit darf durch den Drittstaatsbezug des Art. 16 GRC nicht umgangen werden.[1217] Dieser soll nur Unionsbürgern zustehen.

Es stellt sich die Frage, ob Drittstaatsangehörige auch dann vom Schutzbereich umfasst sind, wenn diesen noch kein Zugang zum Binnenmarkt gewährt wurde oder ihnen kein Recht zum Zugang zusteht.[1218] Um einen solchen Fall des Marktzugangs geht es bei der Verordnung. Durch die Investitionskontrolle wird im Rahmen eines Genehmigungsvorbehalts oder einer anschließenden Untersagung bereits der Eintritt in den Binnenmarkt verwehrt. Ein Überprüfungsmechanismus im Sinne des Art. 2 Nr. 4 FDI-RahmenVO stellt einen Vorbehalt des Unionsrechts bzw. des einzelstaatlichen Rechts dar. Geht man davon aus, dass dem Gesetzesvorbehalt eine Schutzbereich verengende Funktion zukommt, steht die Drittstaatinvestition in den Binnenmarkt bereits nicht im Schutzbereich der unternehmerischen Freiheit. Die Investoren wären bei der Anwendung der Investitionskontrolle noch nicht durch EU-Grundrechte geschützt.

Will man die wirtschaftsvölkerrechtlich tradierte Unterscheidung zwischen Zugang zum Markt und Behandlungsstandards im Markt auf den Anwendungsbereich des Art. 16 GRC übertragen, würde das Recht auf unternehmerische Freiheit Drittstaatsinvestoren nur den Schutz gegen die Behandlungsstandards nach Eintritt in den Markt umfassen. Die „pre-establishment-Phase" wäre nicht von Art. 16 GRC erfasst, sondern nur bei einem völkervertraglichen Marktzugangsanspruch zu beachten.[1219] Damit wären Unionsorgane und Mitgliedstaaten

1215 Vgl. *Bernsdorff* in: Meyer/Höscheidt, (Hrsg.), Charta der Grundrechte der Europäischen Union, Art. 16 GRC, Rn. 19.

1216 Vgl. EuGH, Urteil vom 13.02.2014, C-367/12 – Sokoll-Seebacher, ECLI:EU:C:2014:68, Rn. 21.

1217 Vgl. EuGH, Urteil vom 13.02.2014, C-367/12 – Sokoll-Seebacher, ECLI:EU:C:2014:68, Rn. 22, Art. 16 GRC verweise auf Art. 49 AEUV.

1218 Vgl. *Bernsdorff* in: Meyer/Höscheidt (Hrsg.), Charta der Grundrechte der Europäischen Union, Art. 16 GRC, Rn. 19, der exemplarisch die Inhaberschaft von Betrieben in Gebieten der Union nennt; *Jarass* EU-Grundrechte-Charta, Art. 16 GRC, Rn. 11.

1219 *Bernsdorff* in: Meyer/Höscheidt, (Hrsg.), Charta der Grundrechte der Europäischen Union, Art. 16 GRC, Rn. 17. Dies kann jedenfalls für Verträge, die kein explizites privates Durchsetzungsrecht durch Schiedsklauseln kennen, nicht überzeugen, da ansonsten über die EU-Grundrechtecharta subjektive Rechte verliehen würden, die unmittelbar aus dem Völkerrechtsvertrag nicht möglich wären. Private können unmittelbar aus dem Investitionsschutzvertrag nicht gegen den Zielstaat vorgehen, weitgehend frei bei der Beschränkung des Zugangs zum Binnenmarkt, so wie sie es auch bei der Dienstleistungs- oder Niederlassungsfreiheit sind.

Ginge man davon aus, dass der Gesetzesvorbehalt eine Schutzbereich verengende Wirkung hätte, würde dies aber zu einer sehr unterschiedlichen Schutzbereichsweite der einzelnen Mitgliedstaaten führen, da auch die einzelstaatlichen Rechtsvorschriften Vorbehalte sind. Des Weiteren gilt die Kapitalverkehrsfreiheit für Drittstaatsachverhalte bereits beim Zugang zum Markt. Zwar stellt diese eine objekt- und keine personengebundene Grundfreiheit dar, nichtsdestotrotz kann die Abgrenzung von Niederlassungsfreiheit und Kapitalverkehrsfreiheit in der neueren Rechtsprechung faktisch dazu führen, dass, wenn eine Regelung auf Direktinvestitionen jeglicher Art anzuwenden ist, ein Niederlassungsvorgang auch bei Drittstaatssachverhalten in den Anwendungsbereich der Grundfreiheiten fallen kann.[1220] Der Ausweitung der Grundfreiheiten auf Drittstaatssachverhalte kann auch auf Rechtfertigungsebene wirksam begegnet werden, indem eine verminderte Rechtfertigungsschwelle angesetzt wird.[1221] Die unterschiedliche Behandlung von Drittstaatsangehörigen und Unionsangehörigen ist an anderen Stellen des Unionsrechts auch akzeptiert.[1222] Hierdurch wird verhindert, dass Direktinvestitionen unterhalb der Niederlassungsfreiheit ohne weitere Gründe ihren Schutz, den sie durch die Kapitalverkehrsfreiheit erhalten, auf Grundrechtsebene bereits im Schutzbereich verlieren. Denn auch die Kapitalverkehrsfreiheit ist Unionsrecht i. S. d. Art. 16 GRC; wenn auch diese in den EuGH-Urteilen[1223] nicht in dem Umfang in Zusammenhang mit den Grundrechten gesetzt wird wie die Dienstleistungs- und Niederlassungsfreiheit. Auch der Unionsgesetzgeber ist letztlich an die grundsätzliche Entscheidung eines Reziprozitätsverzichts in Art. 63 AEUV gebunden.

Einer vereinfachten Rechtfertigungsmöglichkeit eines Eingriffs in Art. 16 GRC hat sich auch der EuGH angeschlossen, denn er entnimmt dem Wortlaut, dass die unternehmerische Freiheit einer Vielzahl von „Eingriffen der öffentlichen

---

sondern sind auf diplomatischen Schutz angewiesen, vgl. *Schwartmann* Private im Wirtschaftsvölkerrecht, S. 92.

1220 Siehe ausführlich, Kapitel E. II. 2. c).

1221 Vgl. *Sasse* EuR 2012, 628 (643).

1222 Vgl. EuGH, Gutachten 1/17 vom 30.04.2019 – CETA, ECLI:EU:C:2019:341, Rn. 170, bzgl. Art. 18 AEUV und Art. 21 GRC.

1223 EuGH, Urteil vom 30.04.2014, C-390/12 – Robert Pfleger, ECLI:EU:C:2014:281, Rn. 60.

Gewalt" unterworfen werden kann.[1224] Eine Eingriffsmöglichkeit setzt aber notwendigerweise einen Schutzbereich voraus. Hieraus leitet sich kein effektiv durchsetzbares Recht auf Zugang zum Binnenmarkt ab. Der Schutzbereich der Norm ist aber bei Drittstaatsinvestoren grundsätzlich eröffnet, wenn auch (vereinfacht) einschränkbar. Diese Lösung ermöglicht ein paralleles Verständnis zur Kapitalverkehrsfreiheit, was auch in der neuen Rechtsprechung des EuGH[1225] zur Rechtfertigung von Kapitalverkehrseingriffen zum Ausdruck kommt.[1226]

(b) Staatlich-kontrollierte Drittstaatsinvestoren

Differenziert ist der Schutzbereich bei staatlich kontrollierten Drittstaatsinvestoren zu untersuchen. Gem. Art. 4 II a) FDI-RahmenVO kann berücksichtigt werden, ob der Investor direkt oder indirekt von der Regierung eines Drittstaats kontrolliert wird. Der Kontrollbegriff des Art. 4 II a) FDI-RahmenVO wird nicht näher erläutert; unterschieden wird lediglich zwischen einer direkten und einer indirekten Kontrolle. Bei einer direkten Kontrolle wird man davon ausgehen können, dass es sich entweder um ein öffentliches Unternehmen handelt oder das Investorenunternehmen so weit in staatlicher Hand liegt, dass es sich hierbei faktisch nicht mehr um ein privates Unternehmen handelt. Nicht ausreichend ist eine Wettbewerbsverzerrung durch staatliche Zuwendungen durch den Herkunftsstaat.[1227] Dies wäre eine rein wettbewerbsrechtliche Problematik[1228] und kein Problem des personellen Schutzbereichs von EU-Grundrechten. Als sachlicher Rechtfertigungsgrund wäre eine Verfälschung des Wettbewerbs durch drittstaatlich subventionierte Investitionen indes wiederum zu beachten.[1229]

Die subjektiven Rechte von ausländischen Staatsfonds wurden in der Literatur bereits ausführlich im Rahmen der Grundfreiheiten diskutiert:[1230] Die Grundfreiheiten sollen primär einen freien Binnenmarkt erschaffen. Außerdem

---

1224 EuGH, Urteil vom 28.11.2013, C-348/12 P – Rat/Manufacturing Support & Procurement Kala Naft Co, ECLI:EU:C:2013:776, Rn. 123; EuGH, Urteil vom 22.01.2013, C-283/11 – Sky Österreich, ECLI:EU:C:2013:28, Rn. 46.

1225 EuGH, Urteil vom 21.05.2019, C-235/17 – Kommission/Ungarn, ECLI:EU:C:2019:432, 65; EuGH, Urteil vom 21. Dezember 2016, C-201/15 – AGET Iraklis, ECLI:EU:C:2016:972, Rn. 64.

1226 Siehe ausführlich Kapitel E. III. 2. c) (3).

1227 *Voland/Slobodenjuk* in: Krenzler/Herrmann/Niestedt (Hrsg.), EU-Außenwirtschafts- und Zollrecht, XII Nr. 122, Art. 4 VO (EU) 2019/452, Rn. 14.

1228 Siehe Kapitel F. I. 3. b) bb) (3).

1229 *Kommission* COM(2021) 223 final, vom 05.05.2021, Erwägungsgrund Nr. 44.

1230 *Wolff* Ausländische Staatsfonds, S. 137 ff.; *Weller* ZIP 2008, 857 (863).

erzeuge die Benachteiligung öffentlicher Unternehmen indirekt Druck bei den Mitgliedstaaten öffentliche Unternehmen zu privatisieren.[1231] Argumentativ wurde auch auf das Wettbewerbsrecht abgestellt. Dieses unterbinde zum Schutz des Wettbewerbs eine Bevorzugung öffentlicher Unternehmen, als Kehrseite beinhalte dieses aber ebenso ein Verbot der Benachteiligung.[1232] Dies lässt sich jedoch nicht ohne Weiteres auf die Grundrechte übertragen werden. Die Grundrechte stellen Individualrechte dar, die dem Einzelnen das Recht auf Entfaltung sichern sollen; dieser Aspekt fehlt der wettbewerblichen Betrachtung. Mit Bezug auf die Entfaltung (unternehmerischen Handelns) kann öffentlichen Unternehmen ein Grundrechtsschutz versagt werden.

(aa) Rechtsprechung des Gerichts zu iranischen Banken

Der EuGH sowie (ausführlicher) das EuG setzten sich mit der Grundrechtsfähigkeit juristischer Personen mit Beziehung zu Drittstaaten in Rechtssachen zu iranischen Banken auseinander.[1233] Die Urteile sind nahezu identisch.

In den exemplarisch genannten Rechtssachen beriefen sich die iranischen Geschäftsbanken *Mellat* und *Saderat Iran* auf die EU-Grundrechte (Eigentumsfreiheit), weil sie Adressaten restriktiver Maßnahmen im Rahmen politischer Maßnahmen gegen das iranische Atomprogramm waren. Der Rat und die Kommission machten geltend, dass die iranischen Banken Emanationen des iranischen Staats seien und sich deshalb nicht auf die Grundrechte berufen

1231 *GA Kokott* Schlussantrag vom 03.03.2005, C-174/04 – Kommission/Italien, ECLI:EU:C:2005:138, Rn. 24.

1232 *GA Kokott* Schlussantrag vom 03.03.2005, C-174/04 – Kommission/Italien, ECLI: EU:C:2005:138, Rn. 25.

1233 Vgl. EuGH, Urteil vom 21.04.2016, C-200/13 P – Bank Saderat Iran, ECLI:EU:C:2016:284; EuG, Urteil vom 05.02.2013, T-494/10 – Bank Saderat Iran, ECLI:EU:T:2013:59; EuGH, Urteil vom 18.02.2016, C-176/13 P – Bank Mellat, ECLI:EU:C:2016:96; EuG, Urteil vom 19.01.2013, T-496/10 – Bank Mellat, ECLI:EU:T:2013:39; EuG, Urteil vom 06.0213, T-24/11 – Bank Refah Kargaran, ECLI:EU:T:2013:403. Bei einem weiteren Verfahren konnte die Frage nicht aufgeworfen werden, weil die staatliche Kontrolle zu spät geltend gemacht wurde, vgl. EuGH, Urteil vom 28.02.2013, C-348/12 P – Manufacturing Support & Procurement Kala Naft Co, ECLI:EU:C:2013:776, Rn. 46 ff.; EuG, Urteil vom 25.04.2012, T-509/10 – Manufacturing Support & Procurement Kala Naft Co, ECLI:EU:T:2012:201, Rn. 43 ff.

1234 EuG, Urteil vom 05.02.2013, T-494/10 – Bank Saderat Iran, ECLI:EU:T:2013:59, Rn. 33; EuG, Urteil vom 19.01.2013, T-496/10 – Bank Mellat, ECLI:EU:T:2013:39, Rn. 35.

dürften.[1234] Das Gericht erklärte, dass Charta und Primärrecht keine Bestimmungen vorsähen, die Emanationen von Staaten aus dem Grundrechtsschutz ausnehmen.[1235] Weiterhin weist das Gericht daraufhin, dass das Konfusionsargument, welches gegen die Anwendung der Grundrechte spräche, nur auf interne Sachverhalte anwendbar sei, bei ausländischen Staaten hingegen nicht eingreife.[1236] Im Schlussantrag erkannte die *Generalanwältin Sharpston* ausdrücklich nicht nur Emanationen, sondern sogar Staaten selbst als Grundrechtsträger an.[1237] Der EuGH äußerte sich im Rechtsmittelverfahren zu den Erwägungen von EuG und dem Schlussantrag nur knapp.[1238] Für diesen galt aber als selbstverständlich, dass sich jede Einrichtung auf Verletzung von Verteidigungsrechten und effektiven Rechtsschutz berufen könne.[1239] Durch den EuGH wurde geklärt, dass sich staatliche Drittstaatsunternehmen auf justizielle EU-Grundrechte berufen können und diesen ein Recht auf Rechtsschutz zukommt. Zur Anwendbarkeit anderer Grundrechte, wie der in diesem Fall thematisierten Eigentumsfreiheit, äußerte der EuGH sich hingegen nicht. Die Staatlichkeit der klagenden Unternehmen und die Frage einer sich hieraus ergebenden Verhältnismäßigkeitsprüfung waren für den EuGH unbeachtlich, da es sich um Erwägungen der Begründetheit handle. Die Ausführungen des EuG und der *Generalanwältin Sharpston* blieben zwar vom EuGH unkommentiert, deuten aber daraufhin, dass der EuGH einer staatlich-kontrollierten juristischen Person den Grundrechtsschutz zugesteht, „soweit sie mit ihrer Eigenschaft als

---

1235 EuG, Urteil vom 05.02.2013, T-494/10 – Bank Saderat Iran, ECLI:EU:T:2013:59, Rn. 34; EuG, Urteil vom 19.01.2013, T-496/10 – Bank Mellat, ECLI:EU:T:2013:39, Rn. 36.

1236 EuG, Urteil vom 05.02.2013, T-494/10 – Bank Saderat Iran, ECLI:EU:T:2013:59, Rn. 40; EuG, Urteil vom 19.01.2013, T-496/10 – Bank Mellat, ECLI:EU:T:2013:39, Rn. 38.

1237 *GA Sharpston* Schlussantrag vom 26.02.2015, C-176/13 P – Bank Mellat, ECLI:EU:C:2015:130, Rn. 43.

1238 EuGH, Urteil vom 21.04.2016, C-200/13 P – Bank Saderat Iran, ECLI:EU:C:2016:284, Rn. 49; EuGH, Urteil vom 18.02.2016, C-176/13 P – Bank Mellat, ECLI:EU:C:2016:96, Rn. 51 f.

1239 EuGH, Urteil vom 21.04.2016, C-200/13 P – Bank Saderat Iran, ECLI:EU:C:2016:284, Rn. 47 f.; EuGH, Urteil vom 18.02.2016, C-176/13 P – Bank Mellat, ECLI:EU:C:2016:96, Rn. 49 f.

juristischer Person vereinbar sind“[1240]. Letztendlich bleibt die Grundrechtsfähigkeit staatlicher Drittstaatsunternehmen höchstrichterlich ungeklärt.

(bb) Vergleich mit der EMRK

Gem. Art. 52 III GRC stellt die EMRK einen Mindeststandard für die EU-Grundrechte dar.[1241] Hierzu zählt nicht nur der Normtext der EMRK, sondern auch ihre Auslegung durch die Rechtsprechung des EGMR, wie sich Abs. V Präambel GRC entnehmen lässt.[1242] Das bedeutet, wenn bei der EMRK auch juristische Personen unter Staatskontrolle Schutz der unternehmerischen Freiheit genießen, gilt dies auch für die Grundrechtecharta. Ein ausdrücklicher Schutz der unternehmerischen Freiheit existiert in der EMRK nicht; einen partiellen Schutz erfahren Berufs- und Unternehmerfreiheit aber durch die Eigentumsfreiheit des 1. ZP sowie stellenweise durch die anderen Grundrechte der EMRK.[1243]

In den Urteilen zu den iranischen Banken bezogen sich Rat und Kommission auf Art. 34 EMRK bezogen.[1244] Gem. Art. 34 EMRK sind Individualbeschwerden nur durch „nichtstaatliche Organisationen“ möglich. Es handelt sich hierbei um eine Verfahrensvorschrift. Laut dem EGMR sollen damit aber Staatsorgane der Vertragsparteien des Mitgliedstaats ausgenommen werden. Zugrunde liegt diesem Gedanken das Konfusionsargument der Grundrechtsdogmatik. Die Vertragsparteien sollen nicht auf beiden Seiten des Verfahrens stehen können; eine solche Gefahr besteht für außenstehende Staatsunternehmen hingegen nicht.[1245] Daneben stellte der EGMR auf die Handlungsmöglichkeiten des ausländischen Unternehmens ab. Solange das Staatsunternehmen dem Gesellschaftsrecht unterliegt und im Rahmen der zivilen Rechtsordnung handelt sowie keine

---

1240 EuG, Urteil vom 05.02.2013, T-494/10 – Bank Saderat Iran, ECLI:EU:T:2013:59, Rn. 39; EuG, Urteil vom 19.01.2013, T-496/10 – Bank Mellat, ECLI:EU:T:2013:39, Rn. 41.

1241 Vgl. *Ludwigs/Friedmann* NVwZ 2018, 22 (26).

1242 Vgl. *Jarass* EuR 2013, 29 (42); vgl. *Naumann* EuR 2008, 424 (426), „dynamischer Verweis auf die Rechtsprechung des EGMR“.

1243 *Wegener* in: Ehlers (Hrsg.), Europäische Grundrechte und Grundfreiheiten, § 5 Rn. 12.

1244 EuG, Urteil vom 05.02.2013, T-494/10 – Bank Saderat Iran, ECLI:EU:T:2013:59, Rn. 35; EuG, Urteil vom 19.01.2013, T-496/10 – Bank Mellat, ECLI:EU:T:2013:39, Rn. 37.

1245 EGMR, Urteil vom 13.12.2007, Nr. 40998/98 – Islamic Republic of Iran Shipping Lines v. Turkey, Rn. 81.

besonderen Rechte hierbei beanspruchen kann, soll ein staatlich verknüpftes Unternehmen nicht mit einem Staat gleichgesetzt werden.[1246]

(cc) Vergleich mit der Judikatur des BVerfG

In Betracht kommt ein Vergleich mit der deutschen Judikatur zur Grundrechtsbindung privater Unternehmen, die von der öffentlichen Hand kontrolliert werden. Es zeigt sich, dass die Erwägungen im grundrechtlichen Mehrebenensystem übertragbar sind. Daneben dienen die Ausführungen in praktischer Hinsicht auch dazu, eine Klärung der Anwendbarkeit verfassungsrechtlicher Rechte von staatlich beeinflussten Investoren gegen Maßnahmen der deutschen Investitionskontrolle vorzunehmen, sodass sich ein Vergleich in zweierlei Hinsicht lohnt.

(aaa) Grundsatz der Judikatur zu öffentlich kontrollierten Unternehmen

Gem. Art. 19 III GG können die Grundrechte auch auf juristische Personen angewendet werden, nicht allerdings auf juristische Personen des öffentlichen Rechts. Auf privatrechtlich organisierte Unternehmen, die von der öffentlichen Hand als Anteilseigner oder Gesellschafter kontrolliert werden, sind die Grundrechte grundsätzlich auch nicht anwendbar.[1247] Dies gilt auch für gemischtwirtschaftliche Unternehmen, wenn sie von den öffentlichen Anteilseignern beherrscht werden. Eine solche Beherrschung wird in der Regel dann angenommen, wenn mehr als die Hälfte der Anteile im Eigentum der öffentlichen Hand stehen.[1248] Begründet wird dies unter anderem mit einem übergeordneten Ziel der Grundrechte. Diese dienen einer freien Entfaltung der privaten natürlichen Person dahinter und der Grundrechtsschutz von juristischen Personen sei nur durch den Durchgriff der dahinterstehenden Personen erforderlich.[1249] Bei öffentlich kontrollierten Unternehmen fehlt es an einer solchen Entfaltung. Anderenfalls wäre es der öffentlichen Hand möglich, durch gesellschaftliche Gestaltung eine mittelbare Grundrechtsfähigkeit zu erwerben – eine sog. „Flucht ins Privatrecht".[1250]

1246 EGMR, Urteil vom 13.12.2007, Nr. 40998/98 – Islamic Republic of Iran Shipping Lines v. Turkey, Rn. 81.

1247 BVerfG, Beschluss vom 18.05.2009 – 1 BvR 1731/05, NVwZ 2009, 1282 (1282 f.), Rn. 16.

1248 BVerfG, Urteil vom 22.02.2011 – 1 BvR 699/06, BVerfGE 128, 226 (246), Rn. 52 f.

1249 BVerfG, Beschluss vom 18.05.2009 – 1 BvR 1731/05, NVwZ 2009, 1282 (1282 f.), Rn. 16.

1250 BVerfG, Urteil vom 22.02.2011 – 1 BvR 699/06, BVerfGE 128, 226 (244 f.), Rn. 48; BVerfG, Beschluss vom 18.05.2009 – 1 BvR 1731/05, NVwZ 2009, 1282 (1282 f.), Rn. 16; BVerfGE, Beschluss vom 07.06.1977 – 1 BvR 108/73, BVerfGE 45, 63 (80).

Weiterhin wird eingewendet, dass eine Grundrechtsfähigkeit nicht gleichzeitig mit einer Grundrechtsbindung auftreten darf, der Adressat und der Berechtigte sollen nicht zusammenfallen.[1251] Dies sei nur besonderen Einrichtungen, wie Universitäten, möglich, wenn sie unabhängig vom Staat agieren.[1252]

(bbb) BVerfGE 143, 246

Anders urteilte das BVerfG in BVerfGE 143, 246 bezüglich ausländischer öffentlicher Unternehmen, sofern diese ausschließlich als Wirtschaftssubjekte agieren.[1253] In der Entscheidung zum beschleunigten Atomausstieg berief sich unter anderem das Energieunternehmen *Vattenfall Europe Nuclear Energy GmbH* auf die Eigentumsfreiheit des Art. 14 GG. Dieses steht über eine Kette von Beteiligungen letztlich zu 100 Prozent im Eigentum des schwedischen Staats. Eine unionskonforme Auslegung des Art. 19 III GG mit Blick auf die Niederlassungsfreiheit war Gegenstand des Streits.[1254] Das Konfusionsargument der gleichzeitigen Grundrechtsberechtigung und Grundrechtsverpflichtung kann bei ausländischen Staatsunternehmen nicht greifen, denn ausländische Staaten sind in Deutschland nicht an die Grundrechte gebunden und können selbst keine hoheitlichen Funktionen ausüben. In dieser Hinsicht sind sie anderen privaten Akteuren gleichgestellt. Während die Unternehmen der öffentlichen Hand zumindest den Staat hinter sich haben, wären ausländische Unternehmen ohne Rechtsschutz. Sieht man hingegen das Recht der Entfaltung des Individuums als Begründung für die Grundrechtsfähigkeit juristischer Personen, sollte nichts anderes für ausländisch staatlich-kontrollierte Unternehmen gelten. Das BVerfG leitet eine Grundrechtsfähigkeit des ausländischen Unternehmens aus der Niederlassungsfreiheit ab.[1255] Abgestellt wurde unter anderem auf Art. 54 II AEUV, der nicht zwischen staatlichen und nichtstaatlichen Unternehmen differenziert. Daneben betont das BVerfG, dass in dem Fall sonst keine Möglichkeit des Rechtsschutzes für das schwedische Unternehmen in Betracht gekommen wäre.[1256] Die Argumentation bezog sich jedoch auf die „besonderen Umstände

1251 BVerfG, Beschluss vom 02.05.1967 – 1 BvR 578/63, BVerfGE 21, 362 (369 f.).

1252 BVerfG, Beschluss vom 16.01.1963 – 1 BvR 316/60, BVerfGE 15, 256 (262).

1253 Vgl. BVerfG, Urteil vom 06.12.2016 – 1 BvR 2821/11, BVerfGE 143, 246, Rn. 194.

1254 BVerfGE, Urteil vom 06.12.2016 – 1 BvR 2821/11, BVerfGE 143, 246 (317), Rn. 196.

1255 BVerfGE, Urteil vom 06.12.2016 – 1 BvR 2821/11, BVerfGE 143, 246 (317), Rn. 196.

1256 BVerfGE, Urteil vom 06.12.2016 – 1 BvR 2821/11, BVerfGE 143, 246 (318), Rn. 199, eine Versagung des Grundrechtsschutz sei nicht grundsätzlich eine Beschränkung der Niederlassungsfreiheit.

des vorliegenden Falls", lediglich die Nichtberücksichtigung des Konfusionsarguments kann somit allgemein auf juristische Personen in ausländischer öffentlicher Hand übertragen werden.[1257]

(ccc) Übertragbarkeit

Bereits die Berufung auf die Niederlassungsfreiheit legt nahe, dass der Rechtsgedanke nicht übertragen werden kann. Anders als das schwedische Staatsunternehmen Vattenfall können sich Drittstaatsunternehmen gerade nicht auf die Niederlassungsfreiheit berufen. Unionsrechtlich in Betracht käme damit nur, dass die Kapitalverkehrsfreiheit eine ähnliche Begründung liefern könnte. Die Situation der nationalen Grundrechte ist aber eine andere als bei den Unionsgrundrechten. In der Entscheidung des BVerfG war kein nationaler Rechtsschutz trotz Schutzes durch die Niederlassungsfreiheit statthaft. Auf EU-Ebene ist aber durch Abgrenzung der Kapital- und der Niederlassungsfreiheit der Rechtsschutz zu ermitteln. Kommt die Niederlassungsfreiheit in Anwendung, soll dies Drittstaatenschutz ausschließen. Eine ungewollte Rechtsschutzlücke, die den Grundfreiheiten widerspricht, kann sich daher nicht ergeben.

Das BVerfG stellte demnach lediglich fest, dass das Konfusionsargument bei Drittstaatsunternehmen nicht heranzuziehen ist. Aus fehlender Grundrechtsbindung folgt nicht notwendig eine Grundrechtsberechtigung.[1258] Die Lehre vom personalen Substrat der Grundrechte bleibt für das BVerfG bestehen.[1259] Geht man weiterhin davon aus, dass die Grundrechte letztlich nur die dahinterstehenden Personen und deren Entfaltung schützen sollen, lässt sich feststellen, dass das BVerfG bei staatlich-kontrollierten Drittstaatsunternehmen kein Grundrechtsschutzbedürfnis entsprechend der Vattenfall-Entscheidung annehmen wird. Konsistent ist dieses Ergebnis mit dem Wortlaut des Art. 19 III GG, welcher nur „inländischen" juristischen Personen Grundrechtsfähigkeit zugesteht. Die Kapitalverkehrsfreiheit vermittelt bisher keine unionskonforme Auslegung des Art. 19 III GG für Drittstaatsunternehmen bei Kapitalbewegungen. So hat das BVerfG einem amerikanischen Unternehmen den Grundrechtsschutz im

---

1257 BVerfGE, Urteil vom 06.12.2016 – 1 BvR 2821/11, BVerfGE 143, 246 (318), Rn. 200, der „besondere Umstand" war, dass gegen die 13. AtG-Novelle kein Rechtsschutz vor den Fachgerichten möglich war.

1258 BVerfGE, Urteil vom 06.12.2016 – 1 BvR 2821/11, BVerfGE 143, 246 (315), Rn. 192.

1259 Vgl. *Ludwigs/Friedmann* NVwZ 2018, 22 (23), bezeichnen dies als „Herzstück" der Argumentation des BVerfG bei staatlich kontrollierten Unternehmen.

Hinblick auf den klaren Wortlaut des Art. 19 III GG versagt.[1260] Da Direktinvestitionen regelmäßig durch deutsche Tochtergesellschaften durchgeführt werden, dürfte für Investitionskontrollverfahren interessant sein, dass laut BVerfG auch eine deutsche Repräsentanz bzw. Niederlassung für einen Grundrechtsschutz nicht ausreichend ist.[1261]

(dd) Zwischenergebnis

Ein klares Ergebnis bezüglich der Grundrechtsfähigkeit staatlicher Unternehmen lässt sich auf Unions- und Nationalebene nicht feststellen. Nur für justizielle Rechte kann sicher festgestellt werden, dass diese auch durch Staatsunternehmen geltend gemacht werden können. Eine Tendenz des EuGH, auch bei anderen Grundrechten staatliche Drittstaatsunternehmen als grundrechtsberechtigt anzusehen, ist zwar im Ansatz zu erkennen; sicher festgestellt werden kann diese aber nicht. Einig sind sich alle Gerichte darin, dass das Konfusionsargument in Drittstaatssachverhalten nicht zum Tragen kommen kann.

Interessant bleibt auch die umgekehrte Argumentation des Rats, dass es keine Regelung im Unionsrecht gäbe, die gegen eine Anwendung der Grundrechte auf staatliche Unternehmen von Drittstaaten spräche.[1262] Entscheidend ist die Sicht auf die dogmatische Begründung der Einbeziehung juristischer Personen. Folgt man der Lehre eines personalen Substrats, können Grundrechte auch nicht bei staatlichen Unternehmen aus Drittstaaten zum Tragen kommen. Der EGMR folgt dieser Lehre nicht. Nach der Rechtsprechung in *Islamic Republic of Iran Shipping Lines v. Turkey* spricht die EMRK laut EGMR entgegen der Einschätzung von Rat und Kommission für einen Schutz staatlicher Unternehmen, soweit diese im privatwirtschaftlichen Verkehr handeln. Um einen vergleichbaren Schutz zu gewährleisten, sollte diese Einschätzung generell auf die Unionsgrundrechte übertragen werden. Das bedeutet, Unternehmen i. S. d. Art. 4 II FDI-RahmenVO können sich auf die EU-Grundrechte berufen. Regelmäßig wird ein Eingriff gegenüber solchen Unternehmen jedoch aus sachlichen Gründen leichter zu rechtfertigen sein.

1260 BVerfG, Beschluss vom 18.08.2010 – 1 BvR 3268/07, BeckRS 2010, 52515, ECLI:DE:BVerfG:2010:rk20100818.1bvr326807, Rn. 34.

1261 BVerfG, Beschluss vom 18.08.2010 – 1 BvR 3268/07, BeckRS 2010, 52515, ECLI:DE:BVerfG:2010:rk20100818.1bvr326807, Rn. 34.

1262 EuG, Urteil vom 05.02.2013, T-494/10 – Bank Saderat Iran, ECLI:EU:T:2013:59, Rn. 39.

(2) *Zielunternehmen*

Die Feststellung der Grundrechtsberechtigung auf Verkäuferseite bereitet keine Schwierigkeiten. Zielunternehmen und Anleger sind bereits vollständig in den Wirtschaftsverkehr des europäischen Binnenmarkts integriert. Die bisherigen Stimmrechtsinhaber und das Zielunternehmen sind vom personellen Schutzbereich der unternehmerischen Freiheit umfasst. Hier zeigt sich auch ein Widerspruch. Ginge man von der Verengung des Schutzbereichs für Drittstaatsinvestoren aus, weil kein Zugang zum Binnenmarkt geschützt sei, könnte die Verkäuferseite das Recht auf Zugang über die eigene Unternehmerfreiheit trotzdem durchsetzen. Dies ist nicht zwangsläufig ein falsches Ergebnis, aber führt dazu, dass die gerichtliche Prüfung durch den Verkäufer möglich ist, durch den Käufer aber nicht. Im Ergebnis bleibt es aber dabei, dass die Untersagung unter gerichtlicher Kontrolle steht. Denkbar bleibt, dass das Recht des Verkäufers mit der Untersagung des Verkaufs an ein bestimmtes Unternehmen geringer belastet ist, als der Käufer, sodass eine geringe Anforderung an die Verhältnismäßigkeit zu stellen wäre. Dies wird sich aber im Einzelfall entscheiden.

Eine gemeinsame Betrachtung der Grundrechte beider Seiten auf einer vereinfachten Rechtfertigungsebene würde aber zu einem kongruenteren Ergebnis führen. Die vereinfachte Rechtfertigungsmöglichkeit für die Unionsorgane sollte konsequenterweise auch die Verkäuferseite treffen, sodass der Gestaltungsspielraum der Unionsorgane nicht über die Verkäuferseite wieder eingeschränkt wird.

bb) Sachlicher Schutzbereich

Der Umfang der unternehmerischen Freiheit wurde vom EuGH nie detailliert eingegrenzt.[1263] Selbst auf die ausdrückliche Vorlagefrage zur Auslegung des Begriffs der unternehmerischen Freiheit, ging der EuGH nicht ins Detail.[1264] Vielmehr erkennt der EuGH drei wichtige Fallgruppen an: freie Ausübung einer Wirtschafts- oder Geschäftstätigkeit, die Vertragsfreiheit und der freie Wettbewerb.[1265] Diese sind auch in den Erläuterungen zur Grundrechtecharta noch einmal bekräftigt worden.[1266]

1263 Vgl. *GA Villalon* Schlussantrag vom 19.02.2013, C-426/11 – Alemo-Herren, ECLI:EU:C:2013:521, Rn. 49.

1264 Vgl. EuGH, Urteil vom 26.10.2017, C-534/16 – BB construct, ECLI:EU:C:2017:820, Rn. 30, 35.

1265 EuGH, Urteil vom 22.01.2013, C-283/11 – Sky Österreich, ECLI:EU:C:2013:28, Rn. 42.

1266 Erläuterungen zur Charta der Grundrechte, ABl. vom 14.12.2007, C-303/17, S. 23.

Die von Art. 16 GRC geschützte Vertragsfreiheit umfasst die freie Wahl des Geschäftspartners sowie die Freiheit, den Preis für eine Leistung festzulegen.[1267] Das Recht umfasst weiterhin, dass ein Unternehmen, in den Grenzen seiner Verantwortlichkeit für seine eigenen Handlungen, frei über seine wirtschaftlichen, technischen und finanziellen Ressourcen verfügen kann.[1268] Daneben kann Art. 16 GRC die Handelsfreiheit schützen; dabei werden der An- und Verkauf von Wirtschaftsgütern geschützt.[1269] Auch Anteile an Unternehmen sind im Wirtschaftsverkehr für Private-Equity-Gesellschaften und Fonds kauf- und verkaufsfähige Güter.

Den Anteilseignern des Zielunternehmens wird durch die unternehmerische Freiheit zugesichert, grundsätzlich frei in der Auswahl der Vertragspartner zu sein.[1270] Die Rechtsprechung fand ihren Ausdruck bei Verkäufen von Waren oder Leistungen des Unternehmens; damit nicht gemeint war die Wahl des Geschäftspartners beim Verkauf des Unternehmens. Dies sollte entsprechend der Erwägungen des Grundrechts jedoch keinen Unterschied darstellen. Zur unternehmerischen Strategie können auch Exit-Strategien zählen,[1271] sodass ebenso der Verkauf eines Unternehmens einen Ausdruck der unternehmerischen Freiheit darstellt.

Da die prüfungsrelevanten Direktinvestitionen häufig gleichzeitig Zusammenschlüsse nach Art. 3 I b) FKVO darstellen, ist ein Blick auf den Umgang mit den EU-Grundrechten bei der Fusionskontrolle naheliegend. Auch die Fusionskontrolle muss den allgemeinen Rechtsgrundsätzen des Unionsrechts entsprechen; sie unterliegt damit auch den EU-Grundrechten.[1272] Dies unterstreicht die FKVO nochmals in Erwägungsgrund Nr. 36 FKVO. Bisher fanden im

1267 EuGH, Urteil vom 20.12.2017, C-277/16 – Polkomtel, ECLI:EU:C:2017:989, Rn. 50.

1268 EuGH, Urteil vom 30.06.2016, C-134/15 – Lidl/Sachsen, ECLI:EU:C:2016:498, Rn. 27; EuGH, Urteil vom 27.03.2014, C-314/12 – UPC Telekabel Wien, ECLI:EU:C:2014:192, Rn. 49.

1269 *Schwarze* Europarecht – Strukturen, Dimensionen und Wandlungen des Rechts der Europäischen Union, S. 437.

1270 EuGH, Urteil vom 22.01.2013, C-283/11 – Sky Österreich, ECLI:EU:C:2013:28, Rn. 43 f.; EuGH, Urteil vom 10.07.1991, C-90/90 u. 91/90 – Neu u. a., ECLI:EU:C:1991:303, Rn. 13.

1271 Nicht zu verwechseln sind die Verkäuferinteressen mit der des ausländischen Investors, dieser wird in der Regel bei einer Direktinvestition keine konkreten Exit-Strategien verfolgen, vgl. *Bellak* in: Döhrn/Heiduk (Hrsg.), Theorie und Empirie der Direktinvestitionen, S. 115 f.

1272 *Wiedemann* in: ders. (Hrsg.), Handbuch des Kartellrechts, § 2, Rn. 16a.

Kartellrecht aber vorranging die Verfahrensgrundrechte Berücksichtigung;[1273] die materiellen EU-Grundrechte der Unternehmen sind jedoch ebenfalls zu beachten. Dies gilt auch für die Fusionskontrolle. Soweit ersichtlich wurde jedoch nur im Schlussantrag zur Rechtssache C-413/06 P (Bertelsmann u. Sony/Impala) der *Generalanwältin Kokott* einmal festgestellt, dass die unternehmerische Freiheit der Unternehmen gem. Art. 16 GRC (und ebenso das Eigentumsrecht gem. Art. 17 GRC) beinhalte, Unternehmenszusammenschlüsse zu verwirklichen.[1274] Daneben ging der BGH in einer Entscheidung zu einer Pressefusion kurz auf die „unternehmerische Freiheit" ein.[1275] Die geringe judikative Befassung mit der Thematik spricht jedoch keineswegs gegen den Grundrechtsschutz bei Fusionen/Direktinvestitionen. Sofern die Regeln der FKVO eingehalten werden, liegt ein gerechtfertigter Eingriff in diese Grundrechte vor, sodass die praktische Anwendbarkeit der Grundrechte wohl vernachlässigt wurde.

b) Eingriff

Ein Eingriff in die EU-Grundrechte liegt vor, wenn ein Unionsorgan eine Regelung trifft, die für den Grundrechtsberechtigten im Hinblick auf die unternehmerische Freiheit einen Nachteil bezweckt oder unmittelbar bewirkt.[1276] Die Kontrollmöglichkeit von Direktinvestitionen stellt eine solche Beschränkung dar. Zwar steht es den Mitgliedstaaten frei, eine solche einzuführen; hierfür stellt die FDI-RahmenVO aber eine besondere Rückermächtigung dar. Sie geht dabei auch stellenweise über das durch die Judikatur zur Kapitalverkehrsfreiheit tradierte Maß hinaus.[1277] Ferner sind die Mitgliedstaaten nach hier vertretener Ansicht[1278] ohne ausdrückliche Ermächtigung durch den Unionsgesetzgeber gem. Art. 2 I AEUV nicht dazu befugt, Investitionskontrollen für Direktinvestitionen zu erlassen. Allein die Ermächtigung, Investitionskontrollmechanismen einzuführen, stellt einen Eingriff dar. Daneben sind auch die Stellungnahmen der Kommission als Rechtsakte zu charakterisieren, die einen Eingriff bedeuten können.

1273 *Wiedemann* in: ders. (Hrsg.), Handbuch des Kartellrechts, § 2, Rn. 16b.

1274 *GA Kokott* Schlussantrag vom 13.12.2007, C-413/06 P – Bertelsmann u. Sony/Impala, ECLI:EU:C:2007:790, Rn. 214.

1275 BGH, Beschluss vom 19.06.2012 – KVR 15/11 – Haller Tageblatt, NZKart 2013, 36 (37, Rn. 18).

1276 *Jarass* Charta der Grundrechte der EU, Art. 16 GRC, Rn. 13.

1277 Vgl. Kapitel E. II. 4. c) bb).

1278 Siehe Kapitel C. III. 4.

c) Rechtfertigung

Der Eingriff muss in zulässiger Weise erfolgen. Die unternehmerische Freiheit gilt nicht schrankenlos, sondern ist „im Zusammenhang mit ihrer gesellschaftlichen Funktion zu sehen“.[1279] Für Eingriffe durch den Unionsgesetzgeber gilt ein besonderer Maßstab.[1280] Der EuGH räumt dem Unionsgesetzgeber einen weiten Gestaltungsspielraum bei der Ermittlung von Unionsinteressen ein, die die EU-Grundrechte einzuschränken vermögen.[1281] Einzuhalten sind jedoch in jedem Fall die Vorgaben, die sich aus Art. 52 I GRC ergeben. Hierzu gehört der Gesetzesvorbehalt bei Einschränkungen der Grundrechte.[1282] Die Gesetzesgrundlage muss hinreichend bestimmt sein.[1283] Mit der Verordnung ist eine solche rechtliche Grundlage geschaffen worden.

aa) Verhältnismäßigkeitsmaßstab

Auch Eingriffe in die EU-Grundrechte müssen dem Verhältnismäßigkeitsgrundsatz entsprechen. Der Maßstab der Verhältnismäßigkeit hat Eingang in die Grundrechtecharta gefunden. Nach Art. 52 I GRC muss eine Grundrechtseinschränkung, damit sie zulässig ist, gesetzlich vorgesehen sein und den Wesensgehalt dieser Freiheiten und Rechte achten. Unter Wahrung des Grundsatzes der Verhältnismäßigkeit darf sie außerdem nur dann vorgenommen werden, wenn sie erforderlich ist und den von der Union anerkannten, dem Gemeinwohl dienenden Zielsetzungen oder den Erfordernissen des Schutzes der Rechte und Freiheiten anderer tatsächlich entspricht.[1284]

Hierzu galt lange die „Schräder“-Formel bei Rechtfertigung der Wirtschaftsgrundrechte, welche eine mit der deutschen Verhältnismäßigkeitsprüfung vergleichbare Struktur aufweist:[1285]

1279 EuGH, Urteil vom 04.05.2016, C-477/14 – Pillbox, ECLI:EU:C:2016:324, Rn. 157; EuGH, Urteil vom 17.12.2015, C-157/14 – Neptune Distrubution SNC, ECLI:EU:C:2015:823, Rn. 66; EuGH, Urteil vom 22.01.2013, C-283/11 – Sky Österreich, ECLI:EU:C:2013:28, Rn. 45.

1280 Vgl. Kapitel E. II. 1. sowie zum Maßstab bei Harmonisierung, Kapitel E. II. 4. b) bb) (2).

1281 *Manger-Nestler/Noack* JuS 2013, 503 (507).

1282 *Jarass* EU-Grundrechte-Charta, Art. 17 GRC, Rn. 32.

1283 *Wollenschläger* in: Von der Groeben/Schwarze/Hatje (Hrsg.), Europäisches Unionsrecht, Art. 17 GRC, Rn. 36.

1284 EuGH, Urteil vom 30.04.2014, C-390/12 – Robert Pfleger, ECLI:EU:C:2014:281, Rn. 58.

1285 EuGH, Urteil vom 11.07.1989, C-265/87 – Schräder, ECLI:EU:C:1989:303, Rn. 15.

„Folglich können die Ausübung des Eigentumsrechts und die freie Berufsausübung namentlich im Rahmen einer gemeinsamen Marktorganisation Beschränkungen unterworfen werden, sofern diese Beschränkungen tatsächlich dem Gemeinwohl dienenden Zielen der Gemeinschaft entsprechen und nicht einen im Hinblick auf den verfolgten Zweck unverhältnismässigen, nicht tragbaren Eingriff darstellen, der die so gewährleisteten Rechte in ihrem Wesensgehalt antastet."

Die Rechtsprechung des EuGH zur Kontrolldichte bei der Prüfung der Unternehmerfreiheit ist aber alles andere als einheitlich. Insbesondere eine zu knappe Verhältnismäßigkeitsprüfung des EuGH bei Unionsakten führte in der deutschen Literatur zu Kritik.[1286] Maßgeblich für die Beurteilung sollten diejenigen Urteile sein, die nach dem Vertrag von Lissabon ergingen. Erst hierdurch erhielt die Grundrechte-Charta Verbindlichkeit und der Wortlaut sowie die Trennung von Art. 15 und Art. 16 GRC müssen vom EuGH beachtet werden. Im Wesentlichen stehen sich hierbei zwei Rechtsprechungslinien gegenüber, die sich aber beide auf die genannte Formel beziehen.[1287]

(1) Wesensgehalt

Nach einer Rechtsprechungslinie beschränkt der EuGH die Prüfung einer Maßnahme darauf, ob die wesentlichen Aspekte der Unternehmensfreiheit sichergestellt sind und ob der Wesensgehalt berührt wird.[1288] Urteile dieser Linie sind die Rechtssachen C-544/10 (Deutsches Weintor)[1289], C-426/11 (Alemo-Herren)[1290] und C-314/12 (UPC Telekabel Wien)[1291]. Eine Verhältnismäßigkeitsprüfung (nach deutschem Verständnis) wurde in diesen Urteilen nicht vorgenommen. In der

---

1286 Vgl. *von Danwitz* EWS 2003, 393 (401 f.). Vgl. für weitere Nachweise *Wollenschläger* EuZW 2015, 285 (287).

1287 *Michl* Unionsgrundrechte aus der Hand des Gesetzgebers, S. 241; *Wollenschläger* EuZW 2015, 285 (288).

1288 Wesensgehalt „Substance meme" darf aber nicht mit der Begrifflichkeit des Art. 52 GRC gleichgesetzt werden, da in den anderen Sprachfassungen eine andere Begrifflichkeit gewählt wurde, vgl. *Drechsler* EuR 2016, 691 (701), besser sei es den Begriff „Kernbereich" zu verwenden.

1289 EuGH, Urteil vom 06.09.2012, C-544/10 – Deutsches Weintor, ECLI:EU:C:2012:526, Rn. 54 ff.

1290 EuGH, Urteil vom 18.07.2013, C-426/11 – Alemo Herren, ECLI:EU:C:2013:521, Rn. 35. In der Entscheidung kam der EuGH zu dem Schluss, dass die in Frage stehende Auslegung, den Wesensgehalt beeinträchtigen könnte.

1291 EuGH, Urteil vom 27.03.2014, C-314/12 – UPC Telekabel Wien, ECLI:EU:C:2014:192, Rn. 51.

Rechtssache C-426/11 (Deutsches Weintor) beschränkte sich die Feststellung zur Verhältnismäßigkeit darauf, dass „die Beachtung der wesentlichen Aspekte dieser Freiheit" sichergestellt seien.[1292] Ein Eingriff sei unverhältnismäßig, wenn er „die Rechte in ihrem Wesensgehalt antastet".[1293] Ein darüberhinausgehender Gehalt kam dem Verhältnismäßigkeitsmaßstab nicht zu. Eine Anwendung des Art. 52 I GRC fand somit faktisch nicht statt.

(2) Verhältnismäßigkeitsprüfung

Häufiger erklärt der EuGH,[1294] dass er dem einschränkenden Wortlaut des Art. 16 GRC in der Verhältnismäßigkeitsprüfung nach Art. 52 I GRC Geltung verschafft.[1295] Der Maßstab der Verhältnismäßigkeitsprüfung soll zugunsten der Mitgliedstaaten weniger streng angesetzt werden. So stellte der EuGH allein in der Rechtssache C-70/10 (Scarlet Extend) einen Verstoß gegen die unternehmerische Freiheit aufgrund mangelnder Verhältnismäßigkeit fest.[1296] Nach lediglich kurzer Ausführung, dass der Wesensgehalt nicht angetastet sei, folgte eine ausführliche Verhältnismäßigkeitsprüfung.[1297] Wesensgehalt und Verhältnismäßigkeitsprüfung werden für die Rechtmäßigkeit eines Rechtsakts kumulativ vorausgesetzt.[1298] Der EuGH beschränkt diese Verhältnismäßigkeitsprüfung aber meist auf die Untersuchung der ersten drei Prüfungspunkte der deutschen Verhältnismäßigkeitsdogmatik.[1299] Der Prüfungsmaßstab des EuGH ist wenig einheitlich. Es lässt sich hierbei

---

1292 EuGH, Urteil vom 06.09.2012, C-544/10 – Deutsches Weintor, ECLI:EU:C:2012:526, Rn. 56, in Bezug auf Art. 16 und 17 GRC.

1293 EuGH, Urteil vom 06.09.2012, C-544/10 – Deutsches Weintor, ECLI:EU:C:2012:526, Rn. 54.

1294 EuGH, Urteil vom 30.06.2016, C-134/15 – Lidl/Sachsen, ECLI:EU:C:2016:498, Rn. 35 ff.; EuGH, Urteil vom 17.01.2013, C-101/12 – Schaible, ECLI:EU:C:2013:661, Rn. 29 ff.; EuGH, Urteil vom 22.01.2013, C-283/11 – Sky Österreich, ECLI:EU:C:2013:28, Rn. 49 ff.

1295 EuGH, Urteil vom 22.01.2013, C-283/11 – Sky Österreich, ECLI:EU:C:2013:28, Rn. 47 ff.

1296 EuGH, Urteil vom 24.11.2011, C-70/10 – Scarlet Extend, ECLI:EU:C:2011:771, Rn. 53.

1297 EuGH, Urteil vom 22.01.2013, C-283/11 – Sky Österreich, ECLI:EU:C:2013:28, Rn. 49 ff.; Urteil vom 17.01.2013, C-101/12 – Schaible, ECLI:EU:C:2013:661, Rn. 29 ff.

1298 EuGH, Urteil vom 22.01.2013, C-283/11 – Sky Österreich, ECLI:EU:C:2013:28, Rn. 48.

1299 Vgl. die Verhältnismäßigkeitsprüfung bei EuGH, Urteil vom 12.06.2018, C-540/16 – Spika u. a., ECLI:EU:C:2018:565, Rn. 45.

keine Linie erkennen, wann nur eine Überprüfung des Kerngehalts des Grundrechts und wann eine echte Verhältnismäßigkeitsprüfung erfolgt. Nach Art. 52 GRC ist aber eine Verhältnismäßigkeitsprüfung normativ zwingend. Der Wesensgehalt in Art. 52 I 1 GRC wird um die Einhaltung der Verhältnismäßigkeit in Art. 52 I 2 GRC ausdrücklich ergänzt. Wenn man von einem schwachen subjektiv-rechtlichen Wortlaut in Art. 16 GRC ausgeht, kann dies im Rahmen der Verhältnismäßigkeit einbezogen werden. Eine Prüfung muss aber in jedem Fall durchgeführt werden.

(3) Einheitlicher Maßstab der Verhältnismäßigkeit bei Grundrechten und Grundfreiheiten

Der Verhältnismäßigkeitsgrundsatz hat im Unionsrecht eine Doppelstellung – die Verhältnismäßigkeit ist eigenständiger Rechtsgrundsatz gem. Art. 5 IV EUV und gleichzeitig gem. Art. 52 GRC grundrechtliche Schranken-Schranke.[1300] Als eigenständiger Grundsatz gilt das Verhältnismäßigkeitsprinzip auch außerhalb der Grundrechte für die gemeinsame Handelspolitik und ebenso bei den Grundfreiheiten.[1301] Hieraus nahm der EuGH teilweise eine kongruente Prüfung der Verhältnismäßigkeit bei der parallelen Anwendbarkeit von Wirtschaftsgrundrechten und Grundfreiheiten vor. Dies geht soweit, dass der EuGH in der Rechtssache C-390/12 (Pfleger) eine gemeinsame Prüfung von Wirtschaftsgrundrechten und Grundfreiheiten durchführte.[1302] Eine gemeinsame Prüfung hat der EuGH in weiteren Urteilen vorgenommen.[1303] Hintergrund war zumindest in der Rechtssache C-390/12 (Pfleger), dass die Wirtschaftsgrundrechte keine strengeren Voraussetzungen für die Zulässigkeit haben, als die Rechtsprechung dies bei den Grundfreiheiten vorsieht.[1304] Die gemeinsame Prüfung scheint sich in weiteren Urteilen bis hin zu einem gemeinsamen Prüfungsmaßstab verselbstständigt zu haben.[1305] In der Rechtssache

---

1300 *Hilf* in: Merten/Papier (Hrsg.), Handbuch der Grundrechte, Bd. VI/1, § 164 Rn. 22.

1301 *Bungenberg* in: von Arnauld/Bungenberg (Hrsg.), Europäische Außenbeziehungen, § 12, Rn. 12.

1302 EuGH, Urteil vom 30.04.2014, C-390/12 – Robert Pfleger, ECLI:EU:C:2014:281, Rn. 59 f.

1303 EuGH, Urteil vom 20.12.2017, C-322/16 – Global Starnet Ltd, ECLI:EU:C:2017:985, Rn. 50; EuGH, Urteil vom 21.12.2016, C-201/15 – AGET Iraklis, ECLI:EU:C:2016:972, Rn. 71 ff.; EuGH, Urteil vom 11.06.2015, C-98/14 – Berlington Hungary, ECLI:EU:C:2015:386, Rn. 91; EuGH, Urteil vom 30.04.2014, C-390/12 – Robert Pfleger, ECLI:EU:C:2014:281, Rn. 59 f.

1304 Vgl. *GA Sharpston* Schlussantrag vom 14.11.2013, C-390/12 – Pfleger, ECLI:EU:C:2013:747, Rn. 70. Hierauf bezog sich der EuGH bei seiner Entscheidung.

1305 Vgl. EuGH, Urteil vom 21.12.2016, C-201/15 – AGET Iraklis, ECLI:EU:C:2016:972, Rn. 63 ff. Vgl. hierzu auch *GA Wahl* Schlussantrag vom 09.06.2016, C-201/15 – AGET

C-686/18 (Adusbef) prüfte der EuGH zunächst die unternehmerische Freiheit und wiederholte diese Ausführungen zur Prüfung der Kapitalverkehrsfreiheit, ohne eine erneute Prüfung vorzunehmen.[1306] Noch deutlicher äußerte sich der *Generalanwalt Hogan* in seinem Schlussantrag zu dem Verfahren, indem er zur Vermeidung von Wiederholungen eine gemeinsame Prüfung vorschlug und es offenließ, welche der einschlägigen subjektiven Rechte (Art. 49 AEUV, Art. 63 AEUV, Art. 16 GRC oder Art. 17 GRC) überhaupt anwendbar waren.[1307] Dogmatisch wird die Rechtsprechungslinie teilweise kritisch gesehen.[1308]

Ein einheitlicher Maßstab für die Verhältnismäßigkeitsprüfung beim mitgliedstaatlichen Handeln ist sachgerecht. Die Mitgliedstaaten sind vollumfänglich den Grundfreiheiten verpflichtet. Bei der Einschränkung der Grundfreiheiten sind diese auch an die EU-Grundrechte gebunden.[1309] Diese Verbindung spricht für eine kohärente Auslegung des Verhältnismäßigkeitsgrundsatzes.[1310]

Der Unionsgesetzgeber darf hingegen zur Konkretisierung der Grundfreiheiten aktiv beitragen. Ein Ermessensspielraum bei den Grundfreiheiten beeinflusst seine eigene Bindung an die Grundfreiheiten und vice-versa.[1311] Der EuGH urteilte jedoch ebenso bezüglich der Prüfung der EU-Grundrechte, dass *der Unionsgesetzgeber über ein weites Ermessen in Bereichen verfügt, in denen er politische, wirtschaftliche und soziale Entscheidungen treffen und komplexe Prüfungen vornehmen muss. Folglich ist eine in diesem Bereich erlassene Maßnahme nur dann rechtswidrig, wenn sie zur Erreichung des Ziels, das das zuständige Organ verfolgt, offensichtlich ungeeignet ist.*[1312]

Iraklis, ECLI:EU:C:2016:429, Rn. 53, die Prüfung von Grundfreiheit und Grundrecht sei „im Wesentlichen ein und derselbe Vorgang".

1306 EuGH, Urteil vom 16.07.2020, C-686/18 – Adusbef u. a., ECLI:EU:C:2020:567, Rn. 106.

1307 *GA Hogan* Schlussantrag vom 11.02.2020, C-686/18 – Adusbef, ECLI:EU:C:2020:90, Rn. 87, 105 ff.

1308 Vgl. *Michl* Unionsgrundrechte aus der Hand des Gesetzgebers, S. 251, der die AGET Iraklis Rspr als „wirr" und „judikative Irrung" bezeichnet.

1309 EuGH, Urteil vom 18.06.2020, C-78/18 – Kommission/Ungarn, ECLI:EU:C:2020:476, Rn. 101; EuGH, Urteil vom 21.05.2019, C-235/17 – Kommission/Ungarn, ECLI:EU:C:2019:432, Rn. 64.

1310 Vgl. *Herrmann* ZEuS 2019, 429 (435), beschreibt den Schutzumfang als „weitgehend deckungsgleich".

1311 Vgl. *Rosenfeldt/Würdemann* EuR 2016, 453 (460); *Jarass* EuR 2013, 29 (35).

1312 EuGH, Urteil vom 28.11.2013, C-348/12 P – Rat/Manufacturing Support & Procurement Kala Naft Co, ECLI:EU:C:2013:776, Rn. 120. Siehe weiterhin auch EuGH,

Der EuGH räumt dem Unionsgesetzgeber demnach sowohl zur Einschränkung der Grundfreiheiten[1313] als auch der EU-Grundrechte[1314] mit identischer Formulierung ein „weites Ermessen“ ein. Diese nutzte er auch bei Harmonisierungsmaßnahmen gem. Art. 114 AEU.[1315] Der gerichtliche Prüfungsspielraum bezüglich eines verhältnismäßigen Eingriffs ist demnach weitgehend ähnlich und impliziert eine begrenzte gerichtliche Kontrolle.[1316]

Ein vergleichbarer Ermessensspielraum des Unionsgesetzgebers wie bei den Grundfreiheiten und die damit einhergehende einheitliche Verhältnismäßigkeitsprüfung wird kritisch gesehen.[1317] Für eine gewisse Wechselwirkung spricht aber auch, dass die Reichweite der Rechtfertigungsbedürftigkeit bei einem Eingriff in Art. 16 GRC auch davon abhängig sein sollte, ob die Kapitalverkehrsfreiheit auf den Rechtsakt anwendbar ist oder ob diese durch die Niederlassungsfreiheit verdrängt ist.

Der weite Ermessensspielraum wird teilweise als „Freifahrtschein“ kritisiert.[1318] Das Vorliegen der Erforderlichkeit kann so nicht gerichtlich überprüft werden, obwohl auch der EuGH die Erforderlichkeit der Maßnahme voraussetzt.[1319] Ein weiter Spielraum ist im Hinblick auf komplexe wirtschaftliche Sachverhalte wohl gerechtfertigt,[1320] wann diese vorliegen sollen, bleibt jedoch

---

Urteil vom 09.07.2020, C-241/19 P – Haswani, ECLI:EU:C:2020:545, Rn. 100; EuGH, Urteil vom 01.02.2007, C-266/05 P – Sison/Rat, ECLI:EU:C:2007:75, Rn. 33.

1313 Vgl. zur Vereinbarkeit mit der Dienstleistungsfreiheit, EuGH, Urteil vom 08.12.2020, C-626/18 – Polen/Parlament und Rat, ECLI:EU:C:2020:1000, Rn. 95; EuGH, Urteil vom 08.12.2020, C-620/18 – Ungarn/Parlament und Rat, ECLI:EU:C:2020:1001, Rn. 112.

1314 Zur Vereinbarkeit mit Art. 16, 17, 20 GRC, EuGH, Urteil vom 02.09.2021, C-570/19 – Irish Ferries Ltd., ECLI:EU:C:2021:664, Rn. 151.

1315 EuGH, Urteil vom 03.12.2019, C-482/17 – Tschechische Republik, ECLI:EU:C:2019:1035, Rn. 77 ff.; EuGH, Urteil vom 22.06.2017, C-549/15, ECLI:EU:C:2017:490, Rn. 50; EuGH, Urteil vom 10.12.2002, C-491/01 – British American Tobacco (Investments) and Imperial Tobacco, Rn. 123.

1316 EuGH, Urteil vom 08.12.2020, C-626/18 – Polen/Parlament und Rat, ECLI:EU:C:2020:1000, Rn. 97.

1317 *Schönfeld/Ellenrieder/Sendke* IStR 2022, 517 (524), die jedoch ebenfalls eine bisher zurückhaltende Prüfung feststellen.

1318 *Frenz* HdB. Europarecht Bd. 4, § 3 Rn. 629.

1319 Vgl. EuGH, Urteil vom 09.07.2020, C-241/19 P – Haswani, ECLI:EU:C:2020:545, Rn. 99.

1320 *Korte* in: Hindelang/Moberg (Hrsg.), YSEC – Yearbook of Socio-Economic Constitutions 2020, S. 461; *Kühling* in: Pechstein/Nowak/Häde (Hrsg.), Frankfurter Kommentar EUV/GRC/AEUV, Art. 16 GRC, Rn. 14.

unklar. Am ehesten wird man diese wohl mit der vom Bundesverfassungsgericht entwickelten „Einschätzungsprärogative“ des Gesetzgebers vergleichen können.[1321] Insbesondere bei Sachverhalten mit Bezug zu internationalen Verflechtungen lassen sich die Maßnahmen nur begrenzt gerichtlich überprüfen. Um aber der Kritik, dass die rechtliche Prüfung zu sehr zurückgezogen wird, zu begegnen, sollte der EuGH umso mehr die Pflicht in den Vordergrund stellen, Rechtsakte auf offensichtlich ungeeignete Maßnahmen bzw. versteckte anderweitige Ziele zu kontrollieren. Die Begrenzung auf „offensichtlich ungeeignete“ Maßnahmen ist auch Maßstab bei den Grundfreiheiten.[1322] Letztendlich werden sich deshalb nur in wenigen Ausgangsfällen andere Ergebnisse feststellen lassen, da im Wesentlichen dieselben Erwägungen angestellt werden. Eine unverhältnismäßige Einschränkung der Grundfreiheiten kann keine zulässige Beschränkung der EU-Grundrechte darstellen.[1323]

bb) Fazit

Die Verhältnismäßigkeitsprüfung in Bezug auf die Kapitalverkehrsfreiheit[1324] ist auf die unternehmerische Freiheit zu übertragen. Im Schlussantrag zur Rechtssache C-686/18 (Polen/Parlament und Rat) empfahl der *Generalanwalt Hogan* sogar eine gemeinsame Prüfung zur Vermeidung der Wiederholung.[1325] Der EuGH wählte einen ähnlichen Weg und verwies wegen der Verhältnismäßigkeitsprüfung des Kapitalverkehrseingriffs ohne weitere Ausführung auf die bereits erfolgte Prüfung der Art. 16 und Art. 17 GRC.[1326] Die neuere Rechtsprechung zeigt auf, dass die Rechtfertigung eines Eingriffs in die Kapitalverkehrsfreiheit im Wesentlichen am selben Maßstab wie die unternehmerische Freiheit gem. Art. 16 GRC gemessen wird.[1327] Unterschiede können sich dann ergeben, wenn „spezifische Elemente oder Argumente“ nur ein bestimmtes Recht

---

1321 Vgl. *Dietze/et al.* EuZW 2020, 525 (528).

1322 Siehe Kapitel E. II. 4. c) aa) (1).

1323 Vgl. EuGH, Urteil vom 30.04.2014, C-390/12 – Robert Pfleger, ECLI:EU:C:2014:281, Rn. 59.

1324 Siehe hierzu Kapitel E. II. 4. b) und c).

1325 *GA Hogan* Schlussantrag vom 11.02.2020, C-686/18 – Adusbef, ECLI:EU:C:2020:90, Rn. 87.

1326 EuGH, Urteil vom 16.07.2020, C-686/18 – Adusbef u. a., ECLI:EU:C:2020:567, Rn. 106.

1327 EuGH, Urteil vom 21.05.2019, C-235/17 – Kommission/Ungarn, ECLI:EU:C:2019:432, Rn. 63 ff.; EuGH, Urteil vom 21.12.2016, C-201/15 – AGET Iraklis, ECLI:EU:C:2016:972, Rn. 65 f.

betreffen.[1328] Folgt man der Ansicht, dass eine Untersagung aufgrund „voraussichtlicher Beeinträchtigung“ keinen verhältnismäßigen Eingriff aus „Gründen der öffentlichen Ordnung oder Sicherheit“ darstellt, stellt sie auch keinen verhältnismäßigen Eingriff in die unternehmerische Freiheit gem. Art. 16 GRC dar. Auch Art. 16 GRC gebietet deshalb eine primärrechtskonforme Auslegung, nach der restriktive Maßnahmen nicht allein aus einer voraussichtlichen Beeinträchtigung erfolgen dürfen.[1329]

3. Eigentumsfreiheit gem. Art. 17 GRC

Das Eigentumsrecht des Art. 17 GRC entspricht laut den Erläuterungen zur GRC dem Schutz des Eigentums im 1. ZP zur EMRK. Gem. Art. 53 III GRC muss demnach Art. 17 GRC in Konkordanz mit der EMRK ausgelegt werden, wobei der Schutz auch weitergehend ausgelegt werden kann.

a) Eigentumsrecht des ausländischen Investors

Das Eigentumsrecht des Erwerbs ist von einer Kontrolle der Direktinvestition nicht betroffen, da das Zielunternehmen noch nicht im Eigentum steht, sondern lediglich eine Erwerbsaussicht darauf besteht. Der Erwerb einer Eigentumsposition ist von Art. 17 GRC nicht geschützt.[1330] Ein gesicherter Anspruch auf Eigentumserwerb kann jedoch von Art. 17 GRC geschützt sein.[1331] Konstellationen, in denen der Eigentumserwerb so weit finalisiert ist, dass die Erwerbsaussicht bereits Eigentumscharakter hat, wären von Art. 17 GRC geschützt. Das Hindernis der Investitionskontrolle steht einem gesicherten Eigentumsrecht jedoch entgegen. Nach Art. 2 Nr. 4 FDI-RahmenVO ist unter anderem auch eine Rückabwicklung der Direktinvestition möglich. Sachenrechtlich bzw. gesellschaftsrechtlich bedeutet dies, dass das Eigentum bereits übergegangen sein kann. Für den Grundrechtsschutz ist jedoch ohne Belang, ob die Übernahme bereits vollzogen wurde, denn sonst würden sich rechtswidrig verhaltende Unternehmen durch den bereits erfolgen Vollzug in den Schutzbereich gelangen, in den Unternehmen, die den Überprüfungsmechanismus abwarten, nicht gelangen. Eine

---

1328 *GA Wahl* Schlussantrag vom 08.07.2017, C-322/16 – Starnet, ECLI:EU:C:2017:442, Rn. 60.

1329 Auch *Hindelang/Moberg* CMLRev 2020, 1427 (1454), nennen die Grundfreiheiten und die EU-Grundrechte in einem Zug.

1330 Vgl. zur Art. 1 Zusatzprotokoll der EMRK, *Meyer-Ladewig/Von Raumer* in: Meyer-Ladewig/Nettesheim/von Raumer (Hrsg.), EMRK, Art. 1 ZP, Rn. 10.

1331 *Jarass* EU-Grundrechte-Charta, Art. 17 GRC, Rn. 15.

rechtswidrig erreichte Eigentumsposition kann sich nicht auf den Eigentumsschutz berufen.[1332]

Ein Vergleich zur Fusionskontrolle kann gezogen werden, denn eine Lösung muss auf alle Kontrollen von Unternehmenserwerben übertragen werden.[1333] Die Grundrechtslage ist vergleichbar. Bei dieser wird nicht von einem Eigentumseingriff auf Seite des Erwerbers ausgegangen.[1334] Im Schlussantrag der *Generalanwältin Kokott* in der Rechtssache C-413/06 P (Bertelsmann u. Sony/Impala) wurde bei einer gleichberechtigten Fusion das Eigentumsrecht beider beteiligten Unternehmen einbezogen.[1335] In dem konkreten Fall brachten jedoch beide Parteien ihre eigenen Anteile bei der Fusion ein. Dies würde auch bei Direktinvestitionen gelten, wenn der Drittstaatsangehörige seine Anteile in ein Gemeinschaftsunternehmen einbringen würde. Die Beschränkung der Investitionskontrolle betrifft jedoch nur die Kontrolle an den deutschen Anteilen, die Einbringung des Drittstaatsunternehmens wird nur mittelbar eingeschränkt.

Die Untersuchungs- und Untersagungsmöglichkeiten bei Fusions- und Investitionskontrolle stehen der Annahme einer gesicherten Eigentumsposition am Zielunternehmen entgegen. Erst nach Abschluss aller Hindernisse kann von einer rechtmäßig gesicherten Eigentumsposition ausgegangen werden, anderenfalls würde durch das Eigentumsrecht ein subjektives Recht auf Zugang zum europäischen Binnenmarkt geschaffen, was keinesfalls durch das Eigentumsrecht, das bereits Erworbenes schützen soll, beabsichtigt ist. Dieser Gedanke ist auf die Direktinvestitionskontrolle zu übertragen; hier steht die erfolgende Überprüfung einer gesicherten Erwerbsposition entgegen. Dabei spielt es keine Rolle, ob die Investitionskontrolle in Form eines Anmelde- oder in Form eines Genehmigungssystems mit Vollzugsverbot ausgestaltet ist.

1332 Vgl. EuGH, Urteil vom 15.11.2012, C-180/11 – Bericap Záródástechnikai, ECLI:EU:C:2012:717, Rn. 76.

1333 Die primärrechtlichen Wettbewerbsrechtsregeln stellt leges specialis gegenüber den Grundrechten dar, vgl. *Blanke* in: Stern (Hrsg.), Europäische Grundrechte-Charta, Art. 16 GRC, Rn. 20. Dies gilt nicht für die sekundärrechtliche Fusionskontrolle.

1334 Vgl. *Nettesheim/Thomas* Entflechtung im deutschen Kartellrecht, S. 171; hingegen *Held* Rechtsschutz in der deutschen Fusionskontrolle, Fn. 689, die bei der rechtswidrigen Fusionskontrolluntersagung zumindest einen Eigentumseingriff gegenüber dem Veräußerer erkennt.

1335 *GA Kokott* Schlussantrag vom 13.12.2007, C-413/06 P – Bertelsmann u. Sony/Impala, ECLI:EU:C:2007:790, Rn. 214.

b) Eigentumsrecht der Anteilseigner

Das Zielunternehmen selbst ist nicht Eigentümer der Stimmrechtsanteile, sondern lediglich Objekt des Eigentumsbezugs. Dem Zielunternehmen selbst wird demnach kein Eigentumsschutz zuteil. Einzig abzustellen ist auf die Inhaber der Anteile am Zielunternehmen; diese könnten in ihrem Eigentumsrecht verletzt sein, weil es ihnen untersagt wird, ihr Eigentum am Unternehmen zu veräußern. Allgemein anerkannt ist, dass das Eigentumsrecht sich nicht auf körperliche Gegenstände beschränkt, sondern (Eigentums-)Rechte ebenso umfasst sind.[1336] Auch Gesellschaftsanteile fallen unter den Eigentumsschutz, da sie einen ökonomischen Wert besitzen und sich auch andere Rechte, wie Stimmrechte und Einflussnahme auf die Gesellschaft mit den Anteilen verknüpft sind.[1337] Unternehmensanteile bzw. Aktien sind deshalb ebenfalls vom Eigentumsschutz des Art. 1 1. ZP-EMRK laut EGMR erfasst,[1338] diese stellt gem. Art. 52 III GRC auch den Mindestschutz dar.

Die Verfügung über Eigentum gehört zu den vom Eigentumsrecht geschützten Aspekten,[1339] d. h. zum Eigentumsschutz gehört auch der willentliche Verlust des Eigentums. Die Veräußerung des gesamten Eigentums an einem Unternehmen, auch in Form von Aktien, ist demnach vom Schutzbereich der Eigentumsfreiheit umfasst.[1340]

1336 EuGH, Urteil vom 28.04.1998, C-200/96 – Metronome Musik, ECLI:EU:C:1998:172, Rn. 23; EGMR, Urteil vom 08.12.2011, Beschwerde Nr. 35023/04 – Göbel/Deutschland, Rn. 37; EGMR, Urteil vom 13.02.1995, Beschwerde Nr. 15375/89 – Gasus Dosier- und Fördertechnik GmbH/Niederlande, Rn. 53.

1337 EGMR, Urteil vom 06.11.2002, Beschwerde Nr. 48553/99 – Sovtransavto Holding, Rn. 91; EGMR, Urteil vom 12.10.1982, Beschwerde Nr. 8588/79 u. 8589/79 – Bramelid und Malmström/Schweden, S. 81.

1338 EGMR, Urteil vom 06.11.2002, Beschwerde Nr. 48553/99 – Sovtransavto Holding, Rn. 91.

1339 *Jarass* EU-Grundrechte-Charta Art. 17 GRC, Rn. 15; Vgl. zur Art. 1 Zusatzprotokoll der EMRK, *Meyer-Ladewig/von Raumer* in: Meyer-Ladewig/Nettesheim/von Raumer (Hrsg.), EMRK, Art. 1 ZP, Rn. 11.

1340 *Kühling* in: Pechstein/Nowak/Häde (Hrsg.), Frankfurter Kommentar EUV/GRC/AEUV, Art. 17 GRC, Rn. 20 und Fn. 100.

c) Eingriff

Der EuGH verlangt zur Feststellung eines Eingriffs eine „hinreichend direkte und bedeutsame Auswirkung“[1341]. Der Eingriff kann auch durch eine abstrakt-generelle Regelung geschehen.[1342] Dabei kann es sich auch um eine mittelbare belastende Maßnahme handeln, wenn diese zu einer unmittelbaren Verfügungsbeschränkung führt.[1343] Der Eingriff muss sich lediglich auf die Verfügungsmöglichkeit auswirken und nicht zu einer Existenzgefährdung führen.[1344]

In das Eigentumsrecht wird dadurch eingegriffen, dass die Verfügungsgewalt über dieses eingeschränkt wird. Diese Beschränkung besteht jedoch nur gegenüber einem bestimmten Käufer/Investor. Damit verbleibt eine große Bandbreite anderer Käufer. Investitionsprüfungen können für Unternehmen, die in für die öffentliche Sicherheit und Ordnung sensiblen Wirtschaftsbereichen tätig sind, tatsächlich zu einer starken Einschränkung werden. So büßte der Aktienkurs der Aixtron AG im Rahmen der Investitionskontrollprüfungen in den USA und Deutschland stark an Wert ein.[1345] Noch eingriffsintensiver kann, je nach normativer oder ermessensausfüllender Ausgestaltung des jeweiligen Mitgliedstaats, eine Investitionskontrolle einem Verbot des Verkaufs an Drittstaatsunternehmen nahekommen.

d) Rechtfertigung

Die Rechtfertigung des Eingriffs muss sich auch beim Eigentumsrecht am Verhältnismäßigkeitsmaßstab messen. Die Erwägungen sind hierbei vergleichbar mit denen des Art. 16 GRC und Art. 65 AEUV. Bei Art. 17 GRC sind jedoch nur die Anteilseigner Berechtigte. Diese haben deshalb auch eine Berechtigung, ihre Eigentumsrechte durch Rechtsschutz geltend zu machen. Art. 3 V FDI-RahmenVO, der ein Einspruchsrecht für Investor und Unternehmen festlegt, ist deshalb so auszulegen, dass hiervon auch die Anteilseigner umfasst sind, unabhängig davon, ob es sich um Unternehmen oder natürliche Personen handelt. Dies gilt auch im Hinblick auf den Schutz der Anteilseigner durch die

---

1341 EuGH, Beschluss vom 23.09.2004, C-435/02 u. C-103/03 – Axel Springer/Zeitungsverlag Niederrhein, ECLI:EU:C:2004:552, Rn. 47, 49.

1342 *Calliess* in: Calliess/Ruffert (Hrsg.), EUV/AEUV, Art. 17 GRC, Rn. 13.

1343 *Calliess* in: Calliess/Ruffert (Hrsg.), EUV/AEUV, Art. 17 GRC, Rn. 14.

1344 *Kühling* in: Pechstein/Nowak/Häde (Hrsg.), Frankfurter Kommentar EUV/GRC/AEUV, Art. 17 GRC, Rn. 24.

1345 Vgl. *Hindelang/Hagemeyer* EuZW 2017, 882 (Fn. 5).

Kapitalverkehrsfreiheit und die unternehmerische Freiheit. Unabhängig von der Auslegung des Art. 3 V FDI-RahmenVO sind die Mitgliedstaaten auch im Rahmen einer europarechtskonformen Ausgestaltung ihrer Investitionskontrollen dazu verpflichtet, den Anteilseignern Rechtsschutz zu gewähren.[1346]

4. Zwischenergebnis

Die Verordnung ist aufgrund des weiten Ermessensspielraums des Unionsgesetzgebers mit den EU-Grundrechten vereinbar.[1347] Diese stehen in engem Zusammenhang mit dem Verhältnismäßigkeitsmaßstab der Grundfreiheiten, sodass sich hierbei keine wesentlichen Unterschiede ergeben. Den Faktoren des Art. 4 FDI-RahmenVO fehlt es nicht an Bezug zur öffentlichen Ordnung oder Sicherheit. Auch die EU-Grundrechte vermitteln nur eine judikative Prüfung des Unionsgesetzgebers auf „offensichtlich ungeeignete" Maßnahmen.[1348] Auch drittstaatliche und staatlich kontrollierte Unternehmen erhalten subjektiven Rechtsschutz.[1349] Diese Rechte führen zwar nicht zur Feststellung einer Verletzung durch die FDI-RahmenVO, verlangen jedoch eine primärrechtskonforme Auslegung der „voraussichtlichen Beeinträchtigung". Die Verfahrensparteien des Investitionskontrollverfahrens können sich vor den nationalen Gerichten auf die EU-Grundrechte und die EU-Grundfreiheiten stützen, wenn die Auslegung der Faktoren oder deren Anwendung keine verhältnismäßige Anwendung darstellt.[1350]

1346 Vgl. für die deutsche Regelung *Voland* EuZW 2010, 132 (135).

1347 Ebenso *Niestedt/Kunigk* NJW 2020, 2504 (2505).

1348 EuGH, Urteil vom 08.12.2020, C-620/18 – Ungarn/Parlament und Rat, EU:C:2020:1001, Rn. 112, EuGH, Urteil vom 03.12.2019, C-482/17 – Tschechische Republik/Parlament und Rat, EU:C:2019:1035, Rn. 77.

1349 Siehe Kapitel E. III. 2. aa).

1350 Siehe Kapitel F. I. 1. und 2. sowie Kapitel F. I. 3. b) aa) und bb).

F. Einfluss der FDI-RahmenVO auf die Investitionskontrollen

Im Folgenden wird die materielle Wirkung der FDI-RahmenVO auf die nationalen Investitionskontrollen untersucht. Nur punktuell wird dabei auf die Umsetzung der deutschen Investitionskontrolle in den §§ 55 ff. AWV eingegangen. Da es sich um eine Verordnung handelt, ist diese gem. Art. 288 AEUV direkt anwendbar und in allen Teilen verbindlich. Trotz ihrer verbindlichen Geltung gibt die Verordnung einen erheblichen Spielraum im Umgang mit Direktinvestitionen. Gem. Art. 1 I FDI-RahmenVO soll die Verordnung einen Rahmen für die Überprüfung ausländischer Direktinvestitionen schaffen sowie einen Kooperationsmechanismus einrichten. Die beiden Teile der Verordnung werden aus Zweckmäßigkeitsgründen getrennt untersucht, denn die Rahmenvorgaben stellen Regeln zum Eingriff in subjektive Rechte dar, während der Kooperationsmechanismus einen gegenüber subjektiven Rechten „neutralen" institutionellen Mechanismus errichtet.

I. Rahmenvorgaben

Das Ziel der Verordnung ist die Schaffung eines Rahmens für die nationalen Investitionskontrollen; sie soll Rechtssicherheit, Koordinierung und Zusammenarbeit herstellen.[1351] Bei diesen stellt sich in besonderem Maße die Frage der Verbindlichkeit der Vorgaben.

1. Anwendbarkeit der Grundfreiheiten

Die FDI-RahmenVO kann einen die Anwendbarkeit der Grundfreiheiten einschränkenden Effekt haben. Für die Primärrechtskonformität der nationalen Investitionskontrollen ist der Charakter als Harmonisierungsakt von rechtlicher Bedeutung, da es nur bei fehlender Harmonisierung durch den Unionsgesetzgeber Sache der Mitgliedstaaten ist zu entscheiden, auf welchem Niveau der Schutz legitimer Interessen unter Einhaltung des Primärrechts stattfinden soll.[1352] Hieran knüpft die Frage, in welchem Maße die Mitgliedstaaten bei der

---

1351 Vgl. Erwägungsgrund Nr. 7 sowie Art. 1 I FDI-RahmenVO.

1352 Vgl. EuGH, Urteil vom 23.10.2007, C-112/05 – Kommission/Deutschland, ECLI:EU:C:2007:623, Rn. 72 f.

Ausgestaltung ihrer Investitionskontrollen noch an die Grundfreiheiten gebunden sind. Die Grundfreiheiten werden im Falle vollständiger Harmonisierung durch das Sekundärrecht verdrängt, das nationale Recht ist in diesem Fall nur am Sekundärrecht zu messen.[1353] Bleibt ein Freiraum für die Mitgliedstaaten, müssen sie diesen grundfreiheitskonform ausgestalten.[1354] Der Unionsgesetzgeber muss sich auch deshalb an den Grundfreiheiten messen lassen, weil er die Mitgliedstaaten ansonsten zu grundfreiheitswidrigen Maßnahmen verpflichten würde. Es wurde bereits erläutert, dass es sich nur bedingt um eine Harmonisierung handelt.[1355] Mangels Totalharmonisierung ist die Anwendung der Kapitalverkehrsfreiheit nicht grundsätzlich durch die FDI-RahmenVO ausgeschlossen. Zu differenzieren ist zwischen verbindlichen und unverbindlichen Vorgaben. Bei den Erstgenannten ist eine Kontrolle am Maßstab der Grundfreiheiten durch das Sekundärrecht verdrängt.[1356] Bei den nicht zwingenden Vorgaben sind die Mitgliedstaaten in ihrem Spielraum verpflichtet, weiterhin die Grundfreiheiten zu beachten.[1357] Da die Vorgaben keine Mindestharmonisierung, sondern nur Vorschläge beinhalten und es sich deshalb bei Art. 4 FDI-RahmenVO nicht um eine klassische Teilharmonisierung[1358] handelt, ist eine Verdrängung der Grundfreiheiten nicht beabsichtigt. Soweit der nationale Gesetzgeber die einzelnen Faktoren in Art. 4 FDI-RahmenVO entsprechend umsetzt, wird die Regelung aus diesem Grund jedoch nicht an den Grundfreiheiten scheitern.[1359] Die Verordnung konkretisiert einige Faktoren, die eine Beschränkung der Kapitalverkehrsfreiheit rechtfertigen können. Dieses Ergebnis kann durch die Annahme einer Harmonisierung erzielt werden.[1360] Überzeugender ist es, eine für den EuGH weitgehend bindende Konkretisierungswirkung der Verordnung anzunehmen. Einer strengen Kategorisierung bedarf es nicht; im Ergebnis wird man das Konstrukt jedoch als atypischen Harmonisierungsakt bezeichnen können. Dem Wortlaut des Art. 4 FDI-RahmenVO ist zu entnehmen, dass die Mitgliedstaaten

---

1353 *Forsthoff/Eisendle* in: Grabitz/Hilf/Nettesheim (Hrsg.), Das Recht der Europäischen Union, Art. 54 AEUV, Rn. 358 ff.; *Frenz* HdB. Europarecht Bd. 1, § 8 Rn. 2288.

1354 Vgl. *Klamert* EuZW 2015, 265 (265).

1355 Siehe Kapitel E. 4. II. b) bb) (2).

1356 *Forsthoff/Eisendle* in: Grabitz/Hilf/Nettesheim (Hrsg.), Das Recht der Europäischen Union, Art. 54 AEUV, Rn. 358 ff.

1357 Vgl. *Hindelang/Moberg* CMLRev 2020, 1427 (1454).

1358 Vgl. *Schröder* in: Streinz (Hrsg.), EUV/AEUV, Art. 114 AEUV, Rn. 56, „Teilharmonisierung lässt sich nicht abschließend definieren".

1359 *Herrmann* ZEuS 2019, 429 (465); *Schuelken* EuR 2018, 577 (591).

1360 *Herrmann* ZEuS 2019, 429 (465).

die genannten Faktoren berücksichtigen „können". Soweit die Faktoren einer eigenständigen Primärrechtskontrolle standhalten, dürfen die Mitgliedstaaten diese auch anwenden. Eine Prüfung am Maßstab der Grundfreiheiten durch den EuGH kann trotzdem erfolgen, da die weitere Ausgestaltung der Investitionskontrolle erheblichen Einfluss darauf hat, mit welchem Konkretisierungsgrad Faktoren benannt werden müssen. Der EuGH ist formal deshalb nicht an die Faktoren allein gebunden, sollte hiervon jedoch nur in begründeten Fällen eine abweichende Rechtsauffassung vertreten. Eine „Bezugnahme"[1361] zu Art. 4 FDI-RahmenVO wird dieser jedenfalls auch dann herstellen müssen, wenn es sich bei der Norm um keine „echte" Harmonisierung handelt.

2. Anwendbarkeit der EU-Grundrechte

Auch die EU-Grundrechte sind auf die Investitionskontrollen der Mitgliedstaaten anzuwenden. Die Anwendbarkeit der EU-Grundrechte richtet sich nach Art. 51 I GRC. Während die Charta für das Handeln der Unionsorgane vollumfänglich gilt, sind die Mitgliedstaaten nur bei der „Durchführung des Rechts der Union" der Charta verpflichtet. Wann eine solche Durchführung vorliegt, ist vielfach in der Wissenschaft diskutiert worden.[1362] In der Rechtsprechung des EuGH gelten die Unionsgrundrechte für die Mitgliedstaaten bereits dann, wenn sie „im Unionsrecht vorgesehene Ausnahmen in Anspruch [nehmen], um eine Beschränkung einer durch den Vertrag garantierten Grundfreiheit zu rechtfertigen".[1363] Dies fügt sich in die bereits erläuterte Entwicklung der Rechtsprechung zu einer parallelen Anwendbarkeit und einem parallelen Verständnis von Grundfreiheiten und EU-Grundrechten ein. Nach einer solchen Vorstellung sind die Mitgliedstaaten also ohne Weiteres an die EU-Grundrechte gebunden. Kritisiert wird an dieser Rechtsprechung, dass der Anwendungsbereich der Grundrechte sehr weit ausgelegt wird und es sich nicht um eine „Durchführung"

1361 Vgl. *Ehrle* EWS 2021, 121 (122).

1362 Siehe unter anderem *Latzel* EuZW 2015, 658 ff.; *Ohler* NVwZ 2013, 1433 ff.; *Rabe* NJW 2013, 1407 ff.; *Hoffmann/Rudolphi* DÖV 2012, 597 ff.

1363 EuGH, Urteil vom 21.05.2019, C-235/17 – Kommission/Ungarn, ECLI:EU:C:2019:432, Rn. 65; EuGH, Urteil vom 21.12.2016, C-201/15 – AGET Iraklis, ECLI:EU:C:2016:972, Rn. 65; EuGH, Urteil vom 30.04.2014, C-390/12 – Robert Pfleger, ECLI:EU:C:2014:281, Rn. 35; EuGH, Urteil vom 18.06.1991, C-260/89 – ERT, ECLI:EU:C:1991:254, Rn. 43 ff.

von Unionsrecht handle, wie der Wortlaut des Art. 51 GRC es voraussetzt.[1364] Ferner wird vertreten, dass die Mitgliedstaaten bei der Inanspruchnahme von Ausnahmeklauseln der Grundfreiheiten aus dem Anwendungsbereich des Unionsrechts entlassen seien.[1365] Entscheidend ist die Diskussion nur für die EU-Grundrechtsbindung der Mitgliedstaaten bei der Anwendung der Investitionskontrolle vor Erlass der FDI-RahmenVO, denn bis dahin handelten diese (kompetenzwidrig) im Rahmen ihres materiellen, nicht kompetenziellen, Spielraums gem. Art. 65 AEUV. Soweit Investitionen aufgrund des sachlichen Vorrangs der Niederlassungsfreiheit ohne Grundfreiheitsschutz bestanden, handelten die Mitgliedstaaten ohne Bezug zum Unionsrecht.

Seit der Verordnung setzen die Mitgliedstaaten (unabhängig von der Anwendung von Ausnahmevorschriften der Grundfreiheiten) Vorgaben des Unionsgesetzgebers um. Die Mitgliedstaaten sind bei der Umsetzung von EU-Recht an Art. 16 GRC gebunden.[1366] Das Schutzniveau der einschlägigen Grundrechte muss unabhängig vom Umsetzungsspielraum der Mitgliedstaaten bei der Umsetzung erreicht werden.[1367] Zwar müssen nur Richtlinien umgesetzt werden, da Verordnungen gem. Art. 288 II AEUV unmittelbar anwendbar sind. Für Anpassungen nationaler Regelungen an Verordnungsvorgaben kann jedoch nichts anderes gelten, wenn die Verordnung den Mitgliedstaaten Freiheiten wie bei einer Richtlinie belässt. Anderenfalls hätte die Rechtsmittelwahl ohne sachlichen Grund Auswirkungen auf den grundrechtlichen Schutz.

Daneben spricht auch die ausschließliche Zuständigkeit der EU für Direktinvestitionen gem. Art. 207 II AEUV für eine Anwendbarkeit auf nationale Investitionsprüfungsmechanismen. Diese sind erst durch die Rückermächtigung der FDI-RahmenVO unionskonform anwendbar, sodass eine Durchführung des Unionsrechts spätestens seit Geltung FDI-RahmenVO anzunehmen ist. Art. 207 II AEUV spricht insoweit auch vergleichbar von der Rahmensetzung zur „Umsetzung" der gemeinsamen Handelspolitik. Noch deutlicher war die Vorgängernorm des Art. 133 EGV, die ausdrücklich von „Durchführung"

1364 *Kingreen* in: Calliess/Ruffert (Hrsg.), EUV/AEUV, Art. 51 GRC, Rn. 22 f.; *Cremer* NVwZ 2003, 1452 (1455), der den EuGH aufruft „seine Rechtsprechung zu revidieren".

1365 *Kingreen* in: Calliess/Ruffert (Hrsg.), EUV/AEUV, Art. 51 GRC, Rn. 23.

1366 EuGH, Beschluss vom 15.04.2021, C-789/18 und C-799/18 – Segretariato Generale, ECLI:EU:C:2019:417, Rn. 31.

1367 EuGH, Beschluss vom 15.04.2021, C-789/18 und C-799/18 – Segretariato Generale, ECLI:EU:C:2019:417, Rn. 31; EuGH, Urteil vom 29.07.2019, C-476/17 – Pelham, ECLI:EU:C:2019:624, Rn. 79.

sprach. Die Mitgliedstaaten handeln bei der Rückermächtigung einer Materie der ausschließlichen Zuständigkeit vollumfänglich zur Durchführung des Unionsrechts. Anderenfalls könnte der Unionsgesetzgeber durch eine Rückermächtigung über die Anwendbarkeit der Unionsgrundrechte verfügen, an die er selbst vollumfänglich gebunden war. Investitionskontrollen sind als Materie der ausschließlichen Zuständigkeit immer an den EU-Grundrechten zu messen. Nichts anderes kann sich dadurch ergeben, dass die §§ 55 ff. AWV bereits vor Inkrafttreten der FDI-RahmenVO bestanden,[1368] diese sind seitdem zahlreichen Änderungen, auch zur Anpassung an die FDI-RahmenVO, unterworfen worden.

3. Materielle Vorgaben

Die FDI-RahmenVO beschränkt sich nicht auf die kompetenzielle Legalisierung nationaler Investitionskontrollen, sondern stellt materielle Vorgaben für die Ausgestaltung und Ausübung auf. Zu unterscheiden sind dabei die allgemeinen Verfahrensvorgaben des Art. 3 FDI-RahmenVO und konkrete Prüfkriterien des Art. 4 FDI-RahmenVO. Nur erstere sind für die Mitgliedstaaten ohne Wahlfreiheit[1369] verbindlich. Die konkreten Prüfkriterien hingegen sind lediglich beispielhaft.[1370] Die Mitgliedstaaten können diese mit eigenen Kriterien ersetzen oder den Begriffen des Art. 4 I FDI-RahmenVO ein eigenes Begriffsverständnis voraussetzen. Bezüge zur deutschen Investitionskontrolle werden deshalb nur insoweit hergestellt, wie diese mit den europäischen Vorgaben hinreichend verknüpft sind und nicht gänzlich auf eigenem Spielraum beruhen.

a) Vorgaben des Art. 3 FDI-RahmenVO

Zentrale Norm für die Gestaltung der nationalen Investitionskontrollen stellt Art. 3 FDI-RahmenVO dar. Dieser regelt die Wahlfreiheit zur Einführung einer Investitionskontrolle sowie verfahrensspezifische Anforderungen an die nationalen Kontrollsysteme.

aa) Einführung einer Investitionskontrolle

Grundlegend für eine Rahmenvorgabe für nationale Investitionskontrollen auf EU-Ebene war die Ausgangsfrage nach der verpflichtenden Einführung einer Kontrolle in allen Mitgliedstaaten. Nach Art. 3 I FDI-RahmenVO „können" die

---

1368 A. A. *Korte* WiVerw 2019, 79 (95).
1369 Vgl. u. a. die Begriffe „müssen" und „nicht dürfen" in Art. 3 II FDI-RahmenVO.
1370 Vgl. die Begriffe „unter anderem" und „können" in Art. 4 I FDI-RahmenVO.

Mitgliedstaaten Überprüfungsmechanismen „aufrechterhalten, ändern oder einrichten". Dem Wortlaut nach sind die Mitgliedstaaten demnach grundsätzlich frei in ihrer Entscheidung, Investitionskontrollmechanismen einzuführen bzw. weiter zu unterhalten. Dies bedeutet, dass die materiellen Vorgaben der Art. 3 und Art. 4 FDI-RahmenVO für Mitgliedstaaten ohne Überprüfungsmechanismus faktisch nicht gelten. Hierbei handelt es sich nicht um eine nach Art. 288 II 2 2. Hs. AEUV unzulässige Beschränkung auf bestimmte Mitgliedstaaten, da die Anforderungen auch für die übrigen Mitgliedstaaten formal gelten. Tatsächlich bedeutsam werden diese dennoch erst dann, wenn der Mitgliedstaat einen Überprüfungsmechanismus einführt.

Grundverschieden äußerte sich die Kommission im Jahr 2020 in ihren Leitlinien zur FDI-RahmenVO zur mitgliedstaatlichen Entscheidungsfreiheit bzgl. der Unterhaltung eines Überprüfungsmechanismus. In den Leitlinien fordert die Kommission die Mitgliedstaaten nun auf, einen „umfassenden" Überprüfungsmechanismus einzuführen.[1371] Die Aufforderung wird nicht auf eine vermeintliche Pflicht aus der Verordnung zurückgeführt. Vielmehr handelt es sich um einen politischen Appell, der Einfluss auf die Wahlentscheidung des Art. 3 FDI-RahmenVO nehmen soll. Als Auslegungsmaßstab der Verordnung ist die Aufforderung nicht nutzbar. Rechtstechnisch denkbar erscheint allein, dass der Aufforderung eine ermessenslenkende Wirkung auf die Wahlfreiheit zur Einführung einer Investitionskontrolle zukommt. Bei den „Leitlinien" handelt es sich um eine „Mitteilung der Kommission". Diese ist als Handlungsform in Art. 288 AEUV nicht vorgesehen, wird aber im Protokoll Nr. 1 zu den Verträgen mit den Grün- und Weißbüchern der Kommission als „Konsultationsdokument" bezeichnet. Es handelt sich damit um „Soft Law".[1372] Da Art. 288 AEUV mit der Empfehlung und Stellungnahme eigene unverbindliche Rechtsakte kennt, muss ein im Primärrecht nicht bekannter Rechtsakt bzgl. der Verbindlichkeit noch darunter eingeordnet werden. Sie sind damit keine Rechtsakte nach EU-Recht.[1373] Der EuGH bezeichnete Leitlinien in anderem Zusammenhang

---

1371 *Kommission* Mitteilung, (2020/C-99 I/01), Leitlinien, S. 3.

1372 Vgl. *Rechtsausschuss* Arbeitsdokument zu institutionellen und rechtlichen Auswirkungen der Anwendung der Instrumente des „Soft Law", vom 22.02.2007, PE 384.581v02-00, S. 2.

1373 EuGH, Urteil vom 28.06.2005, C-189/02 P, C-205/02 P bis C-208/02 u. C-213/02 P – Dansk Rorindustri u. a./Kommission, ECLI:EU:C:2005:408, Rn. 209, bzgl. kartellrechtlichen Leitlinien. Konkret ging es um die „Leitlinien für das Verfahren zur Festsetzung von Geldbußen, die gemäß Art. 15 Abs. 2 der Verordnung Nr. 17 und allerdings als „Verhaltensnormen".[1374] Leitlinien enthalten einen Verweis auf die Verwaltungspraxis, deshalb kann von diesen nicht ohne nähere Begründung abgewichen werden.[1375] Es handelt sich um eine Selbstbeschränkung des Ermessensgebrauchs des Verfassers der Leitlinien; dies gebietet insbesondere der Gleichbehandlungsgrundsatz sowie der Vertrauensschutz.[1376] Mitteilungen können somit zu einer Selbstverpflichtung der europäischen Verwaltungspraxis führen. Die Aufforderung an die Mitgliedstaaten, Investitionskontrollsysteme einzuführen, richtet sich hingegen an einen anderen Adressaten, sodass die Wirkung nicht vergleichbar ist. Es entsteht kein Vertrauensschutz oder Ähnliches. Des Weiteren handelt es sich um die Aufforderung, legislativ tätig zu werden und nicht um eine bestimmte Verwaltungspraxis[1377] anzuwenden. Die Aufforderung stellt demnach lediglich eine politische Aufforderung mit keinerlei Verpflichtungswirkung dar. Es bleibt dabei, dass nach Art. 3 FDI-RahmenVO keine Pflicht zur Einführung eines Investitionskontrollsystems vorgesehen ist; es besteht auch keine Begründungspflicht bei ablehnender Haltung. Die Leitlinien zur FDI-RahmenVO stellen kein „normerläuterndes oder -konkretisierendes Soft Law"[1378] dar. Sie haben keine rechtliche Wirkung auf die normierte Wahlfreiheit in Art. 3 I FDI-RahmenVO.

Es bleibt dabei, dass die Verordnung keine Verpflichtung zur Einführung einer Investitionskontrolle vorsieht. Dies zeigt sich auch in der Praxis, denn laut der von der Kommission gem. Art. 3 VIII FDI-RahmenVO veröffentlichten Liste[1379] unterhalten nur 18 Mitgliedstaaten einen gem. Art. 3 VII FDI-RahmenVO zu

---

gemäß Art. 65 Abs. 5 EGKS-Vertrag festgesetzt werden", ABl. C 9 vom 14.01.1985, S. 3 ff.

1374 EuGH, Urteil vom 28.06.2005, C-189/02 P, C-205/02 P bis C-208/02 u. C-213/02 P – Dansk Rorindustri u. a./Kommission, ECLI:EU:C:2005:408, Rn. 209, 211.

1375 EuGH, Urteil vom 28.06.2005, C-189/02 P, C-205/02 P bis C-208/02 u. C-213/02 P – Dansk Rorindustri u. a./Kommission, ECLI:EU:C:2005:408, Rn. 211.

1376 Vgl. EuGH, Urteil vom 28.06.2005, C-189/02 P, C-205/02 P bis C-208/02 u. C-213/02 P – Dansk Rorindustri u. a./Kommission, ECLI:EU:C:2005:408, Rn. 211.

1377 Diese wiederum könnte Wirkung auf die Mitgliedstaaten haben, wenn es sich um eine Kodifizierung der bisherigen Entscheidungspraxis handeln würde, vgl. *Grave/Nyberg* in: Loewenheim/Meessen/Riesenkampff/Kersting/Meyer-Lindemann (Hrsg.), Kartellrecht, Art. 101 AEUV, Rn. 21.

1378 Vgl. die Begrifflichkeit bei *Schwarze* EuR 2011, 3 (17).

1379 *Kommission* Liste der notifizierten mitgliedstaatlichen Überprüfungsmechanismen gem. Art. 3 VIII FDI-RahmenVO https://trade.ec.europa.eu/doclib/docs/2019/june/tradoc_157946.pdf (Stand: 10.05.2022).

notifizierenden Kontrollmechanismus. Somit verbleiben neun Mitgliedstaaten, die einen Kontrollmechanismus i. S. d. der FDI-RahmenVO noch nicht eingeführt haben.

bb) Verfahrensspezifische Vorgaben

Verbindlichkeit beanspruchen die Vorgaben des Art. 3 II ff. FDI-RahmenVO. Diese legen verfahrensspezifische Regeln für mitgliedstaatliche Investitionskontrollen fest. Die Verbindlichkeit ergibt sich aus dem Wortlaut „müssen" und „dürfen nicht" in Art. 3 II FDI-RahmenVO. Auch die feststellenden Formulierungen in Art. 3 IV, V FDI-RahmenVO sind Pflichtvorgaben. Im Einzelnen enthalten die Vorgaben ein Transparenzgebot, ein Diskriminierungsverbot zwischen den Drittstaaten, Rechtsschutzmöglichkeiten der Beteiligten und Datenschutz im Umgang mit den Informationen der Unternehmen. Dies sind Anforderungen, die auch aus rechtsstaatlichen Gründen geboten sind.

(1) Transparenz

Die Mitgliedstaaten müssen gem. Art. 3 II FDI-RahmenVO bei den Regeln und dem Verfahren Transparenz einhalten. Die Transparenzregeln werden in Art. 3 II 2 FDI-RahmenVO näher konkretisiert; festgelegt werden sollen: die eine Überprüfung auslösenden Umstände, die Gründe für eine Überprüfung sowie die Verfahrensregeln.

Bereits die Existenz einer Investitionskontrolle als solche hat abschreckende Wirkung auf die Investoren.[1380] Hierzu schaffen Transparenzregeln Abmilderung und tragen deshalb einen erheblichen Teil zur Verhältnismäßigkeit bei. Zur Einhaltung des Transparenzgebots müssen die Faktoren, die zu einer Überprüfung führen, bis zu einem gewissen Grad in den nationalen Regelungen festgelegt werden. Selbst wenn sich ein Mitgliedstaat nicht an der Liste des Art. 4 FDI-RahmenVO orientiert, muss dieser eine ähnlich strukturierte und konkrete Liste in die nationale Regelung implementieren. Die erstmalige Investitionskontrolle im AWV von 2009 sah eine solche Liste mit Regelbeispielen beispielsweise noch nicht vor.[1381]

Das Transparenzgebot erschwert es sowohl der Legislative als auch der Exekutive der Mitgliedstaaten, unzulässige Gründe oder Verfahrensregeln für

1380 *Voland* EuZW 2009, 519 (523).

1381 Vgl. Art. 2, Dreizehntes Gesetz zur Änderung des Außenwirtschaftsgesetzes und der Außenwirtschaftsverordnung vom 18.04.2009, BGBl. I 2009, S. 770 ff. vom 23.04.2009.

Investitionskontrollen anzuwenden. Ebenso erleichtert das Gebot, rechtswidrige legislative Ausgestaltungen und ermessensfehlerhafte Entscheidungen einer gerichtlichen Überprüfung zu unterziehen. Damit fungiert die Transparenz des behördlichen Verhaltens als notwendige Grundvoraussetzung für eine effektive Einspruchsmöglichkeit im Sinne des Art. 3 V FDI-RahmenVO. Insbesondere die Debatte um Reziprozität bei Investitionen wurde auf die Investitionskontrolle übertragen.[1382] Wird die Kontrolle jedoch nur durch die Gefährdung der öffentlichen Ordnung oder Sicherheit ausgelöst, dürfen Reziprozitätsdiskussionen hierbei keine Rolle spielen.[1383] Dies ergibt sich bereits aus den Grenzen der Kapitalverkehrsfreiheit und des einseitigen Verzichts auf solche Erwägungen. Aus rein rechtlicher Sicht verbieten sich deshalb auch Gedankenspiele dahingehend, die Marktoffenheit des Heimatstaats einzubeziehen.[1384] Aus handelspolitischen Erwägungen sollte jeder Verdacht eines protektionistischen Grundes durch klare Vorschriften beseitigt werden, um keine Handelskonflikte auszulösen. Aus rechtspolitischer Sicht spricht die Gefahr handelspolitischer Gegenmaßnahmen dafür, dass ein gemeinsames Verständnis mit anderen Staaten durch völkerrechtliche Verträge erreicht werden sollte.

Hinzu kommt noch die Festlegung des Zeitrahmens. Ein solcher ist gem. Art. 3 III FDI-RahmenVO einzuhalten. Konkrete Vorgaben werden hierzu nicht gemacht. Diese sind nach unten begrenzt durch eine ausreichende Zeit für die Einhaltung der Vorgaben des Kooperationsmechanismus und nach oben beschränkt durch Verhältnismäßigkeitsgrenzen aus den EU-Grundrechten und Grundfreiheiten. Die FDI-RahmenVO sieht keinen maximalen Zeitrahmen für den Mechanismus vor; Art. 3 III FDI-RahmenVO ist allein Ausdruck des Transparenzgebots, nicht jedoch eines Effizienzgedankens[1385] oder eines Beschleunigungsgrundsatzes, wie ihn die FKVO kennt.[1386] Aufgrund der unterschiedlichen Ausgestaltungsmöglichkeiten, die die FDI-RahmenVO den Mitgliedstaaten eröffnet, ist ein einheitlicher Zeitrahmen bisher nicht zweckmäßig, sodass die folgerichtig heterogenen Fristenregelungen der Mitgliedstaaten nicht

---

1382 *Schill* in: Bourgeois (Hrsg.), EU Framework for Foreign Direct Investment Control, § 2.04, S. 74, noch zum Verordnungsvorschlag.

1383 Siehe Kapitel F. I. 3. b) bb) (2).

1384 Vgl. hierzu aber *Bian* Journal of World Investment & Trade 2021, 561 (591 ff.), im Rahmen bilateraler Investitionsverträge sollen solche Erfordernisse ausgehandelt werden.

1385 A. A. *Ehrle* EWS 2021, 121 (122).

1386 EuGH, Urteil vom 22.06.2004, C-42/01 – Portugal/Kommission, ECLI:EU:C:2004:379, Rn. 51.

als „Flickenteppich“ zu kritisieren sind.[1387] Genehmigungssystemen wird man regelmäßig weniger Zeit zusprechen dürfen als Anmeldeerfordernissen mit Untersagungsmöglichkeit. Die Kritik an einem „Flickenteppich“ muss deshalb bereits am Spielraum bei der Ausgestaltung anknüpfen.

In der deutschen Prüfung wird der Zeitrahmen für ein Investitionskontrollverfahren in § 14a AWG i. V. m. § 55 III AWV festgelegt. Nach Fristablauf wird die Freigabe bzw. die Unbedenklichkeitsbescheinigung gem. §§ 58 II, 58a II AWV fingiert. Daneben besteht eine Ausschlussfrist gem. § 14a III 2 AWG, die nach fünf Jahren seit Abschluss des schuldrechtlichen Vertrags über den Erwerb abläuft. Mit dem Transparenzgebot steht indes die einverständliche Fristverlängerung gem. § 14a V AWG in Konflikt. Hiernach ist eine Fristverlängerung mit Zustimmung des unmittelbaren Erwerbers und des Veräußerers möglich. Eine Höchstfrist bzw. Maximaldauer gibt es nicht. Eine entsprechende Regelung findet sich in der deutschen Fusionskontrolle in § 40 II 5 Nr. 1 GWB. In dieser fehlen ebenfalls Höchstfristen für konsensuale Verlängerungen; Planungen diesbezüglich existierten im Referentenentwurf zur 10. GWB-Novelle, wurden in der Novelle jedoch nicht umgesetzt.[1388] In der europäischen Fusionskontrolle ist hingegen eine maximale Fristverlängerung in Art. 10 III 2. UAbs. FKVO zu finden. Die Möglichkeit einer einverständlichen Fristverlängerung ist damit bei der Kontrolle von Unternehmensübernahmen nicht neu und pauschal nicht zu beanstanden. Entschärft wird die unbegrenzte Fristenverlängerung durch das Zustimmungserfordernis. Denkbar ist jedoch, dass das Inaussichtstellen einer drohenden Untersagung durch Druck eine Zustimmung erzeugt. Das zeitliche Transparenzgebot liegt indes auch nicht zur Disposition des einzelnen Investors, der mit weiteren Verlängerungen des Verfahrens einverstanden ist. Die (sicherheits-)politischen Erwägungen der Kontrollbehörden sind für die Unternehmen weniger vorhersehbar als wettbewerbliche Erwägungen. Um dem Transparenzgebot des Art. 3 II FDI-RahmenVO effektiv Geltung zu verschaffen, ist eine mit der europäischen Fusionskontrolle vergleichbare Höchstfrist einzufügen.

1387 Vgl. aber *Voland/Slobodenjuk* in: Krenzler/Herrmann/Niestedt (Hrsg.), EU-Außenwirtschafts- und Zollrecht, XII Nr. 122, Art. 3 VO (EU) 2019/452, Rn. 5.

1388 *BMWK* Referentenentwurf vom 24.01.2020, Entwurf eines Zehnten Gesetzes zur Änderung des Gesetzes gegen Wettbewerbsbeschränkungen für ein fokussiertes, proaktives und digitales Wettbewerbsrecht 4.0 (GWB-Digitalisierungsgesetz), Änderungsvorschlag 17, https://www.bmwk.de/Redaktion/DE/Downloads/G/gwb-digital isierungsgesetz-referentenentwurf.pdf?__blob=publicationFile.

Bei den Anforderungen handelt es sich im Wesentlichen um Grundsätze, die dem Bestimmtheitsgrundsatz entspringen. Vorgaben hinsichtlich Transparenz und Rechtssicherheit für Direktinvestitionskontrollen setzte der EuGH für eine rechtmäßige Ausgestaltung bereits vor der FDI-RahmenVO voraus. In der Rechtsache C-54/99 (Église de Scientology) lehnte der EuGH eine pauschale Genehmigungspflicht ohne Hinweise auf die besonderen Umstände der Genehmigungspflicht ab.[1389] In der Rechtssache C-438/99 (Kommission/Frankreich) bemängelte der EuGH die fehlende Transparenz, bezüglich welcher konkreten objektiven Umstände eine vorherige Genehmigung zu erteilen oder zu versagen war.[1390] In der Rechtssache C-274/06 (Kommission/Spanien) wurde auf die Schwierigkeit der gerichtlichen Kontrolle bei nicht abschließenden Regelungen hingewiesen.[1391] Ein hierdurch verliehenes weites Ermessen sei nur schwer mit dem Verhältnismäßigkeitsgrundsatz in Einklang zu bringen.[1392] Die Transparenzpflicht stellt deshalb im Wesentlichen eine Kodifizierung der bisherigen EuGH-Rechtsprechung zur Kapitalverkehrsfreiheit bei Direktinvestitionen dar. Die erstmalige Einführung der sektorübergreifenden Kontrolle im AWV 2009 entsprach diesem Transparenzgebot deshalb nicht.[1393] Geht man davon aus, dass es sich bei den Anforderungen der FDI-RahmenVO im Wesentlichen um Kodifikationen der EuGH-Rechtsprechung zur Einschränkung der Kapitalverkehrsfreiheit handelt, bekräftigt dies die damalige Kritik, dass die Investitionskontrolle von 2009 gegen die Kapitalverkehrsfreiheit verstieß.[1394]

Daneben gilt das Transparenzgebot auch gegenüber den übrigen Mitgliedstaaten und gegenüber der Kommission.[1395] Als Ausdruck des Transparenzgebots ist

---

1389 EuGH, Urteil vom 14.03.2000, C-54/99 – Église de Scientology, ECLI:EU:C:2000:124, Rn. 21.

1390 EuGH, Urteil vom 04.06.2002, C-483/99 – Kommission/Frankreich, ECLI:EU:C:2002:327, Rn. 50. Ebenso EuGH, Urteil vom 26.03.2009, C-326/07 – Kommission/Italien, ECLI:EU:C:2009:193, Rn. 51.

1391 EuGH, Urteil vom 14.02.2008, C-274/06 – Kommission/Spanien, ECLI:EU:C:2008:86, Rn. 52.

1392 EuGH, Urteil vom 14.02.2008, C-274/06 – Kommission/Spanien, ECLI:EU:C:2008:86, Rn. 52 f.

1393 *Martini* DÖV 2008, 314 (320); a. A. *Roth* Investitionsbeschränkungen im deutschen Außenwirtschaftsrecht, S. 48, dass nicht alle Zweifelsfragen geklärt seien, liege in der Natur der Sache.

1394 *Krolop* ZRP 2008, 40 (44); *Martini* DÖV 2008, 314 (320).

1395 Vgl. *Voland/Slobodenjuk* in: Krenzler/Herrmann/Niestedt (Hrsg.), EU-Außenwirtschafts- und Zollrecht, XII Nr. 122, Art. 3 VO (EU) 2019/452, Rn. 3.

ebenso die Notifizierungspflicht gem. Art. 3 VII und VIII FDI-RahmenVO zu betrachten.[1396] Die Notifizierungspflicht erhöht den Druck, die Investitionskontrollregeln entsprechend den Vorgaben der FDI-RahmenVO und des Primärrechts zu gestalten. Auch der Begründungspflicht des sofortigen Handelns gem. Art. 6 VIII FDI-RahmenVO liegt das Transparenzgebot zugrunde. Eine über die normierten Pflichten hinausgehende Verpflichtung zur Transparenz gegenüber den Mitgliedstaaten oder der Kommission im Einzelfall ist denkbar.

(2) Diskriminierungsverbot

Mit dem Transparenzgebot wird in Art. 3 II FDI-RahmenVO ein Diskriminierungsverbot zwischen Drittstaaten verknüpft. Die Verbindung beruht auf keiner systematischen Zufälligkeit, sondern wurde auch vom EuGH so erkannt. Nach diesem birgt ein zu weitgehender Ermessenspielraum durch fehlende Festlegung von Kontrollkriterien eine Diskriminierungsgefahr.[1397] Transparenz dient danach auch der Sicherstellung diskriminierungsfreier Anwendung von Investitionskontrollen.

Eine Diskriminierung ist eine Ungleichbehandlung zwischen Staaten ohne sachliche Rechtfertigung.[1398] Das Diskriminierungsverbot ergibt sich primärrechtlich auch aus Art. 65 III AEUV. Nach diesem sind willkürliche Diskriminierungen verboten. Dies gilt nicht nur für rechtliche, sondern auch faktische Diskriminierungen.[1399] Eine Ungleichbehandlung aus einem rechtfertigungsfähigen Grund ist im Umkehrschluss möglich. Anknüpfend an das Diskriminierungsverbot des Art. 65 III AEUV ist eine Ungleichbehandlung dann erlaubt, „wenn die Ungleichbehandlung Situationen betrifft, die nicht objektiv miteinander vergleichbar sind, oder wenn sie durch einen zwingenden Grund des Allgemeininteresses gerechtfertigt ist.“[1400] Dies ist auf das Diskriminierungsverbot der Verordnung zu übertragen. Hieraus ergibt sich auch die Verknüpfung von

1396 *Ehrle* EWS 2021, 121 (122); *Hindelang/Moberg* in: Hindelang/Moberg (Hrsg.), YSEC – Yearbook of Socio-Economic Constitutions, S. 841.

1397 Vgl. EuGH, Urteil vom 08.11.2012, C-244/11 – Kommission/Griechenland, ECLI:EU:C:2012:694, Rn. 79.

1398 *Voland/Slobodenjuk* in: Krenzler/Herrmann/Niestedt (Hrsg.), EU-Außenwirtschafts- und Zollrecht, XII Nr. 122, Art. 3 VO (EU) 2019/452, Rn. 3.

1399 *Voland/Slobodenjuk* in: Krenzler/Herrmann/Niestedt (Hrsg.), EU-Außenwirtschafts- und Zollrecht, XII Nr. 122, Art. 3 VO (EU) 2019/452, Rn. 3.

1400 EuGH, Urteil vom 20.09.2018, C-685/16 – EV/Finanzamt Lippstadt, ECLI:EU:C:2018:743, Rn. 87; EuGH, Urteil vom 10.05.2012, C-338/11 bis C-347/11 – Santander Asset Management, ECLI:EU:C:2012:286, Rn. 23.

Transparenzgebot und Diskriminierungsverbot. Eine Kodifizierung der Prüfkriterien stellt sicher, dass jeder Untersagung eine sachliche Rechtfertigung zugrunde liegt, die eine Ungleichbehandlung der verschiedenen Investitionen erlaubt.

Das Diskriminierungsverbot gilt nur zwischen Drittstaaten. Dies ist nicht nur als Ausdruck des auf Investoren aus Drittstaaten begrenzten Anwendungsbereichs gem. Art. 2 Nr. 2 FDI-RahmenVO zu verstehen, sondern auch als Erlaubnis der Diskriminierung zwischen Investoren aus Mitgliedstaaten und aus Drittstaaten. Dies gilt für Mitgliedstaaten, die Kontrollen für andere Mitgliedstaaten vorsehen.[1401] Bereits der EuGH hat eine Ungleichbehandlung für erlaubt erklärt und darauf hingewiesen, dass der Maßstab seiner Rechtsprechung nicht vollständig übertragen werden kann.[1402] Für den Kapitalverkehr aus Drittstaaten können Schutzklauseln oder Ausnahmeregeln eingeführt werden, die speziell für Kapitalbewegungen aus Drittländern gelten.[1403] Der Kapitalverkehr aus Drittstaaten kann aus sachlichen Gründen weitergehenden Eingriffen unterliegen als der Kapitalverkehr zwischen den Mitgliedstaaten.[1404] Darauf weist auch die Kommission in ihren Leitlinien zur FDI-RahmenVO hin.[1405] Art. 3 II FDI-RahmenVO lässt deshalb in seinem Anwendungsbereich zu, dass die Regeln gegenüber Drittstaatsinvestitionen im Verhältnis zu Mitgliedstaatsinvestitionen schärfer sein dürfen. Eine Kontrolle von Mitgliedstaatsunternehmen ist in der deutschen Kontrolle der §§55 ff. AWV nicht vorgesehen. Gem. § 55 I AWV gilt die deutsche Kontrolle nur für „Unionsfremde". Unionsfremde sind gem. § 2 XIX AWG nicht Unionsansässige im Sinne des § 2 XVIII AWG. Unionsansässige sind gem. § 55 II AWV in den Anwendungsbereich nur dann einbezogen, „wenn es Anzeichen dafür gibt, dass eine missbräuchliche Gestaltung oder ein Umgehungsgeschäft zumindest auch vorgenommen wurde, um eine Prüfung nach Abs. 1 zu unterlaufen."

1401 Vgl. beispielsweise § 60 AWV, der für alle „Ausländer" gilt. Handelt es sich um die Kontrolle eines Unionsinvestors findet die FDI-RahmenVO insoweit auf §§ 60 ff. AWV keine Anwendung. Die materiellen Vorgaben können bei Unionssachverhalten freilich nicht unterschritten werden.

1402 EuGH, Urteil vom 10.02.2011, C-436/08 u. C-437/08 – Haribo Lakritzen Hans Riegel, ECLI:EU:C:2011:61, Rn. 65.

1403 EuGH, Urteil vom 18.12.2007, C-101/05 – Skatteverket, ECLI:EU:C:2007:804, Rn. 32.

1404 EuGH, Urteil vom 12.12.2006, C-446/04 – Test Claimants in the FII Group Litigation, ECLI:EU:C:2006:774, Rn. 171.

1405 *Kommission* Mitteilung, (2020/C 99 I/01), Leitlinien, S. 5.

Zwischen den Drittstaaten dürfen keine formellen Unterschiede gemacht werden. Strukturelle Gefahren für die öffentliche Ordnung oder Sicherheit bestimmter Herkunftsländer können aber dazu führen, dass deren Investitionen in besonderem Maße im Fokus der Investitionskontrolle stehen. So werden Unternehmen bestimmter Länder systembedingt häufiger unter den Faktor des Art. 4 II a) FDI-RahmenVO fallen. Der deutliche Fokus auf die Verknüpfung von wirtschaftlichem und außenpolitischem Handeln wurde im Gesetzgebungsverfahren hervorgehoben.[1406] Das Diskriminierungsverbot verhindert aber, dass bestimmte Herkunftsländer pauschal restriktiver behandelt werden, sodass auch für die regelmäßig hervorgehobenen chinesischen Direktinvestitionen eine Gefahr im konkreten Einzelfall festgestellt werden muss. Nicht differenziert werden darf nach reziproken Wirtschaftsgründen bei den verschiedenen Drittstaaten.

(3) Einspruchsmöglichkeit

Gem. Art. 3 V FDI-RahmenVO müssen die Betroffenen die Möglichkeit haben, Einspruch gegen die „Überprüfungsbeschlüsse“ der nationalen Behörden zu erheben. Von der Pflicht sind demnach etwaige Rechtsschutzmöglichkeiten gegen die Stellungnahmen der Kommission nicht umfasst.[1407]

(a) Überprüfungsbeschluss

Der Begriff des „Überprüfungsbeschlusses“ deckt sich dem Wortlaut nach nicht mit dem in Art. 2 Nr. 4 FDI-RahmenVO legaldefinierten Begriff der „Überprüfungsentscheidung“. Der Begriff „Beschluss“ wird in der Verordnung im Übrigen nur im Zusammenhang mit in Bezug genommenen Rechtsakten anderer Unionsorgane verwendet. In den materiellen Regeln zu Investitionskontrollen findet er keine Wiederholung. Art. 3 V FDI-RahmenVO beschränkt sich auf die Beschlüsse nationaler Behörden; keine Aussage trifft die Verordnung demnach zu einem möglichen Rechtsschutz gegen die Maßnahmen anderer Mitgliedstaaten oder der Kommission im Rahmen des Kooperationsmechanismus.[1408] Eine formale Bekanntgabe gegenüber den Erwerbsparteien ist nach der Verordnung ohnehin nicht vorgesehen, wenn auch nicht ausgeschlossen.

1406 Vgl. *Weiß* in: Grabitz/Hilf/Nettesheim (Hrsg.), Das Recht der Europäischen Union, Art. 207 AEUV, Rn. 43, der China und Russland hervorhebt.

1407 Vgl. hierzu Kapitel F. II. 4.

1408 Siehe hierzu Kapitel F. II.

Eine Überprüfungsentscheidung ist nach der Legaldefinition eine in Anwendung eines Überprüfungsmechanismus getroffene Maßnahme;[1409] auf die Überprüfungsentscheidung wird im Rahmen des Kooperationsmechanismus Bezug genommen.[1410] Nur gegen endgültige Entscheidungen der Behörden kann Einspruch erhoben werden.[1411] Im Verordnungsvorschlag sahen noch beide Ursprungsnormen den Begriff „Überprüfungsbeschluss" vor. Geändert wurde der Begriff in der Legaldefinition ohne Begründung. Eine Abweichung zum Absatz über Rechtsschutzmöglichkeiten scheint damit aber nicht verfolgt worden zu sein. Vielmehr ist davon auszugehen, dass die finale Entscheidungsgewalt bei den Mitgliedstaaten liegen soll, was durch den Begriff „Entscheidung" noch einmal stärker hervorgehoben werden sollte.[1412] Es spricht deshalb viel dafür, in der Abweichung einen redaktionellen Fehler zu vermuten. Ein Überprüfungsbeschluss ist demnach entsprechend der Legaldefinition eine getroffene Maßnahme im Rahmen des Investitionskontrollmechanismus. Mögliche Maßnahmen sind die in Art. 2 Nr. 3 FDI-RahmenVO aufgezählten Handlungsformen. In der deutschen Kontrolle sind solche Möglichkeiten in § 59 AWV vorgesehen. Daneben besteht noch die Bescheinigung der Unbedenklichkeit nach § 58 AWV.

(b) Einspruch

Der Begriff „Einspruch" wird nicht näher erläutert. Der Absatz zum Rechtsschutz in Form von „Einspruch" oder, wie ursprünglich geplant, „Rechtsbehelf" war Gegenstand zahlreicher Änderungsvorschläge gewesen.[1413] Die Wortlautänderung geht auf die legislative Entschließung des Europäischen Parlaments zurück. Eine genauere Begründung für die Begriffsänderung wird nicht geliefert.

1409 Vgl. Art. 2 VI FDI-RahmenVO.

1410 Vgl. Art. 6 VIII, I FDI-RahmenVO.

1411 Vgl. hierzu auch EuGH, Urteil vom 15.10.1987, C-222/86 – Unectef/Heylens, ECLI:EU:C:1987:442, Rn. 16, das von EuGH, Urteil vom 14.03.2000, C-54/99 – Église de Scientology, ECLI:EU:C:2000:124, Rn. 17, zitiert wird.

1412 Die Hervorhebung des Begriffs „Entscheidungsbefugnis der Mitgliedstaaten" in der Begründung zu *Europäisches Parlament* Entwurf einer legislativen Entschließung des Europäischen Parlaments, vom 04.06.2018, PE619.160v03-00, S. 55, lässt darauf aber schließen.

1413 Vgl. *Europäisches Parlament* Entwurf einer legislativen Entschließung des Europäischen Parlaments, vom 04.06.2018, PE619.160v03-00, Änderungsanträge Nr. 17 u. 51; *Ausschuss für Auswärtige Angelegenheiten* Stellungnahme, vom 04.06.2018, PE619.160v03-00, Änderungsantrag Nr. 31; *Ausschuss für Wirtschaft und Währung* Stellungnahme, vom 04.06.2018, PE619.160v03-00, Änderungsantrag Nr. 43.

Auch die Rechtsbehelfe bei Behörden sollten wohl sprachlich eingeschlossen werden. Eine Klarstellung diesbezüglich wurde bereits zum Begriff „Rechtsbehelf" vorgeschlagen.[1414] Von dem Erfordernis eines Zugangs zur unabhängigen Gerichtsbarkeit sollte nicht abgewichen werden, da dies nicht mit der bisherigen Rechtsprechung zur Rechtfertigung von Eingriffen in die Kapitalverkehrsfreiheit in Einklang stünde.[1415] Nach der Rechtsprechung in der Rechtssache C-54/99 (Église de Scientology) muss den Betroffenen von Investitionskontrollen ein Rechtsbehelf zur Verfügung stehen.[1416] Diesen Grundsatz zur Einschränkbarkeit von Investitionen hat der EuGH in weiteren Urteilen bekräftigt.[1417] Beim Zugang zu Rechtsschutz handelt sich jedoch nicht um eine spezielle Voraussetzung für die Einschränkbarkeit von ausländischen Direktinvestitionen, sondern um eine generelle Voraussetzung für die Einschränkung der Grundfreiheiten durch Genehmigungssysteme.[1418] Statt „Rechtsbehelf" nutzt der EuGH gelegentlich auch den Begriff „Rechtsweg".[1419] Gemeint sein kann nach der Rechtsprechung nur der justizielle Rechtsweg,[1420] sodass ein reines Verwaltungswiderspruchsverfahren dem Erfordernis nicht genügen kann.[1421] In Konsequenz wird damit auch Rechtsschutz durch den EuGH effektiv ermöglicht; dieser kann im Wege eines Vorlageverfahrens gem. Art. 267 AEUV zusätzlich auf die Einhaltung der

---

1414 Vgl. *Europäisches Parlament* Entwurf einer legislativen Entschließung des Europäischen Parlaments, vom 04.06.2018, PE619.160v03-00, Änderungsanträge Nr. 17, S. 14 f.

1415 *Verellen* Legal Issues of Economic Integration 2021, 19 (23).

1416 EuGH, Urteil vom 14.03.2000, C-54/99 – Église de Scientology, ECLI:EU:C:2000:124, Rn. 17.

1417 EuGH, Urteil vom 23.09.2003, C-452/01 – Ospelt und Schlössle Weissenberg, ECLI:EU:C:2003:493, Rn. 34; EuGH, Urteil vom 13.05.2003, C-463/00 – Kommission/Spanien, ECLI:EU:C:2003:272, Rn. 69; EuGH, Urteil vom 04.06.2002, C-483/99 – Kommission/Frankreich, ECLI:EU:C:2002:327, Rn. 46; EuGH, Urteil vom 04.06.2002, C-367/98 – Kommission/Portugal, ECLI:EU:C:2002:326, Rn. 50.

1418 Vgl. EuGH, Urteil vom 20.02.2001, C-205/99 – Analir u. a., ECLI:EU:C:2001:107, Rn. 38.

1419 Vgl. u. a. EuGH, Urteil vom 13.05.2003, C-463/00 – Kommission/Spanien, ECLI:EU:C:2003:272, Rn. 69.

1420 Vgl. die Begründung auch bei *Voland/Slobodenjuk* in: Krenzler/Herrmann/Niestedt (Hrsg.), EU-Außenwirtschafts- und Zollrecht, XII Nr. 122, Art. 3 VO (EU) 2019/452, Rn. 7.

1421 Im deutschen Kontrollsystem besteht ein behördliches Widerspruchsverfahren nicht, da ein Vorverfahren gem. § 68 I 2 Nr. 1 VwGO gegen das BMWK als oberste Bundesbehörde nicht statthaft ist.

europäischen Rahmenvorgaben einwirken.[1422] Die Notwendigkeit des Rechtsschutzes mag aus deutsch-europäischer Rechtssicht banal erscheinen, die amerikanische Investitionskontrolle hingegen lässt Rechtsschutz gegen die Entscheidungen nur in eng begrenzten Maßen zu.[1423] Das amerikanische CFIUS-System wäre dementsprechend nach europäischem Maßstab unzulässig.

Problematisch an einem effektiven Rechtsschutz gestaltet sich in der praktischen Umsetzung die Abschreckungswirkung einer Überprüfung. Unternehmen sind in der Regel nicht bereit, einen negativen Bescheid abzuwarten und diesen gerichtlich anzugreifen, da sich der Unternehmenserwerb dann bereits nicht mehr wirtschaftlich lohnt.[1424] Ebenso kann die formelle Untersagung negative Folgen für die öffentliche Stellung des Unternehmens, insbesondere des Erwerbers, bedeuten. So sind auch die offiziellen Daten zu Untersagungen nur bedingt aussagekräftig, da sie nicht die durch Rückzug des Erwerbs verhinderten Untersagungen miteinbeziehen. Die Dunkelziffer faktischer Untersagungen dürfte jedenfalls in Deutschland entsprechend höher liegen.

(c) *Deutsche Rechtspraxis*

Seit der Einführung der sektorübergreifenden Kontrolle 2009 ist kein einziges gerichtliches Verfahren im Hauptsacheverfahren bekannt geworden. Lediglich im Jahr 2022 wurde erstmals im Wege vorläufigen Rechtsschutzes vor dem OVG Berlin-Brandenburg[1425] bzw. VG Berlin[1426] die gerichtliche Prüfung eines Verfahrens zur Unbedenklichkeitsbescheinigung öffentlich bekannt. Rechtsschutzverfahren gegen Untersagungen sind bisher nicht offenkundig geworden; nichtsdestotrotz lohnt es sich, die bisherige Praxis genauer zu untersuchen.

(aa) *Vorläufiger Rechtsschutz der* Globalwafers Co. Ltd.

Ende des Jahres 2020 plante der taiwanesische Konzern *Globalwafers Co. Ltd.*, den deutschen Wafer-Hersteller *Siltronic AG* zu übernehmen. Am 10.12.2020

1422 *Verellen* Legal Issues of Economic Integration 2021, 19 (23 f.).

1423 Vgl. *Dimitropoulos* in: Chaisse/Choukroune/Jusoh (Hrsg.), Handbook of International Investment Law and Policy, S. 27; vgl. *Jacobs* International Journal of Legal Information 2019, 105 (115 f.), zu den unterschiedlichen Rechtsschutzmöglichkeiten.

1424 *Krause* in: Bourgeois (Hrsg.), EU Framework for Foreign Direct Investment Control, § 3.07, S. 83.

1425 OVG Berlin-Brandenburg, Beschluss vom 31.01.2022 – OVG 1 S 10/22, BeckRS 2022, 996.

1426 VG Berlin, Beschluss vom 27.01.2022 – 4 L 111/22, BeckRS 2022, 997.

beantragten die Vertragsparteien eine Unbedenklichkeitsbescheinigung, die diese vom BMWK nicht bis zum Long-Stop-Date des Unternehmenskaufvertrags erhielten.[1427] Die *Siltronic AG* wurde als einziger signifikanter Hersteller von in der EU produzierten Wafern betrachtet.[1428] Hiergegen wehrte sich *Globalwafers Co. Ltd.* mit Hinweis auf eine Fiktionswirkung durch Fristablauf. Die Übernahme im einstweiligen Rechtsschutz zu retten, blieb jedoch sowohl vor dem VG Berlin als auch dem OVG Berlin-Brandenburg ohne Erfolg.

Die beiden Urteile der Verwaltungsgerichte sind nur bedingt anschaulich für die Darstellung des europäisch determinierten Rechtsschutzes, da es im Wesentlichen um Detailfragen zur Fristberechnung und weniger um materielle Beurteilungsfragen zur öffentlichen Ordnung oder Sicherheit ging.[1429] Beachtung verdient jedoch eine allgemeine Aussage des VG Berlin zur gerichtlichen Kontrolle. Laut dem VG Berlin sei seit dem geänderten Prüfmaßstab der „voraussichtlichen Beeinträchtigung" „die gerichtliche Kontrolldichte durch die Formulierung deutlich eingeschränkt worden"[1430] und dem BMWK somit ein weiter Beurteilungsspielraum gegeben.

Die in Deutschland anerkannten Prinzipien der Einschätzungsprärogative bzw. des Beurteilungsspielraums der Verwaltung[1431], die auch für die Kontrolle gem. §§ 55 ff. AWV gelten,[1432] stehen grundsätzlich nicht in Konflikt mit der Einspruchsmöglichkeit des Art. 3 V FDI-RahmenVO. Das Primärrecht selbst kennt einen behördlichen Beurteilungsspielraum im Verhältnis zwischen Mitgliedstaaten zur Union[1433] und die FDI-RahmenVO selbst räumt der Kommission eine ähnliche Stellung in Art. 8 FDI-RahmenVO ein. Das Urteil des VG Berlin bestätigt aber die These,[1434] dass eine „voraussichtliche Beeinträchtigung" nach Unionsrecht nicht ausreichend für eine Untersagung sein kann. Der Rechtsschutz wäre weitgehend ausgehöhlt[1435] und dem Ermessen kaum Grenzen

---

1427 *Helleberg/Schäffer* NZG 2022, 421 (423).

1428 VG Berlin, Beschluss vom 27.01.2022 – 4 L 111/22, BeckRS 2022, 997, Rn. 40.

1429 OVG Berlin-Brandenburg, Beschluss vom 31.01.2022 – OVG 1 S 10/22, BeckRS 2022, 996, Rn. 3 ff.; VG Berlin, Beschluss vom 27.01.2022 – 4 L 111/22, BeckRS 2022, 997, Rn. 34 ff.

1430 VG Berlin, Beschluss vom 27.01.2022 – 4 L 111/22, BeckRS 2022, 997, Rn. 40.

1431 Vgl. hierzu *Geis* in: Schoch/Schneider (Hrsg.), VwVfG, § 40, Rn. 163 ff.

1432 *Krause* in: Bourgeois (Hrsg.), EU Framework for Foreign Direct Investment Control, § 3.07, S. 83.

1433 EuGH, Urteil vom 27.10.1977, C-30/77 – Regina/Bouchereau, ECLI:EU:C:1977:172, Rn. 33/35.

1434 Siehe Kapitel E. II. 4. c).

1435 *Helleberg/Schäffer* NZG 2022, 421 (423).

gesetzt[1436]. Effektiv wären nur noch Verfahrensfehler angreifbar, wie in dem Verfahren hauptsächlich geschehen; materielle Fehler bei der Gefährdungsbewertung wären hingegen nicht mehr ausreichend überprüfbar. Das VG Berlin selbst hält seine Kontrolldichte für „deutlich eingeschränkt". Der EuGH äußerte sich im Hinblick auf das Erfordernis offenstehender Rechtsbehelfe kritisch gegenüber weiten Auslegungsspielräumen durch fehlende Kriterien, die faktisch zu freiem Ermessen der Behörde führen.[1437] Dies zeigt eine weitere Ebene auf, die gegen ein weitgehendes Verständnis der „voraussichtlichen Beeinträchtigung" spricht. Auch die Einspruchsmöglichkeit gem. Art. 3 V FDI-RahmenVO steht im Konflikt mit einem weitgehenden Untersagungsrecht, wenn theoretische Beeinträchtigungen mit Beurteilungsspielräumen der Verwaltung verbunden werden.

(bb) Untersagungen

Offizielle Untersagungen durch das BMWK sind bisher erst fünf Mal (eine Untersagung im Jahr 2020, drei Untersagungen sowie eine Teiluntersagung im Jahr 2022) bekannt geworden.[1438] Das erste Mal wäre es zu einer Untersagung jedoch bereits im Jahr 2018 gekommen, als die chinesische *Yantai Taihai Corporation* beabsichtigte, die *Leifeld Metal Spinning GmbH* zu übernehmen. Die Erwerberin zog sich jedoch vom Erwerbsvorhaben vor der Untersagung zurück, sodass es zu keiner formellen Untersagung kam.[1439] Hintergrund der angedrohten Untersagung war, dass der Maschinenbauhersteller auch Geschäftsbereiche hatte, die zur Nutzung in der Atomindustrie geeignet waren. Befürchtet wurde eine Stärkung der chinesischen Nuklearwirtschaft, da das chinesische Erwerberunternehmen ebenfalls in diesem Geschäftsgebiet tätig war.[1440]

Formell zur ersten Untersagung kam es bei dem Übernahmeversuch der *IMST GmbH* durch den chinesischen Rüstungskonzern *Casic* bzw. seines Tochterunternehmens *Addsino*. Das deutsche Unternehmen war Spezialist in der

1436 *Stein* in: Rüsken (Hrsg.), Zollrecht, § 5 AWV, Rn. 22.

1437 EuGH, Urteil vom 08.11.2012, C-244/11 – Kommission/Griechenland, Rn. 36.

1438 Vgl. zu Daten aus der Praxis, *Sattler/Engels* EuZW 2021, 485 (486), die sich damit aber wohl auch auf den Yantai Taihai/Leifeld-Erwerb bezogen.

1439 *Damman de Chapto/Brüggemann* NZKart 2018, 412 (413).

1440 *Reuters Staff* Chinesischer Leifeld-Interessent zieht zurück, Reuters online vom 01.08.2018, https://www.reuters.com/article/deutschland-china-leifeld-idDEKBN1KM402 und *Hellers* Erneut chinesisches Übernahmeprojekt in Deutschland gescheitert, Reuters online vom 01.08.2018, https://www.reuters.com/article/instant-article/idDEKBN1KM4J6.

Radar- und Mobilfunktechnologie.[1441] Zuletzt gab es eine Untersagung am 27.04.2022, bei der es sich um die Übernahme des insolventen Anästhesie- und Atemtherapiegeräte-Entwicklers *Heyer Medical AG* durch die chinesische *Oricare (HK) Ltd./Aeonmed-Gruppe* handelte.[1442] Begründet wurde die Untersagung mit der Versorgungssicherheit mit Beatmungsgeräten sowie der Möglichkeit politischer Einflussnahme durch wirtschaftlich-technologische Abhängigkeit.[1443] Eine öffentliche Debatte löste die geplante Untersagung der Beteiligung am *HHLA Container Terminal Tollerort GmbH* aus, die schließlich bis zu 24,9 Prozent zugelassen wurde.[1444] Im direkten Anschluss sollen wohl die Übernahmen/Beteiligungen an *Elmos Waferfertigung* und an *ERS Electronics GmbH* am 09.11.2022 untersagt worden sein.[1445] Bei beiden Unternehmen handelte es sich um Unternehmen in der Wafer-Industrie, die unter Art. 4 I b) FDI-RahmenVO (Halbleiter) fallen. Gleichzeitig deutet die zeitliche Nähe zur Debatte um die Beteiligung am *HHLA Container Terminal Tollerort GmbH* an, dass die behördliche Sicherheitsentscheidung erheblich politisiert wurde.[1446]

In keinem der Verfahren ist bisher die Inanspruchnahme von gerichtlichem Rechtsschutz bekannt geworden. Häufiger hingegen wurden mildere Mittel gegenüber Untersagungen eingesetzt; öffentlich-rechtliche Verträge waren das bevorzugte Instrument des Bundeswirtschaftsministeriums.[1447] Ein effektiver

---

1441 *Heise online* Bundesregierung untersagt Übernahme von Tech-Firma durch chinesischen Konzern, Heise vom 03.12.2020, https://www.heise.de/news/Bundesregierung-untersagt-Uebernahme-von-Firma-durch-chinesischen-Konzern-4978703.html.

1442 *Seibt* China? – Thanks but no thanks, Manager-Magazin vom 03.05.2020, https://www.manager-magazin.de/politik/weltwirtschaft/china-thanks-but-no-thanks-a-5b019b4d-405a-4854-9b1b-bb0e2fbd0027.

1443 *Seibt* China? – Thanks but no thanks, Manager-Magazin vom 03.05.2020.

1444 Siehe Kapitel E. II. 4. b) bb) (3) (a) (aa) (bbb).

1445 FAZ, Regierung untersagt Elmos-Verkauf an chinesischen Investoren, vom 09.11.2022, https://www.faz.net/aktuell/wirtschaft/unternehmen/elmos-regierung-untersagt-verkauf-an-chinesische-investoren-18447952.html. Zum Standpunkt der Verfassung der Arbeit waren weitere Informationen noch nicht gesichert.

1446 Elmos zeigte sich von Berichten zur geplanten Untersagung wenige Tage zuvor überrascht, vgl. *Heide/Hofer/Neuerer/Olk* Handelsblatt vom 09.11.2022, Habeck will chinesische Übernahme von Dortmunder Chipfabrik stoppen, https://www.handelsblatt.com/politik/deutschland/elmos-habeck-will-chinesische-uebernahme-von-dortmunder-chipfabrik-stoppen/28794054.html. Zur Politisierung, siehe Kapitel F. II. 3. b) bb) (1) (a) (bb).

1447 Vgl. *BMWK* Investitionsprüfungen in Deutschland: Zahlen und Fakten, Stand: 24.03.2022, https://www.bmwk.de/Redaktion/DE/Publikationen/Aussenwirtschaft/

Rechtsschutz scheitert nicht nur an den rechtlichen Bedingungen, sondern auch am praktischen Nutzen. Statt langwidriger Rechtsschutzverfahren werden berechtigte als auch unberechtigte Zugeständnisse durch öffentlich-rechtliche Verträge akzeptiert.

(4) Datenschutz

Weiterhin gilt für das Überprüfungsverfahren der Grundsatz der vertraulichen Behandlung von Daten. Art. 14 FDI-RahmenVO enthält weitere Anforderungen für die Verarbeitung personenbezogener Daten. Die anderen Mitgliedstaaten und die Kommission sind gem. Art. 10 FDI-RahmenVO der Vertraulichkeit verpflichtet. Eine entsprechende Pflicht existiert auch in Art. 17 FKVO. Ein vergleichbares Begriffsverständnis anzulegen, liegt nahe. Die Informationen dürfen aber nicht für eine Fusionskontrolle genutzt werden, da Art. 10 FDI-RahmenVO festlegt, dass die Daten nur zu dem Zweck verwendet werden dürfen, zu dem sie angefordert werden.[1448] Dagegen sind die Auskunftsrechte gegenüber der Kommission über die Nutzung der personenbezogenen Daten durch Beschluss eingeschränkt worden.[1449]

(5) Fazit

Die Vorgaben des Art. 3 FDI-RahmenVO sind verbindlich und somit von den Mitgliedstaaten einzuhalten. Art. 3 FDI-RahmenVO hat harmonisierende Wirkung auf die Ausgestaltung der Investitionskontrollen, sofern die Mitgliedstaaten solche eingerichtet haben.

Die verfahrenstechnischen Vorgaben an die Mitgliedstaaten sind grundsätzlich sinnvoll und aus rechtsstaatlicher Sicht geboten. Gleichzeitig waren diese bereits durch die Rechtsprechung des EuGH bei Direktinvestitionskontrollen ohnehin verpflichtend einzuhalten, um eine rechtmäßige Beschränkung der

---

investitionsprufung-in-deutschland-zahlen-und-fakten.pdf?__blob=publicationFile&v=10.

1448 *Voland/Slobodenjuk* in: Krenzler/Herrmann/Niestedt (Hrsg.), EU-Außenwirtschafts- und Zollrecht, XII Nr. 122, Art. 10 VO (EU) 2019/452, Rn. 2.

1449 Beschluss (EU) 2020/1502 der Kommission vom 15. Oktober 2020 zur Festlegung interner Vorschriften über die Unterrichtung betroffener Personen und die Beschränkungen bestimmter Rechte der betroffenen Personen bei der Verarbeitung personenbezogener Daten durch die Europäische Kommission im mit der Verordnung (EU) 2019/452 des Europäischen Parlaments und des Rates geschaffenen Kooperationsmechanismus, ABl. L 342 vom 16.10.2020, S. 25 ff.

Kapitalverkehrsfreiheit vornehmen zu können. Grundfreiheitskonforme Direktinvestitionskontrollen mussten die Vorgaben bereits vor der Verordnung einhalten, sodass keine wesentlichen Neuerungen für die Mitgliedstaaten entstanden. Bei den Anforderungen handelt es sich im Wesentlichen um eine Kodifikation der bisherigen Rechtsprechung zu Investitionskontrollen und Golden-Shares.[1450] Dies vermittelt den Eindruck, dass die FDI-RahmenVO neben der Etablierung eines Kooperationsmechanismus vor allem die Verrechtlichung der bisherigen zweifelhaften Rechtslage nationaler Investitionskontrollen zum Ziel hat. Ebenso wird die Gefahr gemindert, dass sich die Mitgliedstaaten nicht an bereits geltende Vorgaben der Kapitalverkehrsfreiheit halten.[1451]

b) Überprüfungsgründe für Investitionskontrollen

Kontrollen von Direktinvestitionen werden mit verschiedenen Begründungsansätzen durchgeführt. Investitionskontrollen können rein ökonomische Erwägungen zugrunde liegen. Häufig werden Lohnentwicklungen im Herkunfts- und Zielland angeführt, um Investitionsfreiheit zu beschränken oder gerade zu fördern. Direktinvestition können eine Alternative zum Außenhandel mit Waren darstellen, um einen Zielmarkt zu bedienen.[1452] Ob Direktinvestitionen den Außenhandel fördern oder auf diesen einen substitutiven Effekt haben, ist umstritten bzw. im Einzelfall zu betrachten.[1453] Die ökonomischen Hintergründe, die ausländischen Direktinvestitionen zugrunde liegen, werden mit zahlreichen Theorien zu erklären versucht.[1454] Die unterschiedliche ökonomische

---

1450 Vgl. *Bismuth* in: Bourgeois (Hrsg.), EU Framework for Foreign Direct Investment Control, § 7.03, S. 107.

1451 *Bismuth* in: Bourgeois (Hrsg.), EU Framework for Foreign Direct Investment Control, § 7.03, S. 108, "better discipline and control domestic".

1452 Vgl. *Heiduk/Kerlen-Prinz* in: Döhrn/Heiduk (Hrsg.), Theorie und Empirie der Direktinvestitionen, S. 25 ff., die zahlreiche Erklärungsansätze zur Existenz und Wirkung von Direktinvestitionen vorstellen.

1453 Vgl. Kojima Hitotsubashi Journal of Economics 1985 (26), S. 136 ff.; *ders.* Hitotsubashi Journal of Economics 1982 (23), 1 ff. Dies wird insbesondere auf die fehlende Behandlung von „knowledge transfers“ in den Modellen von Ricardo und Heckscher-Ohlin zurückgeführt. Kojima beispielsweise unterscheidet deshalb zwischen „enhancing“ und „reducing“ Direktinvestitionen.

1454 Vgl. *Denisia* European Journal of Interdisciplinary Studies 2010, 53 (53 ff.); *Boddewyn* Weltwirtschaftliches Archiv 1983, 345 (345 ff.).

Bewertung dürfte damit zusammenhängen, dass die Investitionswirkungen in den einzelnen Ländern vielfältige Effekte haben können.[1455]

Daneben bestehen politische Gründe für die Durchführung allgemeiner Investitionskontrollen. Ausländische Investoren können kriminelle oder terroristische Aktivitäten mit ihrer Investition verfolgen.[1456] Politische Interessen des Heimatstaats könnten durch staatlich gebundene Investoren verfolgt werden,[1457] die nach außerwettbewerblichen Handlungsmaximen agieren.[1458] Dies ist besonders dann sicherheitsrelevant, wenn in sensible Industrie investiert wird.[1459] Im Fokus standen zu Beginn der Debatte vor allem Staatsfonds[1460].[1461] Angedacht waren zu diesem Zeitpunkt noch Regeln, die zur Transparenz von Staatsfonds beitragen sollten; Ideen zu einem EU-weiten Überprüfungsmechanismus wurden als „falsches Signal" verworfen.[1462] In der COVID-19-Pandemie hat sich gezeigt, wie elementar heimische Produktion werden kann. Auch spielen wettbewerbliche Gründe eine Rolle, wenn sich der Investor durch Subventionierung bei Übernahmen gegenüber anderen Wettbewerbern durchsetzen kann.[1463] Ferner können handelspolitische Zielsetzungen verfolgt werden, wie beispielsweise der Technologietransfer ins Ausland oder die Druckausübung auf einen gegenseitigen Marktzugang. Auch der Schutz und die Unterstützung „nationaler Champions" werden im Rahmen der Kontrolle von Direktinvestitionen verfolgt.

1455 Vgl. *Nunnenkamp* Die Weltwirtschaft 2004, 99 (103 f.).

1456 Vgl. Art. 4 II c) FDI-RahmenVO. *Clostermeyer* Staatliche Übernahmeabwehr und die Kapitalverkehrsfreiheit zu Drittstaaten, S. 134.

1457 *Tietje/Klutig* in: Tietje/Kraft/Sethe (Hrsg.), Beiträge zum Transnationalen Wirtschaftsrecht, 2008 (75), S. 7.

1458 Vgl. Art. 4 II a) FDI-RahmenVO. Vgl. zur kartellrechtlichen Diskussion zu Staatsfonds, *Schweitzer* in: Bernitz/Ringe (Hrsg.), Company Law and Economic Protectionism, S. 285.

1459 Vgl. Art. 4 I FDI-RahmenVO.

1460 Laut der nicht allgemein maßgeblichen VO (EU) Nr. 549/2013, ABl. L 174 vom 26.06.2013, S. 1 ff., handelt es sich hierbei um „zweckgebundene staatliche Fonds". Zum Begriff ausführlich *Dehne* Investitionskontrolle in Deutschland, S. 40 ff.

1461 Zuletzt: *Dehne* Investitionskontrolle in Deutschland; *Preisser* Sovereign Wealth Funds, S. 83; *Schweitzer* in: Bernitz/Ringe (Hrsg.), Company Law and Economic Protectionism, S. 250; *Wolff* Ausländische Staatsfonds, S. 3; *Martini* DÖV 2008, 314 (314).

1462 *Kommission* Mitteilung, Ein gemeinsames Vorgehen gegenüber Staatsfonds, COM(2008) 115 final, vom 27.02.2008, S. 7.

1463 Vgl. *Kommission* COM(2021) 223 final, vom 05.05.2021, Begründung zum Vorschlag, S. 2.

Ähnliche Debatten um nationale Champions wurden bezüglich der FKVO bei der Siemens/Alstom-Entscheidung der Kommission geführt.[1464]

Die Arbeit beschränkt sich auf die Untersuchung von Investitionskontrollen aus Gründen der öffentlichen Ordnung oder Sicherheit, so wie es die FDI-RahmenVO und die §§ 55 ff. AWV dem Wortlaut nach vorsehen. Zu häufig werden andere rechtliche und politische Erwägungen für Investitionskontrollen mit der öffentlichen Ordnung oder Sicherheit vermengt. Ökonomische Gründe zur Einschränkung von Direktinvestitionen sind grundsätzlich nicht von einer sicherheitspolitischen Investitionskontrolle umfasst. Folgerichtig wird die Verfälschung des Wettbewerbs durch eigene Rechtsinstitute (Fusionskontrolle und Drittstaatssubventionskontrolle) verhindert.[1465] Allerdings ist eine klare Trennung zwischen sicherheitsrelevanten und volkswirtschaftlichen Erwägungen auch nicht immer möglich, da der Sicherheitseinschätzung eine politische Entscheidung immanent innewohnt.[1466] Der EU wird in diesem Zusammenhang eine Politisierung ihrer Handelspolitik attestiert, die sich teilweise zu einer „securitization“[1467] sowie „geopoliticization“ weiterentwickelt habe.[1468] Womöglich basiert die stärkere Besinnung auf Sicherheit neben dem Freihandel auch auf einem sich im 21. Jahrhundert wandelnden globalen Machtverhältnis. Mit dem allmählichen Verlust außenwirtschaftlicher Vorherrschaft geht regelmäßig ein geringerer Ruf nach Freihandel einher.[1469]

1464 Vgl. *Höpner/Hoppe* Entscheidung der Kommission, Zugfusion von Siemens und Alstom untersagt – Kaeser fordert Strukturreform, Handelsblatt vom 06.02.2019, https://www.handelsblatt.com/unternehmen/industrie/entscheidung-der-eu-kommission-zugfusion-von-siemens-und-alstom-untersagt-kaeser-fordert-strukturreform/23955002.html?ticket=ST-3863551-fAdfvW9oBJhOyGcbYHOi-cas01.example.org.
Vgl. ferner *BMWK* Franco-German Manifesto, S. 4, in der auch auf die FDI-RahmenVO eingegangen wird, https://www.bmwk.de/Redaktion/DE/Downloads/F/franco-german-manifesto-for-a-european-industrial-policy.pdf?__blob=publicationFile&v=2.

1465 Zum Verhältnis zur Fusionskontrolle, siehe Kapitel F. II. b) bb) (1) (a).

1466 Siehe Kapitel E. II. 4. b) bb) (3) (a).

1467 Siehe Kapitel F. I. 3. b) bb) (2).

1468 *Chan/Meunier* The Review of International Organization 2021, Sec. 2. Siehe Kapitel F. I. 3. B) bb).

1469 *Grewal* Network Power: The Social Dynamics of Globalization, S. 236.

aa) Zulässige Faktoren der Art. 4 und Art. 8 FDI-RahmenVO

Neben den verpflichtenden verfahrenstechnischen Vorgaben gem. Art. 3 FDI-RahmenVO listet die Verordnung zulässige Faktoren auf, die in einem Überprüfungsmechanismus berücksichtigt werden können. Die Faktoren gem. Art. 4 I FDI-RahmenVO beziehen sich auf die Branche der Zielunternehmen, die Faktoren des Art. 4 II FDI-RahmenVO hingegen auf investorenbezogene Faktoren. Entsprechend der „Kann"-Formulierung sind diese nicht bindend. Werden sie übernommen, sind sie in der Regel als mit der Kapitalverkehrsfreiheit in Einklang stehend zu betrachten. Daneben wird die Kategorie sog. „Projekte oder Programme von Unionsinteresse" gem. Art. 8 FDI-RahmenVO neu in das Investitionskontrollsystem eingeführt.

Die Liste des Art. 4 FDI-RahmenVO wurde mit zahlreichen Änderungsvorschlägen versehen. Insbesondere das Europäische Parlament legte einen umfangreichen Faktorenkatalog vor. Vorschläge zur Einhaltung von Kernarbeitsnormen der ILO, Menschenrechtsbelange oder geistige Eigentumsfragen wurden in der finalen Fassung nicht übernommen.[1470] Die Investitionskontrolle bleibt damit ein Sicherheitsinstrument und kein Instrument „wertegeleiteter Außenpolitik"[1471]. Ebenso wurden Vorschläge unterbreitet, die wettbewerblicher Art waren, so zum Beispiel Fragen zu einer Monopol- oder marktbeherrschenden Stellung in der Wertschöpfungskette.[1472] Vereinzelt finden sich Vorschläge dieser Art auch in der Literatur.[1473] Der Vorschlag zu Reziprozitätsfaktoren beim Herkunftsstaat des Investors konnte sich ebenfalls im Gesetzgebungsverfahren nicht durchsetzen.[1474]

1470 Vgl. *Europäisches Parlament* Entwurf einer legislativen Entschließung des Europäischen Parlaments, vom 04.06.2018, PE619.160v03-00, Änderungsantrag Nr. 45 für einen Art. 4 IIa (b).

1471 Vgl. zum Begriff im Zusammenhang mit China *Bundesaußenministerin Annalena Baerbock* Interview in TAZ vom 01.12.2021 https://taz.de/Annalena-Baerbock-ueber-Aussenpolitik/!5819421/.

1472 Vgl. *Europäisches Parlament* Entwurf einer legislativen Entschließung des Europäischen Parlaments, vom 04.06.2018, PE619.160v03-00, Änderungsantrag Nr. 45 für einen Art. 4 IIa (d). In der Literatur.

1473 Vgl. *Böni* EWS 2020, 82 (84 f.), für die Einbettung der Investitionskontrolle in das Fusionskontrollsystem.

1474 Vgl. *Europäisches Parlament* Entwurf einer legislativen Entschließung des Europäischen Parlaments, vom 04.06.2018, PE619.160v03-00, Änderungsantrag Nr. 45 für einen Art. 4 IIa (e).

Die zulässigen Faktoren in Art. 4 FDI-RahmenVO sind nicht erschöpfend geregelt und die Übernahme nicht verbindlich. Die Faktoren in den Zielunternehmen wurden auf ihre Vereinbarkeit mit den Grundfreiheiten untersucht.[1475] Eine darüberhinausgehende Bestimmung der einzelnen Begrifflichkeiten ist nicht zweckmäßig, da die Mitgliedstaaten hiervon abweichende Begriffe oder ein anderes Begriffsverständnis zugrunde legen können. Deutschland orientiere sich in der *Ersten Verordnung zur Änderung des Außenwirtschaftsgesetzes und der Außenwirtschaftsverordnung*[1476] an Art. 4 FDI-RahmenVO, setzte dessen Inhalt jedoch mit höherem Konkretisierungsgrad in § 55a AWV um. Die Konkretisierung der Faktoren ist im Hinblick auf das Bestimmtheitsgebot und die Verbesserung judikativer Überprüfung grundsätzlich zu begrüßen; über das Ausmaß von 27 Regelbeispielen in Art. 55a AWV wird jedoch teilweise harsche (politische) Kritik geübt. So würde der Gesetzgeber laut *Hindelang* „zeigen, wie Staatskapitalismus richtig funktioniert".[1477] Das italienische Investitionskontrollsystem hingegen passte die Faktoren wortlautgetreu an Art. 4 FDI-RahmenVO an,[1478] was zu einer beträchtlichen Intensivierung der Prüfungspraxis führte.[1479] Auch Österreich übernahm viele Begriffe des Art. 4 FDI-RahmenVO ohne jede weitere Konkretisierung.[1480] Die Konkretisierung in Form zahlreicher Regelbeispiele stellt daher keinen Beweis maßlosen Protektionismus dar.

Ebenso wurde die Einbeziehung der investorenbezogenen Faktoren, die nach Art. 4 II FDI-RahmenVO möglich sind, im deutschen Recht in § 55a III AWV normiert;[1481] dabei jedoch klargestellt, dass bereits zuvor solche Gründe ohne ausdrückliche Normierung im Gesetz im Rahmen einer Gesamtabwägung betrachtet wurden.[1482] Dies verdeutlicht, dass die investorenbezogenen Faktoren nicht getrennt von den Faktoren im Zielunternehmen betrachtet werden können.

1475 Siehe Kapitel E. II. 4. b) bb) (3).

1476 Erste Verordnung zur Änderung des Außenwirtschaftsgesetzes und der Außenwirtschaftsverordnung, BAnz AT 07.09.2021 V1.

1477 *Hindelang* EuZW 2021, 321 (322).

1478 Decreto-Legge Nr. 179/2020 vom 08.04.2020, Decreto-Legge Nr. 105/2019 vom 21.09.2019.

1479 Laut *Barth/Käser* NZG 2021, 813 (815, Fn. 8), soll die Zahl der Prüfungen um 300 Prozent gestiegen sein.

1480 Vgl. Anlage Teil 2 des österreichischen Investitionskontrollgesetz, BGBl. I Nr. 87/2020.

1481 Erstmals in der Fünfzehnten Verordnung zur Änderung der Außenwirtschaftsverordnung vom 25.05.2020, BAnz AT 02.06.2020 V1.

1482 BT-Drs. 19/19781 vom 05.06.2020, S. 1, 10, 14.

Anderenfalls wäre die Prüfung einer konkreten Investition nicht ausreichend möglich. Durch Betrachtung des Investors können weitere Risiken festgestellt werden, die sich aus der isolierten Betrachtung nicht aufdrängen. Beispielsweise kann ein (politisch-)strategisches Muster des Investors eine intensivere Kontrolle der Investition in ein scheinbar wenig sicherheitssensibles Unternehmen rechtfertigen. Der investorenbezogene Faktor kann aber auch das Einfallstor für eine diskriminierende Praxis der Investitionskontrollbehörden werden. Der Investor muss deshalb im Einzelfall betrachtet werden und darf nicht pauschal auf das Herkunftsland reduziert werden. Wiederholende Problematiken bestimmter Herkunftsländer, die sich in den Einzelfällen manifestieren, können dazu führen, dass Investoren bestimmter Herkunftsländer häufiger intensivere Prüfung erfahren. Es handelt es sich dann nicht um eine Diskriminierung, da die Ungleichbehandlung sachlich gerechtfertigt ist.

Bereits erläutert wurde, dass der niedrige Gefährdungsgrad der „voraussichtlichen Beeinträchtigung“ nicht auf negative Überprüfungsentscheidungen angewendet werden darf.[1483] Das bedeutet, Mitgliedstaaten dürfen Investitionen unter Prüfung stellen, wenn sie eine voraussichtliche Beeinträchtigung darstellen; sie dürfen diese aber nicht aus diesem Grund bereits untersagen. § 5 II AWG ist entsprechend unionskonform auszulegen: Beschränkungen umfassen keine Untersagungen, Auflagen oder Auslösung der auflösenden Bedingung.[1484] Hierfür spricht auch Erwägungsgrund Nr. 7 FDI-RahmenVO, der zwischen den „Überprüfungsmechanismen der Mitgliedstaaten“ und „einer unionsweiten Koordinierung und Zusammenarbeit bei der Überprüfung ausländischer Direktinvestitionen“ dem Wortlaut nach bereits differenziert. Für die Verpflichtung der Mitgliedstaaten, den Maßstab der voraussichtlichen Beeinträchtigung für die Prüfung oder gar für restriktive Maßnahmen in nationales Recht umzusetzen, finden sich keine ausdrücklichen Anhaltspunkte in der FDI-RahmenVO.[1485] Wenn bereits die Einführung einer Investitionskontrolle und die Überprüfung einer bestimmten Direktinvestition in der Entscheidungsfreiheit der Mitgliedstaaten liegen, kann erst recht nicht der konkrete Maßstab verpflichtend sein.

1483 Siehe Kapitel E. II. 4. c) bb) (2) (b).

1484 Vgl. *Hindelang/Hagemeyer* CMLRev 2020, 1427 (1453 f.); a. A. *Jungkind/Bormann* NZG 2020, 619 (620), hingegen aber mit Hinweis zu verfassungsrechtlichen Grenzen; *Herrmann* Stellungnahme zur Öffentlichen Anhörung des Ausschusses für Wirtschaft und Energie, Ausschussdrucksache 19(9)593, S. 4; *ders.* ZEuS 2019, 429 (469), dieser rät sogar zu der entsprechenden Änderung.

1485 A. A. *Mausch-Liotta/Sattler* in: Hocke/Sachs/Pelz (Hrsg.), Außenwirtschaftsrecht, § 55 AWV, Rn. 23.

Auch ein aufgrund unterschiedlicher Prüfungsmaßstäbe zweckloser Kommentar eines anderen Mitgliedstaats ändert hieran nichts,[1486] denn dies widerspräche der Entscheidungsfreiheit und würde ebenso für Mitgliedstaaten ohne Investitionskontrolle gelten. Die Änderung befindet sich danach nicht mehr im Einklang mit der FDI-RahmenVO,[1487] da sie die notwendige unionskonforme Auslegung nicht ins deutsche Recht überträgt.

bb) Unzulässige Faktoren

Nationalstaaten haben ein sich aus ihrer Souveränität ableitendes Recht, einströmende Investitionen und Niederlassungen zu regulieren.[1488] Die EU-Mitgliedstaaten haben sich jedoch entschieden, die Ausübung dieses Rechts unter bestimmte Regeln zu stellen. Durch Kompetenzverschiebungen sind die rechtlichen Grenzen des Unionsrechts neben dem nationalen Verfassungs- und dem internationalen Völkerrecht zu beachten. Grenzen bestehen in kompetenzieller als auch materieller Art. Die Grenzen für den Unionsgesetzgeber wurden bereits erläutert;[1489] die Grundsätze hierzu sind auch auf die Mitgliedstaaten anwendbar. Als Rückermächtigung einer Materie der ausschließlichen Zuständigkeit erlaubt die FDI-RahmenVO Direktinvestitionskontrollen aus Gründen der öffentlichen Ordnung oder Sicherheit. Die Mitgliedstaaten können Prüfungen bereits bei der Annahme einer voraussichtlichen Beeinträchtigung durchführen. Da weitere Gründe nicht vorgesehen sind, können die Mitgliedstaaten mangels Zuständigkeit keine weiteren Investitionskontrollen hierzu einführen. Engere Rechtfertigungsgründe wie die „wesentlichen Sicherheitsinteressen" gem. § 60 AWV, als Teilbereich der Sicherheit und Ausnahmemöglichkeit gem. § 346 AEUV sind hingegen möglich.

Neben den zulässigen Faktoren, die im Rahmen einer Investitionskontrolle berücksichtigt werden können, determinieren ebenso die nach der FDI-RahmenVO und dem Primärrecht unzulässigen Faktoren die Gestaltung der nationalen Überprüfungsmechanismen. Grundsätzlich hat die FDI-RahmenVO keine negative Indizwirkung auf die nicht übernommenen Faktoren, da die Liste nicht abschließend ist. Auch Faktoren, die im Gesetzgebungsverfahren aufkamen, aber nicht eingeführt wurden, können, wenn diese primärrechtskonform

---

1486 A. A. *Mausch-Liotta/Sattler* in: Hocke/Sachs/Pelz (Hrsg.), Außenwirtschaftsrecht, § 55 AWV, Rn. 23.

1487 A. A. *Stein/Schwander* STB 2020, 255 (256).

1488 *UNCTAD* World Investment Report 2019, S. 92.

1489 Siehe Kapitel C. und E.

sind, grundsätzlich angewendet werden. Beispielsweise gab es einen Vorschlag, „Technologien für digitale Überwachung und Ausspähung“ hinzuzufügen;[1490] in diese Kategorie wäre die Untersagung des Erwerbs der *IMST GmbH* gefallen.[1491] Der Vorschlag der Einbeziehung einer NATO-Mitgliedschaft[1492] hätte hingegen Probleme mit dem Diskriminierungsverbot gebracht; als sachlicher Grund für die Ungleichbehandlung kann dieser in der Gesamtabwägung aber wohl berücksichtigt werden, wenn es um wehrstrategische Abwägungen geht.

(1) Rechtliche Hintergründe

Neben den unionsrechtlichen Grenzen des Art. 63 AEUV und des kompetenziellen Hintergrunds einer ausschließlichen Zuständigkeit nach Art. 207 II AEUV sprechen auch verhaltenstheoretische Gründe des internationalen Handels[1493] gegen eine umfassende Reichweite nationaler (Sicherheits-)Investitionskontrollen. Die vorliegende Arbeit bewertet nicht die wachsenden Zugangshürden in der internationalen Handelspolitik[1494] in politischer Hinsicht. Eine Investitionskontrolle nach der FDI-RahmenVO sowie den §§ 55 ff. AWV darf jedoch nur aus „Gründen der öffentlichen Ordnung oder Sicherheit“ erfolgen; weitere Interessen sind durch andere Instrumente zu schützen. Zwar unterliegt der Begriff der „nationalen Sicherheit“ im internationalen Kontext laufender Entwicklung und der Interpretation des jeweiligen Staats,[1495] wirtschaftspolitische Erwägungen dürfen aber nicht unter dem Deckmantel der öffentlichen Ordnung oder Sicherheit gestellt, sondern müssen durch andere Instrumente verfolgt werden. Ebenso ist die Investitionskontrolle ungeeignet, die „Zukunftsfähigkeit der deutschen Wirtschaft“[1496] im Blick zu halten. Sie kann nämlich nur durch eine allgemeine außenpolitische Strategie verfolgt werden und ist als Faktor für einzelne Investitionen ungeeignet, da wirtschaftliche Prognosen beliebig einsetzbar sind

1490 *Ausschuss für auswärtige Angelegenheiten* Stellungnahme vom 22.03.2018, PE616.888v02-00, Änderungsvorschlag Nr. 26.

1491 Siehe hierzu Kapitel E. III. 2. a).

1492 *Ausschuss für auswärtige Angelegenheiten* Stellungnahme vom 22.03.2018, PE616. 888v02-00, Änderungsvorschlag Nr. 29.

1493 Eine weite Investitionskontrolle ist mit geringerer Akzeptanz bei den Handelspartnern verbunden und kann zu Gegenmaßnahmen führen, vgl. *Bian* Journal of World Investment & Trade 2021, 561 (566 f.).

1494 *UNCTAD* World Investment Report 2021, S. 109 f.

1495 *Zhou/Jiang/Chen* World Trade Review 2022, 1 (3 f.); *Heath* The Yale Law Journal 2020, 1020 (1025).

1496 Offenlassend *Barth/Käser* NZG 2021, 813 (815).

und regelmäßig keinen Bezug zur konkreten Investition haben werden. Auf einzelne besonders gelagerte Investitionen könnte der Faktor aber beschränkt zur Anwendung kommen, denn wenn mit einer Investition tatsächlich die Zukunft der deutschen Wirtschaft in Gefahr wäre, dann wäre dies auch eine Gefahr für die deutsche Sicherheit.

(a) Vergleich mit der Fusionskontrollverordnung

Mit der Kontrolle nach der FKVO existiert ein paralleles System zur Kontrolle von Unternehmensübernahmen. Im Gegensatz zur FDI-RahmenVO stellt die FKVO nicht nur Regeln für Mitgliedstaaten auf, sondern sieht eine Kontrolle durch die Kommission vor. Auf nationaler Ebene besteht eine institutionelle Trennung zwischen den Überprüfungsmechanismen; die wettbewerbliche Fusionskontrolle wird gem. §§ 35 ff. GWB durch das Bundeskartellamt und die außenwirtschaftsrechtliche Investitionskontrolle gem. §§ 55 ff. AWV durch das BMWK durchgeführt. Dies beruht nicht allein auf politischen Erwägungen, sondern ist durch Primärrecht determiniert, denn der unverfälschte Wettbewerb und die öffentliche Ordnung oder Sicherheit sind getrennte Unionsziele, die zu unterschiedlichen Prüfungsergebnissen führen können.

(aa) Verhältnis von Art. 21 IV FKVO und Erwägungsgrund Nr. 36 FDI-RahmenVO

Die Fusionskontrolle gibt in Art. 21 IV FKVO materielle Grenzen für Kontrollen von Zusammenschlüssen aus außerwettbewerblichen Gründen vor. In der Vergangenheit ist die Kommission gegen gem. Art. 21 FKVO unzulässige mitgliedstaatliche Maßnahmen parallel durch wettbewerbliche Entscheidung und gegen das zugrunde liegende Regelungsregime durch Vertragsverletzungsverfahren wegen Verstoßes gegen die Kapitalverkehrsfreiheit vorgegangen.[1497]

Für eine von der FKVO abweichende Entscheidung sind „berechtigte Interessen" gem. Art. 21 IV 2 FKVO oder „andere öffentliche Interessen" gem. Art. 21 IV 3 FKVO. Die öffentliche Sicherheit ist in Art. 21 IV 2 FKVO anerkannt; die öffentliche Ordnung hingegen ist kein grundsätzlich „berechtigtes Interesse" nach Art. 21 IV 3 FKVO. Die FDI-RahmenVO soll gem. ihrem Erwägungsgrund Nr. 36 unbeschadet des Art. 21 FKVO angewandt werden; die „Interessen" nach

---

1497 Vgl. die EuGH-Entscheidung zur wettwerblichen Entscheidung, EuGH, Urteil vom 22.06.2004, C-42/01 – Portugal/Kommission, ECLI:EU:C:2004:379, sowie die Entscheidung zum Vertragsverletzungsverfahren EuGH, Urteil vom 04.06.2002, C-367/98 – Kommission/Portugal.

Art. 21 IV 3 FKVO und die Gründe des Art. 1 FDI-RahmenVO sollen jedoch einheitlich angewandt werden. Denkbar wäre es, die Faktoren des Art. 4 FDI-RahmenVO als „öffentliche Sicherheit“ im Sinne von Art. 21 IV 2 FKVO zu definieren.[1498] Art. 4 FDI-RahmenVO definiert jedoch nicht die „öffentliche Sicherheit“, sondern die „Sicherheit oder die öffentliche Ordnung“. Letztere ist jedoch gerade kein kodifiziertes anerkanntes Interesse.[1499] Nur die sektorspezifische Prüfung gem. § 60 ff. AWV ist bereits gem. Art. 21 IV 2 FKVO anerkannt, da sie sich auf die „wesentlichen Sicherheitsinteressen“ beschränkt.[1500] Auch die Begründung zum Verordnungsvorschlag zur FDI-RahmenVO geht nicht davon aus, dass jede Prüfung im Rahmen der FDI-RahmenVO ein anerkanntes Interesse im Sinne des Art. 21 IV 2 FKVO darstellt.[1501] Der Erwägungsgrund Nr. 36 FDI-RahmenVO erwähnt auch nicht die gem. Art. 21 IV 2 FKVO anerkannten Interessen. Deshalb muss die „Sicherheit oder öffentliche Ordnung“ als anderes öffentliches Interesse anerkannt werden. Ob die öffentliche Ordnung bisher nicht als berechtigtes Interesse in Art. 21 IV FKVO anerkannt wurde, spielt insoweit keine Rolle.[1502] Die Verordnungen sind gleichrangig. Wettbewerbliche Erwägungen genießen keinen zwingenden Vorrang vor dem Schutz der öffentlichen Ordnung oder Sicherheit.[1503] Ebenso ist die EU-Fusionskontrolle nicht gegenüber der nationalen Investitionskontrolle vorrangig, sofern diese im Anwendungsbereich der FDI-RahmenVO liegt.[1504] Erwägungsgrund Nr. 36 FDI-RahmenVO soll Konflikte hinsichtlich der anerkannten Interessen in Art. 21 IV FKVO beseitigen. Geklärt werden dürfte die Frage in dem Vorabentscheidungsverfahren in der Rechtssache C-106/22 (Xella Magyarország); in diesem wird dem EuGH als zweite Frage vorgelegt, welches Verhältnis zwischen einer Fusionskontrollentscheidung der Kommission und dem Ermessen der Mitgliedstaaten bei ihrer Investitionskontrolle besteht.[1505]

1498 *Franck/Monti/De Streel* TILEC Discussion Paper 2021-016, S. 49.

1499 *Schild* in: Münchener Kommentar zum Wettbewerbsrecht, Art. 21 FKVO, Rn. 74.

1500 *Lübbig/Salaschek* NZKart 2022, 197 (198).

1501 *Kommission* COM(2017) 487 final, vom 13.09.2017, S. 5.

1502 A. A. *Lübbig/Salaschek* NZKart 2022, 197 (198).

1503 Vgl. *Monopolkommission* XXIII. Hauptgutachten der Monopolkommission, Wettbewerb 2020, Rn. 814, „dem Schutz der öffentlichen Sicherheit und Ordnung kann daher im Einzelfall der Vorrang vor einem effektiven Wettbewerb“ eingeräumt werden.

1504 A. A. *Lübbig/Salaschek* NZKart 2022, 197 (199).

1505 Vorlagefrage 2, EuGH, Antrag vom 15.02.2022, C-106/22 – Xella Magyarország.

Eine Vorabmitteilung gem. Art. 21 IV 3 S. 1 FKVO ist im Anwendungsbereich der FDI-RahmenVO nicht notwendig, sofern sich auf die „Sicherheit oder öffentliche Ordnung" im Rahmen einer allgemeine Investitionskontrolle berufen wird.[1506] Die Notifizierungspflicht gem. Art. 3 VII FDI-RahmenVO stellt sicher, dass keine unzulässigen Investitionskontrollen in den Mitgliedstaaten ohne Kenntnis der Kommission eingeführt werden. Ebenso stellt die Mitteilungspflicht gem. Art. 6 I FDI-RahmenVO sicher, dass die Kommission von den Investitionskontrollen der Mitgliedstaaten unterrichtet wird.

Eine Überprüfung durch die Kommission, ob die konkreten Gründe in der nationalen Investitionskontrolle durch berechtigte öffentliche Interessen gedeckt und mit den allgemeinen Grundsätzen und den sonstigen Bestimmungen des Unionsrechts vereinbar sind, wird dadurch gem. Erwägungsgrund Nr. 36 FDI-RahmenVO ausdrücklich nicht beeinträchtigt. Dies ist der Kommission indes auch nicht bei den berechtigten Interessen des Art. 21 IV 1, 2 FKVO verwehrt.[1507] Dies bedeutet, dass sich die Mitgliedstaaten bei ihren Investitionskontrollen nicht pauschal auf die FDI-RahmenVO berufen können, um nach Art. 21 IV FKVO unzulässige Interessen zu verfolgen. Als auslegungsbedürftiger Begriff bleibt die Grenze des Art. 21 IV FKVO für die Mitgliedstaaten weiterhin bestehen. Die Mitgliedstaaten müssen nämlich die „öffentliche Ordnung oder Sicherheit" durch die vom Sekundärrecht, insbesondere der FDI-RahmenVO, und dem EuGH bestimmten primärrechtlichen Regeln einhalten. Art. 21 IV FKVO stellt kein Vorrangverhältnis auf, sondern ermächtigt die Kommission die nationalen Kontrollen darauf zu untersuchen, ob in diesen ein unionskonformes Verständnis der öffentlichen Ordnung oder Sicherheit eingehalten wird. Weil die FDI-RahmenVO bisher keine eigene Überprüfungsmöglichkeit durch die Kommission vorsieht, ist dies auch notwendig.

Dem widerspricht auch nicht die Kommissionsentscheidung[1508] zum ungarischen Veto der Beteiligung der österreichische *Vienna Insurance Group AG Wiener Versicherung Gruppe* an der ungarischen Tochtergesellschaft der *AEGON-Gruppe*. Ungarn untersagte die Übernahme im Rahmen seiner nationalen Investitionskontrolle; dies geschah noch bevor die Beteiligung die fusionskontrollrechtliche Freigabe durch die Kommission erhielt.[1509] Die Kommission

1506 Diese Ansicht steht soweit im Widerspruch mit dem Wortlaut der Begründung zum Verordnungsentwurf, vgl. *Kommission* COM(2017) 487 final, vom 13.09.2017, S. 6.

1507 *Körber* in: Immenga/Mestmäcker (Hrsg.), Wettbewerbsrecht, Art. 21 FKVO, Rn. 37.

1508 *Kommission* Entscheidung vom 21.02.2022, M.10494 – AEGON CEE.

1509 *Kommission* Pressemitteilung vom 21.02.2022, IP/22/1258, der Entscheidungstext ist bisher nicht veröffentlicht.

sah sich in ihrer gem. Art. 21 FKVO ausschließlichen Zuständigkeit für Zusammenschlüsse unionsweiter Bedeutung verletzt.[1510] Dies steht jedoch nicht im Widerspruch zur Gleichrangigkeit der Kontrollen der FDI-RahmenVO und der FKVO. Art. 21 FKVO regelt die ausschließliche Zuständigkeit der Kommission für die Kontrolle von Erwerbsvorgängen von unionsweiter Bedeutung. Hiervon bestehen gem. Art. 21 IV FKVO jedoch Ausnahmen; eine Ausnahme ist die öffentliche Ordnung oder Sicherheit im Sinne der FDI-RahmenVO. Der konkrete Erwerb stand jedoch nicht im Anwendungsbereich der FDI-RahmenVO, da es sich um einen unionsinternen Erwerbsvorgang handelte, sodass Erwägungsgrund Nr. 36 nicht zu berücksichtigen war. Es galt deshalb Art. 21 IV 3 S. 1 FKVO. Indes behauptete die Kommission nicht, dass die öffentliche Ordnung oder Sicherheit keine ausreichenden Interessen im Sinne des Art. 21 IV 3 FKVO seien. Die Kommission ging aber davon aus, dass diese Ziele im vorliegenden Fall nicht von Ungarn verfolgt wurden. Die Kommission nahm deshalb zusätzlich einen Verstoß gegen die Niederlassungsfreiheit an.

(bb) Vorwurf der Politisierung

Auch Diskussionen zur Politisierung der Erwerbskontrolle durch außerwettbewerbliche Erwägungen der Kontrollbehörden betrafen die Fusionskontrolle.[1511] In der deutschen Fusionskontrolle drehte sich dies meist um die Diskussion zur Ministererlaubnis gem. § 42 GWB.[1512] So ist es nicht verwunderlich, dass der *World Investment Report 2019* auch auf die Entwicklungen der wettbewerblichen Fusionskontrollen einging.[1513] Der Anschein der Politisierung von Fusions- oder Investitionskontrolle führt zur Gefahr mangelnden Verständnisses der Drittstaaten und schlimmstenfalls zu handelspolitischen Gegenmaßnahmen. So kann auch die Fusionskontrolle handelspolitische Gegenmaßnahmen auslösen.[1514] Vorwürfe der Nutzung zur Industriepolitik gab es in der Vergangenheit vereinzelt, insgesamt lässt sich der Vorwurf jedoch nicht durch empirische

---

1510 *Kommission* Pressemitteilung vom 21.02.2022, IP/22/1258.

1511 Vgl. *Bundeswettbewerbsbehörde Österreichs* Positionspapier zu nationalen und europäischen Champions in der Fusionskontrolle, S. 34 ff.

1512 Vgl. ausführlich zu den übertragbaren Argumenten, *Fries* Die Berücksichtigung außerwettbewerblicher Interessen in der Fusionskontrolle, S. 40 ff., bzgl. Gleichbehandlungsgrundsatz, Diskriminierungsverbot und staatlicher Wirtschaftslenkung.

1513 *UNCTAD* World Investment Report 2019, S. 89 ff., 94, nicht in allen Ländern ist eine Trennung der Regelungsregime üblich.

1514 Vgl. *Bundeswettbewerbsbehörde Österreichs* Positionspapier zu nationalen und europäischen Champions in der Fusionskontrolle, S. 36.

Daten belegen.[1515] Hierdurch erhält die europäische Fusionskontrolle einen weltweit guten Ruf, der zu höherer Akzeptanz führt.[1516] Einen ähnlichen Status sollten auch die nationalen Investitionskontrollen im Anwendungsbereich der FDI-RahmenVO anstreben, wenn auch bei diesen die Grenzziehung zwischen Sicherheits- und Industriepolitik der Sache nach schwieriger vorzunehmen ist. Eine gewisse Politisierung der Entscheidung liegt in der Natur der Sache, die Akzeptanz hängt aber vom Maß der politischen Komponente ab.

Dementsprechend bestehen institutionelle Unterschiede zwischen Fusions- und Investitionskontrolle bei der Zusammensetzung der Entscheidungsträger. Das Verfahren wird bei der Investitionskontrolle auf politischer Ebene durchgeführt, die deutsche Fusionskontrolle liegt hingegen beim Bundeskartellamt. In Deutschland wird die Prüfung gem. §§ 50, 60 AWV vom BMWK durchgeführt; der Untersagung muss gem. § 4 AWG i. V. m. § 13 III AWG die gesamte Bundesregierung zustimmen. Auch im Rahmen der europäischen Fusionskontrolle treffen bei der Kommission Verwaltungsbehörde und politischer Entscheidungsträger aufeinander. Während aber sich die Kommission aus unterschiedlichen Staaten zusammensetzt und somit der industriepolitische Standpunkt eines einzelnen Staates weniger stark gewichtet wird,[1517] fehlt ein dementsprechender Ausgleich bei den nationalen Investitionskontrollen. Die ausgelöste Mitteilungspflicht an die Kommission bei einer der Prüfung unterzogenen Direktinvestition gem. Art. 6 FDI-RahmenVO kann diesen Effekt abmildern.[1518]

(b) „Securitisation"

Die zunehmende Stärkung nationaler Investitionskontrollen wird teilweise als Anzeichen für ein Ende einer neoliberalen Weltordnung hin zu einer geoökonomischen Weltordnung interpretiert.[1519] Ob die Rückbesinnung auf die nationale Sicherheit im Welthandel Ausdruck einer neuen Weltordnung ist oder nicht auf die Technologisierung und deren potenziellen Risiken zurückzuführen ist, kann für die Untersuchung dahinstehen. Nicht bestreiten lässt sich jedoch, dass der Begriff „Sicherheit" eine gesteigerte Wertzumessung in der

---

1515 Vgl. *Bradford/Jackson Jr./Zytnick* Journal of Empirical Legal Studies 2018, 165 (188 f.) zur Fusionskontrolle US-amerikanischer Übernahmen.

1516 Vgl. *Bundeswettbewerbsbehörde Österreichs* Positionspapier zu nationalen und europäischen Champions in der Fusionskontrolle, S. 36.

1517 Vgl. *Bradford/Jackson Jr./Zytnick* Journal of Empirical Legal Studies 2018, 165 (170).

1518 Zur Mitteilungspflicht, siehe Kapitel F. II. 1. a).

1519 *Roberts/Moraes/Ferguson* Journal of International Economic Law 2019, 655 (655).

Investitionsregulierung erhalten hat.[1520] Dominiert wird diese Entwicklung von der Rivalität zwischen den USA und China.[1521] Die Kommission nannte China 2019 erstmals offiziell einen „Systemrivalen“[1522] und stellte konkrete strategische Perspektiven für den weiteren Umgang auf internationaler Ebene auf. In diesem Zusammenhang wird neben vielen weiteren Instrumenten auch die FDI-RahmenVO aufgezählt.[1523]

Die USA haben den Begriff der nationalen Sicherheit auch auf die ökonomische Sicherheit erstreckt.[1524] Ebenso werden in den USA bereits Vorschläge zur Einführung einer Outbound-Investitionskontrolle geführt.[1525] Bei einer solchen werden die heimischen Investitionen in andere (bestimmte) Länder unter Kontrolle gestellt, weil mit den Investitionen sicherheitssensible Technologien transferiert werden könnten. Sollten sich diese Vorschläge durchsetzen, würde dies die Dynamik weiter verschärfen. Die EU hat erstmals im Oktober 2022 angedeutet, dass sie Gesetzgebungsmöglichkeiten zu „Outbound“-Kontrollen untersucht.[1526] Europäische Investitionskontrollen, wie sie in der FDI-RahmenVO vorgesehen sind, lassen ökonomische Erwägungen bisher grundsätzlich nicht zu. Voraussichtlich werden aber Mitgliedstaaten versuchen, eigene Ansätze der öffentlichen Ordnung oder Sicherheit zu entwickeln, die zumindest informell industriepolitische Erwägungen beinhalten.[1527] Eine extensive Definition der öffentlichen Ordnung oder Sicherheit kann teilweise berechtigt sein, vor allem im Hinblick auf Anpassungen an neue geo-ökonomische Herausforderungen,[1528] insbesondere

---

1520 Vgl. *UNCTAD* World Investment Report 2021, S. 111 ff.

1521 *Roberts/Moraes/Ferguson* Journal of International Economic Law 2019, 655 (676).

1522 *Kommission/Hohe Vertreterin der Union für Außen- und Sicherheitspolitik* Gemeinsame Mitteilung an das Europäische Parlament, den Europäischen Rat und den Rat, JOIN(2019) 5 final, S. 1.

1523 *Kommission/Hohe Vertreterin der Union für Außen- und Sicherheitspolitik* Gemeinsame Mitteilung an das Europäische Parlament, den Europäischen Rat und den Rat, JOIN(2019) 5 final, S. 12.

1524 *Roberts/Moraes/Ferguson* Journal of International Economic Law 2019, 655 (672).

1525 Vgl. America COMPETES Act 2022 vom 04.02.2022, H.R. 4521 – 117th Congress, Title X, Sec. 1001 ff.

1526 *Kommission* Mitteilung an das Europäische Parlament, den Europäischen Rat und den Rat, den Europäischen Wirtschafts- und Sozialausschuss und den Ausschuss der Regionen, Arbeitsprogramm der Kommission für 2023, COM(2022) 548 final, vom 18.10.2022, S. 9 f.

1527 *Snell* European Law Review 2019, 137 (138).

1528 *Dimitropoulos* in: Chaisse/Choukroune/Jusoh (Hrsg.), Handbook of International Investment Law and Policy, S. 28.

technologischer Art. Staaten können geneigt sein, verschiedene Erwägungen unter den Begriff der Sicherheit zu fassen, um somit Grenzen des internationalen Handels zu umgehen.[1529] Ein Begriffsverständnis der öffentlichen Ordnung oder Sicherheit verletzt jedoch die vom EuGH gesetzten Grenzen konkreter Investitionskontrollen, wenn langfristige Entwicklungen der Weltwirtschaft in die Bewertung aufgenommen werden.

Zugleich darf nicht aus dem Blick geraten, dass auch deutsche Unternehmen von einer Securitisation betroffen sein können. So musste der deutsche Batterienhersteller *Voltabox AG* das Vorhaben der Übernahme des US-amerikanischen Unternehmens *Navitas Systems* mangels Bestätigung durch die US-amerikanische CFIUS-Kontrolle 2018 aufgeben.[1530] Ein Jahr zuvor scheiterte das Vorhaben der deutschen *Infineon Technologies AG*, den Siliziumcarbid-Chip-Hersteller *Wolfspeed* zu übernehmen, an Bedenken von CFIUS.[1531] Den deutschen Staat hinter solchen Investitionen zu vermuten, kann als abwegig bezeichnet werden. Hieran ist erkennbar, dass nicht nur Länder mit systematischen staatlichen Industrieplänen von Investitionskontrollen betroffen sind. Zudem birgt ein weites Verständnis der öffentlichen Ordnung oder Sicherheit die Gefahr fehlender Justizierbarkeit.[1532] Dem EuGH ist deshalb zurecht ein enges Begriffsverständnis seit jeher wichtig gewesen,[1533] welches in Drittstaatssachverhalten aus sachlichen Gründen weniger streng angewendet wird.[1534]

Ein praktisches Problem bei der gerichtlichen Überprüfung unzulässiger Prüffaktoren ergibt sich durch das häufig geringe wirtschaftliche Interesse der Investoren, Rechtsschutz in Anspruch zu nehmen. Mangels gerichtlicher Verfahren bleibt eine Kontrolle der Überprüfungsentscheidungen durch den EuGH nur theoretischer Natur. Die Kommission ist deshalb angehalten, die notifizierten Investitionsprüfungsregime auf angelegte Überdehnungen des Begriffs der

---

1529 *Vidigal/Schill* Legal Issues of Economic Integration 2021, 109 (111).

1530 Eine Bestätigung durch CFIUS wurde immer wieder verschoben, sodass Voltabox mangels Planungssicherheit das Vorhaben aufgab, *The Trade Practioner* vom 18.11.2018, https://www.tradepractitioner.com/2018/11/voltabox-and-navitas/.

1531 Pressmitteilung von Akin Gump LLP vom 07.03.2017, https://www.akingump.com/a/web/56903/aoioa/cfius-effectively-blocks-german-acquisition-of-us-technology-c.pdf.

1532 Siehe Kapitel F. I. 3. a) bb) (3) (c) (aa).

1533 EuGH, Urteil vom 14.10.2004, C-36/02 – Omega, ECLI:EU:C:2004:614, Rn. 30.

1534 EuGH, Urteil vom 12.12.2006, C-446/04 – Test Claimants in the FII Group Litigation, ECLI:EU:C:2006:774, Rn. 171; EuGH, Urteil vom 18.12.2007, C-101/05 – Skatteverket, ECLI:EU:C:2007:804, Rn. 37.

öffentlichen Ordnung oder Sicherheit zu untersuchen und notfalls durch ein Vertragsverletzungsverfahren erforderliche Korrekturen vornehmen zu lassen. Rechtspolitisch unbefriedigend ist, dass die Kommission nur dann Stellungnahmen nach Art. 6 FDI-RahmenVO abgeben kann, wenn die Investition eine voraussichtliche Beeinträchtigung darstellt, nicht jedoch in Einzelfällen Stellungnahmen abgeben kann, wenn nach ihrer Einschätzung eine Investition offensichtlich keine sicherheitsrelevanten Beeinträchtigungen mit sich bringt.[1535] Hierdurch kann die Kommission nur in Kapitalverkehr einschränkender Funktion am Kooperationsmechanismus teilnehmen. Das Eingreifen der Kommission gegenüber den ungarischen Kontrollbehörden im Rahmen des Art. 21 IV FKVO offenbart aber, dass die Kommission auch für den Schutz des Kapitalverkehrs eintreten können sollte.[1536] Wünschenswert wäre deshalb eine Möglichkeit, die sich bereits aus dem selbigen Regelungsregime ergibt und nicht nur bei gleichzeitiger Anwendbarkeit der europäischen Fusionskontrolle greift. Mangels Verbindlichkeit der Stellungnahmen wäre damit kein allzu großer Eingriff in die Autonomie der Mitgliedstaaten verbunden. Die Mitteilungspflicht gem. Art. 6 I FDI-RahmenVO kann auch dazu dienen, die Einhaltung der Kapitalverkehrsfreiheit zu kontrollieren.[1537] Die Kommission kann im informellen Austausch eine kapitalverkehrsschützende Einschätzung mitteilen. Einer formalen Stellungnahme, die auch das offensichtliche Vorliegen keiner Beeinträchtigung feststellen kann, würde aber eine deutliche Wirkung zum Schutz der Kapitalverkehrsfreiheit zukommen. Der Schutz des Binnenmarkts, einschließlich der Kapitalverkehrsfreiheit, stellt eine wesentliche Aufgabe der Kommission dar, welche im Überprüfungsmechanismus funktionell Eingang finden sollte.

(2) Reziprozität

Art. 63 AEUV liberalisiert umfassend den Kapitalverkehr mit Drittstaaten und gilt unabhängig vom Öffnungsgrad des Herkunftslands des Investors. Die Kompetenzgrundlage zur Ergreifung von Ausnahmen des Grundsatzes stellt Art. 64 III AEUV dar, welcher ein besonderes Gesetzgebungsverfahren vorsieht.

1535 Siehe Kapitel F. II. 2.

1536 Siehe Kapitel F. I. 3. b) bb) (1) (a) (aa).

1537 Dem widerspricht auch nicht Erwägungsgrund Nr. 18 FDI-RahmenVO, nach dem der Kooperationsmechanismus „nur zum Schutz der Sicherheit oder der öffentlichen Ordnung eingesetzt werden" soll, denn die Einschränkung bezieht sich auf weitere Gründe zur Untersagung und schützt damit gerade die Kapitalverkehrsfreiheit.

Für einseitige Einzelfallmaßnahmen, die einen Rückschritt in der Liberalisierung bedeuten, stellt dieser ein lex specialis gegenüber Art. 207 AEUV dar.[1538]

Für allgemeine Regelungen zu Direktinvestitionen ist hingegen Art. 207 AEUV die einschlägige Kompetenznorm, unabhängig davon ob es sich um Rückschritte handelt. Im Gesetzgebungsverfahren kamen deshalb Vorschläge auf, den Maßstab der Reziprozität in die Liste des Art. 4 FDI-RahmenVO aufzunehmen.[1539] Obwohl sich solche Vorschläge nicht durchsetzen konnten, wird die FDI-RahmenVO dennoch teilweise als Mittel zur Erreichung von Reziprozität betrachtet; durch verschärfte Kontrollen der Investitionen aus abgeschirmten Märkten sollen die Herkunftsstaaten zur Öffnung des Marktes oder Schließung bilateraler Investitionsverträge bewegt werden.[1540]

Weder der Zugang zu ausländischen Märkten noch die Verhandlungsstellung der Union sind allerdings Aspekte der öffentlichen Ordnung oder Sicherheit, sodass die Offenheit, mit der über die Instrumentalisierung eng auszulegender Rechtsbegriffe diskutiert wird, aus rechtlicher Sicht nicht überzeugt. Rechtliche Grenzen werden in diesem Fall von politischen Erwägungen überlagert. Darüber hilft auch nicht hinweg, dass im Ergebnis in paradoxer Wirkung eine Liberalisierung des Kapitalverkehrs bezweckt werden mag.[1541] Sofern ein solcher Effekt eintreten würde, können Reziprozitätserwägungen zwar politisch sinnvoll sein, sie überschreiten aber die Bedeutungsgrenze der „öffentlichen Ordnung oder Sicherheit“ und entwerten diese. Eine sich international entwickelnde extensive Auslegung der „öffentlichen Ordnung oder Sicherheit“, würde offizielle Liberalisierungsrückschritte untergraben und nur verlagern. BITs enthalten auch nach gegenseitiger Marktöffnung weiterhin Vorbehalte zur Sicherung der öffentlichen Ordnung oder Sicherheit; reziproke Liberalisierung ändert somit nichts am weiterhin bestehenden Sicherheitsbedürfnis.[1542] Reziprozität sollte deshalb durch bilaterale Investitionsverträge sichergestellt werden,[1543] nicht durch Kontrollen aus Gründen eines überdehnten Begriffsverständnisses der öffentlichen Ordnung oder Sicherheit.[1544] Ebenso wenig kann ein besonderer Ermessensspielraum in

---

1538 Siehe Kapitel C. III. 4.

1539 *Ausschuss für Wirtschaft und Währung* Stellungnahme vom 05.04.2018, PE615.441v03-00, Änderungsantrag Nr. 36.

1540 *Schill* Legal Issues of Economic Integration 2019, 105 (125 f.); mit Vorbehalten zustimmend *Gadocha* The Chinese Journal of Global Governance 2020, 36 (38).

1541 *Schill* Legal Issues of Economic Integration 2019, 105 (108).

1542 Vgl. exemplarisch Art. 28.3 II a) CETA.

1543 *Gadocha* The Chinese Journal of Global Governance 2020, 36 (41).

1544 Vgl. die Definition bei Vgl. Art. 28.3 II a) CETA in Fn. 1.

Drittstaatssachverhalten ermöglichen, dass wirtschaftlicher „Verhandlungsspielraum“ als Teil der öffentlichen Ordnung oder Sicherheit begriffen wird.[1545] Wirtschaftliche Erwägungen sind im Rahmen des Art. 65 AEUV unzulässig.[1546]

Es besteht auch kein rechtfertigendes Bedürfnis für eine extensive Auslegung, da der Unionsgesetzgeber und die Mitgliedstaaten bei Regelungen, die sich auf Direktinvestitionen im sachlichen Anwendungsbereich der Niederlassungsfreiheit beschränken, nicht an die Grundfreiheiten gebunden sind. Bei der Kapitalverkehrsfreiheit besteht hingegen der Verzicht auf Reziprozität;[1547] der Verlust von „Verhandlungsmasse“ ist auch im Drittstaatsverhältnis, trotz weiterer Einschränkbarkeit, kein ausreichender Rechtfertigungsgrund für die Einschränkung.[1548]

Zulässigerweise ist der Verweis hingegen auf fehlende Reziprozität, die zu einer einseitigen Abhängigkeit bei Lieferketten führte. In einer freien internationalen Wirtschaft werden sich zwischen größeren Volkswirtschaften regelmäßig Co-Abhängigkeiten in Lieferketten entwickeln, die Lieferabhängigkeiten einzelner Industriebereiche im geo-politischen Kontext ausgleichen können. Der entscheidende Faktor in diesem Fall ist aber nicht die bisher fehlende Reziprozität, sondern die sich hieraus entwickelte gegenwärtige Abhängigkeit. Ob diese Abhängigkeit zu einer Gefährdung der öffentlichen Ordnung oder Sicherheit führt oder rein wirtschaftspolitisch zu bedauern ist, bleibt sodann eine Frage des Einzelfalls.

Neben der fehlenden Vereinbarkeit mit dem Primärrecht gibt die FDI-RahmenVO aber ohnehin keine Anhaltspunkte, dass Reziprozitätserwägungen eine Rolle spielen dürften. Ein Paradigmenwechsel, etwa begründet mit einem Spielraum des Unionsgesetzgebers, hätte in Art. 4 II FDI-RahmenVO deutlich zum Ausdruck gebracht werden müssen. Der Vorschlag einer entsprechenden

---

1545 So aber *Hermann* ZEuS 2019, 429 (452 ff.).

1546 EuGH, Urteil vom 08.07.2010, C-171/08 – Kommission/Portugal, ECLI:EU:C:2010:412, Rn. 71. Diese sind nicht einmal als zwingende Gründe des Allgemeininteresses einzubeziehen, EuGH, Urteil vom 19.12.2018, C-375/17 – Stanley International Betting und Stanleybet Malta, ECLI:EU:C:2018:1026, Rn. 44; EuGH, Urteil vom 14.11.2013, C-221/12 – Belgacom, ECLI:EU:C:2013:736, Rn. 41; EuGH, Urteil vom 16.12.2012, C-72/10 u. 77/10 – Costa and Cifone, ECLI:EU:C:2012:80, Rn. 59; EuGH, Urteil vom 13.09.2007, C-260/04 – Kommission/Italien, ECLI:EU:C:2007:508, Rn. 35.

1547 EuGH, Urteil vom 10.02.2011, C-436/08 u. C-437/08 – Haribo, ECLI:EU:C:2011:61, Rn. 127 f.

1548 EuGH, Urteil vom 18.12.2007, C-101/05 – A, ECLI:EU:C:2007:804, Rn. 38.

Einbeziehung wurde im Gesetzgebungsverfahren verworfen.[1549] Diskussionen zur Reziprozität drehen sich meist um chinesische Investoren, die einfacheren Marktzugang erhalten als die europäischen Unternehmen auf dem chinesischen Markt. Die Mitteilung der Kommission zu strategischen Perspektiven mit China behandelt ausführlich das Problem der Reziprozität;[1550] die FDI-RahmenVO wird in dem Papier jedoch unter dem Begriff der Sicherheit behandelt.[1551] Die Kommission selbst sieht in der FDI-RahmenVO zurecht kein Mittel, mit welchem Reziprozität erreicht werden soll. Die Einbeziehung von Gegenseitigkeitserwägungen würde nicht nur einen Verstoß gegen das Primärrecht, sondern ebenso einen Verstoß gegen das Diskriminierungsverbot des Art. 3 II FDI-RahmenVO darstellen.

(3) Wettbewerbliche Auswirkungen

Art. 4 II Nr. 1 FDI-RahmenVO erlaubt eine Abstellung auf die finanzielle Ausstattung des Investors durch den Heimatstaat bei der Ermittlung einer sicherheitskritischen Investition. Hierdurch stellt sich die Frage, ob auch wettbewerbliche Auswirkungen auf den M&A-Markt durch die Finanzausstattung des Heimatstaats in den Anwendungsbereich der Investitionskontrolle fallen. Ein solcher Eindruck könnte durch Erwägungsgrund Nr. 13 FDI-RahmenVO bestärkt werden, der die Subventionierung ausdrücklich einschließt. Denkbar ist es, einen strategischen Aufkauf der heimischen Industrie durch beträchtlich staatsfinanzierte Investoren als Fall der Sicherheit oder öffentlichen Ordnung zu betrachten. In Anlehnung an eine wettbewerbsfähige soziale Marktwirtschaft gem. Art. 3 III 2 EUV und Protokoll Nr. 27 über den Binnenmarkt und den Wettbewerb könnte auch die Abwehr von Industriepolitik als Grund der öffentlichen Ordnung oder Sicherheit anerkennt werden.[1552] Im Ergebnis darf es sich hierbei nicht um wirtschaftliche Erwägungen handeln, sondern um die sicherheitsstrategische Abwehr einer durch ökonomische Instrumente erzielten Bedrohung. Eine nationale Wirtschaftsförderung oder die Sicherstellung global

---

1549 Vgl. *Europäisches Parlament* Legislative Entschließung des Europäischen Parlaments, PE619.160v03-00, vom 04.06.2018, Änderungsantrag Nr. 45, S. 31.

1550 *Kommission/Hoher Vertreter der Europäischen Union für Außen- und Sicherheitspolitik* Gemeinsame Mitteilung an das Europäische Parlament, den Europäischen Rat und den Rat, JOIN(2019) 5 final, vom 12.03.2019, S. 6 ff.

1551 *Kommission/Hoher Vertreter der Europäischen Union für Außen- und Sicherheitspolitik* Gemeinsame Mitteilung an das Europäische Parlament, den Europäischen Rat und den Rat, JOIN(2019) 5 final, vom 12.03.2019, S. 12.

1552 *Herrmann* ZEuS 2019, 429 (448).

konkurrenzfähiger „national champions" können davon nicht umfasst werden.[1553] Laut Erwägungsgrund Nr. 13 FDI-RahmenVO können deshalb auch der „Kontext und die Umstände" der Investitionen bewertet werden. Diese dürfen keinen Selbstzweck für die Feststellung einer voraussichtlichen Beeinträchtigung darstellen,[1554] sie sind aber notwendig, um sicherheitspolitische Hintergründe einzubeziehen. Wettbewerbliche Erwägungen des Einzelfalls sind davon nicht umfasst.

Da drittstaatlich subventionierte Investitionen auch außerhalb strategischer Projekte ein wettbewerbliches Problem darstellen können, ohne bereits die Sicherheit oder öffentliche Ordnung zu gefährden, hat sich die Kommission entschieden, dies durch ein eigenständiges Rechtsinstrument zu lösen. Hierzu veröffentlichte die Kommission am 17.06.2020 das Weißbuch zur Gewährleistung fairer Wettbewerbsbedingungen bei Subventionen aus Drittstaaten.[1555] Dieses mündete in dem Verordnungsvorschlag über den Binnenmarkt verzerrende drittstaatliche Subventionen.[1556] Es überrascht, dass subventionierte Importwaren bereits seit langem einer intensiven Kontrolle unterliegen,[1557] subventionierte Investitionen jedoch erst zuletzt in den Fokus rückten. In der Begründung des Verordnungsvorschlags wird der Ergänzungscharakter zur FDI-RahmenVO festgestellt.[1558] Der Verordnungsvorschlag stützt sich unter anderem auch auf die Kompetenz für ausländische Direktinvestitionen gem. Art. 207 II AEUV.[1559] Ferner wird begründet, dass die FDI-RahmenVO nicht spezifisch das Problem von Wettbewerbsverzerrungen durch Subventionen von Drittstaaten behandelt.[1560] Der Verordnungsvorschlag enthält in Art. 17 ff. spezifische Vorschriften für Zusammenschlüsse.[1561] Die Kontrolle wird gem. Art. 24 II i. V. m. Art. 8 II des Verordnungsvorschlags durch die Kommission durchgeführt.

1553 *Martini* DÖV 2008, 314 (319).

1554 *Hagemeyer-Witzleb/Hindelang* Central European Journal of Competition Law Journal 2021, 39 (49 f.).

1555 Vgl. *Kommission* Weißbuch, Gewährleistung fairer Wettbewerbsbedingungenbei Subventionen aus Drittstaaten, COM(2020) 253 final, vom 17.06.2020.

1556 *Kommission* COM(2021) 223 final, vom 05.05.2021.

1557 Vgl. *Kommission* COM(2021) 223 final, vom 05.05.2021, Erwägungsgrund Nr. 4; Verordnung (EU) 2016/1037 des Europäischen Parlaments und des Rates vom 8. Juni 2016 über den Schutz gegen subventionierte Einfuhren aus nicht zur Europäischen Union gehörenden Ländern, ABl. L 176 vom 30.06.2016, S. 55 ff.

1558 *Kommission* COM(2020) 253 final, vom 17.06.2020, S. 12.

1559 *Kommission* COM(2020) 253 final, vom 17.06.2020, S. 7.

1560 *Kommission* COM(2020) 253 final, vom 17.06.2020, S. 12.

1561 *Kommission* COM(2020) 253 final, vom 17.06.2020, S. 15.

Debatten um den Ausverkauf der nationalen Industrie an finanzkräftige Investoren aus Drittstaaten wurden meist weniger von sicherheitspolitischen Erwägungen als von wettbewerblichen Erwägungen beherrscht, sodass eine effektive Begegnung des Problems auch im Wettbewerbsrecht erfolgen sollte. Es bleibt abzuwarten, ob durch den neuen Verordnungsvorschlag zu Drittstaatssubventionen und Debatten zur Fusionskontrolle bei der Erschaffung nationaler Champions das Fusion-Wettbewerbsrecht durch das Außenwirtschaftsrecht neue Impulse erhält.

cc) Projekte oder Programme von Unionsinteresse

Gem. Art. 8 I, III c) FDI-RahmenVO sollen die Mitgliedstaaten den Stellungnahmen der Kommission zur Einschätzung bezüglich der Beeinträchtigung von Projekten oder Programmen von Unionsinteresse „umfassend Rechnung"[1562] tragen. Neben nationale Interessen sollen auch Unionsinteressen in den Investitionskontrollen Berücksichtigung finden. Welche Bereiche hierunter fallen, lässt sich dem Anhang der FDI-RahmenVO entnehmen. Bei Inkrafttreten der FDI-RahmenVO waren im Anhang acht Projekte bzw. Programme aufgelistet. Gem. Art. 8 IV FDI-RahmenVO kann die Kommission diese Liste durch delegierte Rechtsakte ändern. Von dieser Möglichkeit machte die Kommission durch die delegierte VO (EU) 2020/1298[1563] Gebrauch. Die Faktorenliste des Art. 8 FDI-RahmenVO können mittels unionskonformer Auslegung unter den Begriff der öffentlichen Ordnung oder Sicherheit der einzelnen Mitgliedstaaten fallen;[1564] in Hinblick auf den Transparenzgedanken ist ein ausdrücklicher Einbezug in die nationalstaatlichen Regelungen jedoch wünschenswert. Aufgrund der dynamischen Entwicklung der Liste sollten Mitgliedstaaten besser ihrerseits eine dynamische Verweisung auf die Liste vornehmen. Dies hat der deutsche Verordnungsgeber durch Verweis auf die Verordnung bezüglich der Projekte oder Programme von Unionsinteresse in § 55 I AWV angewandt.[1565] Für die Faktoren des Art. 4 FDI-RahmenVO wurde hingegen eine vergleichbare

1562 Zur Begrifflichkeit, siehe Kapitel F. II. 2. a).

1563 Delegierte Verordnung (EU) 2020/1298 der Kommission vom 13. Juli 2020 zur Änderung des Anhangs der Verordnung (EU) 2019/452 des Europäischen Parlaments und des Rates zur Schaffung eines Rahmens für die Überprüfung ausländischer Direktinvestitionen in der Union, ABl. L 304 vom 18.09.2020, S. 1 ff.

1564 Vgl. *Mausch-Liotta/Sattler* in: Hocke/Sachs/Pelz (Hrsg.), Außenwirtschaftsrecht, § 55 AWV, Rn. 19.

1565 Art. 1 Sechzehnte Verordnung zur Änderung der Außenwirtschaftsverordnung, BAnz AT 28.10.2020 V1.

Regelungstechnik in Deutschland nicht gewählt, da eine Verweisung durch den eigenen Gesetzgebungsspielraum unzweckmäßig wäre.

II. Kooperationsmechanismus

Der Kooperationsmechanismus verdient besondere Aufmerksamkeit, denn er ist für alle Mitgliedstaaten verpflichtend – unabhängig davon, ob die Mitgliedstaaten einen Überprüfungsmechanismus für Direktinvestitionen unterhalten. Teilweise wird der Kooperationsmechanismus auch als „Herzstück" der Verordnung angesehen.[1566]

Die Kommission und die Mitgliedstaaten können durch den Kooperationsmechanismus an den Kontrollverfahren anderer Mitgliedstaaten mitwirken. Das Europäische Parlament selbst hat nach der Mitwirkung am Gesetzgebungsakt nur noch geringe Einflussnahme auf den Kooperationsmechanismus oder auf die nationalen Investitionskontrollen. Vorschläge dazu, dass das Parlament die Kommission zu Stellungnahmen auffordern[1567] oder selbst den Mechanismus auslösen kann,[1568] wurden verworfen. Der Einbezug der Legislative wird, aufgrund der Gefahr der Verlagerung von geregelten Verwaltungsverfahren hin zu politisch orientierten Maßnahmen der Parlamente, allgemein im Zusammenhang mit Investitionskontrollen kritisch betrachtet.[1569] Die Politisierung der Investitionskontrolle verringert die Akzeptanz bei den internationalen Handelspartnern. Auch die „Rahmen"-Begrenzung in Art. 207 II AEUV widerspricht einer aktiven Rolle des Europäischen Parlaments in handelspolitischen Verwaltungsverfahren.[1570]

Die Vorgaben des Kooperationsmechanismus sind auch ohne „Umsetzung" unmittelbar als Verordnungsnormen anwendbar. Gesonderte

1566 *Voland* in: Krenzler/Herrmann/Niestedt (Hrsg.), EU-Außenwirtschafts- und Zollrecht, XII Nr. 122, Vor Art. 1 VO (EU) 2019/452, Rn. 10; *Lippert* BB 2019, 1538 (1541), „Kernstück".

1567 Vgl. *Europäisches Parlament* Entwurf einer legislativen Entschließung des Europäischen Parlaments, PE619.160v03-00, vom 04.06.2018, Änderungsantrag Nr. 20, S. 17.

1568 Vgl. *Ausschuss für Industrie, Forschung und Energie* Stellungnahme, vom 04.06.2018, PE619.160v03-00, Änderungsantrag Nr. 48, S. 82. Ebenso *Ausschuss für Auswärtige Angelegenheiten* Stellungnahme, vom 04.06.2018, PE619.160v03-00, Änderungsantrag Nr. 37, S. 114.

1569 *Tietje/Klutig* in: Tietje/Kraft/Sethe (Hrsg.), Beiträge zum Transnationalen Wirtschaftsrecht, 2008 (75), S. 22.

1570 Siehe Kapitel C. II. 1. a) bb).

Verfahrensvorgaben auf mitgliedstaatlicher Ebene sind nicht zwingend erforderlich.[1571] Unterschiedliche Vorgaben bestehen gem. Art. 6 und Art. 7 FDI-RahmenVO für den Umgang mit Investitionen, die einer Überprüfung unterzogen und solchen, die keiner unterzogen werden.

1. Mitteilung zu Direktinvestitionen

Der Kooperationsmechanismus soll die Koordinierung zwischen den Mitgliedstaaten verbessern. Hierzu ist notwendig, dass Kommission und Mitgliedstaaten erfahren, ob eine potenziell gefährdende Direktinvestition in einem der Mitgliedstaaten geplant ist. Dies wird durch Mitteilung des Zielstaats der Investition sichergestellt. Eine Mitteilungspflicht ergibt sich aus Art. 6 FDI-RahmenVO.

a) Mitteilungspflicht bei Überprüfung

Nach Art. 6 I FDI-RahmenVO sind die Mitgliedstaaten dazu verpflichtet, der Kommission und den Mitgliedstaaten mitzuteilen, wenn eine Direktinvestition aufgrund einer voraussichtlichen Beeinträchtigung für die öffentliche Ordnung oder Sicherheit einer Prüfung unterzogen wird. Der Sinn der Mitteilungspflicht ist neben der koordinierten Prüfung und dem Schutz der EU auch auf die Einhaltung der rechtlichen Grenzen bei der Ausübung der Kontrollmechanismen hinzuwirken. Regelmäßig werden sich Beeinträchtigungen nur auf das Zielland der Direktinvestition auswirken, bei größeren Übernahmen ist eine Beeinträchtigung für andere Länder aber vorstellbar, wie Art. 6 II, III FDI-RahmenVO nahelegt. Eine partielle Ausnahme von der Mitteilungspflicht kann gem. Art. 346 I a) AEUV i. V. m. Art. 1 II FDI-RahmenVO bestehen, wenn hierdurch wesentliche Sicherheitsinteressen des Mitgliedstaats beeinträchtigt wären. Der Mitgliedstaat müsste aber ausreichend begründen bzw. nachweisen, dass die Inanspruchnahme zur Sicherung notwendig ist;[1572] die Stützung aus „wesentliche Sicherheitsinteressen“ führt jedoch nicht per se zu einer Ausnahme von der

1571 Vgl. *Mausch-Liotta/Sattler* in: Hocke/Sachs/Pelz (Hrsg.), Außenwirtschaftsrecht, § 55 AWV, Rn. 27.

1572 EuGH, Urteil vom 04.09.2014, C-474/12 – Schiebel Aircraft, ECLI:EU:C:2014:2139, Rn. 34; EuGH, Urteil vom 15.12.2009, C-284/05 – Kommission/Finnland, ECLI:EU:C:2009:778, Rn. 49.

Mitteilungspflicht. Dies betrifft in Deutschland die sektorspezifische Prüfung gem. §§ 60 ff. AWV.[1573]

Zusätzlich zur Mitteilung, dass eine konkrete Direktinvestition kontrolliert wird, sind die in Art. 9 FDI-RahmenVO aufgeführten Informationen zu übermitteln. Diese sind „unverzüglich“[1574] zur Verfügung zu stellen; zur Bestimmung kann die Definition des § 121 BGB nicht mittels Analogie herangezogen werden. Das Unionsrecht ist autonom auszulegen. Der EuGH hat sich mit dem Begriff in anderem Regelungszusammenhang bereits auseinandergesetzt: Eine feste Frist sei mit dem Begriff nicht verbunden, verlangt werde jedoch zügiges Handeln.[1575] Auch wenn der Begriff nicht mit einer festen Frist verbunden sei, solle eine Frist von mehreren Wochen oder Monaten die Bedeutungsreichweite im allgemeinen Sprachgebrauch überschreiten.[1576]

Im Ergebnis wird es aber auf den Regelungszusammenhang ankommen, den auch der EuGH in der Entscheidung letztendlich heranzog.[1577] Im Gegensatz zum deutschen Begriff im BGB soll aber ein gewisser Spielraum belassen werden.[1578] Da in Art. 9 IV FDI-RahmenVO auch die Unternehmen verpflichtet werden, die Informationen „unverzüglich“[1579] bereitzustellen, gilt auch in diesem Zusammenhang der autonome unionsrechtliche Begriff. Die Anmeldung gem. § 55a IV AWV bezieht sich hingegen auf die Anzeige des schuldrechtlichen Vertrags; ein Zeitrahmen hierzu wird in der FDI-RahmenVO nicht geregelt, sodass kein unionales Begriffsverständnis notwendig erscheint.

Die Pflicht aus Art. 6 I FDI-RahmenVO sollte den Mitgliedstaaten, einschließlich Deutschland, keine Schwierigkeiten bereiten. Da sich die Pflicht auf Direktinvestitionen, die einer Überprüfung unterzogen werden, beschränkt, ist damit nur ein geringer Mehraufwand verbunden. Die notwendigen

---

1573 A. A. *Voland/Slobodenjuk* in: Krenzler/Herrmann/Niestedt (Hrsg.), EU-Außenwirtschafts- und Zollrecht, XII Nr. 122, Art. 6 VO (EU) 2019/452, Rn. 4; *Walter* RIW 2019, 473 (476).

1574 In der englischen Fassung: „without undue delay“.

1575 EuGH, Urteil vom 18.11.1999, C-151/98 P – Pharos Sa/Kommission, ECLI:EU:C:1999:563, Rn. 25.

1576 EuGH, Urteil vom 05.09.2019, C-443/18 – Kommission/Italien, ECLI:EU:C:2019:676, Rn. 38.

1577 EuGH, Urteil vom 05.09.2019, C-443/18 – Kommission/Italien, ECLI:EU:C:2019:676, Rn. 39.

1578 EuGH, Urteil vom 18.11.1999, C-151/98 P – Pharos Sa/Kommission, ECLI:EU:C:1999:563, Rn. 25.

1579 Siehe hierzu Kapitel F. II. 1. a).

Informationen werden den Kontrollbehörden in der Regel bereits für das eigene Kontrollverfahren vorliegen. In der deutschen Regelung werden die vorgesehenen Informationen in § 55a IV AWV sowie durch Allgemeinverfügung[1580] gem. § 55a IV 6 AWV festgelegt. Die Informationspflichten im Rahmen der deutschen Investitionskontrolle decken sich im Wesentlichen mit den Anforderungen nach Art. 9 FDI-RahmenVO. Neu hinzugekommen ist in der Allgemeinverfügung gem. IV.3.E) auch eine Informationspflicht zu Berührungspunkten mit Projekten und Programmen von Unionsinteresse.

Gem. Art. 11 FDI-RahmenVO muss zur Durchführung des Kooperationsmechanismus eine Kontaktstelle eingerichtet werden. Dies ist in Deutschland gem. § 13 II Nr. 2 e) AWG das BMWK. Die Verortung der Investitionskontrollen auf höchsten Regierungsebenen ist eine überregionale Gemeinsamkeit.[1581] Ein rechtliches Gebot durch Art. 11 FDI-RahmenVO besteht hierzu jedoch nicht.

b) Mitteilungspflicht ohne Überprüfung

Eine Mitteilungspflicht besteht nicht für Direktinvestitionen, die keiner Überprüfung unterzogen werden. Eine Parallelvorschrift zu Art. 6 I FDI-RahmenVO fehlt in Art. 7 FDI-RahmenVO. Dies ergibt sich daneben auch aus dem Umkehrschluss des Art. 7 V FDI-RahmenVO, denn andere Mitgliedstaaten können, wenn keine Überprüfung erfolgt, gem. Art. 7 V FDI-RahmenVO den Zielstaat der Investition lediglich um die Informationen des Art. 9 FDI-RahmenVO ersuchen.[1582] Das Informationsersuchen muss begründet werden. Daneben muss es gem. Art. 6 VI und Art. 7 V FDI-RahmenVO im Hinblick auf den Zweck verhältnismäßig sein und darf den ersuchten Mitgliedstaat nicht „über Gebühr" belasten. Die Verhältnismäßigkeit muss nicht nur gegenüber dem jeweiligen Mitgliedstaat gewährleistet sein, sondern auch gegenüber denjenigen Unternehmen, deren Informationen angefragt werden. Denn nur das Erfordernis „ohne Gebühr" wird auf den Mitgliedstaat beschränkt und wäre neben der Verhältnismäßigkeit ohne weitere Bedeutung. Auch die Beschränkung auf „erforderliche Informationen" schützt die betroffenen Unternehmen. Der

1580 Allgemeinverfügung zu den gemäß § 14a des Außenwirtschaftsgesetzes, §§ 55a, 58 und 60 der Außenwirtschaftsverordnung einzureichenden Informationen und Unterlagen, BAnz AT 11.06.2021 B2.

1581 *Dimitropoulos* in: Chaisse/Choukroune/Jusoh (Hrsg.), Handbook of International Investment Law and Policy, S. 27.

1582 Eine parallele Vorschrift existiert in Art. 6 XI UAbs. 2 FDI-RahmenVO für zusätzliche Informationen.

Kooperationsmechanismus steht den Unternehmen demnach nicht gleichgültig gegenüber, sondern erkennt die Interessen der betroffenen Unternehmen an.

Insbesondere für Mitgliedstaaten ohne Überprüfungsmechanismus stellt sich die Frage, woher diese Informationen stammen sollen. Denkbar wäre es, dass diese Mitgliedstaaten die Daten eines ggf. parallel stattfindenden nationalen Fusionskontrollverfahrens übermitteln müssen. Dies wäre sicherlich keine Belastung „über Gebühr". Art. 9 IV FDI-RahmenVO kann den Mitgliedstaaten, auch jenen ohne Überprüfungsmechanismus[1583], als Ermächtigungsgrundlage dienen, die Unternehmen zur Weitergabe der notwendigen Informationen zu verpflichten. Die Norm ist direkt anwendbar und bedarf als Verordnungsnorm keiner gesonderten Umsetzung. Sie gibt dem Mitgliedstaat, in dem die ausländische Direktinvestition „geplant oder abgeschlossen wurde", das Recht die Informationen einzufordern. Eine Einschränkung auf Direktinvestitionen, die einer Prüfung unterzogen werden, besteht demnach nicht. Eine Regelung des Zeitrahmens („unverzüglich") legt Art. 9 IV 2 FDI-RahmenVO ebenso fest, was auch für die direkte Anwendbarkeit in Form einer Ermächtigungsgrundlage spricht. Die Mitgliedstaaten können und sollten aber detailliertere Regelungen zur Bereitstellung der Unterlagen festlegen; diese sollten klare Fristen und Sanktionsmöglichkeiten bei fehlender Kooperation einschließen.

Eine Mitteilungspflicht besteht ferner auch dann nicht, wenn der Zielstaat zwar eine mögliche Beeinträchtigung der öffentlichen Ordnung oder Sicherheit annimmt, mangels eingreifender Erwerbsschwellen eine formelle Prüfung jedoch nicht erfolgt. Ein deutsches Fallbeispiel war der geplante Erwerb der *50Hertz Transmission GmbH.*[1584] Der geplante Erwerb zielte nur auf 20 Prozent der Stimmrechtsanteile ab und erreichte deshalb nicht die nach alter Rechtslage notwendige 25 Prozent-Erwerbsschwelle, sodass eine Prüfung nicht möglich war. Die Bundesrepublik zeigte sich aber um die öffentliche Ordnung oder Sicherheit deutlich besorgt, sodass der geplante Erwerb durch den chinesischen Staatsfonds auf andere Weise verhindert wurde. Die Einschätzung allein hätte allerdings nicht zu einer Mitteilungspflicht geführt. In einem solchen Fall wäre die Belastung der Informationsbeschaffung durch Anfragen anderer Mitgliedstaaten gem. Art. 7 V 1 FDI-RahmenVO verhältnismäßig[1585] gewesen. Durch die

---

1583 A. A. wohl *Voland/Slobodenjuk* in: Krenzler/Herrmann/Niestedt (Hrsg.), EU-Außenwirtschafts- und Zollrecht, Art. 9 VO (EU) 2019/452, Rn. 13.

1584 Vgl. *Schladebach/Becker* NVwZ 2019, 1076 (1078).

1585 Die Verhältnismäßigkeit ist Voraussetzung für das Informationsersuchen gem. Art. 7 V 2 FDI-RahmenVO.

Herabsetzung der Schwellen in § 56 I AWV auf 10 und 20 Prozent für relevante Industriebereiche werden derartige Situationen voraussichtlich nur noch in Ausnahmefällen auftreten. Für „sonstige Unternehmen" i. S. d. § 56 I Nr. 3 AWV bleibt eine solche Situation möglich.

Da § 55 I AWV eine Ermessensfreiheit einräumt, sind Fälle denkbar, bei denen mögliche Beeinträchtigungen von volkswirtschaftlichen Vorteilen der Investition aufgewogen werden und die Bundesrepublik sich deshalb nicht dazu entschließt, eine weitere Prüfung vorzunehmen. Dem formellen Prüfungsverfahren geht bereits eine Prüfung voraus, ob in dieses nach Meldung des Erwerbs gem. § 55a IV AWV eingetreten werden soll (sog. „Phase I").[1586] Denkbar wäre, dass zunächst um Stellungnahmen und Kommentare gebeten wird, bevor eine finale Entscheidung zur Ermessensausübung vorgenommen werden sollte. Die Vorprüfung könnte bereits als Überprüfung i. S. d. Art. 6 FDI-RahmenVO betrachtet werden.[1587] Art. 2 Nr. 5 FDI-RahmenVO beinhaltet eine Legaldefinition für die „ausländische Direktinvestition, die einer Überprüfung unterzogen wird". Danach ist eine förmliche Prüfung notwendig. Die Prüfung, ob überhaupt Bedenken bestehen, die zu einer Prüfung führen, bzw. das Verstreichenlassen von Fristen, ist jedoch kein förmliches Prüfverfahren. Dies stellt zwar einen Teil des deutschen „Überprüfungsmechanismus" dar; nach der Definition in Art. 2 Nr. 5 FDI-RahmenVO muss mithilfe des Überprüfungsmechanismus aber eine „förmliche Prüfung oder Untersuchung" durchgeführt werden. Eine eigene Definition der „ausländischen Direktinvestition, die einer Überprüfung unterzogen wird" existierte im Verordnungsvorschlag noch nicht;[1588] die damit einhergehende Differenzierung nach einer förmlichen Prüfung war folglich beabsichtigt, um Vorprüfungen aus dem Anwendungsbereich des Art. 6 FDI-RahmenVO zu nehmen. Anderenfalls würde bereits die an eine Meldung folgende Prüfung die Mitteilungspflicht auslösen. Eine Direktinvestition, die nur im Anwendungsbereich eines nationalen Überprüfungsmechanismus liegt, ist per definitionem folglich nicht ausreichend. Übertragen auf die deutsche

---

1586 Vgl. *Mausch-Liotta/Sattler* in: Hocke/Sachs/Pelz (Hrsg.), Außenwirtschaftsrecht, § 55 AWV, Rn. 65.

1587 In diese Richtung gehend *Slobodenjuk* BB 2020, 198 (200) mit Hinweis auf den eher weiten Begriff der „Überprüfung" in Art. 2 Nr. 3 FDI-RahmenVO. Dieser geht jedoch nicht auf die sachnähere Definition in Nr. 5 ein.

1588 Vgl. *Kommission* COM(2017) 487 final, vom 13.09.2017, Art. 2.

Investitionskontrolle bedeutet dies, dass in einer „Phase-I"-Überprüfung keine Mitteilungspflicht besteht.[1589]

Dies gilt jedoch nicht für Investitionen für die ein mit der Meldepflicht verbundenes strafbewehrtes Vollzugsverbot gem. §§ 15, 18 AWG gilt, sodass Investitionen, die unter die Regelbeispiele in § 55a I Nr. 1–27 AWV fallen, bei Meldepflicht gem. § 55a IV AWV bereits in „Phase-I" einer förmlichen Prüfung unterliegen. Diese stehen unter Genehmigungsvorbehalt und erhalten eine förmliche Freigabe gem. § 58a AWV.

Ebenso gilt die Mitteilungspflicht bei einem Antrag auf Unbedenklichkeitsbescheinigung. Diese stellt einen formellen Verwaltungsakt dar, der auf Antrag gem. § 58 I AWV erfolgt. Damit handelt es sich um ein „förmliches Verfahren" im Sinne des Art. 2 Nr. 5 FDI-RahmenVO. Dies würde dazu führen, dass die Unternehmen mit ihrem Antrag entscheiden, ob eine Mitteilung nach Art. 6 I FDI-RahmenVO erfolgen müsste. Zur Lösung des Widerspruchs sind die Regelungszwecke von Unbedenklichkeitsbescheinigungen gem. § 58 AWV und der Mitteilungspflicht gem. Art. 6 FDI-RahmenVO miteinander zu vergleichen.

Die Unbedenklichkeitsbescheinigung verringerte bisher Wartezeiten für die betroffenen Unternehmen und soll Rechtssicherheit schaffen. Die Zwei-Monatsfrist ist gem. § 58 II 1 AWV nur eine Maximaldauer bis es zur Fiktionswirkung einer Erteilung kommt. Eine Unbedenklichkeitsbescheinigung kann auch innerhalb der zwei Monate erteilt werden.[1590] Eine zweimonatige Frist ist sehr knapp, wenn erst nach 35 Kalendertagen eine Reaktion von der Kommission und den anderen Mitgliedstaaten erfolgen kann.[1591] Dies wäre nicht im Sinne einer zügigen Rechtssicherheit für die Unternehmen. Die FDI-RahmenVO genießt als Unionsrecht Anwendungsvorrang[1592] gegenüber den einzelnen Regelungen des AWV, selbst wenn die Unbedenklichkeitsbescheinigung durch die Vorschriften der FDI-RahmenVO an Nutzen verliert. Es bleibt insoweit nur eine Gesetzesänderung des nationalen Rechts.[1593] Durch die Informationspflicht des Art. 6 I FDI-RahmenVO soll auf das nationale Überprüfungsverfahren Einfluss genommen werden können. Dass dies im Rahmen

1589 Für eine Mitteilungspflicht nur für Investitionen in Phase II, BT-Drs. 19/18700 vom 21.04.2020, S. 14; *Dammann de Chapto/Brüggemann* NZKart 2020, 374 (375); a. A. *Hagemeyer-Witzleb/Hindelang* Central European Journal of Competition Law Journal 2021, 39 (57 f.); *Fleischmann* NZKart 2022, 57 (60 f.).

1590 Vgl. zur Praxis *Weitnauer* GWR 2019, 81 (83).

1591 *Damman de Chapto/Brüggemann* NZKart 2019, 93 (96).

1592 EuGH, Urteil vom 15.07.1964, C-6/64 – Costa/ENEL, ECLI:EU:C:1964:66, S. 1269 f.

1593 *Mohamed* JZ 2019, 766 (774).

der Unbedenklichkeitsbescheinigung dazu führt, dass Unternehmen eine Mitteilungspflicht nach Art. 6 FDI-RahmenVO auslösen können, ist hinzunehmen. Beantragt ein Unternehmen eine förmliche Entscheidung aus Gründen der Rechtssicherheit, so ist dies eine förmliche Überprüfung im Rahmen eine förmliche Prüfung im Sinne des Art. 2 Nr. 5 FDI-RahmenVO.

Das bedeutet im Ergebnis, dass die Pflicht zur Übermittlung der Überprüfung gem. Art. 6 I FDI-RahmenVO auch nur Verfahren betrifft, die in das förmliche Prüfverfahren eintreten. Ansonsten würde die Informationsanforderung des Art. 6 I FDI-RahmenVO auch je nach nationaler Ausgestaltung der Investitionskontrollen zu einem Totalreport aller Direktinvestitionen der Mitgliedstaaten führen. Umgekehrt können die Mitgliedstaaten umfangreiche Informationspflichten vermeiden, indem sie längere inoffizielle Vorprüfungen einführen. Die verbliebenen Staaten ohne Investitionskontrolle trifft mangels Prüfung keine generelle Informationspflicht gem. Art. 6 I FDI-RahmenVO. Bei einem Informationsersuchen sind diese ebenso gem. Art. 9 I FDI-RahmenVO verpflichtet, die Informationen unverzüglich bereitzustellen. Bei Mitgliedstaaten ohne Investitionskontrolle kann aber eine Belastung über Gebühr in Betracht kommen; dies entscheidet sich im Einzelfall. Bei Investitionen, die mangels förmlichen Verfahrens abgeschlossen wurden, können Mitgliedstaaten und Kommission gem. Art. 7 VIII FDI-RahmenVO noch 15 Monate nach Abschluss Kommentare bzw. Stellungnahmen abgeben.

2. Stellungnahmen und Kommentare

Neben dem Austausch von Informationen können die Kommission und die Mitgliedstaaten auf das Überprüfungsverfahren eines anderen Mitgliedstaats aktiv Einfluss nehmen. Einer Umsetzung in das nationale Recht bedarf es nicht; es gilt die unmittelbare Anwendbarkeit der Verordnung. Eine Mitwirkungspflicht besteht grundsätzlich nicht;[1594] die Kommission ist gem. Art. 6 III 4 FDI-RahmenVO aber zur Abgabe einer Stellungnahme verpflichtet, wenn ein Drittel der anderen Mitgliedstaaten der Auffassung ist, dass eine überprüfte Direktinvestition ihre Sicherheit oder öffentliche Ordnung beeinträchtigt. Durch Bezug auf Art. 6 III 3 FDI-RahmenVO[1595] wird deutlich, dass sich die Auffassung des Drittels in formellen Kommentaren manifestiert haben muss.

1594 Dies ergibt sich aus der „kann"-Formulierung in Art. 6 II und Art. 7 FDI-RahmenVO.

1595 Art. 6 III 4 FDI-RahmenVO spricht von „eine solche Stellungnahme" mit Bezug auf Art. 6 III 3 FDI-RahmenVO, nach dem die Kommission im Anschluss an den Kommentar eines anderen Mitgliedstaats eine Stellungnahme abgibt. Im Englischen heißt es in Art. 6 III 3 FDI-RahmenVO: „opinion following comments".

Die Mitgliedstaaten können gem. Art. 6 II FDI-RahmenVO Kommentare abgeben, wenn sie ihre eigene Sicherheit oder öffentliche Ordnung durch eine überprüfte Direktinvestition für beeinträchtigt halten. Die Kommission kann gem. Art. 6 III FDI-RahmenVO Stellungnahmen abgeben, wenn sie der Auffassung ist, dass weitere Mitgliedstaaten von der Direktinvestition beeinträchtigt sind. Gem. Art. 8 I FDI-RahmenVO gibt sie auch dann Stellungnahmen ab, wenn sie der Auffassung ist, dass eine ausländische Direktinvestition aus Gründen der öffentlichen Ordnung oder Sicherheit voraussichtliche Projekte oder Programme von Unionsinteresse beeinträchtigt. Eine solche Möglichkeit besteht gem. Art. 8 II a) FDI-RahmenVO auch für die Mitgliedstaaten. Selbst wenn keine Überprüfung im Zielland der Direktinvestition durchgeführt wird, können Kommission und Mitgliedstaaten gem. Art. 7 I und II FDI-RahmenVO Stellungnahmen bzw. Kommentare abgeben. Art. 7 FDI-RahmenVO stellt somit den Regelfall bei Ländern ohne Überprüfungsmechanismus dar.

Ein sprachlicher Unterschied besteht zwischen den Kooperationsbeiträgen der Akteure: Mitgliedstaaten richten „Kommentare" an den Mitgliedstaat, die Kommission richtet „Stellungnahmen" an diesen. Beide sind allerdings im Rahmen der loyalen Zusammenarbeit gem. Art. 4 II EUV angemessen zu berücksichtigen, wie Erwägungsgrund 17 FDI-RahmenVO klarstellt. Darüber hinaus muss der Stellungnahme der Kommission gem. Art. 8 II c) FDI-RahmenVO „umfassend Rechnung" getragen werden. Inwieweit die Kommentare und Stellungnahmen berücksichtigt werden müssen, wird in der FDI-RahmenVO nicht näher erläutert. Die Bindungswirkung bedarf daher näherer Untersuchung.

a) Stellungnahme der Kommission

Dem Erwägungsgrund Nr. 16 FDI-RahmenVO zufolge handelt es sich bei den Stellungnahmen der Kommission um Stellungnahmen im Sinne des Art. 288 AEUV. Die Stellungnahme enthält regelmäßig eine sachverständige Meinungsäußerung, im Gegensatz zur Empfehlung, die regelmäßig auf eine Verhaltenssteuerung abzielt.[1596] Eine Abgrenzung zur Mitteilung oder Leitlinie ist

---

1596 *Schroeder* in: Streinz (Hrsg.), EUV/AEUV, Art. 288 AEUV, Rn. 132; andere Abgrenzung bei *Nettesheim* in: Grabitz/Hilf/Nettesheim (Hrsg.), Das Recht der Europäischen Union, Art. 288 AEUV, Rn. 200; Empfehlung ist ein Rechtsakt aus eigener Entschlusskraft, Stellungnahme eine Reaktion auf fremde Initiative.

bei einer solchen Definition aber im Einzelfall schwierig.[1597] Letztlich kann die genaue Abgrenzung aber vernachlässigt werden, da die Einordnung als Stellungnahme in Art. 6 III, 7 II, 8 II FDI-RahmenVO i. V. m. den Erwägungsgründen Nr. 16 und Nr. 19 FDI-RahmenVO formal vorgegeben wird und bei der rechtlichen Verbindlichkeit von Stellungnahme und Empfehlung keine Unterschiede existieren.

Stellungnahmen und Empfehlungen werden in Art. 288 V AEUV als unverbindliche Rechtsakte bezeichnet. Eine nähere Beschreibung dieser Rechtsform erfolgt im Primärrecht nicht. Die Empfehlung stellt einen „Rechtsakt ohne Gesetzescharakter" dar.[1598] Damit findet die Begründungspflicht gem. Art. 296 AEUV Anwendung. Mangels Unverbindlichkeit trifft die Mitgliedstaaten nicht die Pflicht gem. Art. 291 AEUV, Maßnahmen zur Durchführung zu ergreifen. Nichtsdestotrotz sollen Stellungnahmen nicht „rechtlich völlig wirkungslos" sein.[1599] Laut EuGH sei die Kommissionsempfehlung von den nationalen Gerichten in bestimmten Fällen zu berücksichtigen. Zu beachten sei diese bei der Auslegung von nationalem Recht, das der Durchführung von Unionsrecht dient, oder dann, wenn die Empfehlung verbindliches Unionsrecht ergänzen soll.[1600] Die Stellungnahme könne wertvolle Hinweise zur Auslegung liefern.[1601] Selbst, wenn die Hilfestellung bei der Auslegung von Unionsrecht eine rechtlich „fassbare" Bedeutung hat, folgt hieraus keine verbindliche Wirkung.[1602]

1597 *Schroeder* in: Streinz (Hrsg.), EUV/AEUV, Art. 288 AEUV, Rn. 33; dafür die Mitteilung im Sinne einer Stellungnahme zu sehen, *Simon* in: Loewenheim/Meessen/Riesenkampff/Kersting/Meyer-Lindemann (Hrsg.), Kartellrecht, Einführung, Rn. 64.

1598 *Geismann* in: Von der Groeben/Schwarze/Hatje (Hrsg.), Europäisches Unionsrecht, Vorb. Art. 288 bis 299 AEUV, Rn. 5; *Nettesheim* in: Grabitz/Hilf/Nettesheim (Hrsg.), Das Recht der Europäischen Union, Art. 288 AEUV, Rn. 200.

1599 EuGH, Urteil vom 13.12.1989, C-322/88 – Grimaldi/Fonds de maladies professionnelles, ECLI:EU:C:1989:646, Rn. 18.

1600 EuGH, Urteil vom 13.12.1989, C-322/88 – Grimaldi/Fonds de maladies professionnelles, ECLI:EU:C:1989:646, Rn. 18.

1601 Vgl. EuGH, Urteil vom 12.07.2018, C-397/17 u. 398/17 – Profit Europe NV/Belgien, Judgment ECLI:EU:C:2018:564, Rn. 50, zur Stellungnahme des Ausschusses für den Zollkodex.

1602 Anders aber *Ruffert* in: Calliess/Ruffert (Hrsg.), EUV/AEUV, Art. 288 AEUV, Rn. 95, der hieran anschließend von einer rechtswidrigen Rechtsfortbildung entgegen dem Primärrecht ausgeht.

aa) Stellungnahmen gem. Art. 6 und Art. 7 FDI-RahmenVO

Gem. Art. 6 IX und Art. 7 VII FDI-RahmenVO muss der überprüfende Mitgliedstaat den Kommentar der Kommission angemessen berücksichtigen. Die Kommission hat dabei das Recht, die Stellungnahme zweckdienlich vorzubringen.[1603] Eine Vorabentscheidung der Kontrolle durch den Mitgliedstaat ist nur unter der Voraussetzung des Art. 6 XIII FDI-RahmenVO – bei Erforderlichkeit sofortigen Handelns – möglich. Der Wortlaut des Art. 6 IX FDI-RahmenVO wird teilweise so verstanden, dass dieser nahelege, dass Stellungnahmen und Kommentare im Gegensatz zu den „endgültigen Überprüfungsentscheidungen" zumindest „Überprüfungsentscheidungen" seien.[1604] Selbst dann, wenn eine solche Lesart angezeigt wäre, lassen sich hieraus keine weiteren Schlüsse ziehen, denn das Attribut „endgültig" entscheidet maßgeblich über die Kontrolle.

Es erscheint schwerlich möglich, für einen Mitgliedstaat ohne Überprüfungsmechanismus die Stellungnahme der Kommission angemessen berücksichtigen zu können. Da jedoch keine Pflicht besteht, einen Überprüfungsmechanismus zu errichten, kann in einem solchen Fall angemessene Berücksichtigung auch eine reine Kenntnisnahme ohne Konsequenz sein. Hierzu gilt der Grundsatz des Art. 1 III FDI-RahmenVO, nach dem die Mitgliedstaaten nicht dazu verpflichtet werden, bestimmte Direktinvestitionen zu überprüfen.[1605] Die endgültige Entscheidung über die angemessene Reaktion wird den Mitgliedstaaten überlassen.[1606] Eine Einschränkung dieses Grundsatzes fehlt auch bezüglich der Stellungnahmen nach Art. 8 FDI-RahmenVO. Eine generelle Pflicht kann deshalb auch nicht aus der Berücksichtigungspflicht der Stellungnahmen und Kommentare hergeleitet werden, da Versuche[1607], einen Investitionskontrollmechanismus verbindlich aufzuerlegen, im Gesetzgebungsverfahren keinen Anklang fanden. Mitgliedstaaten ohne Überprüfungsmechanismus sollen gem. Erwägungsgrund Nr. 17 FDI-RahmenVO nach Möglichkeiten der Berücksichtigung im Rahmen ihrer „breiter angelegten Politik" suchen. Die Begründung zum

1603 Vgl. zur Stellungnahme der EZB, EuG, Urteil vom 23.05.2019, T-107/17 – Steinhoff/EZB, ECLI:EU:T:2019:353, Rn. 71.

1604 *Hagemeyer* in: Hindelang/Moberg (Hrsg.), YSEC – Yearbook of Socio-Economic Constitutions, S. 802, Fn. 30.

1605 A. A. *Bismuth* European Investment Law and Arbitration Review 2018 (3), 45 (53).

1606 *Kommission* COM(2017) 487 final, vom 13.09.2017, Begründung zum Vorschlag, S. 10.

1607 Vgl. *Ausschuss für auswärtige Angelegenheiten* Stellungnahme, vom 04.06.2018, PE619.160v03, Änderungsantrag 34.

Verordnungsentwurf lässt anklingen, dass vor allem die konkrete Maßnahme in der freien Entscheidung der Mitgliedstaaten bleibt, aber die Entscheidung über ein Handeln zumindest aufgrund der Stellungnahme intendiert ist.[1608] Die Entscheidungsfreiheit bezüglich der Einführung eines Investitionskontrollmechanismus gem. Art. 3 I FDI-RahmenVO i. V. m. Erwägungsgrund Nr. 8 FDI-RahmenVO geht als übergeordnetes Prinzip jeder Zweckmäßigkeitserwägung im Ergebnis allerdings vor.

bb) Stellungnahmen gem. Art. 8 FDI-RahmenVO

Ein Wortlautunterschied in Art. 8 II c) FDI-RahmenVO besteht bei Stellungnahmen zu Direktinvestitionen, die Programme und Projekte von Unionsinteresse beeinträchtigen. Statt angemessener Berücksichtigung sind diesen gem. Art. 8 II c) FDI-RahmenVO „umfassend Rechnung" zu tragen. Zusätzlich muss der Mitgliedstaat, in dem die Direktinvestition erfolgt, eine Erklärung abgeben, falls er der Stellungnahme nicht nachkommt. Sprachlich kommt dies nahe an eine tatsächliche Verpflichtung.[1609] Dem Adverb „umfassend" (im Englischen: „utmost") kann zusätzlich verstärkende Wirkung zugemessen werden.[1610]

Diese Formulierungstechnik in Bezug auf Stellungnahmen der Kommission findet sich auch vor allem im Energierecht der Union, so zum Beispiel in Art. 52 VI, 53 VIII der RL (EU) 2019/944[1611] , Art. 51 III der Verordnung (EU) 2019/943[1612] oder Art. 8 III der Verordnung (EU) 2018/842[1613]. Bei diesen

---

1608 *Kommission* COM(2017) 487 final, vom 13.09.2017, Begründung zum Vorschlag, S. 16.

1609 Vgl. *Kovacs/Toth/Forgacs* Loyola University Chicago International Law Review 2016 (14), 1 (9) zu dieser Formulierungstechnik.

1610 Vgl. *Kovacs/Toth/Forgacs* Loyola University Chicago International Law Review 2016 (14), 1 (5), die zwischen „take into account" und „take the utmost account" nicht differenzieren, aber eine unterschiedliche starke Wirkung in Betracht ziehen.

1611 RL (EU) 2019/944 des Europäischen Parlaments und des Rates vom 5. Juni 2019 mit gemeinsamen Vorschriften für den Elektrizitätsbinnenmarkt und zur Änderung der RL 2012/27/EU, Abl. L 158 vom 14.06.2019, S. 125 ff.

1612 VO (EU) 2019/943 des Europäischen Parlaments und des Rates vom 5. Juni 2019 über den Elektrizitätsbinnenmarkt, ABl. L 158 vom 14.06.2019, S. 54 ff.

1613 VO (EU) 2018/842 des Europäischen Parlaments und des Rates vom 30. Mai 2018 zur Festlegung verbindlicher nationaler Jahresziele für die Reduzierung der Treibhausgasemissionen im Zeitraum 2021 bis 2030 als Beitrag zu Klimaschutzmaßnahmen zwecks Erfüllung der Verpflichtungen aus dem Übereinkommen von Paris sowie zur Änderung der VO (EU) Nr. 525/2013, ABl. L 156 vom 19.06.2018, S. 26 ff.

wird eine gesteigerte Berücksichtigungspflicht, nicht aber eine strikte Bindung angenommen.[1614] Diese Regelungstechnik wird teilweise als „harder soft governance“ bezeichnet.[1615] Eine nationalstaatliche Umsetzung einer solchen Verpflichtung aus der RL 2009/72/EG[1616] existiert in § 4b V EnWG.[1617] Diese Verpflichtung geht über eine reine Berücksichtigung hinaus, ist aber auch hier nicht bindend.[1618]

Zu klären bleibt demnach, welche Gemeinsamkeiten und Unterschiede zwischen Stellungnahmen bei den Verfahren gem. Art. 6 und Art. 7 FDI-RahmenVO gegenüber Stellungnahmen gem. Art. 8 FDI-RahmenVO bestehen. Die Kommission ist in beiden Fällen nicht verpflichtet, Stellungnahmen abzugeben.[1619] Das bedeutet, auch wenn sie eine voraussichtliche Beeinträchtigung für Projekte oder Programme von Unionsinteresse erkennt, muss die Kommission keine Stellungnahme abgeben. Davon abweichende Vorschläge, nach denen die Kommission generell oder zumindest bei Beeinträchtigungen für Programme oder Projekte mit Unionsinteresse zu einer Stellungnahme verpflichtet („shall“) ist, konnten sich nicht durchsetzen.[1620] Die umfassende Entscheidungsfreiheit spricht dafür,

---

1614 *Scholz* Die europäische Energieverwaltung vor dem Hintergrund des Integrationsgefüges in der Europäischen Union, S. 272. Auch *Schuelken* EuR 2018, 577 (587), bedient sich der Analogie zum Energierecht, um den Begriff auszulegen.

1615 Vgl. *Knodt/Ringel* in: Ege/Bauer/Becker (Hrsg.), The European Commission in Turbulent Times, S. 191, zu dieser Regelungstechnik beim Verordnungsvorschlag COM/2016/0759 final/2.

1616 RL 2009/72/EG des Europäischen Parlaments und des Rates vom 13. Juli 2009 über gemeinsame Vorschriften für den Elektrizitätsbinnenmarkt und zur Aufhebung der Richtlinie 2003/54/EG, ABl. L 211 vom 14.08.2009, S. 55 ff.

1617 Vgl. Art. 11 VIII in engl. Fassung, „[…] national regulatory authority shall take utmost account of the Commission's opinion“.

1618 *Hendrich* in: Theobald/Kühling (Hrsg.), Energierecht, § 4b EnWG, Rn. 6; *Böttcher* Stromleitungsnetze, S. 226; *Schuelken* EuR 2018, 577 (587, Fn. 75).

1619 Ausnahme hiervon ist, dass im Rahmen von Art. 6 III 4 FDI-RahmenVO ein Drittel der Mitgliedstaaten der Auffassung sind (Kommentare abgegeben haben), dass die Direktinvestition ihre öffentliche Ordnung oder Sicherheit beeinträchtigt.

1620 Vgl. *Ausschuss für Industrie, Forschung und Energie* Stellungnahme, vom 04.06.2018, Änderungsantrag PE619.160v03-00, S. 20; *Ausschuss für auswärtige Angelegenheiten* Stellungnahme, vom 04.06.2018, PE619.160v03-00, Änderungsantrag S. 21; *Ausschusses für Wirtschaft und Währung* Stellungnahme, vom 04.06.2018, PE619.160v03-00, Änderungsantrag 28; *Europäisches Parlament* Entwurf einer legislativen Entschließung des Europäischen Parlaments, vom 04.06.2018, PE619.160v03-00, Änderungsantrag 35.

dass die Kommission besonderen Bedarf zum Handeln sieht, wenn sie sich zu einer Stellungnahme entschließt. Der Kommission wird durch die Möglichkeit der Stellungnahme eine „soft blocking power" zugesprochen.[1621] Dagegen wird von anderer Seite behauptet, die Stellungnahme sei „bindend" und ermächtige die Kommission zu entscheiden, ob ausländische Direktinvestitionen in einem Mitgliedstaat stattfinden.[1622] Ein Parallelausschuss zu der amerikanischen CFIUS sollte jedoch gerade nicht errichtet werden, wie gelegentlich vorgeschlagen wurde.[1623] Die Abhängigkeit der Kommission vom Willen der Mitgliedstaaten wird vielfach rechtspolitisch kritisiert.[1624] Es stellt sich aber die Frage, aus welchem Grund der Unionsgesetzgeber eine Stellungnahme und keine Empfehlung vorgesehen hat. Bei einer Empfehlung wird auf eine Verhaltenssteuerung abgezielt, bei der Stellungnahme wird hingegen eine sachverständige und/oder politische Meinung geäußert.[1625] Die Stellungnahmen im Rahmen der FDI-RahmenVO sollen demnach eine Einschätzung zur Untersagungsvoraussetzung der Beeinträchtigung der öffentlichen Ordnung oder Sicherheit liefern. Selbst bei Vorliegen einer Gefährdung bleibt den Mitgliedstaaten ein Ermessensspielraum; entsprechend ist die Einschätzung der Kommission nicht ausdrücklich mit einer direkten Verhaltenssteuerung versehen. Faktisch wird die Kommission sich regelmäßig nur dann entschließen, Stellungnahmen abzugeben, wenn sie auf das Verhalten der Mitgliedstaaten einzuwirken gedenkt. Die letztliche Ermessensausübung bleibt dennoch den Mitgliedstaaten überlassen.

Eine verbindliche Vorgabe der Kommission würde zu einem Eingriff in die Handlungsfähigkeit der Staaten führen und einen Eingriff in die Grundrechte der betroffenen Unternehmen darstellen. Eine bedeutende Rolle für die Wirkung der Stellungnahme ist hierbei die Frage der Justiziabilität der Pflicht, die Stellungnahmen zu „berücksichtigen" oder „Rechnung zu tragen".[1626] Die

---

1621 *Bismuth* European Investment Law and Arbitration Review 2018 (3), 45 (47).

1622 Ohne nähere Begründung hierfür *Brauneck* EuZW 2018, 188 (191, 194).

1623 Vgl. *De Kok* European Law Review 2019 (44), 24 (45, 47), der hierfür konstitutionelle Hindernisse sieht, die nur durch eine Primärrechtsänderung beseitigt werden könnten. Für die Errichtung eines „European Commitee on Foreign Investment (ECFI)", *Benedetto* Columbia FDI Perspectives 2017 (214), S. 2 f.

1624 *Esplugues* Columbia FDI Perspectives 2019 (245), S. 2; *Schuelken* EuR 2018, 577 (590), der ein Vetorecht nach Vorbild des Beihilferechts in Art. 108 II AEUV favorisiert.

1625 *Schroeder* in: Streinz (Hrsg.), EUV/AEUV, Art. 288 AEUV, Rn. 132.

1626 Für eine vollumfassende Möglichkeit gegen Verletzungen der Pflicht im Rahmen eines Vertragsverletzungsverfahrens gerichtlich vorzugehen, vgl. *Bismuth* European Investment Law and Arbitration Review 2018 (3), 45 (53).

rechtlich durchsetzbare Verpflichtung, diese in irgendeiner Form in Betracht zu ziehen, ist von der Wirkung zu unterscheiden. Gleichzeitig können sich aus der Verbindlichkeit der Stellungnahme Konsequenzen für den Rechtsschutz der Mitgliedstaaten und der betroffenen Unternehmen ergeben. Denn wären diese für den Mitgliedstaat nahezu handlungsverbindlich, müsste aus rechtstaatlichen Gründen auch Rechtsschutz gegen diese vor dem EuGH bestehen. Eine Nichtigkeitsklage ist gegen Stellungnahmen gem. Art. 263 I AEUV jedoch gerade nicht vorgesehen;[1627] sie stellen auch keine „Handlungen" i. S. d. Art. 263 IV AEUV dar.[1628] Eine faktische Verbindlichkeit würde folglich zu einem Verstoß gegen das Gebot effektiven Rechtsschutzes führen.[1629] Die fehlende Rechtsschutzmöglichkeit verbietet eine absolute Verbindlichkeit. Da ein Beurteilungsspielraum und das Ermessen beim Mitgliedstaat verbleibt, kann ausreichend Rechtsschutz für die Adressaten der Maßnahmen über den nationalen Gerichtsweg erlangt werden.

cc) Ergebnis

Die Stellungnahme der Kommission führt im Rahmen des Art. 8 FDI-RahmenVO folglich zu einem intendierten Ermessen.[1630] Wenn die Kommission in ihren FAQ zur FDI-RahmenVO davon ausgeht, dass die „die Mitgliedstaaten in der Regel den Stellungnahmen Folge leisten müssen"[1631], überschreitet sie sprachlich die tatsächliche Wirkung der Stellungnahme in Art. 8 FDI-RahmenVO. Sie ist zwar keineswegs verbindlich,[1632] jedoch hat sie über die Wirkung intendierten Ermessens eine starke Einflussmöglichkeit. Damit wird auch eine rechtlich

---

1627 Siehe hierzu Kapitel F. II. 4.

1628 *Wörner* Rechtlich weiche Verhaltenssteuerungsformen Europäischer Agenturen als Bewährungsprobe der Rechtsunion, S. 425. Vgl. die Definition der „Handlung" bei *Frenz/Distelrath* NVwZ 2010, 162 (162).

1629 Ausführlich zum Rechtsschutz gegen Stellungnahmen, siehe Kapitel F. II. 4.

1630 *Walter* RIW 2019, 473 (478, 480), spricht der Stellungnahme im Rahmen von Art. 8 FDI-RahmenVO eine europarechtlich indizierte „ermessenslenkende Wirkung" zu. Diese will er aber auch den Stellungnahmen und Kommentaren im Rahmen von Art. 6 und 7 FDI-RahmenVO zusprechen.

1631 *Kommission* Antworten auf häufig gestellte Fragen zur Verordnung (EU) 2019/452 zur Schaffung eines Rahmens für die Überprüfung ausländischer Direktinvestitionen in der Union, Frage 29, https://trade.ec.europa.eu/doclib/docs/2021/september/tradoc_159824.pdf.

1632 So auch *Carnegie/Croley/Taubmann/Dammann de Chapto* NZKart 2018, 296 (299). „Kein Vetorecht" der Kommission, *Rolf/Sandberger* CB 2017 (12), 448 (451).

reale Differenzierung zwischen den Formulierungen bei Art. 6 und Art. 7 FDI-RahmenVO und der stärkeren Formulierung des Art. 8 FDI-RahmenVO gefunden. Keine vergleichbare Wirkung kommt demnach den Stellungnahmen im Sinne von Art. 6 und Art. 7 FDI-RahmenVO zu.[1633] Eine unverbindlichere Einwirkungsmöglichkeit verleibt der Kommission auch bei den Stellungnahmen gem. Art. 6 und Art. 7 FDI-RahmenVO mit der Verlängerung des geplanten Übernahmeprozesses. Eine solche Verlängerung kann Investoren verunsichern und abschrecken sowie gegebenenfalls alternative Kaufinteressenten aktivieren.[1634] Fehlt eine Investitionskontrolle in einem Mitgliedstaat in Gänze (und existieren hierzu keine anderen geeigneten Regulierungsinstrumente), so entfallen die obligatorischen Pflichten zur Berücksichtigung aufgrund der Entscheidungsfreiheit gem. Art. 3 FDI-RahmenVO.[1635]

b) *Kommentare der Mitgliedstaaten*

Die Kommentare der Mitgliedstaaten sind, ebenso wie die Stellungnahme der Kommission im Rahmen von Art. 6 und Art. 7 FDI-RahmenVO, in „angemessener Weise“[1636] zu berücksichtigen. Gem. Art. 8 II a) FDI-RahmenVO können auch Kommentare, die im Rahmen von Art. 6 und Art. 7 FDI-RahmenVO abgegeben werden, zur voraussichtlichen Beeinträchtigung von Projekten oder Programmen von Unionsinteresse an den Zielmitgliedstaat übermittelt werden. Eine mit Art. 8 II c) FDI-RahmenVO vergleichbare Regelung, nach der der Mitteilung „umfassend Rechnung getragen wird“, fehlt für Kommentare der Mitgliedstaaten. Damit ist deutlich gemacht, dass den Kommentaren der Mitgliedstaaten im Rahmen von Art. 8 FDI-RahmenVO nicht dieselbe Wirkung zukommt wie den Stellungnahmen der Union.

Die rechtliche Kategorisierung der Kommentare bleibt unklar. Während Stellungnahmen im Primärrecht gem. Art. 288 AEUV ausdrücklich vorgesehen sind und in Erwägungsgrund Nr. 16 FDI-RahmenVO auch so eingeordnet werden, verbleiben die Kommentare der Mitgliedstaaten ohne formale Kontur durch das („deutsche“) Primärrecht. Ein Vorschlag des Ausschusses für Wirtschaft und Währung, nach dem die mitgliedstaatlichen Äußerungen „Bemerkungen“

1633 Auch *Brauneck* EuZW 2018, 188 (195), sieht die Stellungnahmen außerhalb des Unionsinteresses als nicht bindend und differenziert zwischen den Stellungnahmen.

1634 *Bismuth* European Investment Law and Arbitration Review 2018 (3), 45 (54).

1635 A.A *Bismuth* European Investment Law and Arbitration Review 2018 (3), 45 (53).

1636 Vgl. Art. 6 IX FDI-RahmenVO und Art. 7 VII FDI-RahmenVO.

genannt werden sollten, konnte sich nicht durchsetzen.[1637] Diese Begrifflichkeit wäre im Unionsprimärrecht bekannt gewesen.[1638] Den Begriff der englischen Sprachfassung der FDI-RahmenVO „comment" kennt das Primärrecht hingegen und übersetzt den Begriff mit „Bemerkung"[1639] oder „Äußerung"[1640].

Gleichzeitig existieren auch Sekundärakte, in denen Mitgliedstaaten „Stellungnahmen" abgeben können, sodass der Begriff der Stellungnahme nicht zwangsläufig den Unionsorganen vorbehalten sein muss – beispielhaft sei hier die RL (EU) 2015/1535[1641] genannt. Nach dieser können die Mitgliedstaaten Stellungnahmen abgeben;[1642] vice-versa kann die Kommission auch „comments" statt „opinions" äußern.[1643] In der deutschen Fassung wird von „Bemerkungen" gesprochen, sodass hieraus abgeleitet werden kann, dass „Bemerkung" und „Kommentar" als Synonyme bei der Übersetzung der englischen Bezeichnung „comment" gebraucht werden. Dies würde auch dafürsprechen, dass der Wirtschafts- und Währungsausschuss im Gesetzgebungsverfahren lediglich den synonymen Begriff für „Kommentar" vorschlug. Des Weiteren wird in der RL (EU) 2015/1535 die „Bemerkung" (und in der Konsequenz auch „Kommentar") von der „ausführlichen Stellungnahme" abgegrenzt.[1644]

Der Vergleich von Begrifflichkeiten mit anderen Richtlinien ist nicht ohne weiteres möglich, da diese grundsätzlich nur innerhalb des Regelungsaktes Geltung beanspruchen. In der FDI-RahmenVO selbst fehlen Anhaltspunkte zur Auslegung der Begrifflichkeit „Kommentar", sodass eine kongruente Sekundärrechtswortauslegung als notwendiges Mittel erscheint, sich der Auslegung zu nähern. Hieraus ergibt sich, dass Stellungnahme und Kommentar nicht gleichgestellt sind. Da die Begrifflichkeit der Stellungnahme nicht den Unionsorganen vorbehalten bleibt, hätten auch die Mitgliedstaaten hierzu ermächtigt werden können. Eine Stellungnahme ist jedoch ausführlicher als ein Kommentar und

---

1637 *Ausschuss für Wirtschaft und Währung* Stellungnahme, vom 04.06.2018, PE615.441v03-00, Änderungsantrag 49.

1638 Vgl. Art. 126 VI AEUV. Im Englischen heißen diese wiederum „observations".

1639 Vgl. Art. 319 III 1, III 2 AEUV.

1640 Vgl. Art. 108 II, III AEUV.

1641 RL (EU) 2015/1535 des Europäischen Parlaments und des Rates vom 9. September 2015 über ein Informationsverfahren auf dem Gebiet der technischen Vorschriften und der Vorschriften für die Dienste der Informationsgesellschaft, ABl. L 241 vom 17.09.2015, S. 1 ff.

1642 Vgl. Art. 6 II der RL (EU) 2015/1535.

1643 Vgl. Art. 5 I VI der RL (EU) 2015/1535.

1644 Vgl. Art. 5 I VI der RL (EU) 2015/1535.

verdient durch die Aufzählung in Art. 288 AEUV besondere Autorität unter den Soft-Law-Instrumenten. Dies spricht dafür, dass selbst den Stellungnahmen außerhalb des Art. 8 FDI-RahmenVO eine gewichtigere Rolle zukommen soll.

Teleologisch betrachtet ist dies auch stimmig, da die Stellungnahme der Kommission erst bei der Beeinträchtigung für mehr als einen Mitgliedstaat abgegeben werden kann. Damit zielt die Stellungnahme der Kommission darauf ab, dem prüfenden Land die Möglichkeit einer gesamteuropäischen Sichtweise zu geben. Hierbei kann die Einschätzung ausschlaggebend für den prüfenden Mitgliedstaat sein, wenn der Investor (oder ein dahinterstehender Drittstaat) mit der Investition eine multinationale Strategie verfolgt. Die Stellungnahme der Kommission kann auch auf die öffentliche Ordnung und Sicherheit in dem prüfenden Land Bezug nehmen, was den anderen Mitgliedstaaten verwehrt bleibt.

Mitgliedstaaten geben Kommentare zu Beeinträchtigungen ihrer eigenen öffentlichen Ordnung oder Sicherheit ab; dies ergibt sich durch den Gebrauch des Possessivpronomens „seine" in Art. 6 II, 7 I FDI-RahmenVO. Art. 3 I und 4 I FDI-RahmenVO sprechen von Beeinträchtigungen für die öffentliche Ordnung oder Sicherheit, ohne das Possessivpronomen „ihre" zu benutzen. Die FDI-RahmenVO erlaubt demnach auch für den Schutz der anderen Mitgliedstaaten, Überprüfungsmechanismen zu ermöglichen. Hat ein Mitgliedstaat jedoch nicht von der Möglichkeit Gebrauch gemacht, diese in seinen Überprüfungsmechanismus einzubeziehen, kann der Kommentar des anderen Mitgliedstaats keine ermessenslenkende Wirkung erzielen.

Die Kommentare können sich nur auf Beeinträchtigungen ihrer eigenen öffentlichen Ordnung oder Sicherheit beziehen. Während es aber möglich erscheint, die Projekte oder Programme von Unionsinteresse als Teil der öffentlichen Ordnung oder Sicherheit des eigenen Staats anzuerkennen, ist dies bei der öffentlichen Ordnung oder Sicherheit einzelner anderer Mitgliedstaaten nur schwerlich möglich; hier bedarf es einer ausdrücklichen Regelung.[1645] Seit der *Sechzehnten Verordnung zur Änderung der Außenwirtschaftsverordnung*[1646] kann die öffentliche Ordnung oder Sicherheit eines anderen Mitgliedstaats gem. § 55a I AWV und § 4 I Nr. 4 AWG nun ebenfalls durch die Investitionsprüfung

1645 Vgl. für eine einfachgesetzliche Regelung, bei der die „wesentlichen Sicherheitsinteressen" Deutschlands auch die „wesentlichen Sicherheitsinteressen" der Mitgliedstaaten umfassen sollen, § 4 II Nr. 3 Bundeswehrbeschaffungsbeschleunigungsgesetz (BwBBG), BGBl. I 2022, S. 1078 ff. vom 11.07.2022.

1646 Sechzehnte Verordnung zur Änderung der Außenwirtschaftsverordnung, BAnz AT 28.10.2020 V1.

geschützt werden. Im Wesentlichen wird sich die Rolle anderer Mitgliedstaaten im Kooperationsmechanismus aber auf die Weitergabe einschlägiger Informationen beschränken. Bei Überprüfungsmechanismen, die auch die Sicherheit anderer Mitgliedstaaten im Blick haben, kann der Kommentar eines Mitgliedstaats ähnliche Wirkung haben wie die Stellungnahme im Rahmen von Art. 6, 7 FDI-RahmenVO. Gegen eine vergleichbare Wirkung mit der Stellungnahme nach Art. 8 FDI-RahmenVO spricht neben den systematischen Argumenten auch das Prinzip der Staatensouveränität. Ein Vorschlag zur Einführung einer Form von demokratischem unverbindlichem Mitspracherecht bei den Investitionskontrollen der anderen Mitgliedstaaten wurde deshalb nicht in die Verordnung übernommen.[1647] Ein Mitspracherecht hätte den politischen Druck auf den prüfendenden Mitgliedstaat erhöht.

c) *Zwischenergebnis.*

Die Verordnung lässt hinsichtlich der finalen Entscheidungsgewalt über eine Investition keine Zweifel aufkommen; sie bleibt bei den Mitgliedstaaten. Ungeklärt lässt sie hingegen, welche formale Wirkung Stellungnahmen und Kommentare zukommen. Da dies bereits im Gesetzgebungsverfahren erkannt und angesprochen wurde, ist zu vermuten, dass Unklarheiten bewusst beibehalten wurden, um einen Konsens nicht zu gefährden. Genauso wenig sind die Konsequenzen bei systematischer Nichtbeachtung der Stellungnahmen und Kommentaren geregelt worden, obwohl dies im Gesetzgebungsverfahren erkannt wurde.[1648] Deutlich wird nur, dass den Stellungnahmen der Kommission im Rahmen von Art. 8 FDI-RahmenVO stärkere Bindungswirkung zukommen als den Rechtsakten im Rahmen von Art. 6, 7 FDI-RahmenVO.[1649] Dagegen kommt den Stellungnahmen und Kommentaren in Art. 6 und Art. 7 FDI-RahmenVO gleiche Bedeutung zu.

So bleibt es insgesamt bei einer relativ blassen Einwirkungsmöglichkeit der anderen Mitgliedstaten und der Kommission. Lediglich die Stellungnahme zu

1647 Vgl. *Europäisches Parlament* Entwurf einer legislativen Entschließung des Europäischen Parlaments, PE619.160v03-00, vom 04.06.2018, Änderungsantrag 72, welcher vorsah, dass bei der Auffassung eines Drittels der Mitgliedstaaten und der Kommission eine umfassende Berücksichtigung der Stellungnahme und der Kommentare vorgenommen werden sollte.

1648 Vgl. *Europäischer Wirtschafts- und Sozialausschuss* Stellungnahme, vom 25.07.2018, 2018/C-262/100, Bemerkung 3.5.

1649 In diesem Sinn auch *De Kok* European Law Review 2019 (44), 24 (45).

Beeinträchtigungen von Projekten und Programmen von Unionsinteresse kann durch die Einschränkung des Ermessens des prüfenden Mitgliedstaats eine rechtlich fassbare Wirkung entfalten. Der gegenseitige Informationsaustausch tritt damit mehr in den Vordergrund.[1650]

3. Fristenvorgaben

Die FDI-RahmenVO beinhaltet Fristen für die Durchführungen des Kooperationsmechanismus und nimmt damit Einfluss auf die formelle zeitliche Ausgestaltung der nationalen Kontrollen. Anzuzeigen ist ein geplanter Kommentar oder eine Stellungnahme gem. Art. 6 VI FDI-RahmenVO spätestens nach 15 Tagen ab der Übermittlung der Informationen des Art. 6 I FDI-RahmenVO durch den überprüfenden Staat. Die übrigen Mitgliedstaaten und die Kommission haben gem. Art. 6 VII FDI-RahmenVO ab Eingang der Informationen 35 Tage Zeit, Kommentare oder Stellungnahmen abzugeben. Gem. Art. 6 VII 3 FDI-RahmenVO kann die Kommission auf Kommentare anderer Mitgliedstaaten noch fünf Tage später eine Stellungnahme abgeben; dies gilt auch dann, wenn die Frist von 35 Tagen bereits abgelaufen ist. Der spätestens denkbare Fristablauf ist folglich 40 Tage ab Eingang der Informationen. Die Fristen sind im Vergleich zur Fusionskontrolle und einigen nationalen Investitionskontrollen vergleichsweise lang.[1651]

4. Rechtsschutz gegen Kooperationsmaßnahmen

In Wechselwirkung mit der Verbindlichkeit einer Kooperationsmaßnahme steht der Rechtsschutz gegen Stellungnahmen und Kommentare. Art. 3 V FDI-RahmenVO sieht keinen Schutz gegen Kooperationsmaßnahmen ausdrücklich vor. Dies kann so interpretiert werden, dass die FDI-RahmenVO Rechtsschutz gegen andere Maßnahmen als „Überprüfungsbeschlüsse nationaler Behörden" nicht zulässt oder ohnehin als gegeben ansieht.[1652] Mangels näherer Äußerungen spricht mehr dafür, dass Art. 3 V FDI-RahmenVO keine Bedeutung für den europäischen Rechtsschutz zuzumessen ist, da dieser nur den Rechtsschutz im Rahmen des nationalen Verfahrens sicherstellt. Im Übrigen wären Regelungen zum EuGH-Rechtsschutz gegen die Stellungnahmen in der FDI-RahmenVO

1650 So auch *Schladebach/Becker* NVwZ 2019, 1076 (1079 f.).

1651 Vgl. *Verellen* Legal Issues of Economic Integration 2021, 19 (30).

1652 *Hagemeyer* in: Hindelang/Moberg (Hrsg.), YSEC – Yearbook of Socio-Economic Constitutions, S. 802.

nicht primärrechtskonform, da die Verordnung als Sekundärrecht niederrangig ist. Die Verordnung sieht infolgedessen keine Besonderheiten vor, sodass sich der Rechtsschutz nach den allgemeinen Regeln bestimmt.

Gegen europäische Kooperationsmaßnahmen sind zwei Rechtsschutzwege denkbar: eine Nichtigkeitsklage gem. Art. 263 AEUV und das Vorlageverfahren gem. Art. 267 AEUV. Da sich beide Klagearten jedoch nur mit dem Handeln oder der Auslegung von Unionsorganen auseinandersetzen, bleibt für den Rechtsschutz gegen die Kommentare anderer Mitgliedstaaten keine statthafte Klageart. Hierzu besteht auch kein Bedürfnis, da diese keine Bindungswirkung auf den überprüfenden Staat ausüben und somit der Rechtsschutz gegen die nationale Maßnahme ausreichend ist. Die Heranziehung eines rechtswidrigen Kommentars eines anderen Mitgliedstaats ist ermessensfehlerhaft. Den Stellungnahmen der Kommission hingegen sind in den Fällen des Art. 8 II c) FDI-RahmenVO von den Mitgliedstaaten „umfassend Rechnung" zu tragen. Deren Nichtbeachtung ist erklärungsbedürftig. Hier kann sich das Anliegen des Investors ergeben, eine nachteilige Stellungnahme gerichtlich direkt anzugreifen.[1653]

a) Nichtigkeitsklage gem. Art. 263 AEUV

Natürliche und juristische Personen können gem. Art. 263 IV AEUV Nichtigkeitsklage erheben. Die Nichtigkeitsklage vor dem EuGH gem. Art. 263 I AEUV kann die Überprüfung der Rechtmäßigkeit von Kommissionshandeln zum Gegenstand haben. Ausgenommen hiervon sind jedoch Stellungnahmen. Diese sind gem. Art. 263 I AEUV kein statthafter Klagegegenstand.[1654] Laut Erwägungsgrund Nr. 16 FDI-RahmenVO handelt es sich um eben diese Stellungnahmen im Sinne des Art. 288 AEUV, sodass der Wortlaut des Art. 263 I AEUV gegen die Möglichkeit der Nichtigkeitsklage spricht. Hintergrund der Ausnahme ist, dass diesen die Rechtswirkung fehlt und demnach kein Rechtsschutzbedürfnis besteht. Die Wahl der Form kann die Rechtsnatur einer Maßnahme nicht ändern,[1655] deshalb kann eine Klage gegen Stellungnahmen trotzdem statthaft sein, wenn der Rechtsakt nur nach Form eine Stellungnahme darstellt,

---

1653 *Bungenberg/Blandfort* in: Hahn/Van der Loo (Hrsg.), Law and Practice of the Common Commercial Policy, S. 173.

1654 *Cremer* in: Calliess/Ruffert (Hrsg.), EUV/AEUV, Art. 263 AEUV, Rn. 58.

1655 EuGH, Urteil vom 13.12.1989, C-322/88 – Grimaldi/Fonds de maladies professionnelles, ECLI:EU:C:1989:646, Rn. 14.

materiellrechtlich aber Verbindlichkeitswirkung besitzt.[1656] Die Prüfung der Statthaftigkeit einer Nichtigkeitsklage gegen eine Stellungnahme ist deshalb weniger klar, als der Wortlaut des Art. 263 AEUV es erscheinen lässt, sodass Mitgliedstaaten immer wieder Nichtigkeitsklagen gegen Soft Law erheben.[1657]

Der EuGH wich deshalb in einzelnen Fällen vom Wortlaut des Art. 263 AEUV ab, wenn einer Mitteilung ausnahmsweise eigene Rechtswirkung zukam.[1658] Den Stellungnahmen der Kommission im Rahmen des Art. 6 und Art. 7 FDI-RahmenVO kommt keine besondere Verpflichtungswirkung zu. Sie sind, wie auch die Kommentare der Mitgliedstaaten, „in angemessener Weise" zu berücksichtigen. Auch die Stellungnahme im Rahmen des Art. 8 FDI-RahmenVO hat keinen Bindungscharakter; sie sind aber „umfassend Rechnung" (im Englischen: „shall take utmost account") zu tragen. Der Stellungnahme im Sinne von Art. 8 FDI-RahmenVO kommt eine ermessenslenkende Wirkung bei der Entscheidung der Investitionskontrollen der Mitgliedstaaten zu und löst bei Abweichung eine Begründungspflicht aus. Denkbar ist, der ermessenslenkenden Wirkung Rechtswirkung zuzusprechen und unter den Begriff der „unmittelbar und individuell betreffenden Handlungen" einzuordnen.[1659] Eine solche Lösung scheint jedoch nach bisheriger Rechtsprechung ausgeschlossen, da es hierfür einer Maßnahme bedarf, die keinerlei Ermessensspielraum belässt.[1660] Auch besteht für die Mitgliedstaaten nicht nur eine „rein theoretische Möglichkeit", der Stellungnahme nicht nachzukommen,[1661] sondern führt nur zu einer Begründungspflicht. Weitere Maßnahmen kann die Kommission gegen die Mitgliedstaaten aufgrund der klaren Regelung des Art. 1 III FDI-RahmenVO, der sich auch auf die Faktoren des Art. 8 FDI-RahmenVO bezieht, nicht treffen.

1656 EuGH, Urteil vom 11.11.1981, C-60/81 – IBM/Kommission, ECLI:EU:C:1981:264, Rn. 8.

1657 Vgl. EuG, Beschluss vom 27.10.2015, T-721/14 – Belgien/Kommission, ECLI:EU:T:2015:829.

1658 Vgl. EuGH, Urteil vom 20.03.1997, C-57/95 – Frankreich/Kommission, ECLI:EU:C:1997:164, Rn. 23; EuGH, Urteil vom 16.06.1993, C-325/91 – Frankreich/Kommission, ECLI:EU:C:1993:245, Rn. 23.

1659 *Bungenberg/Blandfort* in: Hahn/Van der Loo (Hrsg.), Law and Practice of the Common Commercial Policy, S. 174.

1660 EuGH, Urteil vom 05.05.1998, C-386/96 P – Dreyfus/Kommission, ECLI:EU:C:1998:193, Rn. 43, m.w.N.

1661 EuGH, Urteil vom 05.05.1998, C-386/96 P – Dreyfus/Kommission, ECLI:EU:C:1998:193, Rn. 44, m.w.N.

Mit der Rechtssache C-689/19 P[1662] (VodafoneZiggo Group/Kommission) dürfte diese Frage zumindest hinsichtlich der Formulierung entschieden sein. Gegenstand der Klage war unter anderem eine Stellungnahme, der „weitestgehend Rechnung" zu tragen war (im Englischen: take the utmost account). Die streitgegenständliche Stellungnahme ist insoweit vergleichbar mit der Stellungnahme im Sinne von Art. 8 FDI-RahmenVO;[1663] ebenso löste die Nichtbefolgung eine Begründungspflicht beim Mitgliedstaat aus.[1664] Dies reichte laut EuGH nicht aus, um von einer ausnahmsweise verbindlichen Stellungnahme auszugehen.[1665] Die Begründungspflicht bei Abweichung sei sogar ein Zeichen der Unverbindlichkeit.[1666]

Die fehlende Verbindlichkeit der Stellungnahme im Sinne von Art. 8 FDI-Rahmenergibt sich darüber hinaus auch aus historischer Auslegung, da sich verbindlichere Formulierungen im Gesetzgebungsverfahren nicht durchsetzen konnten. Ferner spricht gegen die Klagemöglichkeit, dass die Mitgliedstaaten die Adressaten der Stellungnahmen sind und nicht die einzelnen Investoren. Zwar kann eine individuelle Betroffenheit wohl angenommen werden,[1667] die Verfahrensbeteiligten sind jedoch nicht „unmittelbar" betroffen.[1668] Eine Nichtigkeitsklage gegen die Handlungen im Rahmen des Kooperationsmechanismusses ist demnach unter keinem Gesichtspunkt statthaft. Selbst eine gesteigerte Berücksichtigungspflicht erlaubt keine Nichtigkeitsklage gegen Stellungnahmen.[1669]

1662 EuGH, Urteil vom 25.02.2021, C-689/19 P – VodafoneZiggo Group/Kommission, ECLI:EU:C:2021:142.

1663 Der Wortlaut der englischen Fassungen ist identisch; die deutschen Fassungen weichen hingegen leicht voneinander ab.

1664 EuGH, Urteil vom 25.02.2021, C-689/19 P – VodafoneZiggo Group/Kommission, ECLI:EU:C:2021:142, Rn. 45.

1665 EuGH, Urteil vom 25.02.2021, C-689/19 P – VodafoneZiggo Group/Kommission, ECLI:EU:C:2021:142, Rn. 45–59.

1666 EuGH, Urteil vom 25.02.2021, C-689/19 P – VodafoneZiggo Group/Kommission, ECLI:EU:C:2021:142, Rn. 55.

1667 Vgl. *Hagemeyer* in: Hindelang/Moberg (Hrsg.), Yearbook of Socio-Economic Constitutions, S. 807, Fn. 52 im Hinblick auf die Plaumann-Formel in EuGH, Urteil vom 15.06.1963, C-25/62 – Plaumann/Kommission, ECLI:EU:C:1963:17, S. 223 f.

1668 Vgl. *Hagemeyer* in: Hindelang/Moberg (Hrsg.), Yearbook of Socio-Economic Constitutions, S. 807.

1669 *Scholz* EuZW 2022, 453 (458).

b) *Vorabentscheidungsverfahren gem. Art. 267 AEUV*

Einer direkten Rechtsschutzmöglichkeit bedarf es aus Gründen des effektiven Rechtsschutzes nicht, weil die Überprüfung der Stellungnahme auch indirekt über ein Vorlageverfahren gem. Art. 267 AEUV möglich ist.[1670] Der EuGH kann gem. Art. 267 I b) AEUV über die „Gültigkeit und Auslegung der Handlungen der Organe" entscheiden. Hiervon sind im Gegensatz zur Nichtigkeitsklage gem. Art. 263 AEUV alle Handlungen des Art. 288 AEUV und somit auch Stellungnahmen umfasst.[1671] Laut EuGH hat die Unzulässigkeit einer Nichtigkeitsklage auf die Statthaftigkeit eines Vorabentscheidungsverfahrens keine Auswirkung.[1672] Ein erstes Vorlageverfahren zur Auslegung der FDI-RahmenVO stellt die Rechtssache C-106/22 (Xella Magyarország) dar, welches dem EuGH am 15.02.2022 aus Ungarn vorgelegt wurde.[1673] Sofern man das Vorabentscheidungsverfahren aufgrund der längeren Verfahrensdauer als nicht ausreichend und als Verstoß gegen Art. 47 GRC ansieht,[1674] stellt dies kein Problem des Rechtsschutzsystems der Union, sondern ein Rechtswidrigkeitsproblem der FDI-RahmenVO selbst dar.

Der Investor muss zunächst den nationalstaatlichen Gerichtsweg gehen. In der deutschen Rechtsordnung ist eine Anfechtungsklage gegen den belastenden Verwaltungsakt in Form einer Untersagung gem. § 42 I 1. Var. VwGO oder eine Verpflichtungsklage gem. Art. 42 I 2. Var. VwGO auf die Bescheinigung der Unbedenklichkeit gem. § 58 AWV statthaft. Bei einer Auflage ist die statthafte Klageart von ihrer Ausgestaltung abhängig; die Anfechtungsklage ist einschlägig, wenn der begünstigende Verwaltungsakt auch ohne die Nebenbestimmung „sinnvoller- und rechtmäßigerweise bestehen bleiben kann"[1675].[1676] Bereits die

---

1670 *Scholz* EuZW 2022, 453 (456).

1671 *Pechstein/Görlitz* in: Pechstein/Nowak/Häde (Hrsg.), Frankfurter Kommentar EUV/GRC/AEUV, Art. 267 AEUV, Rn. 17.

1672 EuGH, Urteil vom 25.03.2021, C-501/08 – BT/Balgarska Narodna Banka, ECLI:EU:C:2021:249, Rn. 82; EuGH, Urteil vom 20.02.2018, C-16/16 P – Belgien/Kommission, ECLI:EU:C:2018:79, Rn. 44; EuGH, Urteil vom 13.06.2017, C-258/14 – Eugenia Florescu u. a., ECLI:EU:C:2017:448, Rn. 30.

1673 EuGH, Antrag vom 15.02.2022, C-106/22 – Xella Magyarország. Siehe zu den Hintergründe Kapitel F. I. b) bb) (1) (aa).

1674 *Bungenberg/Blandfort* in: Hahn/Van der Loo (Hrsg.), Law and Practice of the Common Commercial Policy, S. 174. Vgl. auch *Snell* European Law Review 2019, 137 (138).

1675 BVerwG, Urteil vom 22.11.2000 – 11 C 2.00, *NVwZ 2001, 429 (429).*

1676 Vgl. *Hagemeyer* in: Hindelang/Moberg (Hrsg.), Yearbook of Socio-Economic Constitutions, S. 806.

blinde Umsetzung der Stellungnahme könnte nach deutschem Recht einen Ermessensnichtgebrauch darstellen, da der Mitgliedstaat aufgrund seines Spielraums neben der Stellungnahme auch das Unionsprimärrecht sowie nationales Verfassungsrecht in seine Entscheidung einbeziehen muss.

Das letztinstanzliche Gericht muss den Fall dem EuGH vorlegen, falls sich die Stellungnahme der Kommission als möglicherweise unionswidrig darstellt und der kontrollierende Mitgliedstaat seine Entscheidung auf die Stellungnahme stützte.[1677] Bei Auffassung von der Nichtigkeit des Soft Laws wird wohl ebenso eine Vorlagepflicht der Unterinstanzen bestehen.[1678] Ebenso kann eine Abweichung von der Stellungnahme eine Vorlagepflicht auslösen.[1679]

Zulässige Vorlagefrage wäre, inwieweit der Stellungnahme Rechnung zu tragen ist. Ebenso kann die Stellungnahme der Kommission auf ihre Gültigkeit überprüft werden. Sollte sich die Stellungnahme ungültig herausstellen, wäre eine deutsche Verwaltungsentscheidung, die sich maßgeblich auf die Stellungnahme stützte, voraussichtlich rechtswidrig. In der Praxis besteht neben dem Problem weniger relevanter Untersagungen auch das Problem, dass die FDI-RahmenVO keine Aussagen dazu trifft, nach welchen Kriterien die Kommission eine Stellungnahme verfasst. Zumindest in den Fällen des Art. 8 FDI-RahmenVO geht die Verordnung jedoch von einer Einschätzungsprärogative der Kommission aus, sodass eine rechtswidrige Stellungnahme nur bei offensichtlich nicht die öffentliche Ordnung oder Sicherheit bedrohenden Investitionen angenommen werden kann.

1677 Beispielsweise in EuGH, Urteil vom 25.03.2021, C-501/08 – BT/Balgarska Narodna Banka, ECLI:EU:C:2021:249, Rn. 82–101, wurde im Rahmen eines Vorabentscheidungsverfahren eine Empfehlung für ungültig erklärt.

1678 *Scholz* EuZW 2022, 453 (457).

1679 Vgl. *Thomas* EuR 2009, 423 (438 f.), zu Leitlinien.

G. Schlussbetrachtung

Der FDI-RahmenVO kommt eine kompetenzielle und eine teilharmonisierende Wirkung auf die Beschränkbarkeit der Kapitalverkehrsfreiheit zu. Die Verordnung ersetzt den bisherigen Maßstab mit einem unionsgesetzgeberischen Rechtfertigungsmaßstab, der verbindliche und unverbindliche Elemente aufweist. Verbindlich schafft er erstmalig einen gemeinsamen europäischen Kooperationsmechanismus für die Prüfung ausländischer Direktinvestitionen.

Die Kompetenzverschiebung durch den Vertrag von Lissabon stand Investitionskontrollen der Mitgliedstaaten entgegen. Mit Hinweis auf Art. 65 AEUV ignorierte Deutschland jedoch die kompetenzielle Sperre.[1680] Die kurz vor Inkrafttreten des Vertrags von Lissabon verabschiedete Einführung einer sektorübergreifenden Prüfung könnte dafürsprechen, dass sich der deutsche Gesetzgeber seiner rechtlichen Einschätzung selbst nicht sicher war. Mit der FDI-RahmenVO wurde eine Rückermächtigung im Sinne des Art. 2 I 2. Hs. AEUV erlassen, die den Mitgliedstaaten eine kompetenzkonforme Fortführung ihrer Investitionskontrollen ermöglicht. Da einige Mitgliedstaaten bis zu diesem Zeitpunkt bereits Kontrollmechanismen unterhielten, wird in Art. 3 I FDI-RahmenVO auch die Aufrechterhaltung einer Kontrolle gestattet. Eine Rückermächtigung zur Aufrechterhaltung deutet auf einen bisherigen Verstoß gegen die ausschließliche Zuständigkeit hin. Gleichzeitig vermeidet der Unionsgesetzgeber die Konsequenzen einer ausschließlichen Zuständigkeit gem. Art. 207 AEUV i. V. m. Art. 3 I e) AEUV klar zu benennen, indem er lediglich die Schaffung von Rechtssicherheit betont. Dies liegt im Wesentlichen daran, dass sich Mitgliedstaaten und EU einig sind, dass die Mitgliedstaaten Investitionskontrollen durchführen sollten. Dies verhilft der FDI-RahmenVO jedoch nicht zu einer Kompetenzverschiebung mit ex-tunc Wirkung.

Die Kommission führte lange Zeit Vertragsverletzungsverfahren gegen mitgliedstaatliche Beschränkungen in Form von Investitionskontrollen oder „Golden-Shares". Noch zurückhaltend äußerte sich die EU beim Vorschlag zur FDI-RahmenVO zu allgemeinen Investitionskontrollen. Der Verordnungsvorschlag konnte zu diesem Zeitpunkt noch teilweise als Versuch gedeutet werden, die Kontrollen der Mitgliedstaaten zu disziplinieren. Dieser Ton hat sich spätestens mit der COVID-19-Pandemie gänzlich geändert: In den Leitlinien

1680 BT-Drs. 16/7668 vom 03.01.2008, Antwort auf Frage 9.

ruft die Kommission die Mitgliedstaaten nun ausdrücklich dazu auf, Kontrollen durchzuführen.[1681] Die Kommission weist ferner auch auf die Möglichkeit von Regelungen zu „goldenen" Aktien hin.[1682] Dies stellt einen Sichtwechsel auf die zulässige Beschränkbarkeit des freien Kapitalverkehrs mit Drittstaaten dar. Verstärkt betont wird die Rechtsprechung des EuGH in der Rechtssache C-446/04 (Test Claimants in FII Group Litigation)[1683], nach der eine Kapitalverkehrsbeschränkung gegenüber Drittstaatsakteuren aus bestimmten Gründen gerechtfertigt sein kann, und zwar selbst dann, wenn der Rechtfertigungsgrund gegenüber Mitgliedstaatsakteuren nicht ausreichend wäre.[1684] Sehr weit interpretiert die Kommission dabei die Bedeutung der Rechtsprechung, da diese davon ausgeht, dass die Rechtfertigungsgründe auch weiter auslegbar seien.[1685] Dies geht darüber hinaus, dass ohnehin bestimmte Konflikte nur in Drittstaatssachverhalten auftreten und entsprechend gewürdigt werden können.

Eine Vereinbarkeit mit den Grundfreiheiten unterstützt die FDI-RahmenVO durch Konkretisierungen und Teilharmonisierungen. Sie hält in wesentlichen Teilen an der bisherigen Judikatur des EuGH fest; insbesondere die Anforderungen des Art. 3 FDI-RahmenVO stellen Kodifikationen der bisherigen Rechtsprechung dar. Eine hervorzuhebende Erneuerung ist in Art. 4 FDI-RahmenVO der Ausdruck „voraussichtliche Beeinträchtigung", der im starken Kontrast zum bisherigen Verständnis einer „tatsächlichen und hinreichend schweren Gefährdung" steht. Der deutsche Gesetzgeber hat die sektorübergreifende Prüfung von Unternehmenserwerben gem. §§ 55 ff. AWV hieran angepasst. Eine grundfreiheitskonforme Auslegung spricht jedoch dafür, den Begriff nur zur Auslösung eines Überprüfungsmechanismus zu verwenden, finale restriktive Entscheidungen sollten jedoch auf den engen Begriff der „tatsächlich und hinreichend schweren Gefährdung" des EuGH rekurrieren. Besonderheiten in Drittstaatssachverhalten sind im Rahmen der Abwägung zu berücksichtigen, nicht durch Absenkung des Gefährdungsbegriffs. Der deutsche Gesetzgeber sollte sich an einer grundfreiheitskonformen Auslegung orientieren. Ebenso sollte der Ermessensspielraum des Unionsgesetzgebers nicht so weit gehen, dass eine Bindung an die Grundfreiheiten effektiv aufgegeben wird. Der Unionsakt wäre unionswidrig,

---

1681 *Kommission* Mitteilung, (2020/C 99 I/01), Leitlinien, S. 4.

1682 *Kommission* Mitteilung, (2020/C 99 I/01), Leitlinien, S. 4.

1683 EuGH, Urteil vom 12.12.2006, C-446/04 – Test Claimants in the FII Group Litigation, ECLI:EU:C:2006:774, Rn. 171.

1684 *Kommission* Mitteilung, (2020/C 99 I/01), Leitlinien, S. 5.

1685 *Kommission* Mitteilung, (2020/C 99 I/01), Leitlinien, S. 5.

wenn er den Gefährdungsbegriff verbindlich bis zur Grundfreiheitswidrigkeit herabsetzen würde.

Verbindlich wird durch die FDI-RahmenVO ein europäischer Kooperationsmechanismus errichtet, der den Austausch zwischen den Mitgliedstaaten und der Kommission ermöglichen soll. Neben den verbindlichen Vorgaben des Art. 3 FDI-RahmenVO stellt der Kooperationsmechanismus die einzigen unmittelbar anwendbaren Vorgaben der Verordnung dar. Erblickt man in den Vorgaben des Art. 3 FDI-RahmenVO nur eine Kodifizierung der Rechtsprechung des EuGH, so bleibt der Kooperationsmechanismus die einzige materielle Reform von Investitionskontrollen. Zurecht wird der Kooperationsmechanismus deshalb als „Herzstück" bezeichnet.[1686] Unklar bleibt, inwieweit sich die Wirkung der Kommissionsstellungnahme bei Projekten und Programmen von Unionsinteressen gem. Art. 8 II FDI-RahmenVO erstrecken soll.

In rechtspolitischer Hinsicht gibt es keine durchschlagenden Gründe, wieso allein den Mitgliedstaaten das Überprüfungsrecht bei Projekten und Programmen von Unionsinteresse belassen werden sollte. Es wäre sinnvoll, eine eigene Kontrolle der Kommission für Unionsbelange einzurichten. Ein Konsens bezüglich des Verordnungsvorschlags zur FDI-RahmenVO schien zu Beginn des Gesetzgebungsverfahrens schwer erreichbar zu sein; die politischen Voraussetzungen haben sich seitdem stark geändert. Während die öffentliche Ordnung oder Sicherheit der Mitgliedstaaten nur von diesen selbst im Hinblick auf Art. 4 EUV geschützt werden sollte, gilt dies für die Zielbereiche des Art. 8 FDI-RahmenVO nicht. Es kann damit gerechnet werden, dass der Unionsgesetzgeber in naher Zukunft weitere Kompetenzen anstreben wird. Dies deutete sich bereits im ersten Jahresbericht der Kommission über die Überprüfung ausländischer Direktinvestitionen in der Union an.[1687] Der politische Zeitgeist für die Intensivierung von Investitionskontrollen ist deutlich spürbar.[1688]

Abzulehnen sind hingegen Erwägungen, nach denen kleinere Mitgliedstaaten einen Schutz durch die Kommission benötigen.[1689] Dies ist Ausdruck einer paternalistischen Sichtweise auf kleinere Mitgliedstaaten, die zu keinem

---

1686 *Voland* in: Krenzler/Herrmann/Niestedt (Hrsg.), EU-Außenwirtschafts- und Zollrecht, XII Nr. 122, Vor Art. 1 VO (EU) 2019/452, Rn. 10.

1687 *Kommission* Bericht, Erster Jahresbericht über die Überprüfung ausländischer Direktinvestitionen in der Union, COM(2021) 714 final, vom 23.11.2021.

1688 Vgl. allein die zahlreichen AWV-Novellen im deutschen Recht. § 55 AWV wurde seit Beginn des Jahres 2020 bereits sechs Mal geändert.

1689 So aber *Schuelken* EuR 2018, 577 (590).

konsensfähigen Rechtsakt führen dürfte. Die Abwägung zwischen wirtschaftlichen und sicherheitspolitischen Auswirkungen ist Ausdruck der Staatensouveränität, was auch Art. 4 EUV anerkennt. Zuzustimmen ist hingegen, dass die Kommission wirksamer Unionsinteressen in den Blickwinkel nehmen kann und deshalb über verbindlichere Instrumente nachgedacht werden sollte.[1690] Die Stellungnahme sollte auch dann erfolgen dürfen, wenn die Kommission eine Gefährdung der öffentlichen Ordnung oder Sicherheit für offensichtlich nicht gegeben hält. Dies erhöht den Druck auf die Mitgliedstaaten, die Einhaltung der Kapitalverkehrsfreiheit ernst zu nehmen; ein solcher Druck besteht zurzeit nur auf legislativer Ebene durch die Notifizierungspflicht der Kontrollmechanismen gem. Art. 3 VII FDI-RahmenVO.

Die FDI-RahmenVO stellt weniger ein zukunftweisendes Rechtsinstrument dar als vielmehr einen ersten Schritt,[1691] der durch schwierige politische Konsensfindung zustande kam. Wichtigster Beitrag war die kompetenzielle Legalisierung der nationalen Investitionskontrollen. Eine endgültige Entscheidung über die bisherige Kompetenzverteilung zu Investitionskontrollen kann nun dahinstehen.[1692] Die FDI-RahmenVO wird mit wachsender Bedeutungszunahme von Investitionskontrollen voraussichtlich einer Reform unterzogen werden, die eine Stärkung der Prüfungsbefugnis der Europäischen Kommission zur Folge haben wird. Erstmals im *Arbeitsprogramm der Kommission für 2023* wird angekündigt, dass die Einführung einer Outbound-Investitionskontrolle auf EU-Ebene geprüft wird.[1693] Diese würde eine deutliche Wende für den Grundsatz der Investitionsfreiheit bedeuten. Zusammen mit der Prüfkompetenz, die der *Vorschlag für eine Verordnung über den Binnenmarkt verzerrende drittstaatliche Subventionen, COM(2021) 223 final* vorsieht, wird die Kontrolle von Unternehmensübernahmen aus Drittstaaten deutlich intensiviert werden. Unternehmensübernahmen werden in Zukunft im Rahmen von drei Kontrollmechanismen (Investitionskontrolle, Fusionskontrolle und Drittstaatssubventionskontrolle) geprüft. Die wirtschaftlichen und politischen Auswirkungen, insbesondere auf die 2022 in Deutschland gestiegene Untersagungspraxis, bleiben abzuwarten.

1690 *Schuelken* EuR 2018, 577 (590); *Schladebach/Becker* NVwZ 2019, 1076 (1080) für ein Verfahren nach dem Vorbild des Beihilfenrechts.

1691 *Hoffmeister* EuR 2020, Beiheft 2, 77 (89).

1692 *Klamert/Bucher* EuZW 2021, 335 (342), „es ist alles sehr kompliziert".

1693 *Kommission* Mitteilung, Arbeitsprogramm der Kommission für 2023, COM(2022) 548 final, vom 18.10.2022, 3.3.

H. Zusammenfassung in Thesen

1. Das Begriffspaar „Direktinvestition-Portfolioinvestition" spielt sowohl für die Kompetenzverteilung als auch für die Anwendungsreichweite der Grundfreiheiten eine Rolle. Das Begriffspaar ist jedoch zur Kompetenzabgrenzung ungeeignet, weil sich die Kontrolle im Wesentlichen nach dem Gesellschaftsrecht der Mitgliedstaaten richtet. Ebenso ungeeignet ist das Begriffspaar für die Abgrenzung von Niederlassungs- und Kapitalverkehrsfreiheit. Zwar steht jede Portfolioinvestition im Anwendungsbereich der Kapitalverkehrsfreiheit, aber nicht jede Direktinvestition steht im Anwendungsbereich der Niederlassungsfreiheit.
2. Die Kompetenz zum Erlass von Investitionskontrollen ergibt sich aus Art. 207 II AEUV, welcher eine ausschließliche Zuständigkeit der EU vorsieht. Mitgliedstaatliches Handeln ist in Bereichen der ausschließlichen Zuständigkeit unionswidrig und muss unangewendet bleiben. Auf dem Gebiet der gemeinsamen Handelspolitik wird das Handeln der Mitgliedstaaten zwar geduldet, diese Praxis kann jedoch die Unionskompetenz zu autonomer Handelspolitik nicht erschüttern.
3. Art. 65 AEUV ist ein Rechtfertigungsgrund zum Eingriff in die Kapitalverkehrsfreiheit und vermittelt kein kompetenzielles Recht von der ausschließlichen Zuständigkeit abzuweichen. Eine innewohnende Übergangswirkung findet keinen normativen Anhaltspunkt. Als Vergleich zum nationalen Verfassungsrecht können die Kompetenznormen der Art. 70 ff. GG und die Grundrechtsschranken dienen. Eine Grundrechtsschranke ermächtigt nicht entgegen der kompetenziellen Verteilung zu handeln.
4. Der Unionsgesetzgeber vermied im Normtext und der Begründung zur FDI-RahmenVO die konkreten Konsequenzen aus der ausschließlichen Zuständigkeit zu benennen. Es handelt sich um eine Rückermächtigung gem. Art. 2 I AEUV. Die FDI-RahmenVO entspricht den Anforderungen an Rückermächtigungen. Der Begründungspflicht gem. Art. 296 II AEUV kommt der Unionsgesetzgeber nur ausreichend nach.
5. Die FDI-RahmenVO muss sich an der Kapitalverkehrsfreiheit messen lassen, weil der Unionsgesetzgeber an diese gebunden ist. Dies ist zuletzt in der Rechtssache C-620/18 (Ungarn/Parlament und Rat) vom EuGH bestätigt worden. Dem Unionsgesetzgeber wird „ein weites Ermessen in Bereichen zugebilligt, in denen seine Tätigkeit sowohl politische als auch wirtschaftliche oder soziale Entscheidungen verlangt und in denen er komplexe Prüfungen

und Beurteilungen vornehmen muss." Dies darf aber nicht dazu führen, dass der Unionsgesetzgeber absolute Grenzen des Primärrechts überschreitet.

6. Aufgrund des weiten Ermessens und aber auch des politischen Gestaltungswillens des Unionsgesetzgebers stellte der EuGH bisher nur einmal einen Verstoß des Unionsgesetzgebers gegen die Grundfreiheiten fest. In der Regel werden durch Unionsakte keine formalen Marktzugangshindernisse zwischen den Mitgliedstaaten geschaffen. Im Drittstaatskapitalverkehr traf der Unionsgesetzgeber mit der FDI-RahmenVO jedoch eine solche Maßnahme. Ein politischer Sichtwechsel auf einen freien internationalen Kapitalverkehr entwickelt sich auf Unionsebene und reiht sich damit in die internationale Entwicklung an.
7. In Drittstaatssachverhalten ist kein formal weitergehender Spielraum zur Einschränkung der Kapitalverkehrsfreiheit gem. Art. 63 AEUV anzuwenden. Es bestehen aber regelmäßig sachliche Gründe, die eine weitere Einschränkung erlauben. Ebenso kann die Ungleichbehandlung von Investoren bestimmter Drittstaaten sachlich gerechtfertigt sein. Diese Gründe müssen aber im Einzelfall vorliegen und dürfen nicht Ausdruck allgemeiner Diskriminierung darstellen. Das Diskriminierungsverbot wird in Art. 3 FDI-RahmenVO wiederholt.
8. Der Unionsgesetzgeber konkretisiert im Rahmen dieses Spielraums Faktoren, die für die Bewertung einer Gefährdung der „öffentlichen Ordnung oder Sicherheit" zulässigen Gründe darstellen. Keinem Grund fehlt offensichtlich der Bezug zur öffentlichen Ordnung oder Sicherheit. Die Mitgliedstaaten sind an die Liste des Art. 4 FDI-RahmenVO nicht gebunden. Zweckmäßig dürfte es sein, die aufgezählten Faktoren mit höherem Konkretisierungsgrad in nationale Investitionskontrollmechanismen zu übernehmen.
9. Die kritische Infrastruktur gem. Art. 4 I a) FDI-RahmenVO war als Bestandteil zur Sicherung der öffentlichen Ordnung oder Sicherheit bereits von der Rechtsprechung anerkannt. Der Energiesektor war Gegenstand zahlreicher EuGH-Urteile. Bei diesem Wirtschaftsbereich dürfte es sich deshalb auch um einen Kernbereich der öffentlichen Ordnung oder Sicherheit handeln. Ebenso wurde die Telekommunikationsinfrastruktur bereits anerkannt. Die Hafeninfrastruktur wurde vom EuGH in der Rechtssache C-244/11 zwar nicht ausdrücklich anerkannt, aber mit Hinweis auf allgemeine Interessen in Bezug auf die öffentliche Ordnung oder die öffentliche Sicherheit auch nicht abgelehnt.
10. Die Dual-Use-Güter gem. Art. 4 I b) FDI-RahmenVO sind zwar nicht im Rahmen der „wesentlichen Sicherheitsinteressen" gem. Art. 346 AEUV

anerkannt, können jedoch im Rahmen der öffentlichen Ordnung oder Sicherheit einbezogen werden. Die „Kritischen Technologien" werden im Zusammenhang mit den „Dual-Use"-Gütern genannt, was den sicherheitspolitischen Fokus des Faktors unterstreicht. Wie stark der Bezug auf Sicherheitsaspekte bei Technologien letztendlich ausfällt, hängt von der praktischen Auslegung durch die Kontrollbehörden ab. Von der Kapitalverkehrsfreiheit und dem Begriff „öffentliche Ordnung oder Sicherheit" nicht umfasst, wäre ein rein wirtschaftlich motivierter Schutz.

11. Die Versorgungssicherheit mit kritischen Ressourcen gem. Art. 4 I c) FDI-RahmenVO zu gewährleisten, ist ein zulässiger Grund im Rahmen der öffentlichen Ordnung oder Sicherheit. Der Schutz der kritischen Infrastruktur dient letztendlich ebenfalls dem Zweck die Versorgungssicherheit zu gewährleisten. Für die Versorgungssicherheit mit kritischen Ressourcen gelten deshalb vergleichbare Erwägungen wie bei Art. 4 I a) FDI-RahmenVO.
12. Der Datenschutz in Art. 4 I d) FDI-RahmenVO ist bisher nicht von der Rechtsprechung im Zusammenhang mit der öffentlichen Ordnung oder Sicherheit genannt worden. Als modernes und vor allem dynamisch entwickelndes Gebiet, stellt die Einbeziehung des Datenschutzes in Art. 4 FDI-RahmenVO kein rechtliches Problem. Sofern hier regelmäßig problematische Investitionen auftreten, wird eine allgemeine Verschärfung des nationalen Datenschutzrechts aber sinnvoller sein. Im Einzelfall werden Auflagen, Bedingungen oder öffentlich-rechtliche Verträge gegenüber Untersagungen angemessenere Mittel darstellen.
13. Die Freiheit und Pluralität der Medien in Art. 4 I e) FDI-RahmenVO sind bisher als zwingender Grund des Allgemeininteresses anerkannt. Im Rang eines EU-Grundrechts konnte dieses bereits zuvor eine Schranke der Grundfreiheiten darstellen. Die Berichterstattung zur Einflussnahme auf Wahlen durch „Fake News" oder „Storytelling" verdeutlichte eine neue Sicherheitsdimension des Faktors.
14. Investorenbezogene Faktoren stellen einen für Investitionskontrollen immanenten Faktor dar. Nur abstrakt auf den Industriebereich abzustellen, ermöglicht keine konkrete Prüfung. Es überrascht daher nicht, dass der deutsche Gesetzgeber bei der Anpassung an Art. 4 II FDI-RahmenVO (§ 55a III AWV) nur von einer Klarstellung einer bereits bestehenden Praxis ausging. Gleichzeitig beinhaltet die Einbeziehung des Investors das Risiko der Diskriminierung einzelner Herkunftsländer.
15. Neben der Kapitalverkehrsfreiheit ist die FDI-RahmenVO auch am Maßstab der EU-Grundrechte – Art. 16 und 17 GRC – zu messen. Die Verhältnismäßigkeitsprüfung beinhaltet keine weiteren Aspekte, die spezifisch

die unternehmerische Freiheit oder das Eigentumsrecht betreffen, sodass eine parallele Prüfung geboten ist. Eine solche wurde vom EuGH in einigen Fällen angewendet. Ob eine identische Prüfung der Verhältnismäßigkeitsprüfung auch für den Unionsgesetzgeber grundsätzlich interessengerecht ist, kann offenbleiben.

16. Art. 3 II FDI-RahmenVO gibt den nationalen Investitionskontrollmechanismen zwingende materielle Vorgaben. Diese müssen transparent sein, dürfen nicht zwischen Drittstaaten zu einer Diskriminierung führen und müssen Rechtsschutz gegen die Entscheidung der Überprüfung vorsehen. Ausreichende Transparenz beugt Diskriminierung vor und ermöglicht einen effektiven Rechtsschutz.
17. Die Liste in Art. 4 FDI-RahmenVO ist weder abschließend noch verbindlich, sodass auch weitere Faktoren für die Ermittlung einer Gefährdung der öffentlichen Ordnung oder Sicherheit einbezogen werden können. Aus systematischen Gründen sollten der Unionsgesetzgeber und die Mitgliedstaaten Beschränkungen aus anderen Gründen als der öffentlichen Ordnung oder Sicherheit in einem getrennten Mechanismus festlegen. Unzulässig wäre die Einbeziehung der Reziprozität hinsichtlich des Herkunftsstaats des Investors, da Art. 63 AEUV den Kapitalverkehr einseitig liberalisiert. Als wirtschaftlicher Grund findet er keine Berücksichtigung bei der öffentlichen Ordnung oder Sicherheit gem. Art. 65 AEUV.
18. Das Verhältnis zwischen FKVO und FDI-RahmenVO wird in Erwägungsgrund Nr. 36 festgelegt. Die Verordnungen sollen einheitlich angewendet werden. Eine Überprüfungsentscheidung, die im Anwendungsbereich der FDI-RahmenVO liegt, bedarf keiner Vorabmitteilung gem. Art. 21 IV 3 S. 1 FKVO, da die öffentliche Ordnung oder Sicherheit als „berechtigtes Interesse" anzusehen ist. Da es sich um eine Kontrolle aus Gründen der „öffentlichen Ordnung oder Sicherheit" handelt, kann diese nicht als „öffentliche Sicherheit" gem. Art. 21 IV 2 FKVO begriffen werden. Die Notifizierung gem. Art. 3 VII FDI-RahmenVO und die Mitteilungspflicht gem. Art. 6 FDI-RahmenVO stellen sicher, dass die Investitionskontrolle im Einklang mit der FDI-RahmenVO und dem Primärrecht steht.
19. Die Mitteilungspflicht gem. Art. 6 I FDI-RahmenVO besteht nur bei „Direktinvestition, die einer Überprüfung unterzogen werden". Entsprechend der Legaldefinition in Art. 2 Nr. 5 FDI-RahmenVO ist dies nur bei einer förmlichen Prüfung der Fall. Die „Phase-I"-Prüfung löst noch keine Mitteilungspflicht an die Kommission und die Mitgliedstaaten aus. Dies gilt nicht für Investitionen, die unter dem Vollzugsverbot gem. § 55a IV AWV i. V. m. § 15 AWG stehen.

20. Die Stellungnahmen der Kommission und die Kommentare der Mitgliedstaaten sind nicht verbindlich; sie sind aber angemessen zu berücksichtigen. Den Stellungnahmen der Kommission im Rahmen von Art. 8 II c) FDI-RahmenVO ist hingegen „umfassend Rechnung" zu tragen. Diese sind zwar damit nicht verbindlich, ihnen soll aber weitergehende Geltung zukommen. Als Soft Law können sie ermessenslenkend wirken. Mangels Verbindlichkeit können sie nicht Gegenstand einer Nichtigkeitsklage sein, möglich bleibt die Prüfung im Rahmen eines Vorabentscheidungsverfahrens.

Literaturverzeichnis

Ahner, Juliane Investor-Staat-Schiedsverfahren nach Europäischem Unionsrecht – Zulässigkeit und Ausgestaltung in Investitionsabkommen der Europäischen Union, Tübingen 2015

Angerer, Lutz/Geibel, Stephan/Süßmann, Rainer (Hrsg.) Kommentar zum Wertpapiererwerbs- und Übernahmegesetz (WpÜG), 3. Aufl., München 2017 (zitiert: *Bearbeiter* in: Angerer/Geibel/Süßmann (Hrsg.), Kommentar zum WpÜG, § Rn.)

Annweiler, Matthias Die Auswirkungen der AWV-Novelle auf Unternehmenstransaktionen, NZG 2019, S. 528–532

Antoniadis, Antonis/Schütze, Robert/Spaventa, Eleanor (Hrsg.) The European Union and Global Emergencies, A Law and Policy Analysis, 2011 Oxford/Portland (zitiert: *Bearbeiter* in: Antoniadis/Schütze/Spaventa (Hrsg.), The European Union and Global Emergencies, S.)

Von Arnauld, Andreas (Hrsg.) Europäische Außenbeziehungen, Zugleich Band 10 der Enzyklopädie Europarecht, 1. Aufl., Baden-Baden 2014 (zitiert: *Bearbeiter* in: Von Arnauld (Hrsg.), Europäische Außenbeziehungen, § Rn.)

Arndt, Birger Das Vorsorgeprinzip im EU-Recht, Tübingen 2009

Auer, Marietta Materialisierung, Flexibilisierung, Richterfreiheit, Tübingen 2005

Aust, Helmut Eine völkerrechtsfreundliche Union? Grund und Grenze der Öffnung des Europarechts zum Völkerrecht, EuR 2017, S. 106–120

Bakker, Age The Liberalization of Capital Movements in Europe – The Monetary Committee and Financial Integration 1958–1994, Dordrecht 1996

Barents, Rene The Autonomy of Community Law, Alphen aan den Rijn 2003

Barnard, Catherine The Substantive Law of the EU: The Four Freedoms, 6. Aufl., Oxford 2019

Barth, Christoph/Käser, Ann-Christin Erneute Novellierung der deutschen Investitionskontrolle, NZG 2021, S. 813–820

Basener, Nico Investment Protection in the European Union – Considering EU law in investment arbitrations arising from intra-EU and extra-EU bilateral investment agreements, Baden-Baden 2017

Bauerschmidt, Jonathan Die Sperrwirkung im Europarecht, EuR 2014, S. 277–298

Baumgartner, Jorun Treaty Shopping in International Investment Law, Oxford 2016

Bäumler, Jelena Vom Vertragstext zum Inkrafttreten: Das Vertragsschlussverfahren im Mehrebenensystem am Beispiel CETA, EuR 2016, S. 607–631

Bayer, Walter/Ohler, Christoph Staatsfonds ante portas, ZG 2008, S. 12–31

Beck-Online Kommentar zum Grundgesetz, Epping, Volker/Hillgruber, Christian (Hrsg.), 52. Edition, München 2022 (zitiert: BeckOK GG/*Bearbeiter* Art., Rn.)

Benyon, Frank Direct Investment, National Champions and EU Treaty Freedoms – From Maastricht to Lisbon, Oxford 2010

Bermann, Georg Taking Subsidiarity Seriously: Federalism in the European Community and the United States, Columbia Law Review 1994 (94), S. 331–456

Bernhardt, Rudolf (Hrsg.) Encyclopedia of public international law, Bd. 8: Human rights and the individual in international law, international economic relations, Amsterdam 1985 (zitiert: *Bearbeiter* in: Bernhardt (Hrsg.), Encyclopedia of Public International Law Bd. 8, S.)

Bernitz, Ulf/Ringe, Wolf-Georg Company Law and Economic Protectionism: New Challenges to European Integration, Oxford 2010 (zitiert: *Bearbeiter* in: Bernitz/Ringe (Hrsg.), Company Law and Economic Protectionism, S.)

Beuttenmüller, Sophie Das deutsche Außenwirtschaftsgesetz vor dem Hintergrund der neuen Unionskompetenz für ausländische Direktinvestitionen, Ritsumeikan Law Review 2011 (28), S. 281–289

Bian, Cheng National Security Review of Foreign Investment – A Comparative Legal Analysis of China, the United States and the European Union, London 2020

– Foreign Direct Investment Screening and National Security: Reducing Regulatory Hurdles to Investors Through Induced Reciprocity, The Journal of World Investment & Trade 2021, S. 561–595

Bickenbach, Christian Das Subsidiaritätsprinzip in Art. 5 EUV und seine Kontrolle, EuR 2013, S. 523–548

Bierwagen, Rainer/Von Wistinghausen, Christian Novellierung des Außenwirtschaftsgesetzes aus europarechtlicher Perspektive, BB 2020, S. 1986–1990

Bings, Sophie Neuordnung der Außenhandelskompetenzen der Europäischen Union durch den Reformvertrag von Lissabon: Mit Fokus auf ausländische Direktinvestitionen und Handelsaspekte des geistigen Eigentums, Baden-Baden 2014

Bismuth, Regis Screening the Commission's Regulation Proposal Establishing a Framework for Screening fdi into the EU, European Investment Law and Arbitration Review Online 2018 (3), S. 45–60

Bitzinger, Richard/Raska, Michael Die militärische Modernisierung in China und Russland und die Vierte Industrielle Revolution, SIRIUS 2022, S. 303–317

Bleckmann, Albert Zu den Auslegungsmethoden des Europäischen Gerichtshofs, NJW 1982, S. 1177–1182

Boddewyn, Jean Foreign Direct Investment Theory: Is it the Reverse of FDI Theory?, Weltwirtschaftliches Archiv 2010, S. 345–355

Von Bogdandy, Armin Grundrechtsgemeinschaft als Integrationsziel?, JZ 2001, S. 157–171

Von Bogdandy, Armin (Hrsg.) Europäisches Verfassungsrecht – Theoretische und dogmatische Grundzüge, 1. Aufl., Heidelberg 2003 (zitiert: *Bearbeiter* in: Von Bogdandy (Hrsg.), Europäisches Verfassungsrecht, 1. Aufl., S.)

Von Bogdandy, Armin/Bast, Jürgen (Hrsg.) Europäisches Verfassungsrecht – Theoretische und dogmatische Grundzüge, 2. Aufl., Heidelberg 2009 (zitiert: *Bearbeiter* in: Von Bogdandy/Bast (Hrsg.), Europäisches Verfassungsrecht, S.)

Bonhage, Jan Investitionsprüfungen – The panda in the room, DB 2019 (13), M5

Böni, Franz Das Dilemma der Europäischen Union bei der EU-Verordnung für die Überprüfung ausländischer Direktinvestitionen, EWS 2020, S. 82–85

Böni, Franz/Wassmer, Alex Weiterentwicklung der Zusammenschlusskontrolle zur Vermeidung unerwünschter Firmenübernahmen durch chinesische Investoren, RIW 2019, S. 707–714

Böttcher, Jörg Stromleitungsnetze, München 2014

Bourgeois, Jacques (Hrsg.) EU Framework for Foreign Direct Investment Control, Alphen aan den Rijn 2019 (zitiert: *Bearbeiter* in: Bourgeois (Hrsg.), EU Framework for Foreign Direct Investment Control, § Rn.)

Bradford, Anu/Jackson Jr., Robert/Zytnick, Jonathon Is EU Merger Control Used for Protectionism? An Empirical Analysis, Journal of Empirical Legal Studies 2018, S. 165–191

Brauneck, Jens Ausländische Direktinvestitionen nur mit Einverständnis der EU-Kommission?, EuZW 2018, S. 188–195

Brüggemann, Michael Neuer Rahmen für die Überprüfung ausländischer Direktinvestitionen in der EU – zahnloser Tiger oder neuer Protektionismus aus Brüssel?, DB 2019, S. 1131–1136

Brüggemeier, Alexander Harmonisierungsakte im europäischen Kapitalmarktrecht, Tübingen 2018

Bu, Yuanshi (Hrsg.) Chinesische Outbound-Investitionen in Deutschland, Tübingen 2014 (zitiert: *Bearbeiter* in: Bu (Hrsg.), Chinesische Outbound-Investitionen in Deutschland, S.)

Bundeswettbewerbsbehörde Österreichs Positionspapier zu nationalen und europäischen Champions in der Fusionskontrolle, Wien 2019 (aufrufbar: https://www.bwb.gv.at/fileadmin/user_upload/PDFs/bf_Positionspapier_European_Champions_DE.pdf)

Bungenberg, Marc/Griebel, Jörn/Hindelang, Steffen (Hrsg.) European Yearbook of International Economic Law, Special Issue: International Investment Law and EU Law, Heidelberg 2013 (zitiert: *Bearbeiter* in: Bungenberg/Griebel/Hindelang (Hrsg.), European Yearbook of International Economic Law, Special Issue, S.)

Bungenberg, Marc/Herrmann, Christoph (Hrsg.) European Yearbook of International Economic Law, Special Issue: Common Commercial Policy after Lisbon, Heidelberg 2013 (zitiert: *Bearbeiter* in: Bungenberg/Herrmann (Hrsg.), European Yearbook of International Economic Law Special Issue 2013, S.)

Bürger, Christian/Uzuncakmak Der atypische Kontrollerwerb in der Investitionskontrolle, NZKart 2022, S. 63–67

Calliess, Christian Die neue Europäische Union nach dem Vertrag von Lissabon, Tübingen 2010

Calliess, Christian (Hrsg.) Berliner Online-Beiträge zum Europarecht, https://www.jura.fu-berlin.de/forschung/europarecht/Verzeichnis/index.html (zitiert: *Bearbeiter* in: Calliess (Hrsg.), Berliner Online-Beiträge zum Europarecht, Nr. S.)

Calliess, Christian/Ruffert, Matthias (Hrsg.) EUV/AEUV, Das Verfassungsrecht der Europäischen Union mit Europäischer Grundrechtecharta, 6. Aufl., München 2022 (zitiert: *Bearbeiter* in: Calliess/Ruffert, EUV/AEUV, Art. Rn.)

Campiche, Edouard Die verfassungskonforme Auslegung: Stellung in der Auslegungslehre und Abgrenzung zur Normenkontrolle, Zürich 1978

Canton, Erik/Solera, Irene Greenfield Foreign Direct Investment and Structural Reforms in Europe: What Factors Determine Investments?, European Economy Discussion Paper 2016 Nr. 33 https://ec.europa.eu/info/sites/default/files/dp033_en.pdf (zitiert: *Canton/Solera* European Discussion Paper 2016 (33))

Carnegie, Les/Croley, Steven/Taubman, Jarrett/Dammann de Chapto, Jana Foreign Direct Investment in the United States and Europe, NZKart 2018, S. 296–299

Caspar, Johannes Das europäische Tabakwerbeverbot und das Gemeinschaftsrecht, EuZW 2000, S. 237–243

Ceyssens, Jan Towards a Common Foreign Investment Policy? – Foreign Investment in the European Constitution, Legal Issues of Economic Integration 2005 (32), S. 259–291

Chaisse, Julien/Choukroune, Leila/Jusoh, Sufian (Hrsg.) Handbook of International Investment Law and Policy, Singapur 2019 (zitiert: *Bearbeiter* in: Chaisse/Choukroune/Jusoh (Hrsg.), Handbook of International Investment Law and Policy, S.)

Chalmers, Damian/Arnull, Anthony (Hrsg.) The Oxford Handbook of European Union Law, Oxford 2015 (zitiert: *Bearbeiter* in: Arnull/Chalmers (Hrsg.), The Oxford Handbook of European Union Law, S.)

Chan, Zenobia/Meunier, Sophie Behind the screen: Understanding national support for a foreign investment screening mechanism in the European Union, The Review of International Organization, S. 1–29

Classen, Claus Die Grundfreiheiten im Spannungsfeld von europäischer Marktfreiheit und mitgliedstaatlichen Gestaltungskompetenzen, EuR 2004, S. 416–438

Cloppenburg, Christian Erwerbsgrundrechte im Unionsrecht – Zum Verhältnis der Berufsfreiheit und der unternehmerischen Freiheit in der Charta der Grundrechte der Europäischen Union, Tübingen 2020

Clostermeyer, Maximilian Staatliche Übernahmeabwehr und die Kapitalverkehrsfreiheit zu Drittstaaten – Europarechtliche Beurteilung der §§ 7 Abs. 2 Nr. 6 AWG, 53 AWV, Baden-Baden 2011

Corff, Oliver „Reiches Land, starke Armee" – Chinas Umfassende Nationale Sicherheit, Arbeitspapier Sicherheitspolitik, Nr. 17/2018, S. 1–5

Craig, Paul/De Burca, Grainne EU Law – Text, Cases, and Materials, 7. Aufl., Oxford 2020

Cremona, Marise Shaping EU Trade Policy post-Lisbon: Opinion 2/15 of 16 May 2017 ECJ, 16 May 2017, Opinion 2/15 Free Trade Agreement with Singapore, European Constitutional Law Review 2018 (14), S. 231–259

– A Constitutional Basis for Effective External Action? An Assessment of the Provision on EU External Action in the Constitutional Treaty, EUI Working Papers 2006/30, S. 1–33

Croome, John Reshaping the world trading system: a history of the Uruguay Round, Genf 1995

Dammann de Chapto, Jana/Brüggemann, Niklas Investitionskontrollrecht: AWG-Novelle plant strafbewehrtes Vollzugsverbot, NZKart 2020, S. 374–377

– Bundesregierung weitet Investitionskontrolle aus, NZKart 2019, S. 93–96

– Aktuelle Entwicklungen im Investitionskontrollrecht – Der „Fall Leifeld" und die öffentliche Sicherheit, NZKart 2018, S. 412–416

Dammann, Fabian Diskriminierungen im Bereich der Grundfreiheiten und deren Rechtfertigung aus zwingenden Gründen des Allgemeininteresses, Baden-Baden 2021

Von Danwitz, Thomas Der Grundsatz der Verhältnismäßigkeit im Gemeinschaftsrecht, EWS 2003, S. 393–402

Dauses, Manfred (Begr.)/Ludwigs, Markus (Hrsg.) Handbuch des EU-Wirtschaftsrechts, 52. Ergänzungslieferung, München 2021 (zitiert: *Bearbeiter* in: Dauses/Ludwigs (Hrsg.), Handbuch des EU-Wirtschaftsrechts)

Dehne, Bodo Investitionskontrolle in Deutschland, Die Kontrolle der Beteiligung ausländischer Staatsfonds an deutschen Unternehmen durch das Außenwirtschaftsrecht, Baden-Baden 2022

De Kok, Jochem Towards a European Framework for Foreign Investment Reviews, European Law Review 2019 (44), S. 24–48

Denisia, Vintila Foreign Direct Investment Theories: An Overview of the Main FDI Theories, European Journal of Interdisciplinary Studies 2010, S. 53–59

Di Benedetto, Fabrizio A European Committee on Foreign Investment?, Columbia FDI Perspectives 2017 (214), S. 1–3

Dichtl, Erwin/Issing, Otmar (Hrsg.) Vahlens großes Wirtschaftslexikon, Bd. 1–2, 2. Aufl. 1993 München

Dietz, Sara/Streinz, Thomas Das Marktzugangskriterium in der Dogmatik der Grundfreiheiten, EuR 2015, S. 50–73

Dietze, Jan/Kellerbauer, Manuel/Klamert, Manuel/Malferrari, Luigi/Scharf, Tibor/Schnichels, Dominik Europa – Quo Vadis? Ein kritischer Kommentar zum EZB-Urteil des BverfG, EuZW 2020, S. 525–530

Dimopoulos, Angelos EU Foreign Investment Law, Oxford 2011

Döhrn, Roland/Heiduk, Günter (Hrsg.) Theorie und Empirie der Direktinvestitionen, Berlin 1999 (zitiert: *Bearbeiter* in: Döhrn/Heiduk (Hrsg.), Theorie und Empirie der Direktinvestitionen, S.)

Dolzer, Rudolf/Schreuer Christoph Principles of International Investment Law, 2. Aufl., Oxford 2012

Dopsch, Johannes/Wutscher, Claudia Beschränkungen der Kapital- und Zahlungsverkehrsfreiheit am Beispiel der Maßnahmen im Rahmen der Zypernkrise, EuZW 2014, S. 729–734

Drechsler, Stefan Der EuGH auf dem Weg zu einer Dogmatik der Wirtschaftsgrundrechte? – Anmerkung zum Urteil des EuGH vom 30. Juni 2016 in der Rechtssache Lidl (C-134/15), EuR 2016, S. 691–705

Dreier, Horst (Hrsg.) Grundgesetz, Kommentar, Bd. 1 u. 2, 3. Aufl., Tübingen 2013, Bd. 3, Tübingen 2018

Ege, Jörn/Bauer, Michael/Becker, Stefan (Hrsg.) The European Commission in Turbulent Times, Baden-Baden 2018 (zitiert: *Bearbeiter* in: Ege/Bauer/Becker (Hrsg.), The European Commission in Turbulent Times, S.)

Ehlers, Dirk (Hrsg.) Europäische Grundrechte und Grundfreiheiten, 4. Aufl., Berlin 2015 (zitiert: *Bearbeiter* in: Ehlers (Hrsg.), Europäische Grundrechte und Grundfreiheiten, § Rn.)

Ehlers, Dirk/Fehling, Michael/Pünder, Hermann (Hrsg.) Besonderes Verwaltungsrecht, Bd. 1, 4. Aufl., Heidelberg 2019 (zitiert: *Bearbeiter* in: Ehlers/Fehling/Pünder (Hrsg.), Besonderes Verwaltungsrecht, § Rn.)

Ehrle, Alexander Die Europäisierung des Investitionsprüfungsrechts, EWS, S. 121–125

Eilmansberger, Thomas/Griller, Steffan/Obwexer, Walter (Hrsg.) Rechtsfragen der Implementierung des Vertrags von Lissabon, Wien 2010 (zitiert: *Bearbeiter* in: Eilmansberger(Griller/Obwexer (Hrsg.), Rechtsfragen der Implementierung des Vertrags von Lissabon)

Epping, Volker Die Außenwirtschaftsfreiheit, Tübingen 1998

Esplugues, Carlos A Future European FDI Screening System: Solution or Problem? Columbia FDI Perspectives 2019 (245), S. 1–6

Fischer, Simon Vergabeverfahren im Investitionsschutzrecht – Gemeinsamkeiten und Unterschiede der Standards des Investitionsschutz- und Vergaberechts, Baden-Baden 2018

Fleischmann, Oliver Investitions- und Fusionskontrolle – Gemeinsamkeiten, Unterschiede und Berührungspunkte, NZKart 2022, S. 57–62

Franck, Jens-Uwe/Monti, Giorgio/De Streel, Alexandre Options to Strengthen the Control of Acquisitions by Digital Gatekeepers in EU Law, TILEC Discussion Paper DP 2021-06 vom 11.10.2021

Freitag, Robert Mitgliedstaatliche Beschränkungen des Kapitalverkehrs und Europäisches Gemeinschaftsrecht, EWS 1997, S. 186–195

Frenz, Walter Gemeinsame Handelspolitik nach Lissabon, EWS 2010, S. 454–461

– Handbuch Europarecht, Bd. 1–6, Berlin 2012 (Bd. 1, 2. Aufl.), Berlin 2009 (Bd. 4), Berlin 2010 (Bd. 5), Berlin 2010 (Bd. 6)

– Annäherung von europäischen Grundrechten und Grundfreiheiten, NVwZ 2011, S. 961–965

Fries, Lukas Die Berücksichtigung außerwettbewerblicher Interessen in der Fusionskontrolle – Überlegungen zur Reformbedürftigkeit der Ministererlaubnis nach § 42 GWB, Baden-Baden 2020

Fusco, Giulio/Coluccia, Benedetta/De Leo, Federica Effect of Trade Openness on Food Security in the EU: A Dynamic Panel Analysis, International Journal of Environmental Research and Public Health 2020 (17), 4311, S. 2.

Gadocha, Pawel Assessing the EU Framework Regulation for the Screening of Foreign Direct Investment—What Is the Effect on Chinese Investors?, The Chinese Journal of Global Governance 2020, S. 36–70

Gao, Wei Rechtsprobleme des Investitionsschutzes im deutsch-chinesischen Rechtsverkehr, Berlin 2014

Geiger, Felix Beschränkungen von Direktinvestitionen, Baden-Baden 2013

Geiger, Rudolf/Khan, Daniel-Erasmus/Kotzur, Markus (Hrsg.) Kommentar zum EUV/AEUV, 6. Aufl., München 2017 (zitiert: *Bearbeiter* in: Geiger/Khan/Kotzur (Hrsg.), Art. Rn.)

Germelmann, Claas Konkurrenz von Grundfreiheiten und Missbrauch von Gemeinschaftsrecht - Zum Verhältnis von Kapitalverkehrs- und Niederlassungsfreiheit in der neueren Rechtsprechung, EuZW 2008, S. 596–600

Grabitz, Eberhard Gemeinschaftsrecht bricht nationales Recht, Hamburg 1966

Grabitz, Eberhard/Hilf, Meinhard/Nettesheim, Martin (Hrsg.) Das Recht der Europäischen Union, Loseblatt in 3 Bänden, 76. Aufl. 2022 München (zitiert: *Bearbeiter* in: Grabitz/Hilf/Nettesheim (Hrsg.), Das Recht der Europäischen Union, Art. Rn.)

Grewal, David Singh Network Power: The Social Dynamics of Globalization, New Haven 2008

Griller, Stefan Die Gemeinsame Handelspolitik unter Kontrolle (sub-)nationaler Parlamente und Referenden, EuR 2020, Beiheft 2, Herrmann (Hrsg.), S. 41–76

Von der Groeben, Hans/Schwarze, Jürgen/Hatje, Armin (Hrsg.) Europäisches Unionsrecht, Bd. 1–4, 7. Aufl., Baden-Baden 2015 (zitiert: *Bearbeiter* in: Von der Groeben/Schwarze/Hatje (Hrsg.), Europäisches Unionsrecht, Art. Rn.)

Grundmann, Stefan Europäisches Gesellschaftsrecht, Eine systematische Darstellung unter Einbeziehung des Europäischen Kapitalmarktrechts, 2. Aufl., München 2011

Grzeszczak, Robert (Hrsg.) Economic Freedom and Market Regulation – In Search of Proper Balance, Baden-Baden 2020 (zitiert: *Bearbeiter* in: Grzeszczak (Hrsg.), Economic Freedom and Market Regulation, S.)

Grziwotz, Herbert Partielles Bundesrecht und die Verteilung der Gesetzgebungsbefugnisse im Bundesstaat, AöR 1991, S. 588–605

Günter, Valentin Der Vorschlag der Europäischen Kommission für eine Verordnung zur Schaffung eines Rahmens für die Überprüfung ausländischer Direktinvestitionen in der Europäischen Union, Christian Tietje/Gerhard

Kraft/Christoph Kumpan (Hrsg.), Beiträge zum Transnationalen Wirtschaftsrecht 2018, Heft 157

Habersack, Mathias/et al. (Hrsg.) Festschrift für Peter Ulmer zum 70. Geburtstag am 2. Januar 2003, Berlin 2013 (zitiert: in: Habersack/et al. (Hrsg.), FS für Peter Ulmer, S.)

Hagemeyer-Witzleb, Teoman/Hindelang, Steffen Recent Changes in the German Investment Screening Mechanism in Light of the EU Screening Regulation, Central European Journal of Comparative Law 2021, S. 39–64

Hahn, Michael/Van der Loo, Guillame (Hrsg.) Law and Practice of the Common Commercial Policy, Leiden 2021 (zitiert: *Bearbeiter* in: Hahn/Van der Loo (Hrsg.), Law and Practice of the Common Commercial Policy, S.)

Hailbronner, Kay/Bierwagen, Rainer Neuere Entwicklungen im Außenwirtschaftsrecht der Europäischen Gemeinschaften, NJW 1989, S. 1385–1394

Haratsch, Andreas/Koenig, Christian/Pechstein, Matthias Europarecht, 12. Aufl., Tübingen 2020

Härtel, Ines Handbuch Europäische Rechtsetzung, Heidelberg 2006

Heath, J. Benton The New National Security Challenge to the Economic Order, S. 1020–1098

Heckmann, Dirk Geltungskraft und Geltungsverlust von Rechtsnormen – Elemente einer Theorie der autoritativen Normgeltungsbeendigung, Tübingen 1997

Held, Maria Rechtsschutz in der deutschen Fusionskontrolle – Eine Bestandsaufnahme, Baden-Baden 2015

Helleberg, Max/Schäffer, Johannes OVG Berlin-Brandenburg: Außenwirtschaftliche Freigabe für die Übernahme eines Herstellers von Wafern, Anmerkung NZG 2022, S. 421–424

Herbst, Tobias Gesetzgebungskompetenzen im Bundesstaat, Eine Rekonstruktion der Rechtsprechung des Bundesverfassungsgerichts, Tübingen 2014

Herrmann, Christoph/Müller-Ibold, Till Die Entwicklung des europäischen Außenwirtschaftsrechts, EuZW 2016, S. 646–653

– Die Entwicklung des europäischen Außenwirtschaftsrechts, EuZW 2018, S. 749–757

Herrmann, Christoph Vom misslungenen Versuch der Neufassung der gemeinsamen Handelspolitik durch den Vertrag von Nizza, EuZW 2001, S. 269–274

– Die Zukunft der mitgliedstaatlichen Investitionspolitik nach dem Vertrag von Lissabon, EuZW 2010, S. 207–212

– Brexit, WTO und EU-Handelspolitik, EuZW 2017, S. 961–967

– Europarechtliche Fragen der deutschen Investitionskontrolle, ZEuS 2019, S. 429–475

Hesse, Konrad Grundzüge des Verfassungsrechts der Bundesrepublik Deutschland, 20. Aufl., Heidelberg 1999

Hindelang, Steffen Direktinvestitionen und die Europäische Kapitalverkehrsfreiheit im Drittstaatenverhältnis, JZ 2009, S. 829–840

– The Free Movement of Capital and Foreign Direct Investment: The Scope of Protection in EU Law, Oxford 2009

– Gestufte Freiheitsverbürgung? – Art. 63 Abs. 1 AEUV (Ex-Art. 56 Abs. 1 EG) im Drittstaatenkontext, IStR 2010, S. 444–448

– Die steuerliche Behandlung drittstaatlicher Dividenden und die europäischen Grundfreiheiten – Die teilweise (Wieder-)Eröffnung des Schutzbereiches der Kapitalverkehrsfreiheit für Dividenden aus drittstaatlichen Direktinvestitionen – zugleich eine Besprechung des Urteils in der Rechtssache Test Claimants in the FII Group Litigation II, IStR 2013, S. 77–81

– WHI-Paper 02/2014, Kommentierung der Vorschriften zum Kapital- und Zahlungsverkehr im AEUV, Online (https://www.steffenhindelang.de/wp-content/uploads/2020/03/WHI-Paper-02-2014.pdf)

– Der schmale Grat zwischen Autonomie und Protektionismus, EuZW 2021, S. 321–322

Hindelang, Steffen/Hagemeyer, Teoman Enemy at the Gates? Die aktuellen Änderungen der Investitionsprüfvorschriften in der Außenwirtschaftsverordnung im Lichte des Unionsrechts, EuZW 2017, S. 882–890

Hindelang, Steffen/Moberg, Andreas The art of casting political dissent in law: The EU'S framework for the screening of foreign direct investment, Common Market Law Review 2020, S. 1427–1460

Hocke, Ernst/Sachs, Bärbel/Pelz, Christian (Hrsg.) Kommentar zum Außenwirtschaftsrecht, 2. Aufl., Heidelberg 2020 (zitiert: *Bearbeiter* in: Hocke/Sachs/Pelz (Hrsg.), Außenwirtschaftsrecht, § Rn.)

Hoffmann, Herwig/Rowe, Gerard/Türk, Alexander (Hrsg.) Specialized Administrative Law of the European Union – A Sectoral Review, Oxford 2018 (zitiert: *Bearbeiter* in: Hofmann/Rowe/Türk (Hrsg.), Specialized Administrative Law of the European Union, S.)

Hoffmann, Jan/Rudolphi, Verena Die Durchführung des Unionsrechts durch die Mitgliedstaaten – Art. 51 Abs. 1 S. 1 Alt. 2 Grundrechtecharta im Spiegel der Rechtsprechung des Europäischen Gerichtshofs, DÖV 2012, S. 597–602

Hoffmeister, Frank Wider die German Angst – Ein Plädoyer für die transatlantische Handels- und Investitionspartnerschaft (TTIP), AVR 2015, S. 35–67

– Do Ut Des oder Tit For Tat? – Die europäische Handelspolitik angesichts neuer Herausforderungen aus den USA und China, EuR 2020 Beiheft 2, Herrmann (Hrsg.), S. 77–94

Hollwitz, Hanna Ein wohlgeordnetes Agrarstrukturverbesserungsgesetz im föderalen Deutschland – Neue Perspektiven für das landwirtschaftliche Grundstücksverkehrsrecht, Baden-Baden 2020

Honrath, Alexander Umfang und Grenzen der Freiheit des Kapitalverkehrs – Die Möglichkeit der Einführung einer Devisenzwangsbewirtschaftung in der Europäischen Union, Baden-Baden 1998

Huber, Peter Das institutionelle Gleichgewicht zwischen Rat und Europäischem Parlament in der künftigen Verfassung für Europa, EuR 2003, S. 574–599

Huber, Peter (Hrsg.) The EU and National Constitutional Law, Stuttgart 2012 (zitiert: *Bearbeiter* in: Huber (Hrsg.), The EU and National Constitutional Law)

IMF Balance of Payments and International Investment Position Manual, 6. Aufl., Washington 2009

Immenga, Ulrich/Mestmäcker, Ernst-Joachim (Begr.) Wettbewerbsrecht, (Bd. 1 EU), Kommentar zum Europäischen Kartellrecht, 6. Aufl., München 2019 (zitiert: *Bearbeiter* in: Immenga/Mestmäcker, Wettbewerbsrecht, Art. Rn.)

Jacobs, Jason Tiptoeing the Line Between National Security and Protectionism: A Comparative Approach to Foreign Direct Investment Screening in the United States and European Union, International Journal of Legal Information 2019, S. 105–117

Jarass, Hans Charta der Grundrechte der Europäischen Union: GRCh, Kommentar, 4. Aufl., München 2021

– Zum Verhältnis von Grundrechtecharta und sonstigem Recht, EuR 2013, S. 29–45

Jarass, Hans/Pieroth, Bodo (Hrsg.), Grundgesetz für die Bundesrepublik Deutschland, Kommentar, 17. Aufl., München 2022 (zitiert: *Bearbeiter* in: Jarass/Pieroth (Hrsg.), Grundgesetz, Art. Rn.)

Johannsen, Sven Die Kompetenz der Europäischen Union für ausländische Direktinvestitionen nach dem Vertrag von Lissabon, Tietje/Kraft/Lehmann (Hrsg.), Beiträge zum Transnationalen Wirtschaftsrecht, 2009, Heft 90

Jones, Jonathan/Wren, Colin Foreign Direct Investment and the Regional Economy, London 2006

Jungkind, Vera/Bormann, Carsten Verschärfung des Außenwirtschaftsrechts vor dem Hintergrund der COVID-19 Pandemie, NZG 2020, S. 619–622

Kahl, Wolfgang/Schwind, Manuel Europäische Grundrechte und Grundfreiheiten – Grundbausteine einer Interaktionslehre, EuR 2014, S. 170–195

Von Kalben, Jonas Investitionskontrolle und das Globalisierungsparadox, ZHR 2022 (186), S. 586–639

Kainer, Friedemann Unternehmensübernahmen im Binnenmarktrecht: zugleich ein Beitrag zur Privatrechtswirkung der Grundfreiheiten, Baden-Baden 2004

Kaiser, Frederika Gemischte Abkommen im Lichte bundesstaatlicher Erfahrungen, Tübingen 2009

Karl, Matthias Der Zusammenschlußbegriff in der Europäischen Fusionskontrollverordnung – Eine Untersuchung unter Berücksichtigung der Entscheidungspraxis der Kommission der Europäischen Gemeinschaften, Baden-Baden 1996

Käseberg, Thorsten/Kuhn, Anja „Patriotisme économique" vs. Fair Play, AG 2007, S. 65–76

King, Thea/et al. Food safety for food security: Relationship between global megatrends and developments in food safety Trends in Food Science & Technology 2017 (68), S. 160–175

Klamert, Marcus Altes und Neues zur Harmonisierung im Binnenmarkt, EuZW 2015, S. 265–268

Klamert, Marcus/Bucher, Stefan Investment Screening in der EU, EuZW 2021, S. 335–342

Klamert, Marcus/Maydell, Niklas Rechtsfragen der impliziten Außenkompetenz der EG illustriert am Beispiel der Dienstleistungsrichtlinie und der Minimum Platform on Investment, EuR 2008, S. 589–602

Klenk, Lars Die Grenzen der Grundfreiheiten, Tübingen 2019

Kojima, Kiyoshi Macroeconomics versus International Business Approach to Foreign Direct Investment, Hitotsubashi Journal of Economics 1982 (23), S. 1–19

– The Allocation of Japanese Direct Foreign Investment and Its Evolution in Asia, Hitotsubashi Journal of Economics 1982 (26), S. 99–116

Körber, Torsten Grundfreiheiten und Privatrecht, Tübingen 2004

Korte, Stefan Standortfaktor Öffentliches Recht: Integration und Wettbewerb in föderalen Ordnungen am Beispiel der Gesetzgebung, Tübingen 2016

– Regelungsoptionen zum Schutz vor Fremdabhängigkeiten aufgrund von Investitionen in versorgungsrelevante Unternehmen, GewArch Beilage WiVerw Nr. 02/2019, S. 79–140

Kotthaus, Justin Binnenmarktrecht und externe Kapitalverkehrsfreiheit, Baden-Baden 2012

Kovacs, Andras/Toth, Tihamer/Forgacs, Anna Effects of European Soft Law at National Administrative Courts, Loyola University Chicago International Law Review 2016 (14), S. 1–30

Krajewski, Markus External Trade Law and the Constitution Treaty: Towards a Federal and More Democratic Common Commercial Policy?, Common Market Law Review 2005, S. 91–127

Krajewski, Markus/Ceyssens, Jan Internationaler Investitionsschutz und innerstaatliche Regulierung, Archiv des Völkerrechts 2007, S. 180–216

Krenzler, Horst/Pitschas, Christian Fortschritt oder Stagnation? Die gemeinsame Handelspolitik nach Nizza, EuR 2001, S. 442–461

Krenzler, Günter/Herrmann, Christoph/Niestedt, Marian (Hrsg.) EU-Außenwirtschafts- und Zollrecht, 17. Aufl., München 2021 (zitiert: *Bearbeiter* in: Krenzler/Herrmann/Niestedt (Hrsg.), EU-Außenwirtschafts- und Zollrecht, § Rn.)

Kretzschmar, Marco Die Überprüfung drittstaatlicher Unternehmensakquisitionen zum Schutz der öffentlichen Ordnung und Sicherheit in der Europäischen Union, Grundlagen für eine unionsweite Rechtsangleichung, Baden-Baden 2022

Krolop, Kaspar Staatliche Einlasskontrolle bei Staatsfonds und anderen ausländischen Investoren im Gefüge von Kapitalmarktregulierung, nationalem und internationalem Wirtschaftsrecht, HFR 1/2008, S. 1–19

Kunig, Philip Gesetzgebungsbefugnis von Bund und Ländern – Allgemeine Fragen, JURA 1996, S. 254–261

Latzel, Clemens Die Anwendungsbereiche des Unionsrechts, EuZW 2010, S. 658–664

Leal-Arcas, Rafael EU Trade Law, Cheltenham 2019

Lecheler, Helmut/Germelmann, Claas Friedrich Zugangsbeschränkungen für Investitionen aus Drittstaaten im deutschen und europäischen Energierecht, Tübingen 2010

Leisner, Georg Die subjektiv-historische Auslegung des Gemeinschaftsrechts – Der „Wille des Gesetzgebers" in der Judikatur des EuGH, EuR 2007, S. 689–706

Lenaerts, Koen/Van Nuffel, Piet European Union Law, 3. Aufl., London 2011

Lenaerts, Koen/Gutiérrez-Fons, José Antonio To Say What the Law of the EU is: Methods of Interpretation and the European Court of Justice, Columbia Journal of European Law, 2014, S. 3–61

Lenz, Carl-Otto/Borchardt, Klaus-Dieter (Hrsg.) EU-Verträge Kommentar, 6. Aufl., Köln 2012 (zitiert: *Bearbeiter* in: Lenz/Borchardt (Hrsg.), EU-Verträge, Art. Rn.)

Link, Sandra/Becker, Tillmann Ausländische Direktinvestitionen in Europa, RIW 2019, S. 415–423

Lippert, André Investitionskontrolle reloaded – Auswirkungen der neuen EU-Verordnung zur Überprüfung ausländischer Direktinvestitionen, BB 2019, S. 1538–1543

Loewenheim/Meessen/Riesenkampff/Kersting/Meyer-Lindemann (Hrsg.) Kommentar zum Kartellrecht, 4. Aufl., München 2020 (zitiert: *Bearbeiter* in: Loewenheim/Meessen/Riesenkampff/Kersting/Meyer-Lindemann (Hrsg.), Kartellrecht, Art. Rn.)

Lübbig, Thomas/Salaschek, Uwe Zwischen Brüssel und Budapest: Art. 21 FKVO und nationale Investitionskontrollmechanismen, NZKart 2022, S. 197–199

Ludwigs, Markus/Friedmann, Carolin Die Grundrechtsberechtigung staatlich beherrschter Unternehmen und juristischer Personen des öffentlichen Rechts, NVwZ 2018, S. 22–28.

Manger-Nestler, Cornelia/Noack, Gregor Europäische Grundfreiheiten und Grundrechte, JuS 2013, S. 503–507

Von Mangoldt, Hermann/Klein, Friedrich (Begr.) Kommentar zum Grundgesetz: GG, Bd. 1–3, 7. Aufl., München 2018 (zitiert: *Bearbeiter* in: Von Mangoldt/Klein/Starck (Hrsg.), Grundgesetz, Art. Rn.)

Marinac, Antun/Matijevic, Mirela/Mladenovic, Jasmina Division of Competences between the European Union and the Member State, EU and Comparative Law Issues and Challenges Series 2019, S. 79–106

Martini, Mario Zu Gast bei Freunden?: Staatsfonds als Herausforderung an das europäische und internationale Recht, DÖV 2008, S. 314–322

Dürig, Günter (Begr.)/Herzog, Roman/Scholz, Rupert Grundgesetz, Kommentar, 98. Aufl., München 2022 (zitiert: *Bearbeiter* in: Dürig/Herzog/Scholz (Hrsg.), Grundgesetz, Art. Rn.)

Mayer, Franz/Ermes, Marina Rechtsfragen zu den EU-Freihandelsabkommen CETA und TTIP, ZRP 2014, S. 237–240

Mayr, Stefan „Mixed" oder „EU-only" – Sind die Investitionsschutzbestimmungen im CETA von der Außenhandelskompetenz der EU „gedeckt"?, EuR 2010, S. 575–601

Mehra, Salil Algorithmic Competition, Trade and Investment: The CFIUS as Privacy Regulator, U. PA. Asian L. Rev. 2020, S. 8–23

Meng, Werner/Ress, Georg/Stein, Torsten (Hrsg.) Europäische Integration und Globalisierung – Festschrift zum 60-jährigen Bestehen des Europa-Instituts, Baden-Baden 2011 (zitiert: *Bearbeiter* in: Meng/Ress/Steing (Hrsg.), Europäische Integration und Globalisierung, S.)

Metzger, Daniel Staatliche Kontrollen ausländischer Direktinvestitionen in Deutschland, Frankreich, Großbritannien und den USA, Berlin 2015

Meunier, Sophie Integration by Stealth: How the European Union Gained Competence over Foreign Direct Investment, Journal of Common Market Studies 2017, S. 593–610

Meyer, Dirk Europäische Union und Währungsunion in der Dauerkrise, Wiesbaden 2020

Meyer, Heinz/Stöger, Karl (Hrsg.) Kommentar zum EUV und AEUV, 220. Ergänzungslieferung, Wien 2019 (zitiert: *Bearbeiter* in: Mayer/Stöger (Hrsg.), EUV/AEUV, Art. Rn.)

Meyer, Jürgen/Hölscheidt, Sven (Hrsg.) Grundrechte der Europäischen Union, Kommentar, 5. Aufl., Baden-Baden 2019 (zitiert: *Bearbeiter* in: Meyer/Hölscheidt (Hrsg.), Charta der Grundrechte der Europäischen Union, Art. Rn.)

Meyer-Ladewig, Jens/Nettesheim, Martin/von Raumer, Stefan (Hrsg.) EMRK Europäische Menschenrechtskonvention, Kommentar, 4. Aufl., Baden-Baden 2017

Michl, Fabian Unionsgrundrechte aus der Hand des Gesetzgebers, Tübingen 2018

Mohamed, Jean Das Außenwirtschaftsrecht im Bereich der Unternehmensübernahmen, JZ 2019, S. 766–776

Müller, Friedrich/Christensen, Ralph Juristische Methodik, Bd. 2: Europarecht, 3. Aufl., Berlin 2012

Von Münch, Ingo/Kunig, Philip (Hrsg.) Grundgesetz-Kommentar, GG, Bd. 1–2, 7. Aufl., München 2021 (zitiert: *Bearbeiter* in: Von Münch/Kunig (Hrsg.), Grundgesetz, Art. Rn.)

Münchener Kommentar zum Aktiengesetz Münchener Kommentar zum Aktiengesetz: AktG, Bd. 1–7, 5. Aufl., München 2019 (zitiert: *Bearbeiter* in: Münchener Kommentar zum AktG, § Rn.)

Naumann, Kolja Art. 52 Abs. 3 GrCh zwischen Kohärenz des europäischen Grundrechtsschutzes und Autonomie des Unionsrechts, EuR 2008, S. 424–435

Nettesheim, Martin Normenhierarchien im EU-Recht, EuR 2006, S. 737–772

Nettesheim, Martin/Thomas, Stefan Entflechtung im deutschen Kartellrecht – Wettbewerbspolitik, Verfassungsrecht, Wettbewerbsrecht, Tübingen 2011

Neubauer, Anna Implizite Vertragsschlusszuständigkeiten der Europäischen Gemeinschaft und Subsidiaritätsprinzip: eine Untersuchung anhand des Partnerschafts- und Kooperationsabkommens mit Russland, Münster 2000

Niestedt, Marian/Kunigk, Nina Novelle des Außenwirtschaftsrechts – Verschärfung der Investitionskontrolle, NJW 2020, S. 2504–2509

Nunnenkamp, Peter Wachstumseffekte von Direktinvestitionen in Entwicklungsländern: warum hohe Erwartungen häufig enttäuscht werden, Die Weltwirtschaft 2004, S. 99–118

OECD Benchmark Definition of Foreign Direct Investment, 4. Aufl., Paris 2008

– Corporate Governance, A Policy Maker's Guide to Privatisation, Corporate Governance, Paris 2019

Ohler, Christoph Grundrechtliche Bindungen der Mitgliedstaaten nach Art. 51 GRCh, NVwZ 2013, S. 1433–1438

Papadopoulos, Thomas COVID-19 Crisis and Screening of Foreign Direct Investments in EU Privatized Companies, International Trade Law and Regulation 2021 (21), S. 54–75.

Patzelt, Werner/Sebaldt, Martin/Kranenpohl, Uwe (Hrsg.) Res publica semper reformanda – Wissenschaft und politische Bildung im Dienste des Gemeinwohls. Festschrift für Heinrich Oberreuter zum 65. Geburtstag, Heidelberg 2008 (zitiert: in: Patzelt/Sebaldt/Kranenpohl (Hrsg.), Res publica semper reformanda, S.)

Pechstein, Matthias Die Mitgliedstaaten der EG als „Sachwalter des gemeinsamen Interesses" – Gesetzgebungsnotstand im Gemeinschaftsrecht, Baden-Baden 1987

– EU-Prozessrecht, 4. Aufl., Tübingen 2011

Pechstein, Matthias/Nowak, Carsten/Häde, Ulrich (Hrsg.) Frankfurter Kommentar, EUV/AEUV/GRC, Bd. 1–4, Tübingen 2017 (zitiert: *Bearbeiter* in: Pechstein/Nowak/Häde (Hrsg.), Frankfurter Kommentar EUV/GRC/AEUV, Art. Rn.)

Pettoello-Mantovani Clara/Oliveri, Beatrice Food safety and public health within the frame of the EU legislation, Global Pediatrics 2 (2022) 100020, S. 1–6

Poljanec, Kristijan/Jaksic, Tomislav Safeguarding Croatian Strategic Industries Within the Scope of the EU Foreign Direct Investment Regime, Central European Journal of Comparative Law 2020, S. 123–149

Potacs, Michael Effet utile als Auslegungsgrundsatz, EuR 2009, S. 465–487

Preisser, Maximilian Sovereign Wealth Funds, Entwicklung eines umfassenden Konzepts für die Regulierung von Staatsfonds, Tübingen 2013

Priebe, Reinhard Rückverlagerung von Aufgaben – ein Beitrag zu besserer Akzeptanz der Europäischen Union?, EuZW 2015, S. 697–702

Proelß, Alexander Die Rolle nationaler Verfassungsgerichte bei der Kontrolle der Gemeinsamen Handelspolitik, EuR 2020, Beiheft 2, Herrmann (Hrsg.), S. 127–152

Raab, Tobias MMR-Aktuell 2019, S. 422–435

Rabe, Hans-Jürgen Grundrechtsbindung der Mitgliedstaaten, NJW 2013, S. 1407–1408

Rajavuori, Mikko/Huhta, Kaisa Investment screening: Implications for the energy sector and energy security, Energy Policy 2020 (144), 111646, S. 1–11

Reinhardt, Tilman Die Auslegung der völkerrechtlichen Verträge der Europäischen Union, München 2016

Reinisch, August The Future Shape of EU Investment Agreements, ICSID Review – Foreign Investment Law Journal 2013, S. 179–196

Rengeling, Hans-Werner/Midekke, Andreas/Gellermann, Martin (Hrsg.) Handbuch des Rechtsschutzes in der Europäischen Union, 3. Aufl., München 2014 (zitiert: *Bearbeiter* in: Regenling/Middeke/Gellermann (Hrsg.), Handbuch des Rechtsschutzes in der Europäischen Union, S.)

Riesenhuber, Karl (Hrsg.) Europäische Methodenlehre, 4. Aufl., Berlin 2021 (zitiert: *Bearbeiter* in: Riesenhuber (Hrsg.), Europäische Methodenlehre, S.)

Roberts, Anthea/Moraes, Henrique/Ferguson, Victor Toward a Geoeconomic Order in International Trade and Investment, Journal of International Economic Law 2019, S. 655–676

Rolf, Christian/Sandberger, Andreas Die geplante europäische Regelung des Foreign Direct Investment (FDI): Überprüfungsverfahren als Compliance Herausforderung – Offene Fragen, CB 2017, S. 448–453

Rosenfeldt, Herbert/Würdemann, Aike Schöpfer des Binnenmarktes im Käfig der Verträge – Die grundfreiheitliche Bindung des EU-Gesetzgebers, EuR 2016, S. 453–472

Roth, Wulf-Henning Investitionsbeschränkungen im deutschen Außenwirtschaftsrecht – Europa- und völkerrechtliche Probleme, Rechtspolitisches Forum Nr. 47

Rubner, Daniel/Leuering, Dieter Verschärfung der Investitionskontrolle, NJW-Spezial 2022, S. 79–80

Rudolf, Walter Die Ermächtigung der Länder zur Gesetzgebung im Bereich der ausschließlichen Gesetzgebung des Bundes, AöR 1963, S. 159–184

Ruge, Reinhard Goldene Aktien und EG-Recht, EuZW 2002, S. 421–424

Rüsken, Reinhart (Hrsg.) Kommentar Zollrecht, 210. Aktualisierung, Bonn 2022 (zitiert: *Bearbeiter* in: Rüsken (Hrsg.), Zollrecht, § AWV, Rn.)

Sachs, Michael (Hrsg.) Grundgesetz, Kommentar, 9. Aufl., München 2021 (zitiert: *Bearbeiter* in: Sachs (Hrsg.), Grundgesetz, Art. Rn.)

Salacuse, Jeswald Die neue Unionskompetenz für ausländische Direktinvestitionen, Online 2017 (http://othes.univie.ac.at/50640/1/50675.pdf)

Salaschek, Uwe FDI-Screening-VO: Praktische Auswirkung auf die nationale Überprüfung ausländischer Direktinvestitionen – Zwischenfazit und Anregungen für Änderungen, BB 2022, S. 1609–1614

Sander, Florian Volkswagen vor dem EuGH – der Schutzbereich der Kapitalverkehrsfreiheit am Scheideweg, EuZW 2005, S. 106–109

– Höchststimmrechte und Kapitalverkehrsfreiheit nach der VW-Gesetz-Entscheidung – Psychologisiert der EuGH den Schutzbereich des Art. 56 EG?, EuZW 2008, S. 33

Sasse, Thorsten Die Grundrechtsberechtigung juristischer Personen durch die unternehmerische Freiheit gemäß Art. 16 der Europäischen Grundrechtecharta, EuR 2012, S. 628–654

Sattler, Sven/Engels, Urs Die Revision des Investitionsprüfungsrechts 2020/2021, EuZW 2021, S. 485–491

Schaefer, Christoph Die Ermächtigung von Mitgliedstaaten bei ausschließlicher Gemeinschaftszuständigkeit: Regelwidrigkeit in der Kompetenzordnung? EuR 2008, S. 721–736

Scharf, Daniel Das Komitologieverfahren nach dem Vertrag von Lissabon – Neuerungen und Auswirkungen auf die Gemeinsame Handelspolitik, Das Komitologieverfahren nach dem Vertrag von Lissabon – Neuerungen und Auswirkungen auf die Gemeinsame Handelspolitik, Christian Tietje/Gerhard Kraft/Matthias Lehmann (Hrsg.), Beiträge zum Transnationalen Wirtschaftsrecht, 2010, Heft 101

Schiffbauer, Björn Mehrheitserfordernisse für Abstimmungen im Rat über TTIP, CETA & Co., EuZW 2016, S. 252–258

Schill, Stephan Der Schutz von Auslandsinvestitionen in Deutschland im Mehrebenensystem: deutsches, europäisches und internationales Recht, AöR 2010, S. 498–540

– Kurzgutachten für das BMWi vom 22.09.2014, Auswirkungen der Bestimmungen zum Investitionsschutz und zu den Investor-Staat-Schiedsverfahren im Entwurf des Freihandelsabkommens zwischen der EU und Kanada (CETA) auf den Handlungsspielraum des Gesetzgebers (online veröffentlicht: https://www.bmwk.de/Redaktion/DE/Downloads/C-D/ceta-gutachten-investitionsschutz.html)

– The European Union's Foreign Direct Investment Screening Paradox: Tightening Inward Investment Control to Further External Investment Liberalization, Legal Issues of Economic Integration 2019 (46), S. 105–128

Schladebach, Marcus/Becker, Frederike Die Verschärfung der Investitionskontrolle im deutschen und europäischen Außenwirtschaftsrecht, NVwZ 2019, S. 1076–1080

Schmitt, Ramona Die Kompetenzen der Europäischen Union für ausländische Investitionen in und aus Drittstaaten, München 2015

Schoch, Friedrich/Schneider, Jens-Peter (Hrsg.) Kommentar zum Verwaltungsrecht, VwVfG, 2. Aufl., München 2022 (zitiert: *Bearbeiter* in: Schoch/Schneider (Hrsg.), VwVfG, § Rn.)

Scholz, René Die europäische Energieverwaltung vor dem Hintergrund des Integrationsgefüges in der Europäischen Union, Baden-Baden 2020

Scholz, Sebastian Soft Law: Rechtsschutzpotenzial von Nichtigkeitsklage und Vorabentscheidungsverfahren, EuZW 2022, S. 453–458

Schön, Wolfgang Zur Grundfreiheitenbindung des Unionsgesetzgebers im Europäischen Gesellschaftsrecht, Festschrift für Christine Windbichler zum 70. Geburtstag am 8. Dezember 2020, Bachmann, Gregor/et al. (Hrsg.), Berlin 2020

– Das Bild des Gesellschafters im Europäischen Gesellschaftsrecht, RabelsZ 2000, S. 1–37

Schönfeld, Jens/Ellenrieder, Benedikt/Sendke, Thomas Europäische Grundrechte und Sekundärrecht, IStR 2022, S. 517–525

Schuelken, Tobias Der Schutz kritischer Infrastrukturen vor ausländischen Direktinvestitionen in der Europäischen Union. Zum Vorschlag der EU-Kommission für eine Verordnung zur Schaffung eines Rahmens für die Überprüfung ausländischer Direktinvestitionen – KOM(2017) 487 endg., EuR 2018, S. 577–593

Schuelken, Tobias/Sichla, Benedikt Auswirkungen der EU-Screening-VO auf das deutsche Außenwirtschaftsrecht – Strengere Prüfung drittstaatlicher Investitionen? – DÖV 2021, S. 961–968

Schütze, Robert Supremacy without pre-emption? The very slowly emergent doctrine of Community pre-emption, Common Market Law Review 2006 (43), S. 1023–1048

– Foreign Affairs and the EU Constitution – Selected Essays, Cambridge 2014

Schwartmann, Rolf Private im Wirtschaftsvölkerrecht, Tübingen 2015

Schwartz, Ivo Perspektiven der Angleichung des Privatrechts in der Europäischen Gemeinschaft, ZEuP 1994, S. 559–584

Schwarze, Jürgen Soft Law im Recht der Europäischen Union, EuR 2011, S. 3–19

– Ein pragmatischer Verfassungsentwurf – Analyse und Bewertung des vom Europäischen Verfassungskonvent vorgelegten Entwurfs eines Vertrags über eine Verfassung für Europa, EuR 2003, S. 535–573

– Europarecht, Strukturen, Dimensionen und Wandlungen des Rechts der Europäischen Union, Baden-Baden 2012

Schwarze, Jürgen/Becker, Ulrich/Hatje, Armin/Schoo, Johann (Hrsg.) EU-Kommentar, 4. Aufl., Baden-Baden 2019 (zitiert: *Bearbeiter* in: Schwarze/Becker/Hatje (Hrsg.), EU-Kommentar, Art. Rn.)

Seibt, Christoph/Wollenschlaeger, Bernward Unternehmenstransaktionen mit Auslandsbezug nach der Reform des Außenwirtschaftsrechts, ZIP 2009, S. 833–845

Seidel, Martin Der Euro – Schutzschild oder Falle?, ZEI Working Paper B 01 2010

Shan, Wenhua (Hrsg.) The Legal Protection of Foreign Investment, Oxford 2012 (zitiert: in: Shan (Hrsg.), The Legal Protection of Foreign Investment, S.)

Shan, Wenhua/Zhang, Sheng The Treaty of Lisbon: Half Way toward a Common Investment Policy, European Journal of International Law 2010 (4), S. 1049–1073

Slobodenjuk, Dimitri Die europäische Außenwirtschaftsverordnung – ein Rahmen mit Nebenwirkungen? BB 2020, S. 198–203

Snell, Jukka EU Foreign Direct Investment Screening: Europe qui protège?, European Law Review 2019, S. 137–138

Sornarajah, Muthucumaraswamy The International Law on Foreign Investment, 5. Aufl. 2021

– Portfolio Investments and the Definition of Investment, ICSID Review – Foreign Investment Law Journal 2009 (24), S. 516–520

Stein, Roland/Schwander, Anna Die AWG-Novelle und die neuen Beschränkungen der Investitionsfreiheit für ausländische Investoren – ein Blick aus der Praxis, STB 2020, S. 255–260

Stelkens, Paul/Bonk, Heinz/Sachs, Michael (Hrsg.) Verwaltungsverfahrensgesetz: VwVfG, Kommentar, 9. Aufl., München 2018 (zitiert: *Bearbeiter* in: Stelkens/Bonk/Sachs (Hrsg.), VwVfG, § Rn.)

Stern, Klaus/Sodan, Helge/Möstl, Markus (Hrsg.) Das Staatsrecht der Bundesrepublik Deutschland im europäischen Staatenverbund, 2. Aufl., Bd. 3, München 2022 (zitiert: *Bearbeiter* in: Stern/Sodan/Möstl (Hrsg.), Staatsrecht, Bd. 3, § Rn.)

Stoll, Peter-Tobias/Holterhus, Till/Gött, Henner Investitionsschutz und Verfassung – Völkerrechtliche Investitionsschutzverträge aus der Perspektive des deutschen und europäischen Verfassungsrechts, Tübingen 2017

Streinz, Rudolf (Hrsg.) EUV/AEUV, Kommentar, 3. Aufl. 2018 (zitiert: *Bearbeiter* in: Streinz (Hrsg.), EUV/AEUV, Art. Rn.)

– Europarecht, 11. Aufl., Heidelberg 2019

Szabados, Tamás Recent Golden Share Cases in the Jurisprudence of the Court of Justice of the European Union, German Law Journal, S. 1099–1130

Teichmann, Christoph Binnenmarktkonformes Gesellschaftsrecht, Berlin 2006

Terhechte, Jörg Grundwissen – Öffentliches Recht: Der Vorrang des Unionsrechts, JuS 2008, S. 403–405

– Art. 351 AEUV, das Loyalitätsgebot und die Zukunft mitgliedstaatlicher Investitionsschutzverträge nach Lissabon, EuR 2010, S. 517–531

Theobald, Christian/Kühling, Jürgen (Hrsg.) Energierecht, Kommentar, 116. Aufl., München 2022 (zitiert: *Bearbeiter* in: Theobald/Kühling (Hrsg.), Energierecht, § Rn.)

Thörle, Franziska Der Konflikt zwischen Investitionsschutzabkommen und dem Recht der Europäischen Union – Gegenwärtige Problemfelder und mögliche Lösungsansätze, Hamburg 2017

Tietje, Christian Beschränkungen ausländischer Unternehmensbeteiligungen zum Schutz vor „Staatsfonds" – Rechtliche Grenzen eines neuen Investitionsprotektionismus, Policy Papers on Transnational Economic Law 2007 (26)

– Die Außenwirtschaftsverfassung der EU nach dem Vertrag von Lissabon, Christian Tietje/Gerhard Kraft (Hrsg.), Beiträge zum Transnationalen Wirtschaftsrecht, 2009, Heft 83

– EU-Investitionsschutz und -förderung zwischen Übergangsregelungen und umfassender europäischer Auslandsinvestitionspolitik, EuZW 2010, S. 647–652

Tietje, Christian/Kluttig, Bernhard Beschränkungen ausländischer Unternehmensbeteiligungen und -übernahmen – Zur Rechtslage in den USA, Großbritannien, Frankreich und Italien, Christian Tietje/Gerhard Kraft/Rolf Sethe (Hrsg.), Beiträge zum Transnationalen Wirtschaftsrecht, 2006, Heft 61

Tietje, Christian/Nowrot, Karsten (Hrsg.) Internationales Wirtschaftsrecht, 3. Aufl., Berlin 2021 (zitiert: *Bearbeiter* in: Tietje/Nowrot (Hrsg.), Internationales Wirtschaftsrecht, § Rn.)

UNCTAD World Investment Report 2021: Investing in sustainable Recovery, New York 2021

– World Investment Report 2019: Special Economic Zones, New York 2019

Unger, Sebastian EuGH: Kapitalverkehrsfreiheit: Mitgliedstaatliche Regelung zur Beseitigung der Doppelbesteuerung von Gewinnausschüttungen, EuZW 2015, S. 61–68

Unsöld, Maurus Greenfield Investments vs. Crossborder M&A: Eine theoretische und empirische Analyse anhand von Direktinvestitionen deutscher multinationaler Unternehmen im Ausland, Online 2016 (https://d-nb.info/1132510554/34)

Vedder, Christoph/Heintschel von Heinegg, Wolff (Hrsg.) Europäisches Unionsrecht, Kommentar, 2. Aufl., Baden-Baden 2018 (zitiert: *Bearbeiter* in: Vedder/Heintschel von Heinegg (Hrsg.), Europäisches Unionsrecht, Art. Rn.)

Verellen, Thomas When Integration by Stealth Meets Public Security: The EU Foreign Direct Investment Screening Regulation, Legal Issues of Economic Integration 2021, S. 19–42

Vidigal, Geraldo/Schill, Stephan International Economic Law and the Securitization of Policy Objectives: Risks of a Schmittean Exception, Legal Issues of Economic Integration 2021, S. 109–118

Voland, Thomas Freitag, der Dreizehnte – Die Neuregelungen des Außenwirtschaftsrechts zur verschärften Kontrolle ausländischer Investitionen, EuZW 2009, S. 519–523

– Rechtsschutz gegen Maßnahmen der Investitionskontrolle im Außenwirtschaftsrecht – Fiat iustitia?!, EuZW 2010, S. 132–136

Walter, Konrad Neuerungen bei Überprüfung von Unternehmenserwerben und der Kontrolle ausländischer Direktinvestitionen, RIW 2019, S. 473–480

Weiler, Joseph The Transformation of Europe, The Yale Law Journal 1991, S. 2403–2483

Weitnauer, Manuel Die AWV-Investitionsprüfung bei M&A-Transaktionen, GWR 2019, S. 81–84

Weller, Marc-Philippe Ausländische Staatsfonds zwischen Fusionskontrolle, Außenwirtschaftsrecht und Grundfreiheiten, ZIP 2008, S. 857–865

Wiebe, Gerhard Unternehmerfreiheit versus Verbraucherschutz?! Das Verhältnis zwischen Unternehmerfreiheit und Verbraucherschutz im Spiegel des öffentlichen Verbraucherschutzrechts, Baden-Baden 2017

Wiedemann, Gerhard (Hrsg.) Handbuch des Kartellrechts, 4. Aufl., München 2020 (zitiert: *Bearbeiter* in: Wiedemann (Hrsg.), Handbuch des Kartellrechts, § Rn.)

Von Wogau, Karl/Rapp-Jung, Barbara The Case for a European System Monitoring Foreign Investment in Defence and Security, Common Market Law Review 2008, S. 47–68

Wolf, Sebastian Welthandelsrechtliche Rahmenbedingungen für die Liberalisierung ausländischer Direktinvestitionen – Multilaterale Investitionsverhandlungen oder Rückbesinnung auf bestehende Investitionsregelungen im Rahmen der WTO? –, Christian Tietje/Gerhard Kraft/Rolf Sethe (Hrsg.), Beiträge zum Transnationalen Wirtschaftsrecht, 2006, Heft 61

Wolff, Johanna Ausländische Staatsfonds und staatliche Sonderrechte: zum Phänomen „Sovereign Wealth Funds“ und zur Vereinbarkeit der Beschränkung von Unternehmensbeteiligungen mit Europarecht, Berlin 2009

Wollenschläger, Ferdinand Die unternehmerische Freiheit (Art. 16 GRCh) als grundrechtlicher Pfeiler der EU-Wirtschaftsverfassung, EuZW 2015, S. 285–288

– Anwendbarkeit der EU-Grundrechte im Rahmen einer Beschränkung von Grundfreiheiten, EuZW 2014, S. 577–580

Wörner, Thorsten Rechtlich weiche Verhaltenssteuerungsformen Europäischer Agenturen als Bewährungsprobe der Rechtsunion, Tübingen 2017

WTO Annual Report 1996, Genf 1996

Zhou, Weihuan/Jiang, Huiqin/Chen, Zhe Trade vs. Security: Recent Developments of Global Trade Rules and China's Policy and Regulatory Responses from Defensive to Proactive, World Trade Review 2022, S. 1–19

Zippelis, Reinhold Juristische Methodenlehre, 12. Aufl., München 2021

Zwartkruis, Wolf/De Jong, Bas The EU Regulation on Screening of Foreign Direct Investment: A Game Changer?, European Business Law Review 2020 (31), S. 447–474

Kolibri 360 GmbH
Ferdinand-Jühlke-Straße 7
99095 Erfurt, Deutschland
produktsicherheit@kolibri360.de

Druck:
CPI Druckdienstleistungen GmbH
im Auftrag der
Kolibri 360 GmbH
Ferdinand-Jühlke-Str. 7
99095 Erfurt